モムゼン

ローマの歴史

Römische Geschichte

Theodor Mommsen

Hirotaka Hasegawa
長谷川博隆 訳

I

ローマの成立

名古屋大学出版会

モムゼン　ローマの歴史Ｉ――目　次

第一編　ローマ王政の崩壊まで

凡　例

一、本書は Theodor Mommsen, *Römische Geschichte*, 第一―三巻の全訳であり、本巻は原著第一巻の前半部分に相当する。

二、（　）は原著にあるもの。［　］は訳者の注記・補い。それぞれの性格・内容は多様である。

三、ギリシア語の ph の音はパ行の音ではなく、ファ行の音を採用した。ギリシア語とラテン語の長音は無視し、できるかぎり短くしたが、慣用に従ったところも多い（ムーサイ、カトー、キケロなど）。

四、地名の呼称は、原則としてモムゼンに従ったが、現代・古代それぞれの呼称を併用した場合も多い（シチリア＝イタリア語、サルディニア＝ラテン語など）。

五、紀年法はローマ紀元ではなく、西暦に直したり、それを付加したりした。

六、度量衡に関しては、原則は別記したが、メートル法には必ずしも従わなかった。

七、底本をはじめとした詳細に関しては、巻末の「邦訳についての覚え書」に記してある。

わが友モーリッツ・ハウプト（ベルリン）に捧ぐ

第一編　ローマ王政の崩壊まで

……昔の事実を充分に究めることは、その経てきた時間の長さのために不可能であった。しかし検討の結果、大体において私には信頼に足ると判明した確かな証拠から、昔のことは、戦いに関してもまた他のことに関しても大した規模ではなかったとの見解に達した。

――トゥキュディデス

第1章　序　論

古代の歴史　地中海、つまり多種多様な分かれ方をする内海のまわりに、古い時代には様々な民族系統の人々が移り住んでいた。この内海は、大陸まで深く入り込んで大洋の最大の入江を形成しているが、島々や突出した陸地によって狭くなったり、また再びかなり広くなったりしては、旧世界を三つの部分に分かちつつ結合している。民族について言えば、民族誌や言語の歴史という点から見て様々の人種からなっていたが、歴史的には一つのまとまりのある全体を形づくっていた。この全体とは、あまり適切ではないが通常古代世界の歴史と呼ばれているものである。つまり地中海世界の住民の文化史であり、四つの大きな発展の段階をとってきた。それは、南岸のコプト人すなわちエジプト人の歴史であり、また東海岸を占めエウフラテス河・ティグリス河まで内陸アジアに深く拡がるアラム人つまりシリア人の歴史であり、次いで地中海のヨーロッパ海岸の土地を遺産として受け継ぐヘレネス［古ギリシア人］とイタリキ［古イタリア人］という双生児民族の歴史である。たしかにこれらの歴史のすべてが、その初期においては別の世界の人々や他の歴史圏と結びついてはいるが、各自がすぐに独自の独立した歩みをとるのである。この大きな文化圏のまわりに住む、血筋の点で異なった民族、あるいは血筋の上で近い民族、つまりアフリカのベルベル人とネグロ、アジアのアラブ人、ペルシア人、インド人、ヨーロッパのケルト人とドイツ人［ゲルマン人］は、上述の地中海沿岸の住民とはたしかに幾重にも重なった関係を持ったが、本当の意味では定まった発展の道をこの人々に与えなかったし、彼らから受け取りもしなかった。要するに文化圏としてまとめられるかぎり、各々が統一体と見做され、その頂点を形づくる名称が、テーベであり、カルタゴであり、アテナイであり、ローマなのである。四民族の各々が、独自の軌道上で固有の大文明を作り上げた後、まことに様々な形で相互に関連しつつ、人間性の全要素をお互いに鋭くかつ豊かに練り上げ発展させたのである。そして結局は、そのサイクルも完成された。つまり新しい人々はそれまでは地中海世界の国家の領域を、波が海辺を洗うように占めていただけだったのに、彼らが両岸から溢れ出て、南岸の歴史を北岸の歴史から分離し、文明の重心を地中海から大西洋に置き換えるまでにしたのである。

このように見てくると、古代史と近代史を分けるのは、単に偶然であったり、年代的なものであったりするのではない。我々が近代史と名づけるのは、実際に新しい文化のサイクルの形成に他ならない。そのサイクルは、種々の発展の段階において、たしかに地中海沿岸諸国の死滅しつつある文明、あるいは死滅した文明とも結びついているが——そしてこの地中海諸国の文明は、最古のインド・ゲルマン人の文明に結びついているのだが——、独自の軌道を踏破し尽くすべく運命づけられている。しかも民族的な幸運と不幸——すなわち発展・充実・衰退の時期、宗教・国家・芸術の分野での喜び溢れる創造の努力、物質的・精神的な点で獲得されたものを充分に享受すること、おそらく他日ゴールに達することで充分に満足しきって衰える創造力——も完全に味わうように運命づけられているのである。けれどもそのゴールにしても一時的なものにすぎない。最大の文明システムにはその活動範囲・軌道があり、それはいっぱいに満ちて完成されることもあろうが、しかし、人類それ自体に即して言えば、そういうことはありえない。ゴールに達したように見えるまさにそのとき、人類には古い課題がもっと広く、またもっと高い意味を帯びて新たに現われるのである。

イタリア　我々の課題は、その大きな世界史劇の最後の場面を述べることにある。それが、地中海に北側の大陸から突出するイベリア、イタリア、バルカンの三つの半島のうちの真中の半島の古代史なのである。半島は、西アルプスから南の方へと分かれる山脈によって作られている。そのアペニン山脈は、西側の広い湾と東側の狭い湾の間で、地中海をまず南東に向かってのび、東の湾のすぐ近く、アブルッツォ［中部イタリア、アドリア海に面する地方、州］において、万年雪の線にまでは達しないにしても最高の高さに達している。アブルッツォからは山波は南の方に続く。はじめは分岐せず、かなりの高さを保ちながらである。丘陵地域を形成する鞍部地帯があった後、南東にはより平坦な低い山脈、南方にはより険しい低い山脈が拡り、それぞれが二つの細い半島をつくって終わっている。

アルプスとアペニンとの間、アブルッツォまで下って拡がる北方平原は、地理的には——またきわめて後の時代まで歴史的にも——南方の山地、丘陵地帯には属さない。我々がここでその歴史を取り扱う、他ならぬイタリアには属さないのである。ローマ建国後、第七世紀［西暦前二世紀中頃—前一世紀中頃］になってようやく、シニガッリアからリミニまでの海岸地方がイタリアに併合され、第八世紀［西暦前一世紀中頃—一世紀中頃］になって初めて、ポー河流域がイタリアと一つになったのである。つまりイタリアの昔の北の境はアルプスではなく、アペニンであった。アペニンは、いずれの側も、険しい連山となって聳えているわけではなく、土地に広く層をなして横たわり、ほどほどの峠で結ばれた谷や丘陵地をいくつも抱き、それ自体が人間にはまことに適当な定住の場所を提供してさえいる。このことは、東側、南側、西側で、アペニンに続く前山地帯、海岸地帯に関して、もっとよく当てはまる。なるほど東海岸では、アプリアの平原が、北方に対してはアブルッツォの山塊によって閉ざされ、ただガルガヌスの険しい孤立した山の尾根によって島状に断ち切られて、わずかに拡がった海岸と河川の作った平地として、単調に拡がる。しかし南海岸では、アペニンが二つの半島となって終わるが、その間には、内陸の丘陵地帯に沿ってずっと低い土地が拡がり、そこは、たしかに港は乏しいものの、水に恵まれた豊かな土地である。

　最後に西海岸はどうであろうか。重要な河川、すなわちティベリス河が貫流し、その氾濫と、昔はたくさんあった火山とによって形づくられた、まことに多種多様な谷間・丘陵・港湾・島嶼からなる広い地域である。そこでは、エトルリア、ラティウム、カンパニアという、イタリアの国土の中枢が作り上げられた。そのカンパニアの南で前山地帯は次第に消え、山波はほとんど直接テュッレニア海に洗われる。それに加えて、ギリシアにペロポネソス半島が加わるように、イタリアにはシチリア島が付け加わる。地中海最大、最美の島である。その内陸部は山がちで、部分的には荒涼としているが、それを、とくに東部および南部では、雄大で大部分が火山性の海岸地帯の広いへりがぐるりと取り囲んでいる。海峡の狭い「裂目」（*Ῥήγιον*）によって辛うじて断ち切られてはいるが、地理的にはシチリアの山地はアペニン山脈の続きであり、それと同じく歴史的に見てもシチリアは古くから、ちょうどギリシアにおけるペロポネソスのように、決定的にイタリアの一部であり、同じ系統の人々の活動の場所、同様の高い文化が共有された場所なのである。

　イタリア半島は、ギリシア半島と同じように、適度の高さの山地や、また全体としては谷間や平地でも、温暖な気候、健康な空気を共有していると言えよう。けれども海岸線の出入りは、ギリシア半島に劣っている。とりわけ、ヘレネスを海洋民族たらしめた島嶼の多い海には欠けているのである。その代わりにイタリアは、豊かな河川平野と、肥沃で草木の繁茂する山腹によってその隣国に優っていた。農耕や放牧には、そうした土地が必要であった。ギリシアと同じくイタリアの土地は美しく、人間の活動を促し、それに対して豊かな対価を与え、休むことのない努力にははるかなる土地への道をつけ、平静な努力にはその地で平和裡に利得を得る道を同様に開いた。

　しかし、ギリシア半島が東方に曲がっているとすれば、イタリア半島は西方に折れている。ヘラスにとってのエペイロスとアカルナニアの渚のようには、イタリアにとってアプリアとメッサピアの海岸はあまり重要性を持たない。ギリシアの歴史的発展にあたり、その基盤とした地方——アッティカとマケドニア——が東方に視線を向けているとすれば、エトルリア、ラティウム、カンパニアは西方に目を向けているのである。このようにして、かくも密接に隣り合い、ほとんど姉妹関係とも言うべきこの二つの半島は、ちょうどお互いに反対を向いているかのように存在している。オトラント［南イタリア、レッチェ県の東端の港町。古名ヒュドルントゥム」から肉眼でアクロケラウニアの山々［エペイロスの海岸に沿った山波］が認められるにしても、イタリキとヘレネスは古くから、アドリア海を横切る最短の道とは別の、あらゆる道を通って親密に触れ合っていたのである。この点でも、よくあるように、彼らの占めていた土地の状況が民族の歴史的な使命をあらかじめ示していた。古代世界の文明を生んだ二つの偉大な樹幹は、一つは東方に向かって、今一つは西方に向かって種を撒いていたばかりか影を投じてもいたのである。

イタリアの歴史　ここで語ろうとするのは、イタリアの歴史であり、決して都市ローマの歴史ではない。たとえ国法上正式には、ローマの都市共同体がまずイタリアを支配し、ついで世界支配を成し遂げたのだとしても、より高度な、真に歴史的な意味においては、決してそのようには主張できない。通常、ローマ人によるイタリアの征服と呼ばれているが、それはむしろ、イタリキという種族全体の一つの国家への統一と呼ばれるべきであろう。たしかにローマ人はそのイタリキの中で最強の種族ではあるが、やはり一分枝にすぎないのである。

イタリキの歴史は二つの主要部分、つまりラテン人の指導の下に統一されるまでのイタリアの内政史と、イタリアの世界支配の歴史とに分かれる。したがって我々としては、まず民族としてのイタリキの半島への移住・定住のことを描かねばならない。次いでその民族的・政治的な存立の危機、民族系統の異なる人々やより古い文明をもった人々、つまりギリシア人やエトルリア人に部分的に服属させられたこと、異邦人に対する、また彼らに破壊されたり屈服させられたことに対するイタリキの反抗、最後はイタリキの二つの主要種族、ラテン人とサムニウム人による半島の覇権《ヘゲモニー》を狙っての闘争と、紀元前四世紀、ローマ建国後五世紀の終わりのラテン人の勝利。こうしたことが最初の二編の内容となる。第二の部分は、ポエニ戦争をもって幕を開く。ローマ人の帝国がイタリアの自然の国境まで、次いでそれを越えて急速に発展する過程を含み、またローマ帝政期の長い現状維持の状態と、強大な帝国の崩壊をも含んでいる。これは第三編およびそれ以下の諸編で述べられるであろう。

第2章　最古期のイタリアへの来住

イタリアの原住民　イタリアへの人類の最初の来住については、いかなる情報もない。いやそれどころではない。伝説もないのである。むしろ古代には、他のすべてのところと同じように、ここでも最初の住民は土地そのものから生まれたという信仰が一般的であった。しかし、様々な人種の始原とか、気候の多様性と様々な人種の発生の関係という問題についての判断などは、自然科学者に委ねるのが妥当であろう。歴史的な観点からは、史料の上でも分かる一地方の最古の住民が、土着の者であるのか、すでに移住者であるのか、そんなことを決定するのは不可能であるばかりか、重要でもない。

しかし、そうだとしても、歴史を研究する者にとって、個々の土地の住民の段階的な層を明らかにすることは重要であろう。それは、できうるかぎり遡って、不完全な文化から完全な文化への漸次的な上昇・発展を跡づけること、そして文化的な能力の点で低いか発展段階的に見てただ文化的に低い段階にある種族を、より高い優れた民族が抑えつけていったのを跡づけることになるのである。ところが、イタリアには原始時代の遺物はきわめて少ない。この点では、他の文化圏とは著しい対照をなしている。ドイツの考古学研究の成果によれば、イギリス、フランス、北ドイツ、スカンディナヴィアには、インド・ゲルマン人が定住する前に、おそらくフィン人に属する一群の人種［英訳ではモンゴル人種に属する人々とされる。滅亡したフィン系の人種で、とくにオネガ湖およびラドガ湖（およびその流域。サンクトペテルブルクの北）の地に住んだ。ロシア語では北西ロシアの全フィン系の人種を指す］が住んでいた、いやむしろ動き回っていたに違いない。彼らは狩猟や漁撈で生活し、石や粘土や骨の道具を作り、動物の歯牙や琥珀で身を飾っていたが、農耕や金属の使用は知らなかった。同様にインドでも、文化的な能力の低い黒色の住民が、インド・ゲルマン人に先行して登場する。だがイタリアでは、あのケルト・ゲルマンの世界におけるフィン人やラップ人、インド山岳地帯の黒色の種族のような駆逐された民族の残滓にも出くわさないし、またこのイタリアの地で今日まで、忘れられた原住民の遺産が、確認されているわけでもない。ちょうどそれは、独特な骨格の骸骨やドイツ［ゲルマン］古代のいわゆる石器時代の食事の場［集会所］、墓地などが示してくれるようなものであるが。これまでのところ、農地の耕作、金属の溶融よりも古く、イタリアに人類が存在したという推測を正当化するようなものはまったく何も現われていない。実際にイタリアの国境の内側で人類がかつて原始文明の段階に達していたとしても、それは我々が通常、未開野蛮な状態と呼ぶようなものであるはずだが、その痕跡すらまったく消えてしまっているのである。

最古の歴史を形づくる要素は個々の民族［部族］、別の言葉で言えば種族である。我々が後にイタリアで出会う種族の中には、一方では、ヘレネスのような種族の移住、他方では、ブルッティウム人やサビニ地方の住民のような種族の脱民族化が、歴史的にも証明されている。この二種類のものを除いた後は若干の種族が残るだけであるが、彼らの移動は、もはや歴史上の証拠によってではなく、せいぜい先験的な方法でもって確認されるにすぎない。また、彼らの民族性も外からの影響で根本的な変化をこうむったものなのかどうか示しえないのである。実はこのことは、我々の研究が民族的な特性をまず確認しなければならないことを意味している。その際、ただ部族の名とか混乱したいわゆる歴史的な言い伝えの、入り乱れ混沌としたものだけを頼りにするならば――言い伝えといっても、文明世界の旅行者によるごくわずかの利用可能な覚え書きや、大体が信頼性に乏しい一群の言い伝えから、歴史としても伝承としても普通は意味なく集められ、通り一遍の形に固まったものなので――、だれでも自分の課題を希望なきものとして斥けねばならないであろう。ところが、たしかに断片にすぎないかもしれないが、それでも信憑性の批判に耐えるものとして、伝承の源泉から我々のもとに流れ着いているものがある。イタリアにおいて太古の昔以来、定住していた種族の土着の言語がそれである。民衆そのものとともに生成する言語には、生成の印があまりにも深く刻印されているので、後の文明によっても完全にかき消すことはできないのであった。イタリキの言語のうちでは、ただ一つだけしか完全には分かっていないにしても、それぞれの言語および民族間の種族差もしくは種族の近親関係について、またその程度についての歴史研究に、手がかりを与えてくれるものは、他の多くの言語の中にも充分残っているのである。

こうして言語研究が我々に教えるところによれば、古イタリアの三つの原種族、イアピュギア人、エトルリア人、そして――我々が名づけようとするところでは――イタリキとに分けることができる。このうちの最後のものは、二つの主要な分派に分かれるが、それはラテン方言系とウンブリア人、マルシ族、ウォルスキ族、サムニウム人の方言系とである。

イアピュギア人　イアピュギア系の人々についてはほんの少ししか分かっていない。イタリアの最南東端、メッサピアつまりカラブリア半島で、忘れ去られた独特の言語*で記された碑文がかなりの枚数発見されたが、それは、ラテン人やサムニウム人とはまことにはっきりと伝承でも区別されていたイアピュギア人の方言の断片であることは疑いをいれない。信頼に足る報告も、数多くの痕跡も、同じ言語、同じ種族が、もともとアプリアでも生え抜きの存在であったという結論へと導く。しかし我々が、今この人々について知っている事柄は、この人々［民族］を他のイタリキとはっきり区別するのに充分ではあるものの、この言語およびこの人々に、人類の歴史の中でどのような位置を与えるべきか、積極的にその位置を決めるには不充分である。碑文は解読されていないし、いつか読み解ける日が来るというのも望み薄である。この方言がインド・ゲルマン語に加えられるべきなのは、属格の型 *aihi* と *ihi* がサンスクリットの *asya*、ギリシア語の *οιο* に一致することを暗示しているように見えるからである。他の特徴、例えば気息音に子音を使用していることおよび語末音に m と t という語を避けることなどは、このイアピュギア語が古イタリア方言と本質的に異なることを示しており、一方、ギリシア方言とある程度一致することを示している。イアピュギア方言を使う人々とヘレネスとがとくに密接な近親関係にあったことを推測させるのは、次のようにさらに根拠となる点が見出されるからである。それは、碑文に何回も現われるギリシアの神々の名、そしてイアピュギア人自体のヘレニズム化に対する容易さ——他のイタリキ系の人々のこの点に関する拒否的な姿勢とは際立って鋭い対照をなす——という点である。まだティマイオスの時代（ローマ建国四〇〇年［西暦前三五〇年とある］）には、蛮族の土地として描かれているアプリア地方は、ギリシアからその地へ直接の植民が行なわれたわけではなかったのに、建国六世紀［西暦前三世紀中頃—前二世紀中頃］には完全にギリシア人の一地方になっていた。そしてメッサピア人という未開の民の間でさえ、類似の発展への種々の足掛かりが見られるのである。ただし、このようにイアピュギア人とヘレネスとの一般的な同族関係または親和・親近関係が認められるとしても、イアピュギア人の言葉をヘレネスの言葉の洗練されない方言として捉えることができるまでには至っておらず、より精密でより確実な成果が手に入るまでは、研究はさしあたり少なくとも以上のままとしなければならない**。

*　墓碑銘の二、三が、その音の響きを想像させてくれる。*θeotoras artahiaihi bennarrihino* と *dazihonas platorrihi bollihi* という具合に。

**　もちろん、この重要な点については、あまり充分ではないが少なくとも受け入れ易い言語上の類似点をふまえて、イアピュギア語と現代アルバニア語との親近性が推定されてきた。この種族上の同系統性が確認されれば、また実際にアルバニア人が——同じインド・ゲルマン系で、ヘレネスやイタリキと同系統の人々であるが——全ギリシア、とくに北の地方に顕著な痕跡のある、かのヘレノ・バルバロイという民族の残存物であるならば、それでもって、この前ヘレネス的な民族は前イタリキ的な存在でもあることが立証されるであろう。ところが今のところ、イアピュギア人がアドリア海を渡ってイタリアに移住してきたとは、以上のことからは、まだ直接には跡づけられないのである。

それでも空白部分は、いかんともしがたいものだというわけではない。というのもこの人々は、ただ力が衰え消えつつある状態で我々の前に姿を見せたにすぎず、我々の歴史の初めには、すでに没落の道を辿っていた種族なのである。抵抗力もあまりなく、容易に他の民族の中に溶け込んでしまうイアピュギア人の性格は、おそらくその地理的な位置から生まれる推測、つまりこれがイタリアへの最古の侵入者もしくはイタリアの歴史的な原住民であるという推測にうまく適合する。というのは、諸民族の最古の移住がすべて陸路で行なわれたことは疑いをいれないからである。とくにイタリアの海岸は、海からは知識・経験の豊かな船乗りによってしか到達できず、したがって、まだホメロスの時代にはヘレネスには完全に未知の世界だったからである。しかし、もしもアペニン越えをして昔の移住者がやってきたのなら、地質学者が山岳の地層から山の成立を推論するように、歴史学者としても、最も遠く南方に押し出された諸種族がイタリアの最古の住民になるだろうという推定もあえて下すことができよう。そしてまさにその最も南東のへりの辺りで、我々はイアピュギア人にぶつかるのである。

イタリキ　半島の中央部には、我々の確実な伝承の遡りうるかぎり、二つの民族、いやむしろ正しくは同じ民族の二つの種族が住んでいた。そのインド・ゲルマン人の中での位置は、イアピュギア人の場合よりも、ずっとはっきりと定められる。この人々をイタリキと呼んでもよいであろう。半島の歴史的な意義が、この民族にかかっているからである。彼らは、二つの種族、一方はラテン人、今一方はウンブリア人に分かれるが、後者は、その南方の分派、すなわちマルシ人やサムニウム人、さらにすでに歴史時代にサムニウム人から送り出された人々［部族］を含んでいる。これら種族のものである語法の言語分析によれば、彼らは、インド・ゲルマン語の言語の鎖の中でお互いに一つの節をなすのであるが、一つの統一体を形成した時期は比較的遅いということが分かる。音韻組織という点では、彼らにおいては独特な摩擦音 *f* が現われる。その点は、エトルリア人と一致するが、あらゆるヘレネス種族およびヘレノ・バルバロイ種族と決定的に異なり、サンスクリット自体とも同様に異なる。それに対して気息音は、ギリシア人においては完全に保持され、その中のより硬い音はエトルリア人によっても保たれていたが、イタリキにはもともと無縁なものであり、彼らにあっては、有声閉鎖音によってであれ、ただ *f* または *h* という気息音によってであれ、気息音の要素の一つによって示される。より精妙な気息音、*s*, *w*, *j* は、ギリシア人ならばできるだけ除去するものなのに、イタリキの言語の中では、あまり傷つかずに保たれている。それどころか、往々にしてますます発展させられた。アクセントの後退、それによって現われる語尾の混乱を、イタリキはなるほど、いくつかのギリシア人種族と、そしてまたエトルリア人とも共有した。それでも、ギリシア人よりも強く、エトルリア人よりも弱く適用したのである。ウンブリア語における語尾の極端な混乱は、たしかに本来の言語精神に基づかないものであり、後の時代の堕落——たとえより弱くとも同じ傾向をもってローマにも妥当した――である。したがって、イタリキの諸言語の中では、短母音は語末音では原則として落とされ、長母音はしばしば欠落する。それに対して結びの子音は、ラテン語では、そしてさらにサムニウム人の言語ではいっそう粘着力をもって、しっかりと保持される。一方、ウンブリア語は、やはりこれを落としてしまう。このことに関連して、イタリキの言語には、中間態があまり痕跡を残していないこと、また r を付加することによって形成された独特な受け身がそれに取って替わっていることが分かる。それはさらに、時称の大部分が語根 es と fu との合成で作られていることに関連する。ところが一方、ギリシア語には、接頭母音［動詞が過去形になるときに語頭に加える母音］と並んで、より豊かな幹母音変化［同一の語幹または語根の中で起こる規則的な母音交替］が、助動詞の使用を大部分省いている。イタリキの言語は、アイトリア人の方言のように両数を放棄している一方で、通常、ギリシア語から失われた奪格を一貫して保ち、大部分は地格をも保持している。イタリキのもつ厳しい論理においては、複数の概念を、二つと多数という両概念に分割するのに同意できなかったのであろう。一方、イタリキは活用形［変化、曲折］で言葉の関連を表現する方法を、きわめて精妙に確立したのである。イタリキの言語に独特で、サンスクリットにさえ無縁なのが、他のどの言語よりはるかに完成された動名詞、および動詞的名詞の形［スピヌム。ラテン語の動名詞の一種で、um または u で終わる］での動詞の名詞化である。

イタリキとギリシア人との関係　イタリキ系の言語を使う種族の個性を、他のインド・ゲルマン人から区別するには、豊富な類似現象の中から選び出されたこれらの事例でもはや充分であろう。それらは、彼らが言語的にも地理的にもギリシア人に最も近い種族関係にあることを示している。ギリシア人とイタリキとは兄弟である。ケルト人、ゲルマン人、スラヴ人が、彼らには従兄弟にあたる。あらゆるギリシア人の方言およびあらゆるイタリキの方言、また彼らのあらゆる語幹が基本的に同一であることは、早くから、そしてはっきりと、この偉大な二つの民族自身にも意識されていったに違いない。ローマの言語の中には、起源不明の太古の言葉、Graius や Graicus、つまりヘレネスすべてを表わすものが見出されるからである。また同じくギリシア人にあっても類似の呼称 Ὀπικός が存在し、それはとりわけギリシア人が古い時代に知っていたラテン人とサムニウム人のことであり、イアピュギア人やエトルリア人には使用されていないからである。

ラテン人とウンブリア人、サムニウム人の関係　しかし、イタリキの言語を使用する種族にあっては、ラテン方言が今度はウンブリア・サムニウム諸方言とはっきり対立して現われる。ともあれ、この中のただ二つ、ウンブリア方言とサムニウム方言もしくはオスキ方言がある程度知られているにすぎず、それもまことに不完全かつ不確かな具合にしか知られていない。その他の方言としては、ウォルスキ方言やマルシ方言のように、断片として我々に残されているものしかなく、それもあまりにわずかなものにすぎず、方言の個性を把握したり、その方言自体をきちんと正確に分類することさえできないのである。一方、サビニ方言のように――田舎訛りのラテン語の中に方言としての特徴が少しばかり痕跡をとどめているのは除いて――完全に消えてしまったものもある。それにもかかわらず、言語上の事実と歴史上の事実の結びつきから言って、次のことを疑う余地はない。つまりこの方言のすべてが、大きなイタリキという幹のウンブリア・サムニウム人という分枝に属していること、また、たとえラテン語に対しての方がギリシア語の幹に対するよりもはるかに近い関係にあるにしても、ラテン語からは実にはっきりと区別されることである。代名詞などでは、サムニウム人とウンブリア人はしばしば、ローマ人がqと言うところをpと言った。したがってquisの代わりにpisとなる。ちょうど他の点では近親関係にある言語でも異なったところがあるように、例えばブルターニュやウェールズにおけるケルト語のpや、ゲール［スコットランド高地またはアイルランドのケルト人］語・アイルランド語におけるkは、その言語に特有のものなのである。母音に関しては、二重母音がラテン語や一般に北方の方言においてははなはだしく崩れているようなのに、南方の古イタリア方言では二重母音もそのような目にはあっていない。このことと類似の関係にあるのは、ローマ人が合成語では、それ以外のものについてはあれほど厳しく守っていた基礎母音［語根の母音］を弱めていることである。これは、近い言語グループでは起こらなかったことである。aで終わる言葉の属格は、このようにしてギリシア人ではasとなるのに、ローマ人においては陶冶された語aeとなる。usで終わる言葉の属格は、サムニウム人ではeis、ウンブリア人ではes、ローマ人ではeiに、地格は、ローマ人にあっては言語意識の点でますます後退するのに、他のイタリキ系の方言では完全に残って使用されている。busで終わる複数与格は、ただラテン語だけにある。ウンブリア・サムニウム語の不定法umを、ローマ人は知らない。一方、語根esによってギリシア式に作られるオスキ・ウンブリア語の未来形（her-est. ちょうど λέγ-σω のように）は、ローマ人ではほとんど、いやたぶんまったく消えており、単純動詞の希求法またはfuoの類似の形態［類推形］によって置きかえられている（ama-bo）。このような場合の多く、例えば格の型において、はじめは等しいものの、完成した双方の言語には差がある。なるほど古イタリアの言語がギリシアの言語と並んで独立して存在していたとしても、古イタリア語の中では、ラテン方言のウンブリア・サムニウム方言に対する関係は、ちょうどイオニア方言のドリス方言に対するがごときものなのである。一方、オスキ方言、ウンブリア方言、およびそれに近い方言の差は、同じドリス系のシチリア方言とスパルタ方言との差にほぼなぞらえられよう。

このような言語現象のすべてが、一つの歴史的な出来事の結果であり、またその証拠でもある。そのことから完全にまた確実に推論できるのは、民族および言語に関する共通の母胎から、ギリシア人と古イタリア人［イタリキ］の祖先をともに包含する一つの種族［幹］が分かれ出たということである。そしてそこからやがて古イタリア人が分かれ、次いでそれが再び西方種族［方言群］と東方種族［方言群］になり、その後、東方群がウンブリア語族［ウンブリア人］とオスキ語族に分枝したのである。

いつ、どこで、このような分枝がなされたのか、もちろん言語は何も教えてくれないし、この革命的な変化を推定して手探りで辿ってゆくという向こう見ずな考えもほとんど許されないものであろう。ただし、その革命のうちの最古のものは、疑いなく、イタリキの種族の祖先たちがアペニンを越えてきたあの移動のはるか前になされたものであろう。それに対して、種々の言語の比較は、それが正しく慎重になされるならば、分離が生じたときに人々が到達していた文化程度の大略の像を、したがって、文明の発展に他ならない歴史の始まりを、我々に示してくれるであろう。というのも言語は、とりわけその形成期には、到達された文化の段階の忠実な像であり、また器官だからである。大きな技術革命・習俗革命の証拠は、文書館の中と同様、言語の中にも保持されている。そしてその文書・記録から、将来必ずや、あらゆる直接の伝承が沈黙している時代についての知識を得ることができるようになるであろう。

インド・ゲルマン人の文化　分枝したインド・ゲルマン人は、同一の言語をもつ種族［樹幹］を形成する一方、ある文化段階に到達し、それに適合した一つの語彙を持つようになった。そして個々の民族が、それぞれに定まった確たる慣習の中で、共通の持参金としてこの語彙を受け取り、与えられた基礎の上に、独自の建物を組み立てていった。その語彙の中には、**sum, do, pater**、すなわち存在・行動・知覚に関わる最も簡単な表現、したがって人間の心に外界が与える印象の根源的な反響が見出されるのである。そればかりでなく、インド・ゲルマン人の共有財産であり、均整の取れた発展からも後の借用からも明らかにならない若干の文化用語を、語根のうちのみならず、習慣によって際立つ語形の中にも見出すことができる。このようにして、不易な形で固定した家畜の名前の中に、あのはるかなる時代における牧人生活の発展の証拠が見られるのである。サンスクリットの**gâus**は、ラテン語の**bos**、ギリシア語の***βοῦς***であり［牛］、サンスクリットの**avis**は、ラテン語の**ovis**、ギリシア語の***ὄϊς***である［羊］。サンスクリットの**açvas**は、ラテン語の**equus**、ギリシア語の***ἵππος***で［馬］、サンスクリットの**hañsas**は、ラテン語の**anser**、ギリシア語の***χήν***である［ガチョウ］。またサンスクリットの**âtis**は、ギリシア語の***νῆσσα***、ラテン語の**anas**［アヒル］、同じく**pecus, sus, porcus, taurus, canis**［家畜＝羊、豚、豚、牛、犬］はサンスクリットでもある。このように、ホメロスの時代から現代まで、人類の知的な発展を支えてきた種族が、すでにこのような最も遠い時期に、文明の最低の段階、狩猟民・漁撈民の段階を乗り越えていたのであり、少なくとも、比較的、住居を変えない定住段階に達していたのである。それに対してすでにその頃、農地が耕作されていたという確実な証拠は今日までのところ存在しない。

言語は、農地云々に関しては、肯定的というよりむしろ否定的である。ラテン・ギリシア語の穀物の名前には、言語的には、サンスクリットの yavas にあたる ζέα を唯一の例外として――それはインドでは大麦、ギリシアではスペルト小麦［ドイツ小麦。家畜用小麦］を意味するのであるが――、何一つサンスクリットに相応するものはない。しかし、このように家畜の呼び名の基本的な一致とは著しく対照をなす栽培植物の名前の違いだけでは、農耕における本来的な共同作業がまだ決して無条件に排除されないということを、もちろん認めなければならない。原始時代の状況では、植物を移すことや順化させることは、動物のそれよりもむずかしい。インド人の稲作、ギリシア人とローマ人の小麦・スペルト小麦栽培、ゲルマン人やケルト人のライ麦・カラス麦栽培は、確かにすべてそれ自体、共同作業という仕組みを持つ原始農業に遡ると言うことができるかもしれない。しかし他方で、ギリシア人とインド人に共通の禾穀類の呼称はせいぜい、各種族に分かれる前に、メソポタミアで野生のまま育った大麦・スペルト小麦の穀粒*を集めて食べていたことの証拠になるにすぎない。それは、人がすでに穀物を栽培していたという証拠にはならないのである。ここでは、いかなる面をとってみても決定的な結論は出ない。それに対して、なおいっそうの考察を加えなければならないのは、この栽培・耕作という領域においては、最も重要な、数々の文化［農耕という意味も込めて］に関する言葉がサンスクリットにはっきりと登場し、しかもずっと一般的な意味の中で普通に現われるということである。agras はインド人にあっては要するに田畑であり、kûrnu は砕かれた［磨り潰された］穀物、aritram は舵と船、venas は要するに快適なこと、とりわけ快適な飲み物、酒である。これらは、言語としてはたしかにきわめて古いものである。だがしかし、農耕地（ager）や、碾かれるべき穀物（granum）や、海面に対する船のごとく土地に溝や畦を作る道具（aratrum）や、ブドウの汁（vinum）など、そうしたものについてのはっきりした言語の関連性は、種族の最古の分離の際にはまだ発展していなかった。というわけで、一部では、関係がはなはだ違った結果になり、例えば碾き砕くべく定められた穀物も、碾き潰す碾き臼も、同じようにサンスクリットの kûrnu から、ゴート族の quairnus の場合も、リトアニア人の girnôs の場合も、その名を得ていると言ってもなんら驚くには当たるまい。したがって我々は、原始のインド・ゲルマン人がまだ農耕を知らなかったということもあり得ると見做すことができよう。そして彼らがそれを知ったときには、まだ農耕は彼らの経済上の営みの中においてはまったく副次的な役割しか演じていなかったということも、確かであるように思われる。というのは、農耕が後にギリシア人やローマ人において占めた位置を当時すでに占めていたならば、実際に見られたよりもずっと深く言葉に刻印されていただろうからである。

* エウフラテス右岸、アナー［現在のイラクの地名］の北西で、野生の大麦、小麦、スペルト小麦が発見された（Alphonse de Candolle,

Géographie botanique raisonnée. Paris 1855. 2, p. 934)。メソポタミアでは大麦や小麦が野生で育っていたことは、すでにバビュロンの歴史家ベロソスが言っている（Georgios Synkellos, p. 50, Bonn）。

それに対して、インド・ゲルマン人の家屋、つまり小屋の建築の証拠としては、サンスクリットの dam(as)、ラテン語の domus、ギリシア語の δόμος［家］、サンスクリットの vêças、ラテン語の vicus［村］、ギリシア語の οἶκος［住まい］、サンスクリットの dvaras、ラテン語の fores、ギリシア語の θύρα［ドア］が挙げられよう。さらにボートの構造に関しては、小舟［平底舟］の名としてサンスクリットの nâus、ギリシア語の ναῦς、ラテン語の navis があり、またオールの名としてサンスクリットで aritram、ギリシア語で ἐρετμός、ラテン語で remus, tri-res-mis がある。車の使用、牽引や輸送のために家畜を飼い馴らすことについては、サンスクリットの akshas（車軸と荷車）、ラテン語の axis［車軸］、ギリシア語の ἄξων, ἅμαξα、さらにサンスクリットの iugam、ラテン語の iugum、ギリシア語の ζυγόν［計り、一連の家畜］がある。なお衣服の呼称、すなわちサンスクリットの vastra、ラテン語の vestis［衣服］、ギリシア語の ἐσθής、また縫うことと紡ぐこと、すなわちサンスクリットの siv、ラテン語の suo［縫う］、そしてサンスクリットの nah、ラテン語の neo、ギリシア語の νήθω は、すべてのインド・ゲルマン人の言葉で同じである。それに対して、織るというような高度の技術については、同じ風には言われていない。*

* ラテン語の vieo, vimen は、我々の「織る」（weben, weave）やそれに近い語彙のように、同じ語幹に属していたとしても、ギリシア人と古イタリア人とが分かれたときに、おそらくすでに「編む」（flechten, plait）という一般的な意味をもっていたに違いない。そしてそれがたぶん様々な地域で、独立して個々ばらばらに、後の時代にようやく初めて、「織る」（weben, weave）という意味に移っていったのであろう。どんなに古くとも亜麻栽培はこの時代までは遡らない。というのも、インド人は亜麻を確かに知ってはいたが、今日までただ亜麻仁油の製造のためにそれを使っているにすぎないからである。イタリキはおそらく麻［大麻］を、亜麻よりずっと後になってから知ったにすぎない。少なくとも cannabis［麻、大麻］は、まったく後の借用語のように見える。

他方、それに対して、食事の準備のための火の使用とか、薬味としての塩の使用の知識は、インド・ゲルマン人の太古からの世襲財産であり、それどころか同様のことは、人間が道具や装身具について使用した最古の金属の知識にも妥当する。少なくとも銅（aes［青銅も含む。以下同］）や銀（argentum）の名は——おそらく金の名も——、サンスクリットでも見出される。これらの名称は、人が鉱石を選鉱し使用することを学ぶ前に生まれたということはほとんどありえない。というわけで結局は、サンスクリットにおける asis、ラテン語における ensis［両刃の長剣］が、金属製の武器が太古に使用されたことを示しているのである。

基礎的な考えはまさしくこの時代にまで遡るのであり、あらゆるインド・ゲルマン人の国家の発展は、究極的にはその思想に基づくのであった。男女の相互の地位、氏族の秩序、家長の神官的な性格、固有の神官身分の欠如ならびに一般にすべてのカースト的な差別の欠落、法的な制度としての奴隷制、新月と満月時の共同体の裁判の日などがそれである。それに対して、共同生活［公共体での生活・制度・組織］上の積極的な秩序、王権と共同体の主権との間での裁定、王家および貴族家門の世襲的な特権と市民の無条件の法的同等性との間での裁定は、まったく後の時代のものである。学問と宗教の原理や構成要素ですら、一番もとの共同社会の痕跡を残している。

数は一〇〇までは同じである（サンスクリットは çatam, êkaçatam、ラテン語は centum、ギリシア語は ἑ-κατόν、ゴート語は hund）。月はどの言語でも、人がそれによって時を計ること (mensis) から、そのように呼ばれている。神格の概念自体（サンスクリットでは dêvas、ラテン語では deus、ギリシア語では θεός）のように、最古の宗教概念や自然像の多くも、諸民族共有の財産に属し、例えば万物の父親としての天空の捉え方、万物の母親としての大地の捉え方、慎重に敷かれた軌道を自分の車で一つの場所から他の場所へと移ってゆく神々の祝祭行列、影のような死後の魂の存続は、インド神話学の根本的な考え方であるとともに、ギリシア・ローマ神話学の基本的な教えでもある。ガンジス河の神々自体、イリッソスやティベリス河畔で崇拝された神々と名前まで一致する。そこで、ギリシア人のウラノスが Varunas、また同様にしてゼウスは Iovis pater、Diespiter はヴェーダの Djâus pitâ なのである。ヘレネスの神話の謎に満ちた多くの形姿の上に、古いインドの神格についての最近の研究によって予期せざる光が投げかけられた。白髪の神秘的なエリニュスたち［Erin(n)yes, Erinys］の姿は、ヘレネスの創作ではなく、東方から最古の移住者とともに移ってきたものなのである。天の主のために星と太陽の光の黄金の畜群を護り、彼のため天空の雌牛つまり恵みの雨雲を乳絞りへと集める神なる猟犬 Saramâ、だが敬虔なる死者をも天国へと忠実に導く Saramâ は、ギリシア人では Saramâ の息子、Saramêyas もしくはヘルメイアスとなる。そしてもちろん、ローマの Cacus［ウルカヌスの子。本来はローマの火の神。ヘラクレス伝説に結びつく］の話とも関連する謎めいたギリシアの説話、すなわちヘリオス［太陽］の牛の掠奪の話は、今やあの古くて意味深い自然幻想の、もはやその意味も理解できない最後の余韻であると思われている。

グラエコ・イタリキ文化　インド・ゲルマン人が各種族［語系、部族］へと分かれる前に到達していた文化の程度を確定するという課題は、むしろ古代世界の通史に属することであるが、それに対して、ヘレネスとイタリキがお互いに分離したときグラエコ・イタリキがどのような状態にあったかをできうるかぎり調査することは、とくに古イタリア史の課題である。それは、決して余計な仕事ではないだろう。我々はそうすることで、古イタリア文明の始まり、民族の歴史の出発点をつかむことができるのである。

農業　あらゆる痕跡が示しているのは次のことである。インド・ゲルマン人がたぶん放牧生活を行ない、大体野生の禾穀の実しか知らなかったのに、グラエコ・イタリキは穀物栽培、それどころかおそらくブドウ栽培も行なった人々であったということである。それを証明するのは、農業の共同社会自体ではない。というのも、まだ決してあらゆる民族からなる共同社会の存在という推論は是認しうるものではないからである。インド・ゲルマン人の農業と、中国人・アラム人・エジプト人の農業との歴史的な関連を否定するのはむずかしいであろう。それでも、これらの人々は、インド・ゲルマン人とは人種的に異なる。もしそうでなくても、農耕生活がまだ確かには見られなかったときに、インド・ゲルマン人からはすでに分かれていた人々なのである。むしろ、古くから他より高い位置にあった人種は、今日のように耕作用具や栽培植物を常に交換していた。そして中国の年代記が中国の農業を、特定の王のもと、特定の年に行なわれた五穀の輸入に遡らせていても、この物語は、少なくとも一般的な形で、太古の段階の文明の状況を正しく示すものであることは間違いない。アルファベット、戦車、紫色の衣服、他の道具・装飾品についての共有の知識のように、農業についても共有の知識が存在することは、諸民族の根源的な一体性というよりもむしろ古くからの民族間の交流を推論させる場合が多い。しかしギリシア人やイタリキに関して言えば、この両民族相互の比較的よく知られた関係にあっては農業も、文字や貨幣のようにヘレネスを通して初めてイタリアに入ってきたという推測は、完全には認めがたいものと見做される。他方、農耕に関する最古の表現すべての共通性は、両者の農耕についてきわめて密接な関係を示している。すなわちager-ἀγρός［土地、農地］、aro, aratrum-ἀρόω, ἄροτρον［鋤き返す、鋤き返された土地］、ligo［結ぶ］はλαχαίνωと並び、hortus［庭、園地］-χόρτος、hordeum［小麦］-κριθή、milium［黍］-μελίνη、rapa［大根の一種］-ῥαφανίς、malva［ぜにあおい］-μαλάχη、vinum［ブドウ酒］-οἶνος。また古アッティカおよびローマの遺物の中に見られる、まったく同じように作られた犂《すき》の形からは、ギリシアと古イタリアの農業の一致も証明されよう。黍、大麦、スペルト小麦など、最古の穀類の選択の点でも、草刈り鎌をもって穂を刈り取り、それを平らに踏みならされた脱穀床で家畜に踏ませて粒を出すやり方の点でも、最後は穀物の調製法の点でもしかりである。すなわちpuls［ねばねばした粥］-πόλτος、pinso［押しつぶす、小さく砕く］-πτίσσω、mola［石臼、脱穀機］-μύλη。というのも、パン焼きの始まりは新しく、したがってローマの儀式ではパンの代わりに、捏粉［ねばねばした粥］や粥が用いられていた。イタリアにおけるブドウ栽培も、最古のギリシア人の来住を越えて古く遡る。「ブドウ酒産地《オイノトリア》」（Οἰνωτρία）という名称は最古のギリシア人の上陸者［移民でないという意味で］に始まるようである。その後、放牧生活から農業への移行、あるいはもっと正しくは、農耕と古い牧場経営の結びつきが生じたに相違ない。インド人が諸民族の母胎から分かれた後のこと、だがヘレネスとイタリキが両者の古い結合を廃棄する前のことである。要するに農業が登場したとき、ヘレネスとイタリキは、ただ単にお互いに、というだけでなく、大きな語族の他の構成員たちとも結びついて一つの総体としての民族をなしていたようである。少なくとも栽培に関する言葉の最も重要なものは、なるほど語族としてのインド・ゲルマン人のアジア系の成員には異質なものだが、ケルト、ドイツ［ゲルマン］、スラヴ、レッティシュ族［ラトヴィア人。ただし英訳ではリトアニア人としている。言語学的にはリトアニア語とラトヴィア語は分けられるが、問題はリトアニア語］とローマ人・ギリシア人に共通であるという事実が厳存する。*

* こうして **aro**, **aratrum** は、古ゲルマン語の **aran**（耕す。方言では **eren**), **erida**、スラヴ語の **orati**, **oradlo**、リトアニア語では **arti**, **arimnas**、ケルト語では **ar**, **aradar** の中に現われる。また、**ligo** に並んでドイツ語の **Rechen**［熊手］、**hortus** に並んでドイツ語の **Garten**［庭］、**mola** に並んでドイツ語の **Mühle**［碾き臼］、スラヴ語の **mlyn**、リトアニア語の **malunas**、ケルト語の **malin** が存在する。これらの事実だけからでも、ギリシア人が、あらゆるヘレネスの郷の中で、ただ家畜飼育だけで生活していた時代があったことを認めるわけにはゆかないであろう。土地保持ではなく家畜保有が、ヘラスでもイタリアでもあらゆる私有財産の出発点であり、その中核であるにしても、このことは、農業が遅れてやっと現われたことによるのではなく、はじめは耕地共有制［耕地共同体システム］によって農業が行なわれていたことによるのである。それに加えて、純粋な農業経済が部族の分枝する前にはまだどこにも存在し得なかったというのではなく、多少ともその土地の特殊性に応じて、家畜放牧が農業と結びついて——後には偶然そうなるのであるが、それ以上に——ずっと拡がっていたのも当然のことであろう。

慣習・言語の点で、各民族共通の遺産と自分たちが正当に獲得した財産との分離は、まだ長い間不完全であり、多様な区分や段階という形をとって分離が行なわれていった。そうした関連での言語の研究は、ほとんど始められていないと言うべきであり、歴史叙述でも相変わらず、太古の記述を言語の豊かな竪穴《シャフト》の代わりに、むしろ大部分が鉱石を含まない伝承の岩石から主として取り出しているのである。したがってさしあたりここでは、最古の共同生活時代のインド・ゲルマン語族の文化と、グラエコ・イタリキがまだ分離しないで一緒に生活していた時代の文化との違いを示すことで満足しなければならない。この語族の中のアジア系の人々には関係ないが、ヨーロッパ系の人々に共通の文化の成果と、ギリシア・古イタリア人やドイツ［ゲルマン］・スラヴ人のような、ヨーロッパ系の個々のグループがそれぞれ到達したものとを分けるというのは、もしできるとしても、言語的・事物的な研究がずっと進んだ後にはじめて行なわれうることなのである。しかしたしかに農業は、グラエコ・イタリキの人々にとって、きっと他のあらゆる民族の場合と同様に、民族としての生活および私生活の芽や核となり、そうしたものとして民衆の意識の中にとどまった。農耕民が牧人の簡単な小屋と一所不住の竃の代わりに建てた家や不動の竃が、精神界に現われ、女神ウェスタまたは Ἑστία の形で理想化された。それは、非インド・ゲルマン的でしかも両民族に元来共通する、ほとんど唯一のものと言うべきである。イタリキ系の人々の最古の系譜についての伝説の一つでは、王イタルスが——イタリキはウィタルスまたはウィトゥルスと言ったに違いないが——民衆を放牧生活から農業へと移行させたのだとしている。古イタリアの最初の立法をそれに結びつけているのも、うがった捉え方であろう。ただ、これについてのもう一つ別のヴァージョンが、農耕用牡牛を原植民市の導き手にしているサムニウム人の系譜についての伝説の中に、あるいは民衆を草刈り人（Siculi. また Sicani とも）もしくは農業労働者（Opsci）と呼んでいるラテン人の最古の民族の呼称の中に見られる。いわゆるローマの起源伝説は、これらの伝説に反する性格を持っている。後者の伝説では、都市建設者として放牧・狩猟民が登場するからである。ともあれ伝説と信仰、法と慣習は、イタリキの場合も、ヘレネスのようにまったく農業に結びついている。*

* 文化の最古の段階では、農業と婚姻との関係、また農業と都市建設との関係ほど、密接な結びつきを最もよく示すものはない。婚姻にまず直接関与する神々は、イタリアではケレスと（もしくは？）テッルス（Plut. Rom. 22. Serv. Aen. 4, 166. A. Rossbach, Untersuchungen über die römische Ehe. Stuttgart 1853. S. 257. 301）、ギリシアではデメテルである（Plut. Coniug. praec. Vorrede）。なにしろ、古いギリシアの慣用句では、子供をもうけること自体、収穫を意味したほどである（ἄροτος. 二二頁注）。それどころか、最古のローマの婚姻の形式、コンファッレアティオ［五一頁参照］は、その名称と儀式の点で穀物栽培から引き出されたものである。都市建設の際、犂を使ったことはよく知られている。

農業そのものと同様に、単位面積［平方積］の算定や境界設定の方法も、両民族にあっては同じ原則に従って行なわれた。土地の耕作が、たとえ粗雑なものであっても、土地の測量なしでは考えられないからである。オスキ語およびウンブリア語の vorsus とは一〇〇歩の正方形であり、ちょうどギリシアのプレトロンに当たる。境界設定の原則も同じである。土地測量家は、基本方位の一つに従って自分の位置を見極める。そしてまず南北と東西の二つの線を引く。その交点（templum. τέμνω から来た語 τέμενος）に立ち、次いで一定の距離ごとに、主切断線に平行な線を引いてゆく。それによって一列の直角形の土地が生まれるが、その土地の角を境界の杭によって示すのである（termini. シチリアの碑文では τέρμονες。一般には ὅροι）。この境界設定法は、たしかにエトルリア人的であるが、それでもエトルリア人起源とはなかなか言い切れず、ローマ人、ウンブリア人、サムニウム人に見出すことができ、タレントゥム［タラス］のヘラクレイア人［タレントゥムの植民市ヘラクレイアの人。伝承では町の建設は、西暦前四三三／前四三二年］のきわめて古い記録の中にもある。おそらく、イタリキがタレントゥム人からこの方法を取り入れたとも、タレントゥム人がイタリキからこの方法を取り入れたとも言えず、それは古い共有財産なのである。ローマ人に特徴的なのは、正方形の原則を厳しく実行させた点である。この原則に従って、他ならぬ河や海が自然の国境をなすところでさえ、それらを境界として用いずに、自分のものとして配分された土地を最後まで完全な正方形で囲んだのである。

農業以外の営み　しかし、単に農業のみならず最古の人間活動のその他の分野においても、ギリシア人とイタリキとのとりわけ密接な関係は、ごく明白である。ホメロスが描いているようなギリシア人の家は、イタリアにおいて変わることなくしっかりと保持されていた家とあまり違いがない。ラテン人の家の基本的な部分——もともとの屋内居室の全体——は、アトリウムだった。すなわち家の祭壇、夫婦の床、食卓、竈をもった暗い居間である。それはまた、家の祭壇および竈、またその煙で煤けた屋根のあるホメロスのメガロンに他ならない。

同じことは造船には当てはまらない。橈《かい》船はインド・ゲルマン人の古くからの共有財産であるが、帆船への進歩はグラエコ・イタリキ時代のこととは言えない。インド・ゲルマン人に一般的な海の表現を除くと、もともとまったくギリシア人とイタリキに共通の海の表現がないからである。それに対して、農民の共同の中食についての太古のイタリキの慣習は、アリストテレスによってクレタ人の共同食事《シュッシティア》(Syssitia)に比せられているが、神話はその起源を農業の移入に結びつけている。そして最古のローマ人が、クレタ人やラコニア人と一致していたのは、後のクレタ人やラコニア人において普通となったように、彼らが長椅子に横になって食事をしたのではなく座って食事をしたということである。二種の異なった木材を擦って火を点けることは、あらゆる人々に共通である。けれどもたしかにギリシア人とイタリキは、二つの点火材の名称、「擦る材」(τρύπανον-terebra)と「点火材[台]」(στόρευς ἐσχάρα-tabula. 間違いなく tendere-τέταμαι から)の名称の点で合致している。同じく、両民族の衣服も基本的には同じである。トゥニカは完全にキトンに対応し、トガはよりだぶだぶしたヒマティオンである。それどころか、両民族は少なくともあのように変わりやすい武器においてすら共通であり、投げ槍と弓とが二つの主要な攻撃用兵器である。それは、ローマの方では最古の兵士の呼称(pilumni-arquites)の中にはっきり表われている。* そして本来白兵戦を想定しない最古の戦闘法に適合するものである。このように人間存在の物質的基礎にかかわりのあるかぎりすべてが、ギリシア人とイタリキにおいては言語および習慣の点で同じ原理に由来する。地上世界が人間に提示した最古の諸課題は、かつて両者がまだ一つの民族を作り上げていたとき、一緒に解決されたのである。

* 双方の最古の武器の名称の中には、はっきりと同類関係のものは、ほとんど現われない。lancea[槍]が間違いなく λόγχη と関連していても、ローマ人の言葉としては新しく、おそらくゲルマン人またはスペイン人から借用したものであろう。

イタリキとギリシア人の内的な対立・相違　しかし精神の世界では、ことは別である。人間が自分たちと、また自分たちの同類と、そしてまた全体と、意識的な調和の中で生活するという大きな課題は、わが祖国[ドイツ]の中に数多くの領邦があるのと同様に、それにふさわしい多くの解決法が考えられる。個人および諸民族の性格が分かれるのは、この分野に関してであり、決して物的な世界ではない。グラエコ・イタリキの[未分離]時代には、そのような内部的な相違・対立を引き立たせるような刺戟はまだ不足していたに違いない。やっとヘレネスとイタリキとの間に、そのような深い知的相違が現われ、その影響は、今日までも続いているのである。家族と国家、宗教と芸術は、ギリシアのようにイタリアでも独特であって、まったく民族的な特色を帯びて発展したので、この点でも、両者が立脚した共通の地盤はいずれの地でも［上に茂るものに］覆われてゆき、我々の視界からはほとんどまったく隠れてしまったほどである。あのヘレネス的な本質、個に対して全体を、共同体に対して民族を、市民に対して共同体を犠牲にするヘレネス的なものにあっては、その生活理想は美と善であり、あまりにもしばしば、ただ甘美な無為でありすぎた。その政治的な発展は、個々の郷［行政単位］の元来の割拠分立主義を強め、後には共同体の力の内的な解体まで生みながらも、続いたのである。その宗教観は、まず神々を人間にし、やがては神々を否定し、ヘレネス的な性格は無垢な子供の遊びの中でその手足をのびのびとさせ、まったくの壮麗さ、まったくの畏敬の思いに自由な道を開いたのである。一方、かのローマの本質は、息子を父親に対する畏敬の念に、市民を支配者に対する畏怖の念に、彼らすべてを神々に対する畏怖の念にと呪縛するものであったし、有用な行為の他に何も求めず、何も尊敬しなかった。短い一生のその瞬間瞬間を休みなく働くことで充実させるように、市民すべてに強要した。肉体を純潔さで包むことを、男の子には義務として課した。ローマ的な気質では、仲間・同輩とは別の存在でありたいと望んだ者は、だれでも悪しき市民と呼ばれたのである。そこでは国家がすべてであり、国家の拡大が、唯一の、禁じられない、高い思いであった。考え方の点でのこのような鋭い対立・相違を、だれが根源的な一体性——一体性が彼ら両者をくるみ、その発展を用意し、生み出したとしても——に帰することができるだろうか。このようなヴェールを剝ごうとするのは、ばかげた厚顔な行為であろう。ただし、少々ヒントを与えること、つまり古イタリア人の国民性の始まりと、古い時代との結びつきとを指摘することだけならばやってみてもよいだろう。それは、賢明な読者の予想していることを言葉にするためではなく、予想に方向を与えるためである。

家族と国家　国家のうちにある家産制的な要素と言いうるものはすべて、ギリシアでもイタリアでも同じ基盤の上にある。とりわけ、これまでのところ、道徳に叶い信頼に足る社会生活の形があり、*それは、夫には一夫一妻制を示し、妻の姦通を厳しく罰し、家の中での母親の高い地位のうちに両性の同等性と結婚の神聖さを認めていた。それに対して、夫権、なおそれ以上に父権の、峻厳であってしかも人格［人間の自然権］など顧慮しない発展は、ギリシア人には無縁であり、イタリキ独自のものである。道徳的な恭順さとは、イタリアで初めて法的な隷属へと姿を変えた。同じ具合にして、奴隷制の本質にあるような隷属民の完全な法的無能力さは、ローマ人によって容赦ない厳しさで固定され、まったく首尾一貫して発展させられた。それに対してギリシア人にあっては、早くから事実上も、また法的にも緩和が行なわれ、例えば奴隷婚が合法的な関係として認められた。

* 個々の点についてもこのような一致は、例えば「正嫡出子を得るために結ばれたものとしての正当な婚姻」(*γάμος ἐπὶ παίδων γνησίων ἀρότῳ*. —— matrimonium liberorum quaerendorum causa) という名称の中に表われている。

氏族とは、家を基礎とする、つまり同じ先祖をもつ子孫の共同社会であった。そしてギリシア人にあってもイタリキにあっても同様に、国家なるものはこの氏族から生まれる。しかし、まだ政治的な発展の未成熟な段階にあったギリシアでは、氏族の結合は、歴史時代までずっと国家に対して団体的な力として自己主張し続けていたのに比して、イタリキでは、氏族は国家に対して完全に中立を保ち、イタリキの国家は氏族の共同社会ではなく市民の共同社会を意味するものとして一気に出来上がった形で登場したのである。それに引き替えギリシアでは逆に、個人が氏族に対して、ローマよりもはるかに早く、より完全に内的な自由を獲得し、独特な発展の華が咲いたことがきわめて歴然としており、このことは、元来は同じ種類の固有名詞が両民族においてまったく異なった種類の発展をみせたことのうちに反映している。古いギリシアの固有名詞の中では、氏族名は非常にしばしば個人名に形容詞的に加わる。一方それに対してローマの学者は、自分たちの祖先がもともとただ一つの名、後の個人名《プラエノメン》(praenomen) だけしかもたなかったことを知っていた。しかし、ギリシアで形容詞的な氏族名が早く消えてしまったのに、イタリキにあっては一般に——しかも単にローマ人の場合だけではなく——、それは名前の主要部分になったのである。そこで本来の個人名、プラエノメンが、従属的な位置のものになった。それどころか、イタリキの個人名、とりわけローマ人の個人名の数の少なさ、また数が次第に少なくなること、そしてその意味を喪失してゆくことは、ギリシア人の個人名の溢れるばかりの詩的豊かさに比して、いかにローマでは個性の平均化が、ギリシアでは個性の自由な発展が、民族の本質のうちに存在したかを、我々にはっきりとあたかも絵のように示してくれるのである。

部族・一門の長たちのもとでの家族共同体の共同生活は、あのグラエコ・イタリキの時代に関してどうであったと考えられようとも、後のイタリキの政治形態［国制］ともヘレネスのそれとも、充分に異なったものと見做すことができよう。しかしそれでもそれは、双方の法形成の始まりを必然的にすでに内包していたに相違ない。アリストテレスの時代にもなお適用されていた「王イタルス［オイノトリアの王。Arist. pol. 1329b, 8ff.］の法」が、この両民族に本質的に共通していた制度を示していると言えよう。共同体内部の平和と法律効果、外に対しては軍事組織と戦争の法、部族の長の支配、長老たちの諮問会議、武装能力をもった自由人の集会、ある種の国制が、この法の中に含まれていたに違いない。裁判 (crimen［罪、犯罪、犯罪の訴追］-*κρίνειν*［裁く］)、償い (poena-*ποινή*)、復讐 (talio-*ταλάω, τλῆναι*) は、グラエコ・イタリキ的な概念である。債務者が、受け取ったものの返却の代わりに、まず自分の身体を抵当にするあの厳しい債権法は、イタリキにも、例えばタレントゥムのヘラクレイア人にも共通である。ローマの国制の根本思想――王制、元老院、市民集会［民会］、すなわち王と元老院が市民集会に提案し、市民集会はそれを批准したり却下する権能を持つ――が、クレタの古い国制についてのアリストテレスの記事ほどはっきりと記されているところは他のどこにも見られない。これまで独立していた多くの部族が政治的な親交を結び、あるいはそれどころかそれらが融合して、より大きな国家連合の芽（攻守同盟《シュンマキア》、集住《シュノイキスモス》）となっていくことは、両民族ともに共通である。ヘレネスとイタリキの国制の基礎にあるこのような共通性は、もっと重視されなければならない。それは、他のインド・ゲルマン語族の人々には、共通して拡がっていないから、ますますそうなのである。大体が、例えばゲルマン人の共同体的秩序は、ギリシア人とイタリキのそれのように、選挙王政から生まれたものではなかったからである。しかし、イタリアとギリシアにおいて、この同じ地盤の上に建てられた国制がいかに異なっていたか、その政治的な発展の全過程が両民族のそれぞれにどれほど完全に固有の財産であったか*、その点についてはさらになおいっそうの叙述を展開しなければならない。

＊ ただもちろん忘れてはならないのは、同じような前提はいつも同じような制度へと導くものだということであろう。例えばあのローマの平民層が、ローマという公共体の中で初めて成長したということほどはっきりしていることはない。それでも彼らは、一市民団と並んで一居留民層《メトイコイ》が発展したという、自分たちとは対照的なものをいたるところで目にするのである。ここでは偶然も特異な役割を演じることは、自明であろう。

宗教　宗教に関しても異なってはいない。たしかに、イタリアでもヘラスでも、象徴的・寓意的な自然観という同じ共有の宝物が、民間信仰の根底にある。ローマの神々や精霊の世界とギリシアのそれとの一般的な類似は、これに依拠している。それは、後の発展段階にいたっても重きをなすはずのものであった。また数多くの個々の概念、すなわち既述のゼウス―ディオウィス、ヘスティア―ウェスタという形や、聖なる場所の概念（τέμενος-templum）や、多くの犠牲や儀式の点で、双方の祭祀が一致しているのは単なる偶然ではない。しかしそれでも、それらはヘラスでもイタリアでも完全に民族的でしかも独特なものであり、したがって古い相続財産ですら、分かるように保持されているものは、そのうちのほんの僅かでしかないし、大部分が理解されないまま、あるいは誤解されたまま保存されていたのである。それ以外ではありえない。というのは、グラエコ・イタリキ時代にはまだ直接そのままでまとまっていた大きな相違性そのものが、この両民族へと分解したように、宗教においても、それまでただ全体として心の中にあったにすぎない概念と形象とが分離したのである。太古の農民は、雲が天を飛ぶように流れるとき、そのことをたぶん次のように言い表わしたであろう。神々の牝犬が、竃から追われてびっくりした雌牛を追い立て集めている、と。ギリシア人は、雌牛が本来雲であったことを忘れた。そして神々の牝犬の中の、単に特別な目的［概念］のために創り出された子さえ、どんな場合にも応じられる融通のきく神々の使者に変えた。山で雷が鳴ったとき、ギリシア人はオリュンポス山上のゼウスが太矢［くさび］を振り上げているのを見た。青空が再びほほえむと、ギリシア人はゼウスの娘アテナイアの輝く眼を見つめた。ギリシア人には自分の創った姿形がこのように強く生きていたため、やがてその中に、他ならぬ自然の力の輝きで光り、照り映えている人間を読み取り、美の法則に基づいて自由に人間を造り、また造り替えたのである。

たしかに種族としてのイタリキの内的な宗教感覚は異なっていた。しかし、より弱く表われたというわけではない。イタリキは観念を確立し、そして形が観念［意味］を不明瞭にすることに耐えられなかった。犠牲を捧げるときには、ギリシア人が目を天へと見開くように、ローマ人は覆いをかけて頭《こうべ》を隠す。ギリシア人の祈りが観察であり、ローマ人の祈りが想念だからである。ローマ人は自然全体のうちで精神的なもの、普遍的なものを崇める。存在するものすべてに、つまり人間にも、木にも、そして国家にも、食料品室にも、それとともに生まれ、それとともに消える霊が付与される。それは精神界における自然現象の複製である。男には男の霊《ゲニウス》が、女には女の霊《ユノ》が、境界にはテルミヌス、森にはシルウァヌス、循環する年にはウェルトゥムヌスが、そしてさらにその種類に応じてすべてのものが、それどころか行動においてもその活動の瞬間瞬間が霊化される。このようにして、例えば農民にとって代願［執り成しの願い］の祈りには、休閑地、耕作、溝掘り、種蒔き、土かぶせ、鋤きならしなど、それぞれの霊が呼び出される。つづいて、穀物倉に運び込む、貯蔵する、倉を開くといった霊まで呼び出される。同じように、結婚、誕生、さらに他のあらゆる身体的な自然の出来事が、聖なる生活で形どられる。このとき、抽象化の範囲が大きくなればなるほど、神の位階は高まり、人間の示す畏敬の念も高まる。こうしてユピテルとユノは男性的なもの、もしくは女性的なものの抽象化であり、デア・ディアまたはケレスは創造力、ミネルウァは追想力、デア・ボナあるいはサムニウム人のデア・クプラは善なる神である。ギリシア人にあってはすべてが具体的に肉体をもって現われるように、ローマ人はただ抽象的な、完全に透明な一定の型を用いることができた。したがって、ギリシア人が太古の古い伝説の宝物を、観念があまりにも見透せる形で具象化されていたがゆえに大部分放棄したのに対して、ローマ人には、聖なる想念が寓意のきわめて軽いヴェールによっても曇っているように見えたので、彼らは伝説の宝をあまりしっかりと保持しなかったのである。最古の最も一般的な神話ですら、例えばインド人、ギリシア人、いやセム人にもなじみの話、あの大洪水の後に生き残った現在の人類の共通の祖先の話について、その痕跡の一かけらすらローマ人には保持されていない。彼らの神々は、ヘレネスの神々のように結婚したり子供を設けたりできなかった。彼らは、いつかは死すべき人間の間で目に見られずにさまようのではなく、神々の飲み物《ネクタール》を必要とするのでもなかった。それでもローマ人の神々は、ただの月並みな理解力にとっても月並みと思われる霊性であっても、人の心を力強くつかめること、しかも人間の姿に似せて造られたヘラスの神々よりもずっと力強く把握できるということから、たとえ歴史は沈黙していても言語の点からも概念の点からも、信仰というものの非ヘレネス的なローマ人の命名であるレリギオ（religio）、すなわち「結合」というものを生み出したと言えよう。インドやイランの場合、同じ相続財産から、前者が聖叙事詩の豊かな形式を、後者がゼンドアヴェスタ［ゾロアスター教の経典］の抽象性を発展させたように、ギリシア神話では人間、ローマ神話では概念、前者では自由、後者では必然性が支配的だったのである。

芸術　現実の厳しい人生に関して言われていることは、結局、冗談や遊びの形でのその模倣にも妥当すると言えよう。それはいずこでも――そして大部分が完全で単純な存在であった太古の時代においても――、厳粛さを締め出すものではなく、それをくるむものなのである。芸術の最も単純な構成要素は、ラティウムでもヘラスでもまったく同じである。名誉ある戦勝の踊り、「跳びはねること」（triumpus-θρίαμβος, δι-θύραμβος［バッカスの讃歌。凱旋式ともなる］）、また羊や山羊の皮をかぶって冗談でもって祭りを閉じる「いっぱいの人たち」（σάτυροι-satura［いっぱいであること、神々に捧げるあらゆる実でいっぱいの深皿］）の仮装行列、最後に笛の楽器であり、これが祝祭の踊りをも遊宴の踊りをもうまく統御し伴奏するのだ。おそらくどの点をとっても、これほどはっきりとは、ヘレネスとイタリキのとくに密接な親近性は見られないであろう。しかもこれほど大きく両民族の発展が別の方向へと離れていくこともなかったであろう。若者の教育は、ラティウムでは、家庭教育の狭い枠の中に閉じこめられたままであり、ギリシアでは、人間の精神と肉体の多様でしかも調和のとれた形成への熱望から、民族によっても個々人によっても最善のものとして配慮された体育やパイデイア［教育、子供を育て訓練すること］の知識［学］が生まれることになった。ラティウムは、芸術的発展の不充分さの点で、ほとんど未開民族の段階にあるが、ヘラスでは、信じられないくらい急速に宗教的な観念から神話が、そして崇拝の対象たる偶像が成長した。そしてここから詩や造型芸術のあの魔法の国が生まれたのである。それと同じことは、歴史も二度と見せてはくれない。ラティウムでは、公的生活でも私生活でも、賢明・富裕・強さ以外に力を発揮するものがないのに、ヘレネスの手にあるのは、人に至福を与える美の圧倒的な力を感じ取り、感覚的にして観念的な陶酔状態の中で美少年の友に仕え、失われた勇気を神的な歌い手の戦いの歌曲《リート》の中に再発見することであった。

　こうして両民族において、古代というものが最高のところに達したのであるが、その両民族は、同じ生まれであるとともにまた異なってもいて、並び立っているのである。ヘレネスがイタリキに優るのは、一般的な把握力、明るい光の点である。しかし、特殊の中にある普遍的なものへの深い感情、個別的なものへの献身、犠牲的な姿勢・能力、自分たち独自の神々に対する深い信心は、民族としてのイタリキの豊かな宝である。両民族においては、ある一面が発展した、したがってそれぞれが完全なものとなったのである。ファビウス氏、ウァレリウス氏のような自己の共同体を作り上げることができなかったからといって、アテナイ人の悪口を言うのも、あるいはまたフェイディアスのような彫刻をつくり、アリストファネスのような詩をつくるすべを知らなかったからといって、ローマ人の悪口を言うのも、ただ浅はかな狭量さのなせるわざにすぎない。まさしくギリシア人の最善かつ最も独自なもの、それが同時に、国制を独裁制と取り替えることなしには民族的統一から政治的統一に進むことをギリシア人に許さなかったのだが、それでも美の理想的な世界がヘレネスにはすべてだったのである。それは、現実面で彼らには欠けていたものをある程度まで彼ら自身に補うものであった。ヘラスで民族的な統一の芽が生まれた場合、それはいつも、直接の政治的な要因に基づくものではなく、遊び・競技や芸術によるものであった。オリュンピアの競技だけしか、ホメロスの詩歌だけしか、エウリピデスの悲劇だけしか、ヘラスを結びつけるものはなかった。それに対して、イタリキが自由のために勝手さ［個人的な意志］を投げ棄てて父親に服従することを学んだのは決定的であり、それで最もよく国家に従うことができるようになったのである。個人がこの服従において朽ち、そのために最も美しい人間的な芽の成長が妨げられることがあったかもしれない。しかしその代わりに、ギリシア人の知らなかった一つの祖国、祖国愛をかち得たのである。古代のあらゆる文明民族の中でただひとり、自治を基礎とする国制のもと民族的な統一を成し遂げたのである。そして結局のところ、この統一がイタリキに、個々ばらばらのヘレネス系の人々に対する、また全地上世界に対する支配権を掌中に握らせたものなのである。

第3章　ラテン人の定住

インド・ゲルマン人の移動　インド・ゲルマン人［印欧語族］の故郷は、中央アジアの西部にある。そこから彼らは、一部は南東への道をとってインドに、一部は北西への道をとってヨーロッパに拡がったのである。もっとはっきりとインド・ゲルマン人の原住地を確定するのはむずかしい。それでもとにかく内陸部であり、海から離れていたに違いない。アジアに入った人々とヨーロッパに入った人々とでは、海についての呼称が共通ではないからである。とりわけ他よりはっきりと、いくつかの痕跡が指し示しているのはエウフラテス河地方であり、そこで不思議なことに、インド・ゲルマン人とアラム人という二つの最も重要な文明語族の発祥の地が、地域的にほとんど一致するのである――このことは、たしかにあらゆる追跡可能な文化や言語の発展のほとんど彼方にある、これら二つの民族に共通する社会の存在という推定を支えるものである。より絞り込んだ場所の限定は可能とは言えないし、個々の種族［人種］の広範囲の移動を辿ることも可能ではない。ヨーロッパ系の人々は、インド人の分離後も永らくペルシアやアルメニアに留まったことであろう。それは、耕作・果樹栽培の揺籃の地が、どう見てもここだからである。大麦、スペルト小麦、小麦はメソポタミア、ブドウの樹はコーカサスとカスピ海の南が原産地である。まさしくそこが、李《すもも》や胡桃《くるみ》の樹、その他容易に移植される果樹のふるさとなのである。また注目すべき点は、ヨーロッパの大抵の種族、ラテン人、ケルト人、ゲルマン人、スラヴ人にとって、海の名が共通であることである。そういうわけで彼らは、分離する前にたぶん黒海もしくはカスピ海の沿岸に到達していたに違いない。イタリキがそこからどのような道をとってアルプスの山波に到達したか、とくに彼らがひとりまだヘレネスと一緒になってどこに移住したがっていたか、その点に関してはただ、どの道をとってヘレネスがギリシアに到達したのか――小アジアからか、それともドナウ流域からか――、その問題が解決されたときに答えられることであろう。イタリキがインド人と同じように北方からあの半島に入ってきたことは、とにかく疑う余地のないことと見做されている（一〇頁）。

イタリア中部の山の背を通って、北から南へ向かうウンブリア・サベッリ人の前進は、まだはっきりと跡づけられる。いやそれどころではない。その最終段階は、完全に歴史時代のことなのである。他方、ラテン人の移動が行なわれた道筋については、あまり知られていない。察するところ、西海岸沿いに同じ方向に進んだことであろう。きっと、最初のサベッリ人系の人々が移動しはじめるよりもはるか前のことである。その流れは、すでに低地が占領されたときに初めて高地に溢れた。そしてただラテン人が先に海岸に居を占めていたがために、サベッリ人は険しい山岳地帯で満足せざるをえなかったことは明らかである。彼らは、なんとか我慢できるこの地から、後になって初めてラテン人の間に押し寄せたのである。

イタリアにおけるラテン人の拡がり　ラテン人種族がティベリス河の左岸からウォルスキ山地までの間に住んでいたことは、よく知られている。しかしこの山々自体は、ラティウムやカンパニアの平原がまだ移住者に開かれていた最初の移住の際には、除外されていたように見えるので、ウォルスキ人の碑文が示すように、ラテン人よりもサベッリ人に近い一種族に占領された。それに対してカンパニアには、ギリシア人やサムニウム人の移住の前に、おそらくラテン人が住んでいた。というのも、イタリキ系の名前、Novla もしくは Nola（新市）、Campani Capua、Volturnus（Iuturna が iuvare［喜ばす、支えるなど］から来たように volvere［転がす］から来た語）、Opsci（労働者）などは、明らかにサムニウム人の侵入よりも古いもので、キュメがギリシア人によって建設されたとき、イタリキ、おそらくラテン系のアウソニア人がカンパニアを占拠していたことが証明される。後にルカニア人やブルッティウム人の住む地方の原住民、つまり本来のイタリ人（Itali. 牛の土地の住民）も、最善の観察者によってイアピュギア人系の人々ではなくイタリキ系の種族とされている。彼らをラテン系の種族に数え入れるのを妨げるものは何もない。まだイタリアの国家的発展が始まる前に起こったこの地域のヘレネス化［ヘレニズム化］、そしてその後サムニウム人の集団に押し出されてしまったことが、より昔の民族性の痕跡をここではまったく消してしまったにもかかわらず、そのように言えるだろう。同時に死滅した種族、シクリ人についても、ローマに関係のあるきわめて古い伝承が伝えている。例えばイタリアの最古の歴史家、シュラクサイ［シラクサ］のアンティオコスは我々にこう告げる。シケロスという名の男性が、イタリア（すなわちブルッティウム半島）のモルゲス王の許に、ローマから亡命者としてやってきた、と。こうした話は記録者が、シクリ人――そのうち何人かはトゥキュディデスの時代にまだイタリアにいたのだが――とラテン人の間に存続すると認めた種族の同一性に基づいているようである。シチリアのギリシア語のある方言とラテン語との際立った親近性は、なるほどたしかに、シクリ人とローマ人の間の古い言語上の一致からというよりは、むしろローマとシチリアのギリシア人との古い通商関係による結びつきから説明されよう。しかしあらゆる痕跡からして、ただ単にラテン人の地方のみならず、おそらくカンパニア人の地やルカニア人の地も、またタラス［タレントゥム］湾とラオス［ラウス］湾の間のイタリア本土も、シチリアの東半分も、太古の時代からラテン系の民族の様々な部族の居住するところだったのである。

こうした諸部族の運命は、決して一様ではなかった。シチリア、大ギリシア《マグナ・グラエキア》［南イタリアのギリシア人植民市。シチリアのそれを含めることもある］、カンパニアに定住した人々は、彼らがその高度の文明に抵抗できなかった時期にギリシア人と接触して、とくにシチリアの場合そうだったように完全にヘレネス化するか、あるいはそうでなくとも、格別な抵抗をすることもなくサビニ人諸部族の新しい力に屈服するほど力が弱まった。このようにシクリ人、イタリ人もしくはモルゲテス人［イタリキではなく、上記のブルッティウムの住民を念頭においた言葉］、アウソニア人は、半島の歴史において活発な役割を演ずるまでに至らなかった。

ラティウムでは事態は異なっていた。そこにはいかなるギリシア人の植民市も建てられず、住民たちはサビニ人に対しても北方の隣人に対しても厳しい闘争を展開した末、その地を守るのに成功した。古代世界の運命に対して他のいずれよりもはっきりと影響を与えたこの地方に、次に目を向けてみよう。

ラティウム　原始時代にすでにラティウムの平原は、自然との最も大規模な闘争の場となっていた。そこでは、水の緩やかな形成力、強力な火山の爆発が、幾層にも大地を隆起させずらしてゆき、その土地の上でどの民族に世界の支配権が帰属するかが決められることになった。ラティウムは、東方はアペニン山脈の一部の山地、つまりサビニ人とアエクィ人の山地に取り囲まれており、南部は標高四〇〇〇歩《フィート》の高さに及ぶウォルスキの山岳に囲まれていた。この山岳は、アペニンの主稜からはヘルニキ人の古い領域やサッコ（トレルス。リリスの支流）の高原で遮断され、そこから西方に延びてゆき、テッラキナの前山地帯で終わっている。西方の境界は海になっているが、海浜のこの個所にはただ少数のちっぽけな港があるにすぎない。北は、広いエトルリアの丘陵地帯に呑み込まれていて、ウンブリア人の山地から出てくるティベリス河すなわち「山の流れ」と、サビニ人の山地から出てくるアニオ河との貫流するすばらしい平原が拡がっている。丘陵がここかしこで、ちょうど島のように平地の中に寝そべっており、北東部ではソラクテのような険しい石灰岩の岩山が、南西部にはキルケイイの前山の隆起が、そして高さは低いが同様のヤニクルムの丘がローマ近傍にある。他方、火山系の高みには、消えた火口が湖になって、その一部が今でも存在するものも見られる。こうした例の中で最も重要なのがアルバ山塊であり、ウォルスキの山波とティベリスの流れの間で、どの面からもさえぎられることなく、平原から聳えている。

歴史上、ラテン人の名で知られる種族はここに定住していた——あるいは彼らは、後にこの範囲の外に設けられたラテン共同体と区別される場合には、「古ラテン人」（prisci Latini）と呼ばれる。ところが彼らの占めた地、ラティウム地方は、中部イタリア平原の狭い部分にすぎない。ティベリス河の北の土地はすべて、ラテン人には無縁の地、いやそれどころか敵地であり、そこの住民とは、恒久的な同盟ないし公の平和関係を結ぶことができず、いつも一定期間だけの休戦が取り決められていたようである。北方に対するティベリス河の国境線は太古からのものであり、結果として大きな意味をもつこの国境がいつどのようにして定められたかは、歴史の中にも、信頼に足る伝承の中にも記憶を保存しているものがない。我々は歴史の始まりにおいて、アルバの山塊の南、平らで湿地の拡がるところが、ウンブリア・サベッリ系の人々、すなわちルトゥリ族、ウォルスキ族の掌中にあったことを知っている。アルデアとウェリトラエは、本来ラテン人の町ではなかった。ただこの領域の真ん中の部分だけ、つまりティベリス河、アペニンの前山、アルバの山々、と海の間の土地、現在のカントン・チューリッヒより少々広いほぼ三四ドイツ平方マイル［七〇〇英平方マイル］の土地がラティウム本土であり、ちょうどモンテ・カヴォ［アルバの主峰］の高みから観察する者の目には「平原」*と見えるところである。土地は平らであったが、単調・平坦ではなかった。砂地で、一部ティベリス河の堆積物でつくられた海浜は例外として、平地はいたるところ、ほどよい高さの――ところによってはかなり険しいが――凝灰岩《トゥフォ》の丘と深い土地の裂目で途切れており、大地がこのように交互に上下しているので、冬にはその間に水たまりができるが、それは夏の暑さで水分が蒸発してしまい、とりわけその中で腐った有機体のために悪しき熱を含んだ空気［マラリア］を発生させた。それは今も昔も同じように、夏にはこの地方を悪臭で満たすのである。このような瘴気は、ちょうど共和政の最後の世紀の失政と法王の失政が農地の荒廃をもたらしたときのように、農地が荒廃させられることによって初めて生まれるというのは誤りである。その原因はむしろ排水がうまくゆかないことにあり、それは数千年前のように今日もなお同様である。それでもマラリアはある程度までは、集約的な土地耕作によって追い払えることも確かである。その原因はまだ完全には突き止められていないが、一部は、表土の耕作が澱んだ水の干拓を促進することにあると見られている。現在の健康な住民が暮らしてゆけず、また旅人が一夜たりとも快適な夜を過ごせない地方、つまりラティウムの平原やシュバリスやメタポントゥムの低地のような土地で稠密な農業人口が成立したことは、今も我々に奇異の感を抱かせる事実なのである。我々は次のことを想起すべきであろう。文明の低い段階にあっては、民衆は総じて、自然が必要としていることのために鋭い目を向けること、その要請に対して大きな柔軟性をもつこと、またおそらく自分の住んでいる土地の条件に内的により適合する弾力性を肉体的にもつことなどである。

＊ その意味するところは、latus（ラトゥス。側）や πλατύs（平らな）と同様であり、ちょうどカンパニアがサムニウムに対して「平野」を形成するように、ここはサビニ人の山岳地方に対して平原、平らな土地なのである。Latus［ラートゥス。幅の広い］、かつての

stlātus は、Latium とは関係がない。

サルディニア島では、農業は今日なお、まったく同じような自然的条件のもとで行なわれている。たしかに有毒な大気《マラリア》が立ち込めているが、農民は衣服や栄養に留意し、労働時間を選ぶことで、その有害な影響を避けている。事実、動物の毛被［羊皮］を着用し、火をかんかんに燃やすこと以上に、有害な大気(aria cattiva)からしっかりと身を護るものはない。このことから分かるのは、なぜローマの田舎の人々が重い毛織物をいつも身につけ、その竈に火を絶やさなかったかということである。それはともかくこの地方は、移住してくる農耕民には魅力的に見えたに違いない。土地は鍬や二股鍬［備中鍬、唐鍬］で容易に耕せたし、現代イタリアの基準からすればとりわけ実り豊かというわけにはゆかないが、施肥なしでも収穫があがった。小麦は平均して播種量のほぼ五倍となる。* あり余るほど良水に恵まれているわけではないが、それだけに新鮮な泉はすべて住民にはいっそう高い価値があり、聖なるものと見做された。

* フランスの統計学者ドゥロー・ド・ラ・マル (Dureau de la Malle, Économie politique des Romains. 2, 226) は、ローマのカンパニャ［ラティウム］とオーベルニュのリマーニュ (Limagne) 地方を比較しているが、後者は同じように広くてきわめて細分化された均等でない平地で、腐食・分解した溶岩と火山灰からなる表土つまり燃え尽きた火山が残存しており、それと比べているのである。少なくとも平方リーグ［一リーグは約四・八キロ＝三マイル］当たり二五〇〇人の人口とは、純農業地帯に見出される最大の稠密さであり、所有地は法外なほど細分化されている。耕作はほとんどまったく人の手、鋤、鍬、備中鍬でなされる。ただ例外的に、二頭の牛に繋がれた軽い犂が取って代わり、軛につなぐ一頭の牛に代わって農民の妻女が働くことも稀ではない。この一組の役畜は土地を耕すために働くと同時にミルクも提供する。取り入れは年に二回で、それは小麦と野菜である。休閑地はない。耕地は、一アルパン［一エーカー］当たりの通常の年間賃貸料が一〇〇フラン。このやり方の代わりに同じ土地が六ないし七人の大土地所有者に分割されていたならば、つまり管理人―日雇い労働経営が、小土地所有者の農業の代わりに行なわれることになっていたならば、今日の Campagna di Roma［ローマ平原］のように、当然一〇〇年の間、リマーニュは荒れたままで見捨てられ、悲惨なままであり続けることになっていたであろう。

ラテン人の定住　ラテン人のこの地方への定住がどのように行なわれたか――その時以来、この地方は「ラティウム」と名づけられたのだが――、それについての記録は残っていない。我々としては、ほとんどまったく逆推論［帰納的推理］を頼りにする以外に手はない。しかしそれでも、そうすることでいくつかのことは分かるし、大体のところは推察できる。

氏族制的な村落　ローマの共同体《マルク》の土地は最古期には、後に「農村地区」(tribus rusticae［田園のトリブス］)を形成するのに利用される一連の氏族ごとの区域に分かれていた。伝承によれば、クラウディア地区 (tribus Claudia) はもともと、クラウディウス氏族の成員がアニオ河畔へ移住したことによって生まれたものだと伝えられている。そして同様に、間違いなく最古の区分である他の残りの区画についても、そうした名称から生まれている。このような名前は、後の時代に付け加えられた区画の名称のように、その場所の名から借用したものではなく、例外なく氏族名からとられた。つまりローマの本来の土地《マルク》の区画にその名を付与した氏族なるものが存在し、それは、完全にというわけではないにしても消え去ってしまったもの（カミリウス氏、ガレリウス氏、レモニウス氏、ポッリウス氏、プピニウス氏、ウォルティニウス氏がこれに当てはまる）は別として、ローマのまったく最古のパトリキ貴族の家門となったのである。アエミリウス氏、コルネリウス氏、ファビウス氏、ホラティウス氏、メネニウス氏、パピリウス氏、ロミリウス氏、セルギウス氏、ウォトゥリウス氏がそれである。注目すべき点は、明らかに、これら全氏族のうちの一つたりとも、後になって初めてローマに移住してきた氏族と思われるものはないということである。ローマ人の郷《ガウ》と同様、イタリキの郷のことごとくが、そしてもちろんヘレネスの郷のすべても、元来、場所という点でも氏族という点でも、いくつかのまとまった団体仲間に分解していた。この氏族の定住形態がギリシア人のオイキア（*οἰκία*［家］）であり、そこからローマのトリブス［部族、地区］のように、彼らの間にもきわめて多くのコーメ（*κώμη*［地区］）やデモス（*δῆμος*［村］）が生まれてきたのである。これに対応するイタリキの呼称ウィクス（vicus［村、家屋敷］）やパグス（pagus［範囲、地区、郷、村］、pangere［組み合わせる、まとめる］から）も、同様に氏族成員の共同定住地を示し、言葉の使い方によって小村落とか村落という意味に移ってゆくのも容易に理解できよう。家屋に農地が付いているように、氏族成員の家や村落には氏族の土地《マルク》が付属している。しかしそれは、後に述べるように比較的後代までなお、あたかも家の土地《マルク》のように、すなわち耕地共有制のシステムによって耕されたのである。他方、ラティウムの氏族の家々そのものが氏族的な村落へと発展したのかどうか、もしくはラテン人が移住してきたとき氏族としてのまとまりを持っていたのかどうか、といった問題は、同じようなプロセスで進展するすべての経済活動がどのようにしてラティウムで形成されたのか、*またどれだけ氏族は血統と並んで血の繋がりの薄い個々人の外的な協同と協調に基づいていると言えるのか、といった問題と同様、我々としては確かめることもできないし、同じく解答などなかなかできないのである。

* 今日まで家父長制的な所帯が堅持されているスラヴォニアには、全家族成員が、しばしば五〇人にまでなるもの、いやそれどころか一〇〇人にものぼるものが残っており、全家族によって一生続くものとして選ばれた家長（Goszpodár）に統率されて、同じ家に一緒に住んでいる。家の財産は主に家畜からなるが、それは家長が管理し、余剰物は各家族一統ごとに分けられる。工業や取引による私的な収入は、特有財産［家族成員各人の財産］として残る。家から出てゆくことは、男性の場合でも、とくに婚姻でよその所帯の中に入ることによってなされるのであった（Csaplovics, Slawonien und Kroaten. Pest 1839. Bd. I, S. 106. 179）。最古期のローマの状況から、それほど大きく隔たっていない同様な状況のもとでは、家は共同体に近づくのである。

郷《ガウ》 しかしこの氏族集団は元来、独立したまとまりとは見做されず、一個の政治上の共同体（civitas, populus）の中枢部分と見做された。それはまず、同一種族、同一言語、同一慣習をもついくつかの氏族部落の集合体［郷］として出現するのであり、相互の法律効果と法的な援助を、また攻撃と防衛のための共同行動をとるよう義務づけられていた。このような郷にあっては、定まった中心の場所が、氏族集団の場合と同様、どうしても必要であった。しかし氏族成員すなわち郷成員は自分たちの部落に住んでいたので、郷の中心は、厳密な意味での集住地つまり都市ではありえず、郷の法廷［成員の集会］と共通の神域を内に含む共通の集会の場所であり、郷成員が八日ごとに交流・取引と楽しみのために集まり、戦時には、侵入してくる外敵から自らと家畜とを、部落［小村落］にいるよりも安全な形で避難させられる場所なのである。しかしそれ以外の平時には、この集会の場所は全然あるいはほとんど人の住まない場所である。まったく同じ類いの古い避難場所は、今日でも東スイスの高地で、いくつかの山の頂の上に認められる。そのような場所は、イタリアでは「高《カピトリウム》み」(capitolium. ἄκρα と同じく山の頂)、もしくは「要塞《アルクス》」(arx. arcere［守る］から) と呼ばれた。それはまだ決して町ではないが、家々が城塞と結合して一体となり、その後、「環《ウルブス》」(urbs［都市］は urvus［犂で曲線をひく］, curvus［曲げられ、線の引かれること］に、そしておそらく orbis［範囲］にも通じている) で囲まれたので、将来の町の中核となったのである。城塞と都市との外的な差は門の数が示してくれる。城塞の場合、門はできるだけ少なく、都市の場合、できるだけ多くというわけで、前者は原則としてただ一つだけ、後者は少なくとも三つは門をもっている。この防衛施設［要塞］が、イタリアの都市成立以前の郷組織の基礎になっており、それは、ちょうどマルシ人の地方やアブルッツォの小さな郷のように、ずっと後になってやっと都市的な集住に達したり、また部分的には今日でも完全にそこまで到達していないイタリアの地方では、なおある程度はっきりと認められるのである。帝政期に入っても都市に住まず、数多くの無防備な［開放］小村落に住んでいたアエクィクリ人の地方では、多数の古代の環状城壁が見られる。それは孤立した神殿を擁した「見棄てられた［人の住まない］町」と見做され、ローマ人の尚古家や現代の考古学者を驚かしたものである。そうした人々は、ローマ人の場合には「原住民《アボリギネス》」(aborigines) が、現代人の場合には自分たちのペラスゴイ［有史以前にギリシアや小アジアなど地中海東部に住んだ人種。古代ギリシアの先住民］が、そこに収容されたと想定したのであった。しかしこの構造物のうちに、城壁で囲まれた都市ではなく、農地共同体《マルク》成員の避難場所を認めることができるとする方がきっとより正確であろう。たとえあまり精巧には造られていなくても、より古い時代には当然、全イタリアに見られたような類いのものであった。都市的な定住に移行した諸種族が自分たちの町を石の環状城壁で囲むようになった時代に、無防備な［開放］小村落に人が住み続けていた地方でも、自分たちの砦の土塁や柵杭を石の建造物に替えていったのは自然であろう。その後平和が地域全体にしっかりと確立され、そうした要塞をもはや必要としなくなったとき、このような避難場所は放棄され、間もなくそれは幾世代か後の人々には一つの謎になったのである。

したがって、一つの城塞の中に自分たちの中核をもち、ある一定の数の氏族集団を擁した上記の郷が原初の国家的な統一体として、イタリアの歴史の出発点をなしている。しかし、いつどのような範囲でラティウムの内部にこうした郷が作られたかは、はっきり定めることができないし、また特別な歴史上の関心の対象ともならない。

最古の町～アルバ　孤立したアルバの山地、それは移住者にきわめて健康な空気、きわめて新鮮な泉、最も安全な場所を提供したのだが、このラティウムの自然の城塞は、もちろん一番はじめに新来者に占拠された。というわけでここでは、アルバの湖（ラーゴ・ディ・カステッロ）とアルバの山（モンテ・カヴォ）の間のパラッツオラの上の狭い高原にアルバの町が長く伸びていた。それは、まったくラテン種族の原住地、ローマの母市であるとともに、その他のあらゆる古ラテン共同体の母市とも見做されていた。ここの斜面には、太古のラテン人の郷の集落［独立村落、村落自治体とも訳されてきた。以下同］であるラヌヴィウム、アリキア、トゥスクルムがあった。そこには太古の建造物もいくつか見られるが、それは通常、文明の始まりを表わすと同時に、後世に対しては、パッラス・アテナ［アテナイの守護神アテナの呼称の一つ］がこの世界に登場するに際して成人の姿で現われたことの、いわば証人として立っているように見える。このようなアルバの下、パラッツオラに面する岩壁の急斜面は、南に向かってはモンテ・カヴォの険しい崖のために自然の要害となっており、また同じく北からも接近しがたいが、ただ東や西からは、守るのに容易な狭い二つの通路があるにすぎないものの、往来はできるようになっている。そのうえ、固い六〇〇〇歩《フィート》の厚さの巨大な溶岩壁があり、その中には人間の背の高さにえぐられた大きな坑道があって、それによって、アルバの山岳地帯の古い噴火口の中にできた湖の水位が現在の位置まで引き下げられ［排水され］、山上ですら農業に使える相当な広さの場所ができている。

ラテン同盟　ラティウム平原の天然の砦はサビニ山地の最後の分枝の頂きに他ならず、そこには郷の城塞から、後にティブルやプラエネステという立派な町が生まれた。またアルバやサビニの山地とティベリス河の間の平原にあったラビキ、ガビイ、ノメントゥムも、そしてティベリス河畔のローマ、海岸地帯のラウレントゥムとラウィニウムも、すべてが大なり小なりラテン植民市の古い中心であった。あまり有名でなかったり、あるいはほとんど忘れ去られた数多くのものが他にもあったことは、言わずもがなのことであろう。

これらすべての郷は太古期に、政治的には独立しており、それぞれが長老の助言と戦士の集会に助けられつつ指導者によって統治されていた。しかしそれでも、言語的・種族的［血統的］なものを軸とする集団としての感情が、その全体の輪の中を満たしていたばかりか、そのことが重要な宗教的・政治的制度の中に、そしてまた全ラテン人郷の恒久的な同盟の中にあらわれていた。一般的な古イタリアの慣習によっても古ギリシアの慣習によっても、同盟の集会場所がその郷の境界の中にあるといった類いの郷に、元来は統括権が存在した。今の場合、それはアルバの郷であった。アルバは、すでに記したように、総じてラテン人の郷の中で最古で最も優れたものと見做されていた。

　この同盟に加わる資格のある共同体ははじめは三〇であったが、なんといってもこの数は、ギリシアやイタリアの一公共体を構成する各部分の合計としては、並みはずれて多いものであった。もともとどの集落がこの三〇の古ラテン共同体に数えられたのか、あるいは――それらがアルバの中心市的な権利との関係でそう呼ばれたように――アルバの三〇植民市に数えられたのかは、何も伝えられていないし、それ以上は分からない。例えばボイオティア人やイオニア人の同様の盟約体におけるパンボイオティア［全ボイオティア人の祭り］やパンイオニア［全イオニア人の祭り］のように、この結合の中心は「ラテン祭」(feriae Latinae)であり、「アルバの山」《モンス・アルバヌス》(mons Albanus［モンテ・カヴォ］)の上で毎年、首長たる人によって定められた日に、「ラテン人の神」《ユピテル・ラティアリス》(Iuppiter Latiaris)に種族全体で牛の犠牲を捧げたのである。これに加わる共同体はすべて、犠牲の饗宴には、定まった割合で家畜・ミルク・チーズを差し出さねばならず、その代わりに焼かれた犠牲獣の一片を受け取る権利をもっていた。この慣習はずっと後の時代まで続き、よく知られている。それに対して、この結びつきの重要な法的効果については、ほとんど推測の域を出ない。

　このアルバ山上の宗教的な祭りに結びついて、最も古い時代から各共同体の代表者の集まりもフェレンティナの泉（マリノのそば）に隣接するラテン人の集会場［裁きの場］において催された。大体において、こうした盟約体は同盟に対するある種の上位統括機構の力なしには、またすべての地方に妥当する法秩序なしには考えられなかった。同盟には同盟の法の侵害に対する裁判権があり、その場合には死刑宣告さえ認められていたことが伝えられており、我々もそう考えてよいだろう。ラテン諸共同体の、後の法的権利に関する関係［法的な共同社会］やある種の通婚関係［婚姻共同社会］も、たしかにすでに最古の同盟の法・権利の中の欠くことのできない一部と見られるし、それによってラテン人男性がラテン人女性との間に合法的な子供を設け、全ラティウムで土地を獲得し、商業取引を行なうことができたのである。さらに同盟は、郷どうしの争いのためにお互いに仲裁したり、同盟裁判所を設けることができたが、他方、戦争と平和に関しては、同盟による各共同体の主権のいかなる制限も証明されていない。それと同様に、防衛についても、また攻撃についてすら同盟の名で戦争を遂行できる可能性が、同盟制度に与えられていたことは疑いをいれず、その際、同盟軍司令官も存在しただろうが、しかしこの場合も、各共同体が軍隊の出動に応ずるよう法的に強制されたとか、反対に自力でも同盟構成員に対しては戦争をはじめることが禁じられていたと推定すべき理由はない。一方それに対して、ラテン祭の間は、ちょうどヘレネスの同盟の祭りの期間のように全ラティウムに「神の平和」が認められ、*この時期にはたぶん私闘中の部族ですら相互に安全通行権を認めたという証拠が残っている。

* ラテン祭はまさしく「休戦」(indutiae. Macrob. sat. 1, 6 ; *ἐκεχειρίαι*. Dionys. 4, 49) と呼ばれ、その期間中に戦争をはじめることは認められなかった (Macrob.)。

主導的な郷の特権の範囲を確かめることは、さらにむずかしい問題である。ただ我々として間違いなく言えるのは、アルバの主導権のうちに、ラティウムに対する真の政治上の覇権《ヘゲモニー》を認めるべき根拠がないということ、もしかすると——いやむしろ充分にあり得ることだが——ギリシアにおけるエリス［ペロポネソス北西部の地方、都市］の名誉的な主導権以上の意義をラティウムで持たなかったということである。*一般的に言って、おそらくこのラテン人の同盟の範囲もその法的な内容も、ゆるやかで流動的だったであろう。それでもそれは、多少ともお互いに異なった様々な共同体の偶然の集合体ではなく、またそうあり続けたのでもなく、ラテン人種族の相互関係の法的・必然的な表現だったのである。ラテン人の同盟は、いつも全ラテン人共同体を包含していたというわけではなかったにしても、非ラテン人共同体には決して成員の特権を与えなかった。ギリシアにおいてこれに対応するものは、デルフォイの隣保同盟《アンフィクテュオニア》ではなく、ボイオティアの盟約体あるいはアイトリアの盟約体であった。

* 古い時代にも新しい時代にもしばしば行なわれた主張、すなわちアルバはかつては攻守同盟《シュンマキア》の形でラティウムを支配していたという主張は、詳しい調査研究によれば、どこにも充分な裏づけを見出せない。あらゆる歴史が、民族の統一から出発するのではなく、その分裂から始まるのであり、幾世紀もの争いの末、ローマがとうとう解決したラティウムの統一の問題が、すでにもっと古い時代にアルバによって解決されていたということなど、決してありそうだとは思われない。また注意すべきことは、ローマはアルバの相続人として、決してラテン人の共同体に対して厳密な意味での支配権を要求したことはなく、名誉的な主導権でもって満足していたということである。もちろん、それは物的な力と結びついていたし、ローマの覇権《ヘゲモニー》の主張にもその余地を与えるものであった。このような類いの問題には、真の意味での証拠は、そもそもほとんど何も答えてくれないのである。ただ少なくとも、Fest. praetor. p. 241 と Dion. Hal. 3, 10 のような個所は、アルバをラテン人のアテナイだと見做すのには充分である。

以上のようなごく一般的な輪郭を描くことですでに充分に違いない。もっとはっきりした線を引く試みは、いずれも実像を歪めるだけであろう。どのように太古の政治的な原子つまり郷がラティウムでお互いに探し求めたり避けようとしたりしたか、その様々な駆け引きなどは、それを伝える証拠を何も残さず消えてしまっている。我々は今、一つの大きな永続する事実をその中に認めることで満足しなければなるまい。それは、彼らが共通の中心をもっていたが、そのためにそれぞれの自立性を放棄してしまうことなく、それでも、まとまって同じ民族に属するという感情を育み、膨らませてゆき、それでもって郷ごとの割拠性から民族的な統一への発展を準備したということである。割拠性・自立性でもって、それぞれの人々の歴史が始まる、いや始まらなければならず、民族的統一をもって、それぞれの人々の歴史が終わる、いやともかく終わるはずだったのである。

第4章　ローマの始原

ラムネス　ティベリス河の河口からほぼ三ドイツマイル［一四英マイル］遡ると、河の両岸にほどほどの高さの丘がいくつかもり上がっている。右岸の方が少々高く、左岸には少し低い丘が見られる。左岸には少なくとも二五〇〇年来ローマ人の名前が結びついている。もちろん、どのようにして、またいつこの名前が生まれたかを示すことはできない。確かなことは、ただ次の点だけである。すなわち我々に知られている名前の最古の形では、郷《ガウ》の成員がローマ人《ロマニ》ではなく、ラムネス（Ramnes）と呼ばれていたことである。これは、古い時代の言語の場合にしばしば起こることであるが、ラテン語へと、ずっと初期に音韻推移が行なわれたことによるものであり、*名前が人の記憶を絶する古い時代にまで遡る雄弁な証拠である。そうした語の派生から見れば――はっきりとは分からないものの――、ラムネスが「流れの人」を意味することはありうることであろう。

ティティエス、ルケレス　しかし彼らは、ただティベリス河畔のいくつかの丘の上だけに住んでいたのではない。最古のローマ市民団の区分構成の中に保たれている痕跡が示しているのは、かつてはおそらく独立していたラムネス、ティティエス、ルケレスという三つの郷が、一つのまとまった公共体へと融合したことから市民団が生まれたということである。それは別の言い方をすれば、アッティカでアテナイが生まれた**集住《シュノイキスモス》のごときものである。*この共同体の三区分が太古に遡るものであることを最もはっきりと示しているのは、ローマ人がとりわけ国法において、一般に「分ける」「区分」に、「三区分する」「三分の一」（tribuere-tribus）という表現を使っており、我々の使う「四分の一」すなわち地区のように［ドイツ語の Viertel、フランス語・ドイツ語の quartier］、このトリブス（tribus）という表現がすでに早くから本来の数の意味を失って

* 同じような音韻変化が、次のように形成されたことが、例としてあげられる。それらはすべてもっとも古いタイプのものである。pars-portio, Mars-mors, horreum-古型の farreum, Fabii-Fovii, Valerius-Volesus, vacuus-vocivus.

いるということである。一体化の後でも、このかつて三つの共同体を構成し現在は共同体の下位区分をなすものの各々が、共同の耕地《マルク》の三分の一ずつを所有しており、市民兵組織の中でも長老の諮問会議においても、同じように代表を出していた。宗教儀式においても、三によって分ける形をとるほとんどすべての最古の同僚団――すなわちウェスタの斎女、サリイ、アルヴァル兄弟団、ルペルキ、アウグレスなど――の構成員数は、おそらくこの三区分に遡るのであろう。

＊　実際に一ヵ所に集まって住むことと集住《シュノイキスモス》とを無理に結びつける必要はない。各人がこれまで同様、自分の土地に住み続けながら、それ以後、全体でただ一つの評議会の建物やただ一つの役所［裁判所］が存在することになるのである（Thuk. 2, 15；Hdt. 1, 170）。

＊＊　アッティカの τριττύς、ウンブリアの trifo などを見ても、共同体の三区分がグラエコ・イタリキの基本型ではなかったのではないかという疑問を投げ掛ける人もいよう。その場合には、共同体ローマの三区分は、かつては独立していた数個の部族の融合に帰せられないことになろう。しかし、伝承に反対する一つの仮説を立てるためには、それが事実であるように見えるという以上に、グラエコ・イタリキの領域にもっと一般的に三区分構成が登場し、いたるところで一様に基本型として現われるということがなければなるまい。ことによるとウンブリア人は、トリブス（tribus）という言葉を、彼らがローマの支配の影響下に入ったときにようやく自分たちのものにしたということもありえよう。オスキ人に関しては、このことは確実には跡づけられない。

最古のローマ市民団はこのような三つの構成要素に分けられるのだが、しかしその三要素は、人を救いようのない乱暴な見解へと走らせた。ローマ国民は混合民族であるという馬鹿げた意見が三区分説と結びついて、三つの大きなイタリキの人種を最古期ローマの構成要素として描き、また類いまれに言語・国家・宗教を純粋かつ民族的に発展させた人々を、エトルリア人、サビニ人、ヘレネス、それどころかひどいことにペラスゴイ［三三頁］の廃墟の雑然たるがらくたに変えてしまおうと、実に様々なやり方で努めることになったのである。

部分的には矛盾しているし、また部分的には根拠のない仮説を除外したあと、最古の公共体としての国家ローマを構成する民族について何が言えるかといえば、それは数語にまとめられよう。ラムネスがラテン系の人々であったことは、彼らが新しい公共体ローマにその名を付与し、そこに統合された共同体の民族的な性格をも主に定めることになったことから言って疑いをいれない。ルケレスの由来については、彼らをラムネスと同じようにラテン系の種族とするのに障害となるものはないということ以外には何も言えない。他方、この共同体の第二の要素は、サビニ人に由来するという点は一致している。そしてこの見解は、少なくともティティエスの兄弟団の中で守られていた一つの伝承に遡ることができる。それによれば、この神官団は、ティティエスが総共同体の中に入ったときに、サビニ人的な特殊な祭式を保持するために創立されたようである。ラテン系種族とサベッリ系種族がまだ言語・慣習の点で、後のローマ人とサムニウム人のようにひどくはお互いに対立していなかった時代、つまりすこぶる古い時代にサベッリ人の一共同体がラテン人の郷連合の中に入ったように思われる。古いが信頼に足る伝承では例外なく、ちょうど侵入しつつあったティティエスが、より古いラムネスに集住《シュノイキスモス》を押しつけるという具合にしてラムネスよりも先占権を主張しているからである。民族として異なった個性をもったものの融合が、ともかくここで行なわれたのである。同様の例として、数世紀後に行なわれたサビニ人のアットゥス・クラウズスもしくはアッピウス・クラウディウスとその一族、およびその庇護民《クリエンテス》のローマへの移住があるが、しかし、それほどには深い影響を与える融合ではなかった。

　ローマ人の中にクラウディウス一族を受け入れることに比べると、ラムネスの中にティティエスを受け入れるという、それより古い受容の出来事は、共同体を雑種の人々と見做すことを正当化するものではない。祭式と結びついて引き継がれてゆく個々別々の民族的な制度という例外はたぶんあるものの、ローマにおいては、サベッリ人的な要素はやはりどこにも見出せない。とくにラテン人の言葉は、そうした仮説にはまったくなんの手がかりも与えないのである。* ラテン人に最も親近な種族の一つの共同体との接合によって、ラテン人のラテン的な民族性がかなりの程度損なわれたとすれば、それは本当に驚くべきことであろう。その際、何よりも忘れてはならないのは、ティティエスがラムネスと並んで定住した時代に、ラテン的な民族性が残っていたのはラティウムであり、ローマではなかったということである。新しい三区分の公共体ローマは、元来はサベッリ人的な、いくぶん付加的な構成要素があったにもかかわらず——まさしくラムネスの共同体が以前そうであったのだが、それと変わらず——ラテン民族の一部分だったのである。

* ラテン語はギリシア的な要素と非ギリシア的な要素から作り上げられた混成語と見做されるべきだという古い意見が、今はあらゆる面で見捨てられているにもかかわらず、慎重な研究者ですら（例えばA. Schwegler, Römische Geschichte. Bd. I. Tübingen 1853, S. 184, 193）、相変わらずラテン語の中に二つの近い古イタリア方言の混淆を見出そうとしている。しかし、そうした想定に必要な言語的・歴史的事実を求めても無駄であろう。二つの別のものの中間の環として一つの言語が登場する場合、言語研究者はすべてこうした現象は、たぶん、そしてしばしば外的な混合よりも有機的な発展に基づいているということを認めているのである。

ラティウムの交流の場としてのローマ　ティベリス河畔に都市的な定住が生まれるよりずっと以前に、このラムネス、ティティエス、ルケレスは、最初は離れ離れで、その後一つに統一されて、ローマの諸丘の上に、自分たちの城塞をもったのであろう。そして周辺の村々から出かけていって自分たちの農耕地を耕したのであろう。クィンクティウス氏族が、パラティウムの丘の麓で祝った「狼《ルペルクス》［その神官も指す］の祭り」ルペルカリアは、おそらくこうした太古の時代からの伝統をもっていた。農民と牧人のこの祭りは、家父長制的な単純さをもった素朴な気晴らしという要素を他の何よりも保っており、注目すべきことに、キリスト教のローマでも、他のあらゆる異教的な祭りの中で、最も長く、しかも充分に独自性を保ち続けていたのである。

ローマの位置の持つ特色　こうした定住から、後のローマが登場した。伝承が想定しているような厳密な意味での都市の建設など、もちろんまったく問題にならない。ローマは一日では成らなかったのである。しかし、ローマはそのような初期に、いかなる道をたどって、ラティウムの中で一際抜きん出た政治的地位にまで達することができたのかは――土地の状態から言って、むしろ逆のことを予測しなければならなかったのに――、たしかに真剣に考察するに値すると言えよう。

　ローマの存在する場所は、大抵の古いラテン人の都市よりも、健康的ではなく、実りも豊かなところではない。ブドウの樹も無花果《いちじく》の樹も、ローマのすぐ近隣の周辺地域ではあまり成長しないし、滾々たる泉にも欠けている。というのは、カペナ門《ポルタ・カペナ》［セルウィウスの城壁の主門。カエリウスの丘の麓にある］の前のカメナのような、別の点ではすばらしい泉［ウェスタの斎女がこの泉から祭礼用の水を汲んだと言われる］も、また後にトゥッリアヌム［本来は井戸小屋の意］の中に取り入れられたカピトリウムの泉も、水量は豊かでないからである。それに加えて河がしばしば氾濫することがある。雨期には、山からの雨水がすこぶる増水するのに、勾配がほんの少ししかないため、すみやかにはその水を海に運べないからであり、そのために水が溢れて丘陵の間に開けた谷間や低地を水浸しにしてしまうのであった。移住者にとっては、この場所はなんら魅力的なものではない。古代においてもすでに、きわめて恵まれた地帯の中にあって、移動してくる農民を、この不健康で、しかも豊かでもない地点へと、最初の当然の移住地として引き付けることはできなかっただろうと言われている。そして、その地に都市を建設させた必要性、いやむしろある特別な理由があるに違いないとも言われている。すでに伝説が、この奇妙さを感じ取っている。アルバの王者の息子［王子］であるロムルスとレムスに指揮されて、アルバからの逃亡者がローマを建設したという小話は、このような恵まれないところに場所を設定するという特殊な成立状況を明らかにし、同時にローマの起源とラティウムの普通の中心都市とを結びつける、最古の疑似非《えせ》歴史の素朴な試みにすぎない。歴史を装おうとして、まことに才気溢れるなどとは言えない単なる間に合わせの説明に終わっているこの類いの作り話から、歴史というものは何ものにもまして自由である必要がある。けれどももう一歩進むこと、そして地域の特別な状況を考慮して、そうした場所の成立についてではなく、その急速で顕著な成長およびラティウムにおいてそこが特別な地位を占めた誘因について、積極的な想定をすることはたぶん許されるであろう。

ローマの領域の最初期の範囲　何よりもまず、ローマの領域の最も初期の境界について考えてみることにしよう。東には、アンテムナエ、フィデナエ、カエニナ、ガビイの町がすぐ近くにあり、そのいくつかはセルウィウスの環状囲壁から一ドイツマイル［五英マイル］も離れていない。郷の境界は、城門のすぐ近くにあったに相違ない。南には、三ドイツマイル［一四英マイル］離れたところで、トゥスクルム、アルバという強力な共同体にぶつかる。ローマの都市の領域はここでは、ローマから一ドイツマイル［五英マイル］のクルィリア地溝（Fossa Cluilia）を越えては延びていないようである。同様に南西の方向では、ローマとラウィニウムの間の境界は、すでに第六［ローマ］マイル標石のところにあった。このように内陸部の方向には、ローマの郷はどこでもできるだけ狭い範囲内に押し込められていたが、一方それに対して海に向かっては、最古期以来、何ものにも妨げられず、郷はティベリス河の両岸に沿って拡がっている。ローマと海岸との間には、古代の郷の中心として際立った集落も、いかなる古い郷の境界の痕跡も見出されなかった。もちろんたしかに、すべてについてその起源をはっきり示す伝承が我々に知らせてくれるのは、ティベリス右岸のローマ人の領土たる「七つの村落」（septem pagi）とティベリス河口の重要な塩田が王ロムルスによってウェイイ人から奪い取られたこと、また王アンクスがティベリス右岸では橋頭堡たる「ヤヌスの山《ヤニクルム》」（Ianiculum）を固め、左岸にはローマのペイライエウス［ピレウス。アテナイの外港］たる「河口《オスティア》」（Ostia）の港町を設けたということである。しかしこれに関しては、ティベリス河のエトルリア側の岸の占領地が、むしろすでにローマの最古の領域《マルク》［境界領］に属していたに違いない。まさにここ、後の港湾道路の第四マイル標石［第五マイル標石とすべきか］のところに、創造の女神《デア・ディア》（dea dia［穀物の女神］）の林苑［神域］があり、それはアルウァルの祭り［農耕の祭り］とアルウァル兄弟団の最古の高座でもあることが、その良い証拠である。事実、人の記憶を絶する古い昔から、ロミリウス一族（Romilii）、すなわちかつてはたしかにローマの氏族すべての中で最も重要だった氏族が、他ならぬここに定住させられたのであり、ヤニクルムは町自体の一部に、一方オスティアは市民植民市つまり周辺区域になったのである。

ティベリス河とその舟運　以上のことは、単なる偶然の結果ではありえなかった。ティベリス河は、ラティウムの自然の通商路であり、その河口は、港としての役割をあまり果たせない浜辺にあるが、それでも当然船乗りの錨を降ろす場所となっている。さらに加えてティベリス河は太古から、その北に隣合う人々に対してラテン人の国境の防衛線を成した。河や海におけるラテン人の取引にとっての通商基地《エンポリウム》として、そしてまたラティウムの海沿いの国境の砦としてローマほど適したところはなかった。ローマは、その鞏固な位置と河川に直接隣り合う有利さを結び合わせ、河口まで河の両岸に命令を下し得たし、ティベリス河もしくはアニオ河を下ってくる河船の船乗りばかりか、その当時使用されていた中くらいの大きさの船舶にあっても航海者には便利なところであり、海岸に直接位置するところよりも海賊から安全な場所を提供していた。

ローマは、その成立に関してはともかく、重要性の点ではその位置のもつ右のような商業的・軍事的環境に負うところ大であった。したがって、その点については多くの痕跡にぶつかるし、それには歴史化された短篇小説風の報告とは全く異なった重みがある。このような点から、カエレとの太古の関係も生まれた。それは、ラティウムにとってローマが占めた位置を、エトルリアにとってはカエレが占め、それゆえローマの隣人となり通商相手ともなったからである。またここから、ティベリス河の橋梁や橋の構築の持つ並々ならぬ意義が、そもそも公共体ローマに生まれ、それゆえガレー船が町の紋章になったのである。また、太古のローマの最古の港湾税は、元来オスティアの港での商取引（promercale［売却］）に課せられたものにすぎず運送業者自身の港湾使用（usuarium）のためのものではなかったし、要するにまさしく本来、税は取引にかけられたものであったのだ。したがって先取りして言えば、ローマにおいて比較的早く鋳造貨幣が出現し、海外の国々と商業上の協約が生まれたのもそれゆえであった。そうした意味で、やはり伝承も想定しているように、ローマが、自然にそのようになった町であるよりも創り出された町であって、ラテン系の都市の間でも、最古というよりは最新の都市であったことも、たしかにありそうなことだと思われる。もちろん、ティベリス河畔にラテン人の国境の取引所が生まれたとき、この地方はすでにある程度耕作され、アルバの山波にも、多くの他のカンパーニャ［ローマ周辺の平原］の高地にも城塞が設けられていたのである。都市ローマを成立させたのは、ラテン人の盟約体の決定であったのか、名も知られざる都市建設者の天才的な見通しであったのか、あるいは通商関係の自然な発展によるのか、その点は我々には推測すらできない。

ローマの初期の都市的な性格　しかし、このようにラティウムの取引・通商基地《エンポリウム》としてローマを位置づける見方には、今一つ別の観点が関連づけられる。歴史が我々に明け染めてくるとき、ローマは、ラテン人の諸共同体の同盟に対して、単一のまとまった都市として相対して現われるのである。開放的な村落に住み、共有の城塞をただ祭りや集会に、あるいは万一の場合にのみ使用するというラテン人の慣習は、きわめて初期の時代には、ローマの郷ではラティウムのどの場所よりも、おそらく大いに限られていたことであろう。ローマ人は、自分の農場を自ら耕したり、あるいはそれを自分の真の家《うち》・住まいと見做すのを止めなかったことであろう。しかも、カンパーニャの不健康な空気［マラリアを含意］のせいで、なるべく、はるかに風通しが良く健康的な、都市の丘の上に住まいを定めざるをえないのであった。そこにはまた、農民と並んで、外来の人と土地の人からなる数多くの非農耕民も太古から居を定めていたに違いない。このことはある程度、古ローマの領域の人口の稠密さを説明してくれる。すなわち、せいぜい五と二分の一ドイツ平方マイル［一一五英平方マイル］と算定される――一部は湿地帯や砂地からなる――土地に、最古の町の制度では三三〇〇の自由民からなる市民兵を調達できる、したがって少なくとも万を数える自由民が存在したことである。しかし実はそれ以上に、ローマ人およびその歴史をよく知っている者なら誰でも、彼らの公私の活動の独特さは、その都市的・商人的な性格に基づいていること、また他のラテン人、総じてイタリキと彼らを分かつものは、何よりも農民と市民との差異に他ならないことに気づいている。なるほどローマはコリントスやカルタゴのような商業都市ではない。というのもラティウムは本質的には農耕地帯であり、ローマはまずもって、そして何よりもラテン人の町だったし、またそうであり続けたからである。しかし、何がローマを他の多数のラテン人の都市に優って際立たせていたかと言えば、それは、たしかにその通商上の立場、およびそれによって規定された市民団としての精神に負うと言わねばならない。ローマが、ラテン人の地方の取引場であったとすれば、ここにラテン人の営む農業と並んで、またそれ以上に、都市生活が力強くかつ急速に発達し、そこで特別な立場への基礎が築かれたということは、我々にもよく理解できるであろう。

　この商業的・戦略的な都市ローマの発展を追究してゆくことは、重要ならざる、またあまり差のない太古の共同体を化学的に分析するという実りなき仕事などよりも、はるかに重要で、しかも実行可能なものであろう。都市としてのこの発展を、我々もまだいくぶんかは、ローマが次第に城壁で囲まれてゆくことや要塞化してゆくことについての言い伝えの中に認めることができよう。こうしたものが建設されることは、ローマという公共体が都市として重要性を持った存在に発展してゆくことと、必ずや密接な関係にあったに違いない。

パラティウムの町　最初の形での都市の構想と建設から、ローマは何世紀かの間に成長してゆくのであるが、信頼に足る証拠によれば、最初はただパラティウムだけしか含まれておらず、それは後の時代にパラティウムの丘の真四角な形から「四角形のローマ《ローマ・クアドラタ》」(Roma quadrata) とも呼ばれることになる土地であった。このもともとの都市の境域を囲む門や城壁は、帝政期まではっきり残っていた。その中の二つ、サン・ジョルジョ・イン・ヴェラブロのそばのローマ門《ポルタ・ロマナ》およびティトゥスの凱旋門に付いたムギオの門《ポルタ・ムギオニス》［ポルタ・ムギオニアとも。パラティウムの北の古門］は、我々にもまだその位置が分かるし、また一方、パラティウムを囲む城壁をタキトゥスがまだ自分で観察して、少なくともアウェンティヌスの丘とカエリウスの丘に面した側について記している。多くの痕跡が、ここが都市的な定住の中心にして最初の場所であったことを示している。パラティウムの丘の上に「特別な設備《ムンドゥス》」(mundus［穴、壕、世界。亡霊の居所を象徴した穴でもある］) と呼ばれる、その定住の聖なる象徴が見つかっている。それは、最初の定住者が一家を養うために必要なものを置き、しかもいとしい故郷の大地の土くれを加えておいたものである。ここにはさらに、全クリアがそれぞれ自分たちの竈に、宗教儀式やその他の目的のために集まれる建物があった (curiae veteres［古クリア］)。また「跳ぶ者たち《サリイ》」［踊り手］の集会所の建物 (curia Saliorum) もあり、それは同時にマルスの聖なる楯の保管所、「狼たち《ルペルキ》」の聖域 (Lupercal)、ユピテル神官の住まいでもあった。町の建設伝承は、主にこの丘の上と丘の近くに限られていた。ロムルスの藁葺き屋根の家、その養い親ファウストルスの牧人小屋、双子を入れた箱が打ち寄せられた聖なる無花果《いちじく》の木、町の建設者がアウェンティヌスの丘から競技場《キルクス》の谷を通ってこの環状囲壁の中に投げつけた槍の柄から芽吹いた西洋さんしゅ［やまぼうし、はなみずき、ミズキ科ミズキ属の樹木］、さらに他にも同じような聖域が信者に示されていた。本来の意味での神殿はこの時代にはまだ知られておらず、したがってパラティウムにも、より古い時代のそのような類いのものは見られなかった。しかし共同体の公的な集会場所は、古くに別のところから移されており、そのために、そのもともとの場所は不明である。ただ想像されるのは、後にアポロンの地（area Apollinis）と呼ばれる、ムンドゥスのまわりの空き地は市民団と元老院の最古の集会場所であり、ムンドゥス自体の上に建てられたステージは共同体ローマの最古の法廷ではなかったかということである。

七つの山　それに対して、「七つの山［いわゆるローマの七丘とは合致しない。丘、山の問題は次頁以下および九八頁注参照］の祭り」（septimontium［七つの山はパラティウムの三つの尾根とエスクィリアエの三つの尾根とカエリウスからなる。一二月一一日の祭り］）は、次第にパラティヌス《パラティウム》の丘のまわりに作られ拡大していった定住地についての追憶をとどめている。郊外の町は一つずつ成長し、それぞれすべてがずっと弱体とはいえ個別の塁壁で守られ、ちょうど沼沢地のところで、主堤防に外側の堤が合体するかのようにパラティウムの本来の環状囲壁にぶつかっていた。「七つの環」はパラティウム自体であった。そして、パラティウムとカピトリウムの間を、河の方向へと拡がる低湿地（velabrum［後の食料品の市場］）に向かって傾斜するパラティヌス《パラティウム》の丘の傾斜地、すなわちケルマルスがあり、次いでウェリア、つまりパラティウムとエスクィリヌス《エスクィリアエ》の丘を結びつけているが後に皇帝の建造物によってほとんどまったく消えてしまった丘陵の背線がある。そのエスクィリヌス《エスクィリアエ》の丘の三つの高みが、ファグタル、オッピウス、キスピウスである。最後にスクーサもしくはスブーラ、つまりカリナエ［エスクィリアエの麓］の上の新しい町を護っていた［東側の］土塁の外側の、そしてサン・ピエトロ・イン・ヴィンコリの下の方、エスクィリアエとクィリナリスの丘の間の鞍部に造られた砦があった。明らかに、次第に生まれたこの建て増し部の中に、ある程度までパラティヌスの丘のローマの最古の歴史がはっきりと存在するのであるが、とくに後にこの最古の部分の構成を基礎に形づくられたセルウィウスによる地域区分をこれと比較すれば、そのことは歴然たるものがあると言えよう。

パラティウムの町と七つの山　パラティウムは共同体ローマの始原の場所であったし、最古で、しかももともとは唯一の環状囲壁であった。しかし都市的な定住は、ローマでも、他のいずことも同じように城塞の内側でなく、城塞の下の方で始まった。我々の知っている最古の定住地は、その後セルウィウス王の町の区分では第一・第二地区を形成するところで、パラティウムを取り囲む環の中にある。これらの地区は、「トゥスクス人［エトルリア人］の道」——この名前はおそらく、カエレ人とローマ人の間にパラティウムの町において活発な商取引が行なわれていたことを示すものであろう——に加えて、ケルマルスの傾斜地にある定住地とウェリアの居住地を含んでいた。最後の二つは後に、城塞の丘を有する、セルウィウスの町の一つの地区を形成するまでになる。後の第二地区の構成要素の方は次のとおりである。おそらくコロッセウムの上の――ただその一番先端の部分を含むが――カエリウスの丘の市外部分、またエスクィリアエからパラティウムに向かって伸びてゆく尾根を含むカリナエの上の市外部分、最後にスブーラの谷と外［突出］堡塁――ここから全地区がスブーラという名前を得ている――である。これら二つの地区は合わせて最初期の町を形成している。スブーラ地区は、城塞の基部の所をほぼコンスタンティヌス門《アーチ》からサン・ピエトロ・イン・ヴィンコリまで、さらにその下の谷を越えて拡がっており、セルウィウスの秩序設定によってパラティウム地域の中に併合された諸集落よりもずっと堂々として、たぶんずっと古かったと思われる。地区の順序という点からは、前者は後者より前に位置するからである。町のこの二つの部分の差異についてのきわめて注目すべき記憶が、その後のローマでは最古よりの聖なる慣習の一つとなった。それは、毎年マルスの原《カンプス・マルティウス》で行なわれる「十月の駒」の犠牲式［一〇月一五日に、戦役の勝利を祝い、流された血を償う儀式］である。後の時代までこの祭りでは、スブーラ地区の人々と聖道《ウィア・サクラ》の人々との間で馬の頭《こうべ》をめぐって合戦が行なわれ、そこで前者か後者かの勝利が決まった後、それに応じて頭《こうべ》は市外のマミリウスの塔（場所不明）か、パラティウムの下の王宮に釘づけにされた。このように同等の権利に基づく競争心でもって、お互いに競い合った古市の両半分が存在したのである。したがってその当時、後の都市区分では第三地区となるエスクィリアエの人々は――その名前は、厳密に使用されるならば、カリナエを除外するものであり、事実、彼らの呼称からすれば、「外の建物」(ex-quiliae とは、in-quilinus［居留民、家仲間］のように colere［耕す、住む］から来た語)、もしくは郊外の町に他ならなかった――、常にスブーラ地区やパラティウム地区に比べて格下のものと見られていた。

なおカピトリウムとアウェンティヌスの丘のような近隣にある他の高みも、「七つの山」の共同体によってたぶん占領されたと思われる。とりわけ「杭上の橋《ポンス・スブリキウス》」(pons sublicius) は、ティベリス河の中ノ島という自然の支柱に架けられて、すでにその頃存在していたに違いない――そのことについて充分に保証してくれるのは神祇官《ポンティフェクス》団だけであるが――。そして、エトルリア人側の岸に面する橋頭堡、ヤニクルムの高みもほうっておかれたわけではない。しかし共同体は、その環状の要塞の中には決して両者［橋と橋頭堡＝ヤニクルム］を引き入れなかったのである。儀式上の原則として最も後の時代まで固く保持された秩序では、橋は鉄ではなく、単に木をつないで造られるべきであり、それは、本来的かつ実用的な目的という点で、ただ仮の橋であるべきであり、いつも容易に壊され焼かれうるということを明らかに目指していた。こうしたあり様から何が読み取れるかと言えば、いかに長らく、共同体ローマの方が渡河を管理・支配していても、それは不確かなものにすぎず、破られやすいものだったということである。

次第に成長してゆくこの都市定住地と三共同体とがいかなる関係にあったかを知ることはできないが、実は、人の記憶の及ばない太古の昔から、共同体ローマは国法的には三つの共同体に分かれていたのである。ラムネス、ティティエス、ルケレスは、もともと独立した共同体であったと思われるので、同じくもともとそれぞれ分離して別個に住んでいたに違いない。しかし、他ならぬ七つの丘の上で、別々の塁壁の内に住んでいたのでは決してなかった。時代の新旧を問わず、この種の創作はよくあることだが、思慮深い研究者ならば、それを、タルペイア［サビニ人の女性］についての品の良いお話や、パラティウムの戦い［ロムルスとサビニ人の争い］と同様に、考える余地があるとしておくことになろう。むしろ最古期の町の二つの地区つまりスブーラとパラティウム、そして同じく郊外のすべてが、ラムネス、ティティエス、ルケレスの三部分に分かれていたのであろう。スブーラ地区、パラティウム地区、さらに後に加えられる都市部分のすべてに、三対のアルゲイの御堂があったことが、それと関連している。「パラティウムの七つの山の都市」は、おそらく一つの歴史を持ったことであろう。単にそれが存在したという伝承以外のものは我々の手には残っていないが、たとえ人間の目にふれずに散ってゆくにしても、森の木の葉が春の到来の支度をしているように、「七つの山」のこの忘れ去られた町が、歴史的な存在としてのローマにその場所を用意したのである。

クィリナリスの「丘のローマ人」　しかしパラティウムの町は、その後セルウィウスの市壁に囲まれた中に昔から存在した唯一の町ではなかった。むしろそれに相対してすぐ隣り、クィリナリスの丘に第二の町があった。「古い城塞《カピトリウム》」（Capitolium vetus）は、ユピテル、ユノ、ミネルウァの聖域と、国家間条約が公的に保管されていた信義の女神の神殿を擁していたが、それは、ユピテル、ユノ、ミネルウァ神殿とともに、同じくいわば国際法上の記録を収めるべく定められた「ローマの忠実さ・信義」（fides Romana）の神殿をもった後のカピトリウムに、明らかに対応するものである。そしてまたこのことは、クィリナリスもかつて、独立した公共体の中枢部であったことを示す証拠ともなろう。同じ事実が、パラティウムとクィリナリスの丘における二重のマルス信仰から推測されよう。マルス神は戦士の祖型であり、イタリキの市民共同体の最古の主神なのである。さらにこれと関連するのが、この神に仕える存在、すなわちサリイ（Salii［跳ぶ者たち］）とルペルキ（Luperci［狼たち］）という二つの太古からの団体が、後のローマにおいても二重の形で存在したことである。パラティウムのサリイと並んで、クィリナリスのサリイもいたのであり、パラティウムのクィンクティウス一族のルペルキと並んで、ファビウス一族のルペルキのギルド、すなわちその聖域をクィリナリスの丘の上にもっていた可能性のきわめて高いギルドが存在したのである。*

* クィンクティウス一族のルペルキは、ファビウス一族のルペルキよりも地位が上であることは、寓話作家がクィンクティウス一族をロム

ルスに、ファビウス一族をレムスに帰することから確かである（Ovid. fast. 2, 373f. Vict. de orig. 22)。ファビウス一族が「丘のローマ人」に属したことは、クィリナリスの丘の上での氏族の犠牲式が証明していよう (Liv. 5, 46, 52)。もっともそれは、この犠牲がルペルカリアと関連していたかどうかは別にしてのことである。

さらに碑文では、以前の同僚団仲間のルペルクスと呼ばれており (Lupercus Quinctialis vetus, Orelli, 2253)、個人名《プラエノメン》の Kaeso はルペルカリアの祭儀と結びつく可能性が高いし (Mommsen, Römische Forschungen. Bd. 1, S. 17)、それはもっぱらクィンクティウス一族とファビウス一族とに見出される。諸作家に見られる通常の形である Lupercus Quinctilius と Quinctilianus は、したがって歪んだ形である。同僚団仲間は、比較的新しいクィンクティリウス一族ではなく、はるかに古いクィンクティウス一族に属する。それに対して、クィンクティウス一族 (Liv. 1, 30) あるいはクィンクティリウス一族 (Dion. 3, 29) は、アルバの氏族たちの間での呼称であったとしても、ここでは後者の読み方の方がよいようである。クィンクティウス一族とはむしろ古ローマの氏族《ゲンス》と見做されるべきであろう。

こうした兆候はすべてそれ自体で重みをもっているが、次のことを思い出すならばいっそう重要性が増すであろう。それは、七つの山の町パラティウムの正確に知られた四周の線がクィリナリスを締め出していたことであり、後のセルウィウス王のローマでは最初の三つの地区が、かつてのパラティウムの町に対応しているのに、第四地区が、隣接するウィミナリスの丘とともにクィリナリスから形成されていたことである。またここから、なんのためにスブーラの鞏固な外［突出］堡塁が市壁の外、エスクィリヌス《エスクィリアエ》の丘とクィリナリスの間の谷に構築されたか、その理由についても説明ができよう。事実、二つの領域《マルク》が触れ合ったのは、この地点においてであった。そしてパラティウムの人々は低地を占拠した後、クィリナリスの人々に対する守りのために城塞を構築せねばならなかったのである。

最後に、クィリナリスの人々が自らを、隣人であるパラティウムの人々から区別していた名前も消えていない。パラティウムの町が「七つの山」の町という名前を持ったように、パラティウムの市民は「山の人」(montani) と自称している。そして「山」という呼称は、この町に属する他の高地にも適用されつつ、何よりもパラティウムと結びついている。このようにして、クィリナリスの頂きは——それよりも低いわけではなく、反対にいくらか高いのに——、同じくこれに付属するウィミナリスも、言葉の厳密な意味で、決して「丘《コッリス》」(collis) 以外の名で呼ばれることはなかった。事実、宗教儀式上の記録では、クィリナリスが別に付加語もなく「丘」と呼ばれることも、ままあることであった。同じように、この高台から外への門は、通常は「丘の門」(porta collina) と呼ばれたし、そこに住んでいたマルスの神官たちは、パラティヌスのサリイ (salii Palatini) に対して、「丘のサリイ」(salii collini) と呼ばれた。そしてこの区域から形成された第四のセルウィウスの地区は、「丘のトリブス」(tribus collina) と名づけられた。*

* 「クィリヌスの丘」という名前が、後に「丘のローマ人」がその居を定めた高みに通常使われるようになったけれども、それだからといって、「クィリテス」(Quirites) という名前が、本来はクィリナリスの上の市民団のためにとっておかれたものだと考える必要はまった

くない。というのも、すでに述べたように、この市民団に関して最古期の証拠はいずれも、丘の人（collini）の名を使っているが、一方では、クィリテスという名前がもともと、後に見られるのと同じように単に完全市民を意味していたことは、たしかにだれも異論を唱えられない確実なことであり、山の人々（montani）と丘の人々（collini）の差異とまったく関係のないものだったからである（第5章を参照）。

　クィリナリスの後の呼称は、以下のことに基づいている。つまり、マルス・クィリヌス（Mars quirinus）、すなわち槍をもった死の神が、たしかにもともと、パラティウムでもクィリナリスでも崇拝されていたが——後にクィリヌス神殿と呼ばれたもののわきで発見された最古の碑文では、この神をまさしくマルスとしている——、しかし後の時代には、差別化のために、山のローマ人の神はとりわけマルス、丘のローマ人の神はとくにクィリヌスと呼ばれた。

　たとえクィリナリスが「犠牲の丘」（collis agonalis）と呼ばれるにせよ、それは単に、丘のローマ人の宗教的な祭儀の中心と見做されたからにすぎないと言えよう。

その際、最初はたしかに地域に付けられていた「ローマ人」という名前を、おそらくこの「丘の人」も、「山の人」と同様自分たちに賦与したのであろう。そして自分たちを「丘のローマ人」（Romani collini）と呼んだのであろう。隣り合う二つの都市の差異・対立において種族差が存在したということはありうるが、ラテン人の地で成立した共同体を種族差で説明するのに充分な証拠は、クィリナリスの共同体の場合、まったく欠けている＊

＊　このように自称していたということは（例えばSchwegler, Römische Geschichte. Bd. I, S. 480）、主にワッロによって立てられ、後の作家によって例のように一致して鸚鵡《おうむ》返しに言われたあの語源学的・歴史学的な仮説に基づいている。それは、ラテン語のquirisとquirinusは、サビニの町クレス（Cures）という名前と近親関係にあり、したがってクィリナリスの丘には、クレスから人が送り込まれたのだというものである。これらの言葉の言語上の親近性が確かであったとしても、そのことから、歴史的な結果文は導き出せないであろう。この山の古い諸聖域が——それは他に「ラティアリスの丘」（collis Latiaris［mons Albanus］）にもあった——サビニ的なものであったことがたしかに主張されていたが、証明はされていない。Mars quirinus, Sol, Salus, Flora, Semo Sancus あるいは Deus fidius などは、もちろんサビニ人のものであるが、ラテン人の神でもあり、明らかに、ラテン人とサビニ人がまだ分かれずに一緒に生活していた頃に形成されたものである。もし Semo Sancus というような名前が——ちなみにティベリス河の島と結びついても登場する名前だが——、とりわけ、後にその重要性を減少するクィリナリスの聖域に付着していたならば（そこから名づけられた porta Sanqualis と比べてみよ）、偏見のない研究者ならば誰でも、こうした状況の中にこの祭祀がきわめて古いという証拠を見出すだけで、隣の土地からの借用の証拠など見出しはしない。そうはいっても、古い種族対立がここでいっしょに働く可能性は、そのことをもっても否定されるべきではないだろう。しかしそのようなことが起こったにしても、我々にとってはそれは消えてしまったものであり、ローマ的な制度・精神の中のサビニ的要素について我々の同時代人の間で通用している見解は、我々から見れば、そうした類いの、無から無を引き出すにすぎない研究に、真剣に警告を発するのにふさわしいだけである。

パラティウムの共同体とクィリナリスの共同体の関係　このようにして、公共体ローマの場所には、この時代はまだ、パラティウムの「山のローマ人」とクィリナリスの「丘のローマ人」とが二つに分かれて、もちろん多くの点で敵対的な共同組織としてお互いに対立していた。ある程度は、今日のローマのモンティジアニ〔山の手の人〕とトラステヴェリニ〔河向こうの人〕のように。「七つの山」の共同体が早くからクィリナリスの共同体よりもはるかに重みをもっていたことは、その新市や郊外地区を大いに拡げたことからも、またかつての「丘のローマ人」が、後のセルウィウス王の体制のもと、どうしても黙従せざるをえなかったその劣格的な地位からも、明らかに推論することができよう。しかしそれでも、パラティウムの町の中でも、定住者の様々な構成部分が本当に完全に融合したとはなかなか言えない。スブーラとパラティウムが、いかに相互に年々、馬の頭《こうべ》を狙って競い争ったかは、すでに述べたところである。しかし、それぞれの山、それどころか各クリアは――まだ都市の共同の竈は存在せず、同じ地域の中でも、まだ様々なクリアの竈がそれぞれ並立していた――、一つになったものというよりも、別々に分かれたものと感じていただろうし、おそらく全ローマが、まとまった都市というよりは都市式な定住地の集合体であったようである。いくつもの痕跡によれば、強力な古い家族の家々も、あたかも要塞風に造られ、防衛の能力があり、またたしかに防衛を必要とするものであった。セルウィウス・トゥッリウス王に帰せられる大規模な塁壁は、初めて、パラティウムとクィリナリスの丘の両市のみならず、その環の中に含まれていないカピトリウムやアウェンティヌスの高所をも、ただ一つの大きな環状囲壁で取り囲み、そうすることでもって新しいローマ、世界史におけるローマを創り出したのである。しかしこの力強い仕事に着手する前に、周辺地方に対するローマの地位は、疑いなくまったく変わってしまっていた。農民が、他のラティウムの丘と同じように、ローマの「七つの丘」の上で鋤鍬《すきくわ》を使い、それぞれの丘の頂きにあって普通のときは空《から》になる避難場所が、より確固たる定住の始まりを示すようになる時期が、ラテン人種族による商取引もなんの活動も見られない最古の時期に当たるように、またその後、パラティウムの上および「七つの環」の中への盛大で華々しい定住が、共同体ローマによるティベリス河口の占領と重なり、また総じてラテン人のより活発でより自由な取引への発展、とりわけローマにおける都市的な文明への発展、おそらく個々の国家においても盟約体においてもより確固たる政治的な統一体への発展と重なっているように、一つにまとまった大都市の建設を意味するセルウィウスの城壁は、ラテン人の盟約体の支配をめぐって都市ローマが闘い、結局はそれを成し遂げえたあの時期と結びついているのである。

第5章　ローマの最初期の国制

ローマの家　父親と母親、息子と娘、農場と住居、隷属民と道具類——こうしたものは、一夫多妻制によって母親の然るべき位置が消されてしまわなかったところならどこでも、家組織を成り立たせる自然な要素をなしている。ところが、このように家なるものが示す自然の対立が、ときにはより表面的に、あるいはより深く、またときにはより道徳的に、あるいはより法的に、把握されかつ貫徹されるという点で、高度の文化的能力をもった民族は、それぞれ別々に分枝している。そして自然そのものによってあらかじめ示される原則を、簡潔に、だがしかし仮借なく法として具体化した点において、ローマ人に匹敵する民族はいない。

家長と家の成員　家族は一つの統一体をなしていた。つまり、父親の死によって自分の力を獲得する［自権者となる］自由人男性が、聖なる塩味菓子の儀式《コンファッレアティオ》（confarreatio［共祭］）によって神官の手で、水と火とを分け合う共同生活をなすべく娶わされた妻と、またその息子および息子の息子と、またこれら息子たちの正妻や、自分の未婚の娘たちおよび息子の娘たちと、そしてそれと並んで当然全成員のものたる全財産のすべてと一体となるのである。他方、娘の子供たちはここから除外される。ここに言う子供たちは、婚姻から生まれたのであれば夫の家族だからであり、また婚姻以外の形によって生まれたのであればまったく家族の中に入らないからである。ローマ市民には、自分の家や子供の恵みは人生の目的とも、またその核心とも思われている。死は悪ではない。必然的なことだからである。ところが家が死に絶えること、いやそれどころか氏族が消滅することは災いであり、それは共同体にとっても災いであった。そこで最初期には、よその子供を自分の養子にすることによってこうした非運を避けることで、共同体は子供のいない者に法的な道を開いた。

ローマの家族は最初から自分のうちに、高度な文化のもつ諸条件を、道徳的に整えられた家族構成員相互の位置づけを通して備えていた。男しか家長にはなれない。女性はたしかに財産取得の点では男に劣っているというわけではなく、娘はその兄弟と同等の相続分を、母親は子供と同等の相続分を受け取るが、しかし常にまた必然的に、女性は家に属するのであり、共同体に属するのではない。また家にあっても、どうしても家に従属する存在である。娘は父親に、妻は夫に、* 父親なき未婚の女性は最も近親の男系親戚に、という具合である。必要な場合に女性が釈明［法的な弁明］を求められるとしても、それはこうした人によってであり、王によってではない。しかし家の内部では、女性［妻］は召使ではなく女帝［女主人］である。ローマ的な考え方によれば、粉ひきや料理は召使にふさわしい仕事であって、ローマの主婦はそれらから自由であり、主としてただ女中の監督並びに機織りにいそしむ。鋤鍬が男性の仕事であるように機織りは女性の仕事なのである。** 同様に、子供たちに対する両親の道徳的な義務は、ローマ民族に充分かつ深く感じられており、父親が息子を蔑ろにしたり、あるいは堕落させたり、あるいはまた子供に不利になるように財産を浪費しただけでも、ひどい悪事と見做された。

＊　これは単に、古い宗教的な手続きを踏んだ婚姻（matrimonium confarreatione）について当てはまるだけではない。市民婚（matrimonium consensu［合意による婚姻］）も、それ自体、妻に対する所有権を夫に与えるものではなかったが、形式的な購買・引き渡し（coemptio［共買、共買婚、形式売買］と［取得］時効（usus）――共買婚とウスス婚――という法的な概念が、難なく儀式なしの結婚にも適用され、それによって夫には妻［女性］に対する所有権を獲得する道が開けた。夫がそれを得るまで、したがってとりわけ取得時効完了までの間、妻の方はまさしく後の causae probatio［原因証明］の結婚のように妻（uxor）ではなく妻代わり（pro uxore）だったのである。ローマの法律学が完全なものになるまでの時代には、この原則、つまり夫権の中に入っていない妻は結婚した妻ではなく「ただそうしたものと見做される」という原則が保持されていた（uxor tantummodo habetur. Cic. Top. 3, 14）。

＊＊　次の墓碑銘は、非常に後の時代のものではあるが、ここにおかれても決して無価値なものとは言えないであろう。喋るのは石である。

客人［旅人］よ。私の言おうとするのは簡単なことだ、立ち止まり［まっすぐ立って］、じっくり読んで［見て］ごらん。
汚らしい墓石が、美しい女性を覆っている。
両親はクラウディアという名前をつけた。
自分の心からなる愛情でもって夫を愛した。
二人の息子を生んだ。その一人を
大地に戻した［子供として取り上げず、大地に戻す］。今一人は、
大地に休らっている。
彼女は、感じの良い話しぶり、高貴な挙措で、
家を整え、糸を紡いだ。これまでだ、ではさようなら［行き給え］。

おそらくさらに特徴的な点は、羊毛を紡ぐ仕事が純粋に道徳的な性格のものだったということであろう。それは、ローマの墓碑銘においてはまったく稀だなどと言えないものであった。「最善で最も美しい、愛情あふれ、しとやかで、羊毛を紡ぐ仕事に携わる、倹約家で純潔の、家に留まる女性」（Orelli, 4639）。「真面目さの点では適度さを保ち、従順さの点では恥じらいの気持ちを持ち、機織りにおいては真面目に、信頼感の点ではいつも変わりなく、他の高貴な［上品な］女性と同じであった」（Orelli, 4860）。「家のことを［私に対して］貞潔に、従順に、人付き合いもよく、手際よく、機織りには［あなたは一生懸命、信心深く――モムゼンの補足］迷信に惑わされることなく、

飾りつけもけばけばしくなく，着るものも人目につくものでなく」（トゥリアの墓碑，I, 30）。

ところが法的な点では，家族は無条件に，家長（pater familias）の絶対的な意志によって導かれ統御される。家長に対しては，家の内にあるものすべてが法律的に無能力であり，その点，牛も奴隷も同じ，妻や子供さえしかりである。処女が夫に自由に選ばれることによって妻になるように，彼女が夫との間にもうけた子供も，子供として取り上げるか否かは夫の自由意志のもとにある。このような原則を取らせたのは家族に対する無関心さからではなく，むしろ家の創設と子供をもうけることが道徳的に避けられないものであり市民としての義務であるという確信が，深く真剣にローマ民衆の意識の中に宿っていたからである。おそらく，ローマにおいて共同体の方からなされた支援・促進策の唯一の事例は，三人目の子が生まれた場合，父親には補助が与えられるべきだという取り決めである。一方，棄て子についてどう考えられていたかは，五体満足でない子が生まれた場合を除き，あらゆる男の子，そして少なくとも第一番目の女の子に関する棄て子の禁止がそれを示しているであろう。しかし，棄て子がどれだけ公共の福祉を害するものと見られていようと，その禁止はすぐに法的な懲罰から宗教的な呪いへと変わっていった。何よりも父親という存在が家においてはまったく無制限の力を持つ主人だったからである。家長は家の成員を最も厳しくしつけるばかりではない。この者たちに司法権を行使し，自分の裁量で死刑に処すことのできる権利と義務をももっている。成人した息子は，分離した一家を創設することができ，ローマ人の表現によれば，父親から「自分の家畜《ペクリウム》」（peculium［特有財産］）を与えられて，それを保持することができる。しかし，自分の働きによるものであろうと他の人からの贈り物であろうと，また父親の家の中であろうと自分の家の中であろうと，息子が獲得したものはすべて法的には父親の所有するものとなったままである。そして父親が生きているかぎり，この人に隷属する者はだれもが決して自分の財産を保持できず，したがって父親に委任されなければ売却譲渡することはできず，相続させることなど決してできなかった。こうした点では，妻と子供は完全に奴隷と同一線上にあり，自分の家の家政の管理運営が奴隷に許されることも稀ではなく，奴隷は主人から委任されて同じように売却譲渡の権限をもつこともあったのである。たしかに父親は息子も奴隷も同じように第三者の財産へと移し替えることができた。購入者が外国人であるならば，息子はその奴隷となる。購入者がローマ人ならば，息子となる。この人物［息子］はローマ人である以上，ローマ人の奴隷とはなりえないからである。しかし，少なくとも購入者にとっては，奴隷に準ずる存在であった（in mancipii causa）。

父親の力また夫の力は，遺棄の権利についてすでに述べた法的な制限以外には，ただ最も悪質な乱用のいくつかが，法的な懲罰やまた宗教的な呪いの科せられている場合にかぎって，法的な制限規定に従わねばならなかった。例えばこうした罰則規定は、自分の妻や結婚した息子を売却した人に妥当した。また家の中での裁判権の行使［家内裁判］にあたっては、父親が、またはるかに夫が、自分の身内であろうと妻の身内であろうと、あらかじめ最も近い血縁の者を招集し諮ることなくしては、子供や妻に判決を下すべきではないということが、家族の慣習の形で定められていた。しかし近親云々という決まりがあっても、そのことによって法的な意味での家長の力が減じることはなかった。というのは、家内裁判において招集・諮問される血縁者は判決を下してはならず、ただ審判［家内裁判］を主宰する家長に助言するだけだったからである。

しかし家長権は、基本的に無制限でこの世のいかなる者に対しても責任がなかったばかりではない。家長が生きているかぎり、それは変えられず、不壊のものでもあった。ギリシア法にあっては、ドイツ法［ゲルマン法］の場合と同じように、成人して事実上独立した息子は、法的にも父親から自由である。ローマの家長の権利は、その生存中は年齢によっても、当人の狂気によっても、いやそれどころか本人の自由意志によってさえ廃棄されなかった。ただ、権力者の立場にある人間が交替する場合は別であった。というのは、子供はたしかに養子という手段で別の父親の権力の中に入るし、娘は正当な婚姻でもって父親の手から夫の手に移り、自分の氏族と自分の神の保護下を離れて、夫の氏族とその神の保護下に入り、これまで自分の父親に対したように今度は夫に隷属するようになるのである。ローマ法では、息子が父親から解放されることよりも奴隷［従僕］がその主人から解放されることの方が容易であった。奴隷の解放は、早くからそして簡単な形式を踏んで許可されていたが、息子の解放は、はなはだ遅れて大変な回り道をしてようやく可能になったのである。たしかに、もし主人が奴隷を、父親が息子を売却し、買い手が両者を解放するならば、奴隷は自由をかち得るが、息子の方は解放によってむしろ以前の父権の中へと逆戻りしてしまう。ローマ人は父権や夫権を仮借ない徹底さでもって捉えていたので、それらが実質的な所有権へと転化していったのも、その首尾一貫性によるものだったのである。

しかしながら、妻や子供に対する家長権が奴隷や家畜に対する所有権へとどれほど接近しようとも、家族成員は家産というものからは、ただ単に事実上だけではなく法的にもまことにはっきりと区別されていた。家長権は――ただ家の中だけでしか有効性を持たなかったということは別としても――ある一期間だけのものであり、いくぶん代理的な性格のものであった。財産とは所有者だけのものであるという意味で、もしくは絶対主義国家における隷属民が王にとってのみ存在するという意味で、妻や子はただ単に家長のためにのみ存在するものではない。彼らはたしかに権利の対象でもあったが、同時に自分自身の権利能力ももっていた。彼らは物ではなく、人だったのである。しかし彼らの権利は、その行使に関しては未発動のままであった。家の一体性が、その統括のために統一的な代表者を必要とするからである。ところが、家長が死ねば、息子たち［家子］が自ら家長として登場し、今度は彼らの方が妻と子供、さらに財産に対して、これまで父親がそうしたものに行使してきた権利を獲得するのである。それに対して、主人の死でもっても、奴隷の法的な位置は全然変化しなかった。

家族と氏族　このように家族の一体性は強大だったので、家長の死そのものも完全には家族を解体させなかった。それでも家長の死によって独立した子孫が、様々な点で自分たちをまだ一体のものと見做し、その一体性が相続順位の問題や他の多くの点に関して、何よりも未亡人や未婚の娘の地位を整えるために、利用されたのである。昔のローマ人の見解によれば、女性は無能力で他者に対しても自分に対しても権利を持つことはできなかったので、この女性に対する支配権は、あるいはもっと穏やかな表現を使えば、後見（tutela）は、彼女の属する家において存続する。家長が死ねば、その人物の代わりに、その支配権は今や最も近い男系の家族成員の総員によって行使される。このようにしてそれは規則正しく、息子たちによって母親に、兄弟によって姉妹に行使されるというわけである。そうした意味で、一度創設された家は、その創設者の男系子孫が死に絶えるまで、変わることなく存続したのである。もちろん世代から世代へと、実際にはきずなは弛み、結局はもともとの一体性の証しになるものすら消えてしまうこともあったに違いなかった。

この点に、まさしくこの点だけに、家族と氏族の差異が、ローマ式の表現を使えば、宗族［男系親族関係］と氏族成員との差が存在した。両者は、男系の血統であることを共通の特徴とする。ところが家族とは、世代から世代へと遡りながら共通の先祖からの血統の程度を示すことのできる人物個人だけしか含まないものであるのに対して、氏族とは、共通の祖先からの由来だけしか証明されず、もはや完全には連結部分を、したがってその繋がりの程度を証明することのできないものなのである。このことはきわめてはっきりと、ローマ人の名前の中に表われている。「クィントゥス、クィントゥスの息子、クィントゥスの孫、さらにはクィントゥス一門に属する者」というように、祖先［尊属］が個人的に言い表わされるかぎりは、家族の範囲なのである。家族の範囲が終わるときに、補遺的に氏族が登場する。つまりその子孫すべてに「クィントゥスの子たち」という名前を相続させた共通の祖先からの血統ということである。

家の客友・奴隷・庇護民　このように固くまとまった統一体、つまり生きている一人の主人の力のもとに一体となり、そうした家々の解体から生まれた家族という統一体と氏族統一体には、さらになお、たしかにそれに属さないものとして客友や奴隷も存在した。前者は、他の同じ性格の仲間の一員であって、一時的によその家に滞留する者であり、後者は、法的には単なる物と見做されるだけで、家の成員とは見做されない。しかし、庇護民《クリエンテス》（clientes. cluere［呼ばれる］から）はこの統一体に属していた。すなわちある公共体の自由な市民ではないが、それでもその中で自由を護られた状態にある個人が、それである。これには、一部は逃亡者、つまりよその保護者に受け入れてもらった者が属し、一部は隷属民で、主人がこの者には主人としての権利の行使を一時的に見合わせ、彼らに事実上の自由を贈っていたような存在が属した。この関係は、その独自性の点では、客友に対する関係のように厳密に法的なものではなかった。庇護民《クリエンテス》は不自由民のままであり、彼らの場合、忠誠と慣習とがその不自由さを和らげていた。したがって家の「庇護民《クリエンテス》」(clientes）は、厳密な意味での隷属者すなわち奴隷と結びついて、「市民」（この場合はpatronus［保護者］。patricius［貴族］のようにpater［父親］から）の意思に従属する隷属者層(familia［家の子］）を形成する。したがって本来の権利によって市民は、庇護民《クリエンテス》の財産を部分的に、あるいはすべて再び自分のものにしたり、万一の場合にはこの者を奴隷の地位に戻したり、それどころかこの者を死刑にする権限を持っていた。庇護民《クリエンテス》に対しては実際の奴隷に対するほど容易には、こうした家長権のまったき厳しさが露わにならない点に、また別の面では、自分の手の内の者のために配慮し、それを代表するという主人の道徳的な義務が、奴隷の場合よりも、事実上他より自由な位置におかれた庇護民《クリエンテス》の場合に大きな意味をもっているという点に、実際上の差異があるだけである。とりわけ庇護民《クリエンテス》の事実上の自由は、幾世代にもわたってその関係が存続していった場合、法的な自由へと近づいていったに違いなかった。解放者と解放奴隷自身が死んでしまった場合に、解放奴隷の子孫に対する主人の権利《ドミニウム》［dominium］が解放者の法的な後継者によって主張されたとすれば、それは目に余る悪しき行為と見做された。このようにすでに家の中に、法的に同等の権利をもった氏族成員とも、隷属者［奴隷］とも異なり、しかも独立した自由をもった人たちの階層が形成されていたのである。

共同体ローマ　国家ローマは、その構成要素の点でも形式の点でも、以上のようなローマ人の家を基礎にして存在した。民衆の共同体は、ロミリウス、ウォルティニウス、ファビウスなどという古い氏族群の結合（どのようにして生じたにせよ）からなっていた。ローマの領域は、こうした氏族の土地《マルク》のまとまりから生まれた（三二頁）。そのような氏族の一つに属する者は、いかなる人でもローマ市民であった。そして、そうした輪の中で通常の形で結ばれた婚姻は、すべて真のローマ的な婚姻と見做され、それが子供にとって市民権の根拠となった。正当でない形の婚姻もしくは婚姻外の形で生まれた者は、だれであろうと共同体の結合から締め出された。したがって、ローマ市民は「父親のはっきりした子《パトリキ》」(patricii）と自称した。それはただ彼らが法的に一人の父親を持っているかぎりでのことであった。氏族は、その中に含まれるあらゆる家族とともに、そのままの形で国家に組み入れられた。家と氏族の輪は、国家の内部で存続しつづけた。しかし国家に対しては、家や氏族の中での位置がどうであるかは関係なかったので、家子は、家の中では父親の下におかれていたものの、政治的な義務や権利の点では父親に並ぶものであった。保護下にある従属者の立場は当然、どの保護者の解放奴隷や庇護民《クリエンテス》であっても共同体全体の中で許容されている範囲内で変化した。なるほど彼らは、まず自分たちの属する家族の保護を頼りにし続けたが、それでも、たとえ正式の市民権も市民としての本来の負担も当然のことながら彼らにはなかったにせよ、共同体の礼拝儀式や祝祭から共同体成員の被保護者が完全に締め出されていたわけではないということは、重要であった。それだけにいっそう、このことは公共体全体に属する被保護民の場合に当てはまるものであった。このように、国家も家と同様、本来の成員と従属民、市民と居留民《メトイコイ》［在留外人］から成り立っていたのである。

王　国家の構成要素が、家族を基礎とする氏族であるように、国家という共同社会の形は、個々の点でも全体としても、家族を模倣したものであった。家にはその本性上、父親が存在する。家自体がそれによって成り立ち、それとともに消えてゆくのである。しかし、不滅に存続するべき民衆の共同体の中には、本性上の［当然の］主人なるものは存在しない。少なくとも自由で平等な農民から成り、神の恩恵に基づく貴族だと主張できるような者はまったくありえなかったローマ人の民衆の共同体においてはそうだった。したがって、彼らの只中から一人の人物が、ローマ人の共同体という家の指導者（rex［王］）ないし主人になるのである。というのは後の時代にも、まさしくその住まいの中に、あるいはそれと並んで共同体の中に永遠に燃える竈やうまく外部から遮断された貯蔵室、すなわちローマ人のウェスタ［国家および家庭の火の女神］やローマ人のペナテス［ローマ人の家庭を守護する神々］が見出されるのであるが、これらはすべて、全ローマを包含する至上の家［国家］の統一性を可視的に示すものなのである。

王の職は、その官職が空席になり後任が指名されたとき、直ちにそしてまた法的にも始まる。ただし共同体は、王が武装能力のある自由人の集会を召集し、正式に彼らにその義務を負わせたときに初めて、王に完全なる服従の責務を負うことになる。その後、王は、家の中では当然家長のものであるような全権を共同体において持ち、家長のように終身支配する。王は共同体の神々と交わり、それに諮問し、神意をかなえる（auspicia publica［神意啓示祈願］）。そして男女の神官すべてを任じる。たとえ他の場合には共同社会のいかなる成員も一人の非成員との契約によっては拘束されないにしても、王が共同体の名前で外国人と締結する条約は全民衆を拘束する。王の大権《インペリウム》（imperium［命令権］）は、平和時も戦時も絶対至上のものであり、そのために斧と棒［杖］をたばねた束桿を持った先導吏《リクトル》（lictor. licere から）が、職務上、王の現われるところではどこでも彼を先導するのである。王だけしか市民に向かって公式に発言する権利をもたないし、共同体の金庫［国庫］の鍵を取り扱えたのは彼だけである。王には、父親のように懲罰の権利と司法権が帰属していた。王は、規律違反に対して罰を下し、とりわけ軍務におけるしくじりに対して杖刑［笞刑］を科した。王はあらゆる私的な係争やあらゆる刑法上の係争において法廷に臨み、その生死に関して、また自由に関して、何の制約も受けずに決定を下すので、王は市民に、同じ市民仲間の奴隷の役を務める存在たることを申し渡したり、あるいはその人を実際の奴隷として売却することも、つまり別の言い方をすれば外国に追放し売り飛ばすよう命ずることもできたのである。王が死刑の判決を下した場合、恩赦のため民衆［市民集会］に控訴を行なうことを許す権限は王にあるが、それでもその義務は彼にはない。王は民衆を戦争に動員し、軍隊を指揮する。しかしそれに劣らず、火災発生の報せに対しては、本人が火事場に現われなければならない。

家長が家における最高の権力者であるばかりか唯一人の権力者でもあるように、王も国家における第一にして唯一の権力者である。王は、聖なる規定もしくは共同体の規定について特別に知識をもった人たちからなる専門家集団を作りあげ、その助言を求めることができる。権力の行使を軽減するために、特定の機能を他の人に委ねることもできる。市民団への通達、戦争での指揮権、あまり重要でない裁判の判決、犯罪の捜査などがそれである。王は、とりわけ都市地区を離れざるをえない場合、代理人として全権を持った都市長官（praefectus urbi）をそこに残すことが許される。ただし王権と並ぶあらゆる職権は、王権から派生したものであり、あらゆる役職者はただ王によって、また王の望むかぎりその役職にあった。最古の時代の役職者はすべて、特別職の都市長官も、歩兵《ミリテス》（milites）や騎兵隊《ケレレス》（celeres）の部隊指揮官《トリブヌス》（tribuni. tribus［部分、親族、地区］から）も、王から仕事を委託された者以外の何者でもなく、決して後の意味での政務官ではない。王の力には外からの法的な制限はなく、そのようなものはありえないのである。共同体の支配者にとっては、家長にとって家の中に裁く人がいなかったように共同体の内部に裁く人はいない。ただその死だけがその力に終止符を打つ。新しい王を選ぶのは長老たちの諮問会議の権限であるが、空席の場合、彼らの手に中間王の職（interregnum）が渡る。王の選出のための公式の共同行為には、市民団は王の任命の後初めて関与することになる。王権は法的には、父親たち《パトレス》（patres［貴族、指導者、元老院議員］）の永続的な同僚団を基礎にするものなのである。彼らは、権力の暫定的な保持者という道を通って、終身の新しい王を任命するのである。このようにして、「有名なローマは神々の大いなる恵みによって樹立され、その恵み」は、最初に王位を授けられた者から後継者へと絶えることなく引き継がれてゆき、国家の一体性が権力者の個人的な交替にもかかわらず、変わることなく守られたのである。

ローマ民衆の一体性は、宗教の分野ではローマのディオウィス［ユピテル］によって具現されるが、法の領域では王者によって代表される。したがって王の衣裳も最高神の衣裳と同じである。他の人がすべて徒歩で歩む町の中でも車や、また鷲の印を付けた象牙の杖や、朱色の化粧をした顔や、黄金の樫の葉の冠が、ローマの神にもローマの王にも同じようにふさわしいものとされた。しかしローマの国制を、このために神政制度であると見做すのは、大変な誤りであろう。近現代イタリア人の間でも、神と王の概念は、エジプトやオリエント風にお互いに融け合ってはいない。王は民衆の神ではなくて、むしろはるかに国家の所有者と言うべきなのである。したがって、特定の氏族一門に与えられた神の特別な恩寵といったものにも、あるいはある種の秘密に満ちた魔力――それによって王が他の人間とは異質のものからできているかのように見える――といったものにも、ローマ人は無縁である。高貴な出自、つまりかつての君主たちとの近親関係が、推薦状の役割を果たすが、それは何の条件にもならない。むしろ法的には、しかるべき年齢になった心身ともに健全なローマ人男性ならば、だれでも王位につくことが可能なのである*。

* 肢体の不自由な者が最高官職から排除されたことは、ディオニュシオスが述べている（5, 25）。ローマ市民団の一員であることが、コンスル職と同じように王のポストにとっても条件であったことは、はなはだ自明という他なかったので、クレス［サビニ人の町］の市民についての作り話は、はっきりと斥けようと努める価値などほとんどないということであろう。

このようにして王はまさしく一介の市民に他ならず、勲功や幸運、そしてとりわけどの家にも一人の主人がいなければならないという必要性が、同等なる者の上に立つ主人としてこの者を位置づけたのである。農民の上に立つ農民、戦士の上に立つ戦士としてである。息子は父親に無条件に従うが、それでも父親より劣る者として卑下することはない。同様に市民は、自分の支配者をまさしく自分より優れた者と見做すことなしに、これに服従した。この点に王権の道徳的な、また事実上の制限があった。たしかに王は、まさしく国の法［一般法］を破ることさえなければ、どんなに不当な行為でも可能であった。王は、ともに戦う人の戦利品の分け前を減らすことができた。王は、度外れの賦役を課すことができ、その他賦課の形で市民の財産の中に、理由がなくてもずかずかと介入できた。しかし、もし王がそうした場合、神の同意のもと、彼の絶大な権力が神から生まれたものではなく、彼がその代表者であった民衆から生まれたものであることを彼が忘れてしまったことを意味する。また、彼に誓ったその誓いを民衆が忘れてしまったならば、一体だれが彼を支持するであろうか。他方、王権の法的な制限は、王が法を行使することはできたが、変える権限をもたなかったことにあった。法からの逸脱はことごとく、あらかじめ民衆の集会や長老の諮問会議の承認を受けねばならなかった。そうでなければ、それは無効であり、僭主的な行為とされ、法的な効果はそこからは生まれなかった。このようにして、道徳的にも法的にも、ローマの王権は今日の主権とは根底において異なり、およそ現代の生活においてはローマの家や、また国家ローマに相当するものなど存在しないのである。

民衆の共同体　市民団の区分は、保護・管理という意味のクリア（おそらく curare = coerare［世話する、命令するなど］、*κοίρανος*［指導者、命令する人］に関連する）に基づく。一〇のクリアが共同体を形成し、クリアはそれぞれ一〇〇人の歩兵を出す（したがって mil-es は、equ-es のように一〇〇〇人の歩く人というわけである）。また一〇人の騎兵と一〇人の助言者［議員］も出す。共同体が結び合わされ、その各々はもちろん全共同体（tota. ウンブリア人とオスキ人を含めてすべて）の部分《トリブス》（tribus［部族、地区］）となる。そして全共同体の構成単位の数は、そうした部分の数に応じて何倍にもなる。このような区分は、なるほどまず市民団を構成する個々人に関係があったが、しかしそれはまた、およそ共同体の農耕地《マルク》が分割される場合には土地にも適用された。部族《トリブス》の土地《マルク》だけではなくクリアの土地《マルク》も存在していたことは、わずかばかり伝えられているローマのクリアの名前の中に、明らかに氏族集団名［血縁的なものを意味する］から来たと思われるもの、例えばファウキア（Faucia［三〇のクリアの一つの名前］）という名前と並んで、はっきりと地域から来た名前、例えばウェリエンシス（Veliensis［← Velia］）も見られる以上、疑う余地は少ない。これらのクリアはそれぞれ、耕地共有制［共同体］の見られたこの最古の時代に、すでに述べたような若干数の氏族の土地《マルク》を抱えていたのである（三二頁）。

この国制は、後にローマの影響下に生まれたラテン人の共同体、もしくは市民共同体の枠組の中に最も単純な形で見られる*。例外なく、それらは百人委員（centumviri［百人隊長］）というメンバーを持つ。しかし、三区分されたローマの最古の伝統の中にも一貫して同じ常数［定数］が現われており、伝統ではローマには三〇クリア、三〇〇人の騎兵、三〇〇人の元老院議員、三〇〇〇人の歩兵が付与されるのである。

* 単純な一〇クリア制がそれ以外の形では早期に消えてしまったと言えるローマにおいてさえ、なおその実際の適用が見出されるし、充分注目に値するのは、我々が他にも、我々の法的な伝承と考えているすべてのもののうちで最古のものと見做すべき理由を持っている形式、つまりコンファッレアティオという婚姻形式の場合である。この婚姻儀式の場における一〇人の証人は、ちょうど三〇のクリア制の中の三〇人の先導吏《リクトル》のように、一〇クリア制に関係があったことは、ほとんど疑いをいれないであろう。

この最古の国制の枠組がローマに生まれたのではなく、すべてのラテン人に共通の太古の法であって、おそらく種族分離以前の時代にまで遡るということ以上に確かなことはない。こうした点に関してきわめて信頼に足るローマ人の国制の伝統は、市民団の他のあらゆる区分を歴史的に説明するものでありながら、唯一、都市の成立にともなってクリア区分を生んだものなのである。このことと完全に一致して、クリア制度はローマに現われるばかりでなく、ラテン人の共同体秩序の新たに見出された枠組の中に、ラテン人の都市法の本質的な部分として一般的に登場するのである。

この仕組みの中核をなすものは、クリアの中での区分けにあったし、またそうであり続けた。したがって部分《トリブス》（「部族」）は基本的な構成要素ではありえない。それは、部族《トリブス》の出現が、その数と同様、総じて偶然によるものだからである。部族《トリブス》が存在するという場合、この部分《トリブス》［部族、地区］自体が全体であった時期についての記憶が、その中に保持されているという以外の意味は、たしかになかったのである*。個々の部分《トリブス》［部族、地区〕が特別な代表職や特別な集会を持ったということは、どこにも伝えられていない。公共体の一体性のためには、それを形成するために溶けて一つになった部分《トリブス》〔部族〕が、実際は決してそうした組織や制度を持つことを許されなかったということは、大いにありうることと言えよう。軍隊の中でさえ、たしかに歩兵は部族《トリブス》と同数の指揮官のペアを持った。しかし、そうした軍事的な指導者《トリブヌス・ミリトゥム》（tribunus militum）のめいめいのペアが、一つの部族《トリブス》の分担兵を指揮したわけではない。反対に軍事的指導者はそれぞれに、また一緒になって、全歩兵軍を統率したのである。

＊　このことは、その名前の中に含意されている。「部分」（部族《トリブス》）とは、法律家なら分かるように、単純にかつて全体であったもの、もしくは今後全体となるであろうもの以外の何ものでもなく、したがって現在はいかなる現実性もないものなのである。

氏族は、各クリアの下で分かれて存在する。その範囲は、家の範囲のように当然のことながら定められている。立法権が修正を加える形でこれに介入し、大氏族を枝氏族に分かってそれを二倍の数にしたり、あるいはもっと多くの弱い氏族を合体させることもあったであろうが、そうした点については、ローマの伝承にはまったくなんの痕跡も残されていない。とにかくこうしたことは限られた場合にしか起こらなかったので、それによっても氏族の同族性という基本的な性格は変わらないままであった。しかし氏族の数も、それ以上に家の数も、法的に決められたとおりではありえなかったであろう。クリアが一〇〇人の歩兵と一〇人の騎兵を提供せねばならなかったとしても、各氏族から一人の騎兵が、各家から一人の歩兵が出されたという具合には、伝えられてもいないし、信じられもしないであろう。最古の国制上の組織の中で唯一機能している部門はクリアであり、それは一〇、もしくはいくつかの部族《トリブス》があった場合には、部族《トリブス》ごとに一〇となっていたと言えよう。こうした保護・世話・後見〔クリアの意でもある〕が、団体としての真の一体性を構成するのであり、その成員は、少なくとも共同の祭りに集まるのであって、それぞれのクリアが一人の特別な保護者・世話役（curio〔クリアの長〕）のもとにあり、自分たちの神官（flamen curialis〔クリアの祭司《フラメン》〕）を一人持つのである。疑いなく、クリアにしたがって召集も査定も行なわれるし、裁きの場では市民団がクリアごとに集まりクリアごとに投票した。ただし、このような規定は、最初は票決のために導入することはできなかったのであろう。というのも、もしそうならば明らかに区分の数が奇数にされたであろうからである。

市民の平等性　市民と非市民が峻別されていたとはいえ、市民団の内部での法的な権利の平等性は完璧なものであった。おそらく、こうした諸原則を一つ一つ仮借なく厳しく実施した点で、これまでローマ人に匹敵しうる人々など存在しなかったであろう。ローマ人における市民と非市民の対立関係の峻厳さが、太古の名誉市民権の制度の取り扱いにおけるほど際立って表われたところはどこにもないだろう。この権利は本来、こうした対立関係を調停するために定められたものだった。外人が、共同体の議決で市民の仲間として受け入れられた場合、この人物はたしかにこれまでの市民権を放棄することができた。それによって、彼は完全に新しい共同社会の中へと移ったのである。しかし、いま彼に新たに与えられた市民権と以前の市民権とを併用することもできた。最古の慣習はこのようなものであり、ヘラスでも相変わらずこの形は残り続けた。そこでは後になっても、同じ人物がいくつかの共同体で同時に市民権を与えられることも稀ではなかったのである。しかし、ラティウムのますます生き生きと発展させられた共同体感覚では、人が市民として同時に二つの共同体に属することは容認されなかった。そこで、新しく選ばれた市民が自分のこれまでの共同体の権利を放棄するつもりのない場合には、その人に名目上の名誉市民権を与えて、ちょうど外人に対しては以前から認めていたような、客友関係と保護の義務（ius hospitii）のもとに入るという客人の権利に等しいものとしたのである。

このように外に対する制限の枠を厳しく遵守することと、ローマの市民共同体の仲間の中から、成員の権利のすべての差異を無条件に遠ざけることとが、相互に結びついて進んだ。家の内に存在する相違はもちろん除去されえないものだったが、少なくとも共同体内部では無視されていたことは、すでに述べたところである。息子として父親にその身を委ねた当人が、そのようなわけで市民としては自分の父親に対して支配者として命令を下すことになる場合もありえた。けれども、身分的な特権は存在しなかった。ティティエス［トリブス名。以下同］がラムネスに、また両者がルケレスに序列の点で優位にあったことも、彼らの法的な同権性をなんら損なうものではなかった。たしかに市民からなる騎兵隊は、この時代には戦列の前での一騎打ちに騎上もしくは徒歩で用いられたし、特別な戦力の役割を果たすよりは精鋭兵もしくは予備部隊であった。したがってどうしても最も裕福で、最善の装備をした、最善の訓練を受けた兵員を含み、当然、市民からなる歩兵よりも令名とどろく存在だった。ところがこうした対照も純粋に事実上の性質のものだった。騎兵隊に入ることは疑いなくパトリキ貴族のだれにでも許されていた。しかし法的な差異を生じさせるものは、ひとえに市民団の国制にかなった区分だけであった。それ以外は、あらゆる共同体成員の法的な平等は、その外見に関しても実行されていた。衣裳は、たしかに共同体の指導者を共同体の成員より、成人した軍事義務のある男性をまだ軍務に服する能力のない少年よりも際立たせるものだった。しかしそれ以外には、富裕な者や高貴な人も、貧しい者や低い身分の生まれの人も、公的にはただ同じような簡単な白い羊毛製の外衣《トガ》（toga）をまとって現われるだけなのである。このような市民の完全な法的平等の基礎は、疑いなくもともとインド・ゲルマン人の共同体の国制の中にあったものだが、それでもその捉え方と貫徹ぶりのこうした峻厳さの中にラテン民族の最も独特で最も影響力のある特徴の一つがあったのである。おそらくここで想起されるのは、次のことであろう。それは、イタリアではラテン人から成る来住者が、唯々諾々と自分たちに服従することになる人種、より低い文化能力しかなく自分たちよりも古い移住民の人種にはまったく出会わなかったこと（七頁以下）であり、そのため、インド式のカースト制度や、スパルタやテッサリアの貴族制、たぶん一般にヘラスの貴族制、そしておそらくゲルマンの身分区別も関わりを持たざるをえなかった、被征服民を生む主たる機会・条件が欠けていたということである。

市民の負担　国家財政が市民団に支えられているのは当然のことであろう。最も重要な市民の仕事は軍務であった。というのは市民団しか武器を担う権利と義務を持っていなかったからである。市民は同時に「戦士団」であった（populus とは、populari［蹂躙する、荒らす］と類縁関係にある）。古い連禱文の中に、「槍で武装させられた戦士団」（pilumnus poplus）というのがあり、そこではマルス神の恵みが祈願されており、王が彼らに話しかけるときのクィリテスという呼称自体が、*防衛者たちという表現であったと考えられる。どのようにして攻撃部隊すなわち「集めら《レ》れた《ギ》もの《オ》」（legio［正規軍団］）が形成されたかは、すでに述べたところである。三区分された共同体ローマ**の中で、それは、三人の騎兵部隊指揮官（tribuni celerum）の率いる騎兵（celeres［速い人］もしくは flexuntes［車引き。馬や車を制御する＝向きを変えさせる人］）の三つの百人隊（centuriae）と、三人の歩兵部隊指揮官（tribuni militum）に率いられた三千人の歩兵部隊（milites）からなっていた。後者は、おそらくはじめから共同体の召集部隊の中核をなしていた。これにまだ、戦列の外で戦う若干数の軽装兵、とくに射手［弓兵］が加えられるべきであろう。***将軍は、通常は王自身であった。

* quiris, quiritis もしくは quirinus は、古代人には、quiris もしくは curis［槍］と ire［行く］から、槍もちを意味するとされている。その意味では、古代人の間でも、σαύνιον すなわち投げ槍に由来する samnis, samnitis、また sabinus に符合する。arquites, milites, pedites, equites, velites、つまり弓をたずさえて行く人、一〇〇〇人の部隊に入って行く人、徒歩で行く人、馬に乗って行く人、装備なしでただ上に羽織るものだけで赴く人、などに結びつくこうした語源論はやはり正しくはないだろうが、しかし市民概念についてのローマ的な捉え方と結びついたものである。同じように、ユノ・クィリティス（Iuno quiritis）、マルス・クィリヌス（Mars quirinus）、ヤヌス・クィリヌス（Ianus quirinus）は投げ槍を振り回す［投げる］神と考えられているし、人間に関しても quiris は戦士である。すなわち完全市民である。このことと言語上の慣用とは一致する。場所が言い表わされるべき場合には、決して quirites とは言われず、常にローマまたローマ人のと言われる（urbs Roma, populus, civis, ager Romanus）。quiris という呼称は civis や miles のように場所的な意味は持たないからである。まさにそれゆえに、このような言い表わし方も、お互いに結びつけられない。人は civis quiris とは言わない。たとえ様々な立脚点からであろうと、両者は同じ法概念を表わしているからである。それに対して、「この戦士（quiris）は死して亡くなれり（ollus quiris leto datus）」という風に、市民の葬式は厳かに通告される。そして同じように王が、召集された共同体に向かってこの名前で話しかける。王が法廷に座っているときには、兵役に服する自由人の権利に基づいて話すのである（ex iure quiritium. これはまったく後の ex iure civili と同じである）。Populus Romanus, quirites（populus Romanus quiritium はまったく不充分にしか認定されていない）は、このようにして「共同体と個々の市民」を意味する。したがって古い定式では（Liv. 1, 32）、populus Romanus に prisci Latini［古ラテン人］が、

quirites に homines prisci Latini が対応させられる（Becker, Handbuch. Bd. 2, S. 20f.）。

こうした事実に対して、ただ言語的かつ歴史的に無知であるために、次のような観念がまだ固執されているにすぎない。それは、共同体ローマはかつて同じ類いのクィリヌスの共同体に対立していたが、合併後、新しく受け入れられた共同体の名前が、宗教儀式的また法的な言語の慣用の点で、受け入れ側の共同体の名前に取って替わったというのである。四八頁注参照。

＊＊　ディオニュシオスは（2, 64）、ヌマの八個の宗教上の制度の中でクリオネスとフラミネスの名前をあげた後、第三のものとして騎兵の指揮官について述べている（οἱ ἡγεμόνες τῶν Κελερίων）。プラエネステの暦によれば、三月一九日にコミティウムの上で祭りが祝われる（神祇官《ポンティフェクス》と騎兵の指揮官の臨席のもと）。ヴァレリウス・アンティアス（Valerius Antias）は（Dion. Hal. 1, 13. vgl. 3, 41）、最古のローマの騎兵隊に一人の指揮官《ケレル》と三人の百人隊長を与えている。それに対して作品 "de viris illustribus" の1ではケレル自身が百人隊長《ケントゥリオ》と呼ばれている。さらには、ブルトゥスは王の放逐にあたり tribunus celerum［騎兵隊指揮官］だったと言われる（Liv. 1, 59）が、ディオニュシオスによれば（4, 71）、それどころかこの職のおかげでタルクィニウス一族の追放を提案できたという。そして最後に、ポンポニウス（dig. 1, 2, 2, 15；19）および一部はたぶん彼から取り入れたリュドス（mag. 1, 14；37）も同様に、アンティアスの言うケレルを tribunus celerum［騎兵隊指揮官］と同一視する。共和政期の独裁官につく magister equitum［独裁官副官＝騎兵長官］と、また帝政期の praefectus praetrio［近衛長官］と同一視するのである。

これら［作品の記載事項］、つまり tribuni celerum について伝える唯一現存するもののうちの最後のものは、後のまったく信頼できない証人に由来するばかりでなく、単に騎兵の部分的な指揮官を表わしうるにすぎない名前の持つ意味にも矛盾するのである。しかしとりわけ、常に特別な場合に任命されるだけで後にはもはや決して任命されない共和政期の騎兵指揮官は、三月一九日の毎年の祭りに必要とされ、そのため常置の役職であるものと同一視することはできないのである。ポンポニウスの記述、つまり明らかにひどくなる一方の無知さ加減によって歴史として脚色されたブルトゥスの逸話から生まれたものから目を転ずれば（どうしてもそうしなければならないのだが）、単純に tribuni celerum は tribuni militum に、数の点や本質の点でぴったりと合うこと、騎兵の部分的な指揮官は存在したこと、したがって騎兵長官（magister equitum）とは完全に区別される存在だったことになるのである。

＊＊＊　明らかに、太古の造語 velites と arquites、および正規軍団《レギオ》の後の組織がこのことを示している。

市民には、軍務の他にまだ別の個人的な負担がのしかかった。戦時にも平和時にも王の用命を引き受ける義務（五八頁）や農地の耕作あるいは公共建築を建設するための賦役などがそれである。とりわけ都市の城壁の建設が共同体にいかに重くのしかかる負担だったかは、賦役《ムニア》（munia［義務、仕事］）という名前が「囲壁《モエニア》」（moenia）として残っていたことが示している。それに対して定期的な直接税は、直接の定期的な国家支出と同じようにあまり生じなかった。共同体の負担にたいする支払いのための課税が必要なかったからである。それは、国家が従軍や賦役あるいは一般に公務に一切の代償を保証せず、そうした補償が生じたとしても、補償は奉仕者には履行義務に直接関わりのある区域によってなされるか、それとも自らは奉仕できないかまたはそれを欲しない人によってなされたからである。公的な礼拝儀式［神事］に必要な犠牲獣は、訴訟の際の税から調達された。通常の裁判で負けた人は、係争対象［訴訟物］の価値によって査定された家畜の罰金（sacramentum［神聖金］）を国家に支払ったからである。慣例である共同体の市民からの王への進物については何も報告されていない。それに対して、王領からの上がり、とりわけ共同放牧地に放牧された家畜の放牧税（scriptura）や国有地の利用者が地代の代わりに支払わねばならなかった生産物の一部（vectigalia）などと並んで、港湾税［関税］が王のもとに集まってきた（四三頁）。これに家畜の罰金や没収物や戦利品などが加わった。緊急の場合には、最終的に割り当て、つまり分担金《トリブトゥム》としての税（tributum）が課せられた。ところがそれは強制的な形での借款と見做され、時の流れが好転すれば返却された。これが一般に市民に振りかかったものなのか、それとも土地を保有する者だけにしか関係がなかったのか、いずれを採るかを決することはできない。しかし、後者の想定の方が可能性は高いであろう。

王は財政を統括した。ところが王の私有財産は、ローマの最後の王家タルクィニウス家の拡大した所有地についての情報から推定すると、通常は相当なものだったに違いないが、国家財産はそれとは重なりあわず、とりわけ武力で獲得された農地は常に国有地と見做されていたようである。王が公的な財産の管理にあたって慣習により制限を受けていたのかどうか、またどの程度の制限を受けていたのか、そうした点はもはや確かめようがない。ただ後の発展が示しているのは、市民団がこの点で相談を受けることは決してありえなかったが、それに対して、分担金《トリブトゥム》という形の課税や戦争で獲得した農地の分割について元老院に諮ることは慣習になっていたようだということである。

市民団の権利　しかしながら、ローマ市民団はただ単にもの［負担］を提供したり奉仕をしたりするという形で姿を見せるだけではない。公的な統治にも関与したのである。そのために、女性とまだ武装する能力のない子供は例外として、すべての共同体成員、呼称としては「槍の人たち《クィリテス》」(quirites) が集会に集まったが、それは彼らに通知を行なうために（conventio, contio）王が招集したとき、あるいはクリアに諮るために正式に第三週目に（in trinum noundinum［三回の市場の日、三×八＝二四日］）集まるよう王が命じたときのことである（comitia）。規則どおり王は年に二回、すなわち三月二四日と五月二四日に、そうした共同体の正式の集会［総会］を開催することを決めたし、それ以外にもしばしば、王に必要だと思われたときに招集した。しかしいつも市民は、発言するためというよりは傾聴するために、質問よりも返答のために招請されたのである。王以外はだれも集会では発言せず、また王は王が発言の自由を与えるにふさわしいと見做した人物に向けてしか発言しない。市民団の発言は王の問いに対する簡単な返答にすぎず、討議もなければ理由づけもなく、条件は付けられず質問の区分けもない。それにもかかわらずローマの市民共同体は、まさしくゲルマン人の共同体やおそらくインド・ゲルマン人の最古の共同体と同じように、一般に主権国家の理念の、本来のしかも究極の担い手なのである。ところがこの主権たるや、事態が通常に推移するうちは未発動のままである。あるいはただ、市民団がその長に対する服従を自由意志によって自ら義務づけているという点にのみ示される。この目的のために、王はその職に就任した後、招集したクリアに対して、クリアは自分に忠実であり服従したいか否か、自分たち自身を露払い役《リクトル》（lictores［本来は先導吏。ここでは使い走り、召使の意］）のようなものとして伝統的なやり方で認めたいのか否か、といった問いを発する。この問いに否定的な返答など決してなされないことは、世襲的な君主制において、まったく類似した忠誠の誓いが拒否されないのと同じである。

　まさしく主権者としての市民団が、通常のやり方では、公務の遂行に関与しなかったのは、まったく筋の通ったことであった。公的な活動が、今ある法規定の実施に限られているかぎりは、本来至上の権利たる国家権力は侵害できないし、またそのようなことはありえない。治めるのは法であり、立法者ではないのである。しかし、今ある法秩序の変化、もしくは特別に法秩序からの逸脱が少しでも必要とされる場合には、事は違ってこよう。というわけでこの場合には、ローマの国制においても例外なく市民団が、行動する存在として登場してくる。そこでは、至上権としての国家権力のそのような活動が、市民団と王もしくは中間王（interrex）との共同の行為によって遂行される。治める者と治められる者との法的な関係自体が、口頭での問いと答えという協約をふまえたやり方で認知されたように、共同体の主権者的な行動はことごとく、王が市民に向かって法律の提案（rogatio）を行ない、クリアの大多数がそれに賛成することによって実現されたのである。この場合も、間違いなく賛成拒否は許されなかったであろう。したがってローマ人の間では、我々が考えるように、法はまず第一に主権者から全共同体成員に向けられた命令であるのではなく、何よりも構造上は国家の諸権力の間での発言と返答［対話］によって結ばれた協約なのである。* そうした立法上の協約は、法制度の正常なる一貫性を逸脱するあらゆる場合において、法的に必要とされた。

　通常の法の流れの中では、だれでも自分の欲する人に無制限に自らの財産を手渡すことができるのだが、ただしこの人がそれを即刻引き渡すという条件があった。財産がさしあたり所有者の掌中に残っていて、死んだときに他の人の手に移ることは、共同体がそのようなことをこの人に許さないかぎり、法的に不可能であった。許すとすれば、それはこの場合、市民団が広場に召集されたときか、戦争のために整列させられたときであった。これが遺言［状］の起源である。

＊　法（lex）、つまり結びつき・結合（legare［何かと結ぶ］と同系）は、よく知られているように、一般に契約・条約を表わす。その場合でも、提案者がその条件を定め、他方が単純に受け入れるか拒否するという契約・条約の副次的な意味を伴う。これは例えば、公的な競売（licitationes）にあって一般に行なわれていることと同様である。**lex publica populi Romani**［ローマ民衆＝国家の公的な法］においては、提案者が王であり、引受人が民衆である。後者の限定された形での共同作業は、このように言葉の上でも意味深い形で表現されている。

通常の法の流れにおいては、自由人は、自由という売却譲渡できない財産を、失うことも手放すこともできず、したがって、家長に従属しない人はいかなる人でも、この人に共同体がそのようなことを認めないかぎり、別のだれかにその息子に代わって［養子として］服従することはできない。ここに生まれるのが、自権者養子縁組（adrogatio）である。また、通常の法の流れの中では、市民権は誕生によってしか獲得できないものであり、共同体がパトリキ貴族の身分を授けたり、その放棄を承認したりするとき以外は失われない。この二つの場合はいずれも、疑いの余地なく、もともとクリアの議決なしではどのようにしても実効性をもちえなかったものである。通常の法の流れにあっては、死に価する犯罪人には、王もしくはその代理人が、その判断や法によって判決を下した後、仮借なく死刑が執行される。王もただ裁くことができるだけで、死刑判決を下された市民が共同体に恩赦を頼み［控訴し］、裁く人がこの人に恩赦の道をとることを許してやらないかぎり、赦すことはできないのである。これが上訴《プロウォカティオ》の始まりである。それゆえ上訴はとりわけ、罪を否認したけれども有罪を認めさせられた犯罪者に許されるのではなく、自白した犯罪者に罪の軽減の事由を主張させるものであった。通常の法の流れの中では、近隣の国家と結んだ恒久的な条約は、条約に加えられた不法な行為のために市民団がこの条約が解除されたと見做したとき以外は、決して破ってはならない。したがって、攻撃的な性格の戦争を目論むときには、どうしても市民団に諮問しなければならなかった。しかし、他の国が条約を破ったときの防衛的な性格の戦争の場合はそうではなく、和平の締結にあたっても同じであった。それでも、通常の市民集会に問いが向けられないかわりに、軍隊に向けられたようである。

このようにして、一般に王が革新を意図したときには、現行の普通法の変革についてどうしても市民に問うことが最終的に必要となる。そのかぎりでは、立法権は昔から王の権利ではなく、王と共同体の権利なのである。上記のような場合、また似たようなすべての場合に、王は共同体の協力なしには合法的な効果をもった行動をとることはできなかった。ただ王だけによってパトリキ貴族と宣言されたにすぎない人は、相変わらず非市民であり続けたし、その法的に無効な行為は、ただおよそ実際上の効果しか生まなかったのである。そのかぎりでは共同体の集会は、制限され拘束された形で登場しようとも、それでも昔から公共体ローマの構成要素であったし、法によって王と並ぶというよりもそれに優るものであったのだ。

元老院　しかし王と並んで、また市民集会と並んで、最古の共同体の制度の中に今一つ、第三の基本的な力が登場する。王のように行動するという風にも、また集会［市民集会］のように議決するという風にも定められていないものであり、しかも両者と並んで、また法的な枠内では両者の上に設定されている。これが長老の諮問機関、すなわち元老院《セナトゥス》（senatus）である。間違いなくこれは氏族制度から生まれたものである。原初期のローマにおいては全家長が元老院を構成したであろうという古い伝承は、ずっと時代が下ってから初めて移住してきたわけではない後のローマの氏族のすべてが、それぞれ始原に遡り、原初の町の家長たちのうちに自らの先祖や族長を見出すとすれば、その範囲では、国法的に正しいと言えよう。また、ありうることだが、もしローマにおいて、あるいはラティウムにおいても、かつて国家自身のようにその究極の構成要素もすべて、すなわち氏族のそれぞれがあたかも君主制的に組織されていて、氏族仲間や先任者の手による選出か相続的継承によるかはともかく、ある一人の長老のもとにあるという時代があったとすれば、その時期においては元老院も、この氏族の長老たちの総体以外にはありえず、したがって王や市民集会から独立した一つの制度として、市民の総体によって直接形成された後者［市民集会］に対して、ある程度は民衆の代表者による代議制的な集まりだったということになる。

とにかく、氏族のこうした国家のような独立性は、ラテン人種族においては悠久の昔に克服されており、氏族秩序から共同体を発展させるための、最初にしておそらく最も困難な歩み、つまり氏族の長老の除去は、もしかするとラティウムではローマ創設のはるか以前になされたのであろう。我々がローマ人氏族について知っているように、まったくのところはっきりした頭領になる人はなく、共同の族長——そこからあらゆる氏族員が生まれてきた、もしくは生まれてきたと彼ら成員が主張している族長——に代わって、生きている氏族仲間の中のいかなる個々人も、特別にそれに任じられることはない。そこで相続や後見にしても、死によってそれが氏族に帰属する場合は、氏族成員全体によって権利が主張されるのである。ところがそれにもかかわらず、長老の助言［諮問機関］という元来の性格は、まだまだたくさんの重要な法的効果を、ローマの元老院に手渡すことになった。一言でいうと、元老院の立場からすれば元老院は、単なる国家の諮問機関、何人かの信頼に足る人物の集まり、つまり王が助言を求めたときに役に立つ人物の集まり、とはどこか違ったもの、いやそれ以上のものであり、それはまったく元老院が、かつてホメロスが描いたような、討議のために王のまわりをぐるりと囲んで座っている民衆の指導者や支配者たちの集まりと同じような集まりだったという事実に基づいているのである。

元老院が、氏族の領袖たちの総体によって形成されているかぎり、その成員の数は固定したものではありえなかった。氏族の数がやはりそうではなかったからである。しかし最初期、おそらく前ローマ時代には、長老の集まりの成員の数は、共同体にとってその時代に存在している氏族の数を考慮することなく、一〇〇名と固定されていた。そこから、三個の原共同体の融合によって、それ以降固まる三〇〇人という定数へと元老院の議席が増加することが、国法上必然的な結果として生じたのである。さらに、元老院議員はいつの時代にも終身のポストとして任じられた。このように生涯そのポストにとどまることが、後の時代には法律上というよりは事実上も始まり、ときどき行なわれる元老院リストの修正によって、ふさわしからざる元老院議員もしくはただ好かれないだけの議員を取り除く機会が提供されることになったにしても、そのことは、この制度が時代の流れの中で初めて発展してきたものであることを証明している。元老院議員の選出は、氏族の領袖たちがもはや存在しなくなって以降は、王の権限になっていた。しかしたしかに古い時代には、この選出にあたっては、まだ民衆の間に氏族の個性が生き生きとしていた間は、原則として、一人の元老院議員が死ぬと、王が同じ氏族集団のうちの経験を積んだ年とった別の一人を代わりに任じたようである。おそらく民衆の共同体の融合度の上昇や内部的な一体化によって、初めてこの慣習から離れてゆき、元老院議員の選抜はまったく王の自由裁量へと移行してしまい、その結果、王が欠員の席を空いたままにしておいても、王がまだ職務を果たしていないと思われるだけであった。

元老院の権限と中間王　この長老会議の持っていた権限は、氏族から構成された共同体に対する支配権が法律上は氏族の全長老のものであるという見方に基づくものである。すでに家政においてあのように厳しくはっきりと現われていたローマ人の君主政的な根本的考え方からすれば、さしあたりは、ただこの長老のうちの一人、すなわち王によって常に権限が行使されるにしても、右のように言えよう。したがって元老院の成員の誰もがこのような者として、実行という点ではなく権限の点では、同じく共同体の王なのである。だからこそ議員の標識は、王のそれに劣ってはいるものの、同じ種類のものなのである。議員は王と同じ赤い靴を履き、ただ王の靴の方が元老院議員の靴よりも高く立派なだけである。さらにこのような理由に基づくのが、すでに述べたように（五八頁）、共同体ローマにおける王権の座は一般に空席にされてはならないということである。王が死ねば、即座に長老たちがその地位につき、王の権限を行使する。それでもただ一人の人物がさしあたり支配者たり得るという不変の原則により、このような時でも彼らのうちの一人だけが支配するのであるが、そのような性格の一人の「中間王」（interex）は、終身のポストとして任じられた王とは区別されるものの、それは期間の点であり、充溢した権力の点ではなかった。中間王のポストの期間は、個々のポスト保持者について定められ、最長五日とされる。したがって、王位が再び固定的に占められることになるまで、暫定的な保持者の期限が満了するたびに、籤《くじ》で決められた順序にしたがって、同じく五日間、後任に王位を譲り渡すというやり方で、元老院議員の間でポストが回されるのである。

当然のことながら、中間王には共同体の方から忠誠の表明はなされない。それにもかかわらず、その他の点では中間王は、ただ単に王に与えられる職務行為を果たすだけではなく、自ら終身の王を任命する権利と義務を有する。この後者の権利が、彼らのうちで最初にこのポストに任じられた人物に欠けているのは、ただ唯一の例外と言えよう。それはおそらく、この人が自分の先任者によって任じられていないので、不備な形で任命された者と見做されたからであろう。このように、この長老会議［元老院］は、究極的には公共体ローマの支配権《インペリウム》（imperium［命令権］）と神の加護（auspicia）の担い手であり、それによってこの公共体およびその君主政的な、といっても世襲君主政ではない組織秩序が、途切れることなく存続することについての保証が与えられるのである。したがって、この元老院が後にギリシア人に王者の集まりであると思われたとしても、さもありなんと言うしかない。もともと元老院は実際にそうしたものだったのである。

元老院、共同体の議決、元老院議員の承認《パトルム・アウクトリタス》　しかし、この長老会議がローマの共同体制度の本質的な部分と言えるのは、ただ単に恒久的な王制という概念が、この会議において生きた形で表現されているからだけではない。たしかに長老たちの諮問機関［助言］は、王の職務活動に介入する資格はない。しかし、王が自ら軍隊を指揮したり訴訟に判決を下したりすることができない場合、おそらくずっと以前から王は、当然のこととして元老院から自分の代理人を選び出していた。そのようなわけで、後になってもまだ最高の軍指揮官のポストは通常元老院議員だけに授けられ、同じく陪審員［審判人］としてもとくに元老院議員が用いられた。しかし、軍隊の指揮においても裁判においても、かつて元老院が総体として関与させられたことはない。そうした理由から、後のローマでも軍事上の命令権や裁判権は元老院にはなかったのである。しかしたしかに、長老たちからなる助言機関は、王や市民団に対してさえも現行の国制を守る適任の保護者と見做された。したがって、王の提案に基づき市民団によって決定された議決をことごとく審査すること、また議決そのものが現行の法を傷つけるように見えたときにはその認可を拒否することが、元老院の義務だったのである。あるいは同じことだが、国制上、共同体の議決が必要だった場合には——例えば、いかなる国制の改正に際しても、また新市民の受け入れにあたっても、攻撃的な性格の戦争の宣戦布告においても——、いつでも長老の集まり［元老院］には当然のこととして拒否権があった。

それはそうだとしても、だれもこのことを、どこか今日の立憲国家における上下両院のように、立法が市民団と元老院との共同のものであったかのごとくに見做すべきではなかろう。元老院は立法者でもなければ、法の監視役でもなかった。共同体がその権限の範囲を越えてしまい、そこで神に対して、あるいは外の国家に対して、今存在する義務に、もしくは共同体の有機的な制度に、議決によって違反したように見えたとき、その議決を破棄できたにすぎない。しかし常に、最も大きな重要性は持っていた。例えば、ローマの王が宣戦布告について提議し市民団がそれを議決したとき、また外国の共同体に対して、支払うべき義務があると思われる償いを要求したのに効果がなかったときには、ローマの使節は神々を不法行為の証人として呼び寄せ、次の言葉で締め括るのであった。「しかし我々はこの点については、国で長老たちと、どのようにして我々にふさわしい権利が認められるかを相談したい」と。長老たちの会議［元老院］が同意を表明して初めて、今こそ、市民団によって議決され元老院で承認された戦争が正式に表明されるのであった。市民団の議決への元老院の絶えざる干渉をもたらしたり、そのような後見によって市民団から至上権を剝奪することは、たしかにこのような規定の意図するところでも、その結果でもなかった。しかし、最高のポストが空席だった場合に、元老院が共同体の国制の継続を保証したように、我々としてはここでも、最高の権限を持ったもの、つまり共同体に対してさえ、法で定まった秩序の楯としての元老院の役割を見出すのである。

国家の諮問機関としての元老院　おそらくこうしたことは、結局のところ、どう見ても太古の慣習と結びついたものであろう。それは、王が民衆の共同体に持ち出すはずの提案を、あらかじめ長老の会議に提出し、その成員すべてに、次々とそれについての所見を出させたという慣習である。元老院には、決議されたものを破棄できる権限があったので、あらかじめ、ここで異議が出る恐れはないという確信を持ちたいと、王はまず考えたのであろう。そういうわけで要するに、一方では、大事な場合には他人の助言を聞いた上でなければ決定を下さないというローマの慣習が当然出てきたし、他方では、元老院が、他ならぬその構造上、共同体の支配者に国家の諮問機関として手を貸すよう招集されることになったのである。このような助言付与という形によって、これまでに指摘された権限によるよりも、はるかにそれ以上に、後の元老院の強大な力が出てきた。ところが当初は目立たず、それは、本来、問われたときにだけ返答するという元老院議員の権限の中に吸収されていた。司法上のことでも軍事上のことでもないが重要な事柄において——例えば、市民団の集会に持ち出されるべき提案は別として、賦役や課税の負担に関する場合や、市民を防衛の仕事に召集する場合や、占領地域への指令にあたって——、あらかじめ元老院に問い合わせることが当たり前のことになっていったようである。しかし当たり前になったにせよ、そのように前もって照会することは、法的には必要なことではなかったのである。

王は自分の気の向いたときに元老院を招集し、元老院に問いを提出する。元老院議員はだれも、諮問されないときには自分の意見を口に出すことは許されない。招集されないのに元老院が集会をもつことは、はるかに少なかった。中間王の順序をはっきりさせるために、元老院が王の空位のときに集まる場合が唯一の例外であった。元老院議員と並んで、同時に彼らと一緒に王の信頼する他の人も招集して諮問することも、王の自由だったということは、大いにありうることであろう。したがって、助言は決して命令ではない。それに従うのをやめることも王には可能なのである。一方、決して一般的には適用できない——すでに述べた——破棄の権利以外、自分たちの見解を実際に有効なものにするためのいかなる手段も元老院は持たないのである。「余は汝らを選んだのだ。汝らが余を導くためではなく、余が汝らに命令するためにである」——この言葉は、後の作家が王ロムルスに言わせたものだが、たしかにこの点では元老院の立場を本質的に正しく言い表わしている。

原初段階のローマの国制　さて、以上から帰結するところをまとめてみよう。ローマ人の考える主権とは、ローマ市民共同体に固有のものだが、市民共同体には自分だけで行動する資格はなく、ただ現行の秩序から外れることになりそうなときに、他とともに行動する資格があるだけなのである。市民共同体と並んで、終身のものとして任じられた共同体の長老会議、いわば王の権限を持った役人の同僚団は、王が最終的に再び配置されるまで、王の職を自分たちの仲間によって管理するために、王の職が空席のときに招集されるのであり、その集まりは、法に反する共同体の議決を無効にできる権限を持っていた。王権自身は、サッルスティウスも言うように、無制限であると同時に法によって拘束されてもいた（imperium legitimum）。王の命令が正しかろうが正しくなかろうが、まず無条件に遂行されなければならないというかぎりでは無制限であり、慣習に違反し、また真の主権者たる民衆によって承諾されなかった命令は、ずっと長い間、なんら法的な成果を生まないというかぎりでは限定的なものである。最古のローマの国制は、このようにして幾分かは、逆転した形での立憲君主制であった。こうした中にあっても、王は国家の絶大な権力の保有者、担い手と見做され、したがって例えば寛大な措置はただ彼によってしか生まれないが、他方また、国家統治は民衆の代表者と民衆に責任をもつ役人の義務であった。民衆の共同体［市民を様々な段階で結合させるまとまりを念頭においた表現。クリア、トリブス、市民集会など］は、およそイギリスでは王のものだったのと同じ機能を発揮したし、また恩赦権は、イギリスにおける国王の留保権のようにローマにおいては民衆の共同体の特権でありながら、他方、統治機構はすべて、共同体［国家］の責任者のもとにあった。

最後に、個々の構成員に対する国家自体の関係について問うならば、国家ローマが、単なる保護団体のもつ弛やかさからも、国家の絶対的な権能という近代的な理念からも、はるかに隔たっていることに、我々も気がつくだろう。共同体は、たしかに共同体の負担を背負わせることにより、また悪事や犯罪を処罰することでもって、市民という人間を意のままに取り扱う。しかし個々人に、一般に禁止されてはいない行為のために処罰を科したり、また科すぞと脅かした特別法は、それが形式的に不備な点がなかったときでさえ、ローマ人には常に恣意や不当なものと見られたのである。

所有権に関して、またそれと関連のあった、というよりもむしろ重なるものであった親族法に関して、共同体ははるかにもっと窮屈であった。ローマでは、リュクルゴス［スパルタの伝説的立法者］風の警察国家におけるようには、家が絶対的に否定されているわけではないが、共同体は家の負担によって強大なものになったのである。最古のローマの国制のうち最も否定できない原則の一つで、また最も注目に値する原則の一つは、たしかに国家が市民を拘束し処刑することはできたとはいえ、市民から息子あるいは農地を奪ったりすることはできず、また市民に永続的な課税をすることさえ許されなかったということである。こうした事柄および類似の事柄において共同体自体が市民に対する行きすぎを制限されていたし、そのような法的な足枷《かせ》は、ただ単に観念の上だけのことだったわけではない。それは、その表現の場やその現実の適用の場を、国制に基づく元老院の拒否権の中に見出した。元老院は、右のような基本的権利に違反する共同体の取り決め［議決］はいかなるものであれ、それを否定する権限と義務をたしかに持っていた。いかなる共同体といえども、たとえ自分の領域内でも、共同体ローマほど全能ではありえなかった。しかしどの共同体においても、国家自体や同胞市民による侵害の危険性に対して、ローマと同じように最高度の法的安全性の中で、潔白な市民が生きてゆけたわけではなかったのである。

このように共同体ローマは自ら統治した。服従することを理解していた自由な民衆は、あらゆる神秘的で神官的な妄想をきっぱりと拒否し、法の前では無条件に平等な状態にあり、お互いに自己の民族的特質をくっきりとした形で保持しつつ、一方同時に——このことは後に説明する——、外国との交流のために、その門戸を寛大かつ物分かりよく広々と開いたのである。この国制は、作り上げられたものでも借用されたものでもなく、ローマ民衆の中でローマ民衆とともに成長したものである。それが、昔のイタリキの国制、グラエコ・イタリキの国制、またインド・ゲルマン人の国制に基づくものであるということは当然であろう。しかしそれでも諸々の国制、つまりちょうどホメロスの詩篇やタキトゥスのゲルマニアに関する報告が描いているような国制と共同体ローマの最古の秩序との間には、国家的な発展の諸段階の、見通せないくらい長い連鎖の中での隔たりがある。ヘレネスの集会での歓呼の声の中やゲルマン人の集会で楯を打ち鳴らすことの中にも、たしかに共同体の至上権の表示があったのだが、そこからラテン人のクリア集会での整序された権限や統制された意見表明にいたるまでには、大きな距離があった。さらに、ローマの王がたしかに紫色のマントと象牙の笏杖をエトルリア人からではなく明らかにギリシア人から借用していたように、一二人の先導吏《リクトル》やその他の外面的な要素が外国から数多く取り入れられたということもありうるであろう。しかしローマの国法の発展が、ローマに、あるいはともかくラティウムに、いかに決定的にふさわしいものであったか、その中では借り入れられたものがいかに些細なこと、いかに価値の乏しいものであったかは、国法に関する名称がすべて一貫して、ラテン語の明瞭な特徴を持った言葉で言い表わされていることにはっきりと示されている。

この国制は、あらゆる時代にわたって国家ローマの根本思想を実際に確証するものであった。というのは、共同体ローマが存在するかぎり、形式が変転するにもかかわらず、確固として存在するものがあるからである。それは、役職者は絶対的な命令権を持ち、長老の諮問会議［元老院］は国家で最高の権威をもつこと、また例外の取り決めはことごとく主権者の裁可を必要とすること、すなわち民衆の共同体の裁可を必要とするということである。

第6章　非市民と改革された国制

パラティウムの町とクィリナリスの丘の町の融合　どのような民族の歴史も、とりわけイタリア民族の歴史は、大規模な集住《シュノイキスモス》を経験している。我々がなんらかの知識を持っている最古のローマとは、すでに三位一体のものであり、類似の形の併合はローマ精神が完全に硬直してしまうまで終わりを告げることはなかった。ラムネス、ティティエス、ルケレスのあの最古の融合の過程については、ほんのわずかの事実しか知られていないが、それはそれとして、今述べている原初期の併合とは、丘の市民団がパラティウムのローマへと吸収されたあの動きに他ならない。両共同体の構造・秩序は、彼らが融合しはじめたと言うべき頃には、基本的に同じようなものであり、一体化によって突きつけられたのは、だれもが二重の制度を堅持するか、あるいは一方の制度を廃棄して、残った制度を一体化した共同体全体に広げるか、この二つの間で道を選ばねばならないという課題であったと見てさしつかえないだろう。

神域と神官団に関しては、大体第一の道をとった。共同体ローマにはその後ずっと、サリイの二つの神官団と、ルペルキの二つの神官団が存在したし、マルス神の二重の形と同様、マルスの二つの神官が存在した。そして、そのうちのパラティウムの神官が後にマルスの神官と呼ばれ、一方「丘《コッリス》」の神官がクィリヌスの神官と呼ばれるのが習いとなった。古ラテン人以来のローマの神官職はことごとく――鳥占官《アウグレス》、神祇官団《ポンティフィケス》、ウェスタの斎女《ウェスタレス》、宣戦使《フェティアレス》など――、同じようにパラティウムとクィリナリスの両共同体の合併した神官同僚団から生まれたことは、もはや立証されなくても信じられるであろう。

さらに地域上の区分には、パラティウムの町、すなわちスブーラ地区、パラティウム、および周辺地区《エスクイリナ》という三地区に、第四の地区としてのクィリナリスの丘の町が加わった。それに対して、最初の集住の際にそれに加わった共同体は、統一後も少なくとも新しい市民団の部分《トリブス》として認められていたし、それでもってある意味で政治的にも存続したのだが、こうしたことは、丘のローマ人に関しても、一般に後の合併のいずれの段階においても、再びありうることではなかった。

統合後も共同体ローマは、それまでの三部族《トリブス》に分かれており、それぞれが一〇個のクリアを擁していた。そして丘のローマ人は、彼らが自分たちのトリブスへといくつにも分かれていたかったにせよ分かれていたくなかったにせよ、いずれにせよ、現在のトリブスやクリアの中にきちんと組み込まれたに違いない。すべてのトリブスやクリアがそれぞれ、割り当て分の新市民を受け入れた。それぞれの区分の中では必ずしも完全には新市民は旧市民と融合しなかったとはいえ、ともかくそういう具合にして組み込まれたことであろう。その後、トリブスは二層の部分に分かれて現われる。ティティエスも、同じくラムネスとルケレスもまた、第一と第二に分かれるのである(priores, posteriores)。まさにこのことと、共同体の有機体的な制度の中のいたるところで、際立った対の形の配置が見られることとが関連していることはまず間違いないだろう。このようにして聖なる処女［ウェスタの斎女］の三組の対が、はっきりと第一および第二の等級を持った三トリブスの代表者と見做されるのである。またいかなる街路でも崇拝されていた一対のラレス神も、たぶん同じように理解してよいだろう。こうした配置は、とりわけ軍制に見られる。一体化の後には、三つに分かれた共同体のそれぞれ半分のトリブスが一〇〇人の騎馬の士を出し、そのことによってローマ市民の騎兵隊の数は六つの百人隊へと増え、騎兵指揮官の数もおそらく三から六へと増加したことであろう。それに対応した歩兵の数の増大に関しては、何も伝えられていない。しかし、軍団は規則正しく二個ずつ召集されたという後の慣習を、この時点にまで遡って考えることがきっと許されよう。三人――もともとはそうだったのだろうが――ではなく六人の部隊指揮官が軍団を指揮することも、たぶん同じくこのような召集の倍増に由来するであろう。

以上のことに対応した形での元老院の議席増大が行なわれなかったことは、明らかである。三〇〇人という元老院議員の原初からの数は、第七世紀［西暦前二世紀中頃―前一世紀中頃］にいたるまで正規の数として残ったままである。このこととはきわめてよく整合しているのが、新たに加わった共同体の最も声望ある人たちが何人か、パラティウムの町の元老院に受け入れられただろうということである。政務官職についても同じように取り扱われた。すなわち、ただ一人の王が、一つになった共同体の長であり、彼の最も主要な代理人、とりわけ都市長官に関しても変化はなかった。同様に丘の町の宗教上の儀式の制度は存続するとともに、軍事的な観点からは、倍増した市民団に二倍の兵員数を出すことが求められたようである。

しかし別の観点からは、パラティウムの町の中にクィリナリスの町が組み込まれたことは、クィリナリスの町の真の従属に他ならなかった。パラティウムの旧市民とクィリナリスの新市民の間の差異・対照と、第一と第二のティティエス、ラムネス、ルケレスの間の差異・対照とが符合していることを、我々としてもきちんと受けとめるならば、クィリナリスの町の氏族は、「第二の」もしくは「劣った存在」だったということになる。ただし差異は、法的な特権よりも名誉特権に関しての方がはっきりしていた。元老院での採決にあたって、古い氏族から出た元老院議員が、「格下の氏族」の議員たちより前に諮問されたのである。同じようにコッリナ地区［collis Quilinalis に属するの意］は等級の点で、パラティウムの町のはずれに当たるエスクィリナ地区にさえ劣った位置にあった。クィリナリスのマルスの神官も、パラティウムのそれの後塵を拝し、クィリナリスのサリイやルペルキは、パラティウムのそれらに劣る位置にあった。こうして、集住《シュノイキスモス》によってパラティウムの共同体がクィリナリスの共同体を吸収したのだが、その集住は、最古の集住――それによってティティエスとラムネス、ルケレスがお互いに混融することになったもの――と後の時代に起こるものとの中間段階を表わしている。たしかに併合される共同体は、新しい全体の中ではもはや独自の部分《トリブス》を形成することは許されないが、少なくとも各トリブスの中でその一部を構成することは認められるのであり、その宗教上の制度が存続することを――後にもなお、例えばアルバの占領後になされたことだが――許されたばかりでなく、それを一つになった共同体の制度にまで高めたのである。こうしたことは、その後このような形で再び見られることはなかった。

庇護民と客友　基本的には同じ種類の二つの公共体のこうした融合は、現存の共同体の内的な再構成というよりも量的な拡大に他ならなかった。他方、はるかに漸次的に行なわれ、はるかに深甚な結果を生んだ第二次の併合の過程も、最初の始まりは、同じくこの時期にまで遡る。それが、市民団と居留民《メトイコイ》［在留外人］の融合である。はるか昔から共同体ローマには、市民団と並んで庇護民、すなわちそれぞれの市民の家に所属する者たちとして我々の言うクリエンテス、もしくはネガティヴな意味を込め政治的な権利の欠如に注目して「多くの者たち・大衆《プレベス》」(plebes［平民］。pleo, plenus［いっぱい、数の多い」から）と名づけられた存在があった。* 自由民と不自由民との中間段階にあたるこの構成要素は、前に述べたように（五六頁）、すでにローマ人の家の中に存在していた。ところが共同体の中で、この階級は二つの理由から、事実上も法的にも、はるかに重要な意味を持つものに必然的に成長していったのである。

＊　キケロ、国家論、2, 9.「彼は平民を有力市民の保護下に区分し……」。

まず第一に、共同体自体が奴隷［隷属民］と並んで半自由の庇護民《クリエンテス》をも持つことができた。とりわけ、一都市の征服やその共同組織［公共体］の解体の後、勝利を得た共同体は、大量の市民団を正式に奴隷として売却するのではなく、彼らに事実上の自由の存続を認めることの方が、しばしば当を得ていると考えたようである。そこで彼らは、あたかも共同体の解放奴隷であるかのように、氏族に対してであろうと、あるいは王に対してであろうと、庇護関係《クリエンテラ》に入ったのである。そのうえ第二に、共同体によって、そして個々の市民に対する共同体の力によって、自分たちの庇護民《クリエンテス》をも、法的に存続している主人としての権利《ドミニウム》（dominium［所有権］）の濫用から守ることのできる可能性が与えられた。すでに人の記憶の及ばないほど古い時代から、ローマの国法の中に、居留民《メトイコイ》の法的な位置全体の出発点となった原則が導入されていたのであるが、その原則に従えば、主人は公的な法律行為――つまり遺言、訴訟、査定・課税など――にあたり、主人としての権利を明確に、もしくは暗黙のうちにでも放棄した場合、この者自身も、その権利の継承者も、解放奴隷自身、それどころかその子孫たる者に対して、権利を放棄したことをいつか再び勝手に撤回することはできなかったのである。

ところで庇護民《クリエンテス》とその子孫は、たしかに市民権も客友の権利も持たなかった。というのは、市民権には共同体の側からの正式な賦与が必要であったし、客友の権利には共同体ローマと条約を結んでいる共同体におけるその客人の市民権が前提になっていたからである。彼らに与えられたものは、法的には不自由性が持続する中での、法律上保護された自由の所有なのであった。したがって、長い間ずっと彼らの財産権上の関係は、奴隷のそれと同じように、法的にはパトロン［庇護民《クリエンテス》の保護者］との関係と見做されていたようであり、訴訟上はパトロンがどうしても彼らの代わりを務める必要があったようである。そしてこれと関連して、パトロンは緊急の場合には彼らから寄付金を徴集し、彼らを自分の前に引き出して刑法上の責任を問うことができたのである。しかし、居留民《メトイコイ》たちは次第に、こうした手枷足枷から抜け出していった。彼らは自分の名前で財産を獲得したり、売却譲渡したり、また自分のパトロンの正式な仲介なしでもローマの市民法廷から法的な補償［権利］を要求したり獲得したりしはじめたのである。

婚姻や相続に関しては、市民との権利の平等は、このようないかなる共同体にも属さない本来不自由な人々よりも、むしろはるかに外人（三五頁）に認められた。しかしそれでも、こうした不自由な人々が、自分たちの仲間内で結婚して、その結婚から生まれる法的な関係、つまり夫権や父権、宗族《アグナティオ》関係や氏族関係、相続や後見といったものを、市民の間の法的な関係と同じ流儀で作り上げることを、彼らにやめさせることはとうていできなかったのである。

ある程度同じような結果は、客友関係の権利（ius hospitii）を行使することからももたらされた。それは、この権利をふまえて外人がローマに長い期間腰を据え、その地に家族生活の場を築いた場合のことである。この点では、原初の時代以来ローマには最も自由な原則が存在していたことは間違いないだろう。ローマ法には、相続財産の質の差や不動産の封鎖・排他性は存在しないし、一方では、自由処分のできる人にはすべて、その生存中は完全に無制限な財産の処分権が認められており、他方では、我々の知っているかぎり、一般にローマ市民と交流する資格のあったすべての人に、したがって外人や庇護民《クリエンテス》にさえ、動産、そしてまた不動産に関しても――不動産が一般に私有財産として取り扱われるようになってからは、ある種の制限があったものの――、ローマで無制限に獲得できる権利が認められていたのである。ローマはまさしく商業都市になっていたし、都市として重要になった始まりが国際的な通商に負っていたために、不平等な結婚から生まれた子供のすべてに、解放された奴隷のすべてに、また自分の故国における権利を放棄してローマに移ってきた外来者のすべてにも、気高く自由な考えに基づいて、自由に居住地を選べる権利が与えられたのである。

共同体と並んで存在する居留民《メトイコイ》　このようなわけで、はじめは実際に市民が保護者であり、非市民が庇護民《クリエンテス》であったが、あらゆる共同体――つまり自由に定住させてくれるが市民権は閉ざす共同体――と同じようにローマでも、このような法的関係を現実の状況と調和させながら保つことはすぐに困難になり、ますますむずかしくなっていった。通商の繁栄やラテン同盟を通してあらゆるラテン人に保証された完全な私法上の同等性――それは土地財産の獲得すら含むものだった――、また裕福になるとともに上昇する奴隷解放数の増大などによって、平和時にあってさえ居留民《メトイコイ》の数は不釣り合いなまでに増大せずにはおかなかった。これに付け加わったのが、武力で征服されてローマに併合された近隣都市の、さらに多くの人々であった。この人々は、今やローマに移住するか、それとも村に格下げされたふるさとの古い町に留まるかはともかく、原則として自分の母市の市民権をローマの居留民《メトイコイ》の権利と交換することになったであろう。これに加えて戦争の負担がもっぱら旧市民の肩にのしかかり、戦いは一連のパトリキ貴族の子孫を絶え間なく減少させた。一方、居留民《メトイコイ》は、自分ではそのために血の代償を払うことなく、勝利の成果の分け前にあずかった。

このような状況のもとでローマのパトリキ貴族が、実際にそうなったよりも速やかに消滅することがなかったのは、不思議という他ない。この事実は、数多くの共同体でさらに長い間続いていくのだが、その理由を、いくつかの外国の名望家一門――自分たちの故郷から移住した後に、もしくは自分たちの都市が征服された後に、ローマ市民権を受け取った一門――にローマ市民権を賦与したことに求めるのはむずかしい。というのも、こうした賦与は最初から少しずつ小出しにされ、ローマ市民権の価値が上昇すればするほどますます稀なことになっていったらしいからである。より大きな意味を持つのが、察するところ、市民婚の導入だったと言えよう。これによって、たとえコンファッレアティオ婚の形でなくとも夫婦としての生活を営むパトリキ貴族から産まれた子供は、コンファッレアティオ婚から生まれた子供とまったく同じように完全市民権をかちえたのである。少なくともありうることは、すでに十二表法の前からローマに存在するとはいえ、それでもたしかに本来のものではなかった市民婚［市民法上の婚姻］が、まさしくパトリキ貴族の消滅を阻止するために導入されたということである。* 最古の時代にそれぞれの家々において数多くの子孫の保持に影響を与えた措置も（五三頁）、以上のことと関連していた。

* ウスス（usus［使用権、利用、慣行］）についての十二表法の規定が明らかに示しているのは、その取り決めでは市民婚がすでに存在し

ていると見做していることである。同様に、市民婚のたいへんな古さは次の事実からもはっきりしている。市民婚は、宗教的性格をもつ婚姻［コンファッレアティオ婚］が夫権を必ず内に含んでいる（五二頁）のと似ているが、ただ宗教的な形式を踏んだ婚姻とは、権力［夫権等］の獲得に関して次の点において区別される。つまり宗教形式を踏んだ婚姻自体が、妻を獲得する形式としては本来的なもので、しかも法的にも必然的な形式と見做されたのに、市民法上の婚姻［市民婚］には、他の一般的な財産獲得形式の一つ、つまり有資格者［権利者］からの引渡しや消滅時効を、夫権の有効性を基礎づけるために、付け加えねばならなかったということである。

にもかかわらず、必然的に居留民《メトイコイ》の数は恒常的に増大し、まったく減少するそぶりさえ見せずに上昇の一途をたどりつつあった。一方、市民の数は、せいぜいたぶん減少していないという程度であっただろう。その結果、居留民は、目立たない程度ではあるが、別の、より自由な地位を得ていった。非市民はもはや、単に解放された奴隷や庇護を必要とする外来者ではなくなった。こうした身分に属したのは、戦争で征服されたラテン人共同体のかつての市民団、さらにとりわけラテン人移住者、すなわち王もしくは他の市民の好意によってというよりは同盟の権利にしたがってローマで生活していた人々である。彼らは新しい祖国において財産権上は無制限に金も土地も獲得でき、市民と同じように、子供に、そして子供の子供に家屋敷や土地を相続させえたのである。特定の市民の家への重苦しい従属も次第に弛んでいった。自由になった奴隷［隷属民］や移住してきた外人は、国家の中ではまだまったく孤立した存在であったにしても、そのようなことは、もはやその子供たちには当てはまらず、孫たちにはいっそう当てはまらなかった。そこでパトロンに対する関係も、このことによって自ずからいっそう後退することになった。昔は庇護民《クリエンテス》は、法的な保護に関してはもっぱらパトロンの仲介を頼りにしていたが、国家がますます鞏固なものになり、したがって氏族の結合や家々のもつ意義がいっそう低下するにつれ、パトロンの仲介なしでも王から個々の庇護民《クリエンテス》に法律上の効果がもたらされ、不当行為からの救済がなされることもはるかにしばしば見られたに違いない。非市民の多く、とりわけ解体されたラテン人共同体の成員は、一般に、すでに述べたように、たぶんはじめから王の一族もしくはその他の大氏族と庇護関係《クリエンテラ》にあったわけではなく、王には市民とほぼ同じ流儀で従っていたのであろう。市民に対する王の支配は、なんといっても結局は従う者の善意に支えられていたのだが、その王にとっては、基本的には彼に従属するこの庇護民《クリエンテス》の間で、自分にいっそう緊密に結びついた仲間が形成されることは歓迎すべきことだったに違いない。

平民　こうして市民団と並んで、第二の共同体ローマが成長した。庇護民《クリエンテス》から平民《プレブス》が生まれたのである。このような名称変更は特徴的なことと言えよう。法的には庇護民《クリエンテス》と平民《プレブス》、従属民と民衆の一員［大衆］の間に差はない。しかし実際にはきわめて重大な差異が存在する。前者の名称は、政治的に権利を持った一人の共同体成員と保護関係にあることを示しているのに対して、後者は単に、政治的な権利の欠如を強調しているにすぎないからである。特別な従属性という感情がどのように後退しようが、どうしても政治的な地位の低さという思いが自由な居留民《メトイコイ》の頭に浮かんだ。そしてただ、すべてのものを一様に統括する王の支配権だけが、権利を有する共同体の人々と権利を持たない共同体の人々との間で政治闘争が勃発するのを阻止できたのである。

セルウィウスの国制　しかし、民衆の二つの部分が融合してゆくための第一歩は、彼らの反目・対立が予示していたような革命の道の上で踏み出されたものではなかった。王セルウィウス・トゥッリウスの名を帯びている国制上の変革は、なるほどその歴史的な起源については暗闇の中にある。それはちょうど、我々に分かることが何であろうと、我々が歴史的な伝承ではなく、ただ後の時代の制度からの逆推という方法によって学ぶような時期のあらゆる出来事と同様である。しかし、この国制変革の性格が証明してくれるのは、変革を要求できたのは平民層《プレブス》ではなかったということである。というのも、彼らには、新国制は単なる義務を付与するものであり、権利を与えるものではなかったからである。新しい国制はむしろ、その起源をローマの一人の王の知恵に負っていたか、それとも、自分たちに集中している重荷からの解放という市民団の強い要望——一方では非市民に課税つまり非常事態の時に国家のために立て替えを義務づけること（tributum）と賦役、また一方では非市民を召集に関与させることを求める市民団の圧力——に負っていた。両者、つまりこの形での課税［賦役を含む］と軍務は、セルウィウスの制度の中に包まれることになるが、同時に成功を収めることはむずかしかった。非市民の動員は、たぶん経済的な負担から始まったものであろう。これは早期に、財産所有者（locupletes［富裕者］）もしくは定住者（adsidui）へと拡がった。そしてまったく財産を持たない者、子供を産み出すだけの者《プロレタリイ》（proletarii, capite censi）しか、これを免れなかった。非市民を兵役義務に引き入れるという政治的にはるかに重要なことが、さらにこれに次いで行なわれた。これはその後も、市民団自体に課せられる代わりに、土地の所有者《トリブレス》（tribules）に——それが市民であろうが単なる居留民であろうが——課せられ続けた。軍務は人的な負担から物的な負担に変わった。その秩序・配分の詳細は次のとおりである。

五つのクラス　土地を保有する者にはことごとく、自由保有［定住をも意味する表現。以下同］農民である父親の家子をひっくるめて、一八歳から六〇歳まで、生まれの差異にかかわりなく、軍事義務があった。そこで、解放された奴隷ですら、例外的とはいえその人が土地を所有するまでになっていたら、軍務に励まなければならなかった。土地を所有するラテン人も——他の外人はローマの土地を獲得することは許されなかった——、大抵の場合疑いなく当てはまったのであるが、ローマの領域内にその居を占めているかぎり軍務に引き出された。土地の広さに応じて戦闘の装備を整えた兵員は、完全な軍事義務のある者もしくは完全土地保有者《フーフェ》から順に五つのクラスに分けられた。完全土地《フーフェ》保有者は完全装備の状態で現われなければならず、それゆえ精鋭の戦闘部隊《クラッシス》(classis) を形成した。一方、それに続く四つの小土地所有者のクラス――完全な農民保有地《フーフェ》の四分の三、半分、四分の一、八分の一の広さの土地所有者――からは、完全装備の形ではないものの、やはり軍務の遂行が求められた。そこで、彼らは「完全な広さの土地《フーフェ》保有者以下」(infra classem) という地位にあったのである。その当時の土地の分割状況によれば、農地のほとんど半ばが完全な広さの土地《フーフェ》であり、一方、その四分の三、半分、四分の一、八分の一の広さを持つ土地保有者のそれぞれは少なく、八分の一保有者は、完全土地《フーフェ》保有者のちょうど八分の一であった。そうしたわけで、歩兵には、完全土地《フーフェ》保有者のクラスから八〇個の割合で、以下の三クラスからはそれぞれ二〇個、最後のクラスからは二八個が召集されるべきことが確定された。

騎兵　騎兵隊に関しても同じやり方がとられた。区分数はこの場合三の倍数になっていたが、すでに存在した六区分がパトリキ貴族の古い名前(ティティエス、ラムネス、ルケレス、それぞれにプリミ[第一]とセクンディ[第二]がある)を残していたこと、一方、一二個の新しい区分が主に新市民から形成されたこと、この二点に関して相違があるだけであった。こうした相違の理由は、たしかに当時歩兵部隊はどの戦役でも新たに組織され帰国後解散させられたのに、自分の馬を持った騎兵は、軍事的な観点から平和時にもまとめられていて、恒常的に訓練を行なっており、それははるか後の時代までローマ騎士層の盛大な催物として存続した*、ということの中に求められるべきであろう。

* 同じ理由から、丘のローマ人の加入後、召集が拡大されたとき、騎兵は倍にされたが、歩兵隊は、単一の「集められたもの《レギオ》」(legio[正規軍団])の代わりに、二個軍団が召集された(七六頁)。

そのようなわけでこの改革においても、すでに成立していた騎兵中隊[部隊]には在来の名称が許された。騎兵隊にもすべての市民が入れるようにするために、未婚の女性や未成年の寡婦も土地を持っているかぎり、自分が奉仕する代わりに特別な騎兵に馬――すべての騎兵が二頭の馬を擁した――と秣を提供するよう求められた。全体としては、九人の歩兵に一人の騎兵ということになった。それでも実際の勤務では、騎兵はずっと大切にされた。

非土地保有者(adcensi[軍事義務のある人のリストに並んでいる人々])は、軍隊には工兵や楽士を、また非武装で(velati)軍隊とともに進軍する多数の補助兵員を提供し、戦場で空きが生じたときには病人や戦死者の武器で武装して戦列に組み入れられた。

召集の単位としての地区《トリブス》　歩兵の召集のために、都市は四地区《トリブス》に分割された。このことによって古い三区分は、少なくとも場所的な意味という点では除去された。この四トリブスには、ウェリアと並んで同じ名前の高台を内に包摂していたパラティヌス(パラティナ・トリブス)があり、次にスブーラという名前の通りやカリナエ、カエリウスがあるスブラーナ・トリブス、またエスクィリヌス（エスクィリナ・トリブス）、さらにクィリナリスとウィミナリス、つまりパラティウムとカピトリウムという「山」と対照をなした「丘」によって作られたコッリナ・トリブスがあった。こうした地区《トリブス》の形成に関しては、前の方で（四六頁）述べたことがあり、どのようにしてパラティウムとクィリナリスという古い二重都市からこうした地区《トリブス》が生まれてきたかは、すでに示したところである。

どのようにしてすべての土地保有市民がこの都市区《トリブス》の一つに所属するようにさせられたかについては、何も伝えられていない。しかしこれは事件であった。四つの地区《トリブス》がほぼ同人数を擁したことは、召集の際の釣り合いの取れた人の引き出し方から明らかである。一般的に言って、まずただ土地に、したがってただ土地所有者だけに関係のあるこのような区分は、まったく外面的なものという特徴を持っており、とりわけ宗教的な意味など決してふさわしいものではなかった。というのも、都市区《トリブス》のそれぞれには一定数の謎めいたアルゲイの御堂があったが、そのことによって、ちょうど各街路にラレスの祭壇が建てられることにより街路が聖なる性格のものになったようには、地区《トリブス》が聖なる区域になることはなかったからである。

この四つの召集単位の行政地区の各々が、おおよそ軍隊全体の四分の一を出すというだけではなく、その下位の軍事的な区分のそれぞれ四分の一を出さねばならなかった。こうして各軍団や各百人隊《ケントゥリア》では、各地区《トリブス》から同じ数の徴募兵を迎えたのであり、その際、氏族的および地域的な性格のあらゆる対立を、一個の共通の共同体による召集へと止揚し、とりわけ格差のない兵士精神という強力な梃子によって、居留民《メトイコイ》も市民も一つの国民へと溶かしてしまったのである。

軍隊の組織　軍事的な点から言えば、武器をとることのできる人々は、第一次と第二次の召集兵に分けられた。前者は若者組、つまり一八歳のはじめから四六歳の終わりまでの兵であり、主として戦場勤務に当てられ、一方、後者の老年［年長］組は国で城壁を守った。軍事的な単位は、歩兵に関しては今や二倍になった正規軍団《レギオ》（六三頁）で、古いドリス人のやり方できちんと並べられ装備された六〇〇〇人が密集方陣《ファランクス》を形成した。それは六つの隊列からなる厚みをもち一〇〇〇人の重装兵が最前列をなした。ついでそれに、さらに二四〇〇人の非武装者《ウェリテス》（velites. 六三頁注）が加わった。密集方陣《ファランクス》の最初の四列、すなわち精鋭戦闘部隊《クラッシス》（classis）は、完全な広さの土地《フーフェ》保有者からなる完全装備の重装歩兵が形成し、第五および第六列には装備も完全ではない第二および第三の区分に入る農民が立った。後ろのこの二つの戦列は、密集方陣《ファランクス》のいちばん後ろの隊列として陣形に合流したり、あるいはこれと並んで軽装兵として戦った。偶発的にできる空隙が密集方陣《ファランクス》にとっては致命的であるが、それを簡単に埋められるように配慮されていたのである。

このようにして、軍団の中には八四の百人隊《ケントゥリア》、言い換えれば八四〇〇人がおり、そのうち重装歩兵が六〇〇〇で、第一列に四〇〇〇、それに続く二つの部隊にそれぞれ一〇〇〇ずつ、さらに二四〇〇の軽装兵のうち、一〇〇〇が第四列の部隊に、一四〇〇［モムゼンは一二〇〇とする］が第五列の部隊にあった。おおよそ召集単位の各地区《トリブス》が、密集方陣隊《ファランクス》に二一〇〇を、各百人隊《ケントゥリア》に二五人の兵を出した。このような密集方陣隊《ファランクス》は、出動のためにと定められた軍隊であり、他方、同じ数の兵力が、都市防衛のために後に残された老人組に関しても数えられていた。こうしたわけで、歩兵の通常の現員は一万六八〇〇人、第一の部隊が八〇個の百人隊《ケントゥリア》、以下の三部隊がそれぞれ二〇個、最後の部隊が二八個の百人隊《ケントゥリア》となった。これは、補助要員の二つの百人隊《ケントゥリア》もしくは工兵や楽士たちの百人隊《ケントゥリア》を計算に入れなくとも、こうした数字となる。そして、これらすべてに騎兵隊が加わった。それは一八〇〇の馬からなっていた。ただし、出動部隊には総数の三分の一だけしか割り当てられないことが普通であった。

第一次と第二次の召集のローマ軍の通常の現員は、こうしたわけで二万近くまで膨らんだ。その数は、武装能力のあるローマ人の実員に――この新たな組織が導入された時代にあっては――、間違いなくおおむねふさわしいものだったに違いない。人口が増大してゆくにつれて百人隊《ケントゥリア》の数が増やされるということはなかったが、人数が付加されることによってそれぞれの部隊が増強された。しかしその際、基数を下げることはまったくなかった。というのは、数の点で閉鎖的なローマの団体は、一般にしばしば過剰な成員を受け入れることによって、その団体に定められた制限を回避したのである。

人口・財産査定《ケンスス》　この新しい軍事組織にともなって、国家の側から、土地所有に対して従来よりも注意深い監視がなされるようになった。土地台帳を設けるべきということが、このとき初めて導入されたのか、そうでないとしてもなんらかの形で慎重に規定された。その台帳には、個々の土地所有者が、その農耕地について付属品、付属特権［役権など］、奴隷、牽引用および運搬用の家畜もひっくるめて記載するべきだとされた。公的な形で、しかも証人の前でなされなかった売却譲渡は、いかなるものであろうとことごとく無効だと宣言され、土地財産の記録簿――それは同時に召集用の帳簿でもあったが――の検査・更新が四年ごとになされるよう定められた。このようにしてセルウィウスの軍事規定からマンキパティオ（mancipatio［財産移転］）とケンスス（census［人口・財産査定、センサス］）が生まれたのである。

セルウィウスの軍制の政治的効果　この制度全体が、はじめから軍事的な性格を持っていたことは一見して明らかであろう。全体の広大な構想の中で、ケントゥリア制に純軍事的な目的とは違った目的が存在することを示すようなものは、何も見当たらない。そして、このような問題を考えてみるのに慣れている人にとっては、このことだけで政治的な目的への利用を後の革新だと明言するのに充分であるに違いない。最初期には六〇年の人生を踏み越えてきた人ならいかなる人であろうとおそらくケントゥリアから締め出されたのだろうが、このことは、ケントゥリア自体がクリアと同じように、またそれと並んで、市民共同体を代表するよう最初から定められていたとすれば、おかしなことになるであろう。しかし、ケントゥリア制がただ、居留民《メトイコイ》を受け入れて市民団の戦闘能力を高めるためにのみ導入されたにしても――セルウィウス的な秩序を、ローマに金権政治を導入するためのものだと主張すること以上に大きな誤りはないであろう――、それでもその結果として、住民の新たな兵役義務は、その政治的立場に根本的な影響を及ぼしたのである。兵士になるべく義務づけられた人は、国家が腐敗していないかぎり、将校にもなることができたに違いない。疑いなく、今やローマでは平民層も、百人隊長や軍団将校《トリブヌス・ミリトゥム》に任じられえた。さらには、クリアにおいて代表されていたこれまでの市民団が特別にもっていた政治的な権利を、ケントゥリア制が狭めることは意図されていなかったにせよ、それでも、これまでの市民団がクリア集会の形ではなく市民の招集の形で政治的権利を行使することによって、その権利はどうしても新しい市民と居留民《メトイコイ》のケントゥリアに移ってゆかざるをえなかった。

このようにして、王が攻撃的な性格の戦争をはじめる前に、その同意を得なければならないのは、その後はずっとケントゥリアであり続ける（六七頁）。このことが後の発展にとって重要なのは、公的な出来事にケントゥリアが関与する第一歩を示しているということである。しかしケントゥリアによるこの権利の獲得は、直接意図されていたというよりも必然的な結果としてまず生じたのである。それゆえセルウィウス改革は、従来どおりクリア集会［市民集会の一つ］を本来的な市民共同体と見做し、それへの献身が全民衆に、王に対する忠誠義務を負わせたのである。そして、このような土地を保有する新しい完全市民と並んで、同盟関係に入ったラティウムからの外人で定住している者が、公的な負担つまり税と賦役に関与する者（したがって municipes）として存在したのである。一方、トリブスの外にあって、定住していない（土地を持たない）、軍務に服する権利も投票権も欠いている市民は、ただ納税義務者（aerarii）として考えられていた。

こうして、これまで共同体成員には、ただ二つのクラスつまり市民とクリエンテスとが区別されただけであったが、今や三つの政治的な階級が確立され、何世紀にもわたってそれがローマの国法を支配したのである。

改革の時とその誘因　いつどのようにして、このような共同体ローマの新しい軍事的組織が設けられたのか、その点についてはただ想像をめぐらすことができるだけである。それは、四地区《トリブス》の存在を前提にする。したがってセルウィウスの城壁は、改革が行なわれる前に造られていたに違いないのである。しかし都市の領域も、八〇〇〇の完全な広さの土地保有者《フーフェ》や、同じくらい多くの部分的土地保有者《フーフェ》、あるいはその息子たちがそこに住むようになったときには、もともとの境界をかなり越えていたはずである。なるほどローマ人が「完全な広さ」という農地の面積は我々には分からないが、それを二〇モルゲン［ユゲラ］以下と見積もることはできない。[*]最低でも一万の完全な保有地《フーフェ》があったとして計算すれば、これは農耕地で九ドイツ平方マイル［一九〇英平方マイル］の面積を前提にするものであろう。そのうえに牧草地や家屋の占めるスペース、耕作できない土地を適度に計算に入れるならば、この改革が遂行された時代の領域は少なくとも二〇ドイツ平方マイル［四二〇英平方マイル］の拡がりであったに違いない。しかしおそらくそれよりもかなり広かったであろう。伝承に従えば、土地を保有し武装能力のある八万四〇〇〇に及ぶ市民を想定せねばならないのである。というのも、第一回目の人口・財産査定《ケンスス》にあたりセルウィウスはそれだけの数を数えたと言われているからである。

＊　すでにローマ紀元四八〇年頃（西暦紀元前二七三年頃）には、七ユゲラの土地割り当ては、受給者には狭いものであったようだ（Val. Max. 3, 3, 5；Colum. 1 praef. 14, 1, 3, 11；Plin. n. h. 18, 3, 18；一四ユゲラは Ps. Aur. Vict. 33；Plut. apophth. reg. et imp. p. 235 Dübner, これによれば Plut. Crass. 2 は正されるべきであろう）。

　ドイツ人［ゲルマン人］の情況と比較してみれば同じ結果になる。ユゲルムとモルゲンはともに、もともと面積の単位であるよりは労働単位であるが、本来同一のものと見做されよう。ドイツ人［ゲルマン人］の完全保有地《フーフェ》は、通常は三〇モルゲンからなり、二〇もしくは四〇モルゲンからなることも稀ではなかったにしても、屋敷地はしばしば、少なくともアングロ・サクソン人の間では完全保有地《フーフェ》の十分の一になっていたので、気候の差およびローマのヘレディウムつまり二ユゲラを考慮しても、二〇ユゲラというローマの完全保有地《フーフェ》の推定は、状況にふさわしいように思われる。もちろん、まさにこの点に関して、我々が伝承に見離されていることは、残念至極と言わざるをえない。

　ところが、この数が信じがたいものであることは、地図を一瞥すれば明らかであろう。伝えられていることは真実ではありえず、推測上の算定である。通常兵力の歩兵の武装能力者一万六八〇〇は、家族を平均して五人と見積ると、市民数が八万四〇〇〇となるので、この数が武装能力者の数と混同されたのである。しかし、以上よりももっと適切な割合で計算してみても、二万に近い武装能力者と少なくともその三倍にあたる数の女性・子供・老人の住民、土地を所有しない人々や奴隷をも容れた、ほぼ一万六〇〇〇の保有地《フーフェ》の領域を考えるには、セルウィウスの国制が確立される前に、単にティベリス河からアニオ河の間の地帯が獲得されているだけでなく、アルバの土地が占領されていたことを、どうしても想定しなければならない。そして伝説もこの点では一致しているのである。ただし、軍隊におけるパトリキ貴族と平民《プレブス》の関係が数の点でもともとどうであったかは確かめられない。

　しかしおおむね、このセルウィウスの制度が身分闘争から生まれたものではないということ、しかしそれは、リュクルゴスやソロンやザレウコス［前七世紀の、ギリシア最古の立法家。南イタリアのロクロイ人］の国制のように、改革を行なう立法家の名前を刻印したものであること、またそれは、ギリシアの影響のもとに生まれたものであること、これらのことは明白であると言えよう。特定の類似例などは当てにならないが――例えば古代人によって強調されていたものだが、コリントスでも騎士の馬については寡婦や孤児を頼りにしていたことなど――、装備や隊列の配置などのギリシアの重装歩兵制度からの借用は、たしかに決して偶然の符合とは言えないものがある。このとき、まさに都市の第二世紀〔西暦前七世紀中頃—前六世紀中頃〕に南イタリアのギリシア人諸国家が、純粋な氏族制の国制から修正された国制、つまり重心を土地所有者の手にすえた国制へと進んでいたことを考えるならば*、我々としては、この中に、ローマにおいてセルウィウス改革を呼び起こしたものと同じ刺戟を認めることができるだろう。ローマの国制改革は、本質的には同じ基本的考えに支えられ、ただ厳密に君主政的な国家ローマの形によって、幾分違った軌道へと導かれたにすぎないのである。

* いわゆるセルウィウスの国制とアッティカの居留民《メトイコイ》の取り扱いとの類似も、強調される値うちはあるだろう。アテナイはローマと同様に、比較的早く居留民《メトイコイ》に門戸を開いたし、またその後も彼らに国家の負担を一緒に荷わせたのである。ここに直接の関連が推測されることが少なければ少ないほど、いっそうはっきりと示されるのは、いかに同じ原因——都市的な中央集権化と都市的な発展——がいたるところで、また必然的に同じ結果をもたらすかということである。

第7章　ラティウムにおけるローマの覇権

ローマの領域の拡大　イタリキという勇敢で情熱的な種族にとって、仲間同士の確執・私闘や近隣の者との確執・私闘はもちろん存在した。土地の繁栄と文化の上昇とによって、確執・私闘が高じて戦争に、また掠奪が占領に移り変わっていったに違いなく、そのとき政治権力がはっきり形成されはじめたに相違ない。しかし、ちょうど少年の遊びや冒険旅行の中で生まれる男としての意識のように、こうした最古期の取っ組み合いや略奪行の中で民族の性格が形成され発現するのに、それを描き出して我々に保存しておいてくれるイタリアのホメロスは存在しなかったのである。また同じく、個々のラテン人郷《ガウ》の力関係と外への発展について、ただおおよそのところを正確に認識することさえも、歴史的な伝承は許してくれない。せいぜいローマに関して、その力と領域の拡がりをいくぶんか辿ることができるにすぎない。立証できるところでは、一つにまとまった共同体ローマの最古の境界について、すでに述べておいた（四一頁）。それは内陸部に向かっては、郷の中心部から平均してほぼ一ドイツマイル［五英マイル］離れるだけであり、唯一海岸に向かっては、ローマから三ドイツマイル［一四英マイル］以上離れたティベリス河口（オスティア）にまで拡がっていた。ストラボンは、最古のローマを描いた個所で言っている。「新しい町を、大小様々な部族が囲こんでいた。そのいくつかは独立した村落自治体に住み、いかなる種族連合にも従わなかった」と。まず最初に、こうした系統上近親関係にある近隣の者を犠牲にして、ローマの領域の最古の拡大が行なわれたようである。

アニオ河地帯　上ティベリスに面しては、ティベリス河とアニオ河の間にあるラテン人の共同体、アンテムナエ、クルストゥメリウム、フィクルネア、メドゥッリア、カエニナ、コルニクルム、カメリア、コッラティアが、最も近くで最も厳しくローマに圧迫を加えたが、すでに最古期にローマ人の武力によって独立を失なったように見える。独立した共同体として、この地域で後に登場するのはノメントゥムだけであるが、この共同体は、おそらくローマとの同盟によって自由が救われたのであろう。ティベリス左岸では、エトルリア人の橋頭堡フィデナエを手に入れるために、ラテン人とエトルリア人とが戦った。つまりローマ人とウェイイの人々が勝敗ところを変えつつ戦ったのである。アニオ河とアルバ山地の間の平原を占めていたガビイの人々に対する戦いは、長い間均衡状態を保っていた。後の時代まで、ガビイ人の衣裳は戦闘服と同じ意味を持つものと見做されていたし、ガビイ人の土地は、敵の土地の典型と見做された。* このような占領によって、ローマの領域は、ほぼ九ドイツ平方マイル［一九〇英平方マイル］へと拡がった。

* ガビイ人とフィデナエ人に対する呪いの言葉の定式は、同じような特色がある（Macr. sat. 3, 9）。しかし一方、ウェイイ、カルタゴ、フレゲッラエにおいて歴史上実際に行なわれたような、都市の据えられた大地に対する呪咀は、この町々にはどこにもその証拠がないし、まったくありそうもない。察するところ、このように憎まれた二つの町に対しては古い呪咀の方式が適用されたのだろうし、後の好古家によって歴史的な古文書と見做されたのであろう。

アルバ　また、信じがたいような伝説の衣に包まれてはいるが、ローマ人の手による別の太古の戦闘活動が、これらの忘れ去られた諸戦争以上に生き生きと、次の時代に記憶として残っていた。それはアルバ、すなわちラティウムの古い聖なる中心地がローマの大軍勢によって占領・破壊されたことである。どのようにして衝突が生じ、それがどのように決せられたかは、全然伝えられていない。アルバの三つ子の兄弟に対するローマの三人の闘いというのは、強力で緊密な親戚関係にある二つの郷の争いの擬人化された表示法以外の何ものでもなかった。この中で少なくともローマ人の郷は、その三位一体性を示すものであった。我々は、アルバがローマに征服され破壊されたという剝き出しの事実以外には、結局何も知らない。*

* ところで、アルバの破壊が実際にローマによるものであったかどうかを疑うことは、最近、しかるべき人々から提起されているにしても、何の根拠もないように思われる。アルバ破壊の報告は、その細部については、ありえないことと不可能なことの連鎖であるというのは、間違いなく正しいであろう。しかしそれは、伝説の中に織り込まれた歴史上の事実のすべてにまさしく妥当することなのである。残りのラティウムがアルバとローマとの戦争にどのような態度をとったかという問いには、我々としてももちろんいかなる回答も持ち合わせていない。しかし、問いそのものが誤って出されているのである。というのも、ラテン人の同盟制度が、二つのラテン人の共同体による個別の戦争を絶対に禁じていたということは証明されていないからである（三五頁）。アルバの家族の何人かをローマの市民連合に受け入れたこととローマ人のアルバ破壊とは、矛盾するところははるかに少ない。では、アルバの場合には、なぜカプアの場合のようにローマ派が存在しなかったのだろうか。おそらくローマが、宗教的な点でも政治的な点でも、アルバの法的な後継者たろうとして登場したという状況が決定的だったのであろう。そうした地位要求の権利は、個々の氏族の移住に基づくものではありえず、また実際そうではなかったが、ただ町の占領に基づくものであったとは考えられるし、また実際そうだったのであろう。

ローマが、アニオの河岸とアルバの山地の上に腰を落ち着けたのと同じ時代に、後に八つの隣り合う集落の支配者として現われるプラエネステも、さらにはティブルや他のラテン人の共同体も同様に領域を拡げ、その後の無視できない力の基礎を据えただろうということは、まったく推測の域を出ないものの、ありうることであろう。

最古の領土拡大の手法　この最古のラテン人の占領の法的な性格や法的な効果については、戦争の歴史以上に詳しい報告が、我々には欠けているのに気がつく。全体として、合併方式から三区分の形をとる共同体ローマが生まれてきたのと同じ方式で、彼らが取り扱われたことは疑うべくもない。ただし、武力によって加入を強要された郷については別で、それらはあの最古の三つの郷のようには、新たに一つになった共同体の中で地区《トリブス》として、ある程度の相対的独立性を保持することはなく、完全に跡形なく全体の中に埋没してしまった（七七頁）。ラテン人の郷は、どれだけ力が拡大しようが、最古の時代には本来の中枢部の外にいかなる政治的中心地が存在することも許さなかった。しかも郷は、フェニキア人やギリシア人が樹立したほど多くは、独立した定住地を設けなかったし、そのことでもって、自分たちの植民市の中に当座の庇護民《クリエンテス》や母市の将来の競争相手を創り上げるようなことはしなかった。この点に関して最も注目すべきは、オスティアがローマから味わった取り扱いである。この場所に一個の町が事実上成立することを、ローマ人は妨げることはできなかったし、また阻止しようとも思わなかった。しかしその町には政治的な独立を許さず、したがってそこへの移住者にはいかなる地方都市の市民権も与えず、ただ彼らがすでにそれを持っていた場合にだけローマの通常の市民権を許したにすぎない。*

* ここから、海辺の植民市もしくは市民権植民市（colonia civium Romanorum）という国法上の概念、すなわち事実上は分離しているが法的には独立しておらず、自分の意思も持たない共同体という概念が発展したのである。この共同体は、父親の財産の中にある息子の特有財産《ペクリウム》のように、首都の中で首都の一部となりつつ、恒常的な守備隊として正規軍団《レギオ》での奉仕から解放されていた。

このような原則によって弱体の郷の運命も決められた。それは、武力による場合でも自由意志に基づく降服の場合でも、強力な方の郷に服属するというものであった。郷の砦は取り壊され、その共同体の土地《マルク》は征服者の共同体の土地《マルク》に加えられ、郷成員自体や彼らの神々には、勝利を収めた郷の首邑に新しい故国が樹立された。しかしこのことは、オリエントにおける都市建設の場合に原則となっているような新しい首都へ敗者［被征服民］を正式に移住させることを含んでいると、無条件に了承しなければならないわけではない。ラティウムの諸都市は、この時代には、砦や農民の週市以上のものではありえなかった。全体として見ると、新たな首邑には、市場や裁きの場が移されることで充分だったのである。神殿ですら古い場所に残されることもしばしばあったことは、アルバやカエニナの事例が証明してくれよう。こうした町々は破壊後もなお、宗教と結びついて外見上は存立する形で残り続けたに違いない。破壊された場所が鞏固であるため、住民を実際に移すことが必要となった場合でさえ、ローマ人は農耕に配慮して、住民を彼らの古い土地《マルク》［共同体の土地］の開放集落に入植させたこともしばしばあったであろう。

しかし、征服された人々のすべてもしくは一部が、新しい首邑に定住するよう強制されたことは、ラティウムの伝説時代からの個々の話をすべて合わせたよりも確かな形で、ローマの国法の原則が証明してくれる。それは、領域の境界を拡げた人だけしか、市壁《ポメリウム》（pomerium）を前に進める資格はないというものである。もちろん被征服者には、移住させられようとそうでなかろうと、原則として庇護民《クリエンテス》という法的地位が押しつけられた。* しかし特別な氏族には、たしかに市民権すなわちパトリキ貴族の地位が贈られることもあった。故国の陥落後ローマ市民団に組み入れられたアルバの氏族、中でもユリウス氏、セルウィリウス氏、クィンクティリウス氏、クロエリウス氏、ゲガニウス氏、クリアティウス氏、メティリウス氏などが、帝政期になっても知られていた。自分たちの血筋についての記憶をとどめるのは、アルバの家族の霊廟であり、そのうちボウィッラエのユリウス氏族の聖域は、帝政期になって再び名声を大いに高めたほどであった。

* 疑いなく十二表法の取り決めは、これに関係がある。「拘束［と譲渡の法は］忠実なる者と忠実さに復した者に、同じく法たるべし」（nexum と mancipium に関しての法）、すなわち私法上の関係に関して、健全な者［忠実な者］と回復した者［忠実な関係に復した者］に同等の権利があるべきだというのである。ここではラテン同盟の成員については考えられていない。それは、その法的地位が同盟条約によって決められており、十二表法は一般に国の法だけを取り扱うからである。サナテス（sanates［回復した人々］）というのは、latini prisci cives Romani［古ラテン人のローマ市民］、別の言葉でいえば、ローマ人によって平民層の位置に入るよう強制されたラティウムの共同体のことなのである。

いくつかの小共同体が大きな一個の共同体の中に組み込まれていったこの集中化の過程は、もちろん、ローマに特有の理念を示すものではなかった。ラティウムとサベッリ人諸部族の発展だけが、民族的な集中化と郷的な独立性との対立をめぐって展開したのではなく、ヘレネスの発展に関しても同じことが妥当する。ラティウムにおいてローマが、アッティカにおいてアテナイが生まれたのも、一つの国家への多くの郷の同様の融合からであった。賢明なるタレス［ギリシア七賢人の一人。自然哲学者］が、苦況にあったイオニア諸都市の同盟に、その民族的な個性を救う唯一の方法として挙げたのは、まさしく同じような合併であった。しかしながらこの統合の構想を、いかなる他のイタリキの郷よりも首尾一貫して真剣かつ上首尾に堅持・実行したのが、ローマなのである。まさにヘラスにおけるアテナイの傑出した位置が初期の集中化の結果であるように、ローマもその偉大さを、ひとえに同じような組織に――もっともローマの場合には、はるかに精力的に適用されたシステムに――負っていたと言わねばならない。

ラティウムにおける覇権への道～とくにアルバの問題　この

ようにラティウムにおけるローマの征服行為が、主として同質で直接的な領域の増大と共同体の拡大と見做されようとも、アルバの征服にはさらに特別な意味が与えられてしかるべきであろう。それは、アルバという町の、問題をはらんだ大きさや推定される富のせいであり、アルバの奪取をあのように特別に強調する伝説が生み出されたにしても、単にそうした理由によるのではない。アルバはラテン盟約体の中心地と見做され、三〇個の有資格共同体の中で主導権を握っていた。アルバの破壊が、もちろん同盟自体を解消させたのではないことは、ちょうどテバイ［テーベ］の破壊がボイオティア連合を解体させたのではないことと同じである。* むしろラテン人の戦争法の厳密に私法的な性格に完全に対応して、ローマは今やアルバの法的な後継者として、同盟の盟主の権利を自分のものだと主張したのである。

＊ アルバの土地《マルク》の一部から共同体ボウィッラエが形成されさえしたらしいが、これはアルバに替わって自主独立のラテン市の中に入れられたようである。それがアルバ起源であることは、ユリウス氏族の祭儀とアルバニ・ロンガニ・ボウィッレンセス（Albani Longani Bovillenses）という名称が証明してくれよう（Orelli-Henzen, 119. 2252. 6019）。その自主独立性については、Dion. Hal. 5, 61 と Cic. Planc. 9, 23 を見よ。

どのような類いの危機が——そもそも危機が存在したかどうかが問題であるにせよ——、この要求の承認に先行したのか、あるいは後続したのか、我々は述べることができない。全体としては、ラティウムに対するローマの覇権は直ちに、また例外なく承認されたようである。たとえ特定の共同体、例えばラビキやとりわけガビイのような共同体が一時それから離れたがったにしても、右のように言えるであろう。その当時ローマは、海上勢力としては「ラテン人の」地方に、都市としては「ラテン人の」村落に、統一国家としては「ラテン人の」盟約体におそらく対立していた。他方、その当時、ただローマとともに、またローマのおかげで、ラテン人はその海岸をカルタゴ人、ヘレネス、エトルリア人に対して守り、内陸の境界を不穏なサベッリ系の隣人に対して確保し、押し拡げることができたのだった。ローマがアルバを打ち負かして得た物的資源の増大が、アンテムナエやコッラティアの占領によってかち得た力の増大よりも大きかったかどうかは確認できない。ローマは、アルバの征服・獲得によって初めて最強のラテン人共同体になったわけではなく、すでにそれ以前からずっとそうだったということも、大いにありうることなのである。しかし、アルバ征服によってローマが獲得したものは、ラテン人の祝祭における主導権［長としての位置］、したがってラテン人の全盟約体に対する共同体ローマの将来の覇権《ヘゲモニー》の基礎であった。このような決定的な状況を、できるだけはっきりと書き表わすことが重要であろう。

ラティウムに対するローマの関係　ラティウムに対するローマの覇権《ヘゲモニー》の形式は、大体のところ、一方に共同体ローマ、今一方にラテン人の盟約体をおいた、両者に対等な形の一つの同盟であった。このことによって、永続する全土の平和と攻撃および防衛のための永続する同盟が確立されたのである。「平和は、天地の存続するかぎり、ローマ人と全ラテン人共同体との間になければならない。両者はお互いに戦ってはならず、その土地に敵を招き入れたり、敵の通過を許してもならない。攻撃されたものには、全力で援助がなされるべきで、一緒に行なった戦争で勝ち取ったものは、一様に分配されるべきである」と。商業活動や信用取引や相続権などに関しては、法的な平等が明記されており、それが、すでに言語や慣習が同一であることによって結びつけられた共同体の利害・関心を、仕事上の交流の種々雑多な関係でもさらに織り合わせた。このことによって、我々の時代の関税障壁の除去とどこか似たものが実現された。ともかくすべての共同体が、形式的には自分たちの法を保持していた。同盟市戦争までは、ラテン人の法はローマ人の法と同じである必要はなかった。例えば、我々が目にするのは、ローマにおいて夙に廃棄された婚約についての告訴可能性［法の対象たりうること］が、ラテン人の共同体では存続しつづけたことである。ところが、ラテン人の法の単純でしかも純粋に民族的な発展によって、また権利の平等をできるかぎり固く保持しようとする努力によって、結果的には、私法が内容・形式の点で、全ラティウムで基本的に同じだというところまでたどりついたのである。この権利の点での平等が、個々の市民の自由の喪失と回復に関する取り決めの中に際立った形で表われている。畏敬の念を起こさせる、ラテン系の人々の古い法原則によれば、いかなる市民も、自分がそこでは自由であった国家の中では奴隷になることはなく、あるいはそのような国家の中では市民権を失うことはないのであった。この人が罰として自由を、また同じことであるが市民権を失わねばならないときには、国家から締め出され、外国人の間で奴隷身分に入らねばならなかった。こうした法原則を、ローマ人は全同盟領域にまで弘めた。いかなる同盟国家の成員も、全盟約体の中では奴隷として生きることはできないと言われた。それが適用されたのが、十二表法の中に採用された取り決め、すなわち支払い能力のない債務者は、債権者がこの人を売り飛ばそうと望んだら、ティベリスの境の彼方、つまり同盟の領域の外に売り飛ばされなければならないというものであり、またローマとカルタゴとの第二回目の条約の約款、すなわちカルタゴ人に捕まったローマの同盟者でもローマの港に入ったとたんに自由になるべきだというものである。おそらく同盟の中では一般的な婚姻共同社会は成り立っていなかったが、すでに前の方で述べたように（三五頁）、異なった共同体の間での通婚はしばしば行なわれていた。政治的な権利については、まず第一にラテン人はそれぞれ、市民権が与えられていた場所でのみそれを行使できた。それに対して、私法上の同権のおかげで、いかなるラテン人もラテン人の土地であればどこでも定住できた。あるいは今日使われる用語では、個々の共同体の市民としての特別な諸権利と並んで、盟約体としての一般的な居住権が存在したのである。そこで、平民《プレブス》がローマで市民として認められてからは、この権利はローマに関しては完全な移動の自由に変わってしまった。このことは、実質的に首都に有利に働いた。首都がただひとりラティウムにおいて都市的な交流、都市的な利得、都市的な楽しみごとを提供するようになったこと、ラテン人の地方がローマとの永続的な平和状態の中で生きてゆくようになって以降は、ローマにいる居留民《メトイコイ》の数も迅速極まりなく増大したこと、そうしたことは容易に了解できるであろう。

国制および行政の面で個々の共同体は、同盟の義務に抵触しないかぎり、独立して主権を保ち続けただけではなかった。もっと重要なことは、そのようなものとしての三〇個の共同体の同盟には、ローマから独立した自治権［自主独立性］が残っていたことである。同盟関係にある諸共同体に対するアルバの立場が、ローマの立場以上に優位なものであったこと、またアルバの陥落に際してこれらの諸共同体が自治権をかち得たということが確かめられるならば、アルバが基本的には同盟の成員であったのに対して、ローマははじめから、同盟の中にあるというより同盟に相対する特別な国家という位置にあったのであるから、右のようなこと［ローマから独立した自治権］もきっとありうるであろう。しかし、ちょうどライン同盟の国家が形の上では主権国家でありながら、一方ドイツ帝国［厳密には当時はドイツ連邦と言うべきか］の諸国家が主人をもっていたのと同じように、アルバの主導権はドイツ皇帝のそれのように事実上名誉権であり（三六頁）、ローマの保護権は、はじめからナポレオンの保護権のように一個の最高権力だったのであろう。事実アルバは、同盟の長老会議（consilium［代表者会議］）では座長の役を努めたようであるし、一方ローマは、ラテン人の代表者たちには、一見自分たちの間から選ばれた座長の主宰の下、彼らの方から助言の言葉を出すようにさせた。そしてローマやラティウムのために犠牲が捧げられる同盟の祭りで名誉主催者の職を努めることでもって、またローマに同盟の第二の聖所、つまりアウェンティヌスの丘のディアナ神殿を建設することでもって、よしとした。そこでこの後、ローマの地ではローマとラティウムのために、ラテン人の地ではラティウムとローマのために犠牲が捧げられるようになった。それにもまして同盟のためには、ローマ人がラティウムとの条約の中で、いかなるラテン人の共同体とも、別の単独の同盟関係を結ばないよう義務づけられたということがある。こうした取り決めからは、強力な指導的立場の共同体に対して盟約体のいだく、疑いなく適切な理由のある不安が、非常にはっきりと読み取れよう。

ラティウムの内部ではなくラティウムと並んだローマの立場は、軍事においていちばんはっきりと表われている。同盟の戦闘力は、時代が下ってからの召集方法が反論の余地なく示しているように、二つの同じくらい強力な固まり、つまりローマ人とラテン人の大軍勢から形成されていたのである。最高の司令権は、明確な形でローマの将軍の手にあった。毎年、ローマの城門の前にラテン人の増援部隊が現われねばならず、ここで、ラテン人の同盟会議［代表者会議］から委任されたローマ人たちが、鳥の飛翔の観察によって神々がこの選出に満足していることを確認した後に、選ばれた指揮官を歓呼の声で自分たちの将軍として歓迎するのであった。どのような土地や財産であろうと、同盟者の戦争で獲得したものは、ローマ人の裁量で同盟の成員に分配された。外国に対しては、ローマ・ラテン同盟がただローマによってしか代表されなかったとは、はっきりとは主張できないところである。同盟条約は、ローマにもラティウムにも、自分の責任で攻撃的な性格の戦争をはじめることを禁じてはいなかった。同盟の決議によろうと敵の奇襲のためにであろうと、同盟としての戦争が遂行された場合、戦争遂行にあたっても戦争終結に際しても、法的にはラテン人の同盟会議［代表者会議］が関与したことであろう。だがもちろん実際にはローマが、すでにその頃覇権《ヘゲモニー》を握っていたに違いない。というのは、一つの統一国家と一つの国家同盟がお互いに永続的な結びつきに入る場合にはいつも、通常前者が優位に立っているものだからである。

アルバ陥落後のローマの領土の拡がり～ヘルニキ、ルトゥリとウォルスキ　アルバ陥落後、どのようにしてローマが、今や比較的重要な領域の女王、またおそらくラテン盟約体における指導的な力として、自分の直接間接の領土をいっそう拡げたかは、我々としてももはやそれを追うことはできない。エトルリア人とは、まずウェイイの人々と、とくにフィデナエの領有をめぐって争いが止まなかった。しかし、ローマから一ドイツマイル［五英マイル］強しか離れていない河のラテン人側の岸に据えられたこのエトルリア人の前哨を永続的に支配下に入れ、ウェイイの人々をこの危険な攻撃基地から追い払うことに、ローマ人が成功したようには見えない。それに引き替えローマ人は、一見だれにも異議を唱えられることなく、ヤニクルムとティベリス河口の両岸の領有を主張していたのである。

サビニ人とアエクィ人に対しては、ローマはもっと優位な立場にあったと思われる。はるかに離れたヘルニキ人との、後にあれほど緊密になった結びつきの始まりは、少なくともすでに王政時代には生まれていたし、一体になったラテン人とヘルニキ人は両側から東の隣人を取り囲み、これを制圧した。しかし絶え間ない戦いの場は南境、ルトゥリ人の地と、それ以上にウォルスキ人の地であった。この方角には、ラテン人の土地が最も古い時期に拡がっており、ここで我々がまず最初に遭遇するのは、ローマおよびラティウムによって敵地に創設された、しかもラテン人の盟約体の自主独立した成員として設立された共同体、いわゆるラテン植民市である。その中で最も古いものは、王政時代にまで遡るようである。しかし、王政時代の終わり頃にローマ人の力の及ぶ領域がどれくらい広く拡がっていたかは、どうしても確定することはできない。

隣り合うラテン人やウォルスキ人の共同体との争いについては、王政時代のローマの年代記の中では、充分すぎるほど語られている。しかし、いくつかの孤立した情報にすぎず、例えばポンプティヌス《ポ ン プ テ ィ ヌ ム》の平原におけるスエッサ占領の情報のようなものだが、それらは歴史的な事実の核となるものをほとんど含んでいないと言えよう。王政時代が、ただ単にローマの国家としての基礎を据えたばかりでなく、外に向かってもローマの力を基礎づけたものだということは、疑いえないであろう。ラテン人の国家同盟の中での位置、というよりもそれに対しての都市ローマの位置は、すでに共和政のはじめに決定的な形で与えられており、そこから、ローマではすでに王政時代に外に向かっての精力的な力の展開が行なわれていたに違いないことが分かるだろう。たしかに、大偉業、尋常ではない成果は、ここでは消えてしまっている。しかしそうしたものの輝きは、ローマの王政時代の上に、とりわけタルクィニウス家という王家の上に、はるかな夕焼けのようにして——その中では輪郭が消えてしまうのだが——残っている。

都市ローマの拡大〜セルウィウスの城壁　このようにラテン系の人々はローマの指導のもとで一体となり、それと同時に東方および南方へと領域を拡大しつつあった。一方、ローマ自体は幸運に恵まれ、市民の力によって、活発な商業都市・田園都市から、繁栄する地方の強力な中心地になっていた。ローマの軍事制度の造り替えと、その中に萌芽状態で包まれていた政治改革が——我々にはセルウィウスの制度という名で知られているものだが——、公共体ローマのこのような内的変容と実に密接に関連している。しかし外的にも、資源がいっそう豊かに流れ込んでくることによって、需要が高まることによって、政治的な視野が拡がることによって、都市の性格は変わってゆかざるをえなかった。クィリナリスという隣接共同体とパラティウムの共同体との融合は、いわゆるセルウィウスの改革が行なわれたときに完成していたにちがいない。この改革を通して市民の兵士が、鞏固で統一された形にまとまって以降、それぞれの丘が次々と建物でいっぱいになっていったとき、市民団はそれらを堡塁で守るだけでは満足できず、また例えばティベリスの流れを抑えるためにも河の中島や、相対する河岸の高みを占領するだけでは満足できなかった。

ラティウムの首邑は、それだけで完結した異なった防衛施設を求めた。そこでセルウィウスの城壁の建設が始まった。繋がっている新たな市壁は、アウェンティヌスの丘の下の河のところから始まり、この丘を囲んでいたが、そこに最近（一八五五年）二個所で、一部は河に面した西方斜面で、また一部はそれに対する東方斜面で、太古のこの防衛施設の巨大な残骸が姿を見せた。アラトリやフェレンティノの城壁と高さの点では同じ城壁の一部にあたるが、巨大な四角形に切り揃えられた凝灰岩《トゥフォ》の塊を不均等に積み上げて造られたもので、強大な権力の見られた時期が甦った証拠であるが、そのときの建造物は、この岩壁の中に不朽のまま存在するし、またその知的な偉業は、こうしたものよりさらに不滅で永遠に働き続けるだろう。さらに環状の城壁は、カエリウスおよびエスクィリアエ、ウィミナリス、クィリナリスの全域を取り囲んでいたが、そこにまた最近（一八六二年）になって構築物が大きな残骸の形で再び白日のもとにさらされた。それは、外に向かってはペペリノ岩の塊が積み上げられて、前の方に張り出した壕で守られ、内に向かっては都市に対して傾斜がつけられて、今日なお堂々として人目を惹く巨大な土手が盛り上がり、自然の防衛手段の欠落を補って、そこからカピトリウムへと走っていた。マルスの原に面するその険しい傾斜面は市壁の一部になっており、それは再び中の島の上でティベリス河にぶつかっていた。

杭上の橋とともにティベリス河の島も、またヤニクルムも、厳密には町に属していなかったが、たしかにヤニクルムの高地は、一個の砦が据えられた外堡塁であった。さらに今まではパラティウムが城塞であったにしても、今ではこの丘は都市としての自由な増築の手に委ねられており、その代わりに、あらゆる方角へと開いていて適度な広がりを持っているので護りやすいタルペイアの丘に、新たな「城［避難所］」（arx, capitolium）が設けられた。* それは、城塞の泉、注意深く囲まれた「水小屋」（Tullianum）、宝物庫（aerarium）、牢獄、そして市民団の最古の集会場所（area Capitolina）を擁していたが、この上では、後になっても相変わらず月の満ち欠けの公表が定期的に行なわれた。それに対して、永続的な性格をもつ個人の住まいは、初期の時代には城塞の丘の上には許されなかった。** 丘の二つの頂きの間の空間、悪しき神（Ve-Diovis［悪魔、復讐する冥界の神］）の聖域、あるいは後のヘレニズム化した時期の呼び名では避難所《アシュルム》（Asylum）は、森で蔽われ、洪水や戦乱によって農民が平地から追い出されたときには、彼らをその竃［竃の神］とともに受け入れるとおそらく決められていたことであろう。

* この二つの名前は、後には場所の名として、つまりカピトリウム（capitolium）は河に面し、アルクス（arx）はクィリナリスに面した城塞の丘の頂上の呼称として使われたが、元来ははっきりとギリシア語の *ἄκρα* と *κορυφή* に相当し、普通名詞であり、あらゆるラテン人の都市が同じようにカピトリウムを持っていたのである。ローマの城塞の丘に固有の場所の名はモンス・タルペイウスである。

** "ne quis patricius in arce aut capitolio habitaret"［パトリキは、アルクスやカピトリウムには住まってはならない］という取り決めはおそらく、土地を私有地に変えることを禁じたものにすぎず、住まいの建設を禁じたものではないだろう。W. A. Becker, Topographie der Stadt Roms (Becker, Handbuch, 1). Leipzig 1843. S. 386 参照。

カピトリウムは、その名から言ってもまた事実上もローマのアクロポリス、独立した城郭、町の陥落後でさえも防衛能力のある城郭であった。その門は、おそらく後の市広場《フォルム》に向かって位置していた。* 同じようにアウェンティヌスの丘も、強力にとは言えなかったにせよ固められて、人の定住は禁じられていたようである。これと関連のあるのが、厳密に都市としての目的のために、例えば引いてこられた水の分配のために、ローマの都市住民層がもともとの都市住民（montani［山の人々］）と、一般の環状囲壁の中にはおかれるものの厳密には本来の都市には数えられない区域の住民（pagani Aventinenses, Ianiculenses, collegia Capitolinorum et Mercurialium）とに分けられていたことである。** このようにして、新しい市壁に囲まれた場所には、これまでのパラティウムやクィリナリスの都市の外に、カピトリウムとアウェンティヌスという二つの同盟の砦も、さらにはヤニクルムも含まれていた。*** 本来の、そしてまた最古の都市としてのパラティウムは、他の丘に——市壁はそれに沿って築かれたのだが——、花冠の中にあるかのように囲まれており、二つの城郭が真ん中を占めていた。

* というのは、ここからメインストリートたる聖道（via sacra）が城塞（Burg）へと登っていったからである。この道はセウェルスのアーチ［いわゆる凱旋門］のところで左に折れることで、もっとはっきりと門へ曲がることが分かる。この門そのものは、大きな建造物、つまり後の坂のそばにあったものの中に埋まってしまったに違いない。なおカピトリウムの山の最も険しいところにあったいわゆる門とは、ヤヌアリス（Ianualis）もしくはサトゥルニア（Saturnia）という、もしくは開いているという意味の名前で知られている。つまり戦争のときは常に開いていなければならないもので、明らかに宗教的な意味を持っていたにすぎず、本来の役割を果たす門などではなかったのである。

** ここに挙げた四つのギルドが登場する。一、カピトリニ（Capitolini. Cic. ad Q. fr. 2, 5, 2）は自分たちのマギストリ（magistri［監督、世話役］、Henzen, 6010. 6011）と年々の催物を持っている（Liv. 5, 50）。例えば、CIL. I, 805を見よ。二、メルクリアレス（Mercuriales. Liv. 2, 27；Cic. a. a. O.；Preller, Römische Mythologie. Berlin 1858. Bd. I, S. 597）も同じくマギストリを擁している（Henzen, 6010）。メルクリウス神殿のあるキルクスの谷に由来するギルド名である。三、パガニ・アウェンティネンセス（pagani Aventinenses）も同じくマギストリを擁している（Henzen, 6010）。四、パガニ・パギ・ヤニクレンシス（pagani pagi Ianiculensis）もマギストリと一緒である（CIL. I, 801. 802）。この四つのギルドは、ローマに現われるそうした類いのものとしては唯一のものであり、まさしく四つの地域的なトリブスからは締め出されているが、セルウィウスの城壁によって中に入れられている二つの丘、すなわちカピトリウムとアウェンティヌスの丘に、そして同じ要塞の一部をなすヤニクルムに属するということは、決して偶然ではないだろう。そこでさらにこれと関連があるのが、ローマの全都市居住民の呼称として、モンタニ・パガニウェ（montani paganive［山の人々と村の人々］）が使用されることである。——よく知られた個所 Cic. dom. 28；74 の他に、とくにフェストスの sifus の項（340）にある都市水道についての法に「モンタニとパガニに導水管で水を分けるため」とあるのを参照せよ。モンタニ［山の人々］とは、本来パラティウムの三区域の住民であり（四八頁）、ここではじめから四地区《トリブス》の本来の市民団全体のために当てられた表現のようである。パグス［村］の人々とは、明らかにトリブスの外にある、アウェンティヌスとヤニクルムの仲間［住民］、およびカピトリウムとキルクスの谷の類似の仲間（kollegia）のことであろう。

*** 本来の、また宗教的な意味での「七つの丘の町」とは、もっと狭いパラティウムの古ローマのことであり、またそうであり続ける（四五頁）。たしかにセルウィウスのローマも、少なくともすでにキケロ時代には（例えば Cic. Att. 6, 5, 2. Plut. q. Rom. 69 参照）、七つの丘の町［都市］と見做されているが、それはたぶん、帝政期にも熱心に祝われたセプティモンティウムの祭りが、一般的な都市の祭りと見做されはじめたからであろう。しかし、セルウィウスの環状囲壁に囲まれた高所に関して、どれが七という数の中に入るのかという点については、今までのところ確たる一致点に達するのはむずかしいようである。我々に馴染みの七つの山、パラティヌス、アウェンティヌス、カエリウス、エスクィリアエ、ウィミナリス、クイリナリス、カピトリヌスは、いかなる古代の作家が数え上げたものでもない。それは、都市の漸次的な成立についての伝統的な言い伝えから組み立てられたものである（Jordan, Topographie der Stadt Rom im Altertum. Bd. 2. Berlin 1885, S. 206f.）。しかしヤニクルムはその際、数え入れれば八

つになるというので、無視されただけなのである。ローマの七つの山(montes)を列挙する最古の史料、コンスタンティヌス大帝の時代の都市についての記述は、そうしたものとしてパラティヌス、アウェンティヌス、カエリウス、エスクィリアエ、タルペイウス、ウァティカヌス、ヤニクルムの名を挙げている。このように、クィリナリスとウィミナリスは明らかに丘(colles)として、そこでは欠けており、その代わりにティベリス河の右岸から二つの山(montes)が——その中にはセルウィウスの城壁の外にあるウァティカヌスさえも入るが——、一緒に入れられているのである。もっと後の別のリストは、セルウィウス(Aen. 6, 783)、ウェルギリウスの『ゲオルギカ』のベルン注釈(2, 535)、またリュドス(de mens. S. 118 Bekker)が与えてくれる。

ところがこの市壁建築の仕事たるや、莫大な労力を傾注して外敵から土地を護るだけではなく、水にも打ち勝つことができて初めて完成したと言えるのだった。パラティウムとカピトリウムの間の谷間を、水が引き続きいっぱいに満たしており、おそらくここには渡し船があったほどなのである。また水はカピトリウムとウェリアの間の谷間を、ちょうどパラティウムとアウェンティヌスの間の谷間のように泥沼にしていたのである。壮麗な切り石の組み合わせで造られた地下の下水道が今日なお残っており、それは後世の人が王政下のローマの奇跡として驚嘆しながら見つめるものであるが、そこには石灰華《トラヴァーティン》が用いられているし、共和政期にそれに新たな構築物の加えられたことが何度も語られているので、むしろ次の時期のものと言わねばならないであろう。しかし構想や設計自体は、おそらく環状囲壁やカピトリウムの城塞の建設より後の時期に属するとはいえ、間違いなく王政時代に属するものである。このようにして排水されたり干拓されたりしたところを占めたのが、新しい大都市が必要とした公共の空間である。これまで他ならぬ城塞の上のアレア・カピトリナが共同体の集会場だったのに、それが、町に向かって城塞から下ってゆく平地に移された(comitium)。そしてそこからウェリアの方向、パラティウムとカリナエの間に拡大していった。集会場の城塞の方に向いた側に沿って、バルコニー風に集会場の上に聳え立つ城壁のところに、元老院議員や町の客人が、祝祭のときや民衆の集会に際し、名誉ある特別な場所を占めた。他ならぬ集会の場所に元老院の建物が建てられたが、それは後にクリア・ホスティリアと呼ばれることになった。裁判官の椅子のための壇(tribunal)と市民団に語りかける演壇《ロストラ》(rostra)は、同じく集会場そのものに設置された。ウェリアに向かう集会場の延長部が、新しい市広場《フォルム》(forum Romanum［ローマ広場］)となった。その末端のところ、パラティウムの下に、共同体の建物が聳え立っていた。それは王の執務場(regia)、町の共通の竈、ウェスタ神殿の円形の広間を容れるものであった。そこから遠からぬところ、市場の南側に、これと一緒になって第二の円形の建物が建てられた。共同体の収納室もしくはペナテスの神殿であり、今日なおサンティ・コスマ・エ・ダミアノ教会の玄関ホールとして立っている。「七つの山」への定住とはまったく別な具合に新たに一つとなった都市にとって特徴的なことは、パラティウムのローマが一つの建物に集めることでよしとしていた三〇個のクリアの竈と並んで、またそれを越えて、セルウィウスのローマには、このように一般的で単一の都市の竈が現われたことである。*

＊ 両神殿の位置も、ウェスタ神殿が四角形のローマ《ローマ・クアドラタ》の外にあったというディオニュシオス（2,25）のはっきりした証言も、次のことを証明していよう。それは、このような建造物がパラティウムの都市建設とではなく、第二回目の、つまりセルウィウスの都市建設と関連しているということである。そして、後の時代の人が、ウェスタ神殿と並んで、この王の住まい［王宮］もヌマの設置したものと見做しても、このような推測の原因はあまりにもはっきりしているので、我々としてはその点を重視することはできない。

市広場《フォルム》の長い方の両側に沿って、肉屋の店や他の店舗が軒を連ねていた。アウェンティヌスの丘とパラティウムの間の谷間には、競争競技用の環状の区画が定められた。それが競技場《キルクス》となった。流れに直接面して肉市場が設けられ、ここにはすぐに最も人口稠密な地区が生まれた。どの山頂にも神殿や聖域が聳え立っていたが、とりわけ同盟のディアナの聖域がアウェンティヌスの丘の上に（九四頁）、また城塞の高台にははるかによく見える父なるディオウィス［ユピテル］の神殿が聳えていた。ディオウィスは全民衆に栄光を与えるものであり、ローマ人が周辺の民族に凱歌を奏したように、彼らとともに、今征服された敗者の神々に勝利の歌を奏でるのであった。

　これら都市の大建造物が聳え立つよう命令を下した人々の名前は、最古のローマの戦闘や勝利の際の指揮官の名前のように、ほとんど完全に忘却の彼方に消え失せてしまっている。伝説ではもちろん、様々な作品が様々な王に結びつけられている。元老院の建物をトゥッルス・ホスティリウスに、ヤニクルムと杭上の橋をアンクス・マルキウスに、大下水道、競技場《キルクス》、ユピテル神殿を大タルクィニウスに、ディアナ神殿と環状囲壁をセルウィウス・トゥッリウスに結びつけるというような具合である。こうした報告のいくつかにはおそらく正しいものもあるだろう。新しい環状囲壁の構築は、新しい軍事秩序つまり間違いなく市壁の恒常的防衛が根本的に考慮された軍制と結びついており、時代についても作成者についてもそれに対応する形になっていることは偶然ではないように見える。しかし全体として言えば、こうした伝承から——それ自体ですでに明らかなのだが——、次のことが引き出せることでもって、だれしも満足しなければならないであろう。それは、このような第二のローマ創造がラティウムの覇権《ヘゲモニー》の始まりや市民の軍隊の改造ときわめて密接に結びついていたということであり、またそれがたしかに一個の同じ大きな考え方に由来したものであるのに、それでも一人の人間もしくは一世代の作品ではないということである。また公共体ローマのこうした改造の中にヘレネス的な刺戟が強力に介入していたことを疑うのは不可能だが、そのような作用の種類や程度を証明することも同じように不可能であろう。すでに述べたように、セルウィウスの軍事制度は基本的にはヘレネス風のものである（八七頁注）。競技場《キルクス》の競技がヘレネスのものを範として整えられていたことは、後に示されるであろう。都市の竈を擁した王の新しい家も完全にギリシア人のプリュタネイオン［プリュタニス（政府高官）の建物の意で、ギリシアの都市国家の市庁舎］であり、東方を向き、鳥占官によって聖別されることさえなかったウェスタの円形神殿は、いかなる点をとっても古イタリア式の儀式に基づいて建立されたのではなく、まったくヘレネス風の儀式に基づいて建てられたものである。このような諸事実によって、ローマ・ラテン盟約体に、小アジアのイオニア同盟がいくぶん範として働いていて、そのために、アウェンティヌスの新しい同盟の聖域もまたエフェソスのアルテミスの聖域《アルテミシオン》［神殿］を真似して造られたと伝承が報告しているのも、まったく信じられなくはないようである。

第8章　ウンブリア・サベッリ人、サムニウム人の始原

ウンブリア・サベッリ人の移動　ウンブリア系の人々［諸部族］の移動はラテン人の移動より遅れて始まったようである。彼らはラテン系の人々のように南に向かって動いたが、それでもなお半島の中央部で、東海岸に面してとどまっていた。この種族について語ることは苦痛である。というのも、彼らについての我々の知識は、海中に沈んだ町の鐘の響きのようなものだからである。ウンブリア人については、ヘロドトスも、アルプスまで拡がるものとしており、最古の時代に彼らが、東はイッリュリア系の諸部族、西はリグリア人が移住しはじめていた地点まで、北イタリア全土を占めていたということは、ありえないことではない。リグリア人に関しては、ウンブリア人との戦争についての伝説があるし、最古の時代における彼らの南方への拡大については、孤立した名前から――例えばイルウァ（現在のエルバ）島の名前をリグリア系のイルウァテスと比べてみれば――、我々はおそらく一つの結論を出すことが許されよう。

ポー河の谷の最古の定住地に見られる明らかにイタリキ系の名前、アトリア（Atria［黒い町］）やスピナ（Spina［茨《いばら》の町］）、南エトルリアにおける数多くのウンブリア系の名前の名残り（ウンブロ河、クルシウムの古名カマルス、カストルム・アメリヌムなど）も、その起源はウンブリア人が強大であったこの時期に遡るものであろう。エトルリア人に先行するイタリキ系住民のこうした類いの印ならば、どこよりもキミニウスの森（ヴィテルボの下方）とティベリス河との間、エトルリアの南部地帯でぶつかる。ウンブリアおよびサビニの地に接するエトルリアの国境の町ファレリイでは、ストラボンの証言によれば、エトルリア人の言葉とは違った言葉が喋られ、つい最近そこでは、アルファベットと語法が、たしかにエトルリア人の言語とも接点を持つものの全体的にはラテン語と類似した碑文が出土している。*

＊　アルファベットの中でとくに注目に値するのは r であり、それはラテン語（R）から来たものであって、エトルリア人（D）から来たも

のではない。z（H）もそうである。それはただ原始的なラテン語からのみ引き出されるものであり、しかもきわめて忠実にそれを表わしている。言い回しも同様に最古のラテン語に近い。Marci Acarcelini he cupa、これは Marcius Acarcelinius heic cubat（M. A. ここに眠る）であり、Menerva A. Cotena La. f... zenatuo sentem... dedet cuando... cuncaptum、これは Minervae A（ulus ?）Cotena La（rtis）f（ilius）... de senatus sententia dedit quando（たぶん＝olim）conceptum. である［モムゼンの切り方に問題は残るが、CIL. I^2, 365 もふまえて大意は、「Lars の息子、A. C. がミネルウァに元老院の見解で……奉献した。……したとき……形式をふんで［正しく捧げられた］」］。同時に、このような類似した碑文とともに、別の碑文もいくつか見つかっているが、それは異なった性格の、だが疑いなくエトルリア人の言葉と文字によるものである。

地方の祭祀にも、サベッリ人的な性格は痕跡をとどめている。同じカテゴリーに属するのが、カエレとローマの間の、太古の、しかも宗教儀式上の関連を示すものである。おそらくエトルリア人がこの南部地帯をウンブリア人からもぎ取ったのは、キミニウスの森の北の地方の占領よりかなり後の時代のことであろうし、またそのトゥスクス人［エトルリア人］による占領の後ですら、ウンブリア人系の住民がここで持ちこたえていたということもありうるであろう。まさしくこの事実の中に我々が見出すのは、時代が下って、ローマ人による占領後も北エトルリアではエトルリア人の言語や慣習が粘りづよく堅持されたのに比較して、南の地方があれほど目立って速やかにラテン化したことについての、おそらく究極の理由である。ウンブリア人が厳しい戦争の末、北方や西方からアペニンの両支脈の間の狭い山地——彼らが後に占めたところ——へと撃退されたことは、今日グラウビュンデン州（スイス東部の州）の住民やバスク地方の住民の位置が似たような運命を示しているのと同じように、明らかにウンブリア人の地理的な位置のもつ意味を表わしていると言えよう。またトゥスクス人がウンブリア人から三〇〇の都市を奪取したということ、いやもっと重要なことだが、我々がなお持っているウンブリア人のイグウィニ［ウンブリアの町。一四四四年出土のウンブリア語の青銅板碑文で知られる］の民族的な祈りの中では、他の種族と並んでとりわけトゥスクス人が国家の敵［公敵］として呪われているということもある。

そこで想像されるのは、このような北方から加えられた圧力の結果、ウンブリア人は南方へと進んだのだが、しかし平原がすでにラテン系の諸種族に占領されていることが分かったので、おおむね山波の上にいつづけたということである。それでも疑いなく、自分たちと同じ種族の人々の土地にしばしば足を踏み入れ、抑制しながらも、これらの種族とはその当時はまだ、我々が後に見出すほどには言語や習慣の違いがはっきりとしていなかったので、それだけ容易に混淆していったのであった。同じ類いのことは、レアテの人々やサビニ人のラティウムへの侵入や彼らのローマ人との戦いについての伝説が物語るところでもある。似たような現象は、おそらく西海岸全体にわたって繰り返し見られたことであろう。全体としてはサビニ人は山中に、それ以降彼らの名で呼ばれることになるラティウムと境を接する地方に、また同じくウォルスキの土地に、地歩を確保したが、それはおそらくラテン人の住民がそこにはいなかったか、もしくはいたとしても層が薄かったからであろう。他方、人口が稠密な平原では、侵入者に対して容易に抵抗することができた。しかし、ローマにおけるティティエスや後にはクラウディウス氏のような（四〇頁）、個々ばらばらの集団の侵入を完全に防ぐことはできなかったし、またそうすることを望まなかった。それゆえここでは諸種族があちこちで混ざり合い、そのことから、なぜウォルスキ人がラテン人と様々な関係を保ち、後にはこの地帯がサビニの地のように、あのように早期にまた速やかにラテン化できたかが明らかになるであろう。

サムニウム人　しかし、ウンブリア系の人々の主脈はサビニの地から東方、アブルッツォの山波、そしてその南に続く丘陵地へと突進した。彼らはここでも西海岸のときと同じように山岳地帯を占領した。まばらな住民は侵入者にたじろぎ、屈服したのであった。一方、これに対してアプリアの平らな海岸地方では、イアピュギア人という古い土着の住民が――なるほど絶えずお互いに、とりわけルケリアとアルピの北境で争ってはいたが――、全体として見ればしっかりと地歩を確保していた。この地方への移動がいつ行なわれたかは、当然ながら確定できない。しかしおそらくローマで王が支配していた時代のことであろう。伝説は次のように語る。サビニ人が、ウンブリア人に追い立てられて、「聖なる春」の誓いを立て、戦争の年に生まれた息子や娘を、この子たちが成長したら手放して、国の境を越えて送り出し、そのことで神々が彼らを意のままに殺したり、よそに彼らの新しい場所を授けてくれるようにと誓ったのである。ある一群は、マルス神の雄牛に率いられていた。これがサフィニ、もしくはサムニウム人となった。彼らは、はじめサグルスの流れのそばの山々に腰を落ち着け、時代が下るとそこからマテセ山脈の東方ティフェルヌスの源のそばの美しい平原を占領し、新旧いずれの地においても自分たちの集会場を、前者ではアグノネに、後者ではボヤノに設け、自分たちを導いてくれた雄牛にちなんでボウィアヌム（Bovianum）と命名した。第二の群れを率いたのは、マルス神の啄木鳥《きつつき》であった。それはピケヌム人、今日のアンコナの国境の土地を手に入れた「啄木鳥の人々」となった。第三の群れは、狼《ヒルプス》（hirpus）がベネウェントゥムの近辺へと導いた。これがヒルピニ人になった。同じような具合にして、共通の血筋の人々から他のいくつかの小部族が分かれ出た。テラモ付近のプラエトゥッティイ人、グラン・サッソの麓のウェスティニ人、キエティあたりのマッルキニ人、アプリアの境のフレンタニ人、マイエッラ（Maiella, Majella）山脈の麓のパエリグニ人、最後はフチノ湖畔のマルシ人などであるが、これらの人々はウォルスキ人やラテン人と接触があった。彼らすべての中に、お互いに近親関係であることについての感覚や、またサビニ人の地から出たという由来についての感情が生き生きと残っていた。というのも、その伝説の中にこのことがはっきりと語られているからである。

ウンブリア人が比較を絶する戦闘で敗北し、同じ種族の西方の分派がラテン系住民やヘレネス系の住民と融合する一方で、サベッリ系の諸部族は遠い山岳地方の孤立した場所で、エトルリア人、ラテン人、ギリシア人の刺戟からは等しく離れて繁栄した。彼らの間では都市的な生活は全然発展しなかったか、ほんの僅かな程度発展したにすぎなかった。地理上の位置のせいで商業的交流からはほとんど完全に締め出され、また防衛のためには山の頂や防備用の城塞で充分だったのである。他方農民は、開放された小村落や、各人の気に入った泉と森、あるいは草地のあるところならどこにでも住み続けた。そういうわけで、国制は旧態依然たるものにとどまっていた。ヘラスにおいて似たような位置にあったアルカディア人の場合と同様、ここでは共同体が合併してゆくことはなく、せいぜい多少とも緩やかな盟約体が形成されたにすぎなかった。とりわけアブルッツォでは、山の谷間が鋭く分け隔てられており、そのため個々の郷は厳しく孤立していたようである。それはお互いの間でも、外の世界に対してもそうであった。これらの山の郷は、お互いにわずかに関連を持つだけで、イタリアの他の部分からは完全に孤立しながら、頑として変わらないままであった。そしてその結果、住民の勇敢さにもかかわらず、古イタリアの民族の他の部分ほどには半島の発展にと割って入ることがなかった。

サムニウム人の政治的な発展　それに対してサムニウム人は、イタリキの東方系の人々の中で、西方系の種族の中のラテン人とちょうど同じように、政治上の発展の最高点にはっきりと位する。初期の頃から――おそらく最初の移動のときから――比較的鞏固な政治的紐帯が民族としてのサムニウム人を束ねていたし、彼らには後に対等の闘いでローマとイタリア第一等の地位をめぐって格闘できるだけの力が備わっていた。いつ、どのように絆が結ばれたのかは、我々としては同盟の制度について知らないのと同じように、よくは分からない。しかし明らかなことは、サムニウムの地には支配的な共同体は一つもなく、ましてや都市的な中心部も、ちょうどローマがラテン人を結合していたようには、サムニウム系の人々を結びつけていなかったということであり、また国の力は個々の農民の集まりの中にあり、彼らの代表者からなる集会に、その権力・権限が存在したということである。それは、必要な場合に同盟の将軍を任命した。このことと密接に関連するのが、この盟約仲間の政策はローマの政策のようには攻撃的でなく、境界の防衛に限定されていたことである。ただ統一国家の場合だけが、あのように力が集中され、あのように情熱も強烈なので、領域の拡大が計画的に追求されることになるのである。

そういうわけで両民族の後の全歴史も、正反対に分かれた植民の方法からあらかじめ想像された。ローマ人が獲得したものは、国家がかち得たものなのである。サムニウム人が占めたものは、自由な集団が土地略奪を狙って故郷を出て、成功するか失敗に終わるか運に身を委ねた末に占領したものなのである。とはいえ、サムニウム人がテュッレニア海やイオニア海の海岸で成し遂げた征服事業は、かなり後の時期のものである。ローマで王が支配していた時代に、彼らの方は、我々が後に見出すような場所を初めて獲得したようである。このサムニウム人の移住によって引き起こされた諸部族の移動の連鎖の中の一つの出来事として、キュメ［クマエ。イタリア最古のギリシア人都市］が、上部の海から来たテュッレニア人［エトルリア人、または北エーゲ海の海賊民族とも言われる］によって、またウンブリア人とダウニア人によって前五二四年（ローマ紀元二三〇年）に奇襲されたということが言われている。もしも、とにかくこのきわめてロマンティックに色づけされた情報を信用することが許されるならば、こうした遠征の際に起こるのが習いであるように、ここでは圧迫した方と圧迫された方とが一個の軍勢にと一体化した。つまりエトルリア人は敵のウンブリア人と合体し、ウンブリア人はウンブリア人移住者によって南方に押しやられたイアピュギア人と一つになったのである。しかし襲撃の企ては失敗に終わった。少なくとも今回は、まだ圧倒的に優れたヘレネスの戦術と僭主アリストデモスの勇敢さが、美しい海辺都市から蛮人の急襲を撃退することができたのである。

第9章 エトルリア人

エトルリア人の民族性 エトルリア人、もしくは彼らの自称するところではラス*は、ラテン系の古イタリア人［イタリキ］やサベッリ系の古イタリア人［イタリキ］と、またギリシア人とも際立って対照的な存在である。すでに体格がこれらの民族とは違っていた。ギリシア人、イタリキが細長く均整のとれた体格であったのに対して、エトルリア人の彫刻品は、大きな頭、太い腕を持った短身のがっしりした姿を示しているにすぎない。我々が知っているかぎり、この民族の風俗習慣もまた、グラエコ・イタリキ系の人々とは深くしかも根本的に異なっていることをうかがわせる。とりわけ宗教は、トゥスクス人［エトルリア人］にあっては、混濁して幻想的な性格を帯び、数の神秘的な扱いや、野生的で残忍なものの見方や風習をよろこぶものである。ローマ人の明るい合理主義からも、人間的で明朗なヘレネス風の偶像崇拝からも、ともに遠く離れている。これらが何を示しているかについては、民族性に関する最も重要な記録、すなわち言語が証明してくれよう。我々の手元に残っている言葉は数も多く、解読の手がかりをも種々示してくれるが、それでも完全に孤立したものであり、今日までのところ、言語の分類の点でエトルリア人の言葉の位置を確定するまでには至ってはいない。ましてやこれら残存物を解釈することなどできてはいない。

* Ras-enne. 一〇八頁で述べる氏族名の語尾を伴って。

我々としては言語の発展に関してはっきりと二つの時期を区別している。古い時期には母音化が完全に成し遂げられており、二つの子音の衝突がほとんど例外なく避けられている。*有声音からなる子音語尾の廃棄により、また母音を弱め排除することにより、この柔らかで響きのよい語法［ことば］が、次第に堪え難く硬質で荒っぽい言い回しへと変化していった。**こうして例えば、*ramuθaf* から *ramθa* が、Tarquinius から Tarchnaf が、Minerva から Menrva が、Menelaos, Polydeukes, Alexandros から Menle, Pultuke, Elchsentre が作られたのである。

発音がいかにくぐもった荒っぽいものであったかは、エトルリア人がすでにきわめて古い時代に *o* と *u*、*b* と *p*、*c* と *g*、*d* と *t* を区別しなくなっていたことが、最もはっきりと示している。同時にアクセントは、ラテン語や、より荒っぽいギリシア語の方言の場合のように、すべて最初の音節へと引き戻された。気息音を伴って発音された子音も、似たような形で取り扱われた。すなわちイタリキが、気息音を伴って発音された *b* もしくは *f* を例外として、そうした子音を放棄し、ギリシア人が反対に、こうした音を例外として、他の *θ*, *φ*, *χ* を保持したのに、エトルリア人は、最も柔らかく最も愛らしい音である *φ* を、借用語の場合を除いてまったく見捨ててしまい、それに引き替え残りの三つを、しかるべきところではない場合ですら、並はずれて拡大した形で使った。例えば Thetis が彼らには Thethis と、Telephus が Thelaphe と、Odysseus が Utuze もしくは Uthuze と呼ばれたように。

いくつかの語尾や単語は、その意味が捜し当てられているのだが、その大多数は、ギリシア・古イタリア語からどのように類推しても、はるかに離れている。数詞がすべてそうであり、またしばしば母称［母の名に由来する名前］として出自血統の印に使われる al という語尾もそうである。例えば、キウジの二つの言語を刻した碑文にある *Canial* は *Cainnia natus*［カインニアから生まれた］と訳されている。そして女性の名における sa という語尾は、婚姻によって自分の加わった氏族の名前に使われる。というわけで例えば、リキニウス（Licinius）氏に属する人の奥方は *Lecnesa* と呼ばれる。さらに、*cela* もしくは *clan* の活用形 *clensi* は息子、*sex* は娘、*ril* は年となる。神ヘルメスは *Turms* に、アフロディテは *Turan* に、ヘファイストスは *Sethlans* に、バッコスは *Fufluns* になる。こうした奇妙な語形や音と並んで、ともかくエトルリア人の言語とイタリキの言葉の間には特別な類似も見られる。固有名詞は基本的には一般的なイタリキの基準によって作られた。しばしば見られる氏族名の語尾 *enas* もしくは *ena* は、* イタリキ系、とりわけサベッリ系の氏族名の中にもしばしば見出される語尾 *enus* へと再び戻るのである。というわけで、エトルリア人の名前 *Maecenas* と *Spurinna* は、ローマ人名 *Maecius* と *Spurius* にぴったり対応する。一連の神の名がエトルリアの記念碑や作家においてエトルリア人のものとして現われるが、それは語幹の点で、また一部は語尾の点でもまったくラテン式に形成されているので、その名前が実際にはじめからエトルリア人のものであったにしても、二つの言語が緊密な関係にあったことは間違いない。例えば *Usil*（太陽と曙。*ausum, aurum, aurora, sol* と類

* カエレの土［陶土］製の容器の碑文がこの時代のものである。それは次のようになっている。*miniceθumamimaθumaramlisiaeθipurenaieθeeraisieepanamineθunastavhelefu* もしくは *mi ramuθas kaiufinaia.*

** いま、言葉がどんな響きをもっているかについて、ある種の考えを示すことができるとして、ペルシア［現在のペルージア］の大碑文の始まりがその例としてあげられよう。*eulat tanna larezu amevaxr lautn velθinase stlaafunas sleleθcaru.*

縁関係にある), ***Minerva*** (*menervare*), ***Lasa*** (*lascivus*), ***Neptunus***, ***Voltumna*** がそうである。

＊ Maecenas, Porsena, Vivenna, Caecina, Spurinna がそうである。語尾から二番目の音節の母音がもともと長いが、そのアクセントの後退の結果、最初の音節がしばしば短くなるか、それどころか脱落する。そのため、ポルセーナと並んでポルセナも、カエキナ (Caecina) と並んでケイクネ (Ceicne) も見られるのである。

それでもこのような類似は、エトルリア人とラテン人の間の後の政治的・宗教的な関係、そしてまたそれによって引き起こされた調整と借用から、初めて生まれ得たものである。そのため、それらは、トゥスクス人の言語がグラエコ・イタリキの慣用語法とは、ケルト人やスラヴ人の言語がそうであるように、少なくともたいそう離れていたという、他に認められるところから導き出された結果を、まだ書き替えるものではない。このようにして、少なくともローマ人の耳に響いたところでは、トゥスクス人とガッリア人の言葉は蛮族の言葉であり、オスキ語とウォルスキ語は農民の方言だったのである。

しかし、エトルリア人がギリシア・古イタリア語系の人々とこのように大きくかけ離れていたにしても、今日までのところ、彼らを別のよく知られた種族［人種］と結びつけることに成功したためしはない。エトルリア人との種族的な近親性に関しては、まことに多種多様な慣用句が、ときには単純な吟味によって、またときには入念極まりない吟味によって調べられているが、いずれも例外なく成果は得られていない。地理的な関係から言って、第一に考えうるのはバスク語との関係であるが、それさえ決定的な類似は結局判明しなかった。同じく、リグリア語のわずかな残滓も――地名や人名が我々の時代にまで残っているのだが――、トゥスクス人との関連を示してはいない。トゥスクスの海の島々、とりわけサルディニアに、ヌラーゲ（ヌルハゲン［石造の円形塔状建造物］）と呼ばれるあの不可解な墓塔を幾千と建てた忘れ去られた民族でさえ、当然ながら、エトルリア人との関連があったことなどありえない。エトルリア人の地には、同じ類いの建物はただの一つも現われていないからである。せいぜい我々に言えることは、エトルリア人も一般にはインド・ゲルマン人に数えられうることを、一見かなり信頼できそうないくつかの痕跡が暗示しているということであろう。このようにして、多くの古い碑文の冒頭にとりわけよく見られる *mi* はたしかに *ἐμί, εἰμί*［ある］であり、子音の語幹の属格形 *veneruf, rafuvuf* は古ラテン語の中にもはっきりと見られる。それは古いサンスクリットの語尾 *as* とも符合するものである。同じように、エトルリア語のゼウスの名称 ***Tina*** もしくは ***Tinia*** は、ちょうど ***Ζάν*** が同じ意味の *diwan* と関連があるように、おそらくサンスクリットの *dina* =「日にち」を意味する語と関連していよう。しかし、これがそのとおりでも、エトルリア人に属する人々が、それゆえあまり孤立していたのではない、というようには見えない。ディオニュシオスはすでに言っている。エトルリア人は言語および風俗・習慣の点で、他のいかなる民族とも同等だとは言えない、と。そして我々も、それ以上付け加えるものは何もない。

エトルリア人の故郷　エトルリア人がどこからイタリアに移住してきたのかということも、同じように決定できない。この移動はとにかくこの人々の幼時期のことであるし、その歴史的な発展が始まるのも終わるのもイタリアの中なので、問いに答えるのに多くのものが失われているわけでもない。しかし、皇帝ティベリウスがなすべく考えたような「ヘカベの母親はだれであったか」[トロイア王プリアモスの后ヘカベについては古来諸説があった]を調べるといった、とりわけ知る必要もなく知るべき価値もないことを研究するという考古学者の原則に則っても、この問題以上に真剣に論じられたものは存在しない。最古の最も重要なエトルリア人の町々は内陸部深くに位置しており、やはり直接海に面するものとしてはポプロニア以外にただの一つも有名な都市は発見されていない。しかしこの町も古い一二都市に属さなかったことは、我々にもはっきりと分かっているところである。さらに歴史時代には、エトルリア人は北方から南方へと動いているので、おそらく彼らは、陸上を通って半島にやって来たと思われる。というわけで実際、我々がはじめに目にする彼らの低い文明段階は、海を渡っての来住と見る捉え方とはうまく合致しないであろう。最古期の頃、各民族は海流のように海峡を通り抜けてきたのであるが、イタリアの西海岸への上陸にはまったく別の制約が前提になる。その点をふまえて考えると、エトルリア人の古い故郷はイタリアの西もしくは北方に求められなければならない。エトルリア人がラエティア・アルプスを越えてイタリアに入って来たということも、まったくありえないことではない。グラウビュンデン[グリゾン。スイス東部の州]とティロルの間に確認される最古の定住者ラエティア人が歴史時代までエトルリア語を喋り、その名前もラスに似て聞こえるほどだからである。彼らはもちろん、ポー河沿いの地に移住したエトルリア人の残りでもありうるが、やはり少なくとも初期の居住地に取り残された民衆の一部のようなものだったであろう。

ところが、このような単純で当然と思われる捉え方と際立って矛盾したものとして、エトルリア人がアシア[いわゆる小アジア]から移住してきたリュディア人だという話が存在する。この話はきわめて古いものである。それはすでにヘロドトスに見られるし、次いで後の時代の人々の間で、無数の変化と数の増大を見せながら繰り返し現われてくる。たとえ何人かの賢明な研究者、例えばディオニュシオスのような人が力をこめてこれに反対し、宗教・法律・風俗慣習・言語の点でリュディア人とエトルリア人との間に、いかなる最低限の類似性も見られないことを指摘しても、この話はやまなかった。小アジアの海賊の一群が個々別々にエトルリアに到達し、こうした冒険がこの出鱈目話に結びついたというようなこともありえなくはないだろう。しかしもっとありうることは、話全体が、一個の単なる取り違えに基づいていたということであろう。イタリアのエトルリア人、もしくは *Turs-ennae* は——この形は元来のものであって、ギリシア語の *Τυρσ-ηνοί*, *Τυῤῥηνοί*、ウンブリア語

の *Turs-ci*、そして二つのローマ人の言葉 *Tusci, Etrusci* の基礎になっているようである――、リュディア人の *Τοῤῥηβοί* あるいはたぶん *Τυῤῥ-ηνοί* と名称の点でほぼ一致する。都市 *Τύῤ-ῥα* からこのように呼ばれたのであろう。そしてこのような明らかに偶然による名前の類縁関係が、事実、上述のあまりにも古くて信頼できなくなった仮説の唯一の根拠のようであり、その上に歴史的なでっちあげを築いたバビュロン［バベル］の塔全体の唯一の基礎であるように見える。またリュディア人の海賊組織とエトルリア人の海上交易が結びつけられ、さらに――まずいちばん最初にトゥキュディデスが明示的にそうしたのだが――トッレビア人海賊も、正否はともかくあらゆる海洋に蟠踞・遊弋して荒らし回っていた海賊の民ペラスゴイと混同されたので、歴史的な言い伝えについて手のほどこしようのない混乱が生まれたのである。ホメロスの讃歌のような最古の史料では、テュッレニア人という言葉でリュディアのトッレビア人を言い表わすことがあり、ときにはテュッレノ・ペラスゴイという形もしくはただ単にテュッレニア人という形でペラスゴイの民を言い表わすこともあり、またときには――エトルリア人は結局、ペラスゴイもしくはトッレビア人とは今まで持続的な関係をもつことはなく、彼らとは起源の点でも共有するものはなかったのに――、イタリアのエトルリア人を言い表わすこともあるのである。

イタリアにおけるエトルリア人の居住地　他方、確かめうるかぎりで最古のエトルリア人の居住地がどんなものだったか、また彼らがどのようにしてそこからさらに動いていったのか、それを確定することは、歴史的な関心の対象となるであろう。彼らがケルト人の大規模な侵入以前に、パドゥス［ポー河］の北の地方に、東はエッチ［アディジェ河］に沿ってイッリュリア（アルバニア?）系のウェネティ人と接して、西はリグリア人と隣り合って居を占めていたことは、様々な形で認められる。とりわけそれを証明してくれるのが、すでに述べた荒っぽいエトルリア人の方言であり、それをまだリウィウスの時代にもラエティア・アルプスの住民が喋っており、後の時代までトゥスクス人の町として残っていたマントゥアでもそうであった。ポー河の南、この河の河口ではエトルリア人とウンブリア人が混ざり合っていた。前者は支配的な立場にある種族として、後者は古い商業都市アトリアとスピナを建てた、より古い種族としてである。一方、フェルシナ（ボローニャ）とラウェンナは、トゥスクス人が建てた都市だったようである。ケルト人がポー河を越えるまでには長い月日が流れていた。このこととつながりがあるのは、河の右岸にエトルリア人とウンブリア人的な性格のものが、早期に見捨てられた左岸よりもはるかに深く根を下ろしていたということである。それでも総じてアペニンの北の地方は、この地で民族の持続的な発展の歩みが形成されるにはあまりにも急速に、一つの民族の手から別の民族のものになってしまったのである。

エトルリア　歴史という点ではるかに重要なのは、今日なおその名を帯びている土地［トスカナ地方］にトゥスクス人が大々的に定住することになったことである。リグリア人もウンブリア人も(一〇二頁)かつてはここに住んでいたとはいえ、その痕跡はエトルリア人の占領やその文明によってまったく根絶されてしまったも同然である。海岸に沿ってピサエからタルクィニイに及び、東はアペニンで遮断されていたこの土地では、エトルリア人の民族的な特性が、変わらずに残り続ける場所を見出し、それはたいそう粘りづよく帝政期まで持ちこたえていった。本来トゥスクス人のものである領域の北境をなしていたのはアルヌス河［アルノ河］であった。そこから北方のマクラの河口とアペニンまでの地は係争の続く境界の地であり、ときにはリグリア人、ときにはエトルリア人のものとなり、したがって大きな定住地はそこでは発展しなかった。南境を形成するのは、当初はおそらくキミニウスの森であり、これはヴィテルボの南の丘陵のつらなりであった。後にはティベリスの流れが境となる。前に示唆したように(一〇三頁)、都市ストリウム、ネペテ、ファレリイ、ウェイイ、カエレを擁したキミニウスの山地とティベリス河の間の土地は、より北の地域よりもおくれて、かなり長い時が経って初めて――おそらくローマ紀元第二世紀［西暦前七世紀中頃―前六世紀中頃］にようやく――、エトルリア人に占領されたように見える。またイタリアの原住民は、ここでは――とりわけファレリイでは――、従属的な関係にあったとはいえ、自己を主張していたに違いないのである。

ラティウムに対するエトルリア人の関係　ティベリスの流れが、ウンブリアとラティウムに対するエトルリアの境界を形成して以降は、ここには全体として平和的な関係が生まれたことであろうし、境界の根本的な変化は、少なくともラテン人に対しては起こらなかったようである。ローマ人の中には、エトルリア人は自分たちとは異質な存在であり、ラテン人は自分たちの同胞であるという感情が生き生きと脈打っていたとしても、彼らはティベリス河の右岸からは、例えばガビイやアルバの地の自分たちの同族からよりも、はるかに奇襲の脅威や危険を感じなかったであろう。というのはもちろん、そこでは河幅の広い流れという自然の国境が護りの役を果たしていたばかりではなく、ローマの商業的・政治的な発展にとって大きなポイントとなる事情として、他より強力なエトルリアの諸都市のいずれもが、ラテン側の岸にローマがあったようには、直接に流れのそばにはなかったということがあったからである。ウェイイ人はティベリス河にいちばん近かったために、ローマとラティウムが最もしばしば容易ならぬ争いに、とくにフィデナエの領有をめぐる争いに陥ったのは、他ならぬこのウェイイとであった。フィデナエは、ウェイイ人にはティベリス左岸で、ちょうどローマ人にとっての右岸のヤニクルムのように一種の橋頭堡として役立ったのだが、ときにはラテン人の手に、またときにはエトルリア人の手に落ちたのである。それに対して、もう少し離れたカエレとの関係は全体として、通常そのような時代の隣人の間で見られるのが習いだったよりも、はるかに平和的で友好的であった。ラティウムとカエレとの戦いについての遙かな、まことに遠い昔の当てにならない伝説がもちろんあるにはあるわけで、例えば、カエレの王メゼンティウス［アエネアスに対するトゥルヌスの同盟者とされる］がラテン人に対して戦って大勝利をかちえたと言われており、またラテン人に酒税を課したと言われる。しかし、かつての確執や闘争状態などよりもずっと確実に、ラティウムおよびエトルリアにある太古からの通商や海上交流・交易の二つの中心地の間の際立って密接な関係を、伝統が示してくれている。

陸路ティベリス河を越えてエトルリア人が侵入したことをはっきり示す痕跡は、大体において欠けている。なるほど、アリストデモスが前五二四年にキュメの城壁の下で全滅させた（一〇六頁）蛮族の大軍には、エトルリア人の名前がその第一列目に挙げられている。しかし、この報告が細かい点まで信頼できると見做されるにしても、そこから出てくるのは、エトルリア人が一つの大きな略奪の遠征に加わっていたということだけである。はるかに重要なことは、ティベリス河の南側で、陸路やってきて建設されたエトルリア人の入植地の存在が一つとして立証できないこと、またとりわけラテン民族に対するエトルリア人の深刻な圧迫がまったく認められないことである。ヤニクルムおよびティベリス河口の両岸は、我々の見るかぎりなんの異議も唱えられずローマ人の手に領有されたままであった。

エトルリア人の共同社会がローマへ移住することに関して、トゥスクス人の年代記から引き出されるばらばらの記述から我々に分かることは、ウォルシニイのカエリウス・ウィウェンナが、そして彼の死後はその忠実な仲間であるマスタルナの率いたトゥスクス人の大群が、マスタルナによってローマに導かれたということである。これは信頼できるであろう。たとえこのカエリウスからカエリウスの山という名前が由来することが、明らかに言語・文献学者の捏造であり、また、このマスタルナがセルウィウス・トゥッリウスという名前でローマで王になったという補足ですら、たしかに伝説の併行現象を探し出すのに懸命な考古学者のありそうにない憶測以外の何ものでもないとしても、そうであろう。ローマにおけるエトルリア人の移住地については、パラティウムの麓のトゥスクス人地区という名前がずっとよく示していると言えよう（四五頁）。

タルクィニウス家　なおローマ人に君臨した最後の王家タルクィニウス家がエトルリアの出であることも、それが、伝説の力説するように一体タルクィニイの出であるのか、タルクナスの家の墳墓が最近発見されたカエレの出であるのかはともかくとして、疑うことはむずかしいであろう。また伝説の中に編み込まれている女性名タナクィルもしくはタンクウィルは非ラテン語であり、それに引き替えエトルリアでは普通のものである。ところが、伝えられている話では、タルクィニウスはコリントスからタルクィニイに移ってきたギリシア人の息子であり、ローマには居留民《メトイコイ》として移住してきたというのだが、この話は歴史でも伝説でもなく、ここでは事件の歴史的な連鎖が明らかに混乱しているばかりか、完全にズタズタになっている。

このような言い伝えから一般に、ありのままの、だが基本的には大したことのない事実――結局はトゥスクス人起源の一氏族がローマの王笏を持ったこと――以上の何が推定されようとも、そのとき、一人のトゥスクス人出身の人物のローマに対するこのような支配を、トゥスクス人のローマ支配、もしくはトゥスクス人の一共同体のローマ支配としても、また反対に、ローマの南エトルリア支配としても受け取ってはならないということが存在するにすぎない。実のところ、一つの仮説にも、また別の仮説にも、充分な根拠はないのである。タルクィニウス氏の歴史はラティウムを舞台にして演じられており、それはエトルリアではない。我々の知るかぎり全王政時代を通じてエトルリアはローマに言語の点でも風俗・習慣の点でも本質的な影響を及ぼさなかったし、国家ローマあるいはラテン同盟の均斉のとれた発展さえ妨げなかったのである。

近隣のラテン人の地に対してエトルリアが、こうした比較的受け身の姿勢をとった原因は、おそらくある点では、パドゥス[ポー河]河畔におけるケルト人との闘いの中に求めるべきであろう。ケルト人は、ローマにおける王の追放後はじめてこの河を越えたと思われるからである。またある点では、民族としてのエトルリア人が航海に、そして海上支配と海岸支配権の獲得にと向かったことの中に求めるべきであろう。この方向は、例えばカンパニア定住と決定的に関連しており、それについては次の章でさらに述べることになるだろう。

エトルリア人の国制　トゥスクス人の国制は、ギリシア人やラテン人の国制のように、都市へと発展していった共同体に基づくものである。しかし、航海や商工業を目指す民族の初期の性向によってエトルリアでは、イタリアの別のところよりも速やかに、厳密な意味での都市的な公共体が誕生したようである。この点に関して、ギリシア人の報ずるところでは、イタリアのどの都市よりも先に名前が挙げられるのは、カエレである。他方で、エトルリア人は全体としてローマ人やサベッリ人よりも戦闘能力や戦闘意欲が乏しかったと考えられる。傭兵を使って戦うという非イタリキ的な慣行が、エトルリアではきわめて早くから見られるのである。

共同体の最古の国制は、一般原則の点ではローマの国制と似たものであったに違いない。王もしくはルクモネスが支配し、類似の標識を持ち、したがってローマの王と似たような絶大な権力をたしかに握っていた。また高貴な者と卑賤な者とがけわしく対立していた。氏族制秩序の相似性は、名前のシステムの類似性によって保証される。ただし、エトルリア人においては母系の血統が、ローマ法の場合よりもはるかに重視されていた。同盟の制度はきわめて緩やかだったようである。それは全民族を包括するものではなく、エトルリア本土の共同体と同様、北方のエトルリア人とカンパニアのエトルリア人もそれぞれの盟約体のうちに一つにまとまっていた。こうした諸同盟の各々がすべて一二の共同体からなっており、彼らはたしかに中心市とりわけ礼拝儀式にとっての中心地と、同盟の長あるいはむしろ最高の神官を認めていたのであるが、それでも大体のところ同等の権利を持っていたようであり、少なくとも部分的にはいずれもが強力だったので、覇権《ヘゲモニー》を握ることも、また全体を束ねる中央権力たりうることもできなかった。エトルリア本土では中心市はウォルシニイであった。エトルリアの他の一二市については、確実な言い伝えを通して、ただペルシア［現在のペルージア］、ウェトゥロニウム、ウォルキ［ヴルチ］、タルクィニイが知られているにすぎない。いずれにせよ、エトルリア人が実際に共同で行動することは稀であった。それと逆のこと、つまり分離行動がラテン人の盟約体では稀であったのと同様であると言えよう。戦争は通常、個々の共同体が遂行し、自分の隣人のうちの可能なものを利害関係に引き入れるのである。そして例外的に同盟の戦争が取り決められたときでも、個々の都市がそれに加わらないことがきわめてよくあった。エトルリア人の国家連合は——似たような古イタリア人種族の同盟とくらべるといっそう——、鞏固で他に君臨するといった性格の最高指導部をはじめから欠いていたようである。

第10章 イタリアのヘレネス、エトルリア人とカルタゴ人の海上支配

イタリアと外国との関係 古代の諸民族の歴史においては、黎明が一挙に訪れないこともある。そしてその場合でも、夜は東方から明けはじめるのである。イタリア半島がまだ深い朝のほの暗い薄明にくるみ込まれている間に、地中海の東の海盆に臨む地方では、すでにあらゆる方角に向かって豊かに発展した文化の光がさし染めていた。そして発展の第一段階にあって、ライヴァル関係にある兄弟民族から教えを受けるという大抵の民族の運命は、イタリアの諸民族にも顕著な形で当てはまった。ただし陸上ではそうした作用は見られなかったのだが、その理由は、半島の抱える地理的な事情の中にあった。最古期にはイタリアとギリシアの間で陸路の利用が困難であったことを示す痕跡はどこにも見当たらない。アルプスの彼方の土地には、もちろんイタリアからすでに、記憶を絶するはるかな昔から通商路が通じていたことであろう。最も古い琥珀の道はバルト海から地中海のポー河河口にまで及んでいた。したがってギリシア人の伝説には、ポー河河口のデルタ地帯が琥珀のふるさととして登場している。そしてこの道に結びつくのが、斜めに半島を突き抜けて、アペニンを越えてピサに通じるもう一つの道である。しかし文明を形づくる諸要素は、その地方からはイタリキに届かなかったのである。総じて古い時代にイタリアに届いた外国の文化は何であってもすべて東方の海洋民族がもたらしたものであった。

イタリアにおけるフェニキア人 地中海の海辺で最も古くから文明化した民族であるエジプト人は、まだ海を越えては出てゆかず、したがってイタリアにも影響を及ぼさなかった。しかし、このことはフェニキア人については同じようには主張できない。とにかく、地中海のいちばん東端の狭い故郷から、名の知られた種族の中ではじめて、最初は漁撈と貝採取のため、次いで商取引のために、水上に漂う住まいに乗って果敢に地中海へ出ていったのが彼らであった。彼らは初めて海上交易の道を開き、信じられないくらい古い時代に地中海を最西端まで航行した。地中海のほとんどすべての岸辺に、ヘレネスの海洋基地

より先にフェニキア人の海洋基地が現われている。ヘラス自体、またクレタやキュプロス、エジプト、リビュア、スペイン［ヒスパニア］と同様、イタリアの西の海にもそれは見られた。トゥキュディデスの語るところでは、シチリア島のまわりすべてに、ギリシア人がその地に来る前に、あるいは少なくとも彼らが多数そこに腰を落ち着ける前に、フェニキア人が岬の先にも小島にも、土地を獲得するためにではなく土着民との取引のために在外商館を建設していた。

ところが、イタリア本土では事情は違っている。イタリアにおけるフェニキア人の居住地は、これまでにはただ一つがわりあいはっきりと確認されているだけである。それはカエレのそばのポエニ人［広くはフェニキア人。限定されれば、また一般にはカルタゴ人］の在外商館であり、その痕跡の一部はカエレの海岸にある小集落の呼称プニクム（Punicum）の中に、また一部はカエレの町自体の第二の名前アギュッラ（Agylla）の中に保たれている。これは、くだらない作り話が言うようにペラスゴイに由来するのではなく、フェニキアの言葉であり、丸い町を表わし、ちょうど海岸から眺めたカエレを指しているのである。こうした基地、また同じように創設されたものが、イタリア海岸にまだ他にもあったと思われるが、ともかくあまり重要でもなく、また長く変わらないまま存続したものでもなかったことは、それがほとんど跡形なく消え失せてしまっていることが証明してくれよう。しかし、そうしたものを、同じ岸辺に見られる同じ種類のヘレネスの入植地よりも古いと見做す理由など、わずかたりともありえない。少なくともラティウムがカナーン人［フェニキア人］たちをヘレネスの仲立ちで初めて知ったという、およそ取るに足りないとは言えない印があり、それがポエニ人という、ギリシア語から借用したラテン語の名称なのである。

イタリキの東方の文明との最古の関係は、むしろすべてが決定的にギリシアへと通じている。カエレのそばのフェニキア人の在外商館の成立については、前ヘレネス期にまで遡らなくとも、後のよく知られた通商国家カエレとカルタゴとの関係から充分説明が付けられよう。事実、最古の航行は基本的には海岸沿いのものであったし、またそうであり続けたとすれば、地中海岸のほとんどいかなる土地も、フェニキア人にはイタリア大陸と同様に遠いものではなかった。彼らはイタリア大陸にはただギリシア西海岸かシチリアからのみ到達できたのである。そこで、アドリア海やテュッレニア海の航行においてフェニキア人の機先を制しようとして、ヘレネスの航海も早期から栄えたということは充分信じられるであろう。したがって、イタリキに対するフェニキア人の太古以来の直接的影響を想定すべき理由はとくに存在しないのである。我々は、西地中海におけるフェニキア人の海上支配がもつテュッレニア海岸のイタリキ系住民に対する後の関係については、また後で述べることにしよう。

イタリアにおけるギリシア人とギリシア系移住民の故郷　したがってどう見てもヘレネスの船乗りが存在して、地中海の東方海盆沿いの住民の中から最初にイタリア海岸へと渡ってきたのである。しかし、どの地域から、いつの時代にギリシア人の航海者がその地に到達したのかという重要な問題については、ただ前者、つまりどの地域からという点だけにしか、ある程度確かで完全な形で答えることはできないのである。

ヘレネスの海上交易が初めて大規模に展開したのは、小アジアのアイオリスの海辺とイオニアの海辺であり、そこからギリシア人に、黒海の内部もイタリアの海岸も開けていったのである。エペイロスとシチリアの間の水域に依然としてその名をとどめているイオニア海という名前、またギリシア人がその名称でもって以前アドリア海を呼んでいたイオニア湾という名前は、かつてイオニアの航海者によってイタリアの南・東海岸が発見されたことを思い出させるものである。イタリア最古のギリシア人入植地キュメは、名前と伝説からして、アナトリア海岸の同名の都市が創設したものである。信頼できるヘレネスの言い伝えによれば、ヘレネスのうちでまず最初に、遠く離れた西の海に航行したのは、小アジアのフォカイア人であった。次いで、小アジア人によって発見された航路を別のギリシア人が追ったのである。ナクソスとエウボイアのカルキスのイオニア人、アカイア人、ロクリス人、ロドス人、コリントス人、メガラ人、メッセニア人、スパルタ人がそれである。

アメリカの発見後、ヨーロッパの文明化した民族が競ってその地におもむき、そこに定着したように、またヨーロッパ文明の連帯感が、蛮人の中の新移住者に、かつての故郷におけるよりもはっきりと意識させられたように、西方への航行も西の地への移住も、ギリシア人の特定の一地方もしくは特定の一種族の特別な財産ではなく、民族としてのヘレネスの共有財産となった。そしてちょうど新しい北アメリカの形成にあたって、イギリス人やフランス人、オランダ人やドイツ人の移住民が混ざり合い、浸透・溶融したように、ギリシア人のシチリアも「大ギリシア《マグナ・グラエキア》」［南イタリアのギリシア人都市］も、まことに多種多様なヘレネスの部族たちからなる、しばしばもやは区別のつかないほど溶け合ったものになっていた。それでも、もっと孤立したいくつかの定住地――例えばロクリス人の植民市（ロクロイ［後にロクリ］）やそこから分かれたヒッポニオン［ヒッポニウム］とメダマ、またこの時期の終わり頃にようやく設立されたフォカイア人のヒュエレ（ウェリア、エレア）のような入植地――を別とすれば、全体としては三つの主要なグループに分けられる。第一は、カルキス［エウボイアの主要都市］人の諸都市の名のもとにまとめられる本来はイオニア人からなるグループであり、それには、イタリアでは他のヴェスヴィアス（ウェスウィウス）山麓の定住地とともにキュメ、そしてレギオンが、シチリアではザンクレ（後のメッサナ）、ナクソス、カタネ、レオンティノイ、ヒメラが数えられる。第二のグループはアカイア人であり、それにはシュバリスと大ギリシア《マグナ・グラエキア》の都市の多くが数えられる。第三のグループはドリス人であり、シュラクサイ［シラクサ］、ゲラ、アクラガス、一般にシチリアの植民市の大多数が入るが、それに引き替えイタリアではただタラス（タレントゥム）とその植民市のヘラクレイアがこれに属するだけである。

全体として移住には、古いヘレネスが多数を占めているが、それはイオニア人や、ペロポネソスにドリス人の移住以前から住んでいた諸部族よりなる。ドリス人の中では、コリントスやメガラのような混合した住民からなる共同体だけが目立ってこれに関与したにすぎず、それに引き替え、純粋にドリス人の地方は副次的な程度にしか関与できなかった。もちろんそれも、イオニア人が古い商業の民、船乗りの民だったのに対して、ドリス系の血筋の者たちは比較的遅れて初めて内陸部の山々から海岸地方に下ってきたにすぎず、いつの時代にも海上交易から離れたままだったからである。多種多様な移住民のグループの歩みがばらばらに離れていることは、きわめてはっきりしている。とりわけ貨幣の品位がそうであった。フォカイア人の移住者は、アシアで流通していたバビュロニアの基準［品位］に則って鋳造をしている。カルキス人の町々は、最も古い時代にはアイギナ式、すなわちもともと、ヨーロッパ地方のギリシア全体において優勢であった基準、それもまずもって我々がエウボイアの地で再発見するようなその基準を修正したものに従っている。アカイア人の共同体はコリントス式の通貨基準で、最後にドリス人の共同体は、ソロンが前五九四年にアッティカに導入した基準で貨幣を鋳造したが、ただタラスとヘラクレイアが基本通貨に関して、シチリアのドリス人の基準に従うよりもむしろ隣人のアカイア人の基準に従ったのは例外であったと言えよう。

ギリシア人の移民活動の時代　初期の航海と入植の時を定める問題は、おそらく永久に深い闇に包まれたままであろう。しかしそうした中でも、ある種の成り行きは、我々にもまだ紛れようなく浮かび上がってくる。西方との最古の交易のように、小アジアのイオニア人に関するギリシア人最古の記録文書の中、つまりホメロスの叙事詩の章節の中では、水平線はまだほとんど地中海の東方海盆を越えることはない。西方の海へと嵐によって押し流された船乗りたちは、西の土地の存在について、またおそらくその海の渦や火を吐いている島の上の山についても、知識を携えて小アジアに戻ってきたことであろう。しかし、ホメロスの詩の時代には、最も古くから西方の地と交流することになったギリシアの土地においても、まだシチリアやイタリアについての信頼に足る知識はまったく欠けていた。そこで東方のお伽物語の作家や詩人が、当時西洋《オクシデント》の人々が寓話の中の東洋《オリエント》についてしたように、何ものにも妨げられずに西方のからっぽの空間を蜃気楼のような姿形で満たすことができたのである。ヘシオドスの詩からはすでにもっとはっきりと、イタリアとシチリアの輪郭が浮かび上がってくる。両地域の部族や山々、町々のその土地本来の呼び名がよく分かっているのである。それでも、そこではまだイタリアは一個の島嶼グループであった。それに対して、ヘシオドス以降の文学作品の中ではすべて、シチリアも、イタリアの全海辺すら、少なくとも一般的な意味ではヘレネスに知られたものとして現われてくる。

同じように、ギリシア人の定住の順序はわりあいはっきりと確認されている。すでにトゥキュディデスでは、明らかにキュメが西方の地における名前の知られた最古の定住地と見做されている。しかも彼はたしかに間違っていなかった。とにかくギリシア人の船乗りには、多くの上陸地点がわりあい近くにあった。ところが、町がもともとあったイスキアの島のように、嵐からもまた蛮人からも守られたところはなかった。こうした定住にとって、何よりもそうした配慮が方向づけをしたことは、後に本土で定住のために選び出された場所自体が示してくれよう。それは、今日なお、畏敬の念を起こさせるアナトリア［小アジア］のあの母市［エーゲ海東海岸の町］の名前をもってて、険しいけれども安全な岩の絶壁である。そういうわけでイタリアのどこにも、キュメ地方のような鞏固さと活発さとをもった小アジアのお伽話の舞台は見つけられない。このキュメの地は、西方――不可思議なお話でいっぱいの地――へ旅した最古の人々が、初めてお伽の国に足を踏み入れ、自分たちが歩んでいると信じた童話の世界に――セイレン［半神半獣の海の怪物。歌で人を魅惑する］たちの岩の中や、冥界へと通ずるアウェルヌス（アオルノス）の湖に――足跡を残したところなのである。さらには、キュメにおいて初めてギリシア人がイタリキの隣人になったとき、なぜまず最初にキュメのまわりに定住していたイタリキ系部族の名前がオピキという名前――その後長く何世紀にもわたって全イタリキのために使われた名前――であったのか、その理由を説明するのはきわめて簡単であろう。さらにもっと本当らしいこととして伝えられているのは、南イタリアとシチリアへの大量のヘレネスの移住が、キュメへの定住からかなりの空白期間をおいた後だったということ、またその移住にあたっては再びカルキスやナクソスのイオニア人が先に立っており、シチリアのナクソスは、イタリアやシチリアにおいて厳密な意味での植民によって建設されたギリシア人都市の最古の例であり、それに続いてアカイア人やドリス人の植民もようやく行なわれたということである。

ところがやはり、こうした一連の事実のためにただおおよその年代だけでも確定することは、完全に不可能なようである。前七二一年にアカイア人の町シュバリスが、前七〇八年にドリス人の町タラス［タレントゥム］が建設されたことは、おそらくイタリアの歴史における日付としては最古のものであろうが、少なくともその大体の正確さは紛れもないことと見做されよう。しかし、古いイオニア人の植民事業の遂行がこの時期を越えてどれだけ遡るかについては、まさしくヘシオドスやホメロスの詩作品の成立年代と同様に不確かなのである。ヘロドトスがホメロスの時代を正しく確定したとしても、イタリアはローマ建国の一世紀前（前八五〇年）にはまだギリシア人には知られていなかった。いずれにせよこのような日付の決定など、ホメロスの生存時代の他のあらゆることと同様に、確たる証拠に基づくものではなく、推論でしかない。そこで、イタリキのアルファベットの歴史と、同じく次の注目すべき事実、つまりギリシア人がイタリキに知られたのはヘレネスという種族名があらわれる前であったこと、またイタリキがヘラスにおいて古くに消えてしまったグライ（Grai）もしくはグラエキ（Graeci）という種族からヘレネスの呼称を借用したことを考慮に入れる人はだれでも、*イタリキのギリシア人との最古期の交流・交易をもっとはるかに遠い時代にまで遡らせる傾向があるのである。

* グラエキという名前が、もともとエペイロスの内陸部とドドネの近辺地帯に結びついていたのか、それともむしろ、以前はたぶん西方の海にまで達していたアイトリア人のものであったのかは、まだ未決定のままのようである。この名は、はるか昔にギリシア本土の傑出した種族もしくは諸種族の複合体のものであったに相違なく、そこから全民族へと移っていったに違いない。ヘシオドスの『エオアイ』［『エー・ホイアイ』＝『名婦列伝』］の中には、民族のもっと古い総体の名前として現われるが、それでもそれははっきりと意図的に脇へ押しやられ、ヘレネスという名前のもとにおかれている。ヘレネスという名前はホメロスにはまだ現われないが、たしかにヘシオドスの場合は別として、すでにアルキロコスにおいて前七〇四年頃登場しており、それはたしかにもっと早く出てきたということもありえよう(M. L. Duncker, Geschichte des Altertums. Berlin 1852–57. Bd. 3, S. 18. 556)。このように、すでにこの時代以前にイタリキはかくも広くギリシア人と知り合っていたので、ヘラスでは早く消えてしまったギリシア人の名前が彼らの間で、ギリシア民族総体の名前として、ギリシア民族自体が違った道をとったときにも残ったのである。ただその際、外国人にはヘレネス諸種族［部族］の一体性が、ヘレネス諸種族［部族］自体より、より早期に、またよりはっきりと意識されたこと、したがって外国人にあってはヘレネス諸種族よりも、総体的な呼称が明瞭に確定されたに違いないこと——しかしこれ自体は、よく知っていた隣人のヘレネスから直接借用した呼称ではない——、そうしたことははっきりとしている。ローマ建設の一世紀前にはイタリアが小アジアのギリシア人にまだ完全に知られていなかったという意見にまとまることができるかどうかは、予測するのがむずかしい。アルファベットについては後で述べることになろう。その歴史は、完全に同じ結果となる。おそらくそうした観測について、ホメロスの時代に関するヘロドトスの報告を斥けるのは、大胆だと言われることになろう。しかしこの種の問題に関して伝承に従うことは、もしかしたら大胆なことではないのだろうか。

ギリシア人移民活動の性格　イタリアのギリシア人やシチリアのギリシア人の歴史は、たしかにイタリアの歴史の一部ではない。西方へのヘレネスの植民者は、常に故郷ときわめて密接な関係を保っており、ヘレネスの民族的な祭典に関与し、ヘレネスの特権にもあずかっていた。それでも、ギリシア人の移住の様々な性格を他ならぬイタリアの定住地の場合について指摘し、少なくともある種の特徴、つまりギリシア人の植民が与えたイタリアへの多種多様な影響を基本的に可能ならしめた特徴を際立たせることは、イタリアの歴史にとっても重要であろう。

アカイア都市同盟　あらゆるギリシア人の移住の中で、最も徹底的で、それ自体で最もまとまったものは、アカイア都市同盟を生んだ移住であり、この都市同盟を形成したのは、シリス、パンドシア、メタブスもしくはメタポンティオン［後のメタポントゥム］、植民市ポセイドニアとラオスを擁したシュバリス、クロトン、カウロニア、テメサ、テリナ、ピュクスス［後のブクセントゥム］といった都市であった。これらの植民市構成員は全体として一つのギリシア人部族に属し、ドリス方言にいちばん近い独特な方言を堅持し、また他の地域では一般に通用していたずっと新しいアルファベットの代わりに古い民族的なヘレネスの書き方を長い間、固く保持しており、彼ら独自の民族性を蛮人に対しても他のギリシア人に対しても、同盟的な結びつきにある鞏固な国制のうちに守っていた。このイタリアのアカイア人にも、ポリュビオスがペロポネソスのアカイア攻守同盟について言っていることが当てはまるだろう。「彼らは、ただ単に盟約に基づく友好的な共同社会の中に生きているばかりではない。彼らは、同じ法律、同じ重量、同じ尺貫法、同じ貨幣、また同一の役職者［長］、長老会［評議会］成員、裁判官を用いるのである」と。

　このようなアカイア人の都市同盟は、厳密には植民であった。都市には港もなく——クロトンだけが一応の停泊地をもっていたにすぎない——、自分たちでは商取引もできなかった。あるシュバリス人は、潟にある自分の町の橋の間で白髪になることを誇っていたが、ミレトスの人々やエトルリア人がこの人のために売買の面倒を見たのである。それに対してギリシア人は、ここでは海岸のへりの地帯を領有したばかりか、大海から大海まで［アドリア海からテュッレニア海まで］ブドウ酒と牛の土地（*Οἰνωτρία, Ἰταλία*）もしくは「大ヘラス」を支配した。土着の農民たちは庇護民《クリエンテス》になったり、それどころか隷農身分になって、土地を耕し税を払った。シュバリス——この時代のイタリア最大の都市——は四つの蛮人の部族と二五の集落を支配し、別の大海［テュッレニア海］にラオスとポセイドニアを建設することができた。だれをも有頂天にさせるほどの実り豊かなクラティスとブラダノスの低地は、シュバリス人やメタポントゥムの人々に有り余るほどの収益をもたらした。おそらくここで初めて穀物が輸出品として栽培されたのであろう。こうした国家が、信じられないくらい短期間繁栄した百花繚乱たるさまについては、唯一我々の手に残されたこのイタリアのアカイア人の芸術作品が最も生き生きと示している。純正な、古代風に美しい作品である貨幣は、一般的に言ってイタリアの芸術および碑銘の最古の遺品だが、その鋳造は前五八〇年にすでに始まっていたことが証明できる。これらの貨幣が示しているのは、西方のアカイア人は、まさにこの時代に母国で見事に発展していた彫刻芸術にあずかっていたばかりでなく、技術の点では間違いなくそれを越えてさえいたことである。というわけで、しばしば片面だけしか型どられない、通常は銘文も刻まれていない厚手の銀貨、つまりこの時代にギリシア本土やイタリアのドリス人の間で普通であったものの代わりに、イタリアのアカイア人はすばらしい独自の技能でもって、二種類の同じ鋳型［打ち抜き型］、つまり一方は高く浮き出た、いま一方は深い刻みのある鋳型から、大きくて薄い、常に銘文の備わった銀貨を造っていた。そして、この時代に通常のことであった貨幣の偽造——それは薄い銀箔でもって価値の劣った金属を覆うというものであった——を防ぐために細心の注意を払って守られたこの打刻・刻印の方法は、秩序立った文化国家の姿を垣間見せるものであった。

それにもかかわらず、このように急速に咲いた花は、なんの実も結ぶことはなかった。安逸な生活の中では、原住民の強力な抵抗という試練、また自分の手による困難な労働という試練に耐えられず、ギリシア人でさえ肉体的・精神的な緊張力が速やかに萎えてしまったのである。ギリシアの芸術や文化における輝かしい名前のいずれをとっても、イタリアのアカイア人を讃えているものはない。他方、シチリアについては、そうした著名人が無数にいた。もっともイタリアでも、カルキス人のレギオンについてはイビュコス［抒情詩人］の名を、ドリス人のタレントゥムについてはアルキュタス［ピュタゴラス派の哲学者］の名を挙げることはできよう。しかしアカイア人の世界にあっては、矛先は常に竃［家、共同体のこと］に向けられており、はじめから格闘以外のものは何も生まれなかったのである。それぞれの共同体でいち早く権力を掌握し、万一の場合には同盟の力に安全な後ろ盾を見出していた強力な貴族政は、僭主の台頭をゆるさなかった。しかしたしかに、とりわけ様々な共同体における特権層の氏族が同盟を結んで相互に助け合ったときには、最善なる者たちの支配が少数者の支配へと転化するおそれがあった。そのような傾向は、ピュタゴラスの名前で呼ばれる「友人」の結社に支配的であった。それは、支配階級を「神のように尊敬する」べきで、仕える層を「家畜のように服従させる」べきだと命ずるものであった。そしてこのような理論と現実は、恐ろしい反作用を喚び起こしたが、その復古・反動も、ピュタゴラスの言う「友人」を否定し、古い同盟の制度を再生することで終わりを告げた。ところが、荒れ狂う党派の闘争、奴隷の大量蜂起、あらゆる種類の社会的悪弊、非現実的な国家哲学の現実への適用、簡単に言えば腐敗堕落した文明のあらゆる害悪は、アカイア人の共同体では、彼らの政治力がこうした圧力のせいで完全に崩れ去ってしまうまで、暴れ回るのをやめなかった。

したがって、イタリアの文明にとって、その地に移住したアカイア人が、他のギリシア人居住者たちよりもあまり影響力をもたなかったとしても、なんら不思議ではない。政治的な境界を越えて影響力を拡げることは、商業国家というよりもこうした農民たちの国家にとってはまったく縁遠いことだった。自分たちの領域の中で、彼らは原住民を隷農的な存在にし、イタリキには、完全なヘレネス化によって新たな進路を開くことなどないまま、その民族的な発展の芽を踏みにじった。ギリシア的な個性とは、他のあらゆる政治的な苦難などものともせず、活力をみなぎらせ自己主張することのできるものだが、それが、このようにしてシュバリスやメタポントゥム、クロトンやポセイドニアにおいては、別の地よりも速やかに跡形なくまた不名誉にも消え去ってしまったのである。そして二つの言語を使う混じり合った人々が、土着のイタリキやアカイア人の残り、さらに新たに来住してきたサベッリ系の人々から、後になって現われてきたが、彼らは、真に繁栄するまでにはいたらなかった。ただし、こうした破局は、時代的には次の時期に属することである。

イオニア・ドリス人の都市　他のギリシア人の定住はまた別の類いのもので、イタリアにとっても別の作用を及ぼした。彼らも農業と土地の獲得を決して軽蔑しなかった。少なくとも彼らが自分で力をかち得て以降は、フェニキア人のやり方にしたがって蛮人の地に鞏固な在外商館を作ることで満足するというのは、ヘレネスのやり方ではなかった。しかし、たしかにこれらの都市のすべてが、まず第一にまた何よりも商取引のために設立されたのであり、したがってまったくアカイア人の町とは異なって、例外なく最善の港や上陸場所に設定された。こうした建設の由来・理由・時期は多種多様であり、それぞれ異なっていた。それでも、それらの間にはある一定の共通性があった。それは、すべての町々に共通の、ある種の近代的なアルファベット字体の使用＊、また言語におけるドリス主義などであり、後者は例えばキュメのように＊＊、もともとは和らかなイオニア方言を喋っていた町々にも、早くから浸透していたものである。これらの定住は、イタリアの発展にとっては、実に様々な度合いで重要であった。ここでは、それがイタリアの諸種族の運命にいかに決定的な影響を与えたかを、ドリス人のタレントゥムとイオニア人のキュメについて述べるだけで充分であろう。

＊　こうして古代オリエント風の i（Ϟ），l（Λ），r（P）という三つの形が見られ、それに代わるものとしては、すでに早くから、s, g, p という形と混同されやすい I, V, R という字形が提示されていた。これはアカイア人の植民市で、もっぱらあるいは主として使用されていたものであり、一方他のイタリアおよびシチリアのギリシア人は、種族差とは関係なく、もっぱらあるいはきわめて際立って、より新しい形を使っていた。

＊＊　ここで例としてあげられるのは、キュメの土製の壺の碑銘である。*Ταταίες ἐμὶ λέϙυθος· Ϝὸς δ᾽ ἄν με κλέφσει θυφλὸς ἔσται.*「私のお母さんの香油壺は、私を変装させても［美しく変えてくれても］見て見ないふりをしてくれましょう」。

タレントゥム　イタリアにおけるヘレネスのすべての定住地の中で最も輝かしい役割が、タレントゥムの人々に与えられていた。すばらしい港、全南海岸で唯一の良港は、この都市を南イタリアの通商にとっての自然の物資集散地《エンポリオン》にした。いやそれどころか、アドリア海の交易のある部分にとってもそうであった。湾内での豊かな漁撈、すばらしい羊毛の生産と加工、それにテュロス産紫貝と競っていたタレントゥム産紫貝の汁による染色――この両工業は小アジアのミレトスからこの地に取り入れられたものである――では幾千人もの手で仕事がなされ、これらは仲介貿易に、輸出貿易を付け加えることになった。ギリシア人のイタリアの他のどこよりも大量に、また金によっても鋳造されたかなり多くの貨幣が、タレントゥムの商業活動が拡大して活発に展開したことを今日なお示す証拠である。すでにこの時期に――タレントゥムがまだシュバリスと南イタリアのギリシア人都市における第一の地位をめぐって争っていたこの頃に――、広範囲に拡がる通商上のつながりが形成されはじめていたに違いない。ただしタレントゥム人は、アカイア人都市の流儀に倣って、領域の実質的な拡大を狙ったにしても、決して持続的な成功をおさめながらというわけにはゆかなかったようである。

ウェスウィウス山麓のギリシア人都市　このようにイタリアの最東部にあるギリシア人定住地は、急速にしかも見事に興隆したのに対して、ウェスウィウス山麓にあるその最北の定住地は、もっと控えめな繁栄を見せたにすぎなかった。そこには、実り豊かな島アエナリア（イスキア）からキュメの人々が大陸へと向かって渡ってきて、海のすぐそばの丘の上に第二の故郷を打ち建て、そこから港町ディカイアルキア（後のプテオリ）、そしてさらに新市ネアポリスを建設した。彼らは、イタリアやシチリアのカルキス人の都市が一般にそうであるように、カタネのカロンダスが（前六五〇年頃）定めた法にしたがって、民主的な国制、しかも高度な人口・財産査定によって適切なものにされた国制の中で生きており、その国制たるや、最も富裕な人々から選び出された成員からなる元老院［長老会］の掌中に権力を与えるものであった。この国制は保持され、全体として見れば、これらの都市を簒奪者や愚民僭主政から守るものであった。これらカンパニアのギリシア人の対外的な諸関係については、我々もあまり知らない。彼らは、強制によるものか自由な選択によるものか、タレントゥム人よりもはるかに狭い範囲内にとどまったままであった。そしてここから、原住民に対して侵略も圧迫も加えることのない行動をとり、平和裡に原住民と取引をし交流したので、彼らは自ら順調な生活を創り出し、同時にイタリアにおけるギリシア文明の伝道者の中で第一の地位を占めることになった。

アドリア海沿岸地方とギリシア人の関係　レギオンの海峡の両側に関しては、片や大陸では南部の全海岸とウェスウィウスまでの西海岸、片やシチリア島の大きな方の半分つまり東半分がギリシア人の土地だったのに対して、ウェスウィウスから北のイタリア西海岸それに東部の全海岸においては状況は基本的に違ったものであった。アドリア海に面したイタリアの海辺にはギリシア人の入植地はどこにもできなかった。このことと、対岸のイッリュリアの岸辺およびその前に浮かぶ数多くの島々において、ギリシア人植民市の数が比較的少なかったことおよびその意義が小さかったこととは明らかに関連している。なるほどこの海岸でギリシアに最も近い部分には、二つの立派な商業都市エピダムノスもしくはデュッラキオン（現在のドゥラッツォ。前六二七年頃）とアポッロニア（アヴロナの近く。前五八七年）が、すでにローマの王政時代に設けられていた。しかしそれより北方には、例えば黒ケルキュラのあまり重要でない定住地（クルゾラ。前五八〇年頃？）という例外はあっても、ギリシア人の古い入植地の存在はまったく証明されていない。なぜギリシア人がこちらの側に向かって植民活動を展開することがこれほどに少なかったかは、まだ充分には明らかにされていない。それでもこの方向に向かっては、自然自体もヘレネスに指し示すところがあったようだし、また事実最古の時代以来コリントスから、またそれ以上にケルキュラ［コルフ］の入植地

——ローマに後れること日が経たないうち（前七一〇年頃）に建設された——から、この地方に通商路が成立していた。このルートの物資集散地《エンポリオン》は、イタリア海岸ではポー河河口の都市スピナとアトリアであった。

とはいえ、アドリア海の嵐、少なくともイッリュリア海岸の荒廃、原住民の未開野蛮さを言うだけでは、明らかにこの現実を説明するのに充分ではないだろう。しかしイタリアにとっては、東方からやってくる文明の諸要素が、まず第一に東部地方に影響を及ぼしたのではなく、最初は西部地方からこの地に達したということが、最も重大な結果を生んだのである。商取引においてさえ、それをコリントスやケルキュラと分け合ったのは、大ギリシア《マグナ・グラエキア》の最東部の商業都市にしてドリス人の町タレントゥムであった。そのタレントゥムはヒュドルス（オトラント［ヒュドルントゥム。カラブリアにクレタ人の建設した町］）の領有によって、イタリア側のアドリア海への入り口を扼していた。ポー河河口の港の他には、東海岸全体を通して名前をあげるに値する物資集散地《エンポリオン》は、この時代には存在しなかったので——アンコナの繁栄ははるかに後の時代のことであり、もっと後にはブルンディシウムの興隆が見られるが——、エピダムノスやアポッロニアの船乗りが、しばしばタレントゥムで積み荷を陸揚げしていたこともよく理解できよう。タレントゥム人は陸路でも、様々な形でアプリアと交流していた。ギリシア文明のうち、イタリア南東部で見出されるものは彼らにまで遡ることができる。ただこの時代に見られるのはその最初の段階なのである。アプリアのヘレニズムは、ようやく後の時代に発展する。

西部のイタリア人とギリシア人の関係　それに対してイタリアの西海岸は、ウェスウィウスの北方でも最古の時代にヘレネスが航行しており、島嶼や岬にはヘレネスの商館があったことは疑いをいれない。おそらくこうした航行についての最古の証拠は、テュッレニア海の海岸におけるオデュッセウス伝説の場所比定である。*人がリパリ諸島の中にアイオロス［風の神］の島を再発見するとき、またラキニアの岬のところにカリュプソ［『オデュッセイア』の中のニンフ。海の精］の島を、ミセヌムの岬にセイレン［半神半鳥の海の精。その歌を聞いた船乗りは美声に魅せられて海に飛び込んだと言われる］の島を、キルケイの岬にキルケ［魔法にすぐれた女神］の島を指摘するとき、さらにタッラキナの険しい岬にエルペノル［オデュッセウスの連れ。キルケによって豚に変えられる］の突出した墓を見出すとき、そしてカイエタとフォルミアエのそばにライストリュゴン人［オデュッセウスの逢った食人巨人］が巣食っていたとするとき、最後にオデュッセウスとキルケの二人の息子、アグリオスすなわち野生児とラティノス（ラティヌス）が、聖なる島の最も奥まったところでテュッレニア人を支配していたとするとき、あるいはより新しい解釈によってラティヌスはオデュッセウスとキルケの息子、アウソンはオデュッセウスとカリュプソの息子であるとするとき、オデュッセウス伝説は、テュッレニア海を航行しながら愛すべき故国に思いを馳せたイオニアの船乗りによる、古いお伽話と見做されているのである。そしてオデュッセウスの航海についてのイオニア人の詩句を支配している、同様に生彩に富んだ感覚は、キュメ自体における、またキュメの船人の全航行範囲における、伝承のこの新たな場所比定からも感じとれるのである。

＊　このテュッレニア海のオデュッセウス伝説が登場する最古のギリシア人の作品は、ヘシオドスの『神統記』であるが、その中の他よりも新しい部分の一つにおいてであり、次いでアレクサンドロスの少々前の時代の作家エフォロス——そこからいわゆるスキュムノスが自分の素材を引き出したのだが——といわゆるスキュラクスである。このような史料のうちの最初のものは、イタリアがギリシア人にはまだ島嶼の集まりと見做されていた時代、したがってたしかにきわめて古い時代のものである。それゆえ、この伝説の成立は、全体として確実にローマの王政時代におくことができよう。

こうした最古の航行についての別の痕跡としては、アエタリア（イルウァ、エルバ）という島のギリシア名があり、またおそらくエトルリアの港町テラモンもそうであろう。アエタリアは、アエナリアに次いで、最も早期にギリシア人に占領された場所の一つだったようである。さらにカエレ海岸の二つの集落、ピュルギ（聖セヴェラのそば）とアルシオン（パロのそば）もあり、そこは、ただ単に名前がギリシア起源であることを示しているばかりでなく、カエレの市壁やエトルリア人の一般的な市壁とは基本的に異なったピュルギの壁の独特な建築様式も、そのことを紛れもなく示している。アエタリアつまり火の島は、豊かな銅坑と特別に豊かな鉄坑を擁し、その産物の交易において第一等の役割を果たした。そして外国人の移住においても原住民との取引においても中心をなしたであろう。ちっぽけで森林も豊かとは言えない島では、本土との交易なくしては鉱石の製錬が行なえなかっただけに、なおさらのことだった。エルバに対面する岬の上のポプロニアの銀坑も、おそらくすでにギリシア人に知られており、彼らによって操業されていたことであろう。

異邦人は、その時代にはいつも、商業と並んで海陸における強奪行為にも熱心に携わっていたので、機会さえ与えられれば、それを逸することなく、疑いなく原住民を略奪し、彼らを奴隷として連れ去ったが、一方原住民の方も、報復の権利を行使した。ラテン人とテュッレニア人が、自分たちの南イタリアの隣人よりも多大のエネルギーを傾けて、また彼らよりも幸運に恵まれて、報復を果たしていったことは、ただ単に伝説が示しているだけではない。何よりも実際的な成果をもたらしたのである。この地域では、イタリキは異邦人を寄せつけず、自分たち自身の商業都市や商港の主人公であったばかりでなく、自分たちの海の主人公であり続けたり、あるいはすぐに再びいずれもの主人公になることに成功したのであった。同じようなヘレネスの侵略は南イタリアの諸種族を圧しつぶし脱民族化させたのであり、そのことは中部イタリアの民衆に対しても、もちろん教師の意志にまったく反してではあるが、航海や都市建設に乗り出すようにと教えたのであった。ここで初めて、イタリキは筏や小舟を、フェニキア人やギリシア人の使うあの漕ぎ手の乗ったガレー船に取り替えたに違いない。またここで初めて、大きな商業都市、とりわけ南エトルリアのカエレやティベリス河畔のローマが現われるのだが、それは、イタリキ的な名前によって、また海からある程度離れた位置から判断して、ちょうどポー河河口の全く同じ種類の商業都市スピナやアトリアのように、そしていっそうその南の方のアリミヌムのように、明らかに、決してギリシア人の設けたものではなく、イタリキの建設したものである。異国の人々の侵入に対するイタリキの民族性のこうした最古の反発の歴史的な経過を描くことは、当然のことながら我々にはできない。しかしそれでも、ラティウムや南エトルリアにおけるこのような反動が、本来のトゥスクス人の地方や、それに結びついた地方における反動とは違った歩みを見せたことが、イタリアのさらなる発展にとって最大級の意味を持っているという事実はなお認められるであろう。

ヘレネスとラテン人　すでに伝説は、「未開野蛮なテュッレニア人」にラテン人を独特なやり方で対立させているし、ウォルスキ人の荒れ果てた海浜に対してティベリスの河口の穏やかな海辺を対照的に描き出している。しかしこのことは、中部イタリアのいくつかの地方ではギリシア人の植民を許容したのに、別の地方ではそれを許さなかったことを意味しているとは言えない。ウェスウィウスの北方では、総じて歴史時代には、どこにも独立したギリシア人の共同体は存在しなかった。ピュルギがかつてそうであったにしても、それはすでに我々の言い伝えのはじまる前の時代に、イタリキの手に、すなわちカエレの人々の手に戻っていたに違いない。しかし、たしかに南エトルリアにおいては、またラティウムにおいても、そして同じく東海岸では、外国人商人との平和的な取引は守られ、促進されていた。そしてこうしたことは別のところでは起こらなかったのである。

ここでとりわけ注目すべきはカエレの置かれた立場であろう。ストラボンは言っている。「カエレの人々は、ヘレネスの間ではその勇敢さと正直さのゆえに尊敬されている。彼らはこんなにも強力なのに、略奪を慎んでいるからである」と。ここで考えられているのは、海賊行為ではない。それは、カエレの商人にも他のすべての人々と同じように許容されていたことであろう。しかしカエレは、フェニキア人にとってもギリシア人にとっても、一種の自由港であった。我々は、フェニキア人の基地——後にプニクムと名づけられた（一一七頁）——とピュルギおよびアルシオンという二つの［ギリシア人の］基地についてはすでに考えたことがある。カエレの人々が強奪するのを控えたのは、こうした港であった。悪しき一つの停泊地しか持たず、いかなる鉱山も近くに持っていないカエレが、あのように早期に百花繚乱たる繁栄をかち得、ティベリス河やポー河の河口にイタリキの設けた、あの自然のおかげで物資集散地《エンポリオン》たるべく定められた町々より以上に、最古のギリシア商業にとって、はるかに大きな意味をもつにいたったのは、疑いなくこのことによるのであった。

ここに名の挙げられた町々は、ギリシアとの太古の宗教的な交流の中で登場する町々である。オリュンピアのゼウスに贈り物を捧げた蛮人の中で最初の人物は、トゥスクス人の王アリムノス、おそらくアリミヌムの支配者であった。スピナとカエレは、デルフォイのアポロンの神殿に、聖域と定期的な関係をもつ他の共同体と同じように、自分たちの特別な宝庫を持っていた。それゆえ、デルフォイの聖域はキュメの神託と同じように、カエレおよびローマの最古の伝承とかかわりがあった。こうした町々は、イタリキが平和裡に統御して外国の商人と友好的に取引をしており、そのため格別に裕福で強力となり、いかなるヘレネスの商品であろうと、また同じようにヘレネスの文明の芽であろうと、そのしかるべき集散地となったのである。

ヘレネスとエトルリア人〜エトルリア人の海上勢力　別の違った形をとったのが、「未開野蛮なテュッレニア人」との関係である。ラテン人の地方、およびティベリス右岸とポー河下流の地方、つまり厳密な意味でのエトルリア人の地方よりもおそらくはるかにエトルリア人の至上権のもとにある地域では、異邦人の海上勢力が原住民の解放へと導くことになったのと同じ理由が、エトルリア本土では、海賊行為や自分たちの海軍力を発展させたのである。もっともそれは、別の理由からであっても、また暴力行為や強奪行為へと傾斜する実に多種多様な民族的性格のためであっても、同じように言えることだった。ここではだれもギリシア人をアエタリアとポプロニアから追い出すことでは満足しなかった。個々の商人ですら、明らかにここでは黙って辛抱しなかった。やがてエトルリア人の私拿捕船さえもが海上のいたるところをうろつき回り、テュッレニア人の名前はギリシア人を震え上がらせるものにまでなった。ギリシア人が引っ掛け鈎をエトルリア人の考案品と見做したのも理由のないことではなく、ギリシア人はイタリアの西方海域をトゥスクス人の海と名づけたのである。いかに速やかに、またいかに激しく、この野蛮な海賊［私拿捕船団］の活動が、とりわけテュッレニア海で広まったかを、最もはっきりと示しているのは、ラテン人とカンパニア人の海岸において彼らが地歩を確立したことであろう。たしかにラティウム本土ではラテン人が、ウェスウィウス山麓ではギリシア人が自己を主張していた。しかし彼らの間、また彼らと並んで、エトルリア人がアンティウムでもスッレントゥム［ソレント］でも意のままにふるまっていたのである。ウォルスキ人は、エトルリア人の庇護関係《クリエンテラ》のもとに入ってしまった。ウォルスキ人の地の森林から、エトルリア人は自分たちのガレー船の竜骨を手に入れた。アンティウムの人々の海賊活動にローマ人による町の占領がようやく終止符を打つことになったとき、なぜギリシア人の船乗りが南ウォルスキ人のなぎさをライストリュゴン人［オデュッセウスが出遭った食人巨人］のものと呼んだのか、ここからよく理解できるであろう。ソレント［スッレントゥム］の高い岬は、もっと険しいが港をもたないカプリの岩壁とともに、ナポリとサレルノの湾の中にあって、テュッレニア海の見張り役を果たす海賊にふさわしい望楼の位置を占めており、夙にエトルリア人に占領されていた。彼らはそれどころかカンパニアに自分たちの「十二都市同盟」を建設し、エトルリア語を喋る共同体は、ここが完全に歴史時代になってからもまだ、その内陸部で存続していた。おそらくこうした定住地は、間接的にはカンパニアの海におけるエトルリア人の海上支配からも、そしてまたウェスウィウス山麓のキュメ人との対抗関係からも、同じように生まれたものであったと言えよう。

エトルリア人の商業　それでもエトルリア人の活動は、決して強盗や略奪に限られなかった。ギリシア人の諸都市との平和的な交流については、とりわけ金貨や銀貨が証明してくれる。これらの貨幣を、少なくとも前五五四年からエトルリア人の諸都市とくにポプロニアでは、ギリシアを範として、またギリシアの基準［貨幣品位］に基づいて鋳造したのである。こうした貨幣が、大ギリシア《マグナ・グラエキア》の極印［打ち抜き型］ではなく、むしろアッティカ、いや小アジアの極印を模して型どられていたことは、ついでに言えば、おそらくイタリアのギリシア人に対してエトルリア人のとった敵対的な立場に関するヒントともなろう。実のところ彼らは取引に関して最も恵まれた立場にあり、ラティウムの住民よりもはるかに有利な立場にあったのである。彼らが海から海へと居所を変えながらほしいままにふるまったのは、西の海ではイタリアの大きな自由港に対して、東の海ではポー河河口やその時代のヴェネツィアに対して、さらには古い時代よりテュッレニア海のそばのピサからアドリア海に面するスピナへと通じていた街道に対して、加えて南イタリアではカプアとノラの豊かな平原に対してであった。彼らは最も重要なイタリアの輸出品をその手に掌握した。アエタリアの鉄、ウォラテッラエやカンパニアの銅、ポプロニアの銀、それどころかバルト海から彼らのところにもたらされた琥珀（一一六頁）もある。あたかも力づくの航海条令が敷かれているかのように、自分たちの海賊活動による保護のもとでその自分たちの通商活動をうまく成功させていったのである。我々は、エトルリア人とミレトス人商人がシュバリスで競い合ったことに驚かないし、私拿捕と大規模な商取引との結びつきから、とめどない、また意味もない贅沢さが生み出されたことにも驚かない。ただし、そうした贅沢さの中で、エトルリアの力は遠からず涸渇してしまうのであるが。

フェニキア人とヘレネスとの競合関係　このようにしてイタリアではエトルリア人が、そして程度は低いけれどもラテン人が、ヘレネスを寄せつけず、部分的には敵対していたが、こうした対立は、いくぶんかは必然的に、当時地中海海域における商業や航海を何よりも左右していた同様の競合関係、つまりフェニキア人とヘレネスとの対抗関係に転じていったのである。ローマの王政時代にこの二つの大きな民族が、地中海のあらゆるなぎさで、ギリシアや小アジア自体でも、クレタやキュプロスでも、アフリカやスペインやケルト人の海岸でも、主導権をめぐってお互いにいかに争っていたかについては、ここは詳しく述べる場所ではない。しかしこの争いは、それ自体直接イタリアの土地で行なわれたものではなかったが、それでもやはりその影響は、イタリアでも後々まで深くかつ長く尾を引いたのであった。若い競争相手［ヘレネス］は新しいエネルギーと広い包括的な資質によって、最初はいたるところで優位に立った。ヘレネスはヨーロッパおよびアジア［小アジア］の故郷で、フェニキア人の在外商館の力から脱することができたばかりではない。フェニキア人をクレタからもキュプロスからも追い出し、エジプトやキュレネでは確固たる地歩を占め、南イタリアおよびシチリア島の東半分つまり半分以上の土地を自分のものとした。いたるところでフェニキア人の商取引の小拠点は、より精力的なギリシア人の植民活動に屈した。西シチリアにもセリヌス（前六二八年）とアクラガス（前五八〇年）が建設され、大胆な小アジアのフォカイア人によってさらに遠い西の海へと航海が行なわれ、ケルト人の土地の浜辺にマッサリア［現在のマルセイユ］が建てられ（前六〇〇年頃）、スペインの海岸も探険された。

しかし突如、第二世紀の中頃［西暦前七世紀終わり頃］ヘレネスの植民活動は前進をやめる。停止した原因がカルタゴの大躍進にあったことは疑いをいれない。それは明らかに、ヘレネスによって全フェニキア人種族が脅かされていたこの時期の危機的な状況の結果、リビュアにおけるフェニキア人都市のうちで最強のカルタゴが見せた大飛躍であった。地中海における海上交易の道を拓いてきた民族が、より若い競争相手によって、すでに西方の海の単独支配者の座から、また地中海の東西の海盆を結ぶ二つのルートの所有者の立場から、さらに東洋《オリエント》と西洋《オクシデント》の通商の独占的仲介者の役割から締め出されてしまっていたとしても、まだ少なくともサルディニアとシチリアの西方の海の支配権は、オリエントの人々の手に残っていたのであり、それを保持するためにカルタゴは、アラム人［モムゼンの理解では、カルタゴ人の属するフェニキア人（セム語族には属する）を、このセム語族の一派とする］に特有の粘り強さと慎重さでもってすべてのエネルギーを傾けた。かつてはフェニキア人の植民も、フェニキア人の抵抗も、まったく違った性格のものであった。昔のフェニキア人の定住の仕方は、トゥキュディデスが描いているシチリアへの定住のように商人の商館によるものであったが、カルタゴは数多くの隷属民と強力な砦でもって広大な地方を支配下においたのである。また、これまでフェニキア人の居住地は、ばらばらにギリシア人に相対していたのに、今は、強力なリビュア［リビュア人というより、北アフリカの意か］の都市が、自らの勢力圏内に自分たちに血筋の近い人々の全戦闘力を、緊張感を漲らせつつ集中させた。これに比肩しうるものは、あのギリシアの歴史ではまったく生み出されてこなかった。

ヘレネスに対するフェニキア人とイタリキ　しかしおそらく、次の時代にこのような反動が最も重要な影響を及ぼす要素になるのは、弱い方のフェニキア人がヘレネスに対してわが身を護るために、シチリアおよびイタリアの原住民と緊密な関係をもったからに他ならない。クニドス人やロドス人が前五七九年頃、リリュバイオンに、つまりシチリア島のフェニキア人の移住の中心地に定着しようとしたとき、彼らは、原住民すなわちセゲステのエリュミと、フェニキア人とによって、そこから追い払われてしまった。また、フォカイア人が前五三七年頃、カエレに相対して、コルシカでアラリア（アレリア）に住み着いたとき、彼らをその地から追い払うために、一二〇隻の帆船からなるエトルリア人とカルタゴ人の連合艦隊が姿を見せた。そしてこの海戦、すなわち歴史上知られる最初の海戦において、戦力の点では相手の半分しかないフォカイア人の艦隊が勝利をものにしたとはいえ、カルタゴ人とエトルリア人は、攻撃によって自分たちがめざしていたことは成就した。すなわち、フォカイア人はコルシカを明け渡し、むしろあまり剝き出しになっていないルカニア海岸のヒュエレ（ウェリア）に定住する方をとったのである。エトルリアとカルタゴとの条約は、物品の輸入と法律効果の規定をはっきりさせただけではなかった。攻守同盟《シュンマキア》も含まれており、そのことのもつ意義の大きさは、まさにアラリアの戦闘が証明している。カエレの人々が、カエレの市場でフォカイア人の捕虜を石打ち、その後、罪過を償うためにデルフォイのアポロンに差し出したのは、カエレの人々の立場を特徴的に示すものと言えよう。

　ラティウムは、ヘレネスに対するこの争いには加わらなかった。むしろきわめて古い時代には、ヒュエレやマッサリアのフォカイア人に対するローマ人の友好的な関係が見出されるし、アルデア人はザキュントス人とさえ一緒になって、スペインに植民市、後のサグントゥムを建てたとまで言われる。しかしそれでもラテン人がヘレネスの側につくことは、ずっと少なかった。この点を保証してくれるのが、ローマとカエレの緊密な関係や、ラテン人とカルタゴ人の間の古い交流の名残りであろう。カナーン人［イスラエル形成以前のパレスティナの諸民族の総称］系の人々は、ローマ人には、ヘレネスを仲立ちにして知られていた。それゆえ、すでに見たように（一一七頁）ローマ人はこの種族を常にギリシア名で呼んでいたのである。しかし、ローマ人は都市カルタゴの名前も*、アフリ（Afri）という民族名も**ギリシア人から借用したわけではなく、もっと古い時代のローマ人の間では、テュロスの商品は、同じようにギリシア人の仲介の可能性を排除するサッラヌス（Sarranus）という名で言い表わされていること***から、後の諸条約と同じように、ラティウムとカルタゴとの間に古い直接の商取引の存在したことが証明されるであろう。

*　フェニキア語のカルタータ、ギリシア語のカルケドン、ローマ人の呼称ではカルタゴ。

**　すでにエンニウスやカトーの頃には流行っていた――スキピオ・アフリカヌスと比べてみよ――アフリという呼び名は、たしかに非ギリシア的であり、もっともありうるのは、ヘブライ人という呼び名と同系同種のものということであろう。

***　サッラヌスは形容詞としては、ローマ人には早期の時代からテュロスの紫、テュロスの笛につけられた呼称である。サッラヌスは添え名としても、少なくともハンニバル戦争以降使われた。エンニウスやプラウトゥスに現われる都市名サッラ（Sarra）は、たぶんサッラヌスから作られたものであって、その土地のもともとの名前ソル（Sor）から直接形成されたものではなかろう。ギリシア語の形テュ

ルス、テュリウスは、ローマ人の場合、アフラニウス以前には登場していないようである（Fest. p. 355M）。F. K. Movers, Die Phönicier. Bonn/Berlin 1840–56. Bd. 2, 1, S. 174 参照。

イタリキとフェニキア人が一体となった勢力は実際に、地中海の西半分を基本的には自分たちのものとするのに成功した。シチリアの北西部は、北海岸の重要な港ソロエイスやパノルモス、アフリカに面した突端にあるモテュエもひっくるめて、直接間接を問わずカルタゴ人の所有するままであった。キュロス［ペルシア大王。前六世紀］とクロイソス［リュディア王国最後の王。前六世紀半ば］の時代の頃、ちょうどイオニア人が小アジアから一体となって移住してサルディニアに定住することを賢明なるビアス［プリエネの人。前六世紀。七賢人の一人］が決めようとしていたときに（前五五四年頃または前五五〇年頃）、カルタゴの将軍マルコスが彼らの機先を制してそこに現われ、この重要な島の相当部分を武力で抑えた。半世紀下ると、サルディニアの浜辺はすべてカルタゴ人の共同体によって、なんぴとも認めざるをえないような形で占領されてしまったように思われる。それに対して、アラリアとニカイアの町を擁したコルシカはエトルリア人の手に落ち、原住民は貧しい島の生産物、瀝青《ピッチ》、蠟、蜂蜜からエトルリア人に税を払った。

　さらにアドリア海においても、シチリアやサルディニアの西の水域のように、同盟を結んだエトルリア人とカルタゴ人が支配した。なるほど、ギリシア人は戦いを止めなかった。リリュバイオンから駆逐されたあのロドス人やクニドス人は、シチリアとイタリアの間の島々に住み着き、ここに都市リパラ［今日のリパリ］を建てた（前五七九年）。マッサリアは、孤立したにもかかわらず繁栄し、すぐにニース［ニカイア、ニッツァ］からピュレネー［ピレネー］までの商業を独占した。ピュレネーの傍には、リパラからの植民市ロダ（現在のロサス）が設けられた。またサグントゥムにもザキュントス［イオニア海の島およびその首邑］の人々が入植し、それどころかマウレタニアのティンギス［タンジール］でさえギリシア人の王朝が支配したと言われる。しかし結局のところ、ヘレネスには前進のときは過ぎ去ってしまっていた。アクラガスの建設後は、アドリア海でも西方の海でも、彼らが勢力圏を著しく拡大することはできなかった。スペインの水域は、大西洋と同様彼らには閉ざされたままだった。年がら年中、リパラ人はトゥスクス人の海賊と、カルタゴ人がマッサリア人やキュレナイカ人と、とりわけギリシア系のシケリオタイ［厳密にはシチリアのギリシア人であるが、シチリア人一般を指すこともある。以下「シチリア人」という訳語を当てる］と闘っていた。しかしいずれの側にも、永続的な成果は達成されなかった。何世紀にもわたる長い戦いの生んだ決着とは、全体として言えば、現状の維持ということであった。

　このようにイタリアとしては、少なくとも中部および北部の地方に植民が行なわれず、そこでは——とりわけエトルリアでは——民族的な色合を濃く帯びた海軍力が作られえたのだが、そのことは、たとえただ間接的にであろうともフェニキア人に感謝しなければならなかった。しかしフェニキア人が、たとえラテン人に対してではなくとも、ともかく他より強力な海上の支配権を握ったエトルリア人の同盟者に対しては、あらゆる海上支配につきものの嫉妬心を具体的に示すことが得策だと見做した痕跡は存在する。エトルリア人が植民市建設のためにカナリア諸島へ人を送り出したとき、それをカルタゴ人に妨げられたことについての報告は、正否はともかく、ここに利害関心の競合が存在したことを明らかにしてくれるものと言えるだろう。

第11章　法と裁判

古イタリア文化の近代的な性格　歴史というものは、民衆の生活を、その限りない多様性までは目に見えるように描き出すことができないばかりでなく、総体としての生活の発展を示すことで満足しなければならない。創造と活動、個々人の思考と詩想、そうしたものがいかに色濃く民族精神の特性を反映していようとも、それでは歴史の一齣とはならない。しかし、それがただ最も一般的な概略であっても、まさしく歴史の上では消えてしまったに等しい最もはじめのこの時代に関して、このような民衆の生活状況を示す試みは、どうしても必要だと思われる。というのも、古代の文明化した民族の考えや感情と、我々の考え方や感じ方とを分けている深い裂目があることは、この領域でもかなり意識させられるからである。混乱した民族名や不透明な伝説を伴った我々の伝承は、かつて緑色だったことが辛うじて認められるにすぎない枯れ果てた木の葉のようなものである。こうしたものを通して、あまりおもしろくもない話をぼそぼそと語るよりも、また人類の切れっぱしみたいなもの、例えばコネ人（Chones, Chonoi［コネはルカニア（ブルッティウム北部？）地方の町］）やオイノトリア人［オイノトリアはイタリアの東南端の地］、シクリ人［太古以来シチリアに居住していた種族］やペラスゴイ［ギリシアの非印欧語系（？）原住民］などを分類するよりも、古代イタリアにおける民衆生活の現実が彼らの法的交流において、また民衆生活の精神面が宗教において一体どのように表われていたのかを、また人々はどのように耕し、どのように商取引を行なったのかを、さらに各民族はどこから文字［字を書くこと］や教養・文化の他の要素を取り入れたのかを問う方がずっと目的にかなっているであろう。

これらの点でも、ローマ民衆についての――サベッリ人やエトルリア人についてはなおさら――我々の知識は乏しいのだが、欠けるところの多いわずかな情報でさえ、読者には単なる名称ではなく、ある種の見解もしくは予想をも提供するであろう。こうした考察のもたらす主たる結果をあらかじめまとめておくとすれば、それは、他のインド・ゲルマン人の場合よりも、原始時代のイタリキ、とくにローマ人については比較的わずかな痕跡しか残っていないということであろう。弓矢、戦車、女性の財産権上の無能力さ、購買の形での妻の獲得、原始的な埋葬様式、血の復讐、共同体の力と格闘する氏族の制度、自然の活発な象徴化――これらすべて、近親関係にある無数の現象が、イタリキの文明の場合にも、その基礎にあるものとしてやはり前提に据えられなければならない。しかし、古イタリア文明が我々にまず最初に明瞭な形で姿を現わすときには、これらはすでに跡形なく消えてしまっており、ただ系統的に近い関係の諸種族との比較によってしか、我々には彼らのかつてのあり様《よう》を知る方法はない。その意味で、例えばギリシアおよびゲルマンの歴史よりもはるかに後の文明段階から古イタリアの歴史ははじまる。そこでそれは、はじめから比較的近代的な性格を帯びているのである。

　大抵のイタリキ系の人々の法規は消えてしまっている。ローマの伝承の中には、ラテン人の国法について、ある程度の情報しか我々には伝えられていない。

裁判権　裁判権はすべて共同体つまり王に帰属していた。王は開廷日（dies fasti［執務日］）に、民衆の集会場の法廷壇上 (tribunal) にあって裁判を行なうか、もしくは命令《ユス》［法・権限。裁判手続き］を下すのである。彼は有輪の椅子（クルリスな椅子［高級官職者の座る象牙の付いた椅子］）に座っている。* この人物のわきには属官《リクトル》［先導吏、廷吏］が立っており、その前には被告もしくは当事者が立つ。たしかにまず第一に、奴隷については主人が、女性については父親・夫もしくは最も近い男系の親族が判決を下す（五二頁以下）。しかし奴隷や女性はとにかく共同体の成員とは見做されていなかったのである。家長（pater familias）権のもとにある（in potestate）息子や孫に対しても、家長権は王の裁判権と競合した。しかし家長権とは本来の意味での裁判権ではなく、ただ子供たちに関して父親に帰属する所有権から生まれるものにすぎなかった。氏族独自の裁判権についての痕跡、もしくは一般に王の裁判権から導き出されるのではないある種の裁判権所有者についての痕跡は、どこにも見当たらない。

* この有輪の椅子については――別の表現は、言語表現ではたぶん不可能であろう（Serv. Aen. 1, 16 も参照）――、最も単純には都市［ローマの町］の中では王だけが車に乗って動く資格をもっていたこと（五八頁）、それから後に最高官職の人物に、祝祭のときにこの特権が残っていたこと、そしてもともと高い裁判官席（法廷の壇）がなかった間は市民集会で、もしくは別にその人が望んだ場合に、有輪の椅子から判決を下したことが考えられよう。

自力救済とくに血の復讐に関しては、おそらくなお伝説の中には、殺人犯を殺害することが、もしくは、殺人犯を法に反して護った人物が、殺された人物に最も近い人によって殺害されることが、正当化されるという、原初において存在した規約の余韻が見出されよう。しかしまさしく同じ伝説の中で、すでにこのような規約は非難すべきことと見做されており、* それゆえ、ローマにおける血の復讐は、きわめて早い時期に共同体の力が活発な形で出現することによって、押さえつけられてしまったようである。同じように、最古のゲルマン法にしたがえば、被告の仲間やそこに居合わせた者が判決に際して当然のこととして行使した影響力については、最古のローマ法には、認められるようなものなどなく、またゲルマン法にはあれほどしばしば見られたこと、つまり手に武器をもって権利を要求するという意志そのものと力とが裁判の上で必要なものとして、もしくはともかく許容されるものとして取り扱われることは、ローマ法では見られない。

＊　プルタルコスが伝えている王タティウスの死の話（Plut. Rom. 23. 24）。すなわちラウレントゥムからの使者をタティウスの身内［近親］の者が殺害したこと。タティウスは、打ち殺された側の人々が訴えている、身内の者への法的な［復讐の］権利を拒んだこと。次いでタティウスはこの人々に殺されたこと。ロムルスが、殺害は殺害で償われるのだとして、タティウス殺害者を赦したこと。しかし両市に対して同時に下された神の裁きの結果、ローマおよびラウレントゥムの最初の殺害者と第二の殺害者は、遅れたとはいえ後から公平な罰を受けたこと。――この話は、まったく血の復讐の廃止を歴史化したもののように見える。また同じく上訴《プロウォカティオ》の権利の導入がホラティウス神話の基礎にあるかのように見える。この話の、別のところに登場するヴァージョンは、もちろん著しく相違しているが、それらはもつれているか、それとも整えられているようである。

犯罪　訴訟手続きは、公的［国家的］もしくは私的な訴訟の形をとる。それぞれ王が、自分で提議して、あるいは被害者の訴えに基づいて、介入してから開始される。前者のケースは、ただ公共の平和が破られたときに生じるにすぎない。したがって何よりも、国家裏切りの罪、もしくは公敵との仲間の形成（proditio［叛乱・謀反］）、お上に対する暴力的な反抗（perduellio［大逆罪、叛逆］）の場合である。ただし、非道な殺人者（parricida［親殺し、近親・尊属殺人者］）、幼児暴行・凌辱者、処女もしくは女性の尊厳を傷つけた者、放火犯人、偽証人、さらには邪悪な魔法で収穫の邪魔をする加持祈禱をした者や、夜中に神々や民衆の見張りに委ねられた農地において権限もないのに穀物を刈り取った者も含まれ、それらすべてが公共の平和を破り、したがって大逆罪犯人に等しいと見做された。

訴訟手続きを開始し、それを指揮するのは王である。判決は王が、呼び寄せた元老院議員に相談した後で下すことになる。それでも、王が訴訟を起こした後は、続く審議と判決を下すことを、原則として元老院から採用した代理人に委ねるのは王の自由であった。後の特別な委員［代理人］すなわち叛逆［大逆罪］に関する最終判決のための二人役（duoviri perduellionis［叛逆罪審理二人官］）と、後の常任の委員［代理人］すなわち殺人の探索役（quaestores parricidii［家長殺人の査問官］）――まず第一に殺人者の探索と拘禁、したがってある種の警察的な活動がその務めになっている――は、王政時代のものではないが、おそらく王政時代の制度に由来するものであろう。未決勾留が原則となっていたが、告訴された者も保証金で仮釈放してもらえる。自白強要のための拷問は、奴隷に対してだけ行なわれたにすぎない。公共の平和を破った罪を認めさせられた［有罪宣告された」人は、だれでも必ず死をもって罪を償わねばならない。死刑の形は多種多様である。偽証者は城塞の岩山から突き落とされるし、収穫物を盗んだ者は絞首刑にされ、放火犯は火あぶりにされる。恩赦できるのは王ではなく、共同体だけである。しかし王は、有罪判決を受けた者に上訴《プロウォカティオ》を許すこと、あるいはそれを拒否することができる。加えて法は、有罪判決を受けた犯罪者に対する神々による恩赦も認めている。ユピテル神官の面前で跪坐する者は、その同じ日に笞打たれることはない。縛られて自分の家に入る者は、その縛《ばく》が外されなければならない。そしてもしも罪人が死刑への途上において、ウェスタの聖なる処女の一人にたまたま出会った場合、その命を助けてもらえたのである。

民事罰～秩序に対する違反の際の処罰　秩序侵害や警察に対する違反行為の際の国家への償いは、王が自らの裁量で科すことになる。それは一定数（そこからmultaという名が生まれる）の牛もしくは羊という形をとる。笞打ちを認めることも、王の権限のうちにある。

私法～私的な領域での違反行為に関する法　他のあらゆる場合、すなわち公共の平和ではなくただ個々人の安寧が侵害された場合には、国家は被害者側の訴えに基づいて介入する。被害者は、相手側に自分と一緒に個人として王の前に立つように促し、必要な場合には実際に力で取り押さえてそうするように強要することになる。当事者の双方が登場して、告訴者が要求を口頭で提起し、一方、被告発者がその要求の履行を同じく口頭で拒否した場合、王は案件を査問・審査したり、それを自分の名前で委員［代理人］を通して処理させることができる。こうした違法行為に対する贖罪の正規の形と見做されたのは、加害者と被害者との間の和議であった。国家はただ補足的に介入するだけであった。介入するのは、権利を侵害した側が、侵害された側を充分な賠償（poena）によって満足させなかった場合、まただれであってもその財産を渡さないとか、もしくは正当な要求が満たされなかった場合のことである。

窃盗　この時期には、盗みにあった者は窃盗犯から何かを要求できる権利があったのか、いつ窃盗罪がともかく償いの対象［調停の対象］と見做されたのか、といったことは確定することができない。しかしながら被害にあった者は、現行犯で逮捕された窃盗者からは事後に発見された者よりも、重い罰を当然のこととして要求できた。憤激の情たるや、まさに償われるべきものであり、それは後者よりも前者の方が強烈だったからである。窃盗の罪が償われそうにないように見えたとき、もしくは窃盗犯が、被害を受けた者から求められ裁判官［裁く人］から認められた査定額を払えなかったときには、この人物は裁判官によって、盗まれた者の奴隷［個人の「物」］たることを言い渡された。

危害　肉体、物件を問わず危害を加えた際（iniuria［毀損］）、その加害の度合いが軽いものだった場合には、被害者はおそらく無条件で償いを受けたに違いない。一方それに対して、危害を受けたことによって身体の一部を失うことになった場合には、身体の一部を失った者は、目には目を、歯には歯を要求できた。

所有権　農地はローマ人にあっては長い間耕地共同体の中で利用され、比較的時代が下って初めて分割されたので、所有権は不動産［土地］に関してではなく、まず第一に「奴隷と家畜」（familia pecuniaque）に関連して発展した。大体、所有権の法的な根拠と見做されるのは強者の権利ではなく、むしろ、あらゆる財産は共同体から個々の市民に、排他・独占的な所有と利用のために授けられたものと見做されるのである。それゆえ、財産を所有できるのは市民だけで、またその点に関して共同体が市民と同等の存在と見做す者だけなのである。

すべての所有権［財産］は、自由に手から手へと移転することができる。ローマ法は、動産と不動産の基本的な区別を行なっていない。区別が設けられたのは一般に私的所有権［私有財産］の概念が不動産へと拡がって以降のことである。ローマ法は、子供あるいはその他の身内の持つ、父系［世襲］もしくは家族の財産に対する無制限の権利など認めていない。しかし父親は、子供たちから彼らの相続権を勝手に奪うことはできない。父親が父権を放棄することも、また全共同体の承諾なくしては——それは拒否されることもありえたし、こうした場合にはたしかに拒否されることもしばしば見られたが——遺言状を作成することもできないからである。たしかに生存中は、父親は子供たちにも不利な処分を執り行なうことができた。というのも法は、財産所有者に人間の上での制限をあまり加えず、総じてすべての成年男子に財産の自由処分を許したからである。それでも、相続財産を処分したり、息子からそれを奪った人は、制度慣行上、お上の命で［役職者の命で］気の狂った人と同様に後見のもとにおかれた。おそらくこうした制度慣行は、農地が初めて分割され、それによって私有財産が一般に公共体にとってより重要な意味をもつことになった時代に始まったものであろう。このようにして、二つの矛盾するもの、つまり財産所有者のもつ無制限の処分権と家族財産をまとめて保持することとが、ローマ法においてはできるかぎり相互に調和するようにされたのである。財産の物権上の制限は、とりわけ農業にとってどうしてもなくてはならない権利［役権など］を例外として、まったく許されなかった。永代小作や現物地代は、法的には不可能なのである。法は抵当権の設定をあまり認めず、その代わり同じ目的のために、債権者があたかもその財産［所有物］の購入者であるかのように、債権者に対して担保として財産［所有権］の即刻引き渡しが行なわれた。その際、債権者は、名誉・信義にかけて次のように約束した（fiducia［信託］）。自分は、債権期間の満了するまでは物件を譲渡・処分はせず、それを、前貸しした金額の返済後に債務者に戻す、と。

契約　国家と市民が結んだ契約、とりわけ国家への支払いの代わりになされる保証（praevides, praedes［担保］）の義務は、それ以上の形式なしでも有効である。それに対して、私人相互の間の契約には、原則として国家に対して法律上の救済を求める要求権はない。債権者を守るのは、ただ商人のしきたりに基づいて尊重された「面目にかけた約束［忠誠の言葉］」のみであり、しばしば誓いが加わるが、それは、偽証に復讐する神々への畏怖の思いがあるからである。

法的に告訴可能なのは、婚約、購買《マンキパティオ》（mancipatio［握取行為＝財産移転］）、貸借《ネクスム》（nexum［拘束行為＝身体抵当契約、利息つき消費貸借］）に関する場合だけである。婚約の場合、父親は、自分の約束した花嫁を与えることができなければ、そのための罰金を支払い、賠償を行なわねばならない。購買とは、売り手が、買われたものを買い手の掌中に引き渡し（mancipare）、同時に買い手が売り手に約定の価格を証人の目の前で支払うときに、法的には締結されたものと見做される。この売買の形は、銅［青銅も含む。以下同］が羊や牛にかわって正規の価値基準となって以降、不偏不党の立場で正しく保持された秤に乗せて、取り決められた量の銅を秤り加えることによってなされるようになった。* こうした前提のもとで、売り手は、自分が所有者であることに責任をもたねばならない。それに加えて、売り手も買い手も、特別に合意の成立したあらゆる約定を果たさねばならない。これに反した場合は、ちょうど一方が相手から物品を詐取したときのように、一方が相手側に同じ償いをしなければならない。しかし売買は、間髪を入れず双方によって果たされたときにのみ、訴訟可能となる。掛けによる売買は、所有権を与えるものでも取り上げるものでもなく、また訴訟の根拠にもならない。貸借も似たような形で成立した。債権者が、取り決められた量の銅を、債務者によって返却義務《ネクスム》［債務］のあるものとして証人の前で秤に掛けるからである。債務者は元金に加えて利息も払わねばならず、利息は通常の状況のもとでは、おそらく年一〇パーセントの額となった。** 貸付金の返済も、時がきたら同様の形式で行なわれた。

* 発展した形のマンキパティオは、どうしてもセルウィウス改革よりも後のものであるに違いない。農民の所有権の確立を目標としたマンキパティオの対象物の選択が、そのことを示しているし、また伝承もセルウィウスを秤の発明者としている以上、伝統自体がそのように想定しているに相違ないからである。しかし起源に関しては、マンキパティオははるかに古いものであるに違いない。というのは、それはまず第一に、手で握ることによって得られる対象だけに適合するものであり、それゆえ、その最古の形態では、財産なるものが基本的に奴隷と家畜（familia pecuniaque）からなっていた時期に属するに違いないからである。このことから見て、売買されなければならない［マンキパティオによって移されなければならない］対象の数え上げが、セルウィウスの革新によって行なわれたのであろう。マンキパティオ自体は――したがってまた秤や銅［貨］の使用も――より古いものであることになる。疑いなくマンキパティオとは、本来、一般的な購買の形式であり、セルウィウス改革の後になっても、あらゆるもの［物品］について行なわれたのである。ただ後の時代の誤解は、ある種のものがマンキパティオによって移されねばならなくなったという規定を、ただこうしたものだけしかマンキパティオの対象にならず、その他のいかなるものもマンキパティオの対象にならなかったというように解釈を変えたことにある。

** つまり一年を十ヵ月として、元本の一二分の一（uncia）、したがって八と三分の一パーセント、一年を十二ヵ月とすると一〇パーセントになるわけである。

民事裁判　もし債務者が国家に対して債務の支払いを履行しなかったら、この人物は否応なしに自分の所有しているものすべてとともに売却された。その際、国家が求めたことは、単なる負債の確認だけであった。他方それに対して、一私人によって、自分の財産に対する暴力的侵害が王に告発され［届けられ］た場合（vindiciae［所有物返還請求、所有権回収訴訟］）、あるいは貸付金の返却がなされなかった場合、どのような手続きをとるかは、事実関係を確認することによって、所有物返還請求訴訟のような正規の手続きをとるか、あるいは貸付金訴訟で一般に行なわれているような、証人を通した簡易処理ができるかが決められた。事実関係の確認は、賭けの形式で行なわれた。その際当事者がいずれも、敗訴の場合のために担保［保証金］を用意した（sacramentum［神聖金、神聖賭金］）。その価値が一〇頭の牛以上となる重要な案件の場合には、五頭の牛の供託、もっと価値の低いものの場合は、五匹の羊となる。裁く人はそこで、だれが賭けに勝ったかを判定し、そのうえで敗訴側の担保が、公的な犠牲のために神官の手に渡された。賭けに負けた側は、相手方を満足させないままでも、三〇日間はそのまま過ごすことが許された。そして、その履行義務が最初から定められていた当事者——したがって規定によれば貸付［賃貸］金の債務者——は、返済の証人をもたないかぎり、拿捕（manus iniectio［手を置く＝実力逮捕］）によって強制執行の手続きに服すべきこととされた。告訴者が、その人を見つけたところでこれを捕まえ、承認された負債を皆済させるためにこれを法廷に引き出すのである。逮捕された者は、自分で自分を弁護することは許されなかった。なるほど第三者が、この人のために登場することはできたし、この暴力行為を不当なものと申し立てることはできた（vindex［訴訟担保人］）。その場合、申し立てに基づいて訴訟手続きは猶予された。しかし、こうした代理行為は、代理人に個人的な責任を負わせた。したがってそのために、プロレタリアートは納税している市民の代理人にはなれなかった。

皆済も仲裁［代理行為］もなされなかったときには、王が、捕まえられた当事者を債権者に帰属するものと認め、債権者がこの人物を連行し、奴隷のように取り扱うことができた。その後六〇日の間に、債務者は三回市場に展示され、だれかがこの人物に哀れみをかけて引き取るかどうか競りに出されたが、それらがすべてうまくゆかなかったときには、それだけの日［六〇日］が経った後は、債権者がこの人を殺して、その死体を分け合う権利を有した。もしくは、この人をその子供や財産もろとも奴隷として外国に売り飛ばす権利、もしくはこの人を自分の手元に奴隷の代わりに保持する権利も持った。「代わり」というのはもちろん、このような人でも共同体ローマの範囲内にとどまるかぎりは、ローマ法によれば完全には奴隷になりえなかったからである（九三頁）。

このようにしていかなる人の財産もすべて、共同体ローマによって、窃盗犯や加害者に対して、また同じくその資格・権限のない所有者や支払い能力のない債務者に対しても、容赦ない厳しさでもって守られたのである。

後見、相続権　同じようにしてローマ人は、武装能力をもたず、したがって自分の財産を護る能力もない人物、未成年者や精神異常者、そしてとりわけ婦女子の財産を護った。このような場合、最も近い相続人が、その人物の保護者に任じられた。人の死後、財産は、最も近い相続人のものになる。その際、同等の権利者がすべて、女性も含めて同じ分け前を得、寡婦は子供たちと一緒に、それぞれの割合の財産を認められた。法的な相続順位の適用を免除できるのは、市民団の集会だけである。その場合、相続に結びついている宗教儀式上の義務のために、神官に前もって鑑定してもらわねばならない。しかし、こうした順位適用免除は、古い時代にはきわめてよく行なわれたようである。また、免除を手に入れられなかった場合、各人は、自分の生存中は財産に関して完全に自由な処分権を使って、このような不備を、いくぶんかは次のようにして埋めることができた。すなわち、一人の友人に全財産を委託して、この友人がその全財産を、当人の死後、死者の意志にしたがって配分するというのが、それである。

解放　解放とは最古の法には存在しないものであった。所有者はもちろん、自分の所有権の行使を控えることはできたが、主人と奴隷の間では相互の拘束は不可能であり、それは、右のようにすることによっても廃棄されはしなかった。それ以上に奴隷は、共同体に対して客友の権利もしくは市民権すら獲得できなかった。したがって解放とは、最初は単なる事実であるにすぎず、法的なものではなかった。解放奴隷を再び主人の希望によって奴隷として取り扱う可能性を主人から奪うことは決してできなかった。しかし、ローマ人はこの原則から離れることもあったのであり、それは主人が、奴隷に対してだけではなく、共同体に対しても、奴隷自体を、自由を所有させたままにしておこうと申し出た場合のことであった。ただし、主人をそのように拘束する特定の法形式など存在しなかった——それは、最初期には解放はありえなかったという最善の証拠である——、しかしその代わり、法が別に提供したやり方が、そのために利用された。遺言、訴訟、査定などがそれである。主人が、自分の遺言を作成するにあたって市民集会で奴隷を解放することを表明するか、それとも、奴隷が自分に向かって［自分の面前で］法廷で自由を主張することを、あるいは奴隷の名が財産査定リストに記入されることを、奴隷に許した場合、解放奴隷は、たしかに市民とは見做されないにしても、以前の主人およびその相続人に対してはその人自身は自由だと見做され、したがって最初は庇護民《クリエンテス》、後には平民《プレブス》と見做されたのである（七七頁）。

息子の解放は、奴隷の解放よりもはるかに困難であった。というのは、主人の奴隷に対する関係は偶然のもの、したがって勝手にほどけるものなのに、父親は父親であることをやめることは決してできないからである。それゆえ後になると、息子は父親から解放されるために、まず隷属の状態に入った。それは、次いでこの状態から解放されるためであった。しかしこの時期には、息子の解放［家長権から離れること］は一般にはまだ存在しなかった。

庇護民《クリエンテス》と外人　ローマで市民と庇護民《クリエンテス》が生活していたのは、このような法のもとにおいてであった。この両層の間には、我々の目の届くかぎり、最初から私法上は完全な平等が存在した。それに対して外人は、その人物がローマ人の保護者に身を託し、そのようにして庇護民《クリエンテス》として生きてゆかないかぎり、法の保護は受けられず、主人の財産のごときものであった。ローマ市民がこの人から何かを奪ったとしても、それは、まさに海辺で拾ってこられた無主の貝のように正当な形で入手したものなのである。ただ、ローマの国境の外にある土地は、ローマ市民ならば、たしかに事実上は自分のものにできるにしても、法的な意味ではその所有者とは見做されなかった。共同体の境界を押し拡げる資格・権限は、個々の市民にはなかったからである。戦争の場合には、ことは別である。だが召集された軍隊の中にあって闘った兵士が獲得したものは、動産であろうが不動産であろうが、この人のものではなく、国家のものであった。したがって、ここでもまた、境界を押し拡げたり縮めたりするのは国家次第なのである。

対外関係の進展と法の発展　以上のような一般的原則からはずれたものが、特別な国家間条約の場合に生まれる。それは、共同体ローマの中にいる外国の共同体成員に、一定の権利を保証するものである。何よりも、ローマとラティウムの永続的な同盟は、ローマ人とラテン人とのあらゆる条約を法律上有効なものと表明するものであり、同時にこれらの条約のために、陪審役の審理員（reciperatores）の前で迅速に審理を行なう民事訴訟を制定することになった。単独の裁判官［裁く人］に決定を委ねるという他のローマの［訴訟手続の］慣例に反して、この審理員は常に複数、しかも奇数で座を占めており、おそらく彼らは、両民族の裁定者たちと一人の陪審員の長から構成された、商業上の問題および市場に関する法廷［裁判官］と考えるべきであろう。彼らは、条約［契約］の締結されたその場で判決を下し、遅くとも一〇日以内に裁判を終えねばならない。その形式はもちろん、ローマ人とラテン人との間で行なわれた交易における一般的な性格のものであり、そのもとでパトリキ貴族も平民《プレブス》もお互いに商取引を行なっていたのである。というのは、マンキパティオ（mancipatio［握取行為＝売買行為］）もネクスム（nexum［拘束行為＝消費賃貸借］）も本来は決して儀式的な行為ではなく、少なくとも、ラテン語が話される範囲に広く及んだ法概念の意味深い表現だったからである。

厳密な意味での外国との交流は、別な具合に、別の形式で行なわれた。すでに最初期にカエレ人や他の友好関係にある人々と通商および法律効果に関する条約が結ばれ、国際私法（ius gentium［万民法］）の基礎が形成されていたに違いない。それは、ローマでは次第に、国法と並んで発展したのである。こうした法形成の名残りとしては、ムゥトゥウム（Mutuum［消費貸借］）、つまり変化・交換（dividere［分ける］から来た dividus

［分けられ得る］のように、mutare［動かす、交換する］から来た語）が注目に値する。債務者によって証人の前ではっきり言葉で述べられた拘束的な宣言に基づくネクスムとは違って、ただ単に一方の手から他方の手にお金が移ることに基づくこの賃貸の形は、ネクスムが自国内の商取引から生まれたように、明らかに外国の人々との取引から生まれたものなのである。したがって、シチリアのギリシア人の間でμοῖτονとして甦った言葉があるということは示唆的である。それと結びつくのが、シチリアのκάρκαρον［牢獄］の中にラテン語のcarcer［牢獄］が再び出現しているということである。二つの語が本来ラテン語であることは言語的に確実なので、シチリアという地方の方言の中にそれが出現しているということは、島でラテン人の船乗りがしばしば商取引を行なっていたことの重要な証拠となろう。商取引が彼らに、その地で金を貸し借りさせ、また古い時代の法では、返済されなかった消費貸借の結果としていたるところで行なわれた債務拘禁に服するようにさせたのである。逆に、シュラクサイの牢屋の名前、石切り場もしくはλατομίαιは、古い時代に、拡大されたローマの国家の牢lautumiaeへと転用された。

ローマ法の性格　こうした制度の概要は、主に王政の崩壊後ほぼ半世紀の間に作られたローマの慣習法の最古の記録から引き出されたものであり、それがすでに王政時代に存在したことは、個々の点だけではなく総体としても疑いをいれないところであり、今一度このような制度の全体を振り返ってみれば、我々としても、自由であるとともに首尾一貫した、きわめて進歩した農業および商業都市の法を認めることができるであろう。

ここでは、例えばゲルマン法の規定が示しているような因習的で象徴的な表現は、すでにまったく消えている。そうした象徴的な言葉がイタリキの間でも一度は存在したことは、疑う余地がない。注目に値する証拠は、例えば家宅捜索の形式である。その場合、捜索者は、ローマの慣習でも、ゲルマンの慣習のように上着をつけずただシャツだけで現われなければならなかった。またとりわけ太古のラテン人の宣戦布告の定式には、少なくともケルト人とゲルマン人において現われる二つの象徴が見られる。汚れなきハーブ（herba pura［宣戦使に神聖不可侵性を授ける草の束］。フランクではchrene chruda）は故国の大地の象徴であり、焼け焦げた血塗れの杖は開戦の印である。

しかし、宗教的な配慮から古風な慣習が守られていたいくつかのこと――これに入るものとしては、宣戦使団による宣戦布告の他にも、とりわけコンファッレアティオという結婚の型があげられよう――は除いて、我々の知っているローマ法は徹底的かつ原則的に象徴というものを排除している。どんな場合でも、大なり小なり完全かつ純粋な意思の開陳以上のものは求められない。物品の引き渡し、証言の要請、婚姻の成立などは、当事者が明瞭なやり方で意思を示すや否や遂行された。物品を新たな所有者に委任すること、証言に呼び出された者の耳をひっぱること、花嫁の頭を覆い厳かな行列を組んで夫の家に花嫁を導き入れること、こうしたことはたしかに普通のことである。しかし、このような原始のしきたりはすべて、すでに最古のローマの国法において、法的に言えば無価値な慣行なのであった。

宗教からあらゆる寓意が、したがってあらゆる擬人化が除去されたのとまったく同様に、原則として法からも象徴的な表現はことごとく追い出された。同じように、ローマ法においては、ヘレネスの制度やゲルマン人の制度が示しているあの最古の状態——そこでは共同体の力が、共同体に飲み込まれてその一部になった小さな氏族集団［共同体］や郷集団［共同体］の権威と争っているのであるが——はまったく取り除かれていた。国家による救済の不完全さを補完するための、相互の保護や反抗による、国家の内部での権利擁護の連合などはまったく存在しなかった。血の復讐とか、個々人の自由処分権を制限する家族財産などの、目立った痕跡もない。そのようなこともおそらく、かつてはイタリキの間でも存在したに違いない。聖法［宗教法］の個々特別な制度の中には、例えば過失による殺人犯が、殺された人の最近親の人物に与えるよう義務づけられていた身代わりの山羊の中に、その痕跡が見出されよう。しかし、我々が頭の中で捉えられるローマの最古期でも、こうしたことはずっと前に克服されていたのである。

たしかに共同体ローマの中では氏族や家族は否定されていない。しかしながら、国家の領域に対して国家のもつ理念上・現実上の全権は、国家が市民に認め保証している自由によって制限されるほどには、氏族や家族によって制限されていない。究極の権原［法的な根拠］は、要するに国家にあるのである。自由とはただ、最も広い意味における市民権の別名にすぎない。すべての所有権は、明文をもってであろうと暗黙裡にであろうと共同体から個々人への移転に基づく。契約は、ただ共同体が代表者を通してそれを表明するかぎりで有効なのである。また遺言は、ただ共同体がそれを確認するかぎりで有効なのである。公法と私法の分野は、鋭くしかもはっきりとお互いに分かれている。前者は、国家に対する犯罪行為にかかわるものであり、そうした犯罪を犯した者は直ちに国家の法廷に召喚され、常に死刑を含む刑に処せられる。後者は、同胞市民や客友に対する犯罪行為に関するものであり、それはまず第一に和解という方法をとって、被害者への贖罪もしくは弁済によって解決され、決して生命でもって償われることはなく、せいぜい自由の喪失で償いがつけられた。商取引に関しての最大の自由と最も厳しい死刑執行手続きとが、手に手をとって進んでゆく。まったく今日この頃の商業国における一般的な手形振出能力と厳しい手形訴訟とが一緒に現われたようなものである。

市民と庇護民《クリエンテス》は、商取引においては完全に同等な地位にある。国家間の条約は、全般にわたる権利の平等を客友にも認めている。女性も、たとえ行為・行動の点では制限されていても、法的能力の点では男性と完全に同一線上におかれる。それどころか少年も、辛うじて成人するやただちに、自分の財産に対する最も包括的な処分権を得るのであり、しかも一般に処分権を持っている人はだれでも自分の仲間内では、ちょうど国家の公的分野におけるように至上権も持つのである。最も特徴的なのは、信用貸借システムであろう。土地を担保にした信用貸借は存在しないが、抵当権設定による負債という形の代わりに登場するのが、今日ならそれでもって抵当権者訴訟手続きが終わる類いのこと、つまり債務者から債権者への財産の移転である。他方、最も突拍子もないとまでは言わないにしても、最も包括的なやり方で、個人的な信用貸借を保証［担保］しているのは、立法者が債権者に、支払い能力のない債務者を窃盗犯と同じように取り扱える権限を与えていることによるのであり、またシャイロックが自分の仇敵との間で冗談まじりに契約条項として定めたことを、完全な立法上の厳格さをもって債権者に許し、それどころかこのユダヤ人がなしたよりもずっと慎重に、切り取り過ぎに関して争点になるようなことには付帯条項を付したことによるのである。法はこれ以上明瞭に、次の意図を表現することはできなかった。それは、負債から自由な独立した農民層と商人的な信用貸借を同時に確立すること、そしてあらゆる名目だけの所有権とあらゆる約束違反を、仮借なくエネルギーを注いで押さえつけることを目論んでいたという点である。古くに認められていた全ラテン人の移住権（九三頁）や同じく早期に言い渡されていた市民婚の有効性（七九頁）を併せて考慮に入れれば、次のことを認めることができよう。すなわち、市民に最高度の要求をし、個々のものが全体に隷属するという考えを高めたこのような国家だけが、これ以前の、もしくはこれ以後のいかなる国家とも異なって、この定住や婚姻に関する問題を解決したのであり、解決することができたのだということである。それは、国家が自ら取引や往来の枠を打ち壊し、国家が自由に制限を加えたのとまったく同じようにその枷《かせ》を外したからである。許可と禁止のいずれにおいても法は常に無条件という形をとって登場する。自分を取り成してくれる者を持たない外人が、ちょうど追い立てられた獣に等しいように、客友［の場合］は、市民にとっては自分たちと同等の存在なのである。契約は通常は告訴の対象にならないが、債権者の権利が認められている場合、契約の力たるや絶大なものであり、貧者［債務者］にはどこにも救いなど存在しないし、また人情味あふれる正当な配慮などどこにも存在しないほどである。あたかも法が、いたるところで最も鋭い切っ先を誇示することに、また最も極端な成果を引き出すことに、さらに法概念の僭主的な側面を強力に、最も鈍感な理解力しかない者に無理強いすることに、喜びを見出しているかのようだったのである。

ゲルマンの法秩序において優雅に働いていた詩的な形式、ゆったりとした具象性は、ローマ人には無縁なものである。ローマ人の法にあっては、すべて明確で簡潔、象徴など適用されず、いかなる制度も余分なところがない。残虐ではない、しかし、必要なことがすべて無造作に成し遂げられる。死罪に関してもそうである。自由人が拷問にかけられないということは、ローマ法の根本原理である。それは、他の民族が、獲得するのに何千年も格闘しなければならなかった点に他ならない。しかし、人道的な実践活動によってもあまり緩和されたとは思えない仮借ない厳しさを持ったこの法は、恐るべきものなのである。というのも、それはまさしく民衆の法だからである。ヴェネツィアの鉛屋根の牢獄［ヴェネツィアの総督邸にあり、恐怖の的であった。piombi］や拷問部屋よりも恐ろしいものであり、生地獄の連続であって、それが富裕者の債務者拘留所の中で大きく口を開けているのを貧乏人は見ることになったのである。しかし、まさしくローマの偉大さを包み込み基礎づけているのは、次の事実であろう。それは、民衆が自ら一個の法システムを制定し、自由と支配、所有権と法律効果についての不変の原則が、純粋にかつ加減されることなく働いてきたし今も働いている、そういう法システムに民衆が耐えたという事実である。

第12章　宗　教

ローマ人の宗教　ローマの神々の世界は、すでに前の方でその輪郭を描いたように（二三頁）、地上世界のローマが、より高い、また理想的な表象の領域へと反映されて生まれたものである。そこでは、大から小まで几帳面すぎるほど正確に繰り返されていた。国家や氏族、個々の自然現象も個々の精神活動も、あらゆる人間、あらゆる場所や対象、それどころかローマの法の範囲内でのあらゆる行為さえも、すべてがローマの神々の世界に再現されている。そして地上の現在のことどもが永遠の流転の中を行き来しているのに照応して、神々の仲間の輪も揺れているのである。個々の行動を統御する守護霊も、そうした行動自体以上に働きが続くわけではなく、個々の人間の守護霊は、その人間とともに生き、かつ死ぬのである。似たような行動、類似の人間が、またそれとともに同種類の霊が、常に新たに生まれるときに、そのかぎりでこうした神性にも永遠の持続性が当然のこととして生じるのである。ローマの神々が共同体ローマを統御するように、よそのいかなる共同体を統御するのもその共同体独自の神格である。けれども、市民が非市民に対して、ローマの神が異国の神に対して、いかに険しく相対しようとも、外国の人も外国の神格も、ローマにおいては共同体の議決によって同化させられる。そこで、占領された都市から市民がローマに移住してくれれば、その都市の神々にもローマの中に新しい居場所が準備され、そこにたしかに招き入れられるのであった。

ローマの祝祭についての最古の表　ギリシア人とどのように接触したにしても、その前にローマで最初の神々の世界が形成されたときの神々の範囲については、名前のついた共同体ローマの公的祝祭日（feriae publicae）の一覧表から知ることができる。それは、共同体の暦の中に保たれており、間違いなく、ローマの古代から我々にまで届いたあらゆる原証拠の中で最古のものである。

その中で第一の位を占めるのがユピテルとマルスであり、マルスの分身たるクィリヌスもこれに並ぶ。ユピテルにとっては、満月の日（イドゥス idus）がすべて神聖な日であり、そのうえブドウ酒の祭りがすべて、またその他まことに様々な、後に述べられるはずの日がある。ユピテルに対抗する悪しきヨウィス（Ve-diovis［小・未熟なユピテル。古ローマの冥界の復讐の神］）には、五月二一日が奉献の日となっている［捧げものが行なわれた］（アゴナリア agonalia）。それに対してマルスに属するのは、三月一日という新年を迎える日であり、また一般に大きな戦士の祭りも、マルス神自身の名が付けられたこの月にある。つまり二月二七日に馬の競走（エクィッリア equirria［戦車競技］）によって下準備がなされ、他ならぬ三月になると、楯の鍛造の日（エクィッリアもしくはマムラリア Mamuralia、三月一四日）に、また集会場［モムゼンは古ゲルマンの民会場を示す表現を使っている］での武器をもった踊りの日（クィンクァトルス quinquatrus、三月一九日）に、さらにトランペットの奉献の日［厳密にはラッパ（トゥバ tuba）の浄めの式の日］（トゥビルストリウム tubilustrium、三月二三日）に、主要な儀式が行なわれたのである。戦争を遂行しなければならなくなったときには、戦争自体がこの祭りでもって始まったように、軍事行動が終了した後は、秋に再びマルスの祭り、すなわち武器を奉献する［浄める］祭りが続いて行なわれた（アルミルストリウム armilus-trium、一〇月一九日）。最後に、第二のマルス、つまりクィリヌスにとっては二月一七日が自分の祭りの日であった（クィリナリア Quirinalia）。

他の祭日の中では、農耕とブドウ栽培に関係のあるものが、第一の位置を占めている。それに並べてみると、牧人の祭りは従属的な役割しか果たしていない。これらの祭りのうちで、何よりも春の祭りという大きな連続する祭が四月にはある。その一五日にはテッルス、つまりものを養い育てる大地に（フォルディキディア fordicidia、子を孕んだ牛［フォルダ forda］を犠牲に捧げる）、そして一九日にはケレス神、芽生え成長する作物の女神に（ケリアリア Cerialia［ケレス女神の祭り、四月一二日から一九日まで］）、ついで二一日にはパレス神、受胎させる畜群の女神に（パリリア Parilia）、二三日には、ブドウとブドウの酒樽――この日に初めて前年収穫したブドウの酒樽が開かれる――の守護神としてのユピテルに（ウィナリア Vinalia）、二五日には種子の悪魔、錆に（ロビグス・ロビガリア Robigus-Robigalia）犠牲が捧げられるのである。同じように、農作業が完了した後、また畑の恵みが無事に取り入れられた後、取り入れと収穫の神や女神に、つまりコンスス（condere［一つにまとめる、隠す、埋める、引き出される］から）とオプスのために二重の祭りが祝われる。まず最初は刈り取りが完了したすぐ後に（八月二一日、コンスアリア Consualia。八月二五日、オピコンシウァ Opiconsiva）、ついで真冬には、穀物倉の恵みがとりわけ歴然たるものとなったときに（一二月一五日、コンスアリア。一二月一九日、オパリア Opalia）。さらにこの最後の二つの祝祭日の間に、古い祭りの世話人の気の利いた意見によって、種蒔きの祭り（サトゥルナリア Saturnalia、一二月一七日。saëturnus もしくはSaturnusから）が挿入された。同じようにして、果汁や癒しの祭りも（メディトリナリア meditrinalia、一〇月一一日）――新鮮な果汁に癒しの力が付与されていたから、こう呼ばれたのだが――、摘み取りの完了した後、ブドウ酒の神ヨウィス［ユピテル］に捧げられた。一方、第三のブドウ酒関係の祭り（ウィナリア、八月一九日）の起源ははっきりしていない。これらの祭りに、さらに年の終わりになって加わるのが、牧人による良き神ファウヌス（Faunus）のための狼の祭り（ルペルカリア Lupercalia、二月一七日）、また耕作民による境界石の祭り（テルミナリア Terminalia、二月二三日）であり、さらに二日にわたる林苑［聖域としての森］の夏祭り（ルカリア Lucaria、七月一九日・二一日）――おそらく森の神々（シルウァニ Silvani）に関連するものだったであろう――、また泉の祭り（フォンティナリア Fontinalia、一〇月一三日）や日の一番短い日、つまり新しい太陽が昇る日の祭り（アン・ゲロナリア An-geronalia、ディウァリア Divalia、一二月二一日）なども加わる。

決して重要性が乏しくないものとして、さらに、ラティウムの港町にはそれ以外には期待されないようなもの、すなわち船乗りによる海神の祭り（ネプトゥナリア Neptunalia、七月二三日）や港の祭り（ポルトゥナリア Portunalia、八月一七日）、ティベリスの流れの祭り（ウォルトゥルナリア Volturnalia、八月二七日）などがある。それに対して手工業や芸術は、このような神々の仲間の中にあっては、ただ火や鍛冶屋の技の神ウルカヌス［ウォルカヌス］によって代表されていたにすぎない。この神には、その名前で呼ばれる日（ウォルカナリア Volcanalia、八月二三日）の他に、トランペット［ラッパ］奉献の第二回目の祭り（トゥビルストリウム、五月二三日）にも、浄め・奉納が行なわれており、そしていずれにせよ、カルメンティス［予言の女神］の祭り（カルメンタリア Carmentalia、一月一一日・一五日）、つまりおそらく本来は呪文と歌の女神で、したがってただ誕生の保護者として尊崇されただけの女神の祭りによっても代表されていたのである。

家庭または家族生活一般のためには、家の女神とものの貯蔵室の霊、つまりウェスタとペナテスの祭りが行なわれた（ウェスタリア Vestalia、六月九日）。誕生の女神の祝祭（マトラリア Matralia、六月一一日*）、つまり子宝を授かることについての祝祭はリベルとリベラとに捧げられた（リベラリア Liberalia、三月一七日）。また死者たちの霊の祭り（フェラリア Feralia、二月二一日）と三日に及ぶ死霊［浮遊霊］の祭り（レムリア Lemuria、五月九日・一一日・一三日。迷い出た死霊レムルスを遠ざける祭り）があった。一方、市民同士の関係にかかわるものとしては、他の点では我々にもはっきりしない二つの祭日、王の逃亡の祭日（レギフギウム Regifugium、二月二四日）と民衆の逃亡の祭日［ロムルスが姿を消した日］（ポプリフギア Poplifugia、七月五日）――これらのうちで少なくとも後者はユピテルに捧げられた――、そしてまた七つの山の祭り（アゴニア Agonia もしくはセプティモンティウム Septimontium、一二月一一日）があった。「始まり」を意味する神ヤヌスにも、特別な日が捧げられていた（アゴニア、一月九日）。他にもいくつかフッリアナの日（Furrina、七月二五日）、ユピテルとアッカ・ラレンティア［イタリアの大地女神］に捧げられたラレンタリアの日、たぶんラレスの祭り（Larentalia、一二月二三日）などがあった、それらは本来の性格が分からなくなってしまったのである。

＊　どう見ても、夜明けの母神もしくはマテル・マトゥタ（Mater matuta）の始原的な性格はこれである。その際、きっと次のことが想起されるであろう。つまりルキウスという個人名、とくにマニウスという個人名が示すように、暁どきが誕生に幸福をもたらすと見做されたことである。おそらくマテル・マトゥタは、レウコテア［海の女神。もとテーベの王アタマスの妻、イノーと同一視される］神話の影響のもとに後になってようやく海および港の女神になったのであろう。この女神が、とりわけ女性に崇拝されていたことは、この女神を本来は港の女神であると捉える見方に反することである。

以上の一覧表は、固定した公の祝祭としては完璧なものであろう。たとえこのような不変の祝祭日と並んで、最古の時代以来、日にちの変動する臨時の祝祭が明らかに存在していたにしても、この記録は、それが何を言わんとしているのかという点でも、何を言わずに落としているのかという点でも、他にはほとんどまったく知られていない原初期について我々に解き明かしてくれるものがある。なるほど古ローマの共同体と丘のローマ人の合体は、この祝祭の表が生まれたときにはすでに成し遂げられていた。その中にマルスと並んでクィリヌスが見出されるからである。しかしながら、表が作成されたときにはまだカピトリウムの神殿は建っていなかった。というのは、ユノとミネルウァがいないからである。まだアウェンティヌスの丘の上のディアナの聖域も設けられていなかったし、まだギリシア人からいかなる祭祀の考えも借用していなかったのである。

マルスとユピテル　イタリキ系の人々が半島ではまだ自分たちだけで勝手に居を占めていたあの時期には、ローマ人のみならず一般にイタリキの礼拝儀式［神事］の中心は、あらゆる痕跡から見て、神マウルス（Maurs）もしくはマルス（Mars）、つまり殺戮神*、とりわけ、槍を振りかざして畜群を守り敵を打ち倒す、市民団の先頭に立って戦う戦士としての神と見做されていた。もちろん、すべての共同体がそれぞれ自分たちのマルスをもち、それをあらゆるもののうちで最も強くて最も神聖なるものと見做すという具合だった。したがって、新しい共同体の建設のために移動してゆく「聖なる春」の行動［一〇四頁］のことごとくが、自分たちのマルスの保護のもとに進んでいった。それ以外には神々の名のないローマの「月」の暦の中でも、またおそらく他のすべてのラテン人やサベッリ人の月暦においても、第一番目の月がマルスに捧げられている。他にはいかなる神のことについても、同じようには想起させないローマ人の固有名詞においても、マルクス、マメルクス、マムリウス（Marcus, Mamercus, Mamurius）などが、太古の時代以来、圧倒的に使用されているように思われる。マルスに、そしてその聖なる啄木鳥《きつつき》に最古のイタリキの予言が結びついている。狼、すなわちマルスの聖なる獣は、ローマ市民団の目印でもある。そしてローマ人の想像力が聖なる種族成立伝説から育て上げえたものは、もっぱら神マルスとその分身クィリヌスに遡るのである。

* 伝承によって伝えられた最古の形であるマウルス（Maurs）から、uに関する様々な取り扱いによってMars, Mavors, morsへと発展している。ŏへの移行（Paula, Polaなどと同じように）は、二重の形Mar-Mor（Ma-mŭrius参照）にも、Mar-MarやMa-Mersと並んで現われている。

祝祭リストの中では、父なるディオウィスは、共同体ローマの性格がもつ、より純粋で、また戦士的というよりももっと市民的なものを反映しており、たしかにマルスの力の範囲よりもっと大きな範囲を占めている。それはちょうどユピテルの神官が戦争の神の二人の神官よりも位の点では上であるのと同じである。しかしこの戦さの神も、同じリストの中でやはりきわめて際立った役割を果たしている。それにまた、次のようなことさえ完全に信じてよいことだと言えよう。それは、こうした祝祭の秩序が確定されたときには、ちょうどアフラマズダがミトラと並んでいるようにヨウィスはマルスと並んで立っていたこと、好戦的な共同体ローマにおいては、神の崇拝の真性なる中心点が、その当時もまだ戦士的な死の神であり、その三月の祭りだったということである。これに対して父ヨウィス自身は、ギリシア人によって後に導入された「憂いを払う玉箒［お酒］」ではなく、心を温める酒の神と見做されていた。

ローマの神々の本質　ここでの課題は、ローマの神格を個々にわたって詳しく考察することにあるのではない。しかし、独特な、また浅薄であるとともに脈々と続く性格を強調することが、たぶん歴史的にも重要であろう。抽象化と擬人化は、ローマの神話学にとってもヘレネスの神話学にとっても基本である。ヘレネスの神も、自然現象や概念を基礎にしている。またローマ人にもまさにギリシア人と同じように、いかなる神格も人間として現われる。このことをうべなわせるものとしては、男性もしくは女性として個々の神を捉えることや知られざる神格に対する次のような呼び掛け方が挙げられよう。「なんじは男神なのか女神なのか、男なのかそれとも女なのか」。この点に関しては、ローマ人の心に深く抱かれていた信念があり、それは、共同体の真の守護霊の名前は、いつも口に出されないままであるに違いないし、したがって敵もそれを聞けず、神をその名で呼んでも、境界を越えて神をおびき寄せることなどできないという思いである。こうした鞏固に感覚的な捉え方の名残りが、とりわけ最古で最も民族的な古イタリアの神々の姿、すなわちマルスにまとわりついている。しかし、いかなる宗教においてもその根底にある抽象化が、別のところでは、広大な、またいっそう拡張された考え方へと高まり、事物の本質の中にも深く、またよりいっそう深く浸透しようとする場合でも、ローマ人の信仰の形は、観照や理解の点では信じられないくらい低い段階にあった。ギリシア人においては、意味のある要素はことごとく、速やかに形姿のあるグループに、伝説の輪に、そして理念の輪にと拡がるのに、ローマ人においては、根本思想は、剝き出しの硬直したもともとの形のままであり続けるのである。地上における道徳的な晴れやかな形をまとわせたアポロンの宗教にも、神々しいディオニュソスの陶酔状態にも、深い意味があったりまた隠れた意味もありそうな冥界の神々の礼拝儀式や密儀にも、ローマの宗教は、自分たちに固有のものを何も——たとえかすかに似ているだけのものであっても——対置することができなかったのである。ローマの宗教にあっては、悪しき神（Ve-diovis）についても、顕現や亡霊（レムレス lemures［死霊］）についても、後になっては汚れた空気や熱や病気の神、それどころかたぶん泥棒の神（ラウェルナ laverna）についてさえ知られているのである。しかし、人間の心がどうしても希求する神秘的な畏怖の思いを、ローマの宗教はかき立てることができないし、また自然や人間の中にある不可解なものや悪意、悪性の要素さえ盛り込めないのである。全体としての人間が宗教の中に吸収・反映されているべきであるならば、以上のことも、宗教に欠けていてはならないものである。ローマの宗教には、大体、都市神ペナテスの名前以外には、秘密めいたものはほとんど存在しなかった。そのうえ、これらの神々についてさえその真の性格はすべての人に明らかであった。

民族的なローマ神学は、四方八方に向かって、重要な現象や性質を理解できるように把握し、術語的にはっきり示し、図式的に——まず第一に人間と物とを、私法の基礎にもなっている分類に基づいて——分類しようとする。それは、そうすることによって神々に、個別に、もしくは神々の序列に応じて自分で正しく呼びかけ、大衆に適切な呼びかけ方を示す（indigitare）ためであった。最も素朴で、半ば尊ぶべき、半ば笑うべき簡素さの産物である、そうした外的に抽象化された概念に、ローマ神学は実質的に埋没してしまっていた。種蒔き（サエトゥルヌス saeturnus）や農作業（オプス ops）、大地（テッルス tellus）や境界石（テルミヌス terminus）などは、最も古くて最も聖なるローマの神格に属する。

おそらくローマのあらゆる神々の形姿の中で最も独特なもの、そしてたぶん唯一のもの——それを崇拝するために特殊イタリキ風の礼拝像が創り出されたのだが——、それが二面の頭を持つヤヌスである。それでもヤヌスの中には、まさにひどく几帳面なローマ的な宗教性に特有の理念しか存在せず、それは、どのような行動を開始するにあたっても、まず第一に「開始の霊」を呼び寄せなければならないというものである。またとりわけそれは、ちょうどへレネスの人格神がすべて必ず一人だけで立っていたのと同じように、ローマの神々の概念は組み合わせてセットにすることが絶対必要だという深い確信だった。*またおそらく、あらゆるローマ的な祭祀のうちで最も深奥にあるものは、家や貯蔵庫を管理し、それらを統轄する守護霊の祭祀であろう。公的な礼拝儀式ではウェスタやペナテスが、家族内での祭祀では森や田畑の神々、つまりシルウァヌスやなかんずく厳密な意味での家の神々たるラセスもしくはラレスが登場するが、ラレスは規則的に家族の食事において役割を与えられ、またその前で祈禱を行なうことが、まだ大カトーの時代には帰宅した家長の第一の勤めであった。ところが、神々の等級の順序の中では、これら家および野原［狭く限定すれば農地］の霊たちは第一の位置というよりは一番後ろの位置を占めていた。理想化を拒否する宗教にあっては、他の形はありえなかったのだが、このように、最も広範囲で最も一般的な抽象化はありえず、最も単純で最も個性的な抽象化があったにすぎない。そしてその中に、敬虔な心が最高の糧を見出したのである。

＊ 門と扉は、そして朝は（ianus matutinus）、ヤヌスに捧げられており、この神は常に他のいかなる神よりも先に呼び出される、それどころか、貨幣のシリーズにおいてさえ、ユピテルおよび他の神々の前に挙げられていることからすれば、この神格を、開くことと開始することとの抽象化されたものであると見做すことは、誤った見方ではない。両側を見る二つの頭は、両側に開く門戸と関連がある。この神を太陽および年の神とするのは、この神の名の付けられた月が本来は第一一番目の月であり、第一番目の月ではないことからすれば、いっそう正当化できないであろう。むしろこの月は、次のことからその名を持つことになったと思われる。それは、この季節には、真冬の休養の後、農作業の循環する流れが再び始まるということである。しかし、ヤヌアリウス（Ianuarius）が年の先頭に立って以降は、年の始まりもヤヌスの領分内に引き入れられたことは当然であろう。

このように理想的な要素が含まれることは少ないが、それと手を取り合うようにして、ローマ宗教の現実的で実利的な傾向は進んでいった。それは、右に述べた祝祭の表から充分に明らかである。耕作による、また畜群の獲得による、さらに海運や商取引による資産の増大と財産上の繁栄――それが、実はローマ人が自分たちの神々に切願したものであった。この見方にまことによく合致しているのが次の点であろう。信義の神（デウス・フィディウス deus fidius）、偶然・幸運の女神（フォルス・フォルトゥナ fors fortuna）、商業の神（メルクリウス mercurius）はすべて日々の取引から生まれたものであり、なるほど太古のあの祝祭表の中には登場していないが、きわめて初期の時代に広くローマ人によって崇拝されていたのである。しかし、厳しい倹約ぶりと商人的な投機とが、あまりにも深くローマ的な性格の中に根を下ろしていたので、その神々の似姿といえども、ローマ的な性格の最深奥の核にまでは浸透できないほどであった。

様々な精霊　精霊の世界については、言わねばならないことはあまりない。死すべき人間の、分離した霊魂、つまり死者の霊である「よきもの」（マネス manes）は、肉体の休らうところに封じられて、影のように生き続けた（ディイ・インフェリ dii inferi［地下の神々］）。そして生き残った者から食べ物や飲み物を受け取った。しかし死者の霊は深所の空間に住み、その下界からは、地上を支配する人間のところへも、またその上なる神々のところへも導いてくれる橋はなかった。ギリシアの英雄崇拝はローマ人にはまったく無縁のものであり、ローマの建国伝説がいかに新しく、またいかに劣悪な創作品であったかは、王ロムルスの神クィリヌスへのまったく非ローマ的な変形が示すところである。ヌマ、つまりローマの伝説の中で最も古くて最も尊敬に値する名前は、ローマでは、アテナイにおけるテセウスのようには神として尊崇されることはなかった。

神官たち　共同体の最古の神官職は、マルスに関係がある。とくに終身の職として任じられた共同体の神の神官、マルスの祭司（フラメン・マルティアリス flamen Martialis［マルスの火つけ役。フラメンとは、定まった神の神官、供犠者。以下「祭司」の訳語を当てる］）は、焼かれた犠牲を奉献することからその名がつけられたものであり、それに加えて一二名の「踊り手」（サリイ salii）、つまり若い人の一群が、武装した踊りを三月にマルス神のために上演し、それにつけて歌も歌ったのである。丘の共同体とパラティウムの共同体との融合によって、ローマのマルスが倍増し、そのため第二のマルス神官――クィリナリスの祭司（フラメン・クィリナリス flamen Quirinalis）――と第二の踊り手集団（サリイ・コッリニ salii collini［丘のサリイ］）が導入されたのであるが、そのことはすでに（七五頁）述べたところである。

これに、別の公的祭儀が加わった。その一部は起源からすれば、はるかローマの成立以前に遡るものであるが、そうした祭儀にはただ一人の神官が任じられたり――例えばカルメンティス（一五〇、二二五頁）やウォルカヌス（二五〇、一七九頁）、港や河の神などがそうであった――、あるいは民衆の名前で特別な団体もしくは氏族がその執行を委ねられた。こうした団体の一つに、おそらく一二人の「耕地の兄弟団」（フラトレス・アルウァレス fratres arvales）があったが、これは、五月に種の成育のために「創造の女神」（デア・ディア dea dia）を呼び寄せるものであった。我々はこの女神が帝政期には特別に尊崇されているのを目にするのだが、そのような声望をこの女神がすでにこの時期に担っていたかどうかはきわめて疑わしい。ティティエスの兄弟団もそうした団体の一つであった。この人々は、ローマのサビニ人の独特な祭祀を保持し、その面倒を見なければならず（三九頁）、ちょうど三〇個のクリアの竈のために設けられた三〇人のクリアの祭司（フラミネス・クリアレス flamines curiales［クリアの火つけ役］）のようなものであった。すでに述べた「狼の祭り」（ルペルカリア lupercalia）は、家畜の群れを守るものとして、「恩恵を与える神」（ファウヌス faunus）のために、クィンクティウス氏族とファビウス氏族――丘のローマ人が入った後、前者に付け加えられた――によって二月に祝われた。これは真の牧人のカーニヴァルであり、その際、「狼役の人々」（ルペルキ luperci）が裸で雄山羊の皮を巻きつけて跳びはね回り、だれでも出会う人を皮紐で打つのであった。同様に他の氏族の祭祀においても、共同体は一緒に関与・代表するものと考えられたことであろう。

共同体ローマのこのような最古の神事に、次第に新しい祭儀が加わった。その中で最も重要なものは、新しく一体となり、大きな市壁と城塞の構築によって、あたかも再度建設されたかのような都市にかかわるものである。この町の中には、城塞の丘［カピトリウム］の最高最善のヨウィス、つまりローマの神々仲間すべての頂点に立つ、ローマ民衆の守護霊が登場する。そしてそれ以後ずっと任じられたこの神の祭司フラメン・ディアリス（flamen Dialis）が、二人のマルス神官と一緒に聖なる最高の神官職の三位一体を形成する。同時に、新しいいくつかの都市の竈――ウェスタ――の祭祀や、それに付随する共同体のペナテスの祭祀がはじまる（九九頁）。六人の純潔な処女が、あたかもローマ民衆の家付き娘として、その敬虔なるお勤めを司り、共同体の竈の救いをもたらす火を、市民のために範例として（三一、五七頁）、また目印として常に燃え立たせて絶やさないよう保持せねばならなかった。家に関連するこの公的神事は、ローマのあらゆる礼拝儀式の中でも最も聖なるものであった。そういうわけでそれは、ローマのあらゆる異教信仰のうちで、キリスト教による追放に最も遅くまで屈しなかったのである。

さらにアウェンティヌスの丘では、ディアナ女神にラテン人の盟約体（九四頁）の代表の役があてがわれていた。しかしまさしくそれゆえに、特別なローマの神官団がこの女神のために任じられることはなかった。そして、他の多くの神々の概念には、共同体は次第にはっきりしたやり方で、一般的な祝祭によるか、もしくは特別にそのお勤めのために定められた代理的な性格の神官団によって、敬意の気持ちを表わすことを習いとしていった。その場合それぞれに――例えば花の女神（フロラ Flora）や果物の女神（ポモナ Pomona）にも――おそらく独自の祭司《フラメン》が任じられ、その結果こうした祭司の数はついには一五名にまでなったのである。しかしその中でもあの三人の大祭司（フラミネス・マイオレス flamines maiores）――最も後の時代まで旧市民の系列に属する人々からしか採用されなかった神官職――は注意深く区別された。ちょうどあのパラティウムのサリイとクィリナリスのサリイの古い団体が、常に他のすべての神官団より優位を主張できたのと同様だった。このようにして、共同体の神々に必要なお定まりの儀式の遂行が、一定の団体もしくは常置の奉仕者に、国家からそのつど委任され、またおそらく半端ではない犠牲の費用の補塡に、ときには個々の神殿にかなりの土地が、またときには罰金が（六五、一四一頁）割り当てられたのである。

残りのラテン人共同体やおそらくサベッリ人共同体の公的祭祀も、基本的には同じ類いのものだったことは、疑いようがない。祭司《フラミネス》、サリイ、ルペルキ、ウェスタレスなどは特殊ローマ的な制度ではなく、ラテン人に一般の制度であったし、少なくとも最初の三つの同僚団は、同じ血筋の者からなる共同体の中から形成されたらしいが、それはローマを範として初めて形成されたのではないようである。

最後に、国家が自らの神々の配置を整えたように、個々の市民も個人としての範囲内で配置を整え、ただ単に神々に犠牲を捧げるばかりでなく、神々には場所や奉仕者も奉納することができたのである。

専門職としての神官団～鳥占官と神祇官団　このようにローマにおいては神官職や神官は充分に存在した。しかし、神に願いのある者はだれでも、神官ではなく神に助けを求める。嘆願する者、尋ねる者は、だれもが自分で神に語りかける。もちろん共同体は、王の口を通して語りかける。ちょうどクリアがクリオを通して、騎士層がその長を通して語りかけるように。神官の仲介が、本来の単純な関係を覆い隠したり、曇らせたりすることは許されなかった。しかし当然のことながら、神と交流するのは容易ではない。神は、話すのに自分の流儀をもってする。それはただ専門知識を持っている人々にしか分からない。ところが、それを正しく理解できる人はだれでも、神の意思を仲介するすべを知っているばかりではなく、それを統御する、いやそれどころか万一の場合には、その裏をかく、もしくは強要するすべも知っている。したがって神の崇拝者が、専門的な知識のある人々を規則的に呼び寄せて相談し、その助言を徴するのも当然であろう。こうしたことから宗教上の専門家団体が出現してくる。それは、まったく民族的、古イタリア的な制度であり、政治的な発展に個々の神官や神官団よりもはるかに重大な影響を及ぼしたのである。この専門家団体は、神官団と混同されることもしばしばあったが、それは誤りである。神官団には、一定の神格の崇拝という義務があるが、それとは違ってこうした専門家集団の仲間には、より一般的な礼拝儀式［神事］上の仕事のための伝統護持が義務としてあり、それらを正しく遂行するにはある一定の知識が前提となっていて、それを忠実に伝えるよう配慮することも、国家のために必要とされた。これらの閉鎖的だが、当然市民から欠員補充される仲間が、このようにして技能および学問の保管者になっていたのである。

　ローマの国制の中には、そしてまた一般にラテン人共同体の国制の中には、右のような同僚団はもともと二つ存在するだけだった。一つは鳥占官のそれであり、いま一つは神祇官のそれである。* 六名の鳥案内（アウグレス augures［鳥占官］）が、鳥の飛翔から神の言葉を解釈することができた。その解釈の技術は、きわめて真剣に推し進められ、いわば一個の学問的な体系にまでなったほどである。

* このことは、次の事実の中に最もはっきりと示されている。それは、ラテン的な規準に基づいて組織された共同体の中では、鳥占官と神祇官はいたるところに見られるが（例えば Cic. leg. agr. 2, 35, 96. および数多くの碑文）——同じく宣戦使のパテル・パトラトゥス（pater patratus）はラウレントゥムに見られる（Orelli, 2276）——、しかし他の同僚団はそうではないことである。したがって前者は、一〇クリア制度、祭司《フラミネス》、サリイ、ルペルキと同様に、最古のラテン人種族の世襲財産として存在する。それに対して、祭祀担当の二人役およびその他の同僚団、つまり三〇クリアやセルウィウスのトリブスやケントゥリアのようなものはローマで生まれており、したがってローマに限られていたのである。ただ二番目の同僚団、神祇官《ポンティフィケス》の名前はきっと、ラテン人一般の規準の中に、ローマ人の影響で、より古い時代の、おそらく多様な名前に代わって導入されたのだろう。あるいは、言語学的に好ましい仮説として、もともとポンスとは橋ではなく道一般を意味し、したがってポンティフェクスとは道を建設する者を意味したのであろう。
　とりわけ鳥占官のもともとの数については、諸説紛々たるものがある。その数を奇数とする見方を、キケロが論破している（Cic. leg. agr. 2, 35, 96）。リウィウスも奇数であるとは言っていないが（10, 6）、

ただローマの鳥占官の数は三で割れるもの、したがってその基数は必然的に奇数になるというだけである。リウィウスによれば、その数はオグルニウス法までは六であった。そしてたしかにキケロも同じように言っている（repub. 2, 9, 16［原文は誤植か］）。彼は、ロムルスが四個の、ヌマが二個の鳥占官のポストを設けさせたと言う。神祇官の数については、Römisches Staatsrecht. Bd. II, S. 20［初版］を参照。

六名の「橋梁建設者」（ポンティフィケス pontifices［神祇官］）の名は、神聖であるとともに政治的にも重要な仕事、すなわちティベリス河の橋の建設と打ち壊しを指揮することに由来している。寸法および数量の秘密を心得ていたローマ人技師が存在したのである。そこから、国家の暦を取り扱い、民衆に新月や満月、また祝祭日を報せ、すべての宗教儀式やあらゆる法廷活動が正しい日に執り行なわれるよう配慮することも、当然彼らの義務となった。このようにして彼らは、他の何よりも宗教上の全儀式を見通し、必要とあらば婚姻、遺言、また［自権者］養子縁組において行なおうとしている事柄が神々の法になんらかの点で違反しないかどうかを、あらかじめ問われもした。そして王法の名のもとに知られている一般的で公衆向きの宗教上の規定の確認と告知が彼らによって行なわれた。このようにして彼らは——全面的になるのはおそらく王政の転覆後であるにしても——、ローマの宗教儀式およびそれに関連する事柄について、一般的に指導監督することになったのである。ところで、一体何がそれに関連する事柄だったのか。彼ら自身は、自分たちの知識の総体として、「神のこと、人間のことについての学識」を挙げていた。実のところ、宗教上のこと、また世俗的なことに関連する法律学の始まりは、歴史記録の始まりと同じように、この仲間を母胎として、そこに由来しているのである。というのも、ちょうどあらゆる歴史叙述が暦や年代記本［死者の追憶本＝死者周年記念本］に結びついているように、訴訟や法規についての学識も、ローマの法廷の設立後は——この法廷自体の中では、なんの言い伝えも生まれえなかったので——、神祇官の同僚団の間で伝統的に保持され、その同僚団がただひとり、裁判の日や宗教法上の問題についての意見・判定を述べる権限を有したのである。

宣戦使　宗教上の専門知識をもった人々からなる、このように最古でしかも最も声望の高い二つの団体に、ある程度並ぶものとして、二〇人の国家使節（フェティアレス fetiales［宣戦使］。言葉の由来は不確か）の同僚団が存在したが、それは、近隣の共同体との条約の記憶を、しきたりとして保存するため、また締結された条約の権利のいわゆる毀損について専門家としての意見を出して決定を下し、必要とあらば調停の試みや宣戦布告を要請するための、生きた公文書保管所として定められていたのである。神祇官が神々の法にかかわるのに対して、彼らは徹頭徹尾国際法にかかわりをもち、したがって神祇官のように法を統御して判決を下すのではないが、それでも法を指摘するという資格が与えられていた。

しかしこのような団体が常にどれだけ高く尊敬される存在であったにしても、また彼らにいかに重要かつ包括的な権限が割り振られていたにしても、だれもが忘れなかったことは、彼らは命令するのではなく、専門家的な助言を授けねばならず、神々の返答を直接頼んで得るのでなく、授けられたことを尋ねた人に解釈してやらねばならなかったということであろう——しかも少なくとも最高のポストに任ぜられた場合だが。このようにして最も重要な神官も、ただ単に序列の点で王の後塵を拝する存在であるばかりか、問われない場合には、王に助言することさえ許されなかった。王には、どのように、またいつ鳥を見守りたいのか、それを決定する権限がある。鳥を観察する者［鳥占官］は、ただ彼の傍にあるだけで、どうしても必要な場合に天の使いの言葉を王に解釈してやる。同じように宣戦使や神祇官といえども、国家間の法や国法の領域に、問題を処理する者がこの人物に求めたとき以外は介入できないし、またローマ人は、大変な信心深さにもかかわらず、仮借なく厳格に次のような原則に固執していた。それは、神官は国家の中では完全に無力なままであるべきこと、そしてあらゆる命令・指揮の役から締め出されて、他のあらゆる市民と同じく最も卑賤な役人にも服従しなければならないということである。

祭祀の性格　ラテン人の敬神とは、基本的には地上における人間としての楽しみに基づき、ただ副次的にのみ自然の野性的な力に対する畏怖の念に基づくものである。したがってそれは何よりも、歌謡・歌曲や歌うこと、ゲームや舞踊、しかしとりわけ宴会の形で、喜びを表わすことの中にあった。通常の食事が野菜からなるような農耕に従事する部族民の間ではどこでもそうなのだが、イタリアでも家畜の屠殺は家の祭りであるとともに宗教上の儀式でもあった。豚は祝祭において通常焼かれる肉なので、ただそれゆえに神々に最も気に入られる犠牲となったのである。しかし歓声をあげてどのように乱費されることがあっても、どのような有頂天ぶりを示しても、それは冷静なローマ人の本質に反するものであった。神々に対する節倹ぶりは、最古のラテン人の祭祀の最も顕著な特徴の一つである。そのため想像力の自由な働きも、民族がその中で自ら身を持している道徳的な規律によって、鉄のような厳しさで抑制されるのである。その結果、途方もない放縦さとは分離できない［病巣の］異常増殖など、ラテン人には無縁だったのである。

ラテン人の宗教も、その根底には、人間の深い道徳的な性向がたしかに存在するのであり、そのため俗世での罪と地上での罰を神々の世界に関連させ、前者の罪を神に対する犯罪として、後者の罰をその贖罪として捉えることになる。死刑の判決を受けた犯罪人の処刑は、ちょうど正義の戦争で遂行された敵の殺害のように、神へと捧げられた贖いの犠牲である。畑の果実を夜陰に乗じて盗む者は絞首台でケレス神に罪を贖うのだが、それはちょうど戦場で大地母神や良き精霊に邪悪なる敵［悪魔・悪霊の意もある］が罪を贖うようなものである。ここで我々は、代理という観念のもつ深さと恐ろしさに思いあたる。共同体の神々が怒っている場合、怒りが明確な有罪者に向けられていないときでも、自由意思で身を差し出す者（devovere se)

は、神々の怒りを鎮めることができるかもしれなかった。というのも、例えば勇敢な一市民が贖罪の犠牲として大きく開いた大地の割れ目もしくは敵の中に身を投ずるや、有毒な大地の割れ目が閉じ、敗色の濃かった戦闘が勝利へと転じることがあるからである。「聖なる春」も、似たような見解に支えられている。一定の期間に生まれる家畜か人間のいずれかがすべて神々に捧げられるからである。このような行為を人間の犠牲と呼ぶならば、それは、もちろんラテン人の信仰の中核に存するものであろう。しかしこれに付け加えて述べておかねばならないのは、我々の眼差しがともかく遡りうる範囲では、このような犠牲が生命にかかわることがあるのは、市民の法廷で有罪を言い渡された罪人、および自由意思で死を選び取った罪なき者に限られるということである。別の種類の人間の犠牲は、犠牲の行為の根本思想に違反するものであり、少なくともインド・ゲルマン系の諸種族においては、人間の犠牲の見られる場合、どこでもそれは後の堕落と野蛮化に基づくものである。そのようなものは、ローマ人にあっては入ってくる入口さえ見つからなかった。ほとんど一回だけ、極度の困窮のときに、ローマ人の世界でも、異常なことだが迷信と絶望が残虐さの中に救いを求めたことがあるにすぎない。亡霊を信ずること、魔法の恐怖、密儀などの痕跡も、ローマ人の間では他と比較してきわめて少ない。神託や予言などは、決してイタリアではギリシアにおけるほど重要なものにはならなかった。それは、私的生活や公的生活を厳しく支配することはできなかったのである。

しかし他方、その代わりにラテン人の宗教は、信じられないほど気の抜けたものに、また無味乾燥なものになり、早くから苦々しくてくだらない儀式ばったお勤めと化してしまった。イタリキの神は、すでに述べたように、何ものよりも、きわめて具体的で現世的な目的の達成を助ける道具である。それゆえ、イタリキの宗教的な見方には、理解可能なものや現実へと向かうその傾向によって、総じてこのような転換がもたらされたのであり、それは現代イタリア人の聖人崇拝にもなお同じくはっきりと表われている。ちょうど債権者が債務者に対するように、完全に神々は人間に対して向かい合っている。神々のいずれもが、確かな実行と成果を求める権利を、正当なものとして獲得して持っている。そして神々の数は、現世の生活の諸要素の数と同じように多かったので、しかも個々の神が等閑にされることや間違った崇拝に対して、それに相応した出来事の中で報復をしたので、自分の宗教的な義務がただ分かるようになることだけでも、それは骨の折れる容易ならざる課題であった。そこで、神にかかわる事柄についての法知識をもち、法そのものを指し示す神官つまり神祇官《ポンティフェクス》が、非常な影響力を持つことになったに違いなかった。

というのも正しい人間は、商人的な几帳面さでもってこの地上の義務を果たすのだが、その同じ几帳面さで聖なる宗教儀式の規定するところも果たすのであり、もしも神が自分の方でことをなしていた場合には、この人は余計なことをすることになるからである。人は神と投機・取引という形でもかかわり合う。誓いは、現実にもまた名称から言っても、神と人間との正式の契約であり、それによって人間が神に、ある一定の給付［履行］に対してある一定の反対給付を確約するのである。また、いかなる契約も代理によっては結ばれないというローマの法的原理は、ラティウムで人間の宗教的な願い事にあたって神官のどんな仲介も締め出されたことについての究極の理由ではない。いやそれどころか、ローマの商人は、因習的とも言うべき実直さとは無関係に、ただ文書によっても契約を履行する資格があったように、ローマの神学者の教えるところでは、神々との交流においても、物件の代わりにそのコピーが与えられたり、受け取られたりしたのである。蒼穹の主に、人が玉葱の頭や罌粟《けし》の頭を捧げたのは、人間の頭《こうべ》の代わりにこれに稲妻を向けさせるためであった。父なるティベリス河に年々要求された犠牲の解決策として、三〇個の藺草《いぐさ》で編んだ人形が波の中に投げ込まれもしたのである。*

* この中に古い時代の人間の犠牲の名残りを見出すことができるとするのは、いささか軽率な捉え方にすぎない。

神の恩寵や和解という考え方が、ここでは敬虔なるずる賢さと分かちがたく混じり合っている。それは、かくも危険なる主人を見せかけの償いによって欺き、鎮めようとするものなのである。したがってローマ人の神々に対する畏怖の念は群衆の心情にたしかに強力な力を行使するものではあるが、それは決して、汎神論的な、また一神論的な見方の基礎になっているすべてを支配する自然もしくは全能の神の前に立つ群衆の不安の思いではない。そうではなく、ローマの債務者が不安の思いを抱いて、自分の正当なる、しかしきわめて厳しくきわめて強力な債権者に近づくときのためらいと基本的にはほとんど変わりないものであり、きわめて現世的なものなのである。はっきりしていることは、そのような宗教は、芸術家的な捉え方や、思弁的な捉え方を成熟させるよりは、むしろはるかに押さえつけるのにおあつらえ向きだったということである。

ところでギリシア人は、原始時代の素朴な考えを人間的な肉と血でくるんだので、そのような神の理念は、ただ単に造型的な芸術や詩芸術の構成要素になったばかりではない。それは、世界的な性格と融通性を持つにいたったのである。それこそ、人間本性の最も奥深い特性であり、またまさしくそのためにあらゆる世界宗教の中核になっているものである。こうしたものによって、単純な自然観が宇宙創造的なものに、素朴な道徳概念が一般に人間主義的な見解にと深められたのである。長い時代を通してギリシア宗教は、形而下的また形而上的なイメージ、つまり民族の理想的な全発展を内に含むことができたし、想像力や思弁を育成してきた脈管を、想像力や思弁が破裂させる前に、深くかつ広く、中身を膨らませながら拡大することができたのである。しかしラティウムでは神の概念が完全に明瞭に具体化されていたので、このことに関しては芸術家も詩人も養成されず、ラテン人の宗教は芸術に対して常にそっぽを向く、いや敵対的に対峙してさえいた。神は一個の現世的な現象の霊化以外の何ものでもなく、またそれ以外のものではありえなかったので、神はまさしくこの同じ地上の対応物の内に、その居場所（テンプルム templum）を、そしてまたそのコピーを見出した。人間の手で作られた壁も神像も、知的な表象をただ曇らせ、混濁させるにすぎないように見えた。したがってもともとのローマの礼拝儀式は神の像や神の住まいなしで行なわれた。たしかにラティウムでも、おそらくギリシアの手本にならって、初期の時代に神が像の形で崇拝され、神にお御堂（アエディクラ aedicula［小さな部屋、家の意］）が建てられたが、このような形をとった表示は、ヌマの法に違反するもの、また総じて不純で異国風のものと見做された。おそらく二つの頭をもったヤヌス神は例外として、ローマの宗教は自分たちの宗教に特有の神像をまったく見せることはなかった。ワッロも、人形や小像を求める群衆を嘲笑していた。ローマの宗教におけるあらゆる生産的な力の欠如、それは同時に、なぜローマの詩や、それ以上にローマ人の思弁があれほど完全に存在しなかったのか、しないままだったのかという点に関する究極の理由でもある。

しかも、実用的な分野においても、同様の差異は明らかである。共同体ローマにとって、宗教から生じた実際上の利益は、神官とりわけ神祇官《ポンティフェクス》によって発展させられ定式化された道徳についての法律であり、それは一部は、国家による市民の警察的な保護後見からまだ遠く隔たっていたこの時代にあって警察秩序の代わりをなすものであり、一部は、道徳的な義務違反を神々の法廷の前に引き出しそれに神罰を科すものであった。前者の規定に含まれるのは、祝祭日の奉献について、また専門的な技術を要する農耕やブドウ栽培――これについては後で分かることになるだろう――について宗教的にしっかり教え込むことの他に、例えば衛生に関する警察的な配慮とも結びついた竈やラレス神の祭祀（一五三頁）や、なかんずくギリシア人の場合よりもはるかに早く、ローマ人においては異常に早く採用された遺骸の火葬がある。それは、生と死に関する合理的な捉え方が前提になっているのだが、原初期には、また我々の現在にあってもなお、無縁のものなのである。ラテン人の地方宗教と言うべきものがこれらの革新や同様の革新を成し遂げえたということは、過小評価されてはならないであろう。

しかしもっと重要なことは、このような宗教法の道徳的効果である。夫が妻を、父親が結婚している息子を売却したとき、子供もしくは嫁が父親もしくは舅を打った場合、保護者が客友もしくは庇護民に対する忠誠義務に違反した場合、隣人が不正に境界石を動かしたり、あるいは窃盗犯が夜のうちに、公共の平和状態を信用して委ねられている穀類に手を付けた場合には、無法者の頭《こうべ》に神の天罰［呪い］が降りかかりつづけるのであった。もっともこのように呪われた（サケル sacer［神に捧げられた］）人は、法律の保護を停止されたというわけではなかっただろう。あらゆる市民的な秩序に違反するそうした法律保護停止は、ローマでは身分闘争の時期に、宗教的な呪い［モムゼンは破門に当たる語を使用。以下同］が強化されたものとしてただ例外的に登場しただけである。右のような神の呪いの執行は個々の市民もしくは完全に無力な神官などのあずかるところではない。このように呪われた人は、まず第一に神の裁きに服させられる。人間の気まぐれにではない。ただし、こうした呪いのよって立つ敬虔な民間信仰は、軽薄で邪悪な性格のものに対してさえ力を有していたに違いないし、呪いの対象になるのはこうしたことに限られてはいなかった。王は呪いの権利を執行する資格をもち、その義務を有する。つまり、法が呪いに付する対象とするための事実が、その人の良心に基づく確信にしたがって確認された後、呪われた人をあたかも犠牲獣のように殺して、これを傷つけられた神に捧げ（スップリキウム supplicium）、そのようにして個々人の犯罪から共同体を浄めるという資格と義務を王は有するのである。程度の軽い犯罪行為の場合は、罪人の殺害の代わりに、犠牲獣もしくは類似の捧げ物の奉納によって解放となる。このように刑法全体が、その究極的な基盤の点では、贖罪という宗教的な理念に支えられていたのである。

しかし、こうした類いの市民の秩序および道徳性の促進を越えるさらなる仕事は、ラティウムの宗教は果たすことができなかった。この点ではヘラスはラティウムよりも、筆舌に尽くせないほどはるかに進んでいた。ヘラスの全体としての知的発展ばかりではなく、民族的な統一も——総じてそのような統一が達成されたとして——、その宗教に負っている。神々の神託や神々の祭りつまりデルフォイやオリュンピア、また信仰の娘たちムーサイ［人間のあらゆる知的な活動の女神］、それらのまわりをヘレネスの生活における偉大なものすべてが動いている。その中に民族の共有財産が存在するといった類いのものすべてが回っているのである。それにもかかわらず、まさしくこの点に、ヘラスに優るラティウムの長所が結びついている。それは、ラテン人の宗教が実のところ通常の理解力で受けとめられる程度のものにまで引き下げられ、すべての人に完全に理解でき、あらゆる点で全体として親しみやすいものだということである。したがって共同体ローマは、市民としての平等性を保持していたのであり、一方、宗教が最高の人々の思想の高さに聳えていたヘラスは、最古期から精神の貴族政のあらゆる恵みと呪いのもとにあったのである。ラテン人の宗教も、他のあらゆる宗教と同じように、本来、限りなき信仰の深みから出てきたものである。その流れは明らかであるから、流れの深みの判断を誤るような単なる表面的な観察では、透明な精神世界が薄っぺらに見えることもあるであろう。この根底からの信仰心も、もちろん時の経過とともに消えてゆく。それはちょうど朝露が太陽の高く昇りゆく前に消えてしまうように、やむをえざることであろう。ラテン人の宗教も、このようにして後には腐敗・堕落してゆく。しかし大抵の人々よりも長く、とりわけギリシア人よりも長く、ラテン人は素朴な信仰心を保持していた。色合なるものが光の効果、いや光の陰りでもあるように、芸術や学問は信仰の創造物であるばかりか、その破壊者でもある。発展であるとともに否定でもあるこのような過程の中に必然性が支配しているように、自然の同じ法によって、素朴な時期にもやはりはっきりした結果があらかじめ包蔵されている。人がそれを、後になってから懸命にかち得ようとしても無駄である。ヘレネスは、常に不完全ではあるが、宗教的・文学的な一体性を創り出したのであり、他ならぬそのヘレネスの力強い知的発展が、彼らをして真の政治的統一を成し遂げるのを不可能にした。彼らはそのことによって、あらゆる国家的な統一の条件である純真さ、柔軟性、献身、融合しやすさを犠牲にしてしまったのである。

したがって、ギリシア人を、ただローマ人を引き合いに出して、あるいはローマ人を、ただギリシア人を引き合いに出して褒めたたえることができると考えるような子供っぽい歴史の捉え方は、一度断ち切るべきときであろう。人がバラと並べて樫の木を認めるように、古代が生み出した二つのまことに素晴らしい有機的組織体を、誉めるのでも非難するのでもなく、それぞれの傑出した点がそれぞれの欠点によって制約されていることを把握するべきときであろう。両民族の相違に関して最も深奥にある究極の原由は、疑いなくラティウムではなく、ヘラスが生成期にオリエントと関係・交渉をもったという点にある。地球上のいかなる人々［民族を構成する種族。部族とも言えよう］といえども自分たちだけでは、ヘレネス文化の奇跡を、そしてもっと後にはキリスト教文化の奇跡を創造するのに充分なほど大きくはない。歴史は、アラム人の宗教の理念がインド・ゲルマン人の土地に浸透していたところにだけ、この最も素晴しい成果［精練された銀の閃光］を生んだのである。しかし、まさしくそのために、ヘラスは純粋に人間的な発展の原型であったのに対して、ラティウムはいつの時代にも民族的な発展の原型なのである。そして我々、つまり彼らの後裔たる者は、両者を尊敬し、両者から学ばねばならないのである。

外来の祭祀　このようにしてローマ宗教の性格や影響力は、純粋で、何ものにも妨げられず、まったく民族的な発展を見せた。神の崇拝の仕方やその制度組織を最古期以降に外国から受け入れたことによって、その民族的な性格が損なわれたわけではない。市民権を個々の外人に与えたことによって国家ローマが脱民族化したわけではないのと同様である。だれもがラテン人とは古くから、商品と同様に神々も交換していたことは、当然であろう。もっと注目すべき点は、系統的に同じではない神々や神の崇拝の仕方の移動であろう。ティティエスの手によるサビニ人特有の祭祀についてはすでに述べたところである（二五五頁）。エトルリアからも神々の概念が借用されたかどうかはずっと疑わしい。というのは、ラセスすなわち守護霊のより古い名称（ラスキウス lascivus から）とミネルウァすなわち記憶の女神（メンス mens. menervare から）は、エトルリア起源と見做すのが習いだが、それらは言語上の点を根拠にすれば、むしろラティウムに土着のものだからである。

いずれにせよローマにおいては、ギリシア式の祭祀が他の外国の祭祀よりも、早くから、しかも広い範囲にわたって考慮されていたことは確実であり、そのことは、我々が他にローマとの交流に関して知っている事柄すべてによく適合している。その最古の端緒になるのが、ギリシア人の神託であった。ローマの神々の発言は全体として、諾否、せいぜい籤引《くじ》き［籤板を投ずること］――どうやらイタリア起源らしい*――を通してその意思を知らせることに限られていた。しかし一方では、きわめて古い時代以来――それでも東方から受け取った刺戟の結果かもしれないにしても――、他より冗舌なギリシアの神々が実際の託宣を下していたのである。こうした助言を貯えることに、ローマ人はすでにその初期の頃に努めていた。したがって、アポロンの予言を語る女祭司［巫女］キュメ［クマエ］のシビュッラの数葉の写しは、カンパニアからのギリシア人の客友のたいそう価値のある贈り物であった。占いの書を読み解釈するために、最古期には、専門知識をもった二名の者からなる特別な同僚団（duoviri sacris faciundis［祭祀執行二人役］）が――序列上は鳥占官や神祇官の後に位置するが――任じられた。この役のためにはギリシア語に堪能な奴隷が二名、共同体の費用によって調達されさえした。差し迫った災害を避けるために宗教上の儀式を行なうことが必要なのに、それでも、どのような神に向かってどのような儀式を行なえばよいのか分からないような心許ない場合に、これら神託の番人を頼りにしたのである。しかも、デルフォイのアポロンのもとにさえも早くから、助言を求めるローマ人が赴いていた。こうした交流については、すでに言及した伝説（一二九頁）の他にもなお、一つには、デルフォイの神託と密接な関係のある言葉テサウルス（thesaurus［宝物、宝物倉］）が、我々によく知られたイタリアのあらゆる言語の中に採用されていることが証明しているし、またもう一つには、アポロンという名前のローマ最古の形アペルタ（Aperta）つまり「開始者」が、語源学的に言ってドリス方言のアペッロンの改変であること――まさしくその野蛮さが古さを明かしてくれる――が証明しているのである。

* くじを意味するソルス（sors）は、セレレ（serere［結ぶ。並ぶ、並んでおかれる］）から来たもので、おそらく、紐で連ねられた小木片だったのであろう。それが投げ出されて［ふられて］、様々な形あるものが作られた。［古代北欧の］ルーン人を想起させるものである。

ギリシアのヘラクレスも、イタリアでは夙に、ヘルクルス、ヘルコレス、ヘルクレス（Herclus, Hercoles, Hercules）という形で土着のものとして、また独特なやり方で捉えられており、どうやらまず第一に、冒険による利得、また並はずれた財産増大の神だったらしい。そのため、将軍によって、獲得した戦利品の十分の一が、また同じように商人によっても、稼いだ財産の十分の一が、牛広場のヘラクレスの主祭壇（ara maxima）に奉納されるのが習いであった。ヘラクレスはしたがって、主として商業上の契約の神になっていた。契約は、古い時代にはしばしばこの祭壇のもとで結ばれ、宣誓によってそれが保証されたのである。そしてこの神は、そのかぎりでは信義の神（deus fidius）という古いラテン人の神と重なることになった。ヘラクレス崇拝は早い頃に、最もよく広まった神崇拝の一つになっていた。この神は、一人の古い作家の言葉を借りれば、イタリアのどんな場所でも崇拝の対象となっており、町々の露地でも、街道沿いの地でも、いたるところにそのほこらが立っていた。

さらには船乗りの神々カストルとポリュデウケスもしくはローマ人のポッルクス、商業の神ヘルメスすなわちローマ人のメルクリウス、また治癒神アスクラピオスもしくはアエスクラピウスは、たとえその公的な礼拝が時代が下ってからようやく始まったにせよ、ローマ人には古くから知られていた。「良き女神」（ボナ・デア bona dea）の祭りの名称ダミウム（damium）は、ギリシアのダミオン（δάμιον）もしくはデミオン（δήμιον）に当たり、同じくこの時期にまで遡るものであろう。ローマ人の古いリベル・パテル（Liber pater［古イタリアの生産と豊穣の神］）は、後に「父親・解放者」と把握され、ギリシア人の酒神リュアイオス（Lyäos［解放するもの。ディオニュソスの呼称の一つ］）と同一視されたことは、やはり古い借用に基づくものに違いない。また地底深いところのローマの神は、富の施し主（プルトン―ディス・パテル Pluton-Dis pater［冥界の神］）と呼ばれたが、その妻ペルセフォネ（Persephone）は、語頭音の転化と概念の転義とによって同時に、ローマ人の言うプロセルピナ（Proserpina）つまり「芽生えさせる女性」になったことも、やはり古い借用に基づくものであろう。ローマ・ラテン同盟の女神ですら、つまりアウェンティヌスの丘のディアナですら、小アジアのイオニア人の同盟の女神、エフェソスのアルテミスを模倣したもののように思われる。少なくともエフェソスの型に則ってローマの神殿の木彫り像が造られたのである（一〇一頁）。唯一この道を通って、言い換えれば夙にオリエント風のイメージで満たされたアポロン、ディオニュソス、プルトン、ヘラクレス、アルテミスなどの神話を通して、この時期にアラム人の宗教がイタリアの地に、遠く隔たった間接的な影響を及ぼした。その際、次のことがはっきりと認められる。すなわち、ギリシアの宗教の浸透が、何よりも商取引関係に基づくものであるということ、また、まず第一に商人や船乗りがギリシアの神々をイタリアにもたらしたということである。

ところで、外国からの借用の個々のケースは第二義的な意義しかもたないにしても、原始時代の自然の象徴表現の残滓は――カクスの牛の伝説がおそらくその一例である（一六頁）――、まったくと言ってよいほど消えてしまっているのである。全体として見ればローマの宗教は、我々の見出すように民衆が有機的・組織的に創造したものなのである。

サベッリ人の宗教　サベッリ人およびウンブリア人の神崇拝は、我々の持っているわずかな知識から推測するなら、局地的には様々な色合と形をもつものの、ラテン人のそれとまったく同じ基本的見方の上に成り立っている。それがラテン人のものと異なっていることは、サビニ人の慣習を守るためにローマに自分たちの団体を作り上げたことが最もはっきりと示している（三九頁）。しかしまさにそのことは、いかなる差異が存在するかを具体的に教えてくれるものでもある。鳥の観察は、この両種族には、神の意思を尋ねる標準的な手法であった。ところが、ティティエスの人々［部族］は、ラムネスの人々［部族］の鳥占官とは違った鳥を観察していた。両者を比べることができる場合にはいつも、類似の関係が見られる。地上のものの抽象化として神々を把握する仕方とか、神々の非人間的な性格は両種族に共通であるが、表現や儀式は異なっているのである。当時の祭祀には、こうした相違が重要だと思われていたことはよく理解できよう。しかし我々は、もしなんらかの差異が存在したとしても、特徴的な違いをもはや把握することができないのである。

エトルリア人の宗教　エトルリア人の宗教儀式のうちで我々の手元に残っている残骸が語るのは、異なった一個の精神の存在である。そこでは、陰鬱でしかも退屈な神秘主義的なもの、数遊びや占い、またいつの時代にも信奉者の群れを集めるまったくの不条理さを示す荘重な儀式などが優勢である。たしかに我々は、エトルリア人の祭祀をラテン人の祭祀ほどは、完全さという点、また純粋さという点でよく知っているとは言えない。しかし、後になって思案することによってあれこれと色々なものが持ち込まれたということもあろうが、またラテン人の祭祀から最もかけ離れた陰鬱で空想的な原理が際立たせられて伝わっているのでもあろうが——実際にこうした点は間違いなくあるだろう——、しかし、この祭祀の神秘性と野蛮さとがエトルリア人の最も内的な本質に基礎をもっていることを示すには、まだ充分なものが残っていると言えよう。

きわめて不充分にしか知られていないエトルリア人の神格概念とイタリキの神格概念の内在的対立を捉えることはできない。しかしエトルリア人の神々の間では、悪意をもった、失敗を嘲笑う神が前面に出てくることははっきりしている。そうしたわけで事実、祭祀が残忍なもの、とりわけ捕虜の犠牲を含んでいるのである。こうしてエトルリア人は、カエレでは捕らえたフォカイア人を、タルクィニイでは捕らえたローマ人を殺戮した。深所の空間で、分離した「良き霊」が平和裡に君臨している静かな世界——ラテン人が思い描いた世界——の代わりに、ここには真の地獄が現われ、哀れな霊魂が大槌や蛇の責め苦を受けるべく、死への導き手によって連れてこられるのである。この導き手は、翼と大きなハンマーをもった、荒々しい、半ば獣のような老人の姿をしており、その姿たるや、後にローマで剣闘士競技において、打ち殺された者の死体を闘技場から運び出す人物の衣装のモデルとして使われたものだった。このように影の部分のあり様と苦痛とが堅く結びつけられたので、ある神秘的な犠牲の後、哀れな霊を天界の神の社会へと移す形で苦痛から救済することさえもが行なわれたのである。冥界に人を住まわせるために、エトルリア人が古くにギリシア人からその陰鬱なイメージを借用したことは、注目に値する。そういうわけで、アケロン［冥界を流れる河］の教義や、カロン［冥界の河の渡し守］のことがエトルリア人の教義の中で大きな役割を果たしているのである。

しかし何よりもエトルリア人の心を占めたのは、前兆と奇跡の解釈である。たしかにローマ人も自然の中に神々の声を聞いた。ところが鳥の観察者は、ただ単純な前兆が分かっただけであったし、一般に、鳥の動きが幸運をもたらすか不幸をもたらすか、それだけを理解したにすぎない。自然の流れの中の障害・混乱を、不幸をもたらすものと見做し、行動を取り止めさせたのである。例えば稲妻や雷の場合に市民集会が散会したことなどが、そうであった。おそらくローマ人は障害・混乱を除去することを試みた。例えば障害を持つ子どもはできるだけすみやかに殺されたのである。ところがティベリス河の彼方では、人はそれでは満足しなかった。透察力に富んだエトルリア人は、稲妻から、そしてまた犠牲獣の内臓見によって、信心深い人々の将来を詳細な点まで読み取ったのである。神の言葉が稀になればなるほど、前兆と奇跡が際立ってくればくるほど、自分は何を予告しようとしているのか、人はどのようにして災害から逃れられるかを、いっそうはっきりとエトルリア人は示したのである。このようにして電光についての教え、内臓見の術、奇跡の解釈などのすべてが、不条理の中をあてどなくふらつくかのような心持ちの中で、まったくの些事詮索の手法によってひねり出されて成立したのである。とりわけ電光の学がそうであった。子供の形をして老人の髪を持ったタゲスと呼ばれる小人は、タルクィニイの近くの一農民によって鋤で掘り出された存在だが——彼に見られる子供じみているとともに老衰した振る舞いは、自分自身を戯画化しようとしているのだと考えるべきであろう——、エトルリア人にこの知識の秘密を初めて漏らして、すぐさま死んでしまった。彼の弟子や後継者が教えたのは次のようなことであった。いかなる神が稲妻を放射する習慣があるか、すべての神の雷光をそれぞれ天空の区画や色でどうやったら見分けられるか、稲妻が持続した状態を暗示しているのか、それとも一回かぎりの現象を示しているのか、後者であっても、日時が決まっていて変えられないものなのか、それとも人の手によってある程度期日をずらし得るのか、また落ちた雷をどのように葬るのか、あるいはどのようにして差し迫った雷を落ちるようにさせるのか。他にも、手数料を徴収したいという気持ちにときとして駆られる、同じように奇妙な術がもっとたくさんあったのではないだろうか。これらの詐術が、いかに深くローマ人の性格と矛盾しているかは、後にローマでそれが利用されたときでさえ、それを自分のものとして取り入れる試みは決してなされなかったことが示しているだろう。この時期には、ローマ人にはまだ土着の神託およびギリシアの神託で充分だったのである。

エトルリア人の宗教は、ローマ人には完全に欠落していたもの、つまり宗教的な形式の中にくるみこまれた思弁の少なくとも始まりを展開させたかぎりでは、ローマ宗教より高いところに位置している。自分たちの神々をもった世界を支配する「隠された神々」(Dii involuti) がいて、エトルリア人のユピテル自身がそれら隠された神々に対して問いを発しているのである。ところがその世界は有限なものであり、それが生まれてきたように、再びまた一定の期間が経過した後には消えてゆくのである。その途中の時期がサエクラ（saecula〔世紀、時代、世代、世界〕）なのである。このエトルリア人の宇宙進化論と哲学がかつてもっていたと思われる知的な内容について判断を下すのはむずかしい。それでも彼らにとっては、つまらない宿命論や平板な数遊びが、はじめから特有なものだったように見えるのである。

第13章　農業、工業、商取引

　農業と交易とは、国制および国家の対外的な歴史と内的に緊密に結びついているので、すでにそれらの叙述にあたって、農業と商業自体についても幾重にも配慮してきた。ここでは、すでに行なった個々の細かい考察に関連させて、古イタリアの経済、とりわけローマ経済を包括的かつ補完的に描くことを試みてみよう。

農業　牧草地の経営から農業経営への移行は、半島へのイタリキの来住以前に遡ることは、すでに指摘したところである（一七頁）。農耕は、古イタリアのあらゆる共同体の基礎の杭のようなものであり続けた。その点は、サベッリ人やエトルリア人の共同体も、ラテン人の共同体と変わらなかった。本来の牧人の部族は、歴史時代にはイタリアにいなかった。もちろん、いたるところで様々な種族が、その場所の性質によって大小程度の差はあっても、農地の耕作と並んで牧場経営も営んでいたとはいえ、右のように言うべきであろう。すべての公共体が農業に立脚していることを人がいかに深く感じていたかは、新しい町の設定を、将来の環状囲壁が聳えるべき場所に犂で溝［地条］を描くことではじめるという麗しい慣習が示している。とりわけ、農業の状況についてただひとりある程度正確に伝えられているローマにおいては、国家の重心がもともと農民層にあったばかりでなく、土地保有［所有と保有がまだ未分離の表現。自由な土地保持、事実上の所有］者の総体を常に共同体の中核として固く保持するよう形づくられていたことは、セルウィウス改革が最もはっきりと示すところである。

　時の流れとともに、ローマ人の所有地の大部分が非市民の掌中に入り、そうして市民層の権利や義務ももはや自由な土地保有に基づいたものではなくなると、国制の改革によって、不均衡やそれに起因する差し迫った危機を、一時的にばかりではなく恒久的に除去することが行なわれた。新しい国制は、共同体の成員を政治的な地位を顧慮することなく断固として土地保有に基づいて召集し、防衛義務という共通の負担を土地保有者に負わせたのである。当然の展開として、共通の権利も土地保有者に与えられていったに違いない。ローマ人の戦争政策、占領政策の全体も、国制と同様に土地保有制を基礎にしていた。国家の中では土地保有者だけが価値あるものだったので、戦争は、土地を保有する共同体成員を増やすという目的をもっていた。征服された共同体はまったくローマの農民層に吸収されるか、それともこうした極限にまでいたらなければ、彼らには戦争負担金も固定した税も課せられず、その共同体の農地の一部、普通は三分の一の割譲が求められた。この土地には通常その後ローマ人の農場が生まれた。

ローマ人と同じように勝利をおさめ征服者となった民族も多いが、そのいずれもが、戦いで勝ち取った土地を、ローマ人と同じように額に汗して自分のものとしたわけではなく、また槍で勝ち取ったものを犂先で再度獲得したわけでもなかった。戦争で獲得したものは戦争で再び奪い取られるが、犂で作られた征服にはそのようなことはない。ローマ人が多くの合戦で敗北したとしても、ほとんど一度たりとも、平和を保持している間にローマ人の土地を割譲したことはなかった。それは、農民が自分の耕す土地や私有地をがっちりつかんで離さなかったからであった。男や国家の力というものは、大地を支配することのうちにある。ローマの偉大さとは、市民が土地を最も広くかつ最も直接的に支配したことの上に、またそうやって確立された農民層のよくまとまった一体性の上に打ち建てられたものなのである。

耕地共同体　最古期には、農耕地は共同で、おそらくそれぞれの氏族のまとまりごとに耕され、氏族に属する各家々の間で収穫が分けられたことは、すでにその輪郭を描いたところである（三二、六〇頁）。そういうわけで、耕地共同体と氏族共同体は内的に関連しており、後になってもローマでは、土地を一緒に保持する者の協同生活と協同経営が頻繁に見られるほどである*。ローマの法の伝統から言っても、財産とは最初は家畜と土地の用益権からなっていたが、後になって初めて土地が市民の間で特別な財産として分割されることになったということが報告されている**。以上のことに関してもっとよい証拠は、ペクニア（pecunia［家畜］）もしくはファミリア・ペクニアクエ（familia pecuniaque［奴隷と家畜］）という財産についての最古の表現であり、ペクリウム（peculium［小羊］）という家子や奴隷の特有財産の呼称である。さらには、手で握る《マンキパティオ》（mancipatio［財産移転］）という財産獲得の最古の形式——動産に関してのみ当てはまるものであるが（一四〇頁）——と、とりわけ二ユゲラ（プロイセンの二モルゲン［二アークルと四分の一］）からなる「自分の土地《ヘレディウム》」（heredium［囲い込まれた世襲地］。herus すなわち主人から）という最古の単位がある。後者は単なる菜園に用いられる単位であり、保有地《フーフェ》には用いられない***。いつ、どのようにして農地の分割が行なわれたかは、これ以上は確められない。歴史的には、最古の国制は土地保有制という形ではなく、その代わりに氏族仲間を前提にしていたのに対して、セルウィウスの制度は分割された農地を前提にしていたことだけはきわめてはっきりしている。明らかにこのセルウィウスの国制の結果、中規模の農場からなる大量の土地所有が見られるようになり、それらの農場によって一家族が働いて生きてゆけるようになり、農耕用家畜を保持したり犂を使用したりできるようになったのである。こうしたローマ人の完全保有地《フーフェ》としての農地の通常の面積単位は、確信を持って突きとめられるわけではないが、すでに述べたように（八六頁）、二〇ユゲラより狭いとは推定しにくい。

＊　ゲルマン人の耕地共同体において登場するのが、［氏族もしくは部族］仲間のもつ分割された所有地と同じ仲間による共同耕作の結びつきだが、それはイタリアではかつては確かに存立がむずかしかった。ここイタリアでもゲルマン人の地におけるように、各成員が全共同体の土地の、耕作上限定された各部分における個々の小区画の所有者と見做されていたにしても、それでもおそらく後の分離・独立した農耕は、細分された保有地《フーフェ》に由来するものであろう。しかし問題はむしろ逆である。ローマ人の保有地《フーフェ》の個別名（フンドゥス・コルネリアヌス **fundus Cornelianus** など）は明らかに、最古のローマ人の個人的な土地所有が事実上まとまっていたことを示している。

＊＊　キケロは報告している（Cic. rep. 2, 9；14. vgl. Plut. q. Rom. 15)。「当時（ロムルスの時代）、財産とは家畜と土地を所有することであったから、そこから富裕なとか、富める、と呼ばれたのである。――そこではじめに彼（ヌマ）は、ロムルスが戦争で得た土地を市民の一人一人に分配し……」。同じくディオニュシオスも、ロムルスが土地を三〇のクリア地区に分かち、ヌマが境界石を据えテルミナリアの祭りを導入したとしている（I, 7；2, 74. またそこから Plut. Num. 16)。

＊＊＊　この主張には引き続き異論が出されているので、その数字について語ることにしよう。共和政末期および帝政期のローマの農事作家は、平均してユゲルム当たり五ローマ・シェッフェル（モディウス）の小麦を播種し、収穫は五倍の穀物を見積っていた。したがって一ヘレディウムの収穫は、住まいのための場所と館、中庭の占めるところを度外視しまったくの農耕地と見做して、休閑地とする年を考慮に入れないとしても、五〇シェッフェル、種子用を除けば四〇シェッフェルとなる。カトーは、重労働に従事する成年の奴隷は年に五一シェッフェルの小麦を消費すると計算している（agr. 56)。ローマ人の一家族がヘレディウムで生きてゆけるかどうかという問題は、以上のことからだれでも自分で答えられよう。これに対して反証が試みられ、それは、後の時代の奴隷は古い時代の自由農民と比べてもっぱら穀物で生活していたこと、また古い時代には五倍の穀物という想定はあまりにも低すぎるということを拠り所としている。おそらくともに正しいであろう。だが両者には限界がある。たしかに、農地自体および共同放牧地が無花果《いちじく》、野菜、ミルク、肉（とくに古い集約的な豚の飼育による）、その他様々なものをもたらすという副次的な利得が、とくに古い時代には計算に入れられるべきであろう。しかし古いローマの牧場経営の形による家畜飼育は、たとえ意味がないとは言えないにしても、従属的な意味しかもたず、民衆の主要食品は、周知のとおり常に穀物であった。さらに、古い時代の農産物栽培の集約性のために、とりわけ総生産高ではきわめて大きな上昇を見ることができたようである。そして間違いなくこの時代の農民は、共和政後期や帝政期の大農場所有者が達成したよりも多くの収益を農地からかち得たのである（三一一頁注)。しかし、なんといっても平均の量が問題であり、合理的でもなければ大きくもない資本で運営される農業［農民経営］が問題であったから、ここでも中庸の計算が必要とされることになろう。ぎりぎりのところ、五倍の代わりに一〇倍の穀物と想定してみよう。それでもまったく不充分である。どんなことがあっても巨大な不足――つまりこうした算定をしたとしてもヘレディウムの上がりと家の需要との間に残らざるをえない不足――は、単なる作物の栽培［効

率」の上昇によって補填されるわけではない。反証は、合理的な土地経営の計算がなされ、それによって、際立って野菜を多く食べている人たちにあっては二ユゲラの土地からの収穫で一家族の食糧として平均して充分であることが明らかであるというような場合にのみ成り立つと見做されるべきであろう。

たしかに次のように主張するかもしれない。歴史時代に入ってさえ、二ユゲラの農地分配の形で植民市建設が見られるではないかと。ところが、その種の唯一の例（Liv. 4, 47）、すなわち前四一八年の植民市ラビキの例は、一般的に見て論拠として利用するに値するとしたその同じ学者によって、歴史的な詳細の点では信頼に足る伝承には数えられていない。それは、別のきわめて重大な疑念さえもあるからである（三二三頁の注。第二編第5章の注）。それはともかく、植民市建設ではない形の全市民団に対する土地分与（adsignatio viritana［市民への頭割りの割り当て地］）は、ときにはわずか数ユゲラ与えられただけだということも正しい（例えばLiv. 8, 11, 21）。しかしここでは、決して籤による土地分与の形で新しい農場が創られたわけではなく、むしろ原則として既存の土地に、占領された土地によって新しい地条が付加されたと言うべきであろう（CIL. I, p. 88）。いずれにせよどの推定も、福音書の五つのパンと二匹の魚というのと同じレベルの仮説よりはましであろう。ローマの農民は、自分たちの知っている歴史家よりはるかに控えめであることなどなかった。彼ら自身は、七ユゲラの土地では、もしくは一四〇ローマ・シェッフェルの収穫ではやってゆけないと考えていたのである。

穀物栽培　彼らの営む農業は、主として穀物栽培に当てられていた。通常の穀物はスペルト小麦*（far）であったが、豆類、根菜、菜っ葉なども熱心に栽培された。

＊　おそらくラテン人の農民家族が二ユゲラの土地で生活できたということを証明しようとする最新の——最後のと言うのはむずかしいにしても——試みは、主として次のことを拠り所にするものであろう。それは、ワッロが（rust. 1, 44, 1）、ユゲルム当たり播種されるべき種として五シェッフェルの小麦、それに対してスペルト小麦なら一〇シェッフェルと計算して、これに応じた収穫を見積もっており、したがって、スペルト小麦の栽培は、小麦栽培に比べて二倍とまでは言えないにしても、比較的高い産出高をもたらしてくれることがその捉え方から引き出されるということである。しかしこれはむしろ逆の方が正しいのである。名目上の大量の播種と収穫とは、単純に、ローマ人がすでに殻の取られた小麦を保管し種蒔きしたのに対して、スペルト小麦は殻に入ったまま（Plin. nat. hist. 18, 7, 61）——この場合、打穀によっては実から分離せずに——種蒔きしたという事情から説明されよう。同じ理由で、スペルト小麦は今日でも小麦よりも二倍も厚く蒔かれ、シェッフェルで量って二倍の高収益——殻を取れば少し減るが——をあげさせてくれる。G・ハンセン（Hannsen）が私に知らせてくれたヴュルテンベルクについての報告では、小麦の場合、ヴュルテンベルク・モルゲンでの平均的な収穫として（一回の種蒔きは四分の一ないし二分の一シェッフェル）二七五ポンドという中位の重さで三シェッフェル［八二五ポンド］であり、スペルト小麦の場合は（一回の種蒔きは二分の一ないし一と二分の一シェッフェル）少なくとも一五〇ポンドという中位の重さで七シェッフェル［一〇五〇ポンド］と計算されている。後者は、脱穀によってほぼ四シェッフェル分減少する。このようにスペルト小麦がもたらしてくれるのは、小麦に比較して総収穫量の点で二倍以上、同じように土質の良い土地ならばおそらく三倍の収穫が、しかし比重という点では、打穀前ならば半分以上というほどではないが、打穀後は（穀粒として）半分より少ない。右に主張されているような間違いからではなく、このような類いの概算にあたって、言い伝えられかつ同じ類いの査定から出てくることが当を得ているので、右に述べられた小麦に関する計算がなされているのである。したがって、この計算も許されよう。スペルト小麦に転じた場

合も、計算は基本的には違っていないし、収穫は高まるよりも落ちているからである。スペルト小麦は小麦に比べて、土壌や天候に関してはより丈夫であるし、危険にさらされることが少ない。しかし小麦の方が全体として——とりわけたいしたことのなくはない脱穀の費用を計算に入れれば——より高い正味の上がり（ラインバイエルンのフランケンタール地方で五〇年間の平均が、小麦かマルター［ドイツ・オーストリア［スイス］の古い材木および穀量の単位。ほぼ一五〇―七〇〇リットルで地域差が大きい］で一一グルデン三クロイツァー、スペルト小麦がマルターで四グルデン三〇クロイツァー）になっており、南ドイツのように土質がそれを受け入れれば小麦栽培の方が優ることになり、一般に栽培技術の進歩とともにこちらがスペルト小麦栽培を駆逐するのが習いなので、イタリア農業のスペルト小麦から小麦栽培への同じような型の移行も一つの進歩であったことは否定しようがない。

ブドウ栽培　ブドウの栽培が、イタリアへのギリシア人移住民によって初めてもたらされたものではないことは（一七頁）、ギリシア人の入ってくる前の時代にまで遡る共同体ローマの祝祭リストが証明している。それは三つのブドウ酒の祭りを示しており、それらは父なるヨウィスのためのものであって、ギリシア人から初めて借用したもっと新しい酒の神、父なる解放者のために祝われたものではない。

カエレの王メゼンティウスがラテン人もしくはルトゥリ人からブドウ酒税を徴収したという、きわめて古い伝説（一一三頁）や、ケルト人がアルプスを越えたのはイタリアの高貴な果実について、とりわけブドウとブドウ酒について知ったからであるという、広く行き渡ったイタリアのお話の様々なヴァージョンからは、近隣の人々に羨しがられた自分たちのすばらしいブドウ酒についてのラテン人の誇らしい気持ちがうかがわれる。早くから一般にラテン人の神官によって、注意深いブドウの木の育て方が目指された。ローマでは、共同体の最高の神官たるユピテル祭司《フラメン》（flamen）がブドウの摘果を許可し、自らが手を下したときに初めて摘果が始まった。同様にトゥスクルムの規則では、神官が樽開きの祭りを公表するまでは、新酒の販売が禁止されていた。同じくこれに属することとして、犠牲の儀式においてブドウ酒の献納が一般に受け入れられたばかりではない。王ヌマの法として知られるようになったローマの神官の規定、すなわち、刈り込まれていないブドウの木からとったブドウ酒をお神酒として神々に注いではならないという規定もあった。また同じく、神官は穀物の乾燥に役立つ方法を導入するために、乾燥されていない穀物を犠牲に捧げることを禁止したのである。

オリーヴ栽培　オリーヴ栽培は時期的に遅れ、たしかにギリシア人によって初めてイタリアに到来したものである。* オリーヴは建国後第二世紀末頃［西暦前六世紀中頃］西地中海沿岸地帯に植えられていたと言われる。オリーヴの枝や実がローマの宗教儀式でブドウの果汁よりもはるかに低い役割しか果たしていないことは、このことと合致している。ところで、ローマ人が、この二つの高貴なる樹をいかに貴重なものと見ていたかは、市広場《フォルム》の真ん中、クルティウスの池の近くに植えられたブドウの樹とオリーヴの樹が証明している。

＊　ラテン語のオレウム（oleum［オリーヴ油］）とオリウァ（oliva［オリーヴの樹］）は、ギリシア語の*ἔλαιον*, *ἔλαια* から、アムルカ（amurca［オリーヴ油のかす、澱］）は、*ἀμόργη* から来たもの。

無花果《いちじく》　果樹の中では何よりも、栄養があって、おそらくイタリアの土地固有のものである無花果が植えられていた。ローマの建国伝説の糸が古い無花果の樹をめぐってきわめて緊密に紡がれていたのであるが、そのいくつかはローマ広場《フォルム・ロマヌム》の上、またはその傍らに立っていた。＊

＊　しかし、サトゥルヌス神殿の前に立っていたものが前四九四年に切り倒されたことは（Plin. nat. 15, 18, 77）、伝えられていない。CCLX［260、つまり西暦前四九四年］という日付は、すべての善い写本には欠けている。おそらくLiv, 2, 21に依って解されていたのであろう。

農業　農民とその息子たちは、犂を操作し、大体において農業労働を行なっていた。普通の農場の仕事に奴隷や自由な賃金労働者が定期的に一緒に使われたということは、ありそうにない。犂を引くのは雄牛であったが、雌牛もいた。荷物の運搬には馬や驢馬、あるいはらばが使われた。肉やミルクを得るための、独立した形の家畜飼育は、氏族の所有権下にある土地では少なくとも存在しないか、あってもきわめて限られた範囲内にすぎなかった。しかしおそらく、共同牧草地で一緒に放牧されていた小家畜の他に、農家の庭には豚や家禽類、とくにガチョウが飼われていた。一般に、倦むことなく犂耕、再犂耕が行なわれた。農地は耕されても不完全と見做され、畦の線がそれほど深く引かれなかったので、まぐわでの砕土がどうしても必要であった。しかし作業は、知恵を働かせたものというよりは力を集中させたものであり、欠点の多い犂や不完全な収穫、脱穀の手続きなどは変わらないままだった。これはおそらく、農民が因習的なものを頑なに守り抜いたことによるのではなく、合理的な機械装置がわずかしか発展しなかったことによっている。というのも、現実的なイタリア人［イタリキというより広い意味で。古代から現代まで通して］には、世襲された土地とともに受け継がれてきた耕作方法に気楽に頼りきることなど無縁だったからである。農業におけるはっきりした改良は、例えば飼料の草の栽培や草原の灌水組織のように、すでに早くより近隣の人々から受け入れたり、独立して発展させられていたようである。しかもローマ人の著作自体が、農業の理論的な取り扱いをはじめていた。熱心で分別をもった労働が、喜ばしい休息の時をもたらした。そしてここでも宗教が、下層民にも休養やより自由な人間らしい活動という中休みを与えて人生の労苦を和らげてやるために、その権利を主張した。八日ごとに（nonae）、したがって月に平均して四回くらい、農民は売り買いのため、また自分の他の用事を片づけるために町へ出かけた。しかし本来の意味での仕事休みは、ただそれぞれの祝祭日にとった。とりわけ、冬の種蒔きのすんだ後の休みの月がそうである（feriae sementivae）。この期間は、神々の命令によって犂耕も休みとなり、祝祭日の余暇には、農民ばかりか隷農［奴隷］も牛も休養していた。

最古期の普通のローマ人の農場は、たぶんこのように運営されていたのであろう。農地の相続人にとって、管理の悪さから農地を護る方法としては、相続財産を手軽に費消してしまう者をあたかも気の狂った者として後見のもとにおく権限（一三九頁）とまったく同じものが存在した。さらに加えて女性からは、自分で処分できる権利は基本的には奪われていた。この女性が結婚する場合にも、氏族の中で財産をまとめて保持するために、同じ氏族仲間が夫としてあてがわれた。土地財産の債務超過は、法が、抵当債務の場合には、抵当に入れられた［担保にされた］不動産の所有権を一時的に債務者から債権者に移すよう命ずることにより、また単純な貸し付けの場合には、急速に事実上の破産になるようにする厳しい執行手続きによって、統御しようとした。それでも後の方のやり方は、その結果が示すように、狙いとするところをきわめて不完全にしか達成できなかった。

財産の自由な分割は、法的には無制限のままだった。そこで、共同相続人が相続財産を未分割のままで所有し続けることがどんなに望ましいものであったにせよ、すでに最古の法ですら、そのような共同社会［仲間組織］の解消を、いつでも、いかなる構成員にも留保しておくよう配慮していた。仲間同士が平和裡に一緒に住むのはよいことであろう。しかし、彼らをそうするよう強制することは、ローマ法の自由な精神とは無縁のものである。さらにそういうわけでセルウィウスの国制は、ローマではすでに王政時代においてさえ、住み込み労働者や菜園保有者がいなかったわけではないことを示している。彼らとともに、犂に代わってふたたび唐鍬が登場した。土地の過度の細分化を避けることは、慣行に、また住民の良識に委ねられていた。そしてローマ人がこの点に関して迷いを見せなかったこと、所領は原則としてまとまったままであったことは、所領を固定した個人名で呼ぶというローマの一般的な慣例が、すでに示しているところである。共同体は、この点にはただ間接的に、植民市に人を送り出すことによって介入するだけであった。植民市は、規則的に一定数の新しい完全保有地《フーフェ》の設立をもたらすものであり、植民者として小土地所有者が送り出されるので、一定数の住み込み労働者の立場にある者が吸収されるのであった。

土地所有者　より広い土地所有の状況を把握することは、はるかにむずかしいことである。そうした大土地所有がかなり拡大したことは、早期における騎士層の発展を見れば疑うべくもない。またそれは、ある点では、氏族の土地《マルク》――いくつかの氏族においてはそれに関与する人の頭数がどうしても不均等になるため、自ずから他より大きな土地所有者の身分が生まれざるをえなかった――の分割から、また別の点では、ローマに流れこんでくる商人資本の量の多さから、容易に説明されよう。しかし、本来の意味での大規模な農業は、我々が後のローマで見出すような相当数の奴隷層に支えられたものであり、そのようなものはこの時代には想像することもできない。これには、むしろ古い定義づけが引き合いに出されるべきであろう。それによれば、元老院議員が父親と呼ばれたのは、ちょうど父親が息子に対するように、彼らが下層民に分け与えた農地によるのだというのである。本来土地所有者は、自分では耕せないその土地の一部を、あるいはその土地の全部さえも、耕作のために従属民に小さな一筆地として分け与えたことであろう。こうしたことは、現在なおイタリアでは一般的に見られるところである。それを受け取るのは、貸与者の家子であったり、奴隷であったりすることであろう。その人が自由民だった場合は、その関係は、後に「懇請による占有《プレカリウム》」(precarium［恩貸地。封土に類似］)と呼ばれるものと同じであった。受け取る人は、貸与する人の好きなだけの間これを保持するが、貸与者に対して所持の点で身を護るためのいかなる法的手段ももっていなかった。むしろ貸与者は、利用者をいつでも随意に追い出すことができた。土地所有者に対する土地保有［利用］者の反対給付は、この関係の中には必然的なものとしては存在しなかった。しかし疑いなく、それはしばしば行なわれたし、たぶん原則として収穫物の一部の引き渡しからなっていたことであろう。したがってこの場合には、後の賃貸借の関係に近いものとなる。しかし常にそれと区別されるのは、決まった最終期限が欠落していることによるとともに、双方いずれも訴訟を起こせないこと、またひたすら貸与者側の退去させ得る権利に基づいた賃借料請求の法的保護によるのであった。明らかにこれは基本的には、忠誠関係であり、宗教的に聖なるものとされた強力なしきたりがなくては存立しえなかった。しかし、それが欠けていたわけでもなかった。

まったく道徳的・宗教的な庇護関係《クリエンテラ》の制度は、結局のところ土地利用のこうした割り振りに基づくものであったことは間違いない。土地の割り当ては決して、耕地共同体の解体によって初めて可能になったものではない。というのも、耕地共同体の解体後の個々人と同じように、解体以前には氏族が、自分たちの土地《マルク》の共同利用を従属民に許可していたと思われるからである。まさにこのことと、ローマの庇護関係《クリエンテラ》が個人的なものではなく、はじめから庇護民《クリエンテス》は自分の氏族とともに、パトロンおよびその氏族に対して、保護と忠誠に身を委ねたという事実とが結びつくのである。ローマの農業のこのような最古の形から、なぜローマにおいては大土地所有者から土地貴族が生まれたのに、都市貴族は生まれなかったのかが明らかになるであろう。中間層の存在という有害な制度がローマ人には無縁のままだったので、ローマの領主［土地貴族］は、賃借人［小作人］や農民に劣らずはるかに自分の土地に縛りつけられていると感じていた。彼は、すべてにわたって自分の目で見て、自ら手を下した。良き農民［土地所有者］と言われることは、富裕なローマ人にとって最高の褒め言葉と見做された。彼の家屋敷は田舎にあった。町には、仕事をそこで片づけるために、また大体暑い季節の間そこで清浄な空気を吸うために、一個の宿所をもつだけであった。しかしとりわけ、このような形が整うことによって、貴顕の士の卑賤な人物に対する関係にとっての道徳的基盤が形成されたのであり、それでもって、この関係のもつ危険性も実質的には小さくなったのである。

懇請・恩恵に基づく自由な賃借人は、落ちぶれた農民の家族から出てきた人たちであるが、それと従属民や解放奴隷などが、プロレタリアートの大群を構成した（七九頁以下）。彼らは地主（領主）に対して、期限付き小賃借人が大土地所有者に対して不可避的に従属的であったよりはるかに従属的であったというわけではなかった。主人のために農地を耕す隷農は、間違いなく自由小作人よりもはるかに数が少なかった。移住してくる民族が一挙に住民を大量に隷属民にしてしまわなかったところではどこでも、奴隷は当初はきわめて限られた範囲内で存在したにすぎなかったようである。したがって自由労働者は、我々が後に国家の中でそれを見出すにしても、それとはまったく違った役割を国家の中で担っていたようである。ギリシアでも、古い時期には日雇い《テーテス》（θῆτες）が、後の奴隷の代わりに何倍も見られたし、いくつかの共同体では——例えばロクリス人のところでは——歴史時代まで奴隷制なるものはまったく存在しなかった。しかし隷農は、それでも普通はイタリア出自であった。ウォルスキ人、サビニ人、エトルリア人の戦争捕虜は主人に対して、後の時代のシリア人やケルト人とは違った形で相対せねばならなかった。それに加えて、分筆［分割］地占有者［保持者＝小作人］として——法的ではないが事実上は——土地と家畜、妻と子を地主と同じように持ち、解放が存在するようになって以降は（二四二頁）、自由を働き取る可能性もこれらの人たちにはありえないことではなかった。最古の時代の大土地所有がこのような状況だったにしても、それは決して公共体の公然たる傷ではなく、公共体にとってもそれを助ける最も重要なものであった。ただ単に大土地所有は——たとえ全体としては僅かなものであろうとも——、一つの均衡のとれた生存の道を、中小の土地が果たすのと同じように多くの家族に提供していたばかりではない。比較的高い、しかも自由な地位を占めた地主の中から、共同体のしかるべき指導者や統率者が成長していったし、一方、農地で働く、所有権をもたない「恩恵に基づく小作人」は、ローマの植民政策の真の人的資源になった。この人たちなくしては、この政策は決してうまくはいかなかったであろう。というのも、たしかに国家が財産のない人々に土地を与えることができたとしても、農耕従事者ではない人物に、率先を動かしてゆく勇気や力を与えることはできなかったからである。

牧畜　牧草地は、土地分割には関係なかった。共同放牧地の所有者と見做されるのは国家であって、氏族仲間ではない。国家は、一部では、この共同放牧地を国家自身の畜群——犠牲や他の目的にと当てられ、家畜での罰金によって常にかなりの程度補充された——のために利用し、また一部では、家畜所有者に適当な放牧税《スクリプトゥラ》（scriptura）を払わせて共同放牧地に放牧するのを認めたのである。共同体の共同牧草地に放牧する権利は、もともとは事実上土地所有とある種の関係を持っていたことであろう。しかしそれゆえに、個々の保有地《フーフェ》としての農耕地と共同放牧地の一定の分割利用との法的結びつきは、ローマではまったく生まれなかった。というのも、土地財産が居留民《メトイコイ》にも獲得されえたのに、利用権は居留民《メトイコイ》にはただ例外的に、王の恩恵によって与えられるにすぎなかったからである。ただしこの時期には、共同体の土地は国民経済の中で総じて副次的な役割しか果たしていなかったようである。もともとの共同放牧地はおそらくあまり拡がっていたわけではなく、征服した土地もきっと大部分が直ちに氏族の間で、あるいは後には個々人の間で農耕地に分割されたからである。

手工業　ローマにおいては農業が、たしかに第一の、また最も広く行なわれた生業であったこと、だがそれと並んで産業の別の枝々が欠けていたわけではなかったことは、ラテン人のこの取引・通商基地《エンポリウム》で早くから都市生活が発展したことからも分かるであろう。そして事実、王ヌマの制度の中には、すなわち人の記憶の及ばないような時代からローマに存在する組織の中には、八個の手工業者の同職組合が数えられる。笛吹き、黄金細工師、銅細工師、大工、縮絨工、染め師、陶工、靴屋であるが、パン焼きや、薬による職業的な治療技術などはまだ知られていなかったし、家にいる女性が自ら衣類のために羊毛を紡いでいた最古期には、他人が勘定を支払って注文を受けて作るという生業の範囲は、基本的には以上でもって尽きているだろう。注目すべき点は、鉄の仕事をする働き手の独自の同業組合が現われていないことである。このことは、ラティウムでは比較的遅くになって初めて鉄製品の製造に取りかかったことを新たに証明するものである。そしてこのことから、例えば儀式における聖なる犂や神官の大鋏の刃には、最も後の時代まで一貫して、銅しか使うことが許されなかったことが分かるのである。ローマの都市生活にとって、またラテン人の土地に対するその地位から言っても、こうした組合は、最古期においては大きな意味をもっていたに違いなく、その重要性たるや、主人のために主人の費用で仕事をする手工業奴隷の大群によって、またぜいたく品の輸入増大によって、圧迫されたローマ手工業の後の状況からは測り知ることができないであろう。

ローマの最古の歌曲は、ただ単に力強い戦さの神マメルスを祝うばかりでなく、練達の武具師マムリウスをも寿ぐのであった。この武具師は、天から降ってきた模範としての神の楯に倣って、市民仲間に同じ楯を鍛造できた人物なのである。火と鍛冶屋の炉の神ウォルカヌスは、太古のローマの祝祭表にもすでに現われている（二五〇頁）。最古期ローマでも、犂先や剣を鍛造する技術とそれを用いる技術は、どこの場合とも同じようにやはり手を取り合って進み、後にはローマでも出くわすようになった手工業に対するあの尊大なあざけりなど、全然見られなかった。しかし、セルウィウスの秩序が軍務をもっぱら土地保有者の義務にして以降は、工業担当者は、たしかに法的にではなくとも事実上――おそらく例外なく非土地保持者であったため――、武器を執る権利から除外されたままだった。ただし大工、銅細工師、そしてある種の楽士などからなる、軍事的に組織された独自の部門が軍隊に付加されたのは、例外である。この排除はおそらく、手工業に対する、後の道徳的な点での軽視と政治的な冷遇の起点になるものであろう。同業者組合という制度は間違いなく、名前の点でもこれに似ている神官団と同じねらいを持つものであった。専門家はより鞏固に、またより確実に手の業の伝統を保持するために力を合わせた。技術を持たない人々が何かの方法で遠ざけられたということもありそうなことである。しかし、独占の傾向についても、質の悪い製品からの保護の手立てについても、その痕跡はまったく見つからない。もちろん、ローマの民衆生活のいかなる面といえども、手工業についてほどまったく情報の枯渇しているものはないのだが。

イタリキの内陸商業　イタリアの商業が、最古期にはイタリキ相互の取引に限定されていたことは自明であろう。市《メルカトゥス》(mercatus［定期市、メッセ］)は——通常の週市《ヌンディナエ》(nundinae)とは区別しなければならないが——、ラティウムではきわめて古いものである。おそらくそれは、まず国際的な集会と祭典に連なっており、ローマではアウェンティヌスの丘にある同盟の神殿の祝祭と結びついていたようである。ラテン人はこの祭りのために毎年八月一三日にローマにやってきたが、彼らはこの機会を利用して、ローマでの用事を片づけ、必要なものを買い込んだことであろう。エトルリアの場合、同様の、しかもより大きな意味をもっていたのが、ウォルシニイの地のウォルトゥムナ(Voltumna)神殿(おそらくモンテフィアスコネ付近)での毎年の総会であったが、これは同時に市《いち》としての役割も果たし、ローマの商人たちも常連として訪れた。しかしイタリアのすべての市のうちで最も重要なものは、フェロニアの林苑のソラクテで催された市であり、そこは、三つの大民族の間での物品の交換には、だれしも認める最適の場所であった。孤立した高い山であり、ティベリス河の平原の真ん中にあり、ちょうど自然そのものによって旅人の目的地として設定されたかのような場所であるが、エトルリア人とサビニ人の地方を分かつ境界に位置し、大部分がサビニ人の土地に属していたようである。そのうえラティウムからもウンブリアからも容易に赴くことができる。ここには、ローマ商人も常連として現われ、彼らの不穏当な行為はサビニ人と喧嘩沙汰を引き起こすこともあった。

　間違いなく、こうした市《いち》では取引がなされ、交換が行なわれた。それは、ギリシア人あるいはフェニキア人の最初の船が、西の海に乗り込んでくるはるか前のことであった。ここでは、凶作となったときに様々な地方がお互いに穀物の貸し借りで助け合った。ここではさらに、家畜、奴隷、金属、そしてその他にも、そのような最古の時代にあっても必要もしくは望ましく見えたものが交換された。牛と羊は、最古の交換手段であった。一〇匹の羊が一頭の牛に等しいと見做された。法的に認められた普遍的な価値を代表する物、言い換えればお金としてのこれらの対象の認定も、大家畜と小家畜の間の交換比率も——とりわけゲルマン人の間での両者［大小の家畜］のやりとりが示しているように——ただ単にグラエコ・イタリキ時代だけではなく、それをはるかに越えて、純然たる牧畜経済の時代にまでさかのぼるのである。*

＊ 羊と牛との比較・相対的な法的価値は、よく知られているように、次の事実によって明らかになる。それは、家畜の罰金を金銭の罰金に置き換えたとき、羊は一〇アス、牛は一〇〇アスに評価されたことである（Fest. v. peculatus. p. 237. vgl. p. 34, 144；Gell. 11, 1；Plut. Publ. 11）。アイスランドの法で、雌牛は雄羊一二匹と同じ価値があるとしているのは、同じような規定である。別の場合もそうだが、ここでは、ゲルマン人の法が、より古い十進法のシステムを十二進法に取り替えていることだけが異なっている。

ラテン人の間での家畜の呼称（ペクニア pecunia）が、ゲルマン人の間でのように（英語の fee）、お金の呼称に移行してゆくことは、よく知られている。

それと並んで、イタリアでは——一般には金属がかなり大量に、とりわけ農地の耕作や武器のために必要だったのに、ほんのわずかな地方でしか必要な金属さえも産出しなかった——、きわめて早い時期に第二の交換媒体として銅《アエス》（aes［青銅も含む。以下同］）が登場した。それゆえ、銅の少ないラテン人は、評価すること自体を「銅鉱石を切断する、砕く」という意味に由来する言葉（aestimatio［価値評価］← aestimo ← aes）で表現していたほどである。このような、半島全体に通用する一般的な等価物としての銅の確立に関しても、また、後で（一九〇頁）より詳しく考えてみることになるはずの、イタリキの考案した最も単純な数字に関しても、さらにはイタリキの十二進法に関しても、イタリア半島がまだ自分たちだけのものであった時代におけるイタリキ系の人々の最古の国際的交流の痕跡が認められるであろう。

イタリキの海外貿易　海外との取引が、独立を続けていたイタリキにどのような類いの影響を与えたかは、一般的な形ではすでに指摘した。そうした交易にほとんどまったく無関係なまま残っていたのがサベッリ系の人々であった。彼らは、ただ狭い荒れ果てた海辺地帯を占めていただけであり、例えばアルファベットのように外国の民族から受け入れたものも、トゥスクス人［エトルリア人］もしくはラテン人を介してのみ受け入れたにすぎない。都市的な発展の欠如も、そのような事情から説明される。タレントゥムとアプリア人やメッサピア人との通商も、この時期にはまだ小規模なものだったようである。西海岸の状況はいささか別であり、カンパニアにはギリシア人とイタリキがお互い平和裡に暮らしており、ラティウムでは、またエトルリアではそれ以上に、広範囲で定期的な商品交換が行なわれていた。最古の輸入品が何であったかは、一部は、太古の、とりわけカエレの墳墓から出土した品々から推測できよう。また一部は、ローマ人の言語や制度の中に保持されているその名残りから、さらにまた一部は、とりわけイタリキの工業が受けた刺戟から推し量ることができよう。というのは、もちろん彼らは摸倣をはじめる前に、かなり長い間、外国の手工業製品を購入していたからである。

我々はたしかに、種族の分離前にいかに広く手工業が発展していたか、また次いでイタリアが再び自分の手でそれを行なうべく委ねられた時期に、手工業がいかに繁栄したかを確かめることはできないであろう。イタリキの縮絨工、染め師、なめし工、陶工が、どの程度ギリシアやフェニキアから刺戟を受けたか、あるいはどの程度自立して発展したかは、未決定のままにしておかれることになろう。しかし、ローマでは悠久の昔から存在した金細工の仕事は、海外通商が始まり、半島の住民の間で金の飾りものをある程度売りさばくことができるようになった後に初めて起こってくることは確かである。その結果、我々が目にするのは、エトルリアのカエレやウルキ（ヴルチ）、ラティウムのプラエネステの最古の墳墓の墓室の中の、翼をもったライオンの刻印された黄金板とバビュロニアの工房製の似たような装飾である。個々の出土品に関しては、それが外国から輸入されたものか、それともその土地の模作であるかが議論の対象となろう。全体としては、最古期のイタリアの西海岸がすべて東方からの金属製品を受け入れていたことは、疑う余地はないであろう。

　陶土や金属での構造物や彫刻は、この地ではきわめて古い時代にギリシアから強烈な刺戟を受けていたこと、すなわち最古の道具類や最古の模範品がギリシアから入ってきたことは、後に技芸の修業について語る個所でもっとはっきりと示すことになろう。今まさに言及した墓室には、黄金の装飾品の他にもまだ、青みがかったエナメルもしくは緑がかった陶土からなる容器が一緒におかれていた。材質や様式の点から、また刻みつけられた象形文字の点から判断しても、エジプト起源のものである*。オリエント風のアラバスターの香油容器があり、その中のいくつかはイシスの形をしている。スフィンクスやグリフィン［グリュプス。頭と翼が鷲で、胴体が獅子の怪獣］の描かれた、もしくは刻まれた駝鳥の卵。ガラスや琥珀の数珠玉。この最後の品は、北方から陸路到来したものであろう。しかし、それ以外の品物は、オリエントからあらゆる種類の香料［香油］や装身具が輸入されたことを示している。まさしくその地から、亜麻《リンネル》や紫色染料、象牙や乳香などが入ってきた。その点は、リンネルのリボン、紫色の王衣、象牙製の王笏や犠牲の際の乳香が早期に使用されたことや、これらに関する、太古の借用語も同じく証明するところである（*λίνον*-linum；*πορφύρα*-purpura；*σκῆπτρον*-*σκίπων*-scipio［杖、笏］、またおそらく*ἐλέφας*-ebur［象牙］；*θύος*-thus［乳香］も）。同様の部類に入るのが、食料品や飲み物に関するかなりの言葉の借用、とりわけ油の名称（一七五頁参照）や容器［壷、瓶］の呼称（*ἀμφορεύς*-amp[h]ora, ampulla［首が細く両側に把手の付いた壺］；*κρατήρ*-cratera［ブドウ酒に水を混ぜるための、台付きの両手壺］）、宴会（*κωμάζω*-comissari）や珍味佳肴の呼び名（*ὀψώνιον*-opsonium［とくに魚料理］）、パン生地（*μᾶζα*-massa［ケーキの台、生地］）や様々なお菓子の名前（*γλυκοῦς*-*lucuns*；*πλακοῦς*-*placenta*；*τυροῦς*-turunda）である。逆に、皿に盛った料理（patina-*πατάνη*）や脂身（arvina-*ἀρβίνη*）を意味するラテン語の呼称は、シチリアのギリシア人に受け入れられたものである。墓の中に死者のためにアッティカ風、ケルキュラ式、カンパニア風の贅沢な食器を入れておく後の慣習は、まさにこの言語上の証捌と同じく、ギリシアの焼きものがイタリアへと早期に売り捌かれたことを示すものである。ラティウムにおいてギリシアの革製品が、少なくとも装具の形で広く迎え入れられたことは、ギリシア語の革にあたる語（*σκῦτος*）がラテン人の間では楯を意味する語（scutum. lorum［皮紐、革帯］から lorica［革製の胸甲］へのように）として使われたことが示していよう。

* つい最近、プラエネステでフェニキア語碑文と象形文字の碑文のある銀製の調合用容器が見つかっている（Mon. Inst. X, Taf. 32）が、それは直接には、イタリアに姿を現わしているこうしたエジプト製品が、フェニキア人の手を通してその地に達していたことを証明するものである。

最後に、ギリシア語から借用された船乗りに関わる数多くの表現が、こうした類いのものに属する。たとえ帆前船の航行についての主要な術語、すなわち帆、マストや帆桁などが、注目すべきことに純粋にラテン語であるにしても。* さらには手紙（*ἐπιστολή*-epistula）や券（板。*τέσσαρα* から来た tessera）**、秤（*στατήρ*-statera）、手付け金（*ἀρραβών*-arrabo, arra）のギリシア語の呼び方がラテン語の中に、そして反対にイタリキの法律用語がシチリアのギリシア語の中に採用され（一四四頁）、後に言及する貨幣や度量、重量の比率や名称の交換現象が見られる。

* velum［帆］はたしかにラテン語起源である。malus［マスト］も同じであるが、とくにこれは単にマストを言い表わすだけではなく、一般には木をも表わしたのである。antenna［帆桁］も、*ἀνά*（anhelare, antestari）と tendere = supertensa に由来するようである。それに対してギリシア起源のものは、gubernare［操縦する］は *κυβερνᾶν* から、ancora［錨］は *ἄγκυρα* から、prora［船首部分］は *πρῷρα* から、aplustre［船尾部分］は *ἄφλαστον* から、anquina［帆桁に固くついた綱］は *ἄγκοινα* から、nausea［船酔い］は *ναυσία* からといった具合である。

古代の四つの卓越風——aquilo［鷲の風］は北東のトラモンタナ［アルプスおろしの風］、volturnus（起源は不確か、たぶん禿げたか＝コンドルの風）は南東風、auster は空っ風の南西風シロッコ、favoninus はテュッレニア海から吹いてくる恵まれた北西の順風——は土着の名前で、航海とは関係のない名称をもっている。だが他のラテン語の風の名前はすべて、ギリシア風であるか（eurus［南東風、東風］、notus［南風］のように）、ギリシア語から訳されたものである（例えば、solanus［東風、太陽の出る方から吹く風］-*ἀπηλιώτης*, Africus［西南西の風］-*λίψ*［南西風］）。

** まず券（板）とは、戦陣勤務において考えられる。それにはひとつの印が書かれている。「この人（tr. mil.）は、哨兵すべてに小板を与える。それにはひとつの印が書かれている」（Pol. 6, 35, 7）。夜の勤務につく警備（vigiliae）の四人は、一般に板に名前を書いた。夜警のための夜の四区分は、ギリシアでもローマでも同じである。ギリシア人の兵学がおそらくピュッロスによって（Liv. 35, 14）、ローマの陣営における安全確保の勤務組織に影響を与えたのであろう。非ドリス人の形式の使用は、言葉で引き継がれたのが比較的後のことであることを物語っている。

こうした借用語がみなはっきりと示している語法上の破格な性格、何よりも対格から主格を形成するというまことに独特なやり方（placenta-*πλακοῦντα*；ampora-*ἀμφορέα*；statera-*στατῆρα*）は、借用された時代のたいへんな古さを最もはっきりと証明するものである。商業の神《メルクリウス》（Mercurius）の崇拝も、はじめからギリシア人のもつイメージによって引き起こされたように思われるし、したがってこの神の年祭さえも、ヘレネス世界の詩人が彼を美しきマイアの息子として祝ったので、五月《マイウス》の一五日におかれたのであろう。

ラティウムにおける受動的な商業活動とエトルリアにおける積極的な商業活動　このようにして最古期のイタリアは、ちょうど帝政期のローマのように東方からの贅沢品を手に入れていたのだが、それは東方から受け取った手本に則って自分で製造しようとする前のことであった。しかし、これらの品々と交換するために提供できたものは、第一次産品つまりとくに銅、銀、鉄、次いで奴隷や造船用の木材、バルト海からの琥珀、そしてたまたま海外のどこかが凶作に見舞われたときには穀物、などでしかなかった。

物品の需要、またそれらと引き替えに提供できる等価物に関してのこのような状態から、なぜラティウムやエトルリアにおける古イタリア商業があのように様々な異なった形をとるようになったかは、すでに以前説明したところである。主要輸出品をことごとく欠いていたラテン人はただ受け身の商業を展開せざるをえなかったし、すでに最古の時代に彼らがどうしても必要とした銅も、エトルリア人から家畜もしくは奴隷とのバーター取引で手に入れなければならなかった。例えば太古のティベリス右岸で奴隷が売られていたことは、すべに述べたところである（九三頁）。それに対して、トゥスクス人の商業の収支決算は、カエレでもポプロニアでも、またカプアでもスピナでも、必然的に順調であったに違いない。したがって、ラティウムが圧倒的に農業地帯のままであったのに比べて、この地域の急速な繁栄の展開と通商上の立場の強力さが見られるのである。このことは、個々の関係についてもすべて当てはまるだろう。ギリシア式ではあるが、非ギリシア的な贅沢さで建てられ調えられたにすぎない最古の墳墓がカエレで見つかっているが、一方、プラエネステ――つまり特別な位置を占め、ファレリイや南エトルリアと特に密接な結びつきのあったと思われる土地――のものは例外として、ラテン人の地方は、死者の飾りにわずかに外国産のものがあるだけで、古い時代の独自で贅美な墓を一つたりとも見せてくれるわけではない。むしろここでは、サベッリ人の場合のように、死体を覆っているのは原則としてなんの変哲もない芝草であった。最古の貨幣は、時代的には大ギリシア《マグナ・グラエキア》のものよりさほど後のものではなく、エトルリア、とりわけポプロニアのものである。ラティウムは、王政時代を通じて重さを基準とする銅でなんとか間に合わせていた。外国貨幣すら輸入しなかった。例えばポセイドニアの貨幣のようなものも、ラティウムではきわめて稀にしか発見されなかったのである。

建築、彫刻、彫金においても、働きかける刺戟は、エトルリアでもラティウムでも同じであった。ところがエトルリアにおいてしか、資本がいたるところでこれらに対応して仕事を拡大し、技術を高めるということはなかった。全体としてはたしかにラティウムやエトルリアで売り買いされ製造された品物は同じであったが、取引の集中度に関しては南の地方は北の隣人のはるか後塵を拝していた。まさにこの点と関連のあるのが、ギリシアのお手本を摸倣してエトルリアで作り上げられた贅沢品が、ラティウムでも、とくにプラエネステで、いやそれどころかギリシアでさえ販路を見出したのに、ラティウムではかつて、そうした類いのものをほとんど輸出しなかったことである。

エトルリア人とアッティカ人、ラテン人とシチリア人の商取引　商取引におけるラテン人とエトルリア人との大いに注目すべき差異は、通商路が異なっていたことである。アドリア海におけるエトルリア人の最古の商業は、我々としても、それがスピナやハトリアからとりわけケルキュラに向かうものだったと推測する以外には、ほとんど何も言えることはない。西エトルリア人が大胆にも東方海域に乗り出し、シチリアのみならずギリシア本土とも交流していたことは、すでに述べたところである（一三一頁）。アッティカとの古い交易については、ただ単にアッティカの陶製の壺が示すばかりではない。これらの壺は、比較的新しいエトルリア人の墳墓にあのように大量に見られるし、またすでに指摘したように、墓の飾りとしてというよりは別の目的のために、おそらくもうこの時期には導入されていたのであるが、一方逆に、テュッレニア海地方の青銅製の燭台や黄金の深皿が、夙にアッティカでは引っ張りだこの品物になっていたのである。さらにそうした交流を示すものとしては、貨幣がやはりもっと確かであろう。ポプロニアの何枚かの銀貨は、太古の銀貨の型——片面はゴルゴネイオン〔ゴルゴまたはゴルゴンの頭。ゴルゴは恐ろしい顔と蛇の髪を持つ三女怪で、メドゥサとその姉妹を指す〕が極印され、別の面はただ打ち抜かれただけの正方形の形をしている——を模倣して造られたものである。その太古の銀貨は、アテナイで、またポーゼン〔ポーランド中西部の都市〕付近の古い琥珀の道沿いの場所で発見されており、まさにアテナイでソロンの命で鋳造された硬貨だということも大いにありうるであろう。それに加えて、カルタゴ・エトルリア海上同盟の発展以降はおそらくとくに際立って、エトルリア人がカルタゴ人と交易を行なったことは、同じくすでに述べたところである。注目すべき点は、カエレの最古の墓には、この土地の青銅および銀の器具の他に、とくにオリエント風の品物が見つかっていることである。それはギリシア人商人からのものでもありうるが、もっとありうるのはフェニキア人貿易商によって輸入されたものだということであろう。しかし、このフェニキア人の商取引に過大な意味を付与してはなるまい。とりわけ看過してはならないのは、エトルリアでは土着の自分たちの文化にアルファベットや他のあらゆる刺戟が加えられ、文化が熟成していったのだが、これらのものはエトルリアに、ギリシア人によってもたらされたのであって、フェニキア人によるのではないということである。

ラテン人の商取引は、別の方向を指し示している。ヘレネスの要素をローマ人が受容した場合とエトルリア人が受け入れた場合の両者を比較しうる機会は滅多にないにしても、それが可能なケースでは、両民族が相互に完全な自主独立性を保っていたことを示していると言える。このことはアルファベットの中に最も明瞭に表われている。カルキス・ドリス系の人々のシチリアやカンパニアの植民市からエトルリア人のもとにもたらされたギリシア人のアルファベットは、まさにその同じところからラテン人に伝えられたものとは少なからず相違している。このように両民族はアルファベットを、たしかに同じ源泉から汲み取ったのであるが、それぞれ別の時代に、また別の場所で受け取ったのである。同じ現象が、個々の言葉に関しても再び見られる。ローマ人のポルックス、トゥスクス人のプルトゥケ（Pultuke）はいずれも、ギリシア人のポリュデウケスから別個に転訛したものである。トゥスクス人のウトゼ（Utuze）もしくはウトゥーゼ（Uthuze）はオデュッセウスから形成されている。ローマ人のウリクセス（Ulixes）は、シチリアではありふれた名前の形を正確に再現したものである。同じようにトゥスクス人のアイウァス（Aivas）は、この名前の古ギリシアの形に、ローマ人のアヤクス（Aiax）は、おそらくシチリア人《シケリオタイ》［厳密にはシチリアのギリシア人］のものと思われる二次的な形に合致する。ローマ人のアペルタ（Aperta）もしくはアペッロ（Apello）、サムニウム人のアッペッルン（Appellun）は、ドリス人のアペッロンから、トゥスクス人のアプル（Apulu）は、アポッロンから生まれたものである。このようにラティウムの言葉と文字は、ラテン人の通商の方向がもっぱらキュメ人やシチリア人へと向かっていたことを示している。

そして、このようなはるかなる時代から我々の手に残された他の手がかりもことごとく、まさに同じ結論へと導くのである。例えば、ラティウムで発見されたポセイドニアの貨幣、ローマの不作の際にウォルスキ人、キュメ人、シチリア人から――当然のことながらそれらと並んでエトルリア人からも――穀物を購入したこと、しかし何よりもラテン人の貨幣制度のシチリアのそれとの関係などが挙げられよう。ドリス・カルキス人の地方における銀貨の呼称ノモス（νόμος）や、シチリアの度量単位ヘミナ（ἡμίνα）が、同じ意味でラティウムにヌッムゥス（nummus. ①ギリシアでは、ディドラクマ、ドラクマ。②ローマではセステルティウス。③小貨幣、他）およびヘミナ（hemina. 半セクスタリウス［四分の一リットル］）として伝わってきたように、逆に、古イタリアの重量の呼称リブラ（libra）、トリエンス（triens）、クァドランス（quadrans）、セクスタンス（sextans）、ウンキア（uncia）が――これらはお金の代わりに重さに応じて使われる銅の測定のためにラティウムに登場したものだが――転訛して混成語の形であるリトラ（λίτρα）、トリアス（τριᾶς）、テトラス（τετρᾶς）、ヘクサス（ἑξᾶς）、ウーキア（οὐγκία）として、すでに建国第三世紀［西暦前六世紀中頃―前五世紀中頃］のシチリアで一般に通用している言葉の中に入りこんでいた。そればかりか、ギリシアの重量および貨幣制度すべての中にあって、シチリアのそれはただひとり、イタリアの銅の制度と一定の確たる関係を持つようになっていた。慣習的に、またおそらく法的にも銅の二五〇倍の価値が銀に付与されていたばかりか、こうした計算に基づく銅のシチリアポンドで一ポンド（一二〇分の一アッティカタレント、三分の二［dtv 版は誤植?］ローマポンド）の等価物は、すでに最初期の時代にとりわけシュラクサイで銀貨として（*λίτρα ἀργυρίου*. すなわち銀での銅ポンド）鋳造されていた。したがってイタリアの銅の延べ棒がシチリアでもお金の代わりに流通していたことは、疑いようがない。そしてこのことは、ラテン人のシチリア向け商業が受動的な商業であり、その結果ラテン人のお金がシチリアに流出していったこととよく合致するのである。シチリアとイタリアの間の古い交流についてのさらに別の証拠、とりわけ商業貸し付け、牢獄、深皿などのイタリア式の呼称がシチリア方言で採用されたこと、また逆にイタリアにおけるシチリア風の表現の採用は、すでに言及したところである（一四四、一八二頁）。

ラテン人と南イタリアのカルキス人の町々、すなわちキュメやネアポリスとの、またラテン人とエレア（ウェリア）やマッサリアのフォカイア人との古い時代の交流・取引については、不確かとはいえ、いくつかの痕跡が存在する。ところが、それがシチリア人との交流・取引に比べてはるかに集約的でなかったことは、古い時代にラティウムに入ってきたギリシア語——**Aesculapius, Latona, Aperta, machina** などを想起すれば充分であろう——がすべてドリス方言の語形をしているというよく知られた事実が、すでに証明している。仮に、もともとイオニア系の人々の都市、キュメ（一二四頁）やフォカイア人［イオニア系］の入植地との交流・取引が、シチリアのドリス人との取引と同等の規模のものだったとすれば、イオニア方言の語形が、少なくとも他のものと並んで現われていたことであろう。たしかにこのようなイオニア植民市自体にもドリス的なものが早くから侵入していたにしても、またここでは方言が大きく揺れていたにしても、右のように言えるだろう。このように、ラテン人と一般に西の海のギリシア人との、とりわけシチリアのギリシア人との活発な商取引を、すべてが一致して証明しているのに対して、アシア［小アジア］のフェニキア人との直接の交流・取引はほとんど生まれなかった。またアフリカのフェニキア人との交易は著述家や遺物が充分に証明してくれるが、それはラティウムの文化水準を高めるような影響という点では二次的な位置しか占めなかった。とくに、ラテン人とアラム語を喋る諸民族との古い交流については——一、二の地域的な名称を考察から外すとすれば——いかなる言語上の証拠も欠けていることは、このことの正しさをよく証明するものであろう。*

* Sarranus や Afer、また他の地域的な名称は別にして（一三二頁）、ラテン語は古い時代に直接フェニキア語から借用した語は一つも持っていないようである。ラテン語にフェニキア語を語根に持つごく少数の語が現われるにしても、とりわけ arrabo もしくは arra、またおそらく murra, nardus、その他類似の語のように、それらは明らかにまずはギリシア語からの借用語である。ギリシア語は、こうしたオリエント風の借用語の中に、アラム人との最古の交流を示す証拠を相当数もっている。*ἐλέφας* と ebur は、同じフェニキア起源のものから冠詞を付加したり付加しなかったりという形でそれぞれ独立して形成さ

れたということは、言語学的に不可能である。フェニキア語の冠詞は正確に言うとhaであり、したがって使用されないからである。その上、オリエントの祖語は現在もなお見つかっていない。同じことは、謎のような言葉thesaurusにも当てはまる。これが本来はギリシア語であろうが、もしくはギリシア人によってフェニキア語あるいはペルシア語から借用されたものであろうが、すでに帯気音の確保が示しているように、とにかくギリシア語からの借用語がラテン語の中にあるのである（一六五頁）。

このような通商が主としてどのように行なわれたのか、イタリア商人によって外国で行なわれたのか、それとも外国商人によってイタリアで行なわれたのか、この点をさらに検討してみるなら、少なくともラティウムに関しては、前者の推定は大いにありうるとしてもよいであろう。シチリア島の住民の間で、貨幣の代替物や商業貸し付けを意味するあのようなラテン語表現が一般に使われたことからすれば、シチリアの商人がオスティアに出向いて装飾品を銅とバーター取引することによって、こうした表現が入ってきたのだとは、とうてい考えられない。

最後に、イタリアにおけるこのような商取引がだれによって行なわれたか、その人間や身分に関して述べるなら、ローマでは、土地所有者身分とは区別された、独立して存在する特別な高い商人身分の発展は見られなかった。このような際立った現象をもたらした原因は、ラティウムの大商業が最初から大土地所有者の手の中にあったということである。この想定は一見そう思われるほど奇妙なものではない。多くの航行可能な河川が横断している土地では、生産物の割り当て額を小作人から支払われる大土地所有者は、早くから小舟を所有するようになったが、このことはごく当然のことであり、公にも認められる。自前で行なう海外交易は、したがって、土地所有者だけが船舶を持ち生産物のうちに輸出商品を持っていることを考えると、ますます彼らが掌握していたに違いなかった。実際、土地を軸にした貴族制と金銭を基礎にした貴族制の区別を、初期の時代のローマ人は知らなかった。大土地所有者たちは、常に投機家であるとともに資本家である。脇目も振らない商業活動において ならば、たしかにこうした結びつきを貫徹することはできなかったであろう。しかし、これまでの叙述が示しているように、ラテン人の地の商業がローマに集中していたという意味で、ローマでは取引が比較的活発に行なわれたが、ローマは基本的には、決してカエレやタレントゥムのような商業都市にはならず、農業を軸とする共同体の中心であったし、またそうであり続けたのである。

第14章　度量衡と文字

測定の技術が、人間に世界を支配させることになる。人間自身は移ろいゆく存在であるが、文字を書く技術によって人間の知識は、人間のように移ろいゆくのをやめる。測ることと書くこと、両者はともに人間——自然はそうは創らなかったのだが——に無際限の力と永続するものを与える。こうした軌道の上に民族の発展の後を追うことも、歴史というものの権利であり、また義務でもある。

古イタリアの度量法　計量・測定ができるようになるには、何よりも時間と空間、また重量の単位、および等しい部分からなる全体についての概念、つまり数と数のシステムが発展していなければならない。そのために自然が第一の手がかりとして示してくれるのは、時《とき》に関しては、太陽や月の周期、あるいは日にちや月であり、空間に関しては、人間の足の長さである。それは腕よりも測りやすいからである。また重さに関しては、人が腕を伸ばして自分の手でバランスを保つことのできる（libbrare［均衡をとる］）荷重、もしくは重さ（libra［はかり］）がそれである。さらに等しい部分からなる全体というイメージにとって手がかりになるものとしては、五本の指をもつ手、もしくは一〇本の指をもつ両手ほど最初に思い浮かぶものはないだろう。この上に十進法が成り立っている。すでに指摘したように、あらゆる計算や計測の基礎になるこれらの要素は、ただ単にギリシア人とラテン語を喋る人々とが分離したときを越えて遡るばかりか、悠久極まりない太古に起源をもつものである。とりわけ月による時《とき》の測定がいかに古いものかは、その言葉が証明してくれよう（一六頁）。また、月の満ち欠けそれぞれの位相［月相］の間に過ぎ去る日にち［暦日］を、いちばん最後に現われた位相から前進して数えるというのではなく、次にいちばん最初に予期される位相から遡って数えるというやり方自体、少なくともギリシア人とラテン人とが分離するより前のものなのである。

十進法　インド・ゲルマン人における十進法の古さと元来は

それをもっぱら使用していたことについて最も確実な証拠を与えてくれるのは、周知のように一〇〇までの数詞（二六頁）に関して、あらゆるインド・ゲルマン人の言語が一致していることである。イタリアに関して言えば、この点、最古のあらゆる事情から見て、十進法によって貫徹されている。証人・保証人・使者・政務官の通常の数である一〇、一頭の牛と一〇匹の羊の法的な等価性、郷の一〇クリア区分、一般には一〇の数からなる組織の持続、リミタティオ（limitatio［土地の境界を定めること］）、犠牲および農地における一〇分の一、一〇人に一人を殺す刑罰、個人名のデキムス（Decimus）などを想起すれば充分であろう。

　度量［計測すること］と文字［書くこと］の分野にこの最古の十進法を適用したもののうちで、まず第一に注目すべきはイタリキの数字である。ギリシア人とイタリキが分離する際にはまだ、明らかに数を示す伝統的な記号［数字］は存在しなかった。それに対して今日、三つの最古の数字、しかもどうしても欠かせない数である、一、五、一〇を表わす三つの印、つまりI、VもしくはA、Xが見出され、それらは明らかに、ぴんと伸ばした一本の指、開いた一つの手および二つの手を真似して作られたものである。それはヘレネスから、あるいはフェニキア人から借用したものではなく、ローマ人、サベッリ人、エトルリア人に共通のものである。このことは、イタリキの民族的な文字の形成の第一歩である。また同時に、イタリキにおける、海外商業に先立つ内陸部での最古の商業活動の活発さを示す証拠でもある（一八〇頁）。しかし、イタリキ系の人々のうちのどの種族がこの記号を発明し、その中のだれがこれを借用したのか、それはもちろん確かめられない。純粋に十進法のシステムについての他の痕跡は、この分野に関しては少ない。その中に見られるのがウォルスス（Vorsus）、つまりサベッリ人の正方形で一〇〇歩平方という面積単位（一九頁）であり、またローマ人の一〇ヵ月年である。

十二進法　その他にも一般に右のようなイタリキの計量・測定法は、ギリシア人の基準とは結びついておらず、おそらくギリシア人と接触する前にイタリキによって発展させられたものであり、それによれば、全体（as）を一二個の単位（unciae）に分割することが広まっていたのである。一二という数によって、まさしく最古のラテン人の神官職サリイやアルウァレスの同僚団（一五五頁）も、またエトルリア人の都市同盟も組織されていた。また、ローマの重量のシステムの中では、リブラ（libra［一ローマポンド］）が一二に区分され、長さの測定に関しても、歩《ペス》（pes）が一二に区分されるのが普通であるなど、一二という数が優位を占めていた。ローマの面積の単位は、十進法と十二進法のシステムから組み立てられた一二〇歩平方の「推進、追い込むこと《アクトゥス》」（actus［半ユゲルム］）である*。容積・容量に関しての類似の取り決めは消えてしまったのであろう。

＊　もともとはactusも、またもっとしばしば見られるその二倍の広さユゲルム（iugerum）も、くびきを意味するものであり、ゲルマン人のモルゲン［面積単位］のように面積の基準単位ではなく、労働の基

準単位なのである。ユゲルムが一日の作業、アクトゥスが半日の作業であり、とりわけイタリアにおいて犂き手の昼休みで一日をはっきりと区分したことを示している。

十二進法のシステムを支える基礎となるものを考えるならば、また一〇に加えて一二が、あれほど早く、またあれほど一般的に、同等な数の列から突出することが、どのようにして生じたのかを考えるならば、おそらく太陽の運行［周期］と月の運行との比較対照という点にしか根拠を見出しえないであろう。一〇本の指をもった二本の手以上に、ほぼ一二回の月の回転［周期］に対応する太陽の回転［周期］によって、初めて人間に、同じいくつかの単位から組み立てられた一個の統一体という深遠なる観念が生まれ、それでもって数の組織の概念、数学的な思考の最初の第一歩が踏み出されたのである。十二進法とはこのような考えに基づくものであり、その確固たる発展は、民族的に見てイタリキ的なものであるように思われるし、ヘレネスとの最初の接触より前のことだったようである。

イタリアにおけるヘレネス式の度量法　しかし、ヘレネスの商人がようやくイタリアの西海岸への道を切り開くと、新たな国際的商取引の結果、面積測定法は別として、長さの測定や重量の測定、とりわけ容積・容量の基準、すなわちいかなる商業活動もそれなしでは不可能だったような規定・基準はその影響を受けたのであった。最古のローマ人の歩《ペス》なるものは消えてしまった。我々が知っており最古期にはローマ人の間で慣例になっていた長さの単位は、ギリシアから借用されたものであり、新たにローマ式に一二に分割されることと並んで、ギリシア風に四つの手の幅《パルムス》（palmus［四分の一歩《ペス》］）とか一六本の指の幅《ディギトゥス》（digitus［一六分の一歩《ペス》］）に分けられたのである。さらにローマの重量は、アッティカの重量——キュメは別として全シチリアで普及していた——と比率の点で固定した関係にあった。ここにも、ラテン人の交易がとりわけこの島に伸びていた重要な証拠が見られるわけである。四ローマポンドは三アッティカミナエ（minae）と同じ、あるいはむしろ一ローマポンドは一と二分の一シチリアリトラエ（litrae）もしくは半ミナエに同じと評価されていた（一八六頁以下）。

しかし最も奇妙で最も変化に飛んだ様相を見せてくれるのは、ローマ式の容積・容量の単位である。それは一つには名称の点であり、今一つには比率の点である。前者は、転訛によるか（amphora、また*μέδιμνος*によるmodius、また*χοεύς*からcongius、またhemina, cyathus）もしくは翻訳によって（*ὀξύβαφον*からacetabulum）、ギリシア語の名称から生まれたものであり、逆に*ξέστης*はローマ式のsextariusの転訛である。しかしすべてではないにしても、通常の度量法の単位は同一である。液体に関してはコンギウス（congius［六セクスタリウス＝三・二八リットル］）もしくはクウス（chus）、セクスタリウス（sextarius［〇・五四リットル］）やキュアトゥス（cyathus［一二分の一セクスタリウス＝〇・〇四五リットル］）が用いられ、とくに後の二つは乾燥したものに関しても使われる。ローマのアンフォラ（amphora［二ウルナエ urnae＝二六・四分の一リットル］。重さとしては船のそれ）は水の重さの単位でアッティカのタラント（タラントン）と同等とされ、同時にギリシアのメトレテス（metretes）とは三：二、またギリシアのメディムノス（medimnos）とは二：一という固定した比率になっている。こうした文字を読み解くことのできる人にとっては、この名前および数の中に、あのシチリア人とラテン人の活発な交易とその重要性が充分に読みとれるのである。

ギリシア人の数の記号は、受け入れられなかった。しかしたぶんローマ人は、ギリシア人のアルファベットが自分たちのところに伝わったとき、それを利用した。それは、五〇と一〇〇〇の数字を、おそらくは一〇〇という数字も、ローマ人が使っていない三つの気息音の文字記号からつくるためであった。エトルリアでも同じようにして、少なくとも一〇〇のための記号を手に入れたようである。その後、いつものように、二つの隣接する民族の数字システムは、ローマのそれが基本的にエトルリアでも採用されたので、同じものになったのである。

ギリシアの影響を受ける前のイタリアの暦　同じようにローマの暦は――おそらく一般にイタリキの暦は――、まず独立して発展しはじめ、その後時代が下ってからギリシアの影響下に入った。時《とき》の区分においては、日の出と日没、新月と満月の回帰が、いちばんすぐに人間の念頭に浮かぶ。したがって日にちと月とは、あらかじめ周期的な計算をすることによってではなく、直接観察することで決められ、それが長い間もっぱら時《とき》を測る基準となっていた。後の時代まで日の出と日没はローマの市場で公の触れ手によって告げられたし、同じようにたぶん昔は月の四相［満ち欠け］の日のそれぞれに、その月相の日から次の位相の日までに流れ去る日数が神官によって知らされたのである。このようにしてラティウムでは、そしておそらくサベッリ人やエトルリア人の間でも、次のような日にちによって色々なことが計算された。すでに述べたように、それは、済んでしまった最後の月相の日から前進して数えるのではなく、次に予期される日から遡って数えるものであった。太陰週とは、七日と八日の長さの間――平均すると七日と八分の三日――で変化してゆくのであった。太陰月とは同じく、平均すると二九日一二時間四四分の朔望月［太陰暦の基礎になる、朔（新月）から次の朔まで、もしくは望（満月）から次の望までに要する時間］の長さが、ときには二九日、ときには三〇日になるのであった。ある時代を通して、イタリキにとっては日が最小の時《とき》の区分であり、月が最大の区分であり続けたのである。その後しばらく経って初めて、昼と夜とがそれぞれ四つに分けられ、もっとはるかに下ってから時間の区分が使用されはじめた。このことと、他の点ではいちばん近い種族ですら一日の始まりを決めるのにいかにばらばらであったということとが関連している。ローマ人自身はそれを真夜中に、サベッリ人やエトルリア人は正午においたのである。年も、少なくともギリシア人がイタリキから分離したときには、まだ暦の上では整えられていなかった。年や年の部分の呼称は、ギリシア人とイタリキの間では完全に独立して形成されているからである。それでもイタリキはすでに前ヘレネス期には、固定した暦上の規定ではないにしても、とにかく二つの大きな時《とき》の単位の設定までは進んでいたようである。

十進法を適用して太陰月による計算を単純化したのはローマ人においては普通のことであり、それと、一〇ヵ月の期限を表現するのに環、循環、回転（annus）もしくは丸一年と言ったことは、それ自体、古代盛期の痕跡をそっくりとどめるものであろう。後に、しかしまだきわめて早いとき、ギリシアの影響力の及ぶ前の時代に、すでに述べたようにイタリアでは十二進法が発展し、それは太陽の周期をまさに月の周期の一二倍だと観察することから生まれてきたので、十二進法は最初から時《とき》の計算と結びついていたことは間違いない。このことと関連するのが、月の個別の名前——それは月が太陽年の一部として捉えられて以降、初めて生まれえたものであるが——の中に、とりわけ三月と五月の名前に関して、イタリキ系の人々の間で一致するものがあり、イタリキとギリシア人の間にはそれがないという点である。したがって、月と太陽に同時に適合する現実的な暦を作る問題——このような、おそらくある意味では円積法［解決のつかない問題］にも比べられる課題の解決は、ひたすら不可能だと見做されるだけで、その誤りを是正するのに何世紀もの時間が必要とされたのであるが——は、イタリアではすでに、ギリシア人との接触が始まる前の時期から、人々の心を悩ませたことであろう。しかしながら、この民族独自の解決の試みは、忘却の彼方に消えてしまっている。

古イタリア・ギリシア式の最古の暦　我々がローマおよび他のいくつかのラテン人都市の最古の暦について知っていること——サベッリ人やエトルリア人の時間測定法については、そもそもまったく伝えられていない——は明らかに、ギリシアの最古の一年の調整に因るものである。その処理法とは、月の相と同時に太陽年の時《とき》［四季］に従うことを意図したものであり、二九日と二分の一日という月の回転［周期］、一二月と二分の一の太陽月もしくは三六八日と四分の三日の太陽の回転［周期］を採用して、完全な月もしくは三〇日の月と、くぼみのある月もしくは二九日の月を、また一二ヵ月の年と一三ヵ月の年を常に交替させることによって組み立てられていた。しかしそれと並んで、任意に削除や挿入を行なうことで、実際の天空の現象とある程度調和が保たれた。このようなギリシアの年の配列・秩序が、まず第一にラテン人の間でそのまま使われるようになったということはありうることであろう。しかしローマの年の最古の形は、歴史的に知られているところでは、その範としたものから、たしかに周期の点では外れることがなく、また一二ヵ月の年と一三ヵ月の年の交替という点でもあまり外れなかったが、個々の月の呼称や測り分け方の点では基本的に外れるものであった。

このようなローマの年は、春の開始とともに始まる。その中で最初の月は、神の名前を帯びた唯一の月であり、マルスの月（Martius［三月］）と呼ばれる。それに続く三ヵ月は、新芽［若枝］（aprilis［四月］）、生成（maius［五月］）、繁茂成長

(iunius［六月］)の語に由来する名前をもち、第五番目から第一〇番目までの月は、その順序の数による名前(quinctilis, sextilis, september, october, november, december［五、六、七、八、九、一〇、それぞれ七月から一二月まで］)である。第一一番目は、始まりから来た名前(ianuarius［一月］。一五三頁)であり、この場合、たぶん真冬および仕事の休養の後に来る農耕の再開のことが考えられていただろう。第一二番目は、通常の年では最後の月であり、清浄から来る名前(februarius［二月］)である。このように常に回転して戻ってくる順列に、閏年の場合にはもう一つ名前のない「仕事月」(mercedonius)が、年末つまり二月の後に加わる。ローマの暦は、おそらく古い民族的な名称からとられた月の名前という点でも、またその名前の持続という点でも、独自なものである。三〇日の月と二九日の月がそれぞれ六つあり、また交互に三〇日と二九日の閏月が二年ごとに挿入されるという形で構成されるギリシア人の四年周期［回帰年］(三五四+三八四+三五四+三八三=一四七五日)は、ローマ人の暦では、四個の三一日の月——第一、第三、第五、第八——、および七個の二九日の月、さらに三年に一回は二八日の二月、第四年目には二九日の二月、二年ごとに挿入される二七日の閏月からなる四年にと置き換えられた(三五五+三八三+三五五+三八二=一四七五日)。同じようにこの暦は、もともと月を四つの週——ときには七日の週、またときには八日の週——に分けることから出発していた。この暦は八日週を、暦のその他の事情を顧慮することなく、我々の日曜日のようなものとして長年通用させていった。そしてその最初の日(noundinae)に週市を据えていた。暦は、それと並行してきっぱりと、三一日月の上弦の日を第七日目に、二九日月の場合は第五日目に、また前者の場合は満月を第一五日目に、後者の場合は第一三日目に固定した。暦月の運行がこのように固定されたので、この時から新月と上弦との間の日数を告げる必要が生じた。そこで、新月の日が「呼び集める《カレンダエ》」日(kalendae)と名づけられることになった。いつも八日になる月の第二週目の最初の日は——ローマの慣習によれば、期間の最終の日もいっしょにその中に含まれる——九の日《ノナエ》(nonae)と呼ばれた。満月の日は古い名前イドゥス(idus. たぶん分離・切断日)を保持した。

暦をこのように新たに奇妙な形に構成する、その基礎にある根本の思想は、主として、幸いをもたらしてくれる奇数という数の持つ力に対する信念だったようである*。そしてこの暦が一般に、ギリシア的な一年の最古の形に依拠する一方で、そこからの脱皮にあたっては、ピュタゴラスの教説の影響がはっきりと表われていた。それは当時南イタリアで圧倒的な力を有しており、とりわけ数の神秘論という形で影響力を持っていたのである。しかしその結果として、次のようなことがもたらされたと言えよう。それは、このローマの暦が、はっきりと月の運行と太陽の運行の調和をとろうと意図した痕跡をとどめているのに、実際には——少なくとも全体としてギリシアの手本ほど——月の運行［周期］と決して一致するものではなかったし、まさしく最古のギリシアの暦のように、太陽年の時《とき》にしばしば恣意的な削除の形をとることによってしか従いえなかったということである。また二点目として、暦を整った形で取り扱うにはそれが設けられたときに示されたより高度の知識・技術を必要としたので、大いにありうることだが、ローマの暦はきわめて不完全な形でしか用いられなかったということである。

＊　同じような理由から祝祭日はことごとく奇数日である。ちょうど毎月回帰してくる日も（カレンダエは一日、ノナエは五日もしくは七日、イドゥスは一三日もしくは一五日）、また、二つだけ例外はあるものの上記の（一四八頁）四五の年祭の日もそうである。これははるかに進んで、数日間の祝祭日にあたってはその間の偶数日が脱落し、例えば一月一一日と一五日にはカルメンティス（Carmentis）の祭りが、七月一九日と二一日にはルカリア（Lucaria）の林苑の祭りが、五月九日・一一日・一三日にはレムリアの祭りが執り行なわれることになる。

さらに、月に基づく、あるいは同じことだが一〇ヵ月の年に基づく計算を保持している点で、最古のローマの太陽年の不規則さと信用し難さは、暗黙裡だが誤解しようもなく自認する形になっている。このローマの暦は、少なくともその基本的な図式に関しては、ラテン人の間で一般に普及していたと見做してもよいだろう。年の始めや月の名前の一般的な変わりやすさがあったとしても、数字を付けたり名前を付ける点に関しての偏差の小ささから共通の基礎が想定されるということと矛盾するものではないだろう。そして、事実上月の周期とは関連のない暦の図式に基づいて、ラテン人も容易に、年祭によって区切られた恣意的な長さの月を持つようになった。そのようなわけで、例えばアルバの暦では、月は一六日から三六日の間を揺れているほどなのである。このようにしてたぶん、ギリシアのトリエテリス（trieteris［三年。三年ごとに祝われるバッコスの祭り］）が、早期に南イタリアから、少なくともラティウムに向かって来て、またおそらく他のイタリキ系の諸種族のもとにも達して、次いでいくつかの都市の暦において様々な二次的変形をこうむったのである。

数年に及ぶ期間の測定には、王の統治の年を利用することができた。それでも、このオリエントで流通している年代計算法が、ギリシアやイタリアにおいて最古期に存在したかどうかは疑わしい。それに対して、四年ごとの閏の周期およびそれと結びついた共同体の人口・財産査定《ケンスス》と贖罪には、ギリシアのオリュンピアドの数え方に構想の点で等しいルストラ（lustra［大祓《ルストラティオ》から来た五年の期間］）の数え方が関連していたようである。この方法は、しかしその後早く、査定《ケンスス》を執り行なうにあたって拡がった不規則さの結果、その年代学的な意味を再び失ってしまった。

ヘレネス風のアルファベット、イタリアに導入される　表音文字［書かれた記号で音声を表現するもの］の手法は、測定技術よりも遅れて始まった。イタリキの数字に関しては（一九〇頁）、ヘレネスの影響から生まれたのではない小木片の籤《くじ》を引くという太古のイタリキの風習の中に、発展への端緒が見出されるにしても、イタリキはそうした面をヘレネスほど自分で発展させることはなかった。このような多様な結びつきの中で登場する音声の最初の個別化が、いかに困難なことに違いなかったかは、次の事実が最もよく証明してくれる。アラム、インド、ギリシア・ローマ、そして今日の文明のすべてが、民衆から民衆に、世代から世代に伝えられたただ一つのアルファベットで充分用を足してきたし、また今日でもなお充分用を足しているということである。そして、この最も重要な人類の知恵の所産は、アラム人とインド・ゲルマン人の共同の創造物であった。

セム語族の人々の間では、母音は副次的な性格のものであり、単語は決して母音では始まらない。まさしくそのおかげで、子音の個別化が容易になった。というわけでその結果、ここで初めてのアルファベット、しかし母音をまだ欠いたままのアルファベットが創案されたのである。インド人やギリシア人は、それぞれ民族として互いに独立して、きわめて不規則なやり方で、通商活動によって自分たちのところに輸入されたアラム語の子音の文字から完全なアルファベットを、母音を付け加えることによって初めて創造した。このことは、ギリシア人には子音の字母としては用いられない四個の文字を四個の母音a e i oに適用することで、またuには新たな記号を作り出すことで、成し遂げられた。それは、別の言い方をすれば文字表記の中に単なる子音の代わりに音節を導入することによって、すなわちパラメデスがエウリピデスの中で言っているようにしてである。

このようにして忘れ去られたもの［忘却］に薬を整えて、
私は音声なきものも音声あるものも綴り［音節］の中には
めこみ
人間に書く知識を見つけてやったのだ。

そういうわけでこのアラム・ヘレネス的なアルファベットがイタリキにももたらされたのであり、それはたしかにイタリアの地のヘレネスを通してではあったが、大ギリシア《マグナ・グラエキア》の農業植民市を通してではなく、大体キュメやタレントゥムの商人を通してのことであった。彼らによって、まず第一にラティウムやエトルリアの国際的な商取引の太古の仲介場所にもたらされ、ローマやカエレに伝わったのであろう。イタリキが受け取ったアルファベットは、決して最古のヘレネスのアルファベットではない。すでにそれは幾重もの修正を受けていた。とくにξ ψ χという三文字が追加され、ι γ κのための記号が変化しているのである。*

* ヘレネスにおけるアルファベットの歴史は基本的に、原アルファベット二三文字、つまり母音化されuを加えられたフェニキア文字に対して、その補強と改良のために数かぎりなく多様な提案がなされ、そうした諸提案のそれぞれが独自の歴史を持っていたという事実の中にある。こうした提案のうちで最も重要なものは、イタリキの文字の歴史の観点からも視野に入れておくことが大切であり、それは次のような点である。

(I) ξψχという音についての独自の印［字母］の導入。この提案は古いものであり、テラ、メロス、クレタの島々という個別的例外は除いて、ギリシアのアルファベットはすべて、またギリシアのアルファベットから派生したアルファベットもことごとく、その影響のもとにある。おそらく最初はX＝ξῖ、Φ＝φῖ、Ψ＝χῖという印をアルファベットの最後に付加することがねらいであり、この形で、アテナイやコリントスは例外として、ヘラス本土で、またシチリアやイタリアのギリシア人の間で採用された。それに対して小アジアのギリシア人や多島海《アーキペラゴ》（Archipelago［エーゲ海の旧名。重要な海の意］）の島々のギリシア人、さらに大陸ではコリントス人が、自分たちのところにこの提案が届いたとき、すでにξῖという音のためにはフェニキア語のアルファベットの第一五番目の印Ξ（サメチ（ク）Samech）を使っていたようである。したがって彼らは三つの新しい記号の中から、φῖのためにΦを、ただしξῖの代わりにというのではなくχῖのためにXを使ったのである。本来χῖのために考案された第三の印［Ψ］は、おそらく大抵の場合、落としてもよいとされていた。ただし小アジアの書き方ではこれが保持されていたが、それはψῖの音価を与えるものであった。アテナイも小アジアの書き方に従った。ただしここでは、ψῖだけではなくξῖも採用されなかったが、その代わりに以前同様、二重子音が書かれ続けたということである。

(II)　同じく早期に、ただしよりいっそう早い時期にというわけではないが、ιのためのSとςのためのΣの形のような、容易に推測される混同を避ける試みがなされていた。我々が知っているギリシア語のアルファベットはことごとく、二つの印を明瞭に区別する努力の痕跡を帯びているからである。すでに最古期に、このような修正の提案が二つ行なわれたに違いない。それぞれが独自の普及圏を見出しているのである。まず第一に、歯擦音のために――この音についてはフェニキア語のアルファベットは二つの印、第一四番目のMをschにあたるものとして、第一八番目のΣをsに当たるものとして提供したのだが――、音声上、より適切な後者ではなく、むしろ前者が使用された。そこで古い時代には、東部の島嶼やコリントスやケルキュラ、またイタリアのアカイア人の間ではこういう風に書かれたのである。第二に、ιという印が単純な一筆のIで置き換えられた。それははるかに普通のものであり、あまり時代が下らなくとも、きわめて一般的なものになったので、少なくとも崩したι（S）はどこにも見られなくなった。たとえ個々の共同体がςをIと並べてMという形で保持していたにしても。

(III)　時代が下ると、Γγと容易に見間違えられやすいλ（Λ）をLで置き換えることがあり、我々もそれにはアテナイやボイオティアで遭遇するが、他方コリントスやコリントスに従属する共同体は、γに鉤《かぎ》の形の代わりに半円形のCを与えることによって同じ目的を果たしたのである。

(IV)　同じくきわめて混同されやすいp（P）とr（P）という形は、後者をRの形に変えることで区別された。この新しい形は、小アジアのギリシア人、クレタ人、イタリアのアカイア人や他の少数の地方では用いられなかったが、それに対してギリシア本土でも大ギリシアやシチリアでもはるかに優勢であった。それでもr（P）という古い形は、ここでは、より古い形（I）のように早くは、またそれほど完全には消えてしまわなかった。したがってこの革新は、疑いなく後のことになる。

(V)　長短のeと長短のoの区別は、初期には小アジアのギリシア人とエーゲ海の島々のギリシア人に限られたままであった。

こうした技術上の改良のすべては、その各々がある一定の時《とき》と所で生まれて、その後独自の拡大の道をとり、特殊な発展の形をとった点では、同様の種類のものであり、また歴史的にも同じ価値を持つ。A・キルヒホフの素晴しい研究（Kirchhoff, Studien zur Geschichte des griechischen Alphabets. Gütersloh 1863）は、これまであのようにはっきりしなかったヘレネス世界のアルファベットの歴史に明るい光を投げかけ、ヘレネスとイタリキとの最古の関係にどうしても必要な日付を示し、とりわけこれまで不確かであったエトルリア人のアルファベットの故郷を、だれも反対できないほどにはっきりさせたのである。しかしそれは、これらの提案の一点に比較的大きな重みをおいているかぎりにおいて、ある種の一面性に冒されていると言わざるをえない。いやしくもここでシステムが区別されるべきであるならば、Xをξと、もしくはχと見做すことで二つのクラスに分けることは許されず、二三文字のアルファベットと二五もしくは二六文字のアルファベットとを、そして後者の中では、そもそも後の共通のアルファベットが生まれてくる小アジア・イオニアのアルファベットと古い時代のギリシア共通のアルファベットとを区別しなければならなかったであろう。

しかしむしろアルファベットに関しては、それぞれの地方が、種々異なった修正の提案に対して基本的に折衷的な態度をとり、あるものはここで、あるものは別のところで受容されたのである。まさしくそのかぎりでは、ギリシアのアルファベットの歴史は示唆的である。なぜならそれは、手工業や芸術においてギリシアの諸地方の特定のグループが、改良されたものをどのようにして交換していたかを示していると同時に、他のグループはどうしてそのような交換関係にはまったく入らなかったのかを示しているからである。とりわけイタリアに関して言えば、カルキス系やドリス系のずっと商人的な植民市に対するアカイア人の農業都市の注目すべき対照性にはすでに注意を払ってきた（一二三頁）。農業都市においては、原始的な形式が一貫して保持されており、商人的な都市では、改良された形式が採用され、人が様々な方面からやってきて、ある程度矛盾を抱えているような町では、ちょうどC γがレ lと並んでいるような具合なのである。

イタリキのアルファベットは、キルヒホフが示したように、イタリアのギリシア人のアルファベットから、より厳密に言えばカルキス・ドリス人から生まれたものである。しかし、エトルリア人とラテン人が、一方が他方からではなく、双方が直接ギリシア人からアルファベットを受け取ったことは、とくにrの異なった形が間違いなく示している。というのも、右に指摘した四つのアルファベットの修正――それは概してイタリアのギリシア人に関わるのだが（第五は、小アジアに限られたままである）――のうち最初の三つは、アルファベットがエトルリア人およびラテン人に伝わる前にすでに成し遂げられていたのに、pおよびrの分化は、アルファベットがエトルリアに入ったときにはまだ起こっていなかったということだからである。それに対して、少なくともラテン人がアルファベットを受け入れたときには、この分化は始まっていたのである。そのためエトルリア人は、rにとってのRという形をまったく知らないが、それに対してファリスキ人やラテン人の間では、ドレッセル式の容器（壷。二〇〇頁注）という唯一の例外は別として、まったく新しい形が見られるのである。

エトルリア人のアルファベットとラテン人のアルファベットは、一方から他方がというのではなく、双方が直接ギリシアのアルファベットから導き出されたものであることは、すでに注意したところである（一八六頁）。そればかりか、このアルファベットはエトルリアにも、またラティウムにも基本的に異なった形で伝わったのである。エトルリア人のアルファベットは、二重のs（シグマのsとサンsh（sch））を持っているが、ただ単一のk*を持っているだけだし、rについては古い形Pを知っているだけである。ラテン語のアルファベットは、我々に分かっているかぎり、単一のsだけを、それに対して二重のk（カッパのkとコッパのϙ）を持ち、rについてはほとんど新しい形のRだけを知っているにすぎない。エトルリア人の最古の書き方は、まだ行を知らず、蛇がとぐろを巻くようにうねっている。もっと新しい書き方は、切り離された平行する行の形で右から左へと書かれる。ラテン語の書き方は、我々の記念碑的な作品で遡れるかぎり、同じ方向に向う行という後者の書き方を知っているだけである。それは、もともとはおそらく左から右へも、あるいは右から左へも随意に流れることのできるものであり、後にはローマ人においては前者、ファリスキ人の場合には後者の方向をとった。エトルリアにもたらされた手本になるアルファベットは、その性格が比較的改められていたにもかかわらず、それでも——たとえ積極的には決定できないにしても——、きわめて古い時代にまで遡るものに違いない。というのも、二つの歯擦音シグマとサンとが、エトルリア人によって常に異なった音声として使用されていたので、エトルリアに到来したギリシア語のアルファベットが、たぶんそれらを、やはりまだこういう具合に双方生き生きした音声の印として所有していたに違いないからである。しかし、我々が知っているギリシアの言葉の記念碑的作品の中には、シグマとサンとが相並んで一緒に使われたことを示すものは何一つない。

* エトルリア人には以前からコッパ（q）が欠けていたことは間違いないようである。というのは他のどこにもその確かな痕跡が見出せないばかりか、ガラッシ［カエレのレゴリニ・ガラッシの墳墓］の容器の模範的なアルファベットの中にもそれは欠けているからである。それを字音表［音節文字表］中に指摘しようとする試みは、とにかく失敗している。字音表は、後に一般に使用されるようになったエトルリア人の文字を考慮に入れることができ、またそうしているが、しかし周知のようにコッパはこれに属していない。しかも、字音表の最後に置かれた印は、おそらくその位置からして、fの音価と異なった音価を持っていない。このfがエトルリア人のアルファベットにおいてはまさしく最後のものであり、それはエトルリア人のアルファベットの、手本からの偏差を記す字音表においては欠落することが許されなかったのである。エトルリアに達したギリシアのアルファベットにコッパがなかったことは、たしかに驚くべきことであろう。その他にカルキス・ドリス式のアルファベットでは長く保持されていたからである。しかしこの欠如が、そのアルファベットがまず最初にエトルリアにやってきた、他ならぬその町の地域的独自性を示すものだというのも、当然のことであろう。どの時代にあっても気紛れと偶然とが、余分になった記号をアルファベットの中に残すのか、それとも脱落させるのかを決定することにあずかったが、アッティカのアルファベットは、フェニキアの一八番目の印を失う一方で、表音文字［英訳は日常言語の表記］から消えてしまった残りの記号がアルファベットの中で地歩を保っていたのである。

ラテン語のアルファベットは、我々が知っているように、たしかに全体としてはより新しい性格を帯びている。それでも、エトルリアにおけるようにラティウムでは単に一度かぎりの受容が行なわれたわけではなく、ラテン人は隣人ギリシア人との活発な通商活動のため、かなり長い間、彼の地で普通に用いられていたアルファベットと足並みをそろえており、そのアルファベットの変動についてゆけたということは、考えられないことでもなかろう。その事例として挙げられるのは、𐌌 P*、それにΣという形が、ローマ人には未知なものではなかったが、それらが新しいM R 𐌔に置き換えられて一般に使用されるようになったことである。それは、ラテン人がかなり長きにわたって、ギリシア語を書いたり、また自分たちの母国語でものを書くのに、そのようなギリシア語のアルファベットを使用したと想定したときにのみ、説明できることであろう。したがって、我々がローマで遭遇するあのギリシア語のアルファベットの比較的新しい性格から、そしてまたエトルリアにもたらされたギリシア語アルファベットの持つ古い性格から、エトルリアではローマよりも早い時期に書くことが行なわれたという結論を出すのは、やはり危険なことであろう。

＊　つい最近我々が知ったプラエネステの黄金の腕輪（RM. 2, 1887 [CIL. I², 3]）は、ラテン語の文字およびラテン語の書きものについての理解可能な記念物の中では、間違いなく最も古いものだが、m のずっと古い形を示している。またクィリナリスの謎の多い解説困難な容器（ドレッセル、AdI 52, 1880 [CIL. I², 4]）は r のずっと古い形を示している。

文字という宝物の獲得が、それを受けとめる人にどのように強烈な印象を与えたか、彼らが、この地味な記号の中に眠っている力をどれだけ生き生きと感じたかは、アーチの発明前に造られたカエレの墓室から出土した注目すべき容器がよく示しており、それには、エトルリアに入ってきたときの古ギリシアの典型的なアルファベットが、またそれと並んでそれから作成された字音表、つまりパラメデス［ギリシア神話の英雄。アルファベットの中の四個、その他の発明者］のそれとも比べられるような字音表が記されている。明らかに、エトルリアへの文字［アルファベット］を書くことの導入とその風土馴化を示す聖遺物と言えよう。

イタリアにおけるアルファベットの発展　歴史にとって、アルファベットの借用にも引けを取らず重要なのは、イタリアの土地におけるそのさらなる発展である。いやそれはおそらく、より重要なことであるとさえ言えよう。というのは、こうした発展を通して、イタリアの内陸交易に一条の光が差し込むのだが、その交易は、海岸における外人との交易に比べて暗闇の中に深く沈んでいる。エトルリア人は、基本的には輸入されたアルファベットを変えることなく使用したのだが、その彼らがものを書いた最古の時期には、アルファベットの使用はポー河流域および今日のトスカナに限定されていたようである。このアルファベットはその後明らかにアトリアやスピナから、南は東海岸に沿ってアブルッツォまで、北はウェネティ人まで、そして後にはアルプスの麓や山中のケルト人まで、いやアルプスの彼方にまで達したのである。したがって、アルファベットの最後の支脈は、ティロルやシュタイエルマルクにまで及んでいる。

それ以上に新しい時期はアルファベットの改革から始まるが、それは主として、切り離された行書きの導入から、しゃべる際にもはやuとは区別できなかったoを抑制することに、また伝えられたアルファベットにはそれに適切な記号が欠けていた新しい文字fの導入にわたるものであった。このような改革は明らかに西部エトルリア人の間で生じたものであり、それはアペニンの彼方に突破口を見出せないでいたものの、全サベッリ人諸部族の間で——まず第一にウンブリア人の間で——市民権を得た。次いでさらに伸びていって、アルファベットはそれぞれの種族の間で、つまりアルノ河畔やカプア周辺のエトルリア人の間や、ウンブリア人やサムニウム人の間で独特な運命を経験し、しばしば有声閉鎖音《メディア》が完全に、あるいは部分的に失われ、別のところでは再び新しい母音や子音を発展させた。しかしこのようなアルファベットの西エトルリア人的な改革は、エトルリアで発見された最古の墳墓と同じくらい古いというだけではない。おそらくその墳墓の一つで見つかった上述の字音表が、変革されたアルファベットを、すでに根本的に修正され近代化された形で提供していることからすれば、さらに相当古いものなのである。改革されたアルファベット自体は、原始的なアルファベットに比べてみると比較的新しいという程度のものなので、このアルファベットがイタリアにやってきた時代に戻るということは、気持ちの上では受けつけられなかった。

　このようにしてエトルリア人が、半島の北部、東部、南部でアルファベットの普及者として現われる一方で、ラテン語のアルファベットはラティウムに限定され、ここで全体としてわずかに変えられた形で地歩を確保していた。ただしγκとξσが次第に音声上一つに重なり、その結果、同音の印のうちそれぞれ一つ（κξ）が文字から消えてしまった。ローマでは、これらがすでに都市建設の第四世紀の末期［西暦前四世紀中頃］以前に取り除かれたことがはっきりしている。*そして我々の記念碑的また文学的な伝承にはどこにも——ただ一つの例外を除**いて——、以上の現象はまったく見られない。最古の略記法の中では、γ cとχ κとの区別がまだ規則正しく維持されていること、***したがって音声が発音の中で一つになった時期、そしてその前の略記法が定着した時期は、サムニウム戦争の始まりよりもさらにずっと前の時代であること、最後に、書くこと［文字］の導入と因習的な略記法の確定との間には必ずやかなりの中間的時間が経過したに違いないこと——これらのことを考慮するならば、だれでも、エトルリアの場合と同様ラティウムにとっても書く技術の始まりを、ギリシアでオリュンピアド紀年法の始まる西暦紀元前七七六年よりも、歴史時代におけるエジプトのシリウス周期が初めて出現する西暦紀元前一三二一年に近い時期にまで引き戻すことになるであろう。***

* 後にローマの文献学者の前に提出され、我々もその残骸をもっているのが十二表法であるが、それが記録されたのは、この時代におかなければならないであろう。疑いなく法典は、その成立にあたりすぐさま書き記されている。しかし、その学者自身がこのテクストを原本にまで遡って検討するのではなく、ガッリア［ケルト］人によるあの火災の後に取り掛かられた公式の記録に遡っているのであって、そのことは、当時成し遂げられた表の回復の物語るところが証明してくれる。またそれは、まさしくテクストが、彼らには知られていなかったとは言えない最古の正書法を決して示してはいないことからも容易に明らかになろう。もっともそのうえ、若者のため、まだ暗記学習にと向けられたそうした類いの文書記録の場合、文献学的に充分な言い伝えは不可能と見做されただろうということは別にしてである。

** 二〇〇頁の注で引用したプラエネステの黄金の腕輪の碑文がこの例外である。それに対して、フィコロニ［イタリアの学者、収集家。一六六四—一七四七年］の飾り小函《キスタ》［銅製の容器］の上のcはすでに、後のkの音価を持っている。

*** かくしてCはGaiusを、CNはGnaeusを示すが、しかしKはKaesoを示す。ずっと新しい略記法には、もちろんこれは当てはまらない。そこではγはCによってではなく、Gによって（GAL Galeria)、κは原則としてCによって（C centum, COS consul, COL Colina)、もしくはαの前ではKによって示される（KAR karmentalia, MERK merkatus)。というのは、ある期間、母音e i oの前およびあらゆる子音の前の音声κは、Cによって表現され、それに対してαの前はKで、またuの前はコッパのQの古い印で表現されたからである。

**** これが正しいとすれば、ホメロスの詩作品——もちろん正確には我々の前にある編集されたものではないが——の成立は、ヘロドトスがホメロスの最盛期をそこに据えたその時代（ローマ建国より一〇〇年前［前八五〇年頃］）よりもはるかに前でなければならない。というのは、ヘレネスのアルファベットがイタリアに輸入されるのは、ヘラスとイタリアとの交流の始まりと同様に、ようやくホメロスの後の時代のことだからである。

ローマにおけるきわめて古い時期の書く技術については、まだ他にも数多くのはっきりした痕跡が語ってくれる。王政時代の古記録の存在は充分に信頼に足る。それには王タルクィニウス——その名の最後の人であるとするのは無理であろうが——の締結したガビイとローマとの特別条約もあり、その文書は、その際に犠牲に捧げられた雄牛の皮の上に書かれ、クイリナリスの上のサンクス［元はウンブリア・サビニ系の神。ユピテルの添え名でもある。宣誓の神、誓いの守護神］の神殿——古遺物がたっぷりとあり、たぶんあのガッリア人の劫火も免れた神殿——に保管されていた。また、王セルウィウス・トゥッリウスがラティウムと結んだ同盟の文書で、ディオニュシオスもアウェンティヌスの丘のディアナ神殿にある銅板の上に読み取ったものもある。もちろん、火災の後、ラテン語の一本の助けを借りて修復されたコピーを読んだのであろうが。というのも、王政時代にすでに金属に彫り込んだということはありそうにないからである。帝政期の特許状ですら、この神殿の創立文書を、ローマのこの種の最古の記録、すべての文書の共通の模範として引き合いに出している。すでにその当時、人は刻みつけたり（exarare［掘り出す］、scrobes［孔、窪み］に近似したscribere［書く］*）、描いたりしたのである（linere［塗る］、したがってlittera［文字など］）が、それは葉の上（folium）や靭皮《じんぴ》（liber）や木片（tabula, album［木の板］）、後には皮革や亜麻布の上になされたのである。亜麻布の巻き物には、サムニウム人の聖なる古記録やアナグニア［ヘルニキ族の町］の神官団の聖なる記録も書かれていたし、カピトリウムの上の記憶［回想］の女神（Iuno moneta）の神殿に保管されていたローマの政務官の最古の名簿もそうであった。太古の時代の放牧家畜の印（scriptura）や、元老院での呼びかけの言葉「父親たちや登録された方々」（patres conscripti）、神託書、氏族の登録簿、アルバやローマの暦のたいへんな古さなどを想起することも、もはやあまり必要ないであろう。ローマの伝説が、すでに共和政の最古期に、貴顕の家の少年少女が読み書きを習う市広場《フォルム》の柱廊［集会場］について語る場合、それは創作ということもありえようが、どうしても創り上げられたものと見なければならないということもないだろう。我々がローマの最古の歴史について情報を奪われているのは、書く知恵がなかったからではないし、おそらく記録が欠落していたからだとさえも言えないであろう。そうではなく、歴史研究を天職としたその時代の歴史家が、古文書館館員の示す情報つまり材料を加工する点で無能であったことによるのである。そしてまた最古の時期に関して、動機や性格の描写、戦闘の報告や革命の物語を熱望し創出しながら、今日も残る書かれた伝承が真剣で無私な探究者に拒んできたとは思えないものを無視するという、歴史家の倒錯ぶりによるのである。

＊　古ザクセンの writan はもともとは引っ掻くことで、次いで書くとなるのと同じ。

結果　イタリキの「書くこと」［文字］についての歴史は、このようにまず第一に、ヘレネス的なものがサベッリ人に対しては、より西方の人々に対するのとは対照的に、弱くて間接的な影響力しか持たなかったことを確認させる。サベッリ人はそのアルファベットをエトルリア人から受け取ったのであり、ローマ人からではなかった。このことはおそらく、彼らがアペニンの尾根沿いに移住を開始したときには、すでにアルファベットを持っていたと考えることによって説明できよう。そのようなわけで、サビニ人もサムニウム人も、故地を引き払う前に、そこから新しい居住地へとアルファベットを携えてきたのである。他方、こうした「書くこと」の歴史は、次のような想定に対して有益な警告を含んでいる。それは、エトルリア人の神秘主義や古遺物に心を奪われた後のローマ人の教養が流布させた想定、ローマ文明がその芽や核をエトルリアから借用したのだという近代の研究や最新の研究でも執拗に繰り返されている想定である。この想定が真実であるならば、何よりもこの領域に、それについての手がかりなりとも現われてしかるべきであろう。しかし事態はまったく逆であり、ラテン人の書法はギリシア式であり、その発展も民族的であって、fのために望ましいエトルリア人の記号すら採用していないのである。＊ 数字のように、間違いなく借用が証明されているところでは、ローマ人から少なくとも五〇についての記号を受け取ったのは、むしろエトルリア人の方なのである。

＊　ラテン人が、なぜvに対応するギリシア語の記号を音声的にまったく異なるfのために適用するようになったのかという謎は、プラエネステの腕輪（二〇〇頁注）が、そのfecitの代わりに*fhefhaked*を採用したことによって解決している。このことから同時に、ラテン語のアルファベットがカルキス人の南イタリアの植民市に由来することも確証された。というのは、同じアルファベットに属するボイオティアの一碑文において、*fhekadamoe*という語の中に（Gustav Meyer, Griechische Grammatik, § 244, a. E.）、同じ音声の結合が見つかるし、気息音［帯気音］で発音されるvが、たしかにラテン語のfに音声の点で近くなっていると言ってもよいからである。

話すことと書くこととの崩れ　最後に、特徴的な事実として、あらゆるイタリキ系の人々において、ギリシア語のアルファベットが何よりも衰退の過程にあるということがある。有声閉鎖音がエトルリア人の方言全体の中で消えてしまい、一方、ウンブリア人はγとdを、サムニウム人はdを、ローマ人はγを失い、ローマ人の間ではdもrと溶け合いそうであった。同じように、エトルリア人の間では、早くにoとuが重なり合い、ラテン人の間でも、同じような消滅の傾向が見られた。ほとんど反対のことが、歯擦音に関しては生じた。エトルリア人は三つの記号z、s、sh(sch)を固守し、ウンブリア人はたしかに最後のものを棄てはしたが、その代わり二つの新しい歯擦音は発展させた。一方、サムニウム人とファリスキ人は、ギリシア人のようにsとzで、それどころか後のローマ人はsだけで満足した。もっと微妙な音の差異が、アルファベットの導入者、つまり教養があって、二つの言語を自由に操っていた人々によってたぶん感じ取られていたということは読み取れる。しかし、民族的な文字［書き方］がヘレネスの母語としてのアルファベットから完全に分離した後は、次第に有声閉鎖音や無声閉鎖音が一つに重なり、歯擦音や母音が破壊された。そしてその音韻推移や音韻破壊、とりわけ前者はまったく非ギリシア的なものなのである。

活用［屈折］の形式や派生の形式の破壊が、このような音声の崩れと手を取り合って進んでゆく。こうした語法上の破格化の原因は、一般的には、あらゆる言語を絶えず侵食してゆく──文学や理性の堤防がそれを阻止できないところでは──必然的な腐敗以外の何ものでもない。ただこの場合、他では痕跡を残さず通り過ぎてゆくものが、表音文字に痕跡を留めているのである。こうした卑俗化の過程がどのイタリキ系の人々よりもずっと強力にエトルリア人を捕えたという事実は、エトルリア人の文化能力の乏しさについての数多くの証拠の一つに加わるだろう。それに対してイタリキの間では、同様の言語の腐敗に見舞われたのは、明らかにウンブリア人が最も甚しく、ローマ人はいささか弱く、南のサベッリ人が最も少なかったにしても、それは、前者ではエトルリア人との交流がより活発であったこと、後者ではギリシア人との交流が活発であったことが、少なくともこのような現象に一役買っているのであろう。

第15章　芸　術

イタリキの示した芸術的な才能　詩とは情熱の発露としての弁舌であり、その感動的な響きはメロディとなる。そのかぎりでは、詩や音楽を持たない民族など存在しない。ところがイタリア人〔広義のイタリア人、また近現代イタリア人。以下しばらく同様〕は、詩的な点で際立って才能のある民族ではなかったし、また今日でもそうではない。イタリア人は、情熱的な心という点で、また人間的なものを理想化し生命無きものを人間化するあこがれの想いという点で、不足しているし、したがってまさに詩作の持つ至聖さが欠落しているのである。イタリア人の鋭いまなざしや快い如才なさは、我々がホラティウスやボッカッチオに見出す皮肉や短篇小説の調子を、またカトゥッルスやナポリ風の楽しい民謡が示してくれるユーモラスな愛や歌の愉悦を、そしてとりわけあまり品のないコメディや道化芝居を生み出すことができた。

古イタリアの土壌に、古い時代にはパロディー風の悲劇が、そして新しい時代にはパロディー風の英雄詩が生まれた。とくに修辞の技術や演劇の技術の点で、イタリア人に匹敵する民族は、昔も今も存在しない。しかし、完成された芸術ジャンルに関しては、器用さを示すこと以上には容易に進むことができなかった。彼らの文学史上のどの時代も、一個の真の叙事詩も、一個の真正なる演劇も生んでいない。イタリアで見事に作り出された文学作品のうちで最高のもの、つまりダンテの『神曲』のような神聖な詩にしても、サッルスティウスやマッキアヴェッリ、タキトゥス、コッレッタ（一七七五―一八三一年）のような人々の歴史書にしても、自然なというよりは修辞的な情熱に支えられている。音楽に関してさえ、古代においても近代になっても、真に創造的な才能は、技量に比べるとはるかに目立たなかった。ここで技量と言うのは、急速に名人芸にまで高まり、心のこもった真正の芸術に代わって空虚で生気のない偶像を玉座につけるようなもののことである。概して芸術において、内面的なものと外面的なものが区別されるとすれば、内面的な分野は、イタリア人に固有の領分として帰属するものではない。彼らイタリア人に充分な効果を及ぼすためには、美の力は、その心の前に理想として置かれるのではなく、目の前に感覚的に捉えられるものとして現われなければならない。したがってイタリア人には、建築、造型美術はまったくお手のものであり、このような面では、古代文化の時期においてはヘレネスの最善の弟子であり、近代においてはあらゆる民族の師匠になったのである。

ラティウムにおける舞踊、演奏、歌曲　我々の伝承の空白部分になっているので、イタリアの個々の民族グループの芸術的な理念の発展を追跡することは不可能である。しかも、とりわけ古イタリアの詩についてはもはや語ることができず、ただラティウムの詩について語りうるだけなのである。ラテン人の詩作は、他のあらゆる民族と同じように、抒情詩から出発している、いや正確に言うと、むしろ原始的な祭りの宴に由来するものであり、そこでは舞踊、演奏、歌曲が、未だ分離しない一つのものとして混じり合っている。その際注目すべきことは、最古の宗教慣習においては舞踊、次いで演奏が、歌曲よりもはるかに際立っているということである。祝典の大きな行列でもってローマの戦勝の祭りは幕を開けたのだが、その行列において、神々の像や戦士たちに続いて最も重要な役割を果したのが、荘重な踊りの踊り手と陽気な踊りの踊り手だった。荘重な方は、男衆、若者、少年という三つのグループにまとまり、みな赤い上着《トゥニカ》をつけ、銅［青銅も含む。以下同］製のベルトを締め、剣と短い槍をたずさえ、加えて成年男子たちは兜をかぶり、一般には完全武装であった。一方、陽気な方は二つのグループに分かれ、「羊組」が羊の毛皮にくるまれ彩色された羽織りをまとい、「雄山羊組」が腰布のところまで裸で引っかけとして山羊の裏皮を身につけて登場する。

　同様に、おそらくすべての神官団組織のうちで最も古く最も聖なるものは跳ぶ者《サリイ》（salii. 一五五頁）であり、踊り手（ludii, ludiones）は、概していかなる公的行列にも、とくにいかなる葬送行列にも欠けてはならないものだった。というわけで踊りは、すでに古い時代に一般的な生業になっていたわけである。ところで、踊り手が登場する場合には、楽士や――最古期においては同じことだが――笛吹きも姿を現わす。彼らもやはり、いかなる犠牲式にも、いかなる結婚式にも、いかなる葬儀にも決して欠かせなかった。サリイという太古からの公的な神官団と並んで、たとえ序列としてははるかに低くても、笛吹きの仲間（collegium tibicinum. 一七九頁）も同じくらい古いものであり、その真の楽士としての性格は、厳格なローマの警察に対してさえ自己の立場を主張できた古くからの特権――つまりローマの年祭にマスクをかぶり、甘いお酒をたっぷり聞こし召して道をうろつき回れる特権――によって証明される。このようにして名誉ある仕事としての踊り、下位には置かれるがどうしても必要な活動としての演奏が登場し、この両者のために公的な団体が設けられたので、詩歌はそれだけいっそう偶然の産物、あるいはどうでもよいもの――それが、自分のために作られたものであろうが、踊りのはやしとして作られたものであろうが——と思われたのである。

宗教的な歌曲　ローマ人には、緑なす森の深閑たるところで葉叢が歌う歌が最古の歌と見做されていた。人に恩恵を与える霊《ファウヌス》（faunus. favere から）は、林苑で囁き、笛を吹いている。それは、幸いにもそれを盗み聞いた者によって、人間のために、再びリズミカルで荘重な語り口で告げられたのである（casmen. 後の carmen. canere から）。神によって感動させられた男女（vates［歌い手、予言者］）の、このような予言の歌に近い性格をもったものが、いわゆる本来の呪文、病気や他の災難に対する加持祈禱のきまり文句、雨を降らせない、雷が落ちるように祈る、あるいは一つの畑から別の畑に種子まで誘い出す、といった邪悪なまじないである。ただこの中にだけ、おそらくはじめから言葉の定型と並んで音の定型が現われた。*

* このようにして大カトーは（agr. 160）、脱臼に対して強力に効くまじないの文句を示している。hauat hauat hauat. ista pista sista damia bodannaustra. この文句の意味は、我々にとってそうであるように、創り出した人にもはっきりしなかったであろう［現代の研究者も、多くは訳をほどこせないとしている］。もちろん、これと並んで言葉の定型も見つかる。そこでは例えば関節炎に対して、腹を空にして別の人のことを思い、大地に触れて唾を吐き、次の言葉を三度、九回にわたって発すると、助けになるという。「私はあなたのことを思っている。私の足を助けてください。大地が災いを受けとめてくれるよう、健康が私のものとなりますように」（Varr. rust. 1, 2, 27）。

もっとしっかり伝えられた、しかも同じように太古のものが、宗教的な連禱であり、それはサリイや別の神官団の人々によって歌われ、踊られたのである。その中で唯一我々にまで伝わってきているのが、マルス神のために、たぶん交互歌唱として作り出されたアルウァル兄弟団の舞踏歌だが、やはりここに持ち出すのにふさわしいものであろう。

Enos, Lases, iuvate!
Ne velue rue, Marmar, sins incurrere in pleores!
Satur fu, fere Mars! limen sali! sta! berber!
Semunis alternei advocapit conctos!
Enos, Marmar, iuvato!
Triumpe!*

これは、次のように解釈されよう。

神々に対して　私たちを、ラレスよ、お救いください！
　　死も腐敗［破滅］も、マルス様、マルス様、多くの人に打ち寄させないよう
個々の仲間に　残忍なマルス様、満足されますよう！　敷居を跳び越えよ！　立て！［大地を］踏みしめよ！
仲間すべてに　セモネス［種蒔きの神］を、一人一人呼ぶのだ。みんなだ！
神に対して　私たちを、マルス様、マルス様、助けてください！
個々の仲間に　跳ぼうよ！

* 最初の五行のそれぞれの行は三回繰り返され、最後の行の呼びかけは五回繰り返される。翻訳［モムゼンの訳］は多くの点で不確かであり、とくに第三行目はそうである。

クィリナリスの焼き物の容器［壷］の三碑文（二〇〇頁注）には以下のように書いてある。“ioue sat deiuosqoi med mitat nei ted endo gosmis uirgo sied——asted noisi ope toitesiai pakariuois——duenos med feked（= bonus me fecit）enmanom einom dze noine（おそらく＝die noni）med malo statod.” ただ個々の言葉だけしか確かなものとしては分からない。何よりも注目すべき点は、形容詞の pacer や et の意味を持った不変化詞の einom のように、我々がこれまでウンブリア語およびオスキ語として知っていただけの形が、ここではたぶん古ラテン語として現われていることである［この碑文には、何人かの人の様々な読みがある。一九四〇年段階で四〇以上、それ以降も一〇指に余る読みがあるが、未だ定訳、大方の人を納得させる解釈はない。最初のところも「ユピテル、ウィオウィス、サトゥルヌスの神々」、あるいは「ユピテル、サトゥルヌスの息子」とするなど］。

この詠唱、またサリイの歌謡の同様の断片のラテン語は、すでにアウグストゥス時代の文献学者には、自分たちの母国語の最古の記録と見做され、十二表法のラテン語に対するその関係は、およそルターの言語に対するニーベルンゲンの言語のようなものである。そこで我々としても、言語の上でも内容の上でも、この尊い連禱をインドのヴェーダに対比することがおそらく許されよう。

讃歌と誹謗の歌　讃歌や誹謗の歌は、ずっと後の時期のものである。ラティウムでは、風刺の歌が、すでに古い時代に溢れていたことは、たとえこれに対するきわめて古い時代の警察的処置がはっきりとは証言してくれなくても、イタリア人［広く近現代イタリア人も含む］の民族的な性格から推定することができよう。しかしより重要な位置を占めるようになったのが讃歌である。一市民が埋葬のために運び去られるとき、棺台には彼の近親もしくは友人の女性が付き従い、笛吹きの伴奏で彼の葬送歌（nenia）を歌った。また同じように饗宴の際、当時の慣習に基づき、自分の家から宴にまで父親たちの伴をしてきた少年たちによって、祖先を褒め讃える歌が交互に、ときには笛に合わせても歌われ、ときには伴奏なしでも歌われたのである（assa voce canere［伴奏なしで歌う］）。男性たちが饗宴において順次歌うという慣習は、おそらく後になってギリシア人から借用したものであろう。我々も、こうした祖先を讃える歌については、これ以上詳しいことは知らない。しかし、これらの歌が描き出し、物語ったこと、そしてそのようにして詩の抒情的な要素と並んで、またそれから叙事的な要素を発展させたということは明らかであろう。

仮面をつけた道化　詩のさらに別の構成要素は、間違いなく種族の分離以前に遡るあの原始的な民衆のカーニヴァル、つまり陽気な踊りもしくはサトゥラ（二五頁）の中で活発に働いていた。その際には、歌も欠けていなかったであろう。主として共同体の祭りや結婚式に執り行なわれ、またたしかにはっきりと現実的な形をとったこうした楽しみ事にあっては、複数の踊り手ないし踊り手の組が相互にやりとりする役を果たしたことは容易に想像されよう。そしてそこでは、主として冗談めかした、ときには猥褻なある種の所作が、歌と結びついたのである。そこでここに、交互歌唱――ちょうど後にフェスケンニア風の歌［鄙猥な歌。エトルリアの都市フェスケンニア Fescennia の祭りで歌われた詩歌のような下品な、という意味］という名前で登場した類いのもの――ばかりか民衆風の喜劇を構成する要素も生まれた。こうした要素は、外面的なものや喜劇的なものに対するイタリア人の鋭い感覚という点からしても、また所作や扮装についての彼らの嗜好という点からしても、見事なまでにおあつらえ向きの土壌に植えつけられたのである。

こうした萌芽段階のローマの叙事詩やドラマの痕跡［古版本］は、まったく何も残っていない。祖先を讃える歌が伝統的なものだったことは自明であるし、それらが規則正しく子供たちによって詠唱されたという事実からも十二分に証明されよう。しかしすでに大カトーの時代には、そのような歌は完全に消えてしまっていた。ところが喜劇の方は――この言葉を使うことが許されるならば――、この時期には、またその後も長く、まったく即席で演じられた。以上のようにして、民衆詩や民衆の旋律からは、韻律や、音楽と合唱舞踊の伴奏、それにたぶん仮面以外の何ものも伝えられてゆかなかったのである。

韻律　最古期に、我々が韻律と名づけるものが存在したかどうかは疑わしい。アルウァル兄弟団の連禱も、外面的に定まった韻律上の規準に適合しているとはなかなか言えない。それは我々にはむしろ、生き生きと動く朗唱のように見える。それに対して、太古の様式、いわゆるサトゥルニウス式韻律［詩形］*もしくはファウニウス式韻律が生まれている。この韻律はギリシア人には無縁のものであり、おそらく最古のラテン人の民衆詩と同じ時代に生まれたものであろう。次の詩は――もちろんはるかに後の時代のものであるが――、それについてのイメージを与えてくれるであろう。

Quod rḗ suā́ difeídens—ā́sperē afleícta
Parḗns timḗns heic vṓvit—vṓto hṓc solū́to
Decumā́ factā́ poloū́cta—leī́bereī́s lubḗntes
Donū́ danū́nt Hḗrcolei—mā́xsumē mḗreto
Semṓl te orā́nt se vṓti—crḗbro cṓn dḗmnes
⏑ –́ ⏑ –́ ⏑ –́ ⏓ ‖ –́ ⏑ –́ ⏑ –́ ⏓

なんと、不運を恐れて――ひどく幸運なのに悩まされ
先祖［父親］は、心配しつつここに誓いを立てる――その誓いが聞き届けられ、
聖餐のための十分の一を――子供たちは喜んで持ってくる
ヘルクレスにお供え物として――最も勲し高きものに
彼らは同時にきみに祈る、誓いを――きみ［ヘルクレス］がいくたびも聞いてくれるようにと。

［モムゼンによるドイツ語訳に従う。CIL. I², 1531］

* おそらくこの名は、サトゥラ（satura）がもともとカーニヴァルの際に（二一五頁）歌われた歌であるので、「歌の韻律」という以外に何も表わさないであろう。同じ語幹から種蒔きの神（Saeturus もしくは Saiturnus. 後には Sāturnus）も名前が付けられたのである。その祭

り、サトゥルナリア (Saturnalia) もたしかに一種のカーニヴァルであり、したがって道化芝居も、本来はとくにこの祭りのときに上演されたということもありうるであろう。しかし、サトゥラとサトゥルナリアの関係についての証拠は欠けている。そしておそらく、サトゥルニウス式韻律 (versus sāturnius) とサトゥルヌス神との直接の結びつきや、こうした見方と結びついた最初の音節の長音化は、時代が下ってからのことであろう。

サトゥルニウス式韻律では、讃歌や諧謔の歌が一様に歌われていたようである。もちろん笛に合わせてである。それゆえ、各行の切れ目がとくに明示され、交互に歌う歌の場合には、この個所で二人目の歌い手が詩句を受け止めるという形をとったのであろう。サトゥルニウス式韻律はローマとギリシアの古代に現われるすべての韻律同様、長短の音［節］を持つものであるが、おそらく古代の詩の韻律全体の中で、弱音部の脱落を他の多様な破格に加えて最も広い範囲で認めたので、最小限の完成度しかもたず、構成の点で最も不完全なものであった。というのも、このような互いに対立するイアンボス［短長格］型、トロカイオス［長短格］型の平行は、より高度な詩的効果をあげるために充分なリズム上の基礎を発展させるにはあまり適していなかったからである。

メロディー　ラティウムの民族的な音楽や合唱舞踊の基本的要素は、この時代に確立されていたに違いないが、すべて消えてしまっている。ただ一つラテン式の笛についてのみ、短くて細く、四つだけ穴の開いた楽器で、名前が示すように本来は動物の軽い大腿骨から作られていたと報告されているが、他には何も分からない。

仮面　最後に、ラテン人の民衆喜劇もしくはいわゆるアテッラナ劇［カンパニアの都市名から来た、民衆・即興喜劇］において後の時代までお定まりの「性格を示す仮面」、例えば道化師マックス、大食らいブッコ、よきパパたるパップス、賢いドッセンヌス——これらのマスクは、巧妙な点でも、また効果的な点でも、二人の召使、すなわち近代イタリアのプルチネッラ喜劇［ナポリ笑劇］のパンタローネ［細いズボンをはいた、好色で間抜けなヴェネツィアの老商人役］とドットーレ［先生、ボローニャ生まれの医者、弁護士役］にも比べられるものだった——は、すでにラテン人の最古の民衆芸術に属するものである。それはもちろん厳密には証明されていないが、ローマにおけるギリシア人の舞台が、設立後一世紀たってからようやくそうした類いのマスクを受け入れたのに対して、ラティウムにおける民衆演劇の場合、顔につける面の使用は、記憶を絶するくらい古いものであるので、またあのアテッラナ劇の仮面はそれ以上に決定的に古イタリア起源のものであるので、さらに即興の巧妙な演劇作品の成立や上演が、演者に作品全体を通じての役を割り当てる固定したマスクなしには、おそらく考えられないので、だれでも、定まったマスクをローマの芝居の始まりに結びつけて考える、いやむしろそれをこの始まりそのものと見做すことさえ許されるであろう。

最古のヘレネスの影響　ラティウムの最古の土着文化や芸術についての情報は乏しいために、ローマ人の文化や芸術に外から与えられた最初期の刺戟についてはさらに少ししか分からないというのも当然であろう。ある意味では、外国語、とりわけギリシア語の知識についてもこれに含まれるだろう。もちろんギリシア語は、すでにシビュッラの神託（二六五頁）に関する指示が証明していたように、ラテン人には一般に無縁なものであった。けれども商人の間では、その知識は決して稀なものではありえなかった。同じことは、ギリシア語の知識と密接に関連する読み書きの知識（一九六頁）についても言いうるであろう。しかし古代世界の教養・文化とは、外国語の知識に基づくものでもなければ、初歩的な技術に基づくものでもない。ラティウムの発展にとって知識についての情報よりももっと重要であったのは、芸術的な要素である。そしてそうした要素は、すでに最初期にヘレネスから受け入れていた。それゆえ、この点に関してイタリキに影響を及ぼしたのは、もっぱらヘレネスであり、フェニキア人やエトルリア人ではなかった。イタリキの場合、カルタゴやカエレに由来する芸術上の刺戟など、どこにも見当たらない。総じてフェニキア人の文明もエトルリア人の文明も、雑種であるためずっと何かを生み続けることのない文明の型のうちに数えられてよかろう。* しかしギリシア人の影響は、実らないはずがなかった。ギリシア人の七弦のリラ、すなわち「弦」（fides［リラ］。σφίδη［腸］から。またbarbitus［リュート］-βάρβιτος）は、ラティウムにおいては笛のようには土着のものではなく、常に外国の楽器と見做されていた。しかしこの楽器がいかに早い時期に他ならぬラティウムで受容されたかは、一部はギリシア語の名前の野蛮な切り詰めが、また一部は宗教儀式にさえそれが使用されたことが証明していよう。**

* かつてローマの少年はエトルリア人の教養・文化を学び、その後ギリシアの教養・文化を学んだと言われたが（Liv. 9, 36）、それはローマの若者の教養形成のもともとの性格に合致しないと同時に、そもそもローマの少年がエトルリアで何を学んだのか、推察することもできない。当時ローマでエトルリア人の言葉を学習することが、今日我々の間でフランス語を学ぶことと同様の役割を果たしたとは、最も熱心なブランド・流行志向の今風の信奉者でさえ主張できないであろう。エトルリア人の内臓見（haruspices［腸卜官］）の手法について何かを理解することは、それを利用している人々の間でも、エトルリア人以外の人々にとっては不名誉なこと、いやむしろ不可能なことと見做された（K. O. Müller, Die Etrusker. Breslau 1828. Bd. 2, S. 4）。おそらく右の記述は、共和政の最後の時代のエトルリアかぶれの考古学者によって、古い年代記の実用主義的な辻褄合せの話から紡ぎ出されたものであろう。例えばムキウス・スカエウォラに、子供のときポルセナ［ポルセンナ］との歓談のためにエトルリア人の言葉を学ばせたとある（Dion, Hal. 5, 28；Plut. Publ. 17. vgl. Dion. Hal. 3, 70）。しかしとにかくこの時期は、ローマのイタリア支配のために、高貴なローマ人が地方の言葉についてある程度の知識を求められていたときなのである。

** 宗教儀式におけるリラの使用を証明するのは、Cic. de orat. 3, 51, 197；Cic. Tusc. 4, 2, 4；Dion. Hal. 7, 72；App. Pun. 66. 碑文は、Orelli, 2448. vgl. 1803. 同様に葬送の歌（neniae）においても使用された（Varr. Non. v. nenia および praeficae）。しかし、リラを演奏することは、それにもかかわらず不穏当とされたままであった（Macrob. sat. 2, 10 他におけるスキピオなど）。もっとも、前一一五年の音楽禁止令が締め出したのは、ただ歌い手と一緒のラテン人の笛吹きだけであり、リラ奏者ではなかった。宴会における客人は、ただ笛に合わせて歌ったのである（Cic. Tusc. 1, 2, 3 におけるカトー。4, 2, 3. Varro (Non.) v. assa voce. Hor. carm. 4, 15, 30)。反対のことを言っているクインティリアヌスは（inst. 1, 10, 20)、キケロが神饌について語っている（de orat. 3, 51, 197）ことを、不確実なまま私的な宴会に移し変えてしまったのである。

この時代にギリシア人の神話・伝説のいくつかがラティウムへの水路を見つけたことは、［ギリシア］民族の詩的宝庫に完全に基礎をおいた描写を伴うギリシア人の彫刻品を積極的に受け入れていることが示している。ペルセフォネがプロセプナに、またベッレロフォンテスがメレルパンタに、キュクロプスがコクレスに、ラオメドンがアルメントゥスに、ガニュメデスがカタミトゥスに、ネイロスがメルスに、セメレがスティムラに、といった古ラテン的な卑俗なものへの変形から、どれほど遠い昔に、そうした話がラテン人の耳に入り繰り返されていたかを認めることができよう。しかし結局のところ、何よりもローマの主祭である都市の祭り（ludi maximi, Romani）が、たとえギリシアの影響のもとに成立したとまでは言えないにしても、後に大なり小なりその影響のもとに整えられたということはまず間違いないだろう。それは特別な感謝祭として、通常、戦争の前に将軍によってなされた誓いに基づき、したがって通例では秋に市民からなる兵士が帰還するにあたって、カピトリウムのユピテルに、またユピテルと一緒に鎮座する神々に捧げられた。祝祭の行列は、パラティウムとアウェンティヌスの間に杭で境界が画定されアレナ［競技の行なわれる平場］と観客席を擁した競技場《キルクス》へと向かった。先頭にはローマの全少年層が、市民団からなる兵士の区分に応じて騎馬と徒歩に整えられて進み、次いで戦士と前述の踊り手グループがそれぞれ独自の音楽とともに、続いて神々の奉仕者が香の容器や他の聖具を手にもって、最後には棺台が神像そのものと一緒に、進んでゆくのであった。

見せ物自体は、最古の時代に見られたような戦争を摸倣したものであった。戦車、騎馬、徒歩での戦いである。まず第一に、戦車がそれぞれホメロス風に馭者と戦士を乗せて疾駆した。次いで、戦車から跳び降りて戦う戦士となる。続いて、騎兵はそれぞれローマ式の戦闘法にしたがって、自分の騎乗する馬と予備の馬とともに登場した（desultor)。最後に、徒歩の戦士が腰にベルトをつけるだけで何もまとわない姿で、互いに競走し、格闘し、殴り合うことで力を競った。どのような種類の競技においても、ただ一度だけ、二人の競技者の間だけで戦われた。そして勝利者には冠が褒賞として与えられた。冠の簡素な枝がいかに尊重されたかは、この人が死んだとき棺台にそれを置いてもよいという法的許可の存在がよく示していよう。祭りは、このようにしてただ一日中続くだけだった。そしておそらく、この祭りに伴う競技の後、本来のカーニヴァルの時間もまだ充分に残されていた。というわけでカーニヴァルでは、踊り手グループが自分たちの技を見せたり、何よりも道化ぶりを繰り広げることができた。またたぶん別の演技も、例えば少年騎馬隊の試合が行なわれる余地もあった。* 本当の戦争で獲得した名誉も、この祭りでは一つの役割を果たした。勇敢なる戦士は、同じ日に、彼が打ち殺した相手方の武具を展示し、競技における勝者のように冠をつけた。感謝の気持ちをもっている共同体としては、それでもってこの人を飾り立てたわけである。

* 都市の祭典は、本来はただ一日許可されただけだった。なお第六世紀［西暦前三世紀中頃―前二世紀中頃］には、舞台用の演技の日の四日間と、競技場の競技の一日からなった（F. W. Ritschl, Parerga zu Plautus und Terentius. Leipzig 1845. Bd. I, S. 313）。また周知のように、舞台の演技は時代が下ってからようやく加わったのである。各種の競技は、本来はただ一度だけ争われたものだということは、Liv. 44, 9 から、結論として出てくる。後に一日の試合に、二五組の戦車が続けて競争を行なったのは（Varro Serv. Georg. 3, 18）、革新なのである。ただ二つの馬車、したがって疑いなくただ二人の騎馬の士と二人の戦士が賞を競ったことは、どの時代にもローマの戦車競争には、いわゆる党派が存在して、それだけ多くの数の戦車がともに走ったわけであるが、そのうちもともとあったのが二つ、つまり白と赤であったことから来ているのである。パトリキ貴族の若者による競技場での騎兵の競技、いわゆるトロイア競技は、よく知られているようにカエサルによって復活されたのである。間違いなくそれは、ディオニュシオスが触れている（7, 72）騎馬による少年市民軍の行進と結びつくものである。

ローマの勝利の祝祭や町の祭りは、このようなものであった。その他のローマの公的祝典も、たとえ資金の点では限られているにしても、同じような性格のものだったと想像することができよう。公的な葬礼の祭典においては、通常は踊り手、そしてさらに何かをしなければならないときには、それと並んで、騎馬の競技者が登場した。その場合、市民団は、公的な呼び出し役によってあらかじめ特別に葬儀に招待されたのである。

しかしローマの慣習や訓練とこのように密接に結びついたこの都市の祭りは、基本的にはヘレネスの民族の祭典と符合するものであった。それはとりわけ、宗教的な祭典と軍事的な競技の一体化という根本思想の点においてであるが、以下の点もそうであろう。ピンダロスの証言によれば、オリュンピアの祭典にあたっては、はじめから競走、格闘、拳闘、戦車競争、やり投げ、投石という運動・訓練が選択されたという点、また、ローマにおいてもギリシアの民族的な祭典におけるように冠があり、いずれの場合も馬車の馭者ではなくその所有者に付与されたという勝者の褒賞のあり方の点、最後に、一般的な民族の祭典における一般的な愛国心に基づく祝宴や褒美の導入という点である。このような一致は偶然ではありえず、ただ原初期の民衆の共同社会の名残り、もしくは最古の国際的交流の結果であろう。後者の推定は、可能性としては圧倒的に高いであろう。我々の知っているような形での都市の祭りは、決してローマの最古の制度ではなかった。それは、競技場《キルクス》自体が王政時代後期にようやく設計されたものだからである（一〇〇頁）。当時、国制改革がギリシアの影響で起こったのと同じように（八六頁）、同時に都市の祭りにおいても、古い様式の娯楽、つまり跳躍すること（triumpus. 二五頁）と［ブランコのように］前後に揺れ動くこと――後者はイタリアにおける太古のアルバ山上での祭りにおいて永らくその慣行が続いていた――が、ギリシア式の競走と結びつき、ある程度までそれに取って代わられたのである。さらに、戦車を本式に使用することに関しては、その痕跡は、たぶんヘラスにはあるにしてもラティウムでは見つかっていない。最後に、ギリシアのスタディオン（ドリス方言では *σπάδιον*）は、きわめて古い時代に、同じ意味をもつスパティウム（spatium［競争場、競技場］）としてラテン語に移されており、それどころか、その点に関して言葉の上では次の証言が存在する。それは、ローマ人が馬と戦車での競争をトゥリイ［南イタリアのギリシア人植民市、シュバリスの後を継ぐ。後にラテン植民市コピアとなる］の人々から借用したというのであるが、他方それに対して別の記事では、エトルリアからのものとされている。このようにしてローマ人は、音楽や詩の刺戟の他にも、体育訓練的な競技という実り豊かな考えもヘレネスに負っているようである。

ラティウムにおける詩と教育の性格　このようにしてラティウムでも、ヘレネスの教養・文化や芸術が成長した基礎と同じ基盤が存在したというだけではなかった。こうした教養・文化や芸術自体も、最初期のラティウムに強力な影響を及ぼしたのである。ラテン人が体育訓練の基礎になるものを所有していたにしても、それは、ローマの少年がどの農民の息子もそうであるように馬や戦車を統御し狩猟用槍を操ることを学び、ローマでは共同体市民がことごとく同時に兵士でもあったからだけではない。舞踊の技もはるかに以前から公的助成を受けていたし、またヘレネスの競技の導入によって早くから強烈な刺戟が加わった。詩に関しても、ヘレネスの抒情詩や悲劇はローマの祝祭の歌に似たような歌から生まれていた。祖先を讃える歌は叙事詩の萌芽であり、仮面の道化は喜劇の萌芽であった。そしてここにも、ギリシアの影響が見られないわけではなかった。

それだけにいっそう注目に値するのが、こうした種子のすべてが芽を出したわけではなく、またすべてが芽を出さなかったわけでもないということである。ラテン人の世界の若者の肉体訓練は、がっちりして優れたものであり続けた。だがヘレネスの体育訓練が追求したような肉体の美的な形成というような考えからは離れたものであった。ヘレネスの公的な競技は、イタリアではまったくそのルールを変えるというよりも、その本質的性格を変えた。そもそもそれは市民の競技であるべきであり、疑いなく当初はローマでもそうであったのに、職業的な闘士や職業的な剣士の試合となってしまった。そして、自由人でヘレネス系の血筋であると立証されることが、ギリシアの祭典競技に参加するための第一の条件であったのに、ローマの祭典競技は、すぐに解放奴隷や外人、それどころかまったく不自由な人々の独壇場になってしまった。その結果、競技者の仲間であるべき人々も、単なる観衆に変わってしまい、人が正当にもヘラスの目印と名づけた、競争での勝利者の冠については、ラティウムでは後にはほとんど言及されなくなった。

詩やその姉妹に当たるものも、同じような運命を味わった。

ただ自由に噴出する歌の泉をもっているのは、ギリシア人とゲルマン人だけである。ムーサイ［歌の女神たち］の黄金の鉢から、イタリアの緑なす大地に注がれたのは、まさにほんの数滴だけだった。厳密な意味での伝説形成など、そこには存在しなかった。古イタリアの神々は抽象的なものであったし、またそうであり続け、本当の人間的な形には高められず、——あるいはこう言った方がよければ——人間的な形の下で光輝を失ったのである。同様に、人間は最も偉大で最も高貴なものであるにしても、イタリキには、例外なく死すべき存在のままであり、ギリシアのようには、憧憬の想いに満ちた追憶、優しく手入れされた伝承という形で、大衆のイメージの中で神に等しい英雄へと高められることはなかった。しかしとりわけラティウムでは、民族詩の発展はまったく見られなかった。諸芸術［ムーサイの業］、なかんずく詩の最も深遠で最も素晴らしい働きは、それが市民共同体の枠を壊し、諸部族から民族を、民族から世界を創り出すところにある。今日では、我々の世界文学の中で、また我々の世界文学を通して、文明化された諸民族の対立が止揚されているが、そのようにギリシア人の詩作の技が、貧しく自己中心的な種族感情をヘレネスとしての民族意識に、そしてヒューマニズムにまで変えたのである。ところがラティウムでは、なんら似たものは現われなかった。アルバにもローマにも詩人はいたであろう。しかしラテン叙事詩は生まれなかったし、またヘシオドスの『労働と日々』のようなラテン語の農民用教理問答集——それはむしろまだ考えられうることだったろうが——さえ生まれなかった。ラテン人の同盟の祭りも、ギリシア人のオリュンピアやイストミアのような美の民族的祭典となることもできたであろう。たしかにアルバの陥落には、一群の伝説を結びつけることもできただろうし、またラティウムの伝説を結びつけることもできただろうし、またラティウムの起源を発見したり、あるいは挿入することもできたであろう。しかし、こうしたことは何も起こらず、イタリアは民族的な詩も芸術も持たないままだった。

このことから必然的に、ラティウムにおける芸術の展開が、花盛りというよりも干涸びた様相を呈するようになったということは、伝承が紛れようもなく証明していよう。詩の始まりは、おそらくいずこにおいても男性よりも女性に属するものであろう。魔法の歌や死者のための歌は、とりわけ女性たちのものであり、歌の霊、つまりカスメナエ（Casmenae）やカメナエ（Camenae）、そしてラティウムのカルメンティス（Carmentis）が、ヘラスのムーサイのように女性と理解されていることも理由のないことではない。しかしヘラスでは、詩人が歌姫に交替し、アポロンがムーサイの先頭に立つ時代が到来した。ラティウムの方は、いかなるものであれ歌の民族的な神をもつことはなく、古いラテン語は、詩人を表わす言い回しをもたない。*ここでは歌の力は、現われても、比較にならないくらい弱い形であり、急速に痩せ細っていった。芸術の訓練は、ここでは早くから女子供のものか、あるいは同職組合に帰属するかどうかはともかく手工業者に限られていた。葬礼での嘆きの歌は女性により、宴席での歌は少年によって歌われたことは、すでに述べたところである。宗教的な連禱は、主として子供たちによって行なわれた。楽士たちは専門職［同職組合］を形成していたが、踊り手や泣き女（praeficae）は非同職組合的な生業であった。ヘラスでは、舞踊や演奏や歌は常に——本来はラティウムでもそうであったように——市民にも共同体にも誇りになるような名誉ある仕事であり続けていたが、ラティウムでは、市民団の良き部分がますますこの空しい芸術から身を退いていった。芸術がいっそう公的な形をとったので、また芸術にそれを活気づけるような外国の刺戟がいっそう浸透したので、この傾向はますます決定的になった。土地のものである笛を、人は容認したが、リラは見下されたままだった。民族的な仮面の娯楽は認可されたのに、外国伝来の格闘技の楽しみは、どうでもよいもののように見做されたばかりでなく、恥ずべきもののように思われた。

＊　ファテス（vates）は、おそらくまず第一に、歌い手の指揮者（それゆえ、サリイのファテスが考えられるに違いないだろう）、そしてその後、古い言葉の使われ方では、ギリシア語の *προφήτης*［神の意思の解釈者］に近づくのである。これは宗教的な儀式に属する言葉であり、後に詩人について使用されたときにも、常に、神の思いで満たされた歌い手、ムーサイの神官という副概念を保持していたのである。

ギリシアでは、諸芸術がますます、個々すべてのヘレネスの、またあらゆるヘレネスをひっくるめたものの共有財産になり、それでもって、その芸術から一般的な教養が発展したのに、ラティウムでは、芸術は一般的な民衆意識から次第に消えてゆき、またあらゆる点で取るに足りない手仕事に成り下がったので、もはや、若者に分かち与えられるべき一般に民族的とされる教養・文化という理念すら生まれなかったのである。若者の教育は、最も狭い家庭生活の枠の中に全面的に閉じこめられたままだった。少年は父親の傍から離れず、農場にただ犂や小鎌をもって付き従ったばかりか、父親が客人として招かれ、また元老院に招請された場合には、父の友人の家にも、また議場にも従った。このような家庭での教育は、たしかに人間をまったく家のために、またまったく国家のために保つのには適切だった。父親と息子との永続的な生活共同体の上に、また成長しつつある人間の出来上がった人間に対する、成熟した男性の若者の純潔さに対する、相互の畏敬の気持ちの上に、家庭的および国家的な伝統の鞏固さ、また家族の結びつきの緊密さ、一般にローマ的な生活の重みある真剣さ（gravitas［荘重さ］）や道徳的で品位ある性格が成り立っていたのである。たしかにこのような若者教育も実のところ、純朴であって自らはほとんど意識しない彼らの知恵が——それは単純にして深いものだが——生んだ制度・組織の一つであった。しかし、そのことが感嘆をもたらすからといって、このことが、ただ本当の個人の教養を犠牲にしたり、またミューズの女神［ムーサイ］の刺戟的かつ危険な贈り物を完全に放棄することによってしか、成就されえないものだったし、また実際成就されなかったという事実を、見逃すことはできないであろう。

エトルリア人とサベッリ人における舞踊、演奏、歌謡　エトルリア人とサベッリ人における芸術の発展については、我々はいかなる知識も持ち合わせていないと言ってよいだろう。* ただ、エトルリアでも踊り手（histri, histriones）と笛吹き（subulones）が夙に——おそらくローマよりもずっと早くから——、その技能から一つの生業を作り出し、故郷においてばかりかローマでも、わずかばかりの報酬のために、全然名誉にもならないのに、公然と芸を披露したことくらいは指摘できよう。それ以上に注目に価するのは、エトルリア人の民族的な祭典——一二都市がことごとくそろって、同盟の神官のもとに開催するものだが——では、ローマの都市の祭りの競技と同様のものが催されていたということである。ここからさらに、エトルリア人がラテン人以上に一体どの程度まで個々の共同体を越えて存在する民族的な芸術に到達できていたのかという問いが浮かんでくるが、我々はもはやその問いに答えることはできない。他方、おそらくエトルリアでも、もっと古い時代にさえ、学問上のがらくた、とくに神学的および天文学的ながらくたの気の抜けた集積のための基礎が据えられていたことであろう。そのおかげで後にトゥスクス人は、全般的な崩壊の中にあって時代遅れの学識が全盛を見たときに、ユダヤ人やカルデア人やエジプト人とともに、神的な知恵の源泉として驚嘆の目で見られる栄誉を分かち合ったのである。

* アテッラナエ（Atellanae）やフェスケンニナエ（Fescenninae）はカンパニアやエトルリアの芸術ではなく、ラテン芸術であることは、しかるべきときに示すことになろう。

我々は、サベッリ人の芸術についてははるかに少ししか——このような言い方が可能だとして——知らない。もちろんこのことから、決して彼らの芸術が近隣の諸種族のそれに劣っていたということになるわけではない。むしろ、イタリアの三個の主要種族に関してその他にもよく知られた性格から想像されることは、芸術的な天賦の才の点でサムニウム人はヘレネスに最も近く、エトルリア人はヘレネスに最も遠かっただろうということである。こうした想定をある程度裏書きするのが、ローマの詩人中最も重要で、しかも最も独自性のある人たち、例えばナエウィウス、エンニウス、ルキリウス、ホラティウスのような人が、サムニウム地方に属していること、他方それに対してエトルリアは、ローマの文学においても、アッレティウムの人マエケナス、つまり心の干涸びた、むずかしい言葉をぐだぐだ書き連ねるすべての宮廷詩人のうちで最も我慢のならない男と、ウォラテッラエの人ペルシウス、つまり傲慢だが気の小さい、詩作にのめり込んだ若者の典型、以外にはほとんど代表者を持たないということである。

最古期イタリアの建築　これはすでに示唆したところだが、建築の基本要素は諸種族の太古の共有財産である。あらゆる建築学の始まりになるのは住まいなのである。このことはギリシア人にあってもイタリキにあっても同じである。木材で建てられ、先の尖った藁屋根やこけら葺きの屋根でおおわれ、四角形の居室からなっていた住まいは、雨水を地中に流し込む穴を持った吹き抜け屋根（cavum aedium）によって、煙を排出し、明かりを取り入れていた。この「黒い屋根《アトリウム》」（atrium［広間、居室］）の下で、人は食事をしつらえ、飲んだり食べたりする。ここでは家の神々が礼拝され、夫婦のベッドも棺台も置かれる。ここでは夫は客人に応対し、妻は召使と輪になって糸を紡ぐ。玄関のドアと道路の間の屋根で覆われていない空間――名前の上ではウェスティブルム（vestibulum）すなわち衣裳を整える場所――を玄関の間に代わるものととらないかぎり、家には玄関の間がない。ちなみにこの呼称は、家の中では普段着姿《トゥニカ》で歩き回るのがならいであり、ただ外に出るときだけトガをまとったことから来たものであった。さらに、居室のまわりに寝室や貯蔵室が設けられていた他は、部屋の区分もなかった。そして階段も、また上に階を建て増すこともまだあまり考えられていなかった。

最古期のヘレネスの影響　このような始まりの段階から、民族的なイタリキ式構築術［建築の芸術的構造学］が発生したのかどうか、またどの程度そう言えるのかは、ほとんど決定できない。ギリシアの影響が最古期にこの分野でも圧倒的に深く浸透したので、それに先立つ民族性に基づく初期段階のものが存在したとしても、ほとんど覆いかくされてしまったからである。我々が知っている最古期のイタリキの建築は、アウグストゥス時代の建築に優るとも劣らないほどギリシアの構築術の影響のもとにある。カエレやアルシウムの太古の墳墓は――おそらく最近発掘されたプラエネステの墳墓のうちで最古のものもまた――、オルコメノスやミュケナイの財宝庫とちょうど同じように、石の層が段階的にずらして重ね合わされ大きな一つの天井石で閉ざされる形で屋根が付けられていた。トゥスクルムの市壁の傍のきわめて古い建物も同じように覆いがつけられており、またカピトリウムの麓の、もとの井戸小屋（tullianum）も同じように覆われていたが、それはその上の建物のために先端が撤去されるまでのことであった。同じシステムによって作られた城門はアルピヌムでもミュケナイでも完全に似ている。アルバの湖の排水路（三四頁）は、コパイス湖のそれと最も大きな類似性を示している。いわゆるキュクロペス［一つ目の巨人。ここでは巨石］の環状囲壁はイタリアで、とりわけエトルリア、ウンブリア、ラティウムで、そしてサビニの地方でしばしば見られるし、構造の点では決定的にイタリア最古の建造物に属する。たとえ現存しているものの大部分が、おそらくずっと後のもの、またその中のいくつかはたしかにやっと第七世紀［西暦前二世紀中頃―前一世紀中頃］に築かれたものであるにせよ、そう言えるだろう。これらは、まさしくギリシアのものと同様に、ときにはきわめて粗雑に、間に小さな石をはめ込んだ未加工の巨大な岩塊からなり、またときには正方形の水平な層をなし、*ときには多角形に切り刻まれうまく嚙み合う岩塊が積み重なっていた。こうしたシステムのいずれを選ぶかに関しては、原則として素材が決定的であったことは間違いない。というわけで、最古期には建築に凝灰岩《トゥフォ》だけしか使わなかったローマにおいては、多角的な建築は生まれなかったのである。

* セルウィウスの城壁はこのような類いのものである。それは、一部は、前に付けられた四メートルもの厚い土止め擁壁によって丘の傾斜面が補強されたものからなり、また一部は、間の空き地、とくにウィミナリスとクィリナリスの麓の地、つまりエスクィリアエから「コッリナ門［コッリヌスの門］」までの天然の護りの欠けていたところでは、土塁——外に向かっては似たような土止め擁壁で閉ざされていた——からなっていた。そしてこうした土止め擁壁の上に胸壁が建てられた。古代人の信頼できる報告によれば、三〇歩の深さ、一〇〇歩の幅の壕が壁の前を延びてゆき、その壁の土はまさしくこの壕から取られたのである。胸壁はどこにも残っていない。延長された土止め擁壁の遺構は、最近になって発見された。この壁の凝灰岩《トゥフォ》の塊は、長めの長方形に加工され、平均で六〇センチメートル［ローマの二歩］の高さと幅に、他方、長さは七〇センチメートルから三メートルまで様々である。そしてモルタルを使用せず、長い側と短い側とが交互に外に向かって、様々に列を作りながら重ねられていた。

　セルウィウスの城壁のウィミナリスの門のそばの部分、一八六二年にヴィッラ・ネグロニで発見された部分は、高さおよび幅が三ないし四メートルの巨大な凝灰岩《トゥフォ》の塊の基礎の上に建てられたものだが、そのとき、その基礎の上に、同じ材料、同じ大きさの岩塊——それは、城壁にあっては別なところで使用されたのだが——から外壁が建てられたのである。その背後に土を盛り上げた土塁は、その上の平面で幅がほぼ一三メートル、ローマの歩では優に四〇歩まで、角石の外壁を含めて全防壁は、幅一五メートル、ローマの歩で五〇歩も有したようである。ペペリノの岩塊から作られた部分が、鉄製のかすがいで結び合わされて、ようやく後の修復の仕事にあたって付け加えられたのである。

　カピトリウムの側に向いたパラティウムの斜面のヴィーニア［ブドウ園］・ヌッシネルの中で発見された城壁およびパラティウムの別の地点で発見された城壁は、セルウィウスの城壁と基本的には同じ種類のものである。ヨルダンによって（Jordan, **Topographie der Stadt Rom im Altertum. Bd. 2. Berlin 1885. S. 173**）、おそらくパラティウムのローマの城壁の残存物だと説明されているのは正しいと思う。

　より単純な前にあげた二つの様式の類似性は、建築の材料と建築の目的の類似性に帰着するようである。しかし、芸術的で多角的な城壁の建造、そしてまた一貫して左へと曲がる「門を通る道」を擁した門、つまり防御者に対して攻撃側の楯を持たない右手の方を剝き出しにさせた「門を通る道」をもった門が、古イタリアの砦にもギリシアの砦にも特別に存在していることも、偶然と見做されるべきではないだろう。その重要なヒントは、次のことの中にもある。たしかにヘレネスによって征服はされなかったが、それでも彼らと活発に交流したイタリアの同じ部分で、独自の多角的城壁構築が当たり前のことになっており、一方エトルリアではただピュルギとそこからあまり離れていないコサとサトゥルニアだけで見られるということである。ピュルギの城壁の設計は、とりわけ「塔」という重要な名前を考慮に入れれば、まさしくティリュンスの城壁の設計のように、明らかにギリシア人に帰せられるべきなので、その中に現在もなお、イタリキが城壁建設を学んだ手本の一つが立っているというのも、大いにありうることだと言えよう。最後に、帝政期にトスカナ式神殿と呼ばれ、多様なギリシアの神殿建築と対等の位置にある一様式と見做された神殿は、全体として、ギリシア神殿のように、通常は四角形の囲壁をめぐらせた空間（cella）であり、その壁や列柱には斜めの屋根が宙に浮いているように聳えていたばかりか、個々の点でも、とりわけ柱自体の点でも、また建築学上の細部にわたっても、完全にギリシアの図式に依存していたのである。こうした事実のすべてから考えられることは――それ自体信じられるように――、イタリキの建築技術がヘレネスとの接触以前には、木造の小屋、鹿砦、土もしくは石を盛り上げたものに限られていたこと、石造構築物は、ようやくギリシア人の例に倣って彼らのずっと優れた道具によって採用することができたということである。ほとんど疑いをいれないことは、イタリキがギリシア人から初めて鉄の使用を教えられたこと、またモルタルの調整（cal[e]x［石灰岩］calecare. *χάλιξ*から）を、機械（machina. *μηχανή*から）を、基準（groma［測量器具］。*γνώμων, γνῶμα* からの崩れ）を、さらに精巧な格子（clatri. *κλῆθρον* から）を彼らから受け継いだことである。したがって、特殊イタリキ的な建築術について語るということはほとんどありえない。それでも、イタリキの住居の木造建築の中には、ギリシアの影響によって引き起こされた変更と並んで、様々な特有性が保持されているか、それとも初めて発展させられている、と言えるだろう。翻ってこのことは、イタリアの神々の住まう建築にも再び影響を及ぼしたことであろう。

イタリアにおける家の発展は、建築学的な見地からは、エトルリア人に由来するものではなかった。すでにエトルリア人が手を加えて住居を作り直し、人間の住む住居を範にして神にも神殿を、精霊にも墓室を建てはじめていたときなのに、ラテン人も、またサベッリ人さえも、まだ先祖から受け継いだ木の小屋を、また古き良き慣習を墨守しており、神や精霊には、聖別された住まいではなく、ただ聖別された空間を割り当てることを固守していた。ラティウムが右のようなぜいたくな建物に進んだのは、ようやくエトルリア人の影響を受けてであったことは、最古の神殿建築の様式や最古の住宅建設の様式がトスカナ式と名づけられていることが証明している。* このような移行の性格に関して言えば、ギリシア風神殿は、おそらくテントもしくは住居の一般的な輪郭を模倣したものでもあるが、基本的には切り石によって建てられ、瓦で屋根が葺かれている。そして石や焼かれた土によって規定された均衡の中で、必要性と美しさの法則が、この神殿にふさわしいように発展した。それに対して、エトルリア人においては、木で拵えられた人間の住まいと石造りの神々の住まいとの間の、ギリシア的な鋭い対照など無縁のものであった。トスカナ式の神殿に特有の性格――より正方形に近い輪郭、より高い破風、柱の間隔のより広い幅、とりわけ高くなる傾斜面、支柱の上の梁の突端［小口、持ち送り、コーベル］の際立った突出――はことごとく、住宅への、神殿のより大いなる接近、また木造建築の特性から生まれたものである。

＊ ratio Tuscanica, cavum aedium Tuscanicum［トスカナ様式ないしトスカナ式の「中央広間」「内庭」。まわりを建物で囲まれた、家の中央の広間］。

イタリアの造型芸術　造型芸術および［線や図の］描写芸術は、建築術よりも新しいものである。家も、人が破風や壁面を飾ることに取り掛かる前に建てられたに違いない。おそらく、これらの芸術がイタリアでローマの王政期に実際に取り入れられたということはないだろう。ただ、商業や海賊活動が早くから巨大な富を集中させていたエトルリアでは、芸術ないしは――もしそう呼びたければ――手工業が最古期に確固たる地歩を占めていたことであろう。ギリシア芸術がエトルリアに大きく働きかけたとき、ギリシア芸術は、その模作が示しているように、まだきわめて原始的な段階にあり、おそらくエトルリア人は、彼らがアルファベットをギリシア人から借用したときよりやや後の時代に、ギリシア人から陶土や金属を細工・加工する技術を学んだのであろう。ポプロニアの銀貨は、ある程度確実にこの時期のものとされるほとんど唯一の作品だが、この時期のエトルリア人の熟練した技能について、そこから直ちに充分なイメージを引き出すことはできない。それでも、後の芸術通があのように高い評価を下したエトルリア人の青銅の作品のうちで最善のものが、まさしくこの原初期のものであったと言うことは許されよう。そしてエトルリアのテラコッタも、ローマの神殿に陳列された最古の作品は焼かれた土からなり、カピトリウムのユピテルの立像やその屋根の四頭立ての馬車はウェイイに発注されたものであり、神殿の屋根の上の同様の巨大な置物は総じて後のローマ人の間では「トゥスクス人の［トスカナの］作品」として通ったので、これらは決して取るに足りないものではありえなかったであろう。

それに対して、イタリキの間では、サベッリ系諸部族ばかりかラテン人の間でも、独自の彫像や線画がこの時代にまだようやく発生しつつあるところだった。最も重要な芸術作品は外国で製作されたようである。ウェイイで製作されたと言われる陶土製の彫像については、すでに見たところである。エトルリアで製作され、エトルリア語の碑文が刻まれている青銅の作品は、たとえラティウムでは一般的ではないにしても、少なくともプラエネステでは普通に出回っていたことは、最新の発掘が証明してくれた。アウェンティヌスの丘の上にあるローマ人・ラテン人の同盟の神殿におかれたディアナの彫像は、ローマにおける最古の神像と見做されていたが＊、それはエフェソスのアルテミスのマッサリア人の彫像とぴったり同じであった。おそらくエレア［ウェリア］もしくはマッサリアで製作されたものであろう。ほとんどただひとつ、古い時代からローマに存在している陶工・銅細工師・金細工師たちの同業組合（一七九頁）があり、それがこの地に自分たちの彫像や図案［線画］の存在したことを証明するのである。しかし、それらの芸術の位置については、具体的なイメージを得ることはもはや不可能である。

＊ワッロ（Aug. civ. d. 4, 31 における。vgl. Plut, Numa. 8）が、ローマ人は一七〇年以上も神々を彫像なしで崇拝していたと言うとき、彼は明らかに因習的な年代計算に従って、都市建設後一七六年（西暦前五七八年）から二一九年（西暦前五三五年）の間に奉呈され、疑いなく最初の神像だったこの原始的な彫り物の像について考えているのである。その奉献のことを、ワッロの手元の史料は述べていたのである。二〇二頁参照。

エトルリア人とイタリキの芸術上の関係と芸術家としての資質　我々が最古の芸術の伝承や芸術上の実践についての記録保管所から歴史的な成果を得ようと試みるなら、まず第一に明らかになるのは、イタリキの芸術もイタリキの度量法やイタリキの文字［書き方］と同様に、フェニキア人の影響下というよりはもっぱらヘレネスの影響下で発展したということである。古イタリアの芸術のどの面をとっても、古ギリシアの芸術の中にはっきりした手本を見出せないようなものは一つとして存在しない。そのかぎりでは、次の伝説はまったく正しい。その伝説は、イタリアにおける、彩色された土製の像――疑いなく最古の部類に属する芸術作品――の製作を三人のギリシアの芸術家、すなわち型どる者、組み立てる者、描く者、それぞれエウケイル、ディオポス、エウグランモスに帰しているのである。ただし、この技術が最初にコリントスから、しかも最初にタルクィニイに入ってきたというのは、十二分に疑わしい。オリエントの手本を直接模倣した痕跡は、独立して発展した芸術形式の痕跡同様、まことに乏しい。エトルリア人の石工が、エジプト起源の甲虫もしくはスカラベ［黄金虫の一種。エジプトにおける護符・印章］の形を固く保持していたにしても、スカラベはギリシアでもきわめて早い時期に真似して彫られていた。そのようなわけで、きわめて古いギリシア語の碑文が刻まれたそのような甲虫形の石は、アイギナでも見つかっている。それらがエトルリア人のもとにもギリシア人によってもたらされたことは、きっと間違いないだろう。古イタリア人は、おそらくフェニキア人からそれを買うこともあったであろう。しかし、学んだのは、ただギリシア人からだけである。

さらなる問い、つまりどのようなギリシア系の人々から、エトルリア人に手本としての芸術がまず最初に到来したのかということについては、断定的な解答はできないであろう。それでもエトルリア人の芸術とアッティカ最古の芸術との間には、注目に値する関係が存在する。ギリシアではきわめて限られた範囲にしか広まらなかったのに、エトルリアでは少なくとも時代が下れば広範囲に営まれた三個の芸術形式、すなわち墓の絵画、鏡の線画［意匠］、石工技術は、現在までギリシアの地では、ただアテナイやアイギナにおいてしか認めることができない。また、トスカナ式の神殿は、ドリス式神殿ともイオニア式神殿とも正確には一致しないが、区別にあたって最も重要なポイント、すなわち、内陣（cella）のまわりにめぐらされた柱廊、また同じく個々の柱の下に設置された特別な台座という点で、エトルリア人の様式はより新しいイオニア様式に従っている。そしてまさしく、まだドリス式の要素に貫かれているイオニア・アッティカ建築様式が、一般的な設計に関して、あらゆるギリシアの様式の中でトゥスクス人の様式に最も近いのである。ラティウムには、はっきりした美術史的な交流の痕跡は、まったくと言ってよいほど欠落している。しかし、一般的な商業や交流といった関係が、芸術において手本となるものにとっても決定的なものだったので——たしかに厳密に言えばこのことは自明なことのようである——、カンパニアやシチリアのヘレネスが、アルファベットの場合のように芸術の分野でもラティウムの教師であったということは、間違いなく想定できよう。そしてアウェンティヌスのディアナとエフェソスのアルテミスの類似も、少なくともこの想定に矛盾しないであろう。もちろん、それと並んでより古いエトルリア人の芸術もまた、ラティウムにとって手本として存在した。サベッリ系の諸部族には、ギリシア語のアルファベットと同様に、ギリシア人の建築技術も造型芸術も、何しろ一般にはより西方のイタリキ系の人々を介して伝わったにすぎないとはいえ、親密なものになっていた。

しかし最終的に、多種多様なイタリキ系の諸民族の芸術的な天分について判断が下されるべきだとすれば、もちろん美術史上、後の段階においてははるかにはっきりと浮かび上がってくることだが、すでにこの段階でも明らかなことがある。それは、エトルリア人が比較的早い段階で芸術の実践活動を開始していて、大量で豊かな仕事を行なっていたということである。しかしながら彼らの作品は、適切さや有用性の点でも、また精神や美しさの点でも、ラテン人やサベッリ人の作品の後塵を拝している。このことは、今でもやはり建築に関してだけは、間違いなく明らかであろう。目的にかなうと同時に美しくもある多角形の石造りの城壁の構築は、ラティウムやその背後にひかえる内陸部地方でもしばしばお目にかかるが、エトルリアでは稀であり、カエレの城壁でさえ多角形の石塊で積み重ねられてはいない。美術史的にも注目すべき、ラティウムにあるアーチ（一五三頁）や橋梁（一五八頁）の宗教的な色合の強調という点の中にさえ、後のローマの水道橋やローマのコンスル［および コンスル格の人］の大街道の始まりを認めることがきっと許されるであろう。それに対してエトルリア人は、ヘレネスの豪華な建築を再現したが、それを改悪もした。彼らは、石造建築のために定められた法則を巧妙に、しかし不完全に木造建築に移し、深く下りてゆく屋根と幅の広い柱間の空間とによって、自分たちの宮居に、古い建築家の言葉を借りれば、「重苦しく、低い、かさばって、鈍重な外見」を与えたのである。ラテン人は、ギリシアの芸術のたっぷりとした豊かさから、きわめてわずかしか、自分たちの精力的で現実主義的な感覚にぴったり合ったものを見つけ出すことができなかった。しかし、採用したものについては、理念の点でもまた内面的な点でも、自分のものとして習得し、多角形の石造りの城壁建設の発展にあたって、おそらく自分たちの師匠を凌駕してしまったのである。エトルリア人の芸術は、手工業的に熟練度の高いしっかりした腕前の注目に値する証拠であるが、天才的な受容性の証拠としては、中国人の場合ほどではない。学者がギリシア芸術をエトルリア人の芸術に由来づけるのをやめてから永く経つように、どんなに反発があろうが、イタリキの芸術の歴史においても、エトルリア人を第一等の位置から最後の位置に置き換えることを決断せねばならないであろう。

第二編　ローマ王政の解体からイタリアの統一まで

歴史家たるもの、不可思議なお話によって読者の心を揺り動かしてはならない。
――ポリュビオス

第1章　国制の変化、政務官の権限の制限

ローマの政治的・社会的特質　共同体に関わりのあることすべてについての、共同体の一体性と無制限の力という厳格な捉え方――それは古イタリアの国制の核心をなす――が、終身のものとして任命されたただ一人の長の手に恐るべき権力を握らせていた。恐るべき権力とは、たしかに国家の敵が感じるものだが、市民たちも引けを取らずそれを重く感じていたのである。乱用と抑圧はとどまるところを知らなかった。そして必然的な結果として、権力を削減するための努力が傾けられた。しかしそれは――ローマにおけるそのような改革の試みおよび革命の中で際立った出来事だったが――、共同体それ自体に制限を加えることも、それからただ該当する機関を奪うことさえも企てられず、また共同体に対する個々人のいわゆる自然権の要求も主張されず、攻撃はすべて、共同体を代表する「形」に向けられたのである。国家権力を制限するのではなく、役職者の力を制限することが、タルクィニウス一族の時代からグラックス兄弟の時代までのローマの進歩派の叫びであった。そして、その場合も決して忘れられていないのは、民衆は統治するべきではなく、統治されるべきだということである。

この戦いは、市民団内部で行なわれたものである。それと並んで別の動きも発展した。政治的な同権を求める非市民の叫びが、それである。これには平民層《プレブス》［モムゼンの基本的な理解では、ある時期までは非市民と見做される］、ラテン人、イタリキ、解放奴隷のアジテーションが含まれる。彼らはすべて――平民や解放奴隷のように市民と呼ばれることがあっても、ラテン人やイタリキのように市民と呼ばれないにしても――、政治的な平等が欠けていることをいたく不自由に思い、それを希求したのである。

第三の対立はもっと一般的な性格のものである。それは、富裕者と貧困者の対立であり、とりわけ後者は持っているものを奪われたり、あるいは所有しているものが脅かされている人々である。ローマの法的および政治的状況が、数多くの農民層――一部は、資本家の恩恵に依存していた小土地所有者、一部

は、大土地所有者の恩恵に依存していた臨時雇いの小作農——の形成を促進し、多くの場合、それが個々人からも全共同体からも、彼らが所持していた土地を、個人的な自由を冒すことなく簒奪していたのである。このことによって、農業を営むプロレタリアートも早い時期から強力になったので、実質的に共同体の運命に介入するようになった。これに対して都市プロレタリアートは、ずっと後の時代になってようやく、政治的な重要性を担うようになった。

こうした対抗関係の中で、ローマの内政史は動いており、我々にはまったく失われた他のイタリキの共同体の歴史も、おそらく同様であっただろう。完全な権利をもっていた市民団の内部における政治的な動き、締め出された者と締め出そうとする者の戦い、また持つ者と持たざる者との社会的な争い——これらがいかに多種多様に交錯し合い、絡み合い、いかにしばしば珍しい連合を引き起こそうが、彼らはそれでも基本的には、また根本的には異なった存在だったのである。

共同体の終身制の長の職の廃止　セルウィウス改革は居留民《メトイコイ》を軍事的な観点から市民と同等の地位においたのだが、それは政治的な党派上の立場よりも行政上の配慮から生じたものだったように思われるので、右に述べた対立のうちの第一のもの、すなわち内的な危機や国制の変化へと導くものに関わり、それは政務官職の権限の制限を目指すものだったと見做してもよいだろう。ローマにおけるこの最古の抵抗の最も初期の成果は、共同体の長のポストの終身制の廃棄、つまり王政の廃止にある。このことが、事態の自然の発展の中でいかに必然的なものであったかという点については最も適切な証拠がある。それは、こうしたことが、古イタリア・ギリシア世界の全範囲において似たような形で起こったということである。ただ単にローマだけではなく、まさしく同じように他のラテン人やサベッリ人、エトルリア人、アプリア人においても、つまり一般に全イタリアの共同体においても、ギリシア人の共同体の場合と同様、時代が下ると、古い型の終身の支配者が、毎年変わる支配者に置き換えられるのを目にすることになる。ルカニア人の郷では、平和時には民主的に統治され、ただ戦争時にだけ政務官が一人の王を、すなわちローマの独裁官に似た官職の人を任じたことが証明されている。サベッリ人の都市共同体、例えばカプアやポンペイイの都市共同体も、同じように後には、毎年交替する一人の「共同体の管理者［世話人］」(medix tuticus) に従ったし、また似たような制度を、我々としては、イタリアの他の民衆共同体や都市共同体の場合にも想定したいと思う。この点からして、いかなる理由でローマにおいて王に代わってコンスルが登場したかは、もはや説明する必要はないだろう。ギリシアおよびイタリキの古い国制のもつ有機的な組織が、むしろある種の自然の必然性から、終身の共同体の長の職の形を、より短期間の、たいていは毎年という期限に制限されたものに自ら発展させたのである。しかしながら、こうした変化の原因がこれほど単純なものであるにしても、そのきっかけはまことに多種多様なものだった。ちょうどロムルスの死後にローマ元老院が試みたと言われるように、終身の統治者の死去後、そのような者を再び選ぶよう取り決めたくなかったということもあるだろう。あるいは王セルウィウス・トゥッリウスが目論んだと言われていることだが、統治者が自由意思で退位したかったということもあるだろう。あるいはちょうどローマ王政の終焉のときに見られたように、民衆が暴虐な君主に対して立ち上がり、これを追放したということもありえよう。

タルクィニウス一族のローマからの追放　こうしたわけで、最後のタルクィニウス、「傲岸王」の追放の歴史が、たとえひどく逸話の中に織り込まれ、軽い短篇小説の形に紡ぎ出されようとも、その概要は疑うべくもない。王が元老院に諮問してその成員を補充する形をやめたこと、また王が助言者たち［元老院議員］を招請せずに死刑判決や財産没収を言い渡したこと、その蔵《くら》に巨大な穀物の貯えを積み上げ、市民にはその分を越えた軍務と賦役を不当に課したこと――これらが蜂起の原因だとして、伝承は充分に信じられるやり方で指摘している。民衆の腹立ちを示しているのは、自分と子孫のために一人残らず行なった正式の誓いであり、それは、今後いかなる王たりとも決して許さないという誓いであった。またそうした立腹を示すのは、それ以降王の名前に結びついた盲目的な憎悪であり、しかし何よりも次の規定であった。すなわち、ローマ人が創り出さねばならないと信じた「犠牲を捧げるための王」（rex sacrorum もしくは sacrificulus）、つまりそれでもって神々が通常の仲介者なしでも困らないという類いの存在は、さらにそれ以上の職に就任することができないということ、それゆえこの者は、ローマの共同体組織の中で第一人者であると同時に最も力のない存在であるということ――こういう規定である。最後の王とともに、その氏族はことごとく追放された。このことは、当時氏族的な結合がまだもっていたまとまりがいかなるものであったかを示す証拠でもあろう。そこでタルクィニウス一族は、おそらく彼らの古い郷里（一一三頁）であるカエレへと移り住んだ。そこでは最近、その氏族の墓が明るみに出されている。しかし、一人の終身の統治者に替わって、二人の毎年交替する支配者が、共同体ローマの頂点に登場することになった。

これが、この重要な出来事に関して、歴史的に確かと見做され得ることのすべてである。[*]ちょうど共同体ローマがそうであったような広大な支配領域をもった大共同体においては、王権は、とりわけ幾世代にもわたって同じ氏族の手にあった場合、小国家におけるよりも、抵抗する余地のあるものだったし、また戦いはより活発なものになったことが、よく理解できるであろう。しかしこの戦いへの外国の介入については、確かな痕跡はまったく存在しない。エトルリアとの大戦争は――おそらく、ただローマの年代記における年代の混乱によって、タルクィニウス一族の追放の近くに押しやられているが――、ローマで危害を受けた同国人のためのエトルリアの干渉だとは見做されない。それは、エトルリア人が完璧な勝利にもかかわらずローマの王政を回復することなく、またタルクィニウス家を立ち戻らせることさえしなかった、というきわめて充分な理由による。

＊ よく知られた寓話は、大部分が自己撞着したものである。それは相当の範囲で、家族名についての説明（Brutus, Poplicola, Scaevola）から紡ぎ出されている。それどころか、一見歴史的な構成要素すら、丁寧に検討してみると創作されたものであることが分かる。ブルトゥスは騎兵指揮官（tribunus celerum［騎兵隊長］）であって、そうした存在としてタルクィニウス一族の追放についての市民集会の議決を提案したと言われていることなどが、それに属する。というのも、ローマの国制によれば、単なる一将校がクリア集会を招集する権限を持つことは全く不可能だからである。明らかにこの話全体が、ローマ共和政の法的基盤を作り出す目的で案出されており、しかもまさしく下手に案出されているのである。この場合、騎兵隊長（tribunus celerum）が、それとはまったく別の騎兵長官（magister equitum）と混同されていて（六四頁注）、そのため、その法務官的な位階の権限によって後者にあったケントゥリアを招集する権限がクリア集会に関連づけられたのであろう。

コンスルの権限　こうした重要な出来事の歴史的な関連については我々としても暗闇の中にいるままであっても、それに対して国制変革がいかなる状態であったかという点については、幸運にもはっきりしている。王権は、決して廃棄されたわけではなかった。その空白のときには、相変わらず「中間王」が登場したことはすでに示したところである。終身の一人の王の代わりに、ただ二人の一年任期の王が登場し、将軍（praetores）もしくは裁判官（iudices［審判人］）もしくは単なる同僚（consules）を自称したのである。＊同僚制と一年任期制という原則が存在し、それが共和政と王政とを分けるものであり、ここにまず最初に我々がぶつかるものがあると言えよう。

＊ consulesとは、一緒に跳びはねる者、もしくは踊る者という意味である。ちょうどpraesulが、先にたって跳ねる者、exulが外に跳ねる者（ὁ ἐκπεσών）、insulaが内に跳ねる者、まず海に落ちる岩の塊［島］という意味であるように。

同僚制　一年任期の王の第三番目の名称、後には世に最も行なわれた呼称（コンスル consul-consules［複数］）は、同僚制の原則から借用されたものであり、この原則は、ここではまったく独特な形をとっていたようである。二人の役職者にまとめて一緒に最高権力が委ねられたのではなく、各コンスルが、ちょうど王が持ち行使したように、まったく完全にその全体を自ら掌握し行使したのである。この権限はそれほどに広大なものだったので、二人の同僚は、いわば一人が司法を、今一方が軍隊の指揮を引き受けるというのではなく、彼らは同時にローマで判決を下したり、一緒に軍務に出発したりした。衝突した場合は、月ごともしくは日ごとに割り当てられた輪番制によって、ことを決めた。けれどもそれと並んで、少なくとも軍事上の最高指揮権の場合は、おそらく最初からある一定の管轄［権限］の区分が行なわれたことであろう。例えば一人のコンスルはアエクィ族に対して、今一人のコンスルはウォルスキ族に対して出陣するというようにである。しかし権限の区分けは、決して拘束力を持たなかった。同僚のいずれにとっても、別の同僚の職権の範囲にいつでも干渉することは、法的には自由だった。したがって、最高権力が最高権力に対立した場合、同僚の一人が別の同僚の命じたことを禁じた場合、コンスルの鶴の一声はお互いに相殺するのであった。競合する最高権力という、特殊ローマ的ではないにしても、それでもラテン的なこのような制度は、公共体ローマ［共和政国家ローマ］においては、全体として実際に役立つものとして承認されていたのであるが、もっと大きな別の国家においては類似のものを見つけることがむずかしいような制度であり、明らかに王権を、法的には削減されていない充実した形のままに保っておこうとする努力から生まれたものである。そのために、王の職を決して分割するのではなく、あるいはまた個人から同僚団の手に移すのでもなく、もっぱらポストを二倍にして、そのことによって、必要な場合にはそれを自分の手で否定しようとしたのである。

役職の期限　期限に関しては、昔の五日間の中間王の制度が法的な根拠を与えた。通常の共同体の長は、就任の日から数えて一年以上は、その職にとどまれないよう義務づけられていた*。また中間王が五日の満了をもってやめたのと同じように、法律上は一年の満了をもって、その職に就いている人物であることをやめたのである。最高官職のこうした期限制によって、王の事実上の無責任性はコンスルには失われていった。なるほど王も、昔から公共体ローマにおいては法の上にではなく、法の下にあった。ところがローマの国制によれば、最高の裁判官［裁く人］は、自分の法廷に自分で訴えられなかったので、たしかに王が犯罪を犯したこともあったであろうが、裁判も処罰も彼には存在しなかった。それに対して、コンスルが殺人や国家に対する反逆罪［大逆罪］を犯したら、この人物は、その官職によってやはり護られはするが、その職が続くかぎりのことにすぎない。退任後この人は他のすべての市民同様、通常の刑事裁判に服する義務があった。

＊　就任の日は、年のはじめ（三月一日）とは合致しなかったし、総じて固定していなかった。退任の日は、一人のコンスルが、明らかに脱落した（死去または退任による）人に代わって選ばれた場合（consul suffectus［補充されたコンスル］）――その際この人は、脱落した人物の持っていた権限を、またしたがってその任期も引き継ぐのであった――を除き、この就任の日にしたがって定められた。それでもこの補充コンスルは、古い時代には、ただコンスルの一人が欠落（死去または退任による）したときにだけ、見られるにすぎない。補充コンスルの同僚団というのは、共和政後期になって初めて生まれている。通常は、このようにして一人のコンスルの在任の年は、二年という常用暦年の等しくない半分からなっていた。

このような主要かつ原則上の変化に加わったのが、副次的でもっと外面的な、それでも部分的には深甚な効果のある別の制限事項であった。自分の農地を市民の賦役によって耕させるという王の権利、また居留民層《メトイコイ》が王に対して入らねばならなかった特別な庇護関係《クリエンテラ》が、その職の終身制とともに、おのずから止んだのであった。

提訴、上訴権　さらには、刑事訴訟において罰金や体刑の場合のように、これまでは王にただ単に案件の審理や判決の権利ばかりでなく、有罪判決を下された人が恩赦の道をとれるか否かを裁定する権利があったのだが、今やウァレリウス法（前五〇〇年）が、戦争の法によって死刑や体刑の判決が下された場合でなければ、コンスルは有罪判決者の上訴《プロウォカティオ》を聞き届けるべきだと取り決めた。それは後の法（時は不確かだが、前四五一年以前に通ったもの）によって、重い罰金刑にまで拡げられた。その証拠には、コンスルが将軍としてではなく裁判官［裁く人］として登場した際、コンスル付きの先導吏《リクトル》は束桿《ファスケス》［ローマの最高級政務官の権標。束ねた棒の中に斧を入れたもの］の斧を外したのであるが、それは彼らが今まで、自分たちの主人に属する流血裁判権の行使のために運んできたものだったからである。しかし、役職者が上訴《プロウォカティオ》をしかるべき流れに委ねなかったとしても、法は名誉剝脱［破廉恥罪］以外のものによっては脅かせなかった。この罪たるや当時の状況では、実質的には道徳的な汚点にすぎず、せいぜい、不名誉な人物の証言がもはや通用しないという結果を生んだにすぎなかった。ここでも、古い王権を削減するのが法的に不可能なこと、また革命の結果、共同体の最高の力の所持者に加えられた制限が、厳密に言えば、単なる事実上および道徳上の価値しか持たないこと――そういう同じ考えが根本に見られるのである。このようにして、もしもコンスルが古い王の権限の内で行動しているならば、そのことによって一個の不正を行なったとしても、決して犯罪を犯したことにはならず、それゆえ、そのために刑事裁判を司る人に従う義務などないのである。

　このような方向での類似の制限は、民事裁判に関しても生まれた。というのも、コンスルは就任と同時に、自分の裁量で私人の間の法的係争に決定を下す権利を奪われたと考えられるからである。

権限の委任の制限　刑事および民事裁判の改革は、代理人もしくは後継者への職権の移譲に関する一般的な指示と結びついたものである。代理人の任命は王には無制限に自由であり、しかも王はそうするよう強要されなかったのに対して、コンスルは、権限移譲の権利を基本的には別のやり方で行使した。なるほど最高官職者が町を離れる際には、司法行政のためにそこに一人の代理人を任じなければならない（五八頁）という原則は、コンスルに対しても効力をもっていた。そこで同僚制が代理人制へと拡大されることもなく、むしろいちばん後に町を離れねばならなかったコンスルに、この任命の義務が課せられたのである。しかし両コンスルがローマの町の中にとどまっているかぎり、その間の委任の権利は、この官職の導入の際すぐに、おそらく次のような形で制限された。すなわち、特定の場合に関しては委任の件はコンスルに指示されていたが、それに対してそのように定められていない場合には、いかなる場合でも禁止されるべきだという形で制限されたのである。今ここに述べたように、この原則によって全司法システムが整えられた。コンスルはともかく、次のようにして重大裁判においても刑事裁判権を行使することになった。それは、共同体に対して判決を提示し、共同体は次いでこれを承認するか、もしくは却下するか、という手法である。しかし我々の見るかぎりでは、コンスルはこの権利を行使しなかった。たぶんすぐに、それ以上は行使することを許されなくなったのであり、おそらく、なんらかの理由で共同体への控訴の道が閉ざされたときにだけ、［コンスルによって］刑事裁判の判決が下されたのであろう。ローマ人は、共同体の最高の役職者と共同体そのものとの直接の争いを避け、刑事裁判をむしろ次のような形で行なった。それは、共同体の最高官職には、ただ理念上、権限は存続するかもしれないが、このポストの人は常に代理人——彼によって任じられるとはいえ必ず任命しなければならない——を通して動くというものである。その代理人とは、蜂起や大逆罪に関する二人の非常置の判決役（duoviri perduellionis［叛逆罪審理二人役］）と二人の常置の殺人探査役（quaestores parricidii［親殺しの査問官］）である。似たようなものは、王政時代に、王がそうした裁判において代わりの役を勤めさせたときに生まれていたであろう（一三七頁）。しかし後者［殺人探査役］の制度の常設と、両者において貫かれた同僚制原理は、いずれにせよ共和政期のものである。後者の組織はまた、それでもって初めて二人の常置の最高官職者に並んで二人の補佐役が登場したという点で、たいへん重要なものであった。どの最高官職者も就任時にこの助力者を任命し、正規の形では最高官職《コンスル》の退任とともに彼らも職を辞したのであり、その地位はそれゆえ最高官職自体と同様に、常置制・同僚制・一年任期制の原則に従って整えられていた。なるほどこの委員職は、共同体の選挙［市民集会での選挙］によって選ばれるものではないという点で、未だ低いランクの政務官職そのものではなく、少なくとも共和政なるものが政務官の職と結びつく［政務官職が市民集会で選ばれるところに「共和政」の本質がある］という意味合いにおいては、政務官ではなかった。しかし当然これは、後にあのように多種多様に発展した下級官僚の制度の出発点にはなったと言えよう。

同じ意味で、民事裁判における判決の権利が最高官職からは奪われた。個々の訴訟の判決を一代理人に委ねるという王の権限が、コンスルの義務——当事者の法的適格性および訴訟の対象の確定後、コンスルによって選出される、またコンスルによって訓令を下される私人に、それの解決を指示するという義務——へと転換したからである。

同様にして、両コンスルには国庫および国の文書館の管理という重要な仕事がたしかに委ねられはしたが、それでもたぶん直ちに、少なくともきわめて早く、彼らには常任の補佐役、すなわちまさしく副官［財務官《クアエストル》］がつけられた。彼らは、この活動においてコンスルにはもちろん無条件に従わなければならなかったが、前もってこの人［財務官］に知らされず、またこの人との共同作業なくしては、コンスルも行動できないような存在であった。それに対して、このような規定が存在しない部分では、共同体の長は、首都では個人的に事を処理しなければならなかった。そういうわけで例えば、たしかに彼は裁判の開始にあたっては、どういう状況の下であろうと他人に代理をしてはもらえないのである。

コンスル職にある委任権のこのような二重の拘束は、都市行政において存在したが、それはまず第一に司法行政と会計管理に関してであった。それに対して軍の最高指揮官としては、コンスルはあらゆるもしくは個々の、彼の義務である仕事を委任する権利を保持していた。民事の権限また軍事的な権限の委譲に関するこのような様々なやり方から、なぜ本来のローマの共同体統治機構の内部ではまったく代理人的な職務権限（pro magistratu［政務官職の代理］）がありえないのか、そして純粋に都市的な性格の役職者が非役職者［非政務官］によって置き換えられず、軍事的な代理人（pro consule, pro praetore, pro quaestore［コンスル代理、法務官代理、財務官代理］）が本来の共同体の内部ではあらゆる活動から締め出されているのか、その理由が説明される。

後任の任命　後任を任命する権利を、王は持っておらず、ただ中間王だけが持っていたにすぎない（六九頁）。コンスルはこの点に関しては、後者と同等に位置づけられた。それにもかかわらず、コンスルがその権利を行使しなかった場合には、相変わらず中間王が現われたし、また官職の必然的に継続する性格は、共和政的な統治機構の中においても、縮減されることなく存続していた。しかし任命権は、基本的には市民団によって制限されていた。それはコンスルが、自分が名前を挙げた後継者のために共同体の承諾を勝ち取り、さらにただ共同体が名を挙げた人物を任命する義務があったからである。このような拘束力のある提案権によって、通常の最高官職の任命は、ある意味ではたしかに、実質的に共同体の手に移行していた。それでもなお、その提案の権利と正式な任命権とのきわめて重要な差異は、現実上も存在した。選挙を主宰するコンスルは、単なる選挙統括者ではまったくなく、相変わらず、その古い王的な力のために、例えば特定の候補者を斥け、彼らに投じられる票を無視して、はじめに自分の計画した候補者リストに選挙を限定することすらできた。もっと重要なことは、コンスルの同僚制が、すぐ後に述べる独裁官によって補充されることになっていた場合、この補充にあたっては、共同体は諮問されず、コンスルが、かつて中間王が王を任じたように、自由に同僚を任じたということである。

神官の任命の変化　王に与えられた特権であった神官の任命（五七頁）はコンスルの手には移行してゆかず、その代わりに男性神官団の間で自己補充され、ウェスタの斎女や個々の神官については神祇官《ポンティフェクス》団による任命が行なわれるようになった。ウェスタの女性神官［斎女］に対する共同体のいわば家長的とも言うべき司法権の行使も、彼ら同僚団のものになった。個人によってしか適切には果たしえないこれらの行為を遂行するために、同僚団はおそらくこのころ初めて一人の長、すなわち神祇官長《ポンティフェクス・マクシムス》（pontifex maximus［大神官］）を設けた。このように市民の最高権力から宗教上の最高権力を分離したこと——すでに述べた「犠牲を捧げるための王」（rex sacrorum［聖王、祭儀の王、祭祀の王］）の上には、王権のうちにある世俗的な力も宗教的な力も移っておらず、ただ称号だけが移っていた——と、新しい最高の神官の半ば政務官的な地位——まさにローマの神官団の他の性格から決定的に抜きん出たものであった――は、主として貴族政的な利害から政務官の権限の制限を目指す国家転覆［革命］の、最も意義深く最も重要な結果を伴う特徴の一つなのである。

外的なあり様という点でもコンスルは、畏敬や恐怖の思いに取り巻かれた王のポストにははるかに劣っていたこと、王の名前や神官的な聖別が彼から奪われたこと、その属吏からも斧が取り上げられたことは、すでに述べたところである。さらにコンスルは、王の紫衣の代わりに、ただ外衣《トガ》の紫の縁どりによって一般の市民から区別されるだけだったこと、王がおそらく通常は公の場には車で現われたのに、コンスルは普通のルールに従い、他のすべての市民同様、町の中では徒歩で動くよう義務づけられていたことなどが、これに加わる。

独裁官　しかしながら、このような職権［および政務官職の外的標識］の制限は、主として通常の共同体の長に対して適用されただけであった。共同体によって選ばれた二人の長［コンスル］に並んで、またある意味ではその代わりに、特別なやり方で、ひとりの単独の長が現われた。軍隊の長（magister populi）、通常は独裁官《ディクタトル》（dictator）と呼ばれる存在である。独裁官の選出には共同体は全然影響力を持たなかったし、まったくその時のコンスルの一人の自由な決断によって選出が行なわれた。同僚も、別の権威筋もこれに関しては選出を阻止できなかった。独裁官［の判決］に対しては、ちょうど王［の判決］に対してのように、彼が自分の方から上訴《プロウォカティオ》に屈した場合しか上訴《プロウォカティオ》は適用されなかった。独裁官が任命されたら、他のすべての役職者は法律上はこの人に臣従した。それに対して、独裁官の任期終了の時は、二重に区切られていた。まず第一に、独裁官をコンスルの一人が任命したわけだが、彼はそのコンスルたちの同じ職仲間として、彼らコンスルの法的な任期を越えては職に留まることが許されなかった。第二に、ぎりぎり絶対的な任期として、独裁官には六ヵ月の期間が定められていた。さらに、独裁官職に特有の制度としては、軍隊の長（magister populi）として騎兵長官（magister equitum［独裁官副官］）――つまり自分に並ぶ従属的な立場の補佐役として働き、自分と一緒に役から退く、どこかコンスルに並ぶ副官《クアエストル》（quaestor［財務官］）のようなポストの者――を直ちに自分で任命する義務があったということである。こうした制度は、軍隊の長には、おそらく歩兵の指揮官として、馬に乗ることが国制によって禁じられていたことと疑いの余地なく関連している。このような取り決めからして、独裁官職は間違いなくコンスル職と同時に生まれた制度で、その目的は、とくに戦争が始まった場合に、力が分割されている不利さを暫定的に除去し、しばしの間、王権を再び甦らせるところにあったと解されるべきであろう。というのも、戦争においては、何よりも両コンスルの同等の権利は危険を伴うと考えられたに違いなかった。また、はっきりした証拠ばかりでなく、とりわけ役職者自体およびその補佐役の最古の呼称も、さらに、夏の間の戦争継続への職務の限定とか上訴《プロウォカティオ》の排除も同じく、本来の独裁官職の際立って軍事的な使命にふさわしいものだったからである。

全体として見れば、このようにコンスルも、王たちがそうであったように、最高の行政官にして最高の裁判官、そして最高の軍指揮官であり続けた。宗教的な点に関しても、聖王（rex sacrorum. 二二九頁）――これは、名前が示しているようにただ任命によるものであった――ではなかったのに、共同体のために祈り、犠牲を捧げ、共同体の名で神々の意思を専門家の助けを借りて探るのがコンスルであった。それに加えて緊急の場合には、充実して無制限な王権を、あらかじめ共同体に問うことなく、同僚制や特定の権限の縮小によって引かれた制限の線を除去することで、いつでも再び甦らせることができる余地が残されていた。このようにして、王の権威を法的に固く保持し、しかも事実上はそれを制限するという課題が、この革命を自分の仕事とした名もなき政治家たちによって、真の意味でローマ的な手法でもって鋭くかつ単純な形で解決されたのである。

ケントゥリアとクリア　このようにして共同体は、国制の変化によって最も重要な権利を獲得した。共同体の長を年々指名し、市民の生死について最終審で決定する権限がそれである。しかし、こうした共同体は、もはやこれまでの共同体と同じものではありえなかった。このような共同体にあってはパトリキ層が事実上貴族身分になってしまっていたのである。国民の力は、名もあり財産もある人々を多数擁していた大衆《プレブス》［大勢］の手の中にあった。たとえこの大勢《プレブス》の者が、共通の負担をともに担ったにもかかわらず共同体の集会から締め出されていたとしても、それは、共同体の集会自体が国家という機械の運動の中に基本的には組み込まれておらず、また王権がまさしくその高く自由な地位によって市民に対しても居留民《メトイコイ》に対してもほぼ等しく恐るべきものであり続けることで民族の中の法的平等を保持できていた間は、我慢できたであろう。ところが、共同体自体が規則正しく行なわれる選挙や裁定に招集されるようになったとき、主宰者はその主人から実際には期限つきの受託者へと格下げされたので、右のような関係はもはやこれまでどおりに維持することはできなかった。それは、パトリキ貴族と居留民《メトイコイ》とが協力することによって初めて実現できた革命の翌朝、国家が再編成されねばならなかったときには、なおさらそうであった。この共同体の拡大は避けがたかった。それは、全平民層《プレブス》、すなわち、奴隷および他の共同体の市民で客友の権利（ius hospitii）で生きている者を除く非市民のすべてを市民団の中に受け入れるほど、最も包括的なやり方で行なわれたのである。

旧市民たちのクリア集会はこれまで法的にも事実上も国家の中で第一に権威のある存在だったが、今やその集会から国制上の権能がほとんどまったく奪われてしまった。ただ純粋に形式的な活動や氏族にかかわる行為において――役職に就任後、以前王に対してなしたようにコンスルもしくは独裁官に対してなされるべき忠誠の誓い（五七頁）に関して、また自権者養子縁組（arrogatio［他の家の家長を養子にすること］）および遺言のためにどうしても必要な法的特例に関して――だけクリア集会はこれまでの権能を保持し続けねばならなかったものの、今後は本来的な政治的決定を果たすことはもはや許されなくなった。それどころかすぐに平民層《プレブス》もクリア集会において投票権を認められた。そのために旧市民団は総じて、会合し取り決める権利を失った。クリア組織は、氏族組織——このような氏族秩序は、純粋な形では、旧市民層の精神・生き方の中にしか見られなくなった——に基礎をおいていたため、あたかも拠り所を奪われたかのようであった。平民層《プレブス》がクリア集会に受け入れられたとき、彼らは法的に——以前はただ事実上そうできたにすぎなかった（七七頁）のに対して——家族および氏族を自ら組み立てることが承認されたのである。しかし、はっきりと伝えられており、それ自体からも充分考えられうることだが、氏族を構成するにいたったのは平民層《プレブス》の一部にすぎず、したがって新クリア集会はもともとの性格とは矛盾して、いかなる氏族にも属さない数多くの成員を含むことになったのである。

共同体の集会［市民集会］のあらゆる政治的機能、つまりたしかに際立って政治的な性格の訴訟だった刑事訴訟手続きにおける上訴《プロウォカティオ》の決定も、同じく政務官の任命や法の採択や棄却も、軍事義務があり集団的に召集された者の手に移譲されるか、新たに獲得されたのであって、その結果ケントゥリアが、今や市民共通の負担に加えて共通の義務も受け入れることになったのである。このようにして、セルウィウスの国制によってもたらされた小さな始まりが、とくに攻撃的な戦争の宣戦布告にあたり軍隊に委託された承諾の権利のように（八五頁）、次のような発展を見せることになった。それは、クリア集会がケントゥリア集会によって完全にまた永久に光を失い、だれもが、主権者たる民衆の姿をケントゥリア集会において認めるのに慣れてしまったことである。この集会では討論は、主宰者たる役職者が任意に自ら発言するか、あるいは別の人に発言させるかしたときに行なわれるだけであった。もっとも上訴《プロウォカティオ》の際にはもちろん、当事者双方の言が聞かれねばならなかったが。そしてケントゥリア集会の単純過半数が、事を決したのである。

クリア集会では、一般に投票権のある人は完全に同等の権利を持っていたために、また全平民《プレブス》をクリア集会に受け入れた後は、完成された民主政に達するだろうと思われたので、政治的な採決がクリア集会から奪われたままであったこともよく理解できよう。しかしケントゥリア集会では、たしかに主たる影響力は貴族の掌中になかったが、それでも財産家の手の中にはあった。先に投票する特権という重要な権利——事実上これがしばしば事を決した——は、騎士すなわち富裕者の掌中におかれたのである。

元老院　しかし元老院は、共同体と同じようには国制改革による影響を受けることがなかった。これまでの長老たちの同僚団仲間は、もっぱらパトリキ的な性格のままであったばかりか、その基本的な権限も主張できたのである。それは、中間王を設ける権利であり、また共同体によって決議された議決が国制にかなったものであるか国制に反したものであるかを審議して、それを確認したり棄却したりする権利である。実のところ、こうした権限は国制の変革によっていっそう大きくなったのだが、それは、引き続き共同体の役職者の任命も、共同体での選挙のように、パトリキ色の濃い元老院の承認もしくは棄却による支配のもとにあったからである。ただ上訴《プロウォカティオ》の場合には、元老院の承認が、我々の知るかぎり決して必須のものと見做されなかったのは、ここでは有罪者の恩赦が問題になったからであり、至上権をもつ市民集会から恩赦が与えられたときには、この行為を否定することはいかなる形であれまったく問題にはなりえなかったからである。

しかし、たとえ王政の転覆によって、パトリキ的な元老院の持つ国制にかなった権利が縮小されるよりも増大させられたにしても、それでも、伝承によれば王政の廃止後直ちに――元老院における他の議題や、自由な取り扱いに委ねられた類いの問題に関して――元老院の拡大がなされた。それは、平民層《プレブス》をも元老院に入れるものであり、その結果、団体すべての完全な編成替えをもたらすものであった。最古期から元老院は、それひとりだけで、また際立った形で機能するわけではなかったが、それでもやはり国家の諮問機関として機能していた。おそらくすでに王政時代から、このような議論の場合には非元老院議員でも集会に参加することは国制に反するものとは見做されなかったが（七一頁）、今は同様の審理のために、パトリキ的な性格の元老院議員《パトレス》（patres）に、パトリキではない「名簿に載せられた者《コンスクリプティ》」（conscripti［追加登録された者］）が何人か加えられても制度上許されるようになったのである。このことはもちろん、決して同等の立場というわけではなかった。元老院における平民は、元老院議員にはなれなかったし、騎士身分の成員にとどまった。「父親《パトレス》」（patres）とは呼ばれず、今でもやはり「登録された者《コンスクリプティ》」（conscripti）と呼ばれ、元老院身分の尊厳性の印である赤い靴（六九頁）に対する権利も持てなかった。さらに彼らは、無条件に元老院に与えられた至上の［お上的な性格の］権威（auctoritas）の行使から締め出されていたばかりか、単に勧告・助言（consilium）が問題となる場合でも、パトリキ貴族に向けられた順次の質問に沈黙して立ち合い、ただ票決において決が分かれた場合に数に加わることによってのみ自分の意見を示すこと、つまり誇り高い貴族の言い回しによれば「足でもって投票する」（pedibus in sententiam ire, pedarii）ことに甘んじなければならなかった。しかしそれでも平民《プレブス》たちは新しい国制によって、市場においてばかりでなく元老院議場においても自分の道を見出したし、同等の権利への第一の、また最も困難な一歩がここでも踏み出されたのである。

他には、元老院にかかわる秩序の点では、なんら本質的な変化はなかった。パトリキ系の成員の間ではすぐに、とりわけ順次の質問に際しては、位階の差がものを言うようになった。つまり、もっとも最近、共同体の最高の役職に任ぜられたり、もしくはすでにそのポストに就いて勤務したことのある人が、他の人より前にリストに載せられ、投票にあたって他の人より前に問われた。彼らのうちで第一のランク、つまり元老院の第一人者《プリンケプス・セナトゥス》（princeps senatus）のポジションは、すぐに人に羨まれる名誉ある地位となった。それに対して現職のコンスルは、王と同じように元老院の成員とは見做されなかったし、したがって彼自身の票は一緒に数えられなかった。議員の選出は、狭義のパトリキ議員についても、また単なる追加登録議員についても同様に、以前王によって行なわれたように、コンスルによって行なわれた。ただ事の性格上、王はおそらく元老院における個々の氏族の代表者にやはりいくぶんか配慮していたのに対して、平民《プレブス》の場合には――彼らの間では氏族秩序はただ不完全にしか発展していなかったので――このような考慮はまったく行なわれず、その結果、一般に元老院の氏族秩序に対する関係は次第に希薄になっていったのである。

選挙を行なうコンスルたちが、元老院に一定数以上の平民《プレブス》を受け入れることを制限されていたかどうかについては、何も分からない。たしかにコンスル自身が貴族だったから、そうした規定は必要なかったのであろう。その一方で、おそらくはじめからコンスルは、他ならぬそのおかれた位置の全体から言って、元老院議員の任命にあたり、事実上、王よりもはるかに自由が乏しく、身分ゆえの意見や規律によってはるかに拘束されていた。とりわけ、コンスル職に就任すれば必ず生涯元老院に入っているようにさせられるという原則に関して言えば――この時代にきっとあったことだが、選出されたときにコンスルがまだ元老院の成員ではなかった場合でも――、それはおそらくきわめて早くから慣習法的に確立されていたのであろう。同じく元老院議員の議席も、欠員後それほどすぐには再び埋められることはなく、人口・財産査定の際に、つまり原則として四年ごとに行なわれるケンススのときに、元老院のリストを修正更新して補充するのが、早くから普通のことになっていたようである。それでもその中に、選抜を任された役所について、重要でないとは言えない制限の一項も含まれていた。すなわち、元老院議員の総数は昔のままであった。そしてたしかに、この数の中には「登録議員《コンスクリプティ》」(conscripti) も含まれていた。このことからパトリキ層の数の減少を推論するのはおそらく当然のことであろう。*

* 最初のコンスルたちが、元老院に一六四人の平民《プレブス》を受け入れたことは、ほとんど歴史的な事実とは見做されず、むしろ、後のローマの考古学者［好古家］がローマの貴族家門の氏族《ゲンス》(gentes) を一三六人以上は証明できなかったという証拠である (Mommsen, Römische Forschungen. Bd. I, S. 121)。

革命の保守的な性格　だれもがそう考えているように、王政から共和政への転換にあたってさえ、公共体ローマの中には、可能なかぎり古いものが残された。国家の変革が総じて保守的なものであるかぎり、こうしたことはありえたし、公共体としての国家の制度的な要素はいかなるものであろうと、国家の変革によって本当に台無しにされてしまうことはなかった。このことは、総体的な変動の性格をよく示すものであった。タルクィニウス一族の追放とは、それについての惨めなひどく歪曲された報告が描いているように、同情心と自由を求める熱情とに酔った民衆の仕業ではなく、すでに闘争に取りかかっていて自分たちの戦いが変わらずに続くことをはっきり意識していた二つの大きな政治的党派の仕業であった。この二党派とは、旧市民と居留民《メトイコイ》であり、一六八八年のイギリスのトーリとホイッグのように、国家［公共体］が一君主の恣意的な統治に変わるように見えたすべての人に共通の危機意識によって当面一つにまとまったのだが、すぐに再び仲たがいしてしまったのである。旧市民層は、新市民との協力なしには王政を始末することができなかった。しかし新市民は、一撃でもって旧市民層の手から権力を奪い取るのに充分な力があるというにはほど遠い状態であった。こうした類いの妥協ではどうしても、我慢強い交渉によって最小限度得られた相互の譲歩に限定されるし、構成要素の比重がどのようになるのか、それらがどのように噛み合うのか、あるいはどのように妨害し合うのか、それを決するのは将来に委ねられる。したがって、その中に単に直接の革新を、例えばただ最高政務官職の任期の変化を読み取るだけならば、それは、最初のローマの革命の影響の大きさをまったく誤解していると言えよう。間接的な結果は、ここでもはるかに重要であったし、その創設者にとってさえ、予想したよりきっと強力なものであった。

新共同体　一言でいえば、このときこそが、言葉の後の意味でローマ市民団が生まれたときであった。平民層《プレブス》はこれまでは、たしかに課税と負担の双方に動員された居留民《メトイコイ》ではあったが、それでも法律の目からすれば、基本的には我慢させられていたよそ者以外の何ものでもなく、その仲間と本来の外人との間にわざわざ線を引いて区別する必要などほとんどないように見えたことであろう。しかし今や彼らは、軍事義務のある市民として名簿に記載された。彼らがたとえ法的な同権からははるかにかけ離れていたにしても、また相変わらず旧市民が、国制上長老の諮問会議［元老院］に付与された権威による行動をとる資格を排他・独占的に握っていて、市民としての［非軍事的な］役職や神官職にも独占的に選ばれたし、それどころか市民的な利得、例えば共同放牧地の利用などにも優先的にあずかれたとしても、それでも完全な同等化への第一で最も困難な一歩が踏み出されたのである。そしてそれは、平民《プレブス》がただ単に共同体による召集［軍務］で勤務したばかりでなく、共同体の集会［市民集会］や共同体の諮問会議［元老院］でも意見を聴取されて投票し、最貧困の居留民《メトイコイ》であろうが最も高貴な旧市民であろうが、その頭《かしら》の者も後尾の者も上訴《プロウォカティオ》の権利によって保護されることになって以降のことである。

このようにパトリキ貴族層と平民層《プレブス》とが新しい普通のローマ市民団に融合した結果、旧市民団が氏族制貴族に変わるという事態が生まれた。貴族層が通常の集会で取り決める権利まで失って以降、新しい家族を共同体の議決でもって貴族に採用することがますます認められなくなったと思われるので、彼らはすべて自己補充さえ不可能になった。王のもとでは、そのような閉鎖性はローマの貴族には無縁のものだったし、新しい氏族の受け入れはとくに稀というわけではなかった。今や土地貴族《ユンカー》制度の真正の特徴である閉鎖性が、政治的特権および共同体における独占的価値の喪失が目前に迫っていることについてのはっきりした前兆として現われるようになったのである。平民《プレブス》をあらゆる共同体の役職および共同体の神官職から締め出したこと——それでも他方で彼らは、将校や元老院議員のポストに就くことは認められた——、また旧市民層と平民層《プレブス》との婚姻の法的不可能性に倒錯的な頑固さでもって固執したこと、それらが、はじめからパトリキ貴族層に、排他的で非合理的な特権化した貴族主義の烙印をいっそう強く捺すものだった。

　市民団の新しい統一の生んだ第二の結果は、居住権のより鞏固な規制を、ラテン盟約体にも他の国家に対しても行なったことに違いない。実質的に土地保有者だけに認められたケントゥリア集会における投票権のためというよりも、むしろ上訴《プロウォカティオ》の権利——つまり平民《プレブス》には認められるべきであったが、ある期間もしくはいつまでもローマに留まっている外人には認められるべきではなかった権利——のために、平民《プレブス》の権利の獲得条件をもっと厳密に定義づけ、他方では拡大された市民団を現在の非市民に対して再び閉鎖的なものにすることがどうしても必要となった。このようなわけで、民衆の感覚および精神における、パトリキ貴族と平民《プレブス》の不愉快な差別も、ローマ市民（cives Romani）とよそ者との厳格にして傲慢な境界線も、この時期にまで遡ることができよう。しかし前者のような都市的な差別・対立が一過性のものだったのに対し、後者のような政治的な差別・対立は持続する類いのものであった。そして国家的な統一とか大国への道をとりはじめているという気持ちは——このようにして民族の心の中に植えつけられたものであるが——、その小さな差異をはじめは削り取り、次いで強力な流れの中に押し流すのに充分な拡がりを持っていた。

法と布告・指令　この時代にはさらに、法と布告・指令[edictum（告示）よりも少々広い意味]とが分離した。なるほど差異の基礎にあるのは、国家ローマの最も内奥の本質であった。というのは、ローマの王権さえも国の法のもとにあるのであり、それを越えるものではなかったからである。しかしローマ人が、政治能力のある他の国のすべての民衆と同じように、権威の原理に対して抱いていた深い現実的な畏敬の念は、ローマの国法および私法における、注目に値するルールを生んだのである。すなわち、法に基づいていなくても、役職者の下す命令はいかなるものであろうとも、少なくともその人の任期中は有効である——任期満了でもって無くなるとはいえ——ということがそれである。このルールでは、長たる人物が生涯それに任じられた場合には、法と布告・指令との差は事実上ほとんど消えてしまうに違いなかったし、共同体の集会［市民集会］の立法活動がまったく発展できなかったということは火を見るよりも明らかであろう。反対に、長になる者が年々交替するようになってからは、共同体の集会が広い活躍範囲を獲得し、コンスルが訴訟にあたって法的に無効な判決を下す過ちを犯した際、その後任が案件の新たな審理を開始することができるようになったということは、今や現実的な意味を持つことになった。

民政上の力と軍事的な力　最後にこの時代には、民政上の力と軍事的な力の活動の場が互いに分離した。民政の領域では法が支配するが、軍事領域では斧が支配するのである。前者では上訴《プロウォカティオ》*や規制された委任という形の制度上の制限が決定的な役割を果たし、後者では将軍が王のように無制限に統御できた。そこで、将軍や軍隊は通常の場合にはローマの町自体に足を踏み入れてはならないと定められた。組織的で永続的な働きを持つ取り決めはただ市民としての力の支配のもとでしかなされえないという原則は、国制の文字の中にではないが、国制の精神の中にあった。ときにはこの原則に反して、将軍が陣営の自分の兵士たちを市民集会に呼び寄せたことも、もちろんあった。しかしそうしたやり方で通された議決は、法的に無効だったわけではないが、慣習がこうした手順を是認しなかった。それはすぐに、否認されたかのように行なわれなくなった。クィリテス［六三注、六五頁］と兵士たちの対立は、市民の気持ちの中で次第にしっかりと根づき、ますます深く根を下ろしていった。

*　法定訴訟（iudicium legitimum）も、命令権《インペリウム》に依拠している（quod imperio continetur）訴訟のように、指示を与える役職者の「命令権《インペリウム》」（imperium）に依拠すること、そして命令権《インペリウム》が、前者では法によって制限され、後者は自由であるというところにだけに差異が存在すること、この点を注意しても決して余分なことではないであろう。

パトリキ貴族の統治　ところが、新しい共和政体のこうした諸結果を発展させるためには、時間が必要であった。後世の人がいかに生き生きとそれを感じ取ろうが、同時代の人には、革命はまず第一に別の光の中に現われるものであろう。たしかに非市民はこのことによって市民権を獲得し、新市民団は共同体の集会［市民集会＝ケントゥリア集会］において幅広い権限を獲得した。しかし、あたかも上院［参議院］のように、そうした市民集会に対して鞏固なまとまりをもって立ちふさがるパトリキ貴族の元老院の棄却権は、法的にも、最も決定的なことにおいて真っ向から新市民団の行動の自由を妨害したし、事実上たしかにこの集合体の真剣な意思を打ち破ることはできなかったとはいえ、それでもそれを引き伸ばし、侵害することはできた。貴族層は、自分たちだけが単独で共同体を構成するという形を放棄することを通して、あまり多くのものを失うことはなかったように見える一方、他の関係において決定的に勝ち得たものがあった。

王はもちろん、コンスルも同様にパトリキ貴族だった。また元老院議員の任命権は、両者いずれにもあった。ところが、平民層《プレブス》に劣らずパトリキ層をも越える例外的な立場が王を押し出したのに対し、また王にはまさに貴族に対抗して大衆を頼りにせねばならないことがしばしば起こりえたのに対し、コンスルは短期間の支配者であり、その任期の前も後も貴族出の一人である以外にはありえず、今日命令を下した貴族の市民仲間に翌日は従うというように、決してその身分から出ることはなく、彼の内にある貴族的なものは、役職者であることよりもはるかに強大であった。実際、例外的に新貴族の支配に嫌悪感を覚えるパトリキ貴族の一人が統治の仕事に招請されることがあったとしても、その職権は、一部は強烈に貴族精神のしみ込んだ神官層によって、また一部は同僚によって麻痺させられ、独裁官職によって容易に一時停止された。さらに重要なことは、この人には政治力の第一の要素たる時《とき》が欠けていたということである。いかに絶大な権力が常に彼に与えられようとも、一個の公共体［共和政国家］の長たる者、ある程度の時間、仕事の先頭に立ち続けることができなければ、政治的な力は決して掌中に入らないだろう。というのも、いかなる支配にあってもどうしても必要な条件とは、その持続性なのである。したがって、終身の議員からなる共同体の諮問機関［元老院］が、主として役職者にあらゆる事柄に関して助言するという権限によって――ここで言うのは、狭いパトリキ貴族の元老院ではなく、広いパトリキ・プレブス的な元老院だが――、年々交替する支配者たちに対して多大な影響力をかち得たのは不可避なことであり、その結果、彼らの法的な関係はまったく逆転し、共同体の諮問機関［元老院］は基本的には統治権を引き受け、これまでの統治者［君主］は先頭に立って事を遂行する長たる位置の中に埋没してしまったのである。

採択するか棄却するかについて共同体に提示されるべき法案に関しては、全元老院にあらかじめ諮問され、その承認を得ることが、たしかに制度的に必要というわけではなくとも、慣行上正当とされていたようである。それを無視するのは、容易なことではなかったし、またよろこんでなされることでもなかった。重要な国家間条約に関して、また共同体の土地の管理および分割に関して、総じてその効果が任期の年を越えて広がるあらゆる行動に関して、同じことが妥当した。そこでコンスルには、今行なっている仕事を片づけることと民事訴訟の開始や戦争における命令権《インペリウム》の行使以外にはなすべきことは何も残っていなかった。とりわけ大きな成果は、コンスルにも、また他には制限のない独裁官にさえも、共同の財宝には、元老院の意志なくしては、またそれを通す以外には、手を付けることは許されないという革新であった。しかも元老院はコンスルたちに、共同体の国庫の管理――王自身が執り行なっていたか、執り行ないえたことだが――を常置の二人の下級官僚、つまりたしかにコンスルによって任命され、コンスルに服従せねばならなかったのだが、当然のことながら、コンスルたち自身よりもはるかに元老院に左右されていた役人（二三三頁）に譲り渡すことを義務づけたので、元老院は財政機構の指揮を独占することになった。またローマ元老院のこのような支出承認権は、おそらくその機能の点で、今日の立憲君主制における課税承認権と並べて置くこともできよう。

その結果として当然起こることがある。いかなる貴族支配にも、第一の、また最も基本的な条件は、国家における絶大な権力は一個人ではなく、一団体が握っているということである。今は、際立って貴族的な性格の団体、つまり共同体諮問機関［元老院］が統治権を我がものとしていたが、その際、行政上の力は貴族だけに残ったばかりではない。完全に、統治にあたる団体のもとにおかれたのである。なるほど元老院には、かなりの数の貴族ではない人たちもいた。ところが、彼らは役職者［政務官］のポストに就任したり、それどころか討論に関与することもできず、したがって、統治を実際に分担することから締め出されていたので、必然的に元老院でも従属的な役割を果たしたにすぎず、さらにそのうえ、共同放牧地の経済的に重要な用益権によって、金銭的に団体［元老院］の従属下に置かれていた。次第に形成されてゆくパトリキ系のコンスルの権利、少なくとも四年目ごとに元老院議員のリストを検査し修正するという権利は、貴族層に対してはおそらく効果のないものだったにしても、それでも貴族層の利害に即してまことにうまく利用され、嫌われた平民《プレブス》はこの手段でもって元老院から遠ざけられ、それどころか再び排除されたのである。

平民《プレブス》の反抗　このようなわけで、革命の直接の成果が貴族支配の確立だったということは、まったく正しいとしか言いようがない。ただそれでも、完璧に正しいというわけではない。同時代の大多数の人々はおそらく、革命は平民層《プレブス》に硬直した専制政治をもたらしたにすぎないと考えたかったであろうが、我々後世の者は、この革命自体の中にすでに若き自由の萌芽を読み取ることができる。パトリキ貴族が獲得したのは、共同体の手の中にあったものではなく、役人の職権の中にあったものなのであった。共同体はなるほどただほんのわずかの狭く限られた権限——貴族の得た成果より、現実性も明白さもはるかに乏しいものであり、千のうちの一つさえ評価できそうにないものであった——を得たにすぎなかったが、それらの中には将来の保証があった。これまでは、政治的には居留民層《メトイコイ》は無であって、旧市民団がすべてであった。今は居留民層《メトイコイ》が共同体に組み込まれたので、旧市民団は圧倒されてしまった。というのも、いかに多くまだ完全な市民的平等が欠けていようが、砦の陥落を決定づけたのは、最後の部署の占領ではなくて、最初の突破口だったからである。したがって共同体ローマが、コンスル職の開始のときから政治的な存在として始まったということは正しいのである。

　しかしながら、共和政的な革命によって最初に樹立されたのが貴族《ユンカー》支配であるにもかかわらず、正当にもこの革命は在来の居留民層《メトイコイ》や平民《プレブス》の勝利と名づけられているのだが、それにしても、革命は後者との関係においても、決して我々が今日民主主義的と普通名づけているような性格を帯びてはいなかった。生まれと富との支えがなく純粋に個人としての功績では、たしかにパトリキ貴族制の支配下でよりも王の支配のもとでの方が、影響力と名声はかち得やすかったであろう。王政当時は、パトリキ貴族に入る道は、法的に決してだれにも閉ざされていたわけではなかった。ところが今や、平民の名誉欲の最高の目標は、元老院で、口もきけない取り巻きの中に入れてもらうことであった。その際、当然の理として、統治権を持った支配者身分は、総じてそれを平民層《プレブス》に認めた場合でも、無条件に最も有能な人々にではなく、際立って富裕で声望の高い平民層《プレブス》の家族

郵便はがき

料金受取人払郵便

千種局承認

764

464-8790

092

差出有効期間
平成27年3月
31日まで

名古屋市千種区不老町名古屋大学構内
一般財団法人
名古屋大学出版会 行

ご注文書

書名	冊数

ご購入方法は下記の二つの方法からお選び下さい

A．直　送	B．書　店
「代金引換えの宅急便」でお届けいたします 代金＝定価(税込)＋手数料200円 ※手数料は何冊ご注文いただいても200円です	書店経由をご希望の場合は下記にご記入下さい ＿＿＿＿市区町村 ＿＿＿＿書店

読者カード

（本書をお買い上げいただきまして誠にありがとうございました。
このハガキをお返しいただいた方には図書目録をお送りします。）

本書のタイトル

ご住所　〒

TEL（　　）　－

お名前（フリガナ）

年齢

歳

勤務先または在学学校名

関心のある分野

所属学会など

Eメールアドレス　　　@

※Eメールアドレスをご記入いただいた方には、「新刊案内」をメールで配信いたします。

本書ご購入の契機（いくつでも○印をおつけ下さい）

A 店頭で　B 新聞・雑誌広告（　　　　）　C 小会目録

D 書評（　　　）　E 人にすすめられた　F テキスト・参考書

G 小会ホームページ　H メール配信　I その他（　　　　）

ご購入書店名　　都道府県　　市区町村　　書店

本書並びに小会の刊行物に関するご意見・ご感想

の長に、元老院で自分と並んで座ることを許したのであり、このことが認められた家の者は、嫉妬の目で元老院議員の椅子が占められるのを見張っていたのである。

このように旧市民団の中では完全な法的平等が存在した一方で、新市民層あるいはかつての居留民層《メトイコイ》は、はじめから特権的ないくつかの家族と、格下の地位におかれた大衆とに分かれはじめていた。しかし共同体の力は、今やケントゥリア制度によって、軍事や税制に関するセルウィウスの改革以降、市民としての負担を主として負わされた階級、つまり土地保持者のものになった。そして実際とりわけ、大土地所有者でもなく、また作男でもなく、中流の農民身分のものになったのである。その際、年長者がまだ特権的な地位にあったが、それは、たとえ数の点では少なかったとしても、年少者［正規軍団兵《レギオ》。実質的には壮年組。四六～四五歳以下］と同じくらいの数の投票区分の割り当てを持っていたからであった。このように旧市民団とその氏族制的な貴族の禍根は根っこから断ち切られ、新しい市民団の基礎が据えられたのだが、この新しい市民団の中では土地の所有と年齢とが重みをもことになった。そして、何よりも現実の家の声望を基礎にした新しい貴族、すなわち将来の官職貴族《ノビリタス》への最初の芽がすでに姿を現わしていたのである。公共体ローマの根本的に保守的な性格を最もはっきり示しているのは、共和政国家を生み出した根本的変革が同時に、保守的であるとともに貴族主義的な新しい国家秩序の最初の輪郭線を引くものでもあったという事実なのである。

第2章　護民官制と十人委員

物的な利害関心　旧市民団は新しい共同体組織において合法的な手段により政治的権力を完全に掌握していた。彼らの召使いの位置に落とされた政務官職による支配のもと、主として共同体の諮問機関［元老院］において、あらゆる官職や神官職を専有して、神事にも俗事にも独占的な知識でもって、また政治的実務にもまったくの熟練ぶりでもって武装し、共同体の集会［市民集会］においては個々の家族に忠実で従順な人々の強力な支持によって影響力も大きく、最終的には共同体の議決をことごとく審査しかつ棄却する権限を持ち、パトリキ貴族層は実質的な支配をなお長期にわたって保持できたのである。それはまさに、彼らがしかるべきときに、合法的な単独支配権を放棄したからであった。なるほど平民層《プレブス》は、政治的に格下におかれていることを痛いほど感じていたに違いなかった。ところが純粋に政治的な反抗については、貴族は、大衆が物質的な利権の適正な管理と保護以外には何も求めておらず、政治的な闘争からは身を退いているのを知っていたので、間違いなく何よりも、彼らをそれほど気遣わねばならないことはなかったのである。

　事実、王の追放後の最初の時期には、様々な措置が見られる。それは、貴族の統治のために、とくに経済的な面から普通の人々の人気の獲得を意図したものだった、あるいはとにかくそれを意図しているように見えたのである。港湾税は下げられ、穀物価格が高かったので大量の穀物が国家の費用で買い集められ、塩の取引が国家の独占でなされたが、それは市民に穀物や塩を安い値段で売り渡すためであった。最後に、民衆の祭典が一日延長された。同じ趣旨のものとして、すでに述べた財産による罰金（二三二頁）に関する規定がある。それはただ一般的に、役職者の危険な罰金徴収権を制限するよう定めたものであるだけでなく、独得なやり方で、とりわけ収入の乏しい人を守ることを意図したものでもあった。というのは、同じ日に、他ならぬ同じ人に、上訴《プロウォカティオ》の許しも与えられることなく、二匹以上の羊または三〇頭以上の牛の罰金刑を科すことが役職者に禁じられているが、こうした奇妙な査定の理由はおそらくただ次のようなことの中に見出されよう。卑賤の人、ただ数匹の羊しか持たない人には、豊かな牛の群の所有者とは異なった最高額が必要だと考えられたということである。罰金を科せられる人の貧富の度合を斟酌するといったことから、近代の立法者は学ぶところがあるかもしれない。

しかし、こうした調整は表面的なものにとどまった。主たる流れは、むしろ逆の方に向かってゆく。国制変革とともにローマの財政的・経済的な状況に、すべてを包括する革命が始まるのである。王の統治はおそらく、原則的には資本の力の後押しをしなかったであろうし、農場の増大はできる限り促進したことであろう。それに対して新しい貴族の政府は、当初から中産階級の崩壊、とりわけ中小の土地所有の壊滅、また一方では土地および金権貴族の支配の発展、他方では農業プロレタリアートの発展を狙っていたように見える。

資本家の力の増大　すでに港湾税［関税］の引き下げは、たとえ一般的には人気取り的な措置であったにしても、主として大規模な取引に有利に働くものであった。しかし資本の力に対しては、はるかに大きな後押しが間接的な財務管理の仕組みによって生み出された。その仕組み自体が、究極の理由の中の何に基づいているのかを示すことはむずかしい。しかし、おそらく始まりは王政時代にまで遡るのだろうが、それでもコンスル職の導入以降のローマの官職者の急速な交替、また他方では穀物や塩の売買のような仕事への国有財産による財政活動の拡大が、仲介者的な役割を果たす私的活動の重要性を高め、それによって国家事業の請負組織の基礎が据えられたに違いなかった。この仕組みの発展は、公共体ローマにとっては、多大な影響を及ぼすとともに有害なものともなった。国家は次第にその間接的な徴収のすべてと、さらに錯綜した支払い業務のすべてを、仲介人、つまり総額を提供したり受け取ったりし、自分の負担で仕事をする人に委任した。もちろん、かなりの資本家だけしか、また国家が厳しく物的な安全性に目を光らせていたので主として大土地所有者だけしか、これには関与できなかった。そこで徴税請負人や請負業者の階級が生まれることになったのだが、彼らは、富のまことに急速な増大の点、また自分たちが奉仕するように見えた国家に対する力の点、さらにまた自分たちの金権支配の愚かしくも不毛な基盤の点で、今日の株の投機筋と完全に比較されるべきものだと言える。

共同体の土地　財務行政が一致してとった方向は、まず第一に、そして最も厳しい形で、共同体の土地［公有地］の取り扱いに関して明らかになった。その取り扱いは、まさしく直接に中産階級を、物の点でも道徳的な点でも否定することを目指していたも同然だった。共同放牧地や国有地の利用は、一般にはその性格上、市民としての特権であった。正規の法では、平民《プレブス》たちは共同放牧地の共同利用からは閉め出されていた。ところが、公有地の私有地への移行もしくはその分与は別として、ローマ法には、公有地に対する個々の市民の利用の固く定まった権利、しかも所有権と同じように尊重されるべき用益権が存在しなかったので、公有地が公有地であるかぎり、共同で享有するのを許したり制限したりするのは、ただ王の意向一つにかかっており、王がこの点について自分の権利を、あるいは少なくともその力を、しばしば平民層《プレブス》のために利用したことは疑うべくもない。ところが共和政の導入とともに、共同放牧地の利用は、法的にはただ最高の権利を持った市民だけ、つまりパトリキ貴族だけのものであるという原則が、再び厳しく強調されるようになった。たとえ元老院が、元老院でともに代表的な立場にある豊かな平民層《プレブス》の家々のために、相変わらず例外を許したにしても、平民層《プレブス》の小規模な土地所有者や日雇いは——まさしく牧草地を最も必要としたのは彼らであるが——、共同で享有することを妨げられていたのである。

さらにこれまでは、共同放牧地で放牧されていた家畜のためには、放牧の代金［放牧税］が支払われていた。それは、この牧草地で放牧する権利が、相変わらず特権と見做されるようにするためには、たしかに適度なものだったが、それでも国庫にかなりの収入をもたらすことになった。パトリキ系の財務官は、今やそれをだらだらと寛大な形でしか徴収せず、次第にそれをまったく消滅させてしまった。これまで、とりわけ征服によって新たな国有地が獲得されたときには、規則正しく土地配分が手配されたが、その際には、貧しい市民や居留民《メトイコイ》もすべて考慮された。ただ土地が農業に適さなかった場合に、その土地が共同牧草地にされたにすぎない。それでもローマ人は右のような割り当てを全面的に停止することはあえてせず、ましてやそれを富裕者のためだけに優先させることはしなかった。とはいえ土地分配は、ますます稀になり、ますます切り詰めたものになっていった。そしてその代わりに、危険な占有のシステムが登場したのである。つまり国有の土地は譲渡されても、所有地にも、正式な形での一定期間の賃貸借にもなることはなく、さらなる通告のあるまで当分の間、最初の占有者およびその法定相続人の特別な用益権のもとにおかれるということであり、そのため、国家はいつでも取り戻せる権利を持っていたし、土地占有者［借地人］は、穀物の束ならば十分の一、オリーヴ油やブドウ酒ならば収量の五分の一を国庫に供出しなければならなかった。これはまさに、前の方で述べた懇請《プレカリウム》による占有（一七七頁）が国有地に適用されたものである。そしておそらくすでに以前にも、とりわけ割り当てが成就されるまでの一時的な措置として、公有地の場合に行なわれていたのであろう。しかし今や、このような占有の形での所持は、永続するようになったばかりではない。当然のように、特権的な人士やそのお気に入りだけしか、その機会にあずかれなかったのであり、十分の一や五分の一という数字も放牧代金［放牧税］と同じようにゆるやかな形でしか取り立てられなかった。こうして三重の打撃が、中小の土地所有者を見舞った。市民の普通の用益権が、この人々には無くなった。国有地からの上がり［税］がもはや規則正しく国庫に流れ込まなくなったことによって、税負担が上昇した。そして土地の配分が停止した。しかし実はこの土地配分は、農業プロレタリアートにとっては、ほぼ今日、大規模でしっかり整えられた移住のシステムが果たすことになった役割、つまり永続的な排水路を形成していたのである。

　これに加わるのが、おそらくすでにこのとき始まりつつあった大規模経営であり、これが零細な農業庇護民《クリエンテス》を追い出し、その代わりに農業奴隷によって土地を利用したのである。まさに、あらゆる政治的簒奪よりずっと回避するのがむずかしく、たしかにより致命的な一撃が、一緒に見舞ったのである。困難な、部分的には不幸なとも言うべき諸戦争と、それによって引き起こされた法外な戦争関係の税および賦役が、土地占有者を農場からまっすぐに連れ出し、この人を債権者の奴隷に、というのでなくてもその作男［従僕］にするように、あるいはこの人を債務超過によって事実上債権者の臨時の小作人に落とすようにと、充分な災厄を及ぼしたのである。資本家にはここで、儲かるとともになんの苦労もなく危険もない投機の新しい分野が開かれたのだが、彼らは、ときにはこの道をとって自分の所有地を増大する一方、ときには所有者という名前と実際上の所持を農民の手に残しはしたものの、その場合には、農民の人格も財産も債務法がこれらの資本家のものにしたのであった。後者は、たぶん最も通常のことであるとともに最も危険なことであった。というのは、これでもって完全な破滅が個々人にとっては回避されるかもしれないとしても、それに引き替え、債権者の恩恵に常に依存する農民の不安定な［取り戻し可能な］位置――この人はこの位置にあっては負担以外の何も土地所有から得られない――が、全農民層の風紀を乱し、彼らを政治的にも否定しようとしていたからである。

　抵当権付きの負債の代わりに、債権者への財産［所有権］の即時移転――これは債務超過を未然に防ぐことと国家の負担を土地の実際の保持者に負わせることを考えたものであったが（一四六頁）――を規定したときの立法者の意図は、個人の信用貸しという厳しい制度によって骨抜きにされた。この制度は商人にはきわめて役に立つものだっただろうが農民を破滅させるものであった。土地の自由な分割可能性が、過剰負債をかかえて支払い能力のない農業プロレタリアートの危険を常に伴うものだったので、あらゆる負担が増大しあらゆる救いの道が閉ざされたこうした状態のもとでは、中産層の農民の間では困窮と絶望とが、おそるべき早さで広まらざるをえなかった。

社会問題と身分問題の関係　このような状態から富裕者と貧困者との対立が生まれたが、それは決して氏族と平民層《プレブス》の対立と重なるものではない。パトリキ層のはるかに大きな部分が豊かな土地所有者だったにしても、もちろん、平民層《プレブス》の間にも豊かで名声ある家門が欠けていたわけではなかった。すでにその当時、おそらく半分以上が平民層《プレブス》からなっていた元老院は、パトリキ系の政務官の排除さえあって、財政上の主導権を握っていたので、次のようになったこともよく理解できるであろう。すなわち、政務官のあらゆる経済的な利益のために貴族の政治的特権が乱用されていたのだが、その利益も富裕者全体の役に立ったこと、また被抑圧者たちの階級から輩出した最も有能で最も抵抗力のある人士が、元老院に入ることで抑圧者の階級に転じたため、それだけいっそうひどく庶民を圧迫したということである。

しかし、このような状態になったため、貴族の政治的立場もずっと長くは保てなくなった。実直に統治するよう貴族が自己統御できていたなら、また中流階層を守ってやっていたなら——貴族の真中から出た個々のコンスルが、そうするよう努力しても、政務官職なるものが低く抑えつけられた立場にあったのでそれを貫徹できなかった——、貴族はもっと長く役職者の地位を独占し続けることができていたであろう。豊かで立派な平民層《プレブス》に完全な法的平等を認め、およそ元老院に入ることとパトリキ貴族の地位の獲得とを結びつけることができていたなら、この両者はもっと長く、なんら罰されることなく統治でき、投機を行なうことができたであろう。ところがそのいずれもそうならなかった。狭量と短見という、あらゆる真性の土地貴族《ユンカー》の持つ特有で消えることのない特権というものが、ローマにおいても当てはまったし、強力な共同体を、無用で目的のない不名誉な争いにと引き裂いたのである。

聖山への退去　しかし、すぐ次の危機は、身分上不利な立場におかれた者によって起こされたのではなく、困窮した農民層によって生み出された。整えられた年代記では、政治的な革命が前五一〇年に、社会的な革命が前四九五年と前四九四年におかれている。それらはたしかに続けざまに起こったように見えよう。しかしその間隔はおそらくもっと長いものだったであろう。債務に関する法の厳しい履行——話ではそうなっている——は、全農民層を憤激させるものだった。前四九五年に、危険に満ちた戦争のために召集が行なわれたとき、軍事義務のある人々が命令に従うことを拒否した。そのため、コンスルのプブリウス・セルウィリウスが、負債関係法の適用を一時見合わせ、すでに債務のために拘禁されている人々を釈放するよう命ずるとともに、それ以上の逮捕・拘束を阻止した。そこで農民も自らの持ち場につき、勝利を戦い取るのを助けた。しかし、戦場から帰ってくるや、彼らが戦いで勝ち取った平和が、彼らを牢獄と鎖にと連れ戻した。情け容赦のない厳しさで、第二のコンスル、アッピウス・クラウディウスが信用貸しの法を実施した。彼の同僚コンスルは、以前の自分の兵士たちが援助を求めたのに、あえてこの法に反対しなかった。同僚制は、民衆を守るために導入されたのではなく、裏切りと専制を容易にするためだったかのように見えた。しかし人々は、変えられないことに耐えた。そして翌年、戦争が再び起こったとき、コンスルの言葉はもはや通用しなかった。マニウス・ウァレリウスが独裁官に任命されて、ようやく農民は彼に従った。それは、一部はその高い職権に対する畏怖の念からであり、一部は彼の庶民的な心映えに対する信頼感からであったが、ウァレリウス氏はあの古いパトリキ系の氏族の一つであり、こうした統治の形も、この氏族には聖録［不労所得のある役職］ではなく、特権と名誉と思われたのである。勝利は再び、ローマの軍旗のものとなった。しかし、勝利を収めた人たちが帰還し、独裁官が元老院に改革の提案を出したとき、その提案は元老院の頑な抵抗にあって失敗に終わった。軍隊はいつものようにまだ町の城門の前に整列していた。報せが伝わってくるや、長期にわたり人を震撼させる騒動が勃発した――団体精神とまとまった軍事組織は、臆病な者や無関心な者もひっくるめて運動に駆り立てた。軍隊は将軍も陣地も見捨てて、軍団の指揮官たち――少なくともその大部分が平民出の軍団将校《トリブヌス・ミリトゥム》（tribunus militum）だった――に率いられて、戦闘隊形を保ちつつ、ティベリス河とアニオ河との間、クルストゥメリアの近辺にと行進していった。ここで一つの丘を占拠して、ローマの都市領域中のこの最も実り豊かな地域に新たな平民《プレブス》たちの都市を築くかのような様子を見せた。この退去の行進は、こうした内乱が経済的な破滅で終わるに違いないということを、明白なやり方で頑なな抑圧者にさえ示すものであった。元老院は折れた。独裁官は協定を仲介した。市民たちは城壁の中に戻ってきた。統一は外面的には回復された。民衆はこれ以降、マニウス・ヴァレリウスを「大いなる者《マクシムス》」（maximus）と呼び、アニオの彼方の山を「聖なる山」と呼んだ。たしかにこの革命の中には、どこか力強いもの、高尚なるものが存在した。つまり確固とした導き手もなく、偶然与えられた将軍［軍団将校］のもと、大衆自身によってはじめられたものであり、血を流すことなく遂行された革命だったのである。そこで市民たちはこのことを、喜んでしかも誇らしげに回顧するのであった。その成果は何世紀にもわたって感じられた。そしてそれが護民官制を生んだのであった。

護民官と平民の按察官　一時的な取り決め、とりわけ最も厳しい負債の苦しみを除去するための取り決めや、様々な植民市を設立することで多くの田舎の人々［農民］を食べさせていくための取り決めの他に、独裁官は、国制に基づいた形で一つの法律を通した。そしてそれをさらに――疑いなく市民に、軍旗のもとでの忠誠の誓いが打ち破られたことについて大赦を保証させるために――個々の共同体成員すべてに誓わせ、次いで、平民《プレブス》によってとくにそのために任じられた二人の役職者つまり二人の按察官《アエディリス》（aediles［家の主］）の監督と管理のもと、ある聖堂［神殿］に保管させたのである。この法は、二人のパトリキ出身のコンスルの傍らに二人の平民《プレブス》出身のトリブヌス［護民官］を据えるものであり、この人たちは、クリアごとに集まった平民《プレブス》たちによって選ばれなければならなかった。護民官の権限は、軍事的な命令権《インペリウム》（imperium）つまり独裁官の大権に対してはどこでも、またコンスルの大権に対してはローマの町の外では、まったく力を持たなかったが、例えばコンスルたちが行使したような、市民に関わる［内的、民政的な、とすべきか］通常の職権に対しては、コンスルと護民官の間の力の分割は起こることなく、護民官の力は独立して相対していた。護民官は、コンスルに対して、そして低いポストの役人に対してはなおさら、今一人のコンスルが持っている（二三〇頁）のと同様の権利を保持していた。その権利とは、役職者によって発せられた命令はいかなるものであろうとすべて、当該効力の対象となる市民が、命令により傷つけられた状態にあれば、護民官の指示に基づいて、時宜を得て個人的になされた抗議によって、この命令を無効にすることのできる権利であり、また同じように一役職者によって市民団に向けられた提案を、その裁量で阻止したり破棄したりできる権利、つまり介入・調停の権利、もしくはいわゆる護民官の拒否権である。

拒否権　このように護民官の力［権限］の中には、まず第一に、行政および司法に対して、その行為を任意に阻止できる権利、軍事義務のある者が召集から逃れても、それが無罪になることを可能にする権利、債務者に対する提訴や法の執行、刑事訴訟の開始や被疑者の未決勾留を阻止したり取り消したりする権利、その他同じ類いのものがさらにもっとあった。したがって、このような法律上の救済が、援助者のいないことによって駄目にならないように、さらに護民官は夜は決してローマの町の外で過ごしてはならず、夜も昼もその戸は開いていなければならないと規定されていた。そのうえ、護民官職の力［権限］の中には、共同体の議決を、個々の護民官の、個々の一言によって制限できるということがあった。たしかにそうでなければ、共同体はその至上権によって、共同体から平民《プレブス》に付与した特権を、遠慮なく取り戻すことができたであろう。

しかし右のような諸権利も、それを気に掛けない人に対して、とくに反対行動に出る政務官に対して、即刻働き、だれも反対できない強制権が護民官になかったならば、効果はなかったであろう。護民官には強制権が、次のような形で付与されていた。すなわち、その権利を使用する護民官に対する反対行為、何よりも彼の人格を汚すこと――その人格たるや聖山において平民《プレブス》たちが一人残らず自分および子孫のために、現在また将来にわたっていかなる不当・不法に対しても守ると誓ったものである――は、死に値する犯罪だというものである。そしてこれに関する刑事裁判の執行は、共同体の政務官にではなく、平民《プレブス》の役職者に委ねられた。このような裁く人という役職によって、護民官はあらゆる市民、とりわけ任期中のコンスルの責任さえ問うことができた。もしこの人が自分の方から出頭しなかった場合には、この人を捕まえさせ、この人を未決勾留にしたり、あるいはこの人から担保をとって保釈を許したりして、次いで死刑もしくは罰金刑を宣告できたのである。このような目的のために、同時に任命された二人の民衆［平民《プレブス》］の按察官が、その従者、補佐役として護民官の傍らに立った。まず第一に拘禁をとりはかるためにであったが、同じような不可侵性がこの人たちにも平民《プレブス》層全体の誓いによって保証された理由はここにある。それに加えて、按察官自身は護民官と同じように、しかしただ罰金であがないうる軽い案件に関してだが、裁判官的な資格をもった。護民官もしくは按察官の判決に対して控訴がなされたら、それは、全市民団の前に持ち出されるのではなく――平民《プレブス》の役職者にはそもそも彼らと相談［審理］をする資格はなかったから――、平民《プレブス》たちの総体にと持ち出されることになった。そして平民《プレブス》たちはこの事件に関して、クリアごとに集まり、最終的には多数決で決した。

このような訴訟手続きは、たしかに、法というよりも力の行使であった。これは、特に非平民《プレブス》層の人に適用されたときはそうであった——事実、まさしく通常の場合はそうであったに違いないが。次のようなことは、国制とは字義の点でも精神の点でも、どこか合致しないものがあった。それは、パトリキが、市民団ではなく、市民団の内部に形成された一つの連合体を統括していた権威によって責任を問われるということ、また市民団に対する代わりに、まさにこの連合体に対して求援《アッペッラティオ》するよう余儀なくされたことである。このことは本来、間違いなく私刑であった。しかし自力救済は、法の形式をとってずっと以前から行なわれていた。そして護民官職が法律上承認されて以降、法的に許されるものと見做されるようになったのである。

その意図から言えば、護民官と按察官《アエディリス》のこのような新しい裁判権、およびそこから生まれる平民《プレブス》の集会〔平民集会〕による上訴《プロウォカティオ》の決定は、疑いなくコンスルおよび財務官の裁判権や上訴《プロウォカティオ》に対するケントゥリアの裁定のように、法律に結びつけられていた。共同体に対する犯罪（一三七頁）および秩序違反（一三八頁）という法概念は、共同体とその政務官から、平民《プレブス》とそのリーダーの手に委ねられた。しかし、このような概念〔捉え方〕はそれ自体、あまり確固としたものではなく、法的な限定もむずかしく、いや不可能なので、この範疇のもとで行なわれる司法行政がすでにそれ自体、その性格上恣意という印を帯びていたのも、ほとんど避けがたいことであっただろう。そして今、身分闘争の最中にあって法の理念自体が濁ったものになって以降、また合法的な党派の指導者が双方競合する裁判権を授けられたこのとき以降、この新しい裁判権は完全に恣意的な警察権へとますます近づいていったに違いなかった。とりわけこれは役職者に妥当した。これまでこの人は、ローマの国法によれば、役職についているかぎり、決していかなる裁判権の行使にも従わなくてよかった。この人はその職から下りた後も、法的にはその行為のすべてについて責任を問われたにしても、こうした権利を適用できるのは、自分と同じ身分の者、つまり結局は彼らも同じように所属していた総共同体だけであった。今や護民官の裁判権の中に新たな権力が生まれた。それは一方では、最高官職者に対してすでにその職務遂行時に干渉できたし、他方、貴族である市民にはもっぱら非貴族の市民によって適用されたわけである。それがいっそう重くのしかかったのは、犯罪も処罰も法律的に定式化されていなかっただけになおさらであった。現実に、平民《プレブス》と共同体との競合する裁判権の行使によって、市民の財産、身体そして生命が、党派の集会のもつ恣意的な気分の犠牲になった。

民事裁判においては、平民《プレブス》層の制度が、ただ平民《プレブス》にとってたいへん重要な、自由に関する訴訟においてのみ、コンスルから陪審員〔審判人〕の任命権を取り上げ、この場合、判決は、特別にこのために定められた十人の裁く人（iudices decemviri〔十人審判人〕、後の decemviri litibus iudicandis〔審理さるべき訴訟のための十人官、訴訟裁決十人官〕）によって行なわれた。

立法　競合する裁判権には、さらに立法にあたっての主導権の競合が結びついた。成員を集め、その議決を引き出す権利は、そうした権利なしでは総じていかなる連合体の存在も考えられない以上すでに護民官のものであった。しかし護民官には、権利自体は見事なまでに付与されていたので、平民《プレブス》の自治的な集会の権利や議決権は、共同体の政務官職のいかなる干渉、いや共同体自体の干渉に対しても法律上保証されていた。とにかく平民《プレブス》の法的承認にとって必要な条件は、一般に護民官が後任を平民《プレブス》の集会で選ばせ、刑事上の宣告を平民《プレブス》の集会で承認してもらうことを妨げられないということであった。そうしたわけで彼らにはこのような権利がイキリウス法（前四九二年）によってもさらに特別に保証されたし、その際護民官の話を遮ったり、あるいは民衆に四散するよう［市民集会を散会するよう］命じる人はだれであろうとも、厳しい罰で脅かされたのであった。それゆえ護民官が、自分の後任の選出や自分の判決の言い渡しの批准以外の提案についても、採決に持ち込むのを妨げられなかったことは明らかである。このような「大衆［平民《プレブス》］の決めたこと」(plebi scita) は、たしかに厳密に言うと有効性を持った市民集会議決ではなく、最初は今日の［ドイツの］民衆の集会の取り決めとそれほど違わないものだった。ところがそれでも、市民の集会［市民集会］と大衆［平民《プレブス》］の会議［平民集会］の差異は、なんといってもずっと形式的な性格のものだったので、少なくとも平民《プレブス》の側から、共同体の自主的な決定だとして、直ちにこの議決の有効性が主張されることになった。そして例えばイキリウス法も直ちにこの論法で通されたのだった。

このように民衆の保護者――個々人にとっては保護者に、また全体にとっては指導者・管理者に任じられたわけだが――は、身体・生命に関わる［刑事上の］訴訟手続きにおいて無制限の裁判権を与えられており、したがって自分の命令に重みを与えることができ、さらには人格的にも神聖不可侵 (sacrosanctus) のものだと表明された。この人および彼の従者に危害を加えた者はなんぴとであろうとも、神に捧げられるべき者と見做されたばかりか、人間の間にあっても法的に冒瀆行為が証明された後、死刑に値すると見做されたのである。

護民官のコンスルに対する関係　大衆［平民］の保護者《トリブヌス・プレビス》 (tribuni plebis) すなわち護民官《トリブヌス》は軍団将校《トリブヌス・ミリトゥム》［軍事的なトリブヌス。軍指揮官、武官］から生まれたものであるし、その名前はここに由来するのである。しかし法的には彼らは決してそれ以上にこれと関係があったわけではない。むしろ力の点では、護民官とコンスルとは同等である。コンスルの護民官への求援《アッペッラティオ》 (appellatio) と護民官のコンスルに対する拒否権［干渉権］は、すでに述べたように、コンスルのコンスルへの求援《アッペッラティオ》や、一人のコンスルの別のコンスルに対する干渉とまったく同様のものであり、両者は一般の法原則、つまり二人の同等の権利を有する者の間では、拒否権者［禁止］の方が命令権者より優るということの適用以外の何ものでもない。なお護民官の本来の数――たしかにすぐに増員されたのであるが――と、役職の任期――護民官はいつも一二月一〇日にそのポストを交替するのだが――とは、コンスルと共通であった。まさしく独特な同僚制は、役職のもつ溢れんばかりに絶大な権力を、個々の全コンスルの掌中に、また個々の全護民官の掌中におき、同僚制の内部での衝突の場合には、票は数えずに賛成に反対を優先させている。そうしたわけで、護民官が禁止［拒否］する場合、個々の護民官の拒否は、同僚の反対にもかかわらず、それで充分であり、一方それに対して、この人が訴えても、この人は自分の同僚のだれによっても阻止されうるのである。たとえコンスルが間接的に、護民官が直接にそれを行使するにしても、コンスルも護民官もともに、それぞれ完全にして競合する刑事裁判権を持っている。またコンスルには二人の財務官が補佐するように、護民官には二人の按察官がこの点で補佐する。* コンスルは必然的にパトリキであるし、護民官は必ず平民《プレブス》である。前者はよりいっぱいに満ち満ちた力を持ち、後者はより無制限の力を持っている。というのも、コンスルは護民官の拒否権や裁判に従うが、護民官はコンスルには従わない。このように、護民官の力はコンスルの力の写しであるが、しかしそれにもかかわらず、それと対立するものなのである。コンスルの力は基本的にはポジティヴであり、護民官のそれは基本的にはネガティヴである。コンスルだけがローマ民衆の政務官であり、護民官はそうではない。というのも、前者は全市民団から選ばれるものだが、後者はただ平民《プレブス》の集まりで選ばれるにすぎないからである。その表われとして、コンスルは公の中に共同体の役職者にふさわしい飾りと従者を伴って登場するが、護民官は有輪の椅子の代わりに腰掛けに座り、職務上の従者も紫の縁取りも、そして一般に政務官職の標識のことごとくを欠いている。それどころか、護民官は元老院では長の位置にもつけず、単なる座席すら持たない。このように、この注目すべき制度の中で、絶対的な命令に最も鋭くかつ最も険しく対立するのが絶対的な拒否権なのである。それは、富者と貧者の不和・争いが法でもって認知され調整されるという形で、争いを調停するものであった。

* 平民《プレブス》の護民官がパトリキ貴族のコンスルを模倣して作られたのと同様に、平民《プレブス》按察官［平民身分の按察官］は、パトリキ貴族の財務官を模倣して作られたものであることは、刑法関係の司法行政の点でも、文書館の仕事の点でもはっきりしている。前者に関しては、両官職の性格・意図だけが異なっているにすぎず、権限は異なっていなかったようである。按察官にとってケレス神殿は、ちょうど財務官にとってのサトゥルヌス神殿のごときものである。この神殿名から彼らはその名前を得たのである。前四四九年の法（Liv. 3, 55）の規定はこの点で特徴的である。つまりそこでは元老院決議が按察官に引き渡されるべきとされ（二六五頁）、他方よく知られているように、後で身分闘争の収拾後に再び優勢になった古い慣習によれば、この決議は、サトゥルヌス神殿に保管するように財務官に届けられた、というのである。

護民官制の政治的な価値　しかし、共同体［国家］の一体性を破ることで成就されたものは、そもそも何であったのか。役職者が、その時々の全情熱に依存して落ち着かない統御機関に従属することによって、いったい何が成し遂げられたのか。最も危機の瞬間に、敵対する王位にまつり上げられた対立する領袖たちそれぞれの合図《ウィンク》により行政が滞らされたことによって、一体何がもたらされたのか。すべての役職者に競合する刑法関係の司法行政の全権を委任することで、それをいわば合法的に法の領域から政治の領域へと移し、後の時代全体にとって堕落したものにしたことにより、何が果たされたのか。

諸身分の政治的な平等化に護民官職が直接寄与したわけではないとはいえ、平民《プレブス》たちがその後すぐに共同体の官職への参入を求めたときに、護民官職が平民たちの手にある強力な武器として役立ったことはたしかに間違いない。しかしこの点が護民官職の本来の使命だったのではない。それは、政治的な特権身分から奪い取ったポストではなく、豊かな大地主や資本家から奪い取ったものだった。普通の人にとっては、それにより公正な司法が保証され、有効な財政が導き出されるはずだった。しかし、この狙いは満たされなかったし、満たされるべくもなかった。護民官は、個々の不正や個々の騒ぎ立てられた困苦の解消に努めたかったことであろう。しかし誤りは、不公正、つまり人が法と呼んでいるものの不公正な行使の中にあったのではなく、そもそも不公正だった法の中にあった。では護民官は、どのようにして通常の裁判を規則にのっとって阻止することができたのか。護民官が、もしそのようにできたとしても、貧困化の源、つまり間違った形の徴税や誤った信用貸しシステム、国有地の途方もない占有などを断ち切らなければ、悪の矯正にはまだなんの助けにもならなかったであろう。しかしこうしたことに敢えて挑まなかったのは、明らかに豊かな平民《プレブス》層自体が、このような悪弊にパトリキ貴族と同じように利害関係を持っていたからであろう。この類いまれな役職はこのようにして創設され、普通の人に明らかな援助は了解されたが、それが、必要な経済改革の成就を不可能にしてしまったのである。この役職は、政治的な知恵の証拠ではなく、富裕な貴族と指導者を持たない大衆との間の悪しき妥協の産物に他ならない。護民官職は、ローマを僭主政から護ったと言われている。たとえそれが真実であっても、そのことにあまり意味はないであろう。国家の形態上の変化自体は民衆には災いではない。ローマの民衆には、君主政があまりにも遅く、民族の肉体的・精神的な活力の枯渇した後に導入されたことの方が、むしろ不幸であった。しかし、これが正しいとはさらさら言えないのは、すでに示したように、ヘレネスの国家に僭主政治が規則的に現われたのと同様、イタリキの国家は僭主政なしでも規則正しく存続したからである。その理由は単純に、僭主政治がどこでも普通選挙権の結果生まれるものであること、またイタリキはギリシア人より長く、土地を所持しない［土地に定住しない、という意味も込めた表現］市民を共同体の集会から締め出してきたということにある。ローマがこの発展の流れから外れたとき、君主政も登場せざるをえなかった。それどころか、それはまさしく護民官の職に結びついたのである。反抗に対しては合法的な軌道を示し、多くの間違ったことを斥けるという点で、護民官職が役立ったことは、だれも見間違えようがないだろう。しかし、次のことも同じように明らかである。それは、役立つことが分かった場面では、その職が設けられたのとはまったく別の目的のために使われたということである。反対派の指導者たちに国制にのっとった拒否権を認め、彼らに他のことを顧慮せず主張できる力を与えるという大胆な試みは、一時しのぎのものにすぎず、政略的に国家から蝶番を外し、社会的な悪を無駄な緩和剤によって引きのばしていったのである。

さらなる争い　ところが、内乱が組織されていた。それは起こるべくして起こった。戦闘のために相対したかのように、諸党派がにらみあった。それぞれが指導者のもとにあった。一方で、コンスル職権の制限、護民官職の力の拡大が求められ、今一方では、護民官職の廃止が強く求められた。法的には罰されることなくなされた不服従行動、国土防衛の位置につくのを拒否したこと、とりわけ、共同体の権利を侵害したりただ不評を買ったりした役職者に対する罰金や刑罰を求める告発が、平民《プレブス》層の武器であった。それに対して土地貴族《ユンカー》たちは、暴力や公敵との提携、ときには謀殺者の剣をも差し向けてきた。街路上で格闘になったり、そこかしこで役職にある人々の尊厳が汚された。多くの市民の家々から人々が脱出し、近隣の共同体に、より平和な住まいを求めたと言われる――だれでもこのことはきっと信じるであろう。民衆の中にある強固な市民意識について証明してくれるのは、彼らがこのような国制に身を委ねたということではなく、彼らがそれを持ちこたえたこと、最もすさまじい戦いにもかかわらず、それでも共同体がしっかり団結していたということである。

コリオラヌス　このような身分闘争の中で最もよく知られた出来事は、グナエウス・マルキウス、つまり、コリオリの奪取によってその添え名［家名］を帯びていた勇敢なる貴族の物語である。彼は前四九一年、自分にコンスル職を付与するのをケントゥリア集会が拒否したのに腹を立て、何人かの言うところでは、国の倉庫からの穀物の売却停止を提案し、飢えた民衆は結局護民官職の介入をあきらめたという。別の報告によれば、それは直ちに護民官職を廃棄することであったという。護民官から起訴され、身命が危険にさらされたのでローマの町を離れたが、それはただウォルスキ人の軍隊の先頭に立って戻ってくるためだったとも言われる。しかし、国の敵［公敵］のために生まれ故郷の町をまさに占領しようとしたとき、母親の真剣な言葉に良心が揺り動かされ、彼の最初の裏切り行為は第二の裏切り行為によって償われ、その二つの行為は死によって贖われたという。この話の中にどれだけ真実が含まれているかを決定することはできないであろう。しかし、ローマの年代記作家の素朴な見当違いがこの話を愛国的な栄光でつつみこんだのだが、それでもこの話は古いものであり、身分闘争の持つ道義的かつ政治的に深い不面目さをかいま見せてくれよう［モムゼン自身が個別研究として、この問題を詳論しており、今なおこの挿話を考える場合の出発点となっている。Hermes, 4. 1870, S. 1ff. ＝ Römische Forschungen. Bd. II, S. 113ff.］。

政治的亡命者の群れによるカピトリウムの奇襲も、似たような性格のものだった。それは前四六〇年に、サビニ人のアッピウス・ヘルドニウスに率いられたものである。彼らは奴隷に武器をとって立つよう呼びかけた。そして熾烈な戦いの後ようやく、急遽援軍に呼ばれたトゥスクルム人の助けで、ローマの市民からなる兵士たちが、不平分子の一団を制圧した。同じ性格の熱狂的な憤激がこの時代の別のいくつかの事件を特徴づけている。その歴史的な意味は、この上なく嘘っぽい家族の記事からはもはや読み取ることができない。そのようなものとして、前四八五年から前四七九年まで二人のコンスルのうちの一人を出し続けていたファビウス氏族の有力さとそれに対する反動、ファビウス一族のローマからの移住、クレメラ河畔でのエトルリア人による壊滅（前四七七年）がある。はるかに物凄かったのは、護民官グナエウス・ゲヌキウスの殺害であった。この人はあえて二人のコンスル格の人の責任を問おうとしたのに、起訴に決められた日の朝、ベッドで死んでいるのが見つかったのである（前四七三年）。

プブリリウス法　この凶行の直接の結果生まれたのがプブリリウス法であった。それは、ローマ史上知られている最も多方面に影響を与えた法の一つである。最も重要な規定の二つ、すなわち平民《プレブス》からなる地区《トリブス》集会の導入と、全共同体によって正式に取り決められた法と平民集会議決（plebiscitum）とを、たとえ制限があるにせよ、同等の位置に据えることの二つが――前者はたしかに、後者はおそらく――、前四七一年の護民官のウォレロ・プブリリウスの提案に遡るのである。平民《プレブス》はそれまで、クリアごとに決議をしており、そのため、別々に分かれたこの［クリアごとの］集会では、一つには、財産や土地保有とは無関係にただ頭《あたま》数にしたがって採決がなされていたし、また一つには、クリア集会の基本にある氏族成員が一緒に集まることによって、大貴族家門の庇護民《クリエンテス》も平民《プレブス》層の集会で一緒に投票していたのである。これらの事情のいずれもが、貴族がこの集会に対して影響力を振るい、とりわけ自分たちの考えで護民官の選挙を左右するのに、何重もの機会を与えるものだった。そして両者いずれもが、これ以後、地区《トリブス》ごとの新たな投票方法によって廃止されたのである。

地区《トリブス》の四つは、セルウィウスの制度のもとで兵士召集のために形成されたものであり、都市も田園も平等に含んでいたが（八三頁）、その後――おそらく前四九五年に――ローマの領域が二〇地区に分けられ、そのうちの最初の四つが都市とその直接の郊外を包括し、残りの一六がローマの最古の農地を占める氏族の郷を土台とした田園領域から形成されたのである（三一頁）。これに、おそらくプブリリウス法の結果初めて、票決のために望ましい投票区分の総数の不均衡さ［奇数の形］を導入するために、二一番目のトリブスとしてクルストゥミニア・トリブス［クルストゥミウス区］が加えられたのであった。この区は、平民《プレブス》そのものが生まれ護民官制を設けた場所から、その名をとったものである（二五一頁）。そしてこれ以後、平民《プレブス》からなる、分離した別の集会は、もはやクリアごとではなく、地区《トリブス》ごとに開催された。まったく土地所有に基づくこうした区分の中で、もっぱら土地保有者たちが、所有地の大きさとは無関係に、村落や小集落で一緒に住んでいるときのように投票した。このように、この地区《トリブス》集会は、何はともあれ外面的にはクリアごとに整えられた集会を模範として作られたものだが、まさしく実際には独立した中流身分の集会であった。この集会からは、一方では解放奴隷や庇護民《クリエンテス》の大多数が非土地保有者として締め出されたが、他方、集会の中では、大土地所有者はケントゥリア集会の場合のようには優位な状態になかった。この大衆［平民］の集まり《コンシリウム・プレビス》（concilium plebis［平民集会］）は、平民《プレブス》層のクリアごとの集会がそうであったよりももっとはるかに、決して一般的な市民団の集会ではなかった。それは、クリア集会のようにすべてのパトリキばかりか、土地を保有していない平民《プレブス》層をも締め出していたからである。しかし大衆［平民《プレブス》］は、その議決が、前もって元老院全体で承認されていた場合には、ケントゥリア集会で採択されたものと法律上も同等の効力があるという主張を通すのに充分な力を持っていた。すでに十二表法の公布前に、この最後の取り決めが法的にも確立していたことはたしかである。それがプブリリウスの平民集会議決（plebiscitum）の際に直接導入されたのか、もしくはすでに以前、何か別の忘れられた法規によって息を吹き返していて、プブリリウスの平民集会議決にただ適用されただけなのか、もはやこれ以上は分からない。同じく、この法によって護民官の数が二から四に増やされたのか、それともこのことはすでに以前からそうなっていたのか、それも不確かなままである。

スプリウス・カッシウスの土地法　これら党派的な措置のいずれにも優って賢明に企てられたのが、スプリウス・カッシウスの試みであった。それは富裕者の財政上の全権を打ち破り、それによって悪の真の根源を断つというものであった。彼はパトリキ層に属した。位階序列の点や名声の点でこの人に勝る者は彼の身分の中にはいなかった。二度の凱旋式の後、三度目のコンスル職のときに（前四八六年）、市民共同体に共同体の土地［公有地］を測定させ、それを一部は国庫のために賃貸し、一部は貧民の間で分配するという提案を出した。つまり彼が試みたのは、国有地に対する決定権を元老院から奪い、市民団に支えられて、利己的な占有のシステムに終止符を打つということであった。自分が人間として他の人より傑出しており、措置の公正さと賢明さによって、激情と気の弱さという荒波さえも突き破ってゆくことができるだろうと、おそらく彼は考えたことであろう。しかし、彼は間違っていた。貴族が、一個の人間のようにまとまって立ち上がったのである。豊かな平民《プレブス》たちも、貴族層の側についた。普通の人々も不満を抱いており、それは、スプリウス・カッシウスが、土地の分配にあたって、同盟の権利や公平さが命じたかのように、ラテン人の盟約者たちにもその分け前を与えようと考えていたからであった。カッシウスは一命を失わねばならなかった。彼が王権を簒奪・不当行使したという訴えには、どこか正しいところもある。というのも彼は実際、自分と同じ身分の人に対して普通の自由民を保護するにあたり、王と等しいように努めたからである。彼の法は彼と一緒に墓に葬られたが、その亡霊はそれ以来、絶えず富裕者の脳裏から離れることはなかった。亡霊は、それ［土地問題］に関する戦いの最中に共和政国家が壊滅するまで、幾度も繰り返し墓から出てきて富裕者を悩ませるのである。

十人委員　護民官の力［職権］を次のようにして除去しようという今一つの試みさえもなされた。それは、普通の人々［平民《プレブス》］に、より規則にかなった、またより効果的なやり方で権利の平等を保証するというものであった。護民官のガイウス・テレンティリウス・アルサが前四六二年、五人の委員を任命し、国の普通法［国法、慣習法］の立案を提議した。コンスルが将来にわたって、彼らの裁判官的な権限において、この法に縛られるべきだというのであった。しかし元老院は、この提案の裁可を拒否した。そこでこの提案が施行されるまでに、一〇年の歳月が流れた。最も激しい身分闘争の年月であった。加えて、戦争や内部の騒擾によって幾重にも揺り動かされたときであった。同じような頑迷さで、貴族派は元老院で法の認可を妨げ、共同体は幾度も繰り返し同じ人物を護民官に任じた。別の譲歩をすることでもって、攻撃を除去しようとする試みも見られた。前四五七年には、四名から十名への護民官の増員が承認された。もちろん何が得られたかは疑わしい。翌年、誓約された［平民《プレブス》の］諸特権の中で共同体に受け入れられたイキリウスの平民集会議決によって、これまで神殿の林苑であり人の住まなかったアウェンティヌスが、貧しい市民に、世襲的に所持できる建築用地として分割された。共同体［英訳は平民］は、自分たちに差し出されたものを受け取ったが、国法［英訳は法典］を要求するのをやめなかった。結局、前四五四年に、和解が成立した。元老院は、大体のところ［法律用語としては、「本案に関しては」］譲歩した。法典の起草が取り決められた。それには特別な方法でケントゥリアから一〇人が選ばれることになったが、その人々は同時にコンスルに代わって最高の役職者として働かなければならなかった（decem viri consulari imperio legibus scribundis［法典起草のための、コンスルの大権をもった十人委員］）。そしてこのポストには、パトリキ貴族だけではなく平民《プレブス》も選ばれうる、とされたようである。平民《プレブス》たちはここで初めて官職に——もちろんただ特別職にではあるが——選ばれうるものと見做されたのである。これは、完全なる政治的同権への大きな前進の第一歩であった。護民官職が棚上げされ、上訴《プロウォカティオ》の権利が十人委員制の続く間は一時停止されたとしても、また十人委員が単に、共同体の誓った自由を侵害しないよう義務づけられただけだったとしても、この一歩は決して高すぎる買物ではなかった。しかし以前に、使節がギリシアに、ソロンやその他のギリシアの法律を持ち帰るために派遣されていた。帰還後初めて、前四五一年の十人委員が選ばれた。平民《プレブス》たちを任じることも自由だったが、それでも選ばれたのはパトリキ貴族だけだった。それほどに貴族は当時まだ力があったのである。そして前四五〇年のための今一度の選挙が必要になったときに初めて、数人の平民《プレブス》層の人も選ばれた。まさに共同体ローマが持った初めての非貴族の役職者であった。

これらの措置を関連づけて考えるならば、コンスル職の権限の制限を成文法によって護民官の介入に代わって設定する以外の目的はほとんど認められないであろう。双方［コンスルと護民官、広くパトリキとプレブスととることも可能］の側で、事態が今あるような具合には存続しえないということが納得されたに違いないし、また無政府状態の永続化は、共同体を崩壊させたが、実際には本当のところだれにとっても何も利益になることはなかったのである。真剣な人なら見抜いたに違いないように、行政への護民官の干渉も、告訴者としてのその活動も、まったく有害な作用しかもたらさなかったし、護民官職が普通の人々［平民《プレブス》］にもたらした唯一の実際の利得は、党派的な司法行政に対する保護だけだったであろう。それは、これが一種の原判決を破棄できる裁きの法廷として、政務官の恣意を制限するものだったからである。平民《プレブス》層の人々は、成文法を求めたときに、そうすれば護民官の法的な保護が過剰になるというので、パトリキ層によって反対されたことは間違いない。これには双方の側から譲歩がなされたようである。法典の起草後、どのようになさねばならないかについては、おそらく決して明確には言い渡されていなかったのであろう。しかし平民《プレブス》が、護民官職を最終的に放棄することに関しては疑いえなかったであろう。平民《プレブス》としては十人委員制によって、護民官制が違法なやり方による以外には取り戻せないという状況に立ちいたっていたからである。平民《プレブス》に与えられた約束は、誓われた自由は侵害されてはならないということであり、それは、護民官職に左右されない平民《プレブス》層の権利、つまり上訴《プロウォカティオ》やアウェンティヌスの所有のようなものに関連づけることができよう。その意図は、十人委員は退任の際、民衆に、今はもはや恣意によってではなく書かれた法［成文法］によって判決を下すコンスルたちを再度選ぶように提案すべきである、というところにあったようである。

十二表法　計画があったとすれば、それは賢明なものであった。双方ともに興奮し憤っていた人々の気持ちが、このような平和的な決着を受け入れるかどうかが問題であった。前四五一年の十人委員は、その法を民衆の前に［市民集会に］出した。そこで民衆に認可されて、法は十枚の銅板に刻まれ、市広場《フォルム》の元老院の建物の前、演壇《ロストラ》の傍らに打ちつけられた。しかしさらに補遺が必要に見えたので、あと二枚を追加するために、前四五〇年に再び十人委員が任じられた。このようにして、最初の、また唯一のローマの法典［国法］である十二表法が成立した。それは党派の妥協から生まれたものであり、そのため、現行法の改変、つまり、枝葉末節の単なる実用性を狙った取り決めを越えた根本的な改変を、たしかに含んでいるとは言えなかった。

信用貸しシステムにおいてさえ、一つの――おそらくは低い――利息の上限（一〇パーセント）が定められ、高利貸しは重い罰でもって、つまりその性格上充分に、窃盗犯よりもはるかに重い罰でもって処罰されることになった以外には、緩和策はまったく生まれなかった。厳しい債務の訴訟は、少なくとも特徴的な点においては変わらずに残っていた。身分関係の権利の修正・変更は、当然のことながら意図されることがなおさら少なかった。一方、納税義務のある市民と財産をもたない市民との法的差異、貴族《パトリキ》と庶民《プレブス》との婚姻の無効性は、新たに都市法の中で確認された。同じように、役職者の専横の制限や市民の保護に関しては、明文をもって、後の法が一律に先行する法に優先すべきこと、またいかなる市民団の取り決め［市民集会の議決］も個々の市民に反対した形で公布されるべきではないことが規則として定められた。最も注目に値するのは、ケントゥリア集会には上訴《プロウォカティオ》の提出が保証されたのに、重大［死刑をも含む］案件に関しては、トリブス集会に上訴《プロウォカティオ》の提出が認められなかったことである。このことは、次の事情によって明らかになるであろう。それは、平民《プレブス》およびその長からは刑事裁判権が事実上剝奪され（二五三頁）、護民官職とともに、護民官による生命にかかわる重大裁判も必然的に廃止になったのに、他方ではおそらく、按察官の罰金刑裁判は維持する意図があったということである。

　基本的で政治的な意義は、法令の内容の中にというよりも、このとき正式に確定されたコンスルの義務の中に、また法典を公に展示することの中にあった。前者は、この訴訟形式にしたがって、またこの法規律にしたがって判決を下すということであり、後者は、それによって法の運営が世間の目の統御・監視下に置かれ、コンスルもすべてに同等でしかも真に共通の判決を下すようにさせられたことを意味する。

十人委員制の崩壊　十人委員制の末路は、深い闇に包まれている。報告されているところでは、十人委員に残された役目は、二つの最後の板を公表し、次いで正式の政務官職に席を空けてやることだけだった。ところが、彼らはそれをためらった。法はまだ相変わらず完成していないという口実のもと、彼ら自身が在職年の終了後もその職務をさらに続けた。これはローマの国法によれば、とくに例外的に国制の更改のために任命された政務官職が、そのポストに定められた最終期限によっては法的に縛られないという場合にのみ可能だったことである。貴族政側の穏健な分派――その先頭に立つのはウァレリウス一族とホラティウス一族だったが――は、元老院で十人委員の解任を強要しようとしたという。しかし、十人委員の長たるアッピウス・クラウディウス、つまりもともとは頑迷な貴族主義者だったが、今や扇動家に、そして僭主に変貌していた人物が元老院で優位をかち得た。そこで民衆も従った。二倍の軍隊の召集が、なんの抵抗もなく成し遂げられ、ウォルスキ人に対してもサビニ人に対しても戦争がはじめられた。このとき、かつての護民官［前四五四年］ルキウス・シッキウス・デンタトゥス、すなわちローマで最も勇敢な人物であり一二〇回の戦闘で闘い四五個所の名誉ある傷跡を示すことのできた人物が、陣営の前で死んでいるのが見つかった。人の言うところでは、十人委員の教唆によって謀殺されたのであった［前四四九年］。

　革命は、人々の心の中で発酵状態にあった。革命を勃発させたのは、訴訟におけるアッピウスの不公正な評決だったが、それは百人隊長のルキウス・ウェルギニウスの娘、つまりかつての護民官［前四五六年または前四五五年］ルキウス・イキリウスの花嫁の自由に関するものであり、判決は、彼女は自由ではなく、法の保護を受けない者だとして、少女をその身内から切り離すものであった。そこで父親は、自分の娘をはっきりした恥辱から救い出すために、公の広場で父親自身の刃で彼女の胸を突き刺したのであった。民衆は前代未聞の出来事に驚き、美しい少女の亡骸を取り囲んだが、その間に十人委員は、父親と、次いで花婿を裁く人の椅子の前に連れてくるよう警吏《リクトル》に命じた。その判決には上訴が適用されず、自分の権限に対する彼らの反抗ということで、直ちにそれについて釈明させようとしたのであった。今こそ、我慢もこれまでだった。猛り狂った群衆に守られて、少女の父親と花婿は、暴君の捕吏《リクトル》の手から逃れた。そしてローマで元老院が震え動揺している間に、両名が、恐るべき出来事の証人を数多く連れて、二つの陣営に姿を見せた。前代未聞の話が報告される。だれの目にも、深淵が口を開いているのが見えた。それは、護民官の保護の欠落が、法の安全性に関してそのままにしてきたものであった。父祖の行なってきたことは、息子たちが繰り返すものである。再び軍隊が指揮官たちを置き去りにする。彼らは戦闘隊形を取ってローマの町を抜け、再び聖山へと進軍する。ここで再度自分たちの保護者（tribunus militum［軍団将校］）を自ら指名する。相変わらず十人委員は、その権限を放棄するのを拒んでいる。そのとき、軍勢が指揮官と一緒に町に現われ、アウェンティヌスの丘に陣を布くことになる。とうとうこのとき——内乱がすでに目睫に迫り、市街戦がいつでも起こりうるときになって——、十人委員が、不当に用いられ名誉を汚した自分たちの権限を放棄する。そして両コンスル、ルキウス・ウァレリウスとマルクス・ホラティウスが、仲に立って第二の和解を取りなす。そのことによって、護民官職は再び復活された。十人委員に対する起訴は、最も罪の深い者二人、アッピウス・クラウディウスとスプリウス・オッピウスが牢に入れられて自害し、他の八人は亡命し、国家がその財産を没収するという形で終結した。それ以上の司法上の訴追は、賢明で穏健なる護民官のマルクス・ドゥイリウスが、自分の拒否権を適切なときに使って阻止した。

ウァレリウスとホラティウスの法　ローマの貴族派の人々のペンが書き付けたところによれば、このように話は展開した。しかし、十二表法の引き起こした大いなる危機は、たとえ付帯的な事情を除外しても、このようなロマンティックで手に汗握らせる行動や政治的に不可解な結末で終わってしまったということはありえないであろう。十人委員制は王政の廃止後、護民官職の設定に続いて、平民《プレブス》の三回目の大勝利を意味した。そしてこの制度およびその首領のアッピウス・クラウディウスに対して反対派の敵意が存在したことは、充分に理解できよう。平民層《プレブス》はそれでもって、共同体の最高の役職者になれる被選挙権と普通の法典を獲得したのである。新たな政務官職に対して反抗し、武器の力で純粋にパトリキ的なコンスルによる統治を回復する理由があったのは、彼らではなかった。この目標を追求できたのは、ただ貴族派だけであった。そして、パトリキ的でプレブス的でもある十人委員が、その任期を越えて官職にとどまることを試みたとしたならば、それに対しては、貴族が最前列に立って挑戦に応じたことは確かであろう。その際きっと貴族はこの機会を逃さず、平民《プレブス》の既得権を削減し、とくに彼らから護民官職を奪うことを認めさせようとしたであろう。そのうえ、貴族が十人委員を除去するのに成功したとすれば、委員の転落の後、平民《プレブス》が今こそ再び前四九四年のあの最初の革命と最近の活動の双方の成果を確保するために武器をとって集まったことも、きっと理解できよう。そして、このような争いの中での妥協としてしか、前四四九年のウァレリウスとホラティウスの法は理解されないであろう。

和解は、当然のように、まったく平民層《プレブス》に有利なものになった。そして再び、貴族の力はきびしく制限された。護民官《トリブヌス》制は再び回復され、貴族から奪い取られた都市法［法典］は徹底して堅持され、コンスルたちがそれにしたがって裁くよう義務づけられたことは、当然であろう。たしかに都市法［法典］によって、トリブスは、死刑にかかわる重大案件において不当に行使してきた司法権を奪われたが、護民官がそれを取り戻したのは、そのような場合、彼らがケントゥリア集会と交渉するのを可能にする道が見つかったからである。それに加えて護民官には、罰金刑の判決を無制限に下しその判決をトリブス集会(comitia tributa)に提出する権限の中に、パトリキ層からなる反対者の、市民としての存在を否定するのに充分な手段が残っていた。さらには将来、いかなる政務官も、それゆえ独裁官も、その任命にあたって、上訴《プロウォカティオ》を聞きとどけるよう義務づけられるべきだということが、コンスルの提案に基づき、ケントゥリアによって取り決められた。以上のやり方に逆らって一人でも役職者を任命した人はだれでも、その首をかけて償わねばならなかった。他の点では独裁官は、従来の権限を保持し、とりわけコンスルの権限のようには、護民官も彼の職務行為を没にすることはできなかった。

コンスル職の絶大な力のさらなる制限は、軍事用の国庫の管理が、共同体によって選ばれた二人の財務官《クアエストル》(quaestores)の手に委ねられたことであった。このポストの人はまず初めて前四四七年に任じられた。戦争のための二人の新しい財務官も、都市の金庫を管理する二人の財務官も、その任命は今や共同体に移行した。コンスルは、選挙自体の代わりにただ選挙の指揮を担うだけだった。財務官が選ばれた集会は、パトリキ・プレブス層の全土地保有者の集まりであり、地区《トリブス》ごとに投票した。その中には同じく、ケントゥリア集会以上にこの集会を支配していた平民《プレブス》からなる農民層に対する譲歩が含まれていた。

それ以上にはるかに豊かな成果は、護民官が元老院における審理にあずかることが許されたことであった。たしかに護民官が会議場に入るのを許したことは、元老院の沽券にかかわるように見えた。護民官には、そこから審理についてゆけるように扉のところに椅子が置かれた。護民官の拒否権［広く、介入とすべきか］は、このようにして元老院全体の決議にまで拡がった。元老院が諮問機関から決議機関になって以来のことである。このことはたぶん、平民集会議決（plebiscitum）が全共同体にとって拘束力を持つようになったと言われるときに初めて登場したのであろう（二五四頁）。それ以来護民官に、クリア集会における審理・討議にはっきり関与することが認められたのはもちろんのことであった。さらに、元老院決議を改竄や変造から守るためにも——確かにその有効性に、最も重要な平民集会議決の有効性が結びついていたのである——、将来にわたって、その元老院決議が、サトゥルヌス神殿のパトリキ系の都市財務官のもとにだけではなく、同じくケレス神殿のプレブス系の按察官のもとにも預けられるべきだと法で定められた。このようにして、護民官の力を取り除くためにはじめられたこの戦いは、その権利を再度、そして今や最終的に承認することによって幕を閉じた。その権利とは、個々の行政行為を、圧迫された人々の呼びかけ［控訴］に基づいて破棄でき、また設権的な国家権力のどんな決定も、裁量によって破棄できるものであった。護民官の人格と、同僚制の中断なき持続および定員充足は、最も聖なる誓いによって、また宗教に可能な畏敬の念を起こさせるものすべてによって、そして少なからず最も正式なる法によって、何重にも守られた。それ以来、二度と決してこの政務官制を破棄しようという試みはローマでは行なわれなかった。

第3章　身分の和解と新貴族政

プレブス層の統一　護民官の活動は主として、政治的な不均衡からではなく、社会的な不均衡から生まれたように思われる。そして元老院に受け入れられた富裕な平民《プレブス》層の一部が、パトリキ貴族とまったく同じように、その活動に対立していたという想定にも、しかるべき理由がある。というのも、その活動が主として攻撃の矢を向けていた特権は、彼らの役にも立っていたからである。また他の点で冷遇されていることがあらためて分かったにしても、それは彼らには、官職にあずかりたいという要求を認めさせるのに、まだ決して適切な時機ではないからだと見えたことであろう。そのとき、元老院は全体として、財政上の独占的な力を脅かされていたのである。ここから、なぜ共和政の最初の五〇年間に、身分の政治的平等化をめざす歩みが起こらなかったのかが説明できよう。

しかし、パトリキ層と富裕なプレブス層のこの同盟には、決して永続する保証はなかった。疑いなく、高貴な［指導的な］プレブス系の家の一部ははじめから、運動を展開する党派につながりを持っていた。それは、一つには自分たちと同じ身分の者たちに対する公正感からであり、また一つにはあらゆる冷遇者の当然の同盟のためであり、さらには、結局のところ大衆への譲歩が長い間には避けがたくなっていたこと、また正しく利用されれば譲歩はパトリキ貴族の特権を除去する結果となるだろうし、したがってプレブス系の貴族勢力に国家の中で決定的な重みを与えることになるだろうということを読み取ったからであった。こうした確信は、間違いなく広範囲に浸透してゆき、プレブス系の貴族は、プレブス身分の先頭に立って氏族制貴族に対する戦いを行なうことになったのであるが、そのとき彼らは、護民官職を内乱の合法的な道具に使い、社会的な緊急事態ということを楯に戦闘に打って出て、貴族に平和の諸条件を突きつけ、両党派の仲介役として自分たち自身が官職に就任することを強要したのであった。

党派の地位をめぐるこのような転機は、十人委員制の転覆後に訪れた。今や完全に明らかになったのは、護民官制は除去されえなかったということである。プレブス層の貴族は、この強力な梃子を奪い取り、自分たちの身分の政治的な不遇さを取り除くためにそれを利用するしかなかったのである。

婚姻および官職の共同社会への開放　一体となったプレブスに対して、氏族制貴族がいかに無防備な形で対峙していたかは、排他的な党派の根本命題、すなわち貴族《パトリキ》と庶民《プレブス》との婚姻の無効性が、十人委員制という革命の後、ほとんど四年も経たないうちに、最初の一撃で崩壊してしまったという事実以上にはっきりと示しているものはない。前四四五年にカヌレイウス平民集会の議決によって、貴族《パトリキ》と庶民《プレブス》との婚姻が正当なるローマ的婚姻と見做され、それによって産まれる子供は父親の身分に従うべきと規定された。さらに同時に通ったのが、コンスル職権を持ち*コンスルの任期を持ったコンスルの代理職たる武官《トリブヌス・ミリトゥム》［軍団将校であるが、このポストに関しては「武官」の訳語を当てる］――当時、軍隊が正規軍団《レギオ》に分割される前には、軍団将校の数は六人であり、この政務官の数もそれに従った――がケントゥリア集会で選ばれるべきとされたことである。その第一の理由は、軍事的なものであった。それは、幾度もの戦争が、コンスル職の国制が認めていた以上に、最高の地位にある将軍たちを相当数必要としたからである。ところがこの改変は、身分闘争にとって根本的な重要性を持つものとなった。それどころか軍事的な目的はおそらく、この制度の理由というよりもむしろ口実だったのである。

* 法的には、完全な命令権《インペリウム》はパトリキからなるコンスル格トリブヌス［コンスル職権を持った武官］のもので、単なる軍事上の命令権《インペリウム》はプレブス出のコンスル格トリブヌスのものであったという想定は、答えることのできない様々な疑問――例えば、法的には可能なように、まったくプレブスだけが選ばれたとすれば、一体どういうことが起こったのか――を呼び起こすばかりではない。何よりもローマの国法の根本命題、すなわち命令権《インペリウム》――市民に共同体の名前で命令する権利――が、その性質上分割不可能であり、一般に一個の地域的な限定以外の限定ができないという根本命題に抵触する。都市法の範囲や戦争法の範囲が存在し、後者においては、上訴《プロウォカティオ》やその他の都市法的な取り決めは適用されない。例えば、まったく後者の範囲で機能しうるコンスル代理という役職者がいる。しかし、法的に厳密な意味では、ただ裁判上の大権《インペリウム》だけしかもたない役職者やただ軍事的な大権《インペリウム》しかもたない役職者など存在しないのである。コンスル代理も、自分の権限の範囲では、コンスルのように最高の軍指揮官であるとともに最高の裁判官でもある。そして非市民および兵士の間ばかりでなく、市民の間でも訴訟を指揮する権限が与えられている。

法務官職の設置でもって、より上位の政務官職（magistratus maiores）にとっての資格・権限という概念が成立するときでさえ、権限のこのような区分［概念］は、本来法的なというよりは事実上の有効性を持っていたのである。都市法務官は、たしかにまず第一に最高の裁く人であるが、少なくとも、ある一定の場合には、ケントゥリア集会を招集し、軍隊を指揮することもできる。コンスルには、当然ながら町の中では、まず第一に最高の行政権、最高の命令を下す権限がある。しかも、コンスルはそれでも、家長権免除［解放］や養子縁組にあっても裁判権所有者として機能している。――最高官職の機能上の不分割性は、このようにしてここでも、まだ双方の場合ともたいへん厳しく保持されている。そういうわけで、軍事的な職権も裁判上の職権も――あるいはこの時代のローマ法には無縁のこのような抽象化を一応脇におくなら、職権そのものは——、プレブス系の「コンスル職権を持った武官」にも、パトリキ出の「コンスル職権を持った武官」にも事実上帰属していたに違いない。ところがおそらく、W・A・ベッカー（Becker, Handbuch. Bd. 2, 2, S. 137）が考えているように、後に両身分が共有するコンスル職と並んで、実際は永らくパトリキ層に取っておかれた法務官職が存在したのと同じ理由から、事実上すでに「コンスル職権を持った武官」職のある間に、同僚団のプレブス系の成員が司法権から外されており、そのかぎりでは、コンスルと法務官の間の後の権限の範囲の分割が、「コンスル職権を持った武官」職によって準備されていたということもありえよう。

コンスル職権を持った武官　古い法によれば、軍事義務のある市民もしくは居留民《メトイコイ》は、だれでも将校の地位に就くことができた（八五頁）。この原則にしたがって——すでに十人委員制の時代に最高官職のポストが一時的にプレブス層の人々に開かれていたが——、さらに今、より包括的なやり方で、そのポストが自由な生まれの全市民の手に等しく入るようになったのである。貴族がその際どのような利益を手にすることができたのかということについては、今や最高官職の独占を放棄せねばならなくなったからには、プレブス層にその称号は拒否しつつも、コンスル職［権］をこの特異な形で認めるという具合に譲歩しなければならなかったことから、容易に推測することができよう。*まず、共同体の最高の役職への就任には、さまざまな風に栄誉権——個人的なものもあれば、世襲的なものもある——が結びついていた。例えば凱旋式の栄誉は、共同体の最高の役職への就任を前提として合法的なものと見做されたのであり、この職を自ら務めたことのない単なる一将校には決して与えられなかった。また、高級《クルリス》な［象牙付きの椅子に座る権利を持つ］役職者の子孫だけが、そうした祖先の像を家のホールに据えたり、しかるべき機会に公的に見せることを許されており、一方、このことは、祖先にしかるべき人を持たない場合には許されなかった。**容易に説明できると同時に正当化がむずかしいのは、政治行政を担当する支配者層が、統治権に結びついた栄誉権、とりわけ世襲の栄誉権よりも、はるかに速やかに自分の手から統治権自体が奪われるのを許したことである。そしてそのために、統治権を平民層《プレブス》と分け合わねばならなくなったとき、事実上共同体の最高の役職者を、法的に、クルリスな椅子を占める人と呼ぶのではなく、単なる幕僚将校と呼んだのである。しかも、そうした特別の呼称は純粋に本人個人だけのものであった。しかし、父祖の肖像についての権利や凱旋式の栄誉が拒否されることよりももっと大きな政治的意味を持っていたのは次のことであった。すなわち、元老院に議席を持つプレブス層の、討論からの閉め出しが、指名された［予定の］コンスルもしくは元コンスルとして他の人よりも前に意見の問われる元老院議員の序列に入った人々が生まれることによって、必然的に、プレブス層のうちの彼ら［この序列に入った人々］にはなくなったのである。そのかぎりではたしかに、コンスル職自体にではなくとも、ただ一個のコンスル職権を持った役職に就くのを平民層《プレブス》に認めたことは、貴族にとって大きな意味を持っていた。

＊　貴族が平民《プレブス》たちを宗教的な偏見によって排除することを頑なに守っていたという主張は、ローマの宗教の根本的な性格を誤解しており、教会と国家の現代的な対立を古代に持ち込んでいるものである。非市民に、市民としての宗教上の儀式に関与することを許すのは、もちろん、正統的な信仰心をもつローマ人には罪深いことと思われたに違いないだろう。しかし、最も厳しい正統派的な信条でも次のことは疑わなかった。それは、ただ国家にのみ、しかも絶対的に依存していた市民的な共同社会に入ることが許可されることによって、十全な宗教的同等性ももたらされるということである。そうした良心の咎めはすべて――その率直さ自体に異議は唱えられるべきではないが――、プレブス層に、まとまって、しかるべきときに貴族たることが認められたときに取り除かれていた。それは単に貴族の弁解――貴族が王政の廃止にあたって、そのための正しい瞬間を逸した後、もはやそれを取り戻せなかったこと（二四〇頁以下）についての――がそう言わせているにすぎないであろう。

＊＊　パトリキ貴族の中でこうした「高級《クルリス》な家々」と他の家族との差が、かつて重大な政治的意味を持っていたかどうかは、はっきりとは否定も肯定もできない。この時期に現実にもまだ高級《クルリス》ではないパトリキ貴族の家が、ある程度の数存在したかどうかも、同じくよく分からない。

パトリキ貴族層の抵抗とその手法　しかし、こうした侮辱的な冷遇にもかかわらず、氏族の特権は――それが持っていた政治的な価値に関しては――、新しい制度によって法的に除去された。そしてローマ貴族がその名に値するものであるならば、今は戦いを止めねばならないように思われた。けれども貴族はそうしなかった。たとえ理性的で合法的な抵抗を引き続き行なうことは不可能だったにせよ、それでも費用を少なくして策略や手練手管によって執念深く反抗する余地はまだまだ広く残っていたのである。そしてこの抵抗は、およそまともなものではなく、政治的にも賢明なものではなかったにせよ、ある意味では成功を収めた。たしかにとうとう普通一般の人々は、一体になったローマの貴族体制から無理づくでも容易に引き出せなかった譲歩を獲得した。しかしそれでも、貴族たちは内乱をまだ一世紀ほどは引きのばし、また事実上、貴族の独占的な所有のもとにあった統治権を、これらの法に逆らいながら、さらに数世代のあいだ保持することができたのである。

［パトリキ］貴族の使った手段は、一般に政治的な成熟度が低い場合にとられるような多種多様なものであった。選挙にあたって平民《プレブス》［普通の市民的存在］を入れるか締め出すかという問題を、一度で［今後ずっと通用するものとして］決定する代わりに、毎回、一番近くに行なわれる選挙のためだけに許容せざるをえないことをしぶしぶ認めたのであった。そうしたわけで年々、空しい戦いが、つまりパトリキ系のコンスルが任命されるべきか、それとも両身分から「コンスル職権を持った武官」が選ばれるべきかという戦いが、新たに繰り返された。そして貴族の武器の中でも、疲労と倦怠感によって反対派に打ちかつこの手法が、それなりに効果のあるものだということが明らかになった。

官職の細分化～ケンソル職と財務官職　さらに、これまで分割されなかった最高の権限が細分化されたが、それは、攻撃を受ける地点を増大させることによって、避けがたい敗北を引き伸ばすためであった。原則的には、四年ごとに行なわれた予算および市民と課税のリストの確定は、これまではコンスルによって取り計らわれていたが、それが前四三五年に二人のケンソル（censores［戸口総監、監察官などの訳語が使われることもある］）――貴族の中からケントゥリア集会によって最長一五ヵ月の期間で任じられた者――に委託された。この新しい職は、次第に貴族派の守り神［パッラス女神］になっていった。それは、財政上の影響力のためというよりは、むしろそれに結びついた権利、つまり元老院や騎士層の欠員を埋め、また元老院、騎士層、市民団のリストを確定する際、特定の人をそこから外すことのできる権限のためであった。ただし、ケンソル職には後に高度の重要性と道徳的に絶大な力が結びつけられたが、この時期にはまだそれを持ち合わせていなかった。

それに対して、前四二一年に財務官《クアエストル》職に関する重大な変更がなされたが、それは、貴族派の右のような成功を償ってあまりあるものであった。パトリキとプレブスからなるトリブス集会が、少なくとも二人の戦場の財務官［会計官］は、現実には民事の仕事を取り扱う官職であるよりも将校であるということ――そしてそのかぎりではプレブス層の人に、軍団将校《トリブヌス・ミリトゥム》のみならず財務官のポストにも就く資格があると思われたこと――に基づいて、財務官選挙にはプレブスに属する者も応募することを認めたのである。これによって初めて、正規の官職の一つに関して選挙権に加えて被選挙権も獲得できた。この後、戦場［ローマの町の外のこと］での財務官職に続いて都市での財務官職に、パトリキもプレブスも同じように選びかつ選ばれるようになったことは、当然のことながら、一方には大きな勝利、他方には厳しい敗北と感じられた。

反革命の試み　執拗な抵抗にもかかわらず、貴族はただ損失に次ぐ損失という歩みをとらざるをえなかった。力が落ちれば落ちるほど、腹立ちも増大した。おそらくまだ貴族は、協定に基づいて共同体に確約した権利を真っ向から侵害しようと試みていた。しかし、そうした試みも、計算された党派の策動というよりは無力な復讐心からの行動にすぎなかった。このようにして、たしかにあまり信用できない我々の言い伝えが報告しているように、とくにマエリウスに対する訴訟が起こされた。スプリウス・マエリウスは富裕なプレブスであり、ひどい物価高騰［飢饉］のときに（前四三九年）、パトリキ出の「倉庫担当の長」（praefectus annonae［穀物価格調節長官］）のガイウス・ミヌキウスの面目をつぶし感情を害するほどの価格で穀物を売却した。ミヌキウスはこの人物を、王権獲得を狙っているとして告訴した。いかなる道理があってのことかは、我々としてはもちろん決定を下すことはできない。護民官職に就いたことすらない人物が、真剣に僭主政治のことを考えていたということなどほとんど信じられないが、それでも政府当局は案件をまともに取り上げた。ローマの大衆に対して王の位という叫び声は常に、イギリスの群衆に対する法王という叫び声と同じような働きを示すものだった。ティトゥス・クィンクティウス・カピトリヌスは第六回目のコンスルだったが、八〇歳になっていたルキウス・クインクティウス・キンキナトゥスを上訴《プロウォカティオ》の権に服さない独裁官に任じ、誓約された法律（二六四頁）に対して公然たる反抗に出た。マエリウスは召喚されたが、命令から免れる気配をみせた。そこで、騎兵長官［独裁官副官］ガイウス・セルウィリウス・アハラが自分の手でこの人を打ち殺した。殺害された人の家は取り壊され、彼の倉庫から穀物が民衆に無償で分配され、彼の死の復讐をすると脅迫した人は、ひそかに片づけられた。このような恥ずべき司法殺人［誤判決による死刑執行、無罪者に対する死刑判決］は、陰険なる貴族派《ユンカー》にとってよりも、だまされやすく盲目な民衆にとってはるかに不面目なことであったが、この殺人も罰せられないままに過ぎていった。しかし、もしこのことでもって、上訴《プロウォカティオ》の権利を掘り崩すことを目論んでいたとすれば、法を毀損しても無駄であったし、また無駄に無実の人の血を流すことになっただけであった。

貴族の策謀　他のいかなる手段よりも効果のあるものは、選挙での陰謀と坊主どもの欺瞞であることが、貴族にははっきりした。前者がいかにとんでもないことに違いなかったかを最もよく示しているのは、前四三二年に選挙での策謀に対する特別な法を公布することが必要だと思われたことである——当然なんの助けにもならなかったのだが。買収や脅迫によって有権者に働きかけることができないときには、選挙を主宰する人が他の手を打ち、例えば多くの平民系《プレブス》の候補者に許可を与えて、反対票がばらばらになるようにした。あるいは過半数が選ぶ意図を持っていた人物を、候補者リストから外させたりした。それにもかかわらず厄介な選挙が実施されたとすれば、神官たちは、鳥の飛翔の占いにおいてか、他の宗教的な儀式において、無効の印が表われていないかどうかを諮問された。その場合、そうした印を神官たちが発見できないことなどめったになかった。結果を慮ることなく、祖先の賢明な事例も無視して、鳥の示す前兆、奇跡、また似たような事象について、専門的知識をもった神官団の意見が、法的に役職者を縛るべきだという原則が確立されたのである。こうして、いかなる国家的行為も——神殿の奉献であろうが他の行政活動であろうが、法律だろうが選挙だろうが——宗教的な無効性のゆえに破棄することが、神官団の権限の中に入れられた。この手段を通して何が可能になったかと言えば、平民層《プレブス》の被選挙権が前四二一年に財務官職に関して法律上確定されて、それ以降は法的に承認されたものとして存続していたにもかかわらず、やっと前四〇九年になって初めて、最初の平民《プレブス》が財務官職に達したということである。同様に、「コンスル職権を持った武官」には、前四〇〇年までほとんどもっぱらパトリキ貴族が就任していた。貴族特権が法律上廃棄されたことは、まだ決してプレブス系の貴族を、本当にまた実際に氏族制的な貴族と同等なものにしたのでないことは明らかであった。そこには、さまざまな理由が働いていた。［プレブス系］貴族の粘り強い反抗は、理論的に言っても、年々繰り返される選挙において持続的に抑えつけられるよりも、はるかに容易に、興奮の瞬間において崩壊させられてしまうのであった。しかしその主要な原因は、プレブス系貴族と大群の農民層の領袖同士の内的な不一致にあった。市民集会では中産層の票が決定権を持っていたのに、その層は、自分たちの要求がプレブス系の貴族からも、パトリキ系の貴族からも同じように拒否されている場合には、高貴な非貴族［非パトリキ］をとりたてて指導者に祭り上げる使命を持っているとは思わなかったのである。

農民層の困窮　このような政治闘争の間、社会問題は全体として静まったままであるか、せいぜいほんのわずかなエネルギーで論じられるだけだった。プレブス系の貴族層が護民官職を自分たちの目的のために我がものとして以来、国有地問題についても、信用貸し制度の改革についても真剣に話し合われないままだった。新しく獲得された広大な土地がなかったり、貧困化しつつある農民もしくは貧困化してしまった農民がいなかったわけではないが、右のような状態だった。たしかに個々の土地分配は、とりわけ新たに占領された国境地域においてはうまく行った。前四四二年にはアルデアの領域、前四一八年にはラビキ、前三九三年にはウェイイの領域の分配があった。しかしそれは、農民を助けるためというよりも、軍事的な理由によるものであった。また広さも決して充分なものではなかった。護民官たちがそれぞれ、カッシウスの法を再び採用しようとしたことは間違いない。そういうわけでスプリウス・マエキリウスとスプリウス・メティリウスは前四一七年に、全国有地の分割の提案をした。ところがこれは挫折してしまった。自分の同僚、すなわちプレブス系の貴族の妨害――当時の状況にあっては特有なことだったが――にあったためである。

パトリキの間でも全般的な苦況を救済しようと様々な試みが見られた。ところが、かつてのスプリウス・カッシウスよりも立派な成果を収めることなどできなかった。カッシウスのようなパトリキで、彼のように軍事的な名声とその人自身の勇敢さで傑出していた人物であるマルクス・マンリウス、すなわちガッリア人の攻囲のときにカピトリウムの城塞を救い出した人物が、押さえつけられた人々のために先頭に立って闘う人として登場したと言われている。戦友精神や、競争相手――高名な将軍であって閥族派［保守的な貴族］的立場の党派の指導者マルクス・フリウス・カミッルス――に対する激しい憎悪心も、被抑圧者たちと彼とを結びつけた。勇敢な将校が負債のために牢に連行されようとしたとき、マンリウスがこの人に味方して、自分のお金で彼を身請けした。同時に彼は、自分がまだ寸土の土地でも持っているかぎりは、こうした不当行為が起こってはならないと声高に言明しながら、自分の所有地を売りに出した。これは、パトリキであろうがプレブスであろうが、統治権を握った全党派の人間を、危険な革新派の人々に対して一致団結させるのに充分すぎるほどであった。大逆罪による裁判、王政の復活をもくろんだとの告発は、紋切型になっていた党派的な常套文句のもつ陰険な魔力でもって、盲目的な群衆に影響を及ぼした。彼ら自身がこの人に死刑の判決を下すことになった。彼の名声も、民衆を重罪刑事法廷［流血裁判］の場に集める以外にはなんの役にも立たなかった。裁判の場は、そこからは投票者が城塞の岩を見ることのできない地点にあった。しかしこの岩こそ、いま絞首刑執行者の手に引き渡された（前三八四年のこと）他ならぬその人物の手によって、ぎりぎりの危機から祖国が救済されたことを思い出させる沈黙の警告者だったのである。

　このようにして改革の試みは芽のうちに摘み取られてしまったのに、意見の食い違い・衝突はますますはなはだしくなった。幸運な戦争の結果、国の所有地はますます拡大する一方、農民層の間では債務超過や貧困がますます広まったからである。とりわけそれはウェイイとの困難な戦争（前四〇六―前三九六年）とガッリア人の奇襲で首都が焼き払われたこと（前三九〇年）によるものであった。なるほどウェイイ戦争では、兵士の軍務期間を延長し、これまでのようにせいぜい夏だけという代わりに、冬も引き続いて軍務に服させることがどうしても必要になったとき、またその経済状態の完全な崩壊を予想して、農民層が宣戦に同意するのを拒もうとしたとき、元老院は、一つの重大な譲歩をする決心をした。元老院は、これまで分担金［賦課］の形で地区《トリブス》が負担していた賃金に当てるものを、国庫で、つまり間接税および国有地からの上がりによって引き受けたのである（前四〇六年）。そして国庫が当面、空である場合だけにしか、給料に当てるために普通の分担金《トリブトゥム》(tributum) は課されなくなった。しかもその場合、それは強制的な借款と見做され、共同体から後になって返済されたのである。この制度は公正・適切かつ賢明なものであった。しかし、国庫のために国有地を適正に活用することが、この制度を根本的な形で基礎づけていなかったので、軍務奉仕の負担の増大に、なお巨額の分担金が加わる結果となった。それは、公的には税ではなく立て替え金と見做されたので、ますます資力のない人々を破滅の淵に追いやったのである。

官職貴族《ノビリタス》に対立するプレブス系貴族と農民との結合〜リキニウス・セクスティウス法　こうした状況のもと、プレブス系の貴族層が、貴族《パトリキ》の抵抗と共同体の無関心によって、自分たちで実質的に政治的同権から締め出されていると思い、また困窮している農民層が閉鎖的な貴族体制に相対して無力なままだったとき、当然考えられるのは、両者がお互いに妥協によって助け合うことであった。この目的めざして護民官のガイウス・リキニウスとルキウス・セクスティウスが共同体に次のような法案を提出した。その内容は、一方では「コンスル職権を持った武官」職を廃止して、少なくともコンスルの一人は平民《プレブス》でなければならないことを確定すること、さらに平民《プレブス》に、三つの大きな神官団の一つ——その数が十名に増員されることになっていた神託の保管者（duoviri［二人委員］、後には decemviri sacris faciendis［祭祀執行十人委員］。一六五頁）のポスト——に就く道を開くことである。他方、国有地に関しては、いかなる市民も、共同放牧地に一〇〇頭以上の牛、五〇〇匹以上の羊を放牧させられないこと、また自由に占有できるようになった国有地については五〇〇ユゲラ（四九四プロイセンモルゲン）以上の占有は許されないこと、さらに土地所有者に、自分の農場労働者の中に農業奴隷の数に釣り合った数の自由労働者を使うよう義務づけること、最後には負債者に、資本から支払われた利息を差し引くことで、また残金の返却期限の指定によって、負担の軽減を図ることなどであった。

　こうした規定がいかなる意図を持つかは明らかであろう。規定は貴族《パトリキ》から、高級《クルリス》な官職とそれに結びついた官職貴族《ノビリタス》の持つ世襲的な標識の独占的所持を剝脱するはずだった。それは、独特な具合に、ただ貴族を合法的に第二のコンスルのポストから締め出すことによって達成できると考えられていた。そしてその結果、プレブス系の元老院の成員——この人々は沈黙した陪席者として元老院にいたのだが（二三八頁）——を従属的な位置から解放することが意図されていた。それは、少なくともコンスル職に就任した人たちのうちプレブス系の人が、それによって、パトリキ系のコンスル格の人とともに、他のパトリキの元老院議員より先に自分の意見を表明する権利をかち得る（二三九、二六八頁）からである。彼らはさらに、貴族から精神的尊厳の専有を引き剝がすはずだった。その際、はっきりした理由から、鳥占官や神祇官《ポンティフェクス》という古ラテン的な神官職を旧市民に残しておいたが、第三の神官団、つまりより新しい、元来は異国の祭祀に属する大きな神官団のポストを新市民に分けるよう旧市民に強要した。最後に彼らは、貧民には、市民の共同利用にともにあずかることを、苦しんでいる負債者には、その重荷の軽減を、仕事にあぶれた日雇いには、仕事を供給するはずだった。特権の排除、市民的な平等、社会的な改革——これが三つの大きな理念であるが、その働きによって理念の真価は認められるべきであろう。パトリキ貴族は、この法案の提出に反対して最後の手段に訴えたが、空しかった。独裁官職、また年とった軍事的英雄たるカミッルスでさえ、それが実現するのを引き延ばすことができたにすぎず、それを阻止することはできなかった。ひょっとすると民衆も喜んで諸提案を分離させてしまったかもしれない。負債の重荷が軽減され、公有地が自由になりさえすれば、民衆には、コンスル職や神託保管役など、どんな重要性があるというのか！　しかし、平民《プレブス》系の官職貴族《ノビリタス》が、いわれもなく親民衆的な主張を採用したわけではない。彼らは諸提案をただ一つの法案の中に結集した。そして長い、いわゆる一一年の戦いの後、とうとう元老院が承諾を与え、諸提案は前三六七年に通ったのである。

パトリキの政治的排除　最初の非パトリキのコンスルの選出でもって——選ばれたのは、この改革の発起人の一人、かつての護民官ルキウス・セクスティウス・ラテラヌスだった——、氏族制貴族は、事実上もまた法的にも、ローマの政治制度の中に数えられることをやめた。最終的にこの法律が通過した後、氏族のこれまでの先導者マルクス・フリウス・カミッルスがカピトリウムの麓の、市民団の古い集会場所コミティウムの上の高くなった平地——そこには元老院もしばしば集まるのがならいだった——に和合《コンコルディア》の神殿を創建したとき、彼が、ここに完成された事業の中に、ただあまりにも長く続きすぎた争いの終結を認めたのだと、だれもが喜んで心から信ずることができた。共同体の新しい和合についての宗教的奉献の仕事は、老戦士、老大政治家の最後の公的活動であり、彼の長い栄光に満ちた生涯の堂々たる締め括りであった。彼はまったく誤っていたというわけではなかった。氏族の中で他より見識ある人たちは、それ以来明らかに自分たちの政治的特権が失われたと見做し、プレブス系の貴族と統治権を分かち合うことで満足した。しかし、パトリキ層の大多数の中には、矯正できない貴族精神《ユンカー》が否定しがたく存在した。いかなる時代においても、先頭に立って正統性を主張する者は、ただ自分の党派的な利害に一致する場合にだけ、法律に従うために特権を使ってきたのだが、その特権の力によって、もっと様々な場合にローマ貴族は、提案された規定を公然と侵害して、二人のパトリキ系のコンスルを任命することさえあえて行なったのである。しかし、前三四三年のそのような選挙に対するお返しとして、翌年、共同体が正式に二つのコンスルのポストを非パトリキ層の人が占めることを許可するよう取り決めたときには、だれもがその中に潜んでいる脅迫を理解した。そこで、二度とふたたび第二のコンスルのポスト——取り戻したいと望んでいたことは間違いないのだが——に触れようとはしなくなった。

法務官職と高級《クルリス》按察官職　同様に貴族は、次のような試みによっても我とわが身を傷つけたにすぎなかった。それは、リキニウス法の通過にあたり、政治的な刈り込みと削り込み［傾けたり、揺すぶったりという、転覆と偽造通貨を流通させる意。一七／一八世紀に通用した表現］の方法によって、少なくとも古い特権のいくつかの残骸を自分たちのために救い出そうとして行なった試みである。法についてよく知っているのは貴族だけだという口実のもと、コンスル職が平民層《プレブス》にも開かれなければならなくなったときに、コンスル職から司法行政を切り離し、司法のためには特別な第三のコンスル、もしくは通常の呼び方では法務官《プラエトル》を任命したのである。

同様にして、市場の監視とそれに結びついた軽犯罪即決裁判所［司法的な役割の警察権］および町の祭りの開催も、新しく任じられた二人の按察官が、恒常的な司法権の点でプレブスからなる按察官とは区別されて、「高級《クルリス》按察官」（aediles curules［象牙付きの椅子に座る権利を持つ按察官］）と呼ばれた。

役職者および神官職の完全なる共同社会　ところが高級《クルリス》按察官職は、貴族的《パトリキ》な高級按察官と平民的《プレブス》な高級按察官が年々交代するというやり方で、すぐさま平民層《プレブス》の手にも入るようになった。前三五六年にはさらに独裁官職が、すでにリキニウス法の前の年（前三六八年）に騎兵長官職がそうだったように、また前三五一年にはケンソル職が、前三三七年には法務官職が平民《プレブス》層の手に委譲され、同じ頃（前三三九年）、貴族《パトリキ》が、以前コンスル職に関して見られたように、ケンソルのポストの一つから法的に締め出された。なんら変わらなかったのは、たぶん今一度パトリキ系の鳥占官が、プレブス系の独裁官の選挙にあたり（前三二七年）、祓い清められていない目では見えない秘密の欠陥を見つけたことと、パトリキ系のケンソルが、その同僚にこの時期の終わり（前二八〇年）までは、人口・財産査定《ケンスス》を終えるための厳粛な犠牲を奉呈するのを許さなかったことであろう。しかし、そのようないやがらせは、ただ貴族《ユンカー》精神の機嫌の悪さを確認するのに役に立つだけであった。同様に、元老院のパトリキ系のリーダーが、平民《プレブス》たちが元老院での討議に参加することに関して、忘れずに申し立てた苦情のごときものもあまり現状を変えないままだった。むしろ定則になったのは、もはやパトリキ系の成員ではなく、三つの通常の最高官職、つまりコンスル職、法務官職、高級按察官《クルリス》職の一つに達した人は、その順序で身分の差なく自分たちの意見を述べるよう求められるべきであり、他方、これらの官職のいずれにも就いたことのない元老院議員は、今でもまだ単に採決にあずかるだけの存在にすぎないということであった。最後に、共同体の議決を国制に反する場合には却下するという、パトリキ的な性格の元老院の権利――いずれにせよもちろん元老院自体がそれをあえて行使したことは滅多になかったに違いない――が前三三九年のプブリリウス法によって、そしてまた第五世紀半ば［西暦前四世紀末―前三世紀初め頃］以前にはまだ通っていなかったマエニウス法によって、元老院から取り上げられた。それは、もし何か制度上の疑念があるならそれを、あらかじめ候補者のリスト作成もしくは法案提出のときに主張するようにさせられることによってであった。これによって、実際には元老院はつねに前もって賛意を表明することになってしまったのである。このような具合に、純粋に形式的な権利として、市民集会の議決の批准は、共和政の最後の時代まで貴族の手に残っていたのである。

当然考えられることだが、氏族は宗教上の特権をより長く確保していた。実際、政治的重要性のないいくつかの特権――とりわけ三つの最高の祭司《フラメン》（flamines）職および聖王（rex sacrorum［祭儀の王］）のポストや、サリイ仲間などに独占的に選ばれる資格のあること――については、だれも決して邪魔しなかった。それに対して、神祇官《ポンティフェクス》と鳥占官の二つの同僚団には法廷や市民集会への重要な影響力が結びつき、パトリキ貴族が独占的に所有したままであるにはあまりに大事なものでありすぎた。そうしたわけで、前三〇〇年のオグルニウス法がプレブス層にもこのポストに就ける門を開き、神祇官《ポンティフェクス》および鳥占官の数をそれぞれ六から九に増やして、両同僚団の中ではそのポストをパトリキとプレブスの間に等しく分けたのであった。

法（市民集会議決）と平民集会議決の同等性　二〇〇年にわたる争いに最終的な決着をつけたのは、独裁官クィントゥス・ホルテンシウス（前二八九―前二八六年）の法だったが、それは危険な民衆蜂起を機に実現したものであった。この法は、全共同体の議決と平民の議決について、以前の条件付き平等の代わりに、無条件の平等を言い渡すものであった。このようにして状況が大きく変わり、かつてはひとり投票権を持っていた市民団の一部分が、これ以降、全市民団を拘束する票決という通常の形のもとでは、もはや決して特別に［ともに］問われなくなったのである。

後期貴族《ユンカー》体制　ローマの氏族と庶民《プレブス》の間の闘争は、これでもって基本的には終わりを告げた。包括的な特権によって貴族《パトリキ》がまだコンスルのポストの一つとケンソルのポストの一つを事実上持っていたにしても、それに引き替え、護民官職、プレブスの按察官職、第二のコンスルのポストと第二のケンソルのポストからは、また法的には市民団の票決［市民集会］と同等であるプレブスの票決［平民集会］からは、法律上も締め出されていたのである。その倒錯した頑迷な抵抗に対する正当な報復の中で、かつてのパトリキの特権はパトリキ貴族にとって、同じくらい多くの不利や冷遇へと変化した。しかし、氏族からなるローマ貴族は当然、貴族なるものが空しい名前だけのものになってしまったからといって、決して消滅したわけではなかった。貴族の持つ意義や力が乏しくなればなるほど、ずっと純粋に、またずっと排他独占的に、貴族的《ユンカー》な精神は発展した。「ラムネス」の尊大さは、彼らの身分的な特権の最後の砦として何世紀にもわたって生き続けた。毅然として「コンスル職を平民《プレブス》たちの百姓家《ごみだめ》から救い出す」ことに取り組んだ後、そして最後には不承不承、こうした営みが不可能であることを認めざるをえなくなった後、少なくとも、険しい仏頂面によって貴族としての性格・精神・生きざまが誇示されたのである。

第五世紀および第六世紀［西暦前四世紀―前三世紀前後］のローマの歴史を正しく理解するためには、この不機嫌な顔をした貴族《ユンカー》精神を忘れてはなるまい。なるほどそれは、自己や他者に腹を立てる以上には何もできなかった。しかしそうであっても、力の及ぶかぎりのことを行なったのである。オグルニウス法の数年後（前二九六年）、こうした類いのことに関するいかにも独特な出来事が起こった。共同体の最高の顕職に就くまでになった高貴なプレブスと結婚したパトリキの家の出の夫人が、この身分の釣り合わない結婚のために、貴族の御婦人仲間から締め出され、共同で行なう貞淑の女神《プディキティア》（Pudicitia）の祭りに入ることを許されないということがあった。この締め出しの結果生じたのは、それ以来ローマでは、特別にパトリキだけの貞淑の女神と特別に平民《プレブス》だけの貞淑の女神が尊崇されたということである。疑いなく、こうした類いの単なる気紛れ［行動に表われるまでにはいたらない意志もしくは願望の意］が重大な問題だというわけではなかったし、氏族の中でも優れた人たちは、惨めでいらだたしいこのような政治・政策からは超然とした姿勢をとっていた。しかし、このことが、いずれの側にも不快な気持ちを残すことになった。氏族に対する共同体の戦いが、それ自身、政治的必然性を、また道義的な必然性さえ持っていたのに対して、長く続く戦いの余震は――雌雄を決した決戦の後の、後衛部隊による目的のない戦闘も、また位階や身分に関しての空しい喧嘩沙汰も――必要もないのに共同体ローマの公私の生活を妨げ、かき乱したのである。

社会的な危機と救済の試み　しかしそれにもかかわらず、前三六七年に、プレブスの二つに分かれた部分によって結ばれた妥協の一つの目的であるパトリキ貴族の除去は、基本的には完全に成し遂げられた。そこで次に問われるのは、このことがどれだけ、妥協の意図する積極的な二つの目的についても言われるものなのか、つまり事態を新しく整えたことが、事実、社会的な困窮を統御し、政治的な平等を樹立したのかということであろう。二つは相互に密接に関連していた。というのも、もし中産層が経済的な窮迫によって消耗してしまい、市民団が少数の富裕者と窮乏したプロレタリアートへと解体してしまったならば、市民の平等はそれによって否定されると同時に、共和政国家ローマも事実上崩壊したことになる。したがって中産層、とりわけ農民層の保持と増大は、愛国心に燃えるローマのいかなる大政治家にとっても、単に重要であるというにとどまらず、すべての中で最重要な課題であった。しかも、新たに統治の職に任じられた平民層《プレブス》には、それに加えてさらに政治的・道義的義務があった。それは、彼らがその権利をかち得たのは大部分、目下苦況にあり彼らの助力を期待しているプロレタリアートのおかげだったからであり、それゆえともかくその道をとって救済が可能なかぎり政府の措置により彼らを救済しなければならなかったのである。

リキニウス土地法　前三六七年の立法の中で以上のことに関連する部分に、一体どれだけ真剣な救済策が含まれていたのか、その点をまず考察してみよう。自由な日雇い労働者のための取り決めが、その目的――奴隷による大規模農業経営を抑制して、自由なプロレタリアートに少なくとも仕事の一部を確保してやること――を達成できなかったことは明瞭である。この点については、その時代の市民秩序の基礎を、直接関わる範囲をはるかに越えて揺り動かすことがなければ、立法といっても何の助けにもなりえなかった。それに対して、国有地問題に関しては、変転を引き起こすことは立法者にも可能だったようである。しかし、なされたことは、明らかに不充分なものだった。新しい国有地の秩序では、共同放牧地にきわめて多数の畜群を放牧させることと、牧草地に整えられていない国有地の占有が、高く評価されて最高限度まで認められたので、それは富裕者に、国有地からの上がりに関して、おそらく極度に優先的な著しい分け前をもたらした。そしてそれは、後の規定によって、国有地所持――たとえそれが法的には十分の一の支払い義務があり、勝手に回収される可能性があるままであったにせよ――や占有制度自体にも、いくぶんか法律上の認可を与えたのである。もっと疑わしかったのは、新しい立法が、放牧代金［放牧税］や上がりの十分の一の徴収のために、明らかに不充分な現存の措置［規定］を、より効果的な強制措置におきかえるものではなく、また国有地占有の徹底した検査を指示するものでもなく、新法の施行を委任された役所を設置するものでもなかったということである。

今存在している占有された国有地を、一部は適正な最高限度までその保持者の間で分割し、一部は土地を持たない平民層《プレブス》の間で分割すること、その場合、両者とも完全所有の形にすること、また将来にわたって占有制度を廃止すること、将来新たに獲得される領土を即時分割する権限のある役所・機構を設置すること――これらのことが、状況からして明らかに必要とされていたわけであり、右のような徹底した措置がとられないままだったとしても、たしかにこの点が認識されていなかったということではなかった。この新しい規定を提案したのが、まさしく国有地の利用に関しては事実上特権階級の一部であるプレブス系の貴族層であったこと、また他ならぬその規定の発議人の一人ガイウス・リキニウス・ストロが、土地の広さの最高限度を越えたために初めて有罪判決を受けた人物の一人であったことを想起せざるをえないであろう。そして、立法者がまったく公正に振る舞ったのかどうか、むしろ、このひどい国有地問題について、真に一般の人々の役に立つ解決策を意図的に避けたのではないのかどうか、という問いを発せざるをえないであろう。しかしこう言ったからといって、リキニウス法の取り決めが、今見られるように小農民や日雇いに実質的に役立ちうるものであり、また役に立ったことを否定するものではない。さらに認められるべきは、法の公布後、次の時代には、政府当局が、法の言う最高限度を少なくとも比較的厳しく見張っていて、家畜の大所有者や国有地占有者にしばしば重い罰金を申し渡したこともあったということである。

課税関係法と信用貸し法　税制や信用貸し制度においても、この時期には、これ以前もしくはこれ以後のいかなる時代より多大のエネルギーを投入して、法的措置の及ぶかぎり、国民経済の傷を癒すことを目指して努力が傾注された。解放される奴隷の価格の百分の五の税は、前三五七年に制定されたものだが、あまり望ましくない解放奴隷の増大にブレーキをかけるものだったことは別として、それはローマの税として実際に富裕者にかけられた初めてのものであった。

同様に、信用貸し制度を矯正することが試みられた。すでに十二表法において設けられた暴利取締り法（二六一頁）が更新され、次第に厳しくされた。最高利息がだんだんと引き下げられ、一二ヵ月の年で百分の一〇（前三五七年に厳命された）から百分の五（前三四七年）になり、とうとう（前三四二年）利息をとることがまったく禁止された。この後の方のばかげた法は、形式の上では効力が残っていたが、もちろん実際に行なわれたわけではなかった。月に百分の一、もしくは平年で百分の一二という、その後の通常の利率は——古代の貨幣の価値からすれば、ほぼ当時は、今日のそれでは百分の五もしくは六の利率に当たるものだったであろう——、きっとすでにこの時代に、適切な利息の最高率として確定されていたことであろう。高利に与する提訴は禁止されていたに違いないが、おそらく裁判による返還請求は許されていたことであろう。それに加えて、名うての高利貸しが民衆法廷に引き出されることもしばしばあったし、その場合、トリブス［集会］によってすでに重い罰金が申し渡されていたのである。もっと重要なのは、債務関係の裁判がポエテリウス法によって変わったことであろう（前三二六年もしくは前三一三年）。この法により、一方では、誓いを立てて自分の支払い能力を立証した負債者はだれであろうとも、自分の財産の譲り渡しによって人格的な自由が救われ、今一方では、これまでの簡単な行政上の手続きが消費賃借債務に関して廃棄され、いかなるローマ市民といえども、陪審員［審判人］の判決による以外は、奴隷身分層［債務奴隷］に落とされないということが確定された。

引き続く非常事態　こうした手立てはいずれも、現在の経済的な不均衡をたしかにそこかしこで緩和するものではあるが、決して除去できなかったことは火を見るより明らかであろう。ずっと緊急事態が続いていたことを示すのは、前三五二年の信用貸し関係の調整と国庫からの立て替え金［前貸し金］給付のための銀行関係委員（quinqueviri mensarii［銀行五人委員］）の設置であろう。前三四七年には、法に定められた期日払い［賦払い］の指定、そして何よりも前二八七年頃に、危険な民衆の蜂起があった。この蜂起では、負債の支払いに関する新しい緩和策が実現されなかったことを受けて、民衆が町を出てヤニクルムへと行進してゆき、共同体に平和を回復してくれるものは、ただ外なる敵の好機をねらった攻撃か、またはホルテンシウス法の中に含まれていた譲歩（二七六頁）しかないという状態となった。

しかし、中産層の貧困化を抑制する真剣な試みに、不充分だとして異議を唱えることは、きわめて不公平であろう。ただ部分的にしか助けにならないために、深刻な病気には部分的かつ一時的な薬の処方では役に立たないというのは、なるほど下劣な行為の無知・単純さについて説く福音書の聖句のようなものであり、説教は成功しなくもないが、それでもなおばかげたものである。むしろ、反対に次のように問うことができよう。それは、悪しき扇動政治ならばこのように早く問題をとりおさえることさえなかったのではないか、そして、実際にこのように暴力的で危険な手段、例えば資本から支払われた利息を軽減することを必要としたのだろうか、ということである。我々の記録は、ここで正否を判断するのには充分ではない。しかし我々として充分明らかに認めることができるのは、土地保有中産層が相変わらず差し迫った容易ならぬ経済状態にあったということ、また彼らを禁止的な諸法や支払い猶予によって助けるべく上からも多種多様な努力がなされたが、もちろん無駄だったということである。しかしまた、貴族政的な統治者層が引き続き自分たちの成員に対してあまりにも弱腰で、また利己主義的な身分的な利害にあまりにも強くとらわれていて、政府が自由に使える唯一効果的な手段――国家の土地の占有制度を遠慮会釈なく完全に廃止すること――によって中産層を救済することができず、そのため何ものよりも、政府が被統治者の圧迫された情況を自分の都合のよくなるよう食い物にしているとの非難を免れることができなかった、ということも明らかに認められよう。

ローマの支配拡大が農民層の改善・上昇に与えた影響　政府が与えようと望んだり、あるいはそうできた救済策よりも、もっと効果的な助力を中産階級にもたらしたのは、共同体ローマにおける政治的成功や次第に固まりつつあったローマ人のイタリア支配であった。大きな植民市が多くローマの安全確保のために建設されなければならず、そうした植民市――その主要部分は、第五世紀［西暦前四世紀中頃－前三世紀中頃］に人が送り出されたものであるが――は、農業プロレタリアートに自分の農地を供給したり、あるいは流出によって後に残った者にも故国での重荷を軽くしてやったのである。間接的で特別な収入の増大、一般にはローマの財政の繁栄状況が、強制された借款という形で農民層から分担金を取り立てる必要がほとんどない、という風にしたのである。かつての小所領はおそらく救いようがなかったにしても、ローマの裕福さの平均水準が上昇しつつあったため、これまでの大土地所有者を一個の農民へと変え、それによって中産層に新しい成員を供給したに違いなかった。上流層の人々の目は、新たに獲得された際立って広い地域を占有すべく向けられた。戦争や交易によってローマに大量に流れ込んできた富は、利率を下げさせたに違いない。首都の人口は上昇し、それは全ラティウムの農民に利益をもたらした。賢明なる合併のシステムは、以前は隷属していた隣接共同体の多くを共同体ローマと一つにし、そのことによってとりわけ中産層を強化した。結局、すばらしい勝利と力強い成功が、党派《ファクティオ》を沈黙させた。農民層の苦況が決して取り除かれたわけではなく、まだその禍根が絶ち切られたわけではなかったとしても、それでもこの時期の終わりには、全体として見てローマの中産層は、王の追放後の最初の世紀に比べるとはるかに窮乏の度合いが低い位置にあったことは、疑いをいれないであろう。

市民の平等、前三六七年の法　結局は、前三六七年の改革およびその後の首尾一貫した発展によって、市民の平等は、ある意味ではたしかに達成された、いやむしろ回復されたのである。かつてパトリキ層が事実上市民団を形成していたとき、彼らがお互いに権利義務の点で無条件に同等であったように、今や再び、拡大された市民団の中では、法律に対して勝手気ままな差異などまったく存在しなくなった。もちろん、年齢、見解、教養、そして財産の点での差が市民社会においてはどうしても生み出す格差は、当然のことながら共同体の生活をも支配した。とはいえ、市民層の精神や政府の政策は一様に、この差異をできるだけ際立たせないようにするために働いたのである。ローマの制度全体は右のことを越えて、平均的に見て市民を有能な人間へと仕立てあげたが、それは天才的な資質を突出させるものではなかった。

ローマ人の教養・文化の状態は、共同体の力の上での発展とまったく歩調を合わせるものではなかった。本能的に、上の方から促進されるというよりは抑圧されたのである。富裕者も貧困者も存在したが、それは阻止できないことだった。しかし、真の農民共同体にあっては、農民は日雇いであっても自ら鋤鍬をとり、富裕者も一様に勤倹な生活をして、何よりも死んだ資本を手元に置いておかないことが経済原則上よいと見做された――塩入れや犠牲の小鉢以外には、この時代の、いかなるローマ人の家でも銀の器具を目にすることはなかった。これは些細なこととは言えなかった。共同体ローマが、先のウェイイとの戦争からピュッロス戦争までの世紀に、外に向かって戦い取った強力な成果に関して、だれもが感じ取ったのは次の点であった。それは貴族《ユンカー》体制が農民層に場所を与えたこと、またプレブス系のデキウス家の没落がプレブス層およびパトリキ層から嘆き悲しまれたのに比べて、たいそう高貴な貴族ファビウス一族の没落が全共同体から嘆き悲しまれることが多くも少なくもなかったこと、また最も富裕な貴族《ユンカー》にとっても、コンスル職が自分の方から手に入ってくることはなく、さらにサビニ出身の貧しい一農民マニウス・クリウスがピュッロス王を野戦で撃破し、イタリアからこれを追い払うことができたとしても、その際、ささやかなサビニの農場所有者であってパン用の穀物を自分で栽培することをやめなかったことなどである。

新たな貴族政　しかし、このような深い感銘を与える共和政的な平等について見逃してはならないのは、こうしたことが大部分、形式的なことにすぎず、きわめてはっきりした刻印を打たれた貴族政が、こうしたところから生まれた、あるいはむしろ最初からその中に包摂されていたということである。すでにずっと以前から、富裕でしかも名高い非パトリキ系の家門の人たちは、大衆《プレブス》からは分かれていて元老院の権利をともに享受するという点や、大衆《プレブス》の権利から区別され非常にしばしばそれを邪魔する政策の遂行という点では、パトリキ層と同盟していた。リキニウス法は、貴族内部での法律上の差異を止揚するとともに、普通の人々を統治機構から締め出す遮断機を、もはや修正できない法的障害から、乗り越えられないとは言えないがそれでも乗り越えるのがむずかしい事実上の障害物へと変えてしまったのである。二つの道を通って新鮮な血がローマの支配者層の中に入ってきたが、しかし統治機構はそれ自体相変わらず貴族政的であった。この点でも共同体ローマは真性の農民共同体であり続け、その中では豊かな完全土地保有農《フーフェ》が、たしかに外面的には、貧乏な住み込み作男からあまり区別されることなく、この人と対等に同じように交じり合っていたが、しかしそれにもかかわらず、貴族が絶大な力を握って政治を司っていたので、資産なき者でも［その結びつきで］、自分の村で村長《むらおさ》になるよりもはるかに容易に都市で市長になれるほどであった。新しい立法によって、最貧困の市民でも共同体の最高の役職に就任しうるということは、重要なことだし、幸せなことだった。それにもかかわらず、実際に住民中の下層民の中から一人の人間がこうしたポストにまで達することは滅多にない一個の例外であったばかりか、* 少なくともこの時期の終わり頃にはすでに、おそらくただ反対派による選出によってのみ可能だったのである。

* この時期のコンスル格の人物が貧しかったことは、後の時代の道徳的な逸話集の中で大きな役割を果たすことになるが、おおかた、一部は古いつましいやり繰り、つまり相当な裕福さとも非常によく合致する生き方についての誤解に、一部は古い麗しい慣習、つまりしかるべき人物を小銭の醵金で埋葬するという慣習に基づくのである［史料にはアスの六分の一ずつ（一文銭）を集めての葬儀、とある。Menenius Agrippa］。それはまったく、貧しい人の埋葬というようなものではない。あのように多くの陳腐なことをローマの歴史の中に持

ち込んだ語源学的な間に合わせによる別名［添え名、家名］の解釈も、これに貢献したと言えよう（Serranus［アティリウス氏（gens Atilia）の家名。前二五七年のコンスル C. Atilius Regulus が、農場からコンスル職に呼ばれたことに由来すると言われる］）。

新たな反抗　いかなる貴族政的統治機構も、それに対応する反対派をおのずと生み出すものである。身分についての形式的な平等も貴族政をただ修正・緩和しただけにすぎず、新しい支配身分［階層］が古いパトリキ貴族体制を相続したばかりでなく、その体制の上に接木がなされ、それとぴったり癒着したので、反対運動の方も存続したし、すべての点にわたって同じことを行なったのである。冷遇が今やもう［プレブス系の］市民というよりは普通一般の人々に妥当するので、新たな反対運動は最初から卑賤な層の人々、とりわけ小農民を代表するものとして登場した。そして新しい貴族制がパトリキ体制と結びついたように、この新しい反対運動の最初の動きは、パトリキ層の特権に対する最後の闘争と織りなされていった。ローマにおける一連の新しい民衆指導者の中で第一に名前のあがるのは、マニウス・クリウス（前二九〇・前二七五・前二七四年のコンスル、前二七二年のケンソル）とガイウス・ファブリキウス（前二八二・前二七八・前二七三年のコンスル、前二七五年のケンソル）であった。両者ともに、しかるべき祖先を持たず、裕福とも言えない人物であり、彼らは——共同体の最高官職の再選を制限する貴族政的な原則に反して——それぞれが三たび市民団の票を得て共同体の頂点の地位についたのであり、両者は護民官、コンスル、ケンソルとして、パトリキ層の特権の敵対者、上流層の家々に芽生えつつある傲慢さに対する小農民層の代弁者となった。将来の諸党派はすでにあらかじめマークされていたが、しかしまだ双方いずれの側でも党派の利害は公共の福祉の前で沈黙を護っていた。パトリキ貴族のアッピウス・クラウディウスと農民のマニウス・クリウス——この人たちはそれに加えて個人的にも鞏固に敵対していたのだが——は、賢明なる助言によって、またその強烈な行動によって、王ピュッロスを一緒に打ち破ったのである。またガイウス・ファブリキウスはケンソルとして、プブリウス・コルネリウス・ルフィヌスを、貴族主義的な考えを持ち貴族的な生き方をしているとして処罰した［前二七五年］のだが、このことはファブリキウスをして、そのよく知られた将軍としての有能さのために、ルフィヌスを助けてこの人が第二次のコンスル職につくのを妨げるものではなかった。割れ目はたしかにすでに存在したのに、政敵同士がまだ割れ目をこえて手を差し伸べていたのである。

新たな統治機構　旧市民と新市民との戦いの終結や、中産層を救済するための多種多様で比較的成功した試み、また新しい貴族主義的な党派と新しい民主主義的な党派の形成の始まり——それは新たに獲得された市民的な平等の中ですでに現われていたものだが——については、以上で述べてきた。しかし、このような変化の間に、どのような新しい統治機構が形成されたのか、また、貴族的なるもの［貴族精神］の政治的領域からの除去後、共和政国家［公共体］の三要素、すなわち市民団、政務官職、元老院が、どのようにお互い対立した位置にあったかを描き出すという仕事が、まだ残っている。

市民団〜その組み立て　市民団の正式の集まりは、相変わらず公共体［共和政国家］の中では最高の権威であり、法的に至上なものであり続けた。ただし法律上は、――ひとたびケントゥリア集会に委譲された決定権、とりわけコンスルおよびケンソルの選挙は別として――トリブスごとの投票が、ケントゥリアごとの投票と同程度に有効であるべきだと定められていたにすぎない。これは、パトリキとプレブスの集会のために前四四九年のウァレリウスとホラティウスの法が導入し（二六三頁）、前三三九年のプブリリウス法が拡大したものだが、プレブスだけが別に分かれて行なう集会については前二八七年頃のホルテンシウス法が制定した（二七六頁）のである。

全般的には同一人物が両集会［両市民集会］で投票権を有したことは、すでに強調したところであるが、パトリキがプレブスの特別集会から排除されたことは別として、一般のトリブス集会においては投票権者はすべて例外なく同等であったのに対して、ケントゥリア集会では投票権の実効性は投票者の財産に応じて段階があったこと、したがって、たしかに前者が、投票者を水平化する民主的な革新だったことも、すでに述べたところである。はるかに大きな意味を持っていたのは、この時期の終わり頃に投票権の太古からの条件である土地保有が、初めて問題にされはじめたことであろう。アッピウス・クラウディウス、つまりローマの歴史の中で名の知られている人物としては最も大胆な革新家が、前三一二年、ケンソル職にあったときに、元老院もしくは民衆［市民集会］に諮ることなく市民リストを設け［調整して］、土地を保有しない人を、各人の好きな任意のトリブスに、次いで財産に応じて適当なケントゥリアに入れたのである。しかし、この変更は、完全な形で永続するには、あまりにも時代の精神より先回りしすぎていた。

アッピウスのすぐ次の後継者の一人でサムニウム人に対する高名な勝利者であるクィントゥス・ファビウス・ルッリアヌスが、前三〇四年にケンソル職にあったとき、この変革をまったく取り除くのではないが、それでも次のような限界内に取り込むことを企てた。すなわち、土地および財産を持っている者に、市民集会における支配権を事実上残すべきだというものである。土地を持たない者はことごとく、四つの都市トリブスに入るよう指示された。このトリブスはこのとき、序列から言えば第一ではなく、最後に位置するようになっていたのである。それに対して田園のトリブスは、前三八七年から前二四一年の間に、その数が次第に上昇して一七から三一になっており、そういうわけで最初から圧倒的に優勢だった上にいっそう重みを増していて、投票区分の点では過半数を形成していたのであるが、それが土地保有市民の全体に、法によって当てがわれたのである。他方、ケントゥリアでは、土地を保有している市民も保有していない市民も、アッピウスが同等性を導入したような形で同等な存在であり続けた。このように、ケントゥリア集会自体に関してはすでに財産家が事に決着をつけていたが、トリブス集会においては土地保有者が優位になるようにと配慮がなされたわけである。一人の人物のこのように賢明で適切な取り決めによって——この人は、戦争での業績のために、そしてそれ以上にこの平和時の業績のために、正当にも偉大な《マクシムス》（Maximus）という添え名を得たのだが——、一方では、適切にも軍事義務が土地を保有していない市民にまで広げられ、今一方では、トリブス集会における彼らの影響力に——大抵が土地など所有していない奴隷だった人々の影響力に——、奴隷制を認めている国家の中では残念ながらどうしても必要なかんぬきが掛けられるべく配慮されたのである。さらに、風紀に関する独特な裁判が、次第に人口・財産査定《ケンスス》と市民リストの作成に結びつき、その上、悪評のある個人をすべて市民団から締め出し、市民精神の道徳的・政治的純潔さを守ることになったのである。

市民団の権限の上昇　市民集会の権限の範囲はますます、だがきわめてゆっくりと拡大してゆく傾向を示していた。民衆によって選ばれる政務官の数の増大も、ある程度はこの中に入る。特徴的なことはとくに次の点であろう。前三六二年以降、一個の正規軍団《レギオ》の軍団将校《トリブヌス・ミリトゥム》が、前三一一年以降は最初の四個の正規軍団《レギオ》のそれぞれにおいて四人ずつ、将軍によるのではなく市民団［市民集会］によって任命されたことである［計一六名］。この時期、市民団は総じて行政には介入しなかった。ただ宣戦布告の権利だけは、当然のことながら、彼らがしっかり保持し、とりわけ次のような場合にそれが確認された。それは、平和の代わりに締結された長い停戦の期間が終了したり、法的にではなく事実上新しい戦争が始まったときなどである（前四二七年）。それ以外には、行政の問題は、政府の諸当局が衝突状態に陥り、その一方が当の問題について民衆［市民集会］に意見を求めたときだけしか、民衆には提起されなかった。例えば、前四四九年にパトリキ貴族の中の穏健派の指導者ルキウス・ヴァレリウスとマルクス・ホラティウスに、また前三五六年には最初のプレブス系の独裁官ガイウス・マルキウス・ルティルスに、功績によって得た凱旋式が元老院から認められなかったときがそうである。また前二九五年の両コンスルが、彼らの相対立する権限についてお互いに一致できなかったときや、さらに前三九〇年に元老院が、義務を忘れた使節のガッリア人への引き渡しを決議し、「コンスル職権を持った武官」がそのために共同体に問題を持ち出したときが、そうであった。これは、元老院決議が民衆によって破棄された最初の事例となったし、共同体はそのことに厳しく償いをつけたのである。ときどきは政府も、困難な問題について、民衆に決定を任せることがあった。戦争が実際に始まる前に民衆がカエレに宣戦を布告した後、カエレが和平を求めたとき（前三五三年）が、このようなケースの初めてのものだった。その後には、元老院がサムニウム人からへり下って懇願された和平を、すぐさま拒否するのをためらったとき（前三一八年）のことがある。この時期の終わり頃初めて我々が目にするのは、行政の問題にもトリブス集会の干渉が著しく拡大されたことであり、とりわけそれは和平の締結や同盟に関してこの市民集会に意見を求めるということであった。これが前二八七年のホルテンシウス法に遡るということは、ありうることだと思われる。

市民団の重要性の低下　しかし、市民集会の権限の範囲がこのように拡大したにもかかわらず、国事に対する市民集会の実際の影響力は、とりわけこの時期の終わり頃にはむしろ失われはじめていた。何よりもローマの国境線が伸張したことが、原初以来の集会からその真の土台だったものを奪い去った。共同体の土地保有者［定住者］の集まりとしての集会には、以前はたしかにまさしく充分に全員が集まることが可能だった。そしてまさしく自分たちの欲することが何であるかを、議論などしなくても分かっていたのである。ところが、ローマ市民団は今やすでに国家より小さな共同体になってしまっていた。一緒に住んでいる人々がやはりお互いに投票し合うことは、少なくともトリブスごとに投票した場合には、たしかにローマの市民集会の中にある種の内的な関連性をもたらしたし、票決の中に、その折々にエネルギーと自主性をもたらしていた。それでも通常の場合、市民集会は、構成の点でも決定においても、長たる人の人格や偶然性に左右される面があったし、あるいは首都に居住する市民に委任されることもあった。したがって完全に明白なことは、市民の集会は共和政のはじめの二世紀には大きくて実際的な重要性を持っていたが、次第に主宰する役職者の手中にある純粋な道具になりはじめたということである。もちろん、きわめて危険な道具であった。なぜなら、長たる資格のある役職者は多かったし、共同体の議決はことごとく、究極の形での民衆の意志の法的表現と見做されたからである。

しかし、市民団の国制上の権利が拡大しても、それは、意志や行動の可能性の点で以前持っていたものに比べて実質的に大きくはなく、またローマには本来の意味での扇動政治がまだ存在していなかったので、そのかぎりではあまり重要ではなかった。扇動政治的な精神が、もしその当時存在していたとすれば、それは、市民団の権限の範囲を拡大せずに、市民団の面前で政治的討議を解き放つよう試みたことであろう。ところが他方では、この時期全体を通して、ただ政務官だけが市民を集会［市民集会］に招集することができ、政務官があらゆる討議およびあらゆる修正動議提出を締め出す権限を持っているとした古い規約が、相変わらず黙認されていたのである。さしあたりは、今始まりつつある国制の破壊は、主としてただ、原初からの集会が本質的に受動的な態度しかとれなかったために、意味を持ったのであり、全体として見て、統治機構には助成・促進の形でも阻止・攪乱の形でも介入はしなかった。

役職者〜コンスル職の分割と弱体化　役職者の権限に関しては、その縮小は、まったくのところ旧市民と新市民の間で行なわれた戦いの目標ではなかったが、たしかにその最も重要な成果の一つではあった。身分闘争、すなわちコンスルの権限の所有をめぐる争いの始まりにあたっては、コンスル職の職権はまだ分割できない基本的で王的な職権の束であったし、コンスルはかつての王のように、まだあらゆる下僚を自分で自由に選んで任じていた。しかし争いの終わり頃には、最も重要な職権、つまり裁判権、道路警察、元老院議員と騎士の選出、財産査定と国庫の管理が、コンスル職から分離されて、新しい役職者たち――コンスルのように共同体から任じられ、彼の下で働く、というより彼と並んで働く役職者たち――の手に委譲されていたのである。コンスル職は、以前は共同体［国家］の唯一の正規の役職だったが、今はもはや絶対無条件で第一のポストでさえなくなった。新たに確定された共同体の役職の序列、また通常の順序においては、コンスル職はたしかに法務官職、按察官職、そして財務官職の上にあったが、ケンソル職の下に位した。つまりこのポストは、最も重要な財務上の仕事の他に、市民・騎士・元老院議員のリストの確定、したがって全共同体および個々人のすべて、最も卑賤な者から最も高貴な市民までの、まったく恣意的とも言える道徳的な統御がその仕事になっているポスト［ケンソル職］の下に位したのである。限定された職権もしくは機能という、本来のローマの国法では、最高官職についての概念とは一致しないように見える概念が、次第に道を切り開いてゆき、分割できない一つの命令権《インペリウム》（imperium）という古い概念を引き裂き、破壊してしまった。

　このような方向への最初の一歩を踏み出したのが、常設の付帯的なポスト、とりわけ財務官職（二三三頁）の設置であった。それは完全にリキニウス法（前三六七年）によって実現された。この法は、共同体の三つの最高官職のうちの最初の二つを、行政と戦争遂行に、第三のものを裁判の指揮にと規定したのである。しかし、事はそれだけでは収まらなかった。二人のコンスルは、たとえ法的にはまったくのところ、しかもいたるところで競合するものだったとはいえ、当然のことながら最古期以降、事実上異なった管轄範囲《プロウィンキア》（provinciae［権限領域］）を分担していた。もともとこうした分担は、ただ自由な申し合わせによって生まれるか、もしくはそれができない場合には籤《くじ》によって決められたものだった。ところが次第に、公共体［共和政国家］を構成する別の力が、このような実際的な管轄の設定に介入した。元老院が年々、職務範囲を限定し、さすがに直接それを、競合する役職者に割り当てたのではないにしても、助言と懇請とによって個人の分担にまで決定的な影響力を及ぼすのが当たり前のことになった。極端な場合には元老院は、権限・管轄の問題を決定的に定めた共同体の議決（二七八頁）まで手に入れることになる。けれども政府がこのような疑わしい打開策を用いるのは、きわめて稀なことであった。さらに最も重要な仕事、例えば和平の締結のような仕事は、コンスルから取り上げられ、コンスルたちはその場合元老院を頼りにし、その指図にしたがって行動するよう強制された。最後に、万一の場合には、元老院はいつもコンスルを停職にすることができた。というのも、法的に確立されたものでないとはいえ現実に侵害されることのなかった慣習にしたがって、独裁官職への就任はただ元老院決議にのみ依拠していたし、任命されるべき人物の決定は――たとえ国制上は任命するコンスルにその権限があったにしても――、事の性格上、原則として元老院の掌中にあったからである。

独裁官職の制限　コンスル職よりも独裁官職の方に、長いこと命令権《インペリウム》の古い一体性と法的な全権が残っていた。もちろん特別な政務官職として、事実上はじめから特別な権限［管轄範囲］をもっていたにしても、法的にはそうした権限は独裁官の方がコンスルよりもはるかに少なかった。しかしそれは、次第にローマの法生活の中に新しく生まれてきた権限・管轄範囲という概念によって影響を受けた。まず前三六三年に、神学的な疑念から、明瞭にただ宗教儀式の実施のために任じられた独裁官が現われる。この独裁官自身――疑いなく形式的には国制にかなっていたが――が自分にあてがわれた権力の制限を無意味なものとして取り扱い、それを無視して軍の指揮を執ったのだが、その後、同じように制限付きでの任命は前三五一年にも、またそれ以降にもきわめて多く行なわれており、これらの任命にあたって、政務官職側の反対は繰り返されなかった。他方、独裁官たちもそれ以後は特別な権限の範囲に拘束されていると見做していたのである。

併任と再任問題　最後に、前三四二年に公布された、正規の高級《クルリス》な役職の併任禁止令の中に、また、同一人物が同じ官職を司ることは、原則として一〇年間経った後でなければ許されないという同じ時期の規定の中に、さらにまた、事実上最高の官職たるケンソル職には、一般には二度就任することは許されないという後の取り決めの中に（前二六五年）、政務官職について、いっそう厳しい制限規定が存在した。それでも政府にはまだ充分な力があり、自分の道具を恐れないですみ、そのためにまさしく最も有効なものを意図的に利用しないままにしておいたのである。勇敢な将校たちは、きわめてしばしばこの規定を免除されていた。* そしてまだ、クィントゥス・ファビウス・ルッリアヌスが二八年間に五度コンスルになったケース、またマルクス・ウァレリウス・コルウス（前三七〇―前二七一年）が六度のコンスルの職――最初は二三歳、最後は七二歳だが――を司り、三世代にわたって同胞の守護者、敵の恐怖であった後、一〇〇歳で墓に入ったというようなケースが生まれている。

* 前三四二年以前および以降のコンスルの暦表《ファスティ》を比較検討する人はだれでも、コンスル職の再選に関する上に述べた法の存在についてはいかなる疑いも抱かないであろう。というのは、この年以前には、官職の再任はとくに三ないし四年後というのが普通だったのに対して、その後は、一〇年ないしそれ以上の中間期間がしばしば存在するからである。それでも、とくに前三三〇―前三一一年という困難な戦争の期間には、きわめて多数の例外が見つかる。それに対して、官職の併任を認めないということは厳しく守られた。三つの正規の高級《クルリス》な（Liv. 39, 39, 4）役職（コンスル職、法務官職、高級《クルリス》按察官職）の二個の結合についてのはっきりした例は見つからない。しかしたしかに別の結合の例、例えば高級《クルリス》按察官職と騎兵長官職についての例（Liv. 23, 24, 3；23, 30, 16）、法務官職とケンソル職の例（Fast. Capit. a. 501）、法務官職と独裁官職（Liv. 8, 12）、コンスル職と独裁官職（Liv. 8, 12）の結合例は存在する。

統治機構の道具としての護民官職　このようにローマの役職

者が、ますます完全に、ますます確固として無制限の絶対的な主人から、共同体の拘束された受託者、実務遂行者へと変わっていった一方で、古い反政務官職たる護民官職も同じ時期に、同じ種類の変形——外面的というより内的な——を免れなかった。このポスト自体は、公共体［共和政国家］において二重の目的に役立っていた。当初から、卑賤な者や弱い者を、役人の暴力的な思い上がりに対して、ある種の革命的な救済（auxilium）行為によって守るよう定められていたのだが、後には、普通の市民の法的な冷遇と氏族制貴族の特権を除去するために使われていた。後者は成功した。もともとの目的については、それ自体が政治的な可能性よりも民主主義的な理想の問題であったばかりか、護民官制は、プレブス的な貴族勢力の中に存在せねばならず、また存在したわけなのに、そのような貴族勢力には、ちょうど護民官制が氏族制貴族に憎まれていたのと完全に同じように、憎まれるものだったし、また、それがパトリキ系のコンスルを軸とする国制とは相容れなくなっていたのと完全に同じように、諸身分の均衡によって生まれた新しい共同体秩序、つまり在来の秩序より可能なかぎり決定的に貴族政的に色づけされた共同体秩序とは完全に相容れなかったのである。

しかし、護民官職を廃棄する代わりに、これを反対のための道具から政府機関へと改造することが選択された。もともと護民官は行政を分担することができないようになっており、役職者［政務官］でもなければ、元老院の成員でもなかったのだが、これを今や行政機構の輪の中に引っぱり込んでいったのである。裁判権に関しては始めからコンスルと同等の位置にあったし、すでに身分闘争の第一段階においてコンスルと同様の立法上の主導権をかち得ていたが、今や——それがいつかは我々にもはっきりとは分からないが、おそらく最終的な身分の和解の際か、そのすぐ後に——、事実上の統治機関たる元老院に対してコンスルと同等の位置を得たのである。これまで彼らは、元老院の審理には扉のそばの椅子に座って陪席していたのだが、今や他の役職者と同じように、またそれと並んで、元老院自体の中に自分の場をかち得、審理においては発言する権利を持った。彼らには投票権は否定されたままだったにしても、それは、ローマの国法の一般原則の適用にすぎなかった。すなわち、その務め［決議］に招集されなかった人は助言するだけであり、執務している任期中の役職者はすべてただ席を占めるだけで、共同体の諮問機関［元老院］には投票に来たわけではないというものである（二三八頁）。しかしこの場合、それだけではすまなかった。護民官は、最高の政務官職の特別な特権を受け取ったのである。それは、彼ら以外では、正規の役職者［政務官］の中ではコンスルと法務官だけが持つものであった。元老院を招集し、諮問し、元老院の決議を得る権利がそれである。*これはただ、事が順調にいっている場合に限られていた。統治権が、氏族制貴族から一体化した貴族の手に移って以降は、プレブス系の貴族の領袖は、元老院ではパトリキ系のそれと同等の位置に置かれたに違いなかった。ところが、もともと国家行政に関与することからあらゆる点で締め出されていた、このような反対の立場の同僚団が、今や——とりわけ厳密な意味における都市の問題のために——第二の最高の行政ポストになり、最も通常の最も役に立つ政府機関の一つになったので、言い換えれば、市民団を統御し、とくに役職者の非道を抑えるための元老院の一機関になったので、とにかくそのもともとの性格から言えばそれに吸収されてしまい、政治的には壊滅させられてしまったのである。しかしこうした展開は、事実どうしても必然的に起こるものであった。

＊ したがって、元老院のものと決められた至急報は、コンスル、法務官、護民官、そして元老院に宛てられたのである（Cic. ad fam. 15, 2他）。

ローマの貴族制の欠陥がたとえどれほど明らかであるにせよ、また貴族の支配的体制の着実な成長が護民官職の事実上の排除とどれだけ決定的に関連していようが、長い間には、一政府機関——目的を持たないままであって、苦しんでいるプロレタリアートを見せかけの救済策でもって引き止めておけると固く計算していたばかりか、同時に決定的に革命的に、役職者の職権、いや国家の力そのものを抑制する権限、厳密に言えば無政府的な権限を握っていた——では統治の役を果たし切れなかったことは、誤解しようのないところである。理想に対する信念のうちに民主主義の持つすべての力とすべての無力さの基礎があるのだが、しかしそれは、ローマ人の心の中では、護民官制ときわめて密接に結びついてきたものだった。そして我々は以下のことを理解するために、まずコラ・ディ・リエンツィ［イタリアの政治家。一三一三—一三五四年。ローマの民衆指導者。古代ローマの栄光の復活を唱えた］のことを想起する必要などなかろう。それは、大衆のためにその職がもたらすはずの利得がいつもいかに空虚なものであったとしても、その職自体は、恐るべき国家の変革なしには除去されえなかったということである。したがって、真の政治的賢明さをもって、できるだけ目を引かない形でその職を無意味なものにしてゆくことで充分だった。その深奥の核という点では革命的なこの政務官職の名前だけが、貴族政的に統治されている共和政国家［公共体］の中になおも残ったのだが、それは現在にとっては一個の不調和であっても、将来にとっては来たるべき革命派の痛烈で危険な武器となるものであった。しかし目下のところは、そしてしばらくの間は、貴族制がかくも絶対的に力強く、かくも完全に護民官職を掌握していたので、元老院に対する護民官側の、同僚としての反対については、まったくなんの痕跡も見つからないし、政府は、ときどき現われる個々の護民官の空しく孤立した反対運動を、いつもなんの造作もなく、原則として護民官職自身によって押しつぶしたのである。

元老院～その構成　事実、共同体を統治しているのは元老院だったし、身分の和解と均衡が成立して以降は、ほとんどなんの抵抗も見られなかった。しかし元老院の構成そのものは、別のものになっていた。最高の役職者による自由な統御権——これは古い氏族の代表を除去した後に行なわれたものであるが(六八頁)——は、共同体の終身の長という制度の廃止によってすでに大きく実質的な制限を受けるようになっていたからである(二三八頁)。

役職者の職権からの元老院の解放のさらなる進展は、元老院のリストの確定[査定・調整]を、共同体の最高の役職者から下級の機関に、つまりコンスルからケンソルに移す(二七〇頁)ことによって成し遂げられた。そして、そのとき直ちにか、その後しばらくしてかはともかく、リストの作成を委託された役職者の権利、すなわち個々の元老院議員をその人についた汚点のために議員リストから落としたり、それでもって元老院から除名する権利も、たとえ導入されなかったにせよ、少なくともより厳しく規定された。* それによって、ケンソルの高い声望を主として支えるあの独特な道義についての裁判権が基礎づけられたのである(二八七頁)。しかし、この類いの責問は、とくに二人のケンソルが一つのことに関して一致しなければならなかったので、集会の威信を高めるのに貢献しない人や集会を支配している精神に敵対的な人といった個々の特別な人を取り除くのにきっと役立ちえたのに対して、集会自体を政務官職に従属させることはできなかったのである。

* この権限は、騎士および市民リストに関する類似の権限のように、たしかに形式的にも法的にも、ケンソルに付与されたものではないが、事実上は前々からその権限領域の中に含まれていた。市民権を付与するのは共同体であり、ケンソルではない。ところが、ケンソルが投票権所有者の名簿の中に全然その場を与えないか、もしくは悪い位置づけしかしていない人物は、市民権を失うわけではないが、新リストが作成されるまでは市民としての機能・権限を行使できないか、あまり大したことのない場所でしかそれを行使できないのである。事は元老院に関しても同じである。ケンソルがリストから削除した人物は、当該リストが有効であるかぎり、元老院からは切り離されるけれども、主宰する役職者がそれを棄却して、古いリストが再び発効することもあるのである。したがって、明らかにこの点に関して重要な問題は、何がケンソルにとって法的に自由かということではなく、そのリストによって召喚しなければならない役職者の間でその権威がどれだけ影響力を持っているか、だったのである。それゆえ容易に理解できるのは、どのようにこの権限が次第に上昇し、官職貴族《ノビリタス》が強化されるに伴ってどのようにして名簿からの抹消が、あたかも裁判官的な判決の形を採用したか、あたかもそうしたものとして尊重されたかということである。元老院リストの確定[査定・調整]に関しては、もちろん疑いなく、ケンソルはあらゆる身分から最善の人を元老院に選び出すべきであるというオウィニウス平民集会議決の取り決めが、基本的には一緒に働いていた。

オウィニウス法が通ったのは、ほぼこの時期の中頃、おそらくリキニウス法のすぐ後であるが、この法は、元老院を自分の裁量で構成する役職者の権利を決定的に限定した。この法は直ちに、元老院における議席と投票権を、高級《クルリス》按察官、法務官あるいはコンスルだった人に一時的に付与し、次に登場するケンソルには、これらのポストへの就任予定者を正式に元老院リストに記入するか、もしくはただ現職の元老院議員の除名に充分なほどの理由があればこの就任予定者をリストから除外するよう義務づけたのである。もちろん、このかつての政務官の数では、元老院の三〇〇人という定数を保つのには、とても充分とは言えなかった。とりわけ元老院議員リストは同時に陪審員［審判人］リストでもあったので、元老院の定数を下げるわけにはゆかなかった。そこで、ケンソルの持つ選挙に関する権利には、相変わらず重要な活躍の場が残った。しかし、役職への就任によるのではなく、ケンソルによる選定によって選ばれた元老院議員は——共同体の非クルリスな役職を司ったり、個人的な勇敢さによって頭角を現わしたり、敵を戦闘で打ち殺したり、市民の命を救ったりした市民であることがしばしばだった——、なるほど投票には関与したが、討議には関与しなかった（二七六頁）。このように、元老院の中核であり行政や統治の仕事を集中的に握っていた元老院のその部分は、オウィニウス法によって、基本的にはもはや一役職者の専断に基づくものではなく、間接的に民衆による選挙に基づくことになった。共同体ローマは、なるほどこの道を通って近代の偉大な制度、すなわち代議制による民衆の統治に達したというのではないが、たしかにこの制度にある程度近づいていた。他方、討議に参加しない元老院議員の集合体は、統治している同僚仲間の間では、つくる必要があってもそれがむずかしいもの、つまり判断能力があり判断の権利もあるが沈黙している成員からなる小さくまとまった一団を提供したのである。

元老院の権限・機能　元老院の権限や機能は、形式的にはほとんど変わらなかった。たしかに人気のない国制の変革やあからさまな国制侵害によって、反対派や政治的野望になんらかのきっかけを与えないよう元老院は警戒した。しかも、市民団の権限が民主主義的な意味で伸張するようになされた——促進したわけではなかったが。しかしながら、市民団が外見上の力を得たのに対して、元老院は実質的な力を獲得した。それは、立法や官職選挙や共同体の統治全体に対する決定的な影響力であった。

立法に対する元老院の影響力　新しい法の提議はことごとく、まず第一に元老院で予備審議された。そして元老院の所見なしでは、あるいはそれに逆らっては、どんな役職者も共同体［市民集会］に提案をあえて行なおうとはほとんどしなかった。それでも行なったとしたら、元老院としては、役職者の持つ仲裁の権利や神官のもつ破棄の権利によって、いかなるやっかいな提案でも芽のうちに摘み取ったり、後から取り除くための一連の手段を手にしていた。そしてぎりぎりの場合、元老院は最高の行政当局として、共同体の議決［市民集会議決］を遂行することも遂行しないことも、決めるのはその掌中にあった。元老院はさらに共同体の無言の同意のもと、緊急の場合には、市民団の議決［市民集会議決］による批准を条件として法の適用を免除されるという権利を行使した。——その条件も、最初からさほど重視されなかったし、次第に完全に形骸化したので、後の時代にはもはや努力して、批准することになる共同体の議決を提案しようとはしなかったほどである。

選挙に対する元老院の影響力　選挙に関しては、これまで役職者に左右されていて政治的重要性を持つものについては、事実上、元老院の手に移った。それによって元老院は、すでに述べたように（二八七頁）、独裁官を任じる権利を獲得した。たしかに共同体には、大きな配慮がなされなければならなかった。共同体の役職を人に授ける権利は、共同体からは奪われなかった。それでも、同じくすでに述べたように、このような役職者の選挙がおよそ特定の明確な権限の授与に、とりわけ目前に迫った戦争における最高指揮官のポストの付与のようにならないよう注意深く見守られたのである。そのうえ、一方では特定の機能という新しく導入された理念が、今一方では元老院に事実上認められた法の適用免除という権利が、元老院の掌中に官職の配置に関して重要な割り当てをもたらしたのであった。元老院が職務範囲、とりわけコンスルのそれを確定するのに及ぼした影響力に関しては、すでに述べたところである（二八七頁）。免除特権が適用された最も重要な事柄の一つは、役職の法的期限を役職者に免除することだった。この免除は、共同体の根本法則［基本法］に反するものとして、ローマの国法によれば本来の都市の範囲では行なわれなかったが、少なくともその範囲の外では、期限の延長されたコンスルや法務官が、その任期後も「コンスルの位置に」もしくは「法務官の代わりに」(pro consule, pro praetore) 勤務し続けた場合には有効であった。当然のことながら、基本的には任命権と同等の、この重要な任期延長の権利は、法的にはただ共同体に属し、当初は実際にも共同体によって適用された。しかし、すでに前三〇七年には、またそれ以降は規則的に、最高指揮官の命令権は、元老院決議だけで延長された。最後に、それに加えて登場したのが、選挙に対して圧倒的な力を持ち、また賢明にもまとまっていた貴族の影響力であり、それは選挙を、常にというわけではないものの、原則として、政府に都合のよい候補者を選ぶようにとリードしていったのである。

元老院の統治　最後に行政・統治に関しては、戦争、和平と同盟、植民市設置、土地分配、建築、一般に永続的で決定的な重要性のある事柄すべて、とりわけ財政問題全般が、もっぱら元老院に依拠していた。元老院は年々、役職者に全般的な指令を発して、その所管範囲を確定し各人に用立てられる軍勢と金子を制限するのであった。そして重要な場合には常に、すべての面で元老院が頼りにされた。コンスルを例外として、いかなる役職者にもいかなる私人にも、国庫の管理者が、前もって元老院の決議で承認されなければ、支払いをすることは許されなかった。ただ、現在進行中の事柄の配慮や司法および軍事に関わる管理行政には、政府の最高の団体［元老院］は介入しなかった。ローマの貴族体制には、あまりにも政治的な感覚および如才なさがありすぎたので、公共体の管理を個々の役職者に対する後見に変えたり、また道具を機械に変えたりすることは考えられなかった。

この元老院という新しい統治機構が、現存の形式をあらゆる点で維持しながら、古い公共体の完全なる転覆を内包するものであったことは、明らかであろう。市民団の自由な活動は停滞し、硬直した。そして役職者が会議の長や実務担当の各種執行委員へと下りてきて、まったくただ助言するだけの団体［元老院］が、国制に則った双方［市民団と役職者］の権力を相続して、たとえ控えめな形とはいえ共同体の中央政府になったことは、革命的・簒奪的なことであった。しかしそれにもかかわらず――どのような革命、いかなる簒奪であろうと、歴史の裁きの前で、統治行政の独占的な資格・能力によって正当化されて見えるとしても――、歴史の厳しい判決でさえも、この団体が大きな課題を時機に遅れず把握し、見事に果たしたことは認めねばなるまい。元老院議員は、生まれという無意味な偶然ではなく基本的に民族の自由な選択によって任じられて、また最もふさわしい人々による道徳についての厳しい審査に基づいて五年目ごとに［四年の間をおいて。この問題はモムゼンも後に詳述］確認され、生涯そのポストにあって、委任された任務の終了や民衆の揺れ動く意見に左右されることもなかった。身分の和解・平準化がなった後ですら一体となってよくまとまり、民衆が持っていた政治的な知恵と現実的な政治手腕のすべてを内に包含し、あらゆる財政問題と対外政策の指導にあたって、制限されることなく意のままに振る舞い、また役職者の任期の短かさや護民官の拒否権――身分の争いが片づいた後に元老院の役に立つようになった――により行政機関を完全に支配して、ローマの元老院は民族の最も高貴なシンボルとなり、首尾一貫性と政治的な手腕の点、和合と祖国愛の点、絶大な権力と確固とした勇敢さの点で、あらゆる時代を通して第一の政治的団体であった。今日ですらなお「王者の集まり」と呼ばれ、共和政的な献身と専制的なエネルギーとを結びつけるすべを知っていた存在なのである。

良き時代のローマほど、外に対して鞏固かつ威厳のある形で、元老院によって代表された国家は決して存在しない。内政に関しては、次のことはとにかく見落としてはならないであろう。すなわち、元老院の中に際立った形で代弁者をもつ金権貴族政と土地貴族政の立場に立つ人たちが、自分たちの特殊な利害にかかわる問題について党派的な行動をとったこと、そしてそのような場合に、この団体の賢明さとエネルギーが、彼らによってしばしば国家の幸いになどならないことに使われたことである。それにもかかわらず、厳しい闘争の間に確立した大原則、すなわちローマ市民はみな法の前では権利・義務の点で平等であるということ、またこの原則から導かれるものとして、すべての人に政治人としてのキャリアの道が開かれていること、別の言葉で言えば元老院に入る門が開いているということが、軍事的・政治的な輝かしい成功と並んで国家的・民族的な一致と和合をもたらし、身分の差異から、パトリキとプレブスの闘争を特色づけるあの憤りと憎悪を取り除いたのである。そして、対外政策の幸運なる転回のおかげで、一世紀以上の長きにわたって富裕者が、中産身分層を押さえつけなくとも充分な活動領域を見出せたので、ローマの民衆は元老院を通して、通常一国民に許されるよりも長い間、あらゆる人間の企てのうちで最も偉大なことを成し遂げることができたのである。すなわち、賢明にして幸福なる自治である。

第4章　エトルリア人の力の失墜、ケルト人

エトルリア人・カルタゴ人の海上支配　共和政の最初の二世紀の間のローマの国制の発展についてはすでに描いたので、今度はローマおよびイタリアの対外関係の歴史について、この時期のはじめにまで再び遡って見ていこう。タルクィニウス一族がローマから追放されたほぼこの時代には、エトルリア人の力はその頂点に達していた。テュッレニア海の支配権は、まがうことなくトゥスクス人［エトルリア人］および、彼らと緊密に連繫していたカルタゴ人が握っていた。マッサリアが絶え間ない困難な戦いにあっても自己を堅持していたのに、一方、カンパニアやウォルスキ人の土地の港や、アラリアの戦闘以降はコルシカも（一三二頁）、エトルリア人の所有するところとなった。サルディニアでは、カルタゴの将軍大マゴの息子たちが島を完全に占領し（西暦前五〇〇年頃）、自分たちの家と都市を同時に設け、シチリアでは、フェニキア人がさしたる抵抗にも遭わず、ヘレネスの諸植民市の内輪争いの間に島の西半分の領有地を確保していた。エトルリア人の船舶はアドリア海をも同様に支配し、東海域でさえ彼らの海賊行為［私拿捕船］が恐れられていた。

ラティウム、エトルリア人に征服される　陸上でもエトルリア人の力は高まりつつあるように見えた。ラティウムの土地を占領することは、彼らの庇護関係《クリエンテラ》のもとにあるウォルスキ人の町々やそのカンパニアの所有地からただひとりラテン人によって分断されていたエトルリアにとっては、決定的に重要なことであった。これまでは、ローマの力の鞏固な塁壁はラティウムを充分に守りえたし、エトルリアに対してはティベリス河の境界が守りの役を見事に果たし通した。ところが全トゥスクス人同盟が、タルクィニウス一族を追い出した後の国家ローマの混乱と弱体化につけこんで、クルシウムの王ラルス・ポルセナに率いられ、以前よりも強力な攻撃を新たにしかけると、もはやいつもの抵抗には出遭わなかった。ローマは降服し、和平では（前五〇七年と言われる）、ティベリス右岸の領土をすべて、隣接するトゥスクス人の共同体に割譲し、このようにして河に対

する独占的な支配権を放棄したばかりか、勝者に自分たちの武器をすべて引き渡し、今後鉄はただ犂の刃にしか使わないと誓った。一見、トゥスクス人の至上権のもとでのイタリア統一は、もうそれほど遠いことでないかのように思われた。

エトルリア人、ラティウムから撃退される　ところが、ギリシア人をもイタリキをも脅かした、エトルリア人とカルタゴ人の両民族の連携による征服事業の矛先は、幸運にも、血筋の上での近親関係と共通する危機によってお互いに頼りにし合った人々が団結した結果、逸らされた。まず第一に、エトルリア人の軍隊はローマの陥落後ラティウムに侵入したものの、アリキアの城壁の前で、アリキア人に救援を求められて急行したキュメの人々の時機を得た援軍によって、勝利の路線の限界を思い知らされた（前五〇六年）。戦争がどのようにして終わったかは分からない。またとくにローマがすでにそのとき、破滅を招く屈辱的な和平を破棄してしまったかどうかも分からない。ただ確かなのは、トゥスクス人がこのときも、ティベリス左岸で持続的にはもちこたえきれなかったということである。

エトルリア人・カルタゴ人の海上支配の崩壊～サラミス、ヒメラでの勝利とその結果　まもなく民族としてのヘレネスは、西方、東方それぞれの蛮族に対して、もっと広い範囲で、もっと決定的な戦争を強いられた。時は、ほぼペルシア戦争の時代に当たっていたのである。［ペルシアの］大王に対するテュロス人の立場は、ペルシア政策にカルタゴ［テュロス人の建てた植民市］をも引きずり込んだ――というわけで、カルタゴ人とクセルクセス［ペルシアの王］との同盟自体についても、信じられる伝承が存在するほどである。そして、カルタゴ人と一緒にエトルリア人もまたそうであった。これは最も大規模な政治的連合の一つであった。それは同時に、アシア人の大軍をギリシアに、フェニキア人の大軍をシチリアに、自由と文明を一撃でもって地上から抹殺するために、振り向けるものであった。勝利はヘレネスに帰した。

サラミス沖の決戦（前四八〇年）は、ヘラス本土を救い、報復するものだった。そして同じ日に――そう伝えられているのだが――シュラクサイとアクラガスの支配者であるゲロンとテロンが、カルタゴの将軍マゴの息子のハミルカルの率いる大軍に、ヒメラで完璧な勝利を収めたので、戦争もこれでもって終結し、フェニキア人も――当時決してシチリア全体を自分たちの負担と責任で支配下に置く計画を追究していたわけではなかった――これまでの防衛的な政策へと立ち戻ってしまった。現在もなお大きな銀貨がいくつか残っているが、それは、ゲロンの妻ダマレタ、そしてまた別の高貴なシュラクサイの女性の飾りから、この戦役のために鋳造されたものであった。きわめて時代が下っても人は、シュラクサイの温和で勇敢な王と、シモニデスの歌によって言祝《ことほ》がれたすばらしい勝利については、感謝の思いで想起していたのである。

カルタゴの味わった屈辱の結果、直ちに生じたことは、その同盟者であるエトルリア人の海上支配の崩壊であった。レギオンとザンクレの支配者アナクシラスがすでに、エトルリアの私拿捕船［海賊船］に対して、常備艦隊でもってシチリア海峡を封鎖していた（前四八二年頃）。その後すぐに、キュメの人々とシュラクサイのヒエロンがキュメ沖で戦って、テュッレニア海艦隊に決定的な勝利を収めた（前四七四年）。カルタゴ人はこれを救援しようとしたが、成らなかったのである。これこそ、ピュティア第一祝勝歌でピンダロスが祝った勝利である。また、今もエトルリア人の兜が残っており、それはヒエロンがオリュンピアに送ったもので、次の銘文が刻まれている。「デイノメネスの息子ヒアロンとシュラコシオイ［シュラクサイ人］が、ゼウスに。キュマ［キュメ］からテュッラネスのものを」と。

タレントゥム人とシュラクサイ人の海上支配　カルタゴ人とエトルリア人に対するこのような桁外れの勝利が、シュラクサイをシチリアのギリシア人都市の先頭に据える一方で、イタリアのヘレネスの間では、ほぼ王がローマから追放された頃（前五一一年）、アカイア人のシュバリスが没落した後に、ドリス人のタレントゥムが文句なしに第一の地位に上昇した。そのタレントゥム人がイアピュギア人に惨敗したことは（前四七四年）、それまでにギリシア軍の蒙った敗北のうちで最大のものであったが、ちょうどヘラスへのペルシア人の来襲のように、活気あふれる民主政を発展させつつあった民族精神のもつ力の全体を解き放っただけだった。この後はもはや、カルタゴ人もエトルリア人もイタリア海域で第一等の役割を演ずることはなく、アドリア海やイオニア海ではタレントゥム人が、テュッレニア海ではマッサリア人とシュラクサイ人――とりわけ後者――がますますエトルリア人の海賊組織の活躍を限られたものにしていった。すでにヒエロンがキュメの勝利の後、アエナリア（イスキア）島を占拠し、そのことでカンパニアのエトルリア人と北方のエトルリア人との結合を切断した。前四五二年頃、トゥスクス人の海賊を徹底的に抑えつけるために、シュラクサイから独自の遠征部隊が送り出され、コルシカ島およびエトルリア海岸を蹂躙し、アエタリア（エルバ）島を占拠した。完全にエトルリア人・カルタゴ人海賊に対する支配者になることができたわけではないにしても――というわけで、例えば建国第五世紀初め［西暦前四世紀中頃］まではアンティウムに海賊組織が存続していたようであるが――、それでも強力なシュラクサイは、同盟を結んでいたトゥスクス人とフェニキア人に対する力強い塁壁となった。確かに一時的にはシュラクサイの力はアテナイ人によって打ち破られるかに見えた。ペロポネソス戦争中にアテナイは、シュラクサイに対する海上からの作戦行動（前四一五―前四一三年）によって、アテナイの古くからの商取引上の友人であるエトルリア人を三隻の五十人漕ぎの船で援助したのである。ところが、よく知られているように、西方でも東方でも勝利はドリス人のものとなった。アッティカの遠征軍の屈辱的な敗北の後、シュラクサイは、だれもが認めるようにギリシア人中の第一等の海上勢力になり、その国で国家の先頭に立った人々は、シチリア、南イタリアおよびイタリアの両側の大海の支配をもくろんだ。他方それに対してカルタゴ人は、シチリアにおけるその支配力が今や深刻に脅かされているのを見て取って、自分の方からもシュラクサイ人を打ち負かし全島を征服することを政治目標にしなければならず、またそのように行動したのである。シチリアの中規模の諸国家の没落や、この島におけるカルタゴの力の上昇は、直接こうした戦いから生じたことだが、それについてはここでは話すことはできない。

シュラクサイのディオニュシオス　エトルリアに関して言えば、シュラクサイの新しい支配者ディオニュシオス（統治は前四〇六―前三六七年）が、これに最も手厳しい打撃を与えた。広く懸命に策動していた王は、何よりもイタリアの東方の海に新しい植民国家を建設し、その北方海域が今や初めてギリシア人の海上勢力に臣従した。ほぼ前三八七年頃、ディオニュシオスはイッリュリア海岸ではリッソス港とイッサ島を、イタリア海岸では上陸地のアンコン［アンコナ］、ヌマナ、アトリアを占拠し、そこに植民した。このような遠く隔たった地帯におけるシュラクサイ人の支配の記憶として残っているのは、フィリストスの掘割り――疑いなく、よく知られた歴史家でディオニュシオスの友人でもある、亡命後（前三八六年およびそれ以降）の歳月をアトリアで送った人物によってポー河河口に設けられた運河である――だけではない。イタリアの東方の海自体の名称変化――それ以降はイオニア湾という古い呼称（一一九頁）の代わりに、今日なお通用しているハドリアの海［アドリア海］という呼び方が現れる――も、おそらくこの事実に遡るであろう。* ところがディオニュシオスは、東の大海でのエトルリア人の領土や商取引上の結びつきへのこうした攻撃では満足せず、豊かなカエレの港町ピュルギの奪取と略奪（前三八五年）によって、エトルリア人の勢力の深奥にある中核部まで襲った。というわけで、エトルリア人勢力は二度と回復できなかった。ディオニュシオスの死後、シュラクサイの内紛がカルタゴ人に自由な路線をとらせ、その艦隊がテュッレニア海で再び優勢になったとき――艦隊はそれ以降、わずかの期間中断されただけで主導権を堅持し続けた――、これは、エトルリア人にもギリシア人にも重くのしかかった。それゆえ、前三一〇年にシュラクサイのアガトクレスがカルタゴとの戦争を準備していたとき、一八隻のトゥスクス人の軍艦が彼に合流したほどであった。エトルリア人は、彼らがまだその当時確保していたコルシカのことを気遣っていたのであろう。古いトゥスクス人とフェニキア人の攻守同盟は、まだアリストテレスの時代（前三八四―前三二二年）には存在していたが、このことによって解体した。だが弱体化したエトルリア人は、その力を海上では再び取り戻すことができなかった。

* ヘカタイオス（前四九七年以降没）とヘロドトス（前四八四―前四〇九年以降［現在では前四三〇／前四二九年以降］）も、ポー河デルタ地帯およびその海岸を洗う海としてのハトリアスを知っている（K. O. Müller, Die Etrusker. Breslau 1828. Bd. 1, S. 140；GGM. 1, p. 23）。もっと広い意味では、アドリア海（ハドリア）という呼称は前三三六年頃、いわゆるスキュラクスに初めて見られる。

ウェイイのエトルリア人に対するローマ人　エトルリア人の海上支配権のこのような急速な崩壊は、シチリアのギリシア人がエトルリア人を海上で攻撃したまさにこの時代に、エトルリア人に対して陸上でもあらゆる方面から厳しい攻撃が加えられていなかったとしたら、説明不可能であろう。ほぼサラミス、ヒメラ、キュメの決戦の時代に、ローマの年代記の記録によれば、ローマとウェイイとの間で長期にわたって激しい戦争が繰り広げられた（前四八三―前四七四年）。ローマ人は、この戦争ではひどい敗北を喫した。ファビウス一族のカタストロフは、思い出として残り続けている（前四七七年）。彼らは内部の危機のため自発的に首都ローマから脱出して（二五八頁）、エトルリアに対する国境防衛を引き受けたのだが、このとき細流クレメラの岸で武装能力のある者は最後の一人まで切り殺されてしまったのである。しかし、四〇〇ヵ月に及ぶ停戦が和平に代わって戦争を終結させた。それは、ローマ人にとってはたいへん好都合なもので、少なくとも王政時代の支配領域を回復するものであった。エトルリア人は、フィデナエと、ティベリス右岸に獲得した地域とを放棄した。このローマ人とエトルリア人との戦争が、ヘレネスとペルシアとの戦争やシチリア人とカルタゴ人との戦争と、どの程度直接の関連があったかは突き止めることができない。しかしローマ人は、サラミスとヒメラの勝利者の同盟者であったにせよなかったにせよ、利害関心の点でも結果の点でも両者と一致するものがあったと言えるだろう。

カンパニアのエトルリア人に対するサムニウム人　サムニウム人もラテン人と並んで、エトルリア人に襲いかかった。カンパニアにおけるエトルリア人の定住地は、キュメでの衝突の結果、母国からほとんど切り離されてしまい、山岳民族のサベッリ人の攻撃に抵抗するのがもはや不可能になった。首邑カプアは前四二四年に陥落し、ここのトゥスクス系の住民は占領直後にサムニウム人によって根絶やしにされるか、追い払われた。もちろんカンパニアのギリシア人もばらばらにされ、弱体化されて、この同じ侵略にひどく苦しまねばならなかった。キュメ自体も、前四二〇年にサベッリ人に占領された。それでもギリシア人は、とりわけネアポリスでは、おそらくシュラクサイの人々の助けを借りて、カンパニアにおけるエトルリア人の名前が歴史から消えてしまったのに、自分たちの地歩を守り通した。消えたと言っても、惨めな見捨てられた存在としてばらばらの形で辛うじて生き延びていたエトルリア人共同体もいくつかは残っていた。

ところがはるかに多方面に影響を及ぼす事件が、同じ頃北イタリアで起こっていたのである。新しい一民族が、アルプスの門を叩いていた。それがケルト人であった。彼らの殺到する力は最初エトルリア人にぶつかった。

ケルト人の性格　ケルト人、それにガラティア人、ガッリア人は、共通の母親から、姉妹たるイタリキ［古イタリア人］、ゲルマン人、ヘレネス［古ギリシア人］の嫁入り道具とは異なった嫁入り道具をもらった。彼らには、様々なしっかりした性質や、それ以上に素晴らしい性質がありながら、深い道徳的・政治的な素質が欠けていた。実はそれこそが、人間の発展における善なるものや偉大なるものすべての基礎になっているのである。キケロは言う。農場を自分の手で耕すことは、自由なケルト人にとっては不名誉なことと見做された、と。農耕より牧人生活を好み、豊沃なポー河の平野にあってさえも主として豚の飼育を行ない、その肉を食べて生き、樫の森の中に夜も昼もこの家畜とともに暮らしていた。イタリキやゲルマン人には土くれははっきりと自分のものであるが、そのような自分の土地への愛着はケルト人には欠けていた。それに対して彼らは町や村に集まり住むのを好み、そのため彼らにあってはこうしたものが、イタリアにおけるよりも、見たところ早く拡がり、また意味を持っていたのである。彼らの市民的な制度は不完全であった。民族的な統一は弱い絆としてしか見られないばかりか——このことは実際、どの民族にあっても初期には同じように当てはまるのだが——、個々の共同体の中でも、和合、強固な統治機構、真剣な市民精神、首尾一貫した努力の姿勢が欠けていた。彼らにぴったり合った唯一の秩序・組織は軍事的なものであり、その中での規律の絆が個々人に自制の必要な苦しい仕事を引き受けさせたのである。

ケルト人の後裔の歴史家ティエリー［フランスの歴史家。弟の方か。一七九七—一八七三年］は言う。「人種としてのケルト人の傑出した特色は、個々人の勇敢さにある。その点で彼らは、あらゆる民族に優っているのである。自由で激しい、どんな感銘も受け止めうる感覚。たいへん聡明だが、それと並んできわめて快活で根気には欠けており、紀律や秩序には反抗的、豪華華麗さを求め、永遠に不和、——それは、限りなき虚栄心の結果である」。もっと簡潔に、大カトーがほぼ同じことを述べている。「二つのことをケルト人は高く評価している。戦うこととエスプリである」*。

* Pleraque Gallia duas res industriosissime persequitur : rem militarem et ar gute loqui (Cat. orig. frg. 2, 2)［本文中の訳文は、モムゼンのドイツ語訳に従う］.

良き兵士、されど悪しき市民というこの特性から次の歴史的事実、すなわちケルト人はあらゆる国家を震駭させはしたが、いかなる国家も建てなかったという事実が説明されよう。いたるところで我々が目にするのは、彼らがすでに動き回っている、つまり進軍しているということである。彼らは土地よりも動く財産［動産］を、しかし他の何よりも黄金を好んだ。そして武器での仕事を、秩序だった盗賊の方法として、いやそれどころか報酬のための手仕事として、またもちろん成功を伴うものとして、行ないながらのことだったので、ローマの歴史家サッルスティウスですら、武器での仕事に関してはローマ人よりもケルト人に賞金が与えられるべきだとしたほどである。絵画や書かれたものが描き出しているように、ケルト人は古代の真の傭兵であった。大きな、だが筋骨逞しいとは言えない肉体、もじゃもじゃの頭髪と長い口髭をもち——頭を刈り、上唇の上を剃るギリシア人やローマ人とはまさしく対照的である――戦闘の際に脱ぎ捨てられることもよくある彩色豊かに刺繡された衣裳をまとい、首のまわりには幅広の黄金の輪をつけ、兜はつけず、どんな種類の飛び道具も持っていないが、その代わりに巨大な楯とあまり鍛えられていない鋼鉄製の長い剣、そして短剣と槍とを装備し、それらすべての武器が黄金で飾られていた。なにしろ彼らは、金属を巧妙に加工するすべを知っていたからである。すべてが、自慢の種とされた。傷ですらそうであった。大きな切傷を誇示するために、しばしばあとから傷口が拡げられたほどである。通常は徒歩で闘ったが、いくつかの群れの人々は騎馬でも闘った。その際には、すべての自由人に二人ずつ、同じく騎馬の貴族の子弟が従った。戦車は、最古期のリビュア人やヘレネスの間で見られたように、早くから使用された。中世の騎士制度を想起させる特徴もあった。とりわけ、ローマ人やギリシア人には無縁の決闘の慣習があった。戦争において、言葉やしぐさによってまず相手をあざけった後、個々の敵に決闘を申し込んで闘うことが習いだったばかりではない。平和時にも、お互いにきらびやかに武装して生死をかけて闘うのであった。その後に続く酒盛りが欠けていなかったことは当然であろう。このようにしてケルト人は、自分の旗の下であろうと異国の旗の下であろうと、休みなき戦士の生活を続け、アイルランドやスペインから小アジアまで闘い続け、いわゆる英雄的行為を示しながら散らばっていった。しかし、彼らがいかなることを始めようが、それは春の雪のようにはかなく消えてしまった。どこにも大国家は生まれなかったし、どこにも彼ら独自の文化は創造されなかった。

ケルト人の移動　古代人は、以上のようにこの民族のことを描いている。その由来や起源についてはただ推測できるにすぎない。ケルト人は、ヘレネス、イタリキ、ゲルマン人が生まれてきたのと同じ母胎から出てきたものであり、疑いなく東方の母国からこれらの人々同様、ヨーロッパに侵入してきて、そこで最古期に西方の大洋にまで達し、今日のフランスにその本拠地を建設したのである。*北方に向かっては、海を渡ってブリタンニアの島々に移住し、南はピレネーを越えて、イベリア半島の諸部族と半島の領有をめぐって争った。ところがこの最初の大移動の波は、アルプスのそばを通りすぎ、はじめは西方の各地から、小さな固まりをなして反対の方向に移動しはじめたが――その移動はアルプスやハエムス［大バルカン。北トラキアの山脈］を越え、ボスポロスさえも渡ってゆくものだった――それによって彼らは、カエサルの勝利とアウグストゥスによって整えられた国境防衛が、その力を永遠に撃破するまで、古代の文明化したすべての民族を何世紀にもわたって震駭させ続けたのである。

* 最近、専門の言語学者によって主張されているところでは、ケルト人とイタリキとの親縁性には、イタリキとヘレネスの親縁性よりも近いものがあるという。すなわち、インド・ゲルマン人の西ヨーロッパおよび南ヨーロッパの諸部族の生まれ出た大きな樹木の同じ分枝が、まず、ギリシア人とイタリキ・ケルト人に、そしてかなり経って、後

占拠され、前四二五年に二〇〇ヵ月の新しい停戦協定が締結された。この休戦の間に、ケルト人の脅威はますますひどくなり、ケルト人の武力が、これまでまだ危害の加えられていなかったポー河右岸の定住地へと接近してきた。前四〇八年の終わりに休戦の期間が終わったとき、ローマ人は自分の方からもエトルリアに対して侵略戦争を始めようと決断した。戦いは今やウェイイを撃破するだけでなく、ウェイイの死活をめぐって遂行されたのである。

ウェイイの占領　ウェイイ人、カペナの人々、ファリスキ人に対する戦争、およびトロイア攻囲のように一〇年続いたと言われるウェイイ攻囲の歴史については、あまり信用に足る証拠もない。伝説と詩作品［文学］は、この出来事を自分たちの守備範囲のこととしている。当然であろう。というのもここでは、これまで聞いたこともないような苦労をして、これまで聞いたこともないような報奨のために戦争が行なわれたからである。ローマ軍が夏も冬も何年にもわたって、立てられた目標の達成されるまで戦場にあったのは、初めてのことだった。共同体が国家の資金から召集部隊に賃金を支払ったのも、初めてのことだった。しかし、ローマ人が血統的に異なる民族を屈服させ、自分の武器を、ラテン人の土地の古くからの北の国境を越えて運び出したのも、これまた初めてのことだった。戦いは熾烈だった。結末は不確かと言ってもよかった。ローマ人は、ラテン人やヘルニキ人の間で支持を得た。これらの人々にとっては、恐れられた隣人の転覆により、ローマ人自身とほとんど同じくらい、物心ともに満足させられ恩恵をこうむるところが大きかったのである。他方、ウェイイは同胞の民族から見離され、ただ近隣の町々、すなわちカペナ、ファレリイ、それにタルクィニイが、ウェイイに援軍を出しただけであった。

ケルト人の同時攻撃は、北方の共同体のこのような不干渉ぶりを説明するのに、それだけですでに充分なものだったと言えよう。しかし、まず第一にエトルリア人の都市同盟の内部的な党派分立、とりわけウェイイの人々によって保持された、もしくは復活させられた王の統治する形態に対する、別の諸都市の貴族政的な政府による反対の姿勢が、他のエトルリア人の不活発さをもたらしていたことは、充分うなづけるところだし、また疑うべき理由もない。エトルリア人が民族全体として戦いに参加できたとしたら、あるいは参加しようと欲したならば、共同体ローマの当時のまことにお粗末な攻城技術では、大きくしかも鞏固な都市の征服という巨大な課題を果たし終えることなどほとんどできなかったであろう。ところがウェイイは孤立し見離されていたので、町は勇敢に抵抗したものの、マルクス・フリウス・カミッルスの堅忍不抜の英雄的精神に屈服してしまった（前三九六年）。この人は、自国民に外国征服という輝かしい道を開いた最初の人物であった。この大勝利は、ローマでは歓呼の声を喚び起こしたが、その歓声の余韻は、ローマの祝祭において「ウェイイ人の売り物」でもって閉じるという慣習として後々までも伝わった。そこでは、競売に出されたパロディー風の戦利品の間で、捜し出されたまことにみすぼらしい年老いた身体の不自由な者が、「ウェイイの王」として紫色のマントと黄金の飾りをつけて、たのしみの締め括りとするのであった。

町は破壊され、大地には永遠に不毛の地たるべき呪いがかけられた。ファレリイやカペナも和平を急いだ。強力なヴォルシニイは、ウェイイが断末魔の苦しみにある間は、静かに同盟に則った中途半端な態度を持し、その占領後に初めて武器を手にし、数年後（前三九一年）、平和に不承不承同意した。エトルリア民族の両外壁、メルプムとウェイイが同じ日に、前者はケルト人に、後者はローマ人に敗れたということは、悲しい言い伝えと言うべきであろう。しかしともかくその中には、深い歴史的真実が存在する。北方および南方からの二重の攻撃、またこの国境の砦の陥落は、偉大なるエトルリア民族の終わりの始まりを意味していたのである。

ケルト人のローマ攻撃　二つの種族［ケルト人とローマ人］の共同作業によってエトルリアは存立を脅かされていたのだが、しかしさしあたりはむしろ両民族がお互いに消耗し切りそうに見え、またローマの新たに花開いた力も外なる蛮族によって踏み躙られてしまいそうに見えた。事態のこのような転換は、政治の当然予想される流れに矛盾するものであり、それをローマ人にもたらしたのは、彼ら自身の思い上がりと自らの短見に他ならなかった。

ケルト人の大群はメルプム陥落後、流れを渡り、激しく速やかに北イタリアに氾濫し、パドゥス［ポー河］右岸およびアドリア海沿岸の広々とした地帯ばかりでなく、アペニンのこちら側のエトルリア本土にも溢れた。その後数年経ったとき（前三九一年）、エトルリアの中枢部に位置したクルシウム（キウジ。トスカナと教皇領の国境に位置する）が、ケルト人のセノネス族に包囲された。そのようなわけで、エトルリア人としては面目ないことだが、困窮の末にこのトゥスクス人の町はウェイイの破壊者［ローマ人］に救援を求めたのである。これを聞き届けて、武器でもってガッリア人を、保護することが認められたことによってエトルリア人を、一挙にローマの庇護下に置くことがおそらく賢明であったろう。しかし、そうした先見の明のある干渉は——トゥスクス人の北の国境で大きな戦闘をはじめることをローマ人に余儀なくさせただろうが——、彼らの当時の政策の視界の彼方にあることだった。そこで、いかなる介入も控える以外に手はなかった。ところが馬鹿げたことに、援軍を断りながら、使者が派遣された。そしてもっと馬鹿げたことに、使者たちは大言壮語することでケルト人に畏怖の念を起こさせることができると考え、これが失敗したとき、蛮人に対しては国際法に違反しても罰されないですむと考えた。彼らは、クルシウム人の戦列にあって一戦に加わり、その流れの中で彼らの一人がガッリア人の将校［指揮官］を突き刺し落馬させた。蛮人たちはこのとき、穏やかで見識ある行動をとった。彼らはまず共同体ローマに、国際法を無法にも破った者の引き渡しを求める使いを出した。元老院は、正当なる要求に従う用意があった。しかし大衆の間では、同胞に対する同情心の方が、異国人に対する公正さに優っており、謝罪することは市民団によって拒否された。それどころか、いくつかの報告によれば、祖国のために先頭を切って戦った勇敢なる人が、前三九〇年の「コンスル職権を持った武官」に任じられたほどであった。*そしてこの年は、ローマの年代記においては、宿命的なものになったと言われている。そのようなわけで、ブレンヌスすなわちガッリア人の軍を率いる王がクルシウムの包囲を取り払い、ケルト人の大軍勢がすべて——七万人を数えたと言われている——ローマへと矛先を転じた。よく知らない、はるかなる地帯をこのように行軍することに、ガッリア人は慣れていた。彼らは、武装した移民の大群として、援護や撤退のことなど気にせず進軍した。ところがローマでは誰一人として、かくも突然でかくも強力な奇襲の中にどれほどの危険が含まれているのかをはっきりと予感することができなかった。

＊　これは普通行なわれている計算によれば前三九〇年である。しかし事実は、ローマの占領はオリュムピアド暦九八・一、すなわち前三八八年に当たっている。したがって乱れたローマの年代計算によってずれているだけなのである。

アッリアの戦い　ガッリア人がローマに進軍しつつあったときに初めてローマ軍はティベリス河を渡り、彼らの行く手をふさごうとした。城門から三ドイツマイル［一二英マイル＝一八キロ。一一ローママイル標石のところ］も離れていない、アッリア河がティベリス河に流れ込むところで両軍は衝突し、前三九〇年七月一八日、決戦となった。今回もまだだれもが、軍隊に対するようにではなく盗賊に対するかのように傲った気持ちで、向こう見ずにも、経験のない将軍に率いられて戦闘に入った。このときカミッルスは、身分間の争いのために職務から引っ込んでいた。けれどもローマ軍が戦う相手は、野人だった。野人にとっては陣営も、退路の確保なども必要なかったのか。このような野蛮人は死などものともしない勇猛心を持った連中であり、その戦闘の仕方はイタリキには新奇で身の毛もよだつものだった。手に剝き出しの短剣をにぎり、ケルト人は阿修羅のように突撃しては、ローマの重装密集方陣隊《ファランクス》に襲いかかり、これを一撃で薙ぎ倒した。敗北は完璧だった。流れを背にして戦ったローマ人のうち大部分が、河を渡ろうとして途中で落命した。逃れおおせた者は、脇の方、近隣のウェイイに身を投じた。赫々たる勝利を収めたケルト人は、撃破された軍勢の残兵と首都との間に立った。

ローマの占領　首都ローマは、敵に対して絶望的な形で身を曝していた。その地に留まっていたり、その地へと逃れてきた少数の軍勢では、城壁を確保するには充分とは言えなかった。戦闘後三日たって、勝者は、開かれた城門から町へと雪崩込んできた。勝利者がなしうることにまず第一に手を付けていたならば、町のみならず国家さえ失われてしまっていたであろう。短かい空白のときが、神聖なものを避難させたり隠したりすることを可能にした。より重要だったのは、城塞を確保し緊急用の食料品を備えることであった。武器を持てない者は、だれ一人として城塞に入ることは許されなかった。全員分の食料があるわけではなかったのである。無防備の群衆は、近隣の諸都市へと散っていった。しかし多くの人々、とりわけ高貴な家の老人の多くは、町の破滅後も生き延びようという気にはなれず、自分たちの家にこもって、蛮人の剣による死を待っていた。彼らはやってきた。そして殺戮し、略奪した。人間であろうと物であろうと、手当たり次第だった。結局は、カピトリウムの下のローマ人の守備隊の目の前で、町のあらゆるところに火が点けられた。ところが彼らは包囲戦術を知らず、険しい城塞の岩山の封鎖は長引き、困難を極めた。巨大な群れの軍勢の食料は、武装された別働隊が運んできたにすぎず、これを近隣のラテン人諸都市の市民団が、とりわけアルデア人が、しばしば勇敢に、また幸運にも恵まれて襲ったのであった。それでもケルト人は、彼らのおかれた状況からすれば比類ないエネルギーでもって七ヵ月間も岩山の下で持ちこたえた。一方、守備隊は、漆黒のある夜、カピトリウムの神殿の聖なるガチョウの鳴き声と、勇敢なマルクス・マンリウスの偶然の目覚めとによって、奇襲をのがれたにすぎず、彼らにはすでに食料品も残り少なくなりはじめていた。そのとき、新たに獲得したセノネス族のポー河畔の地へウェネティ人が侵攻してきたことが、ケルト人に報告されたのであった。そしてこのことが彼らに、引き上げのために差し出された身代金を受け取らせることになった。ガッリア人があざけりながら剣を投げ出したこと——ローマの黄金との釣り合いをとるということだろうが——は、事情をきわめて正しく表現するものであった。蛮人たちの鉄の力は勝利をものにしたものの、彼らは自分たちの勝利を売り飛ばし、そうすることで勝利を失ってしまったのである。

実りなきケルト人の勝利　敗北や大火災という恐るべき破局、七月一八日とアッリア河、聖なるものが埋められた場所や、城塞の奇襲が撃退された地点のことなど、前代未聞の事件の詳細は、すべて同時代人の記憶から後世の人々のファンタジーへと移り行き、我々も、配置された哨兵よりも、あの世界史に名をとどめる「カピトリウムの神殿の」ガチョウが不寝番ぶりを示して以来、現実にはすでに二〇〇〇年が流れ去ったことを、まだほとんど理解できないでいる。しかしそれでも——将来いつかケルト人が侵寇した際にはいかなる法的特権も軍務からの免除を与えるものであってはならないということがローマでは規定されたにしても、またローマでは町の占領からの年によって日付が算定されることになったにしても、さらにこの事件は当時の文明化された世界全体に反響を及ぼしギリシア語の年代記にまでそれが見られるにしても——、アッリアの戦闘とその帰結は、重大な結果を伴う歴史的な事件にはほとんど数えられない。それは、政治的な状況をなんら変えるものではなかったからである。ガッリア人が黄金をもって撤退したとき——後に創作された下手くそな話では、英雄カミッルスがそれをローマに取り戻したことになっているが——、また逃亡者が再び家へ帰れるようになったとき、市民団はウェイイに移住すべきであるという馬鹿げた考えが、何人かの臆病で用心深い政治家によって示されたが、カミッルスの高邁な反対演説によって撤回された。家々は瓦礫の山から、急いで不規則な形ではあるが建て直され――ローマの狭い曲がりくねった街路は、この時代に由来するものである――ローマもかつての指導的な地位を回復したのである。実際この事件は、たとえ最初の瞬間においてではなくても、エトルリアとローマの敵対関係をやわらげるのに、また何よりもラティウムとローマの間の協調の絆をより固いものにするのに、著しく寄与したということは、ありえないことではない。ガッリア人とローマ人との戦いは、ローマとエトルリア、あるいはローマとサムニウムとの戦いとは異なり、お互いに条件を出し決定する二つの政治的強国の衝突ではなかったのである。それは自然の大惨事にも準《なぞら》えるべきものであろう。そして有機体組織は、もし破壊されなければ、その後まもなく再び元に戻るのである。

　ガッリア人は、なおもしばしばラティウムに立ち戻ってきた。そこで前三六七年には、カミッルスが彼らをアルバのそばで撃破した――これは、六度「コンスル職権を持った武官」に、五度独裁官になり、四度カピトリウムの上で凱旋式の行進をする老雄の最後の勝利だった。前三六一年には、独裁官ティトゥス・クィンクティウス・ペンヌスが彼らに対して町から一ドイツマイル［五英マイル弱］と離れていないアニオ河の橋のところに陣を布いたが、戦闘に入る前にガッリアの大軍はカンパニアに向かってさらに進軍していった。また前三六〇年には、独裁官クィントゥス・セルウィリウス・アハラがコッリナ門の前で、カンパニアから戻って来つつある大軍と戦った。さらに前三五八年には、独裁官ガイウス・スルピキウス・ペティクスが、彼らを激しく撃破・敗北させた。前三五〇年には、彼らは冬の間もアルバの山に野営し、海岸ではギリシア人の海賊と略奪品をめぐって競い合ったが、それも有名な将軍の息子ルキウス・フリウス・カミッルスが、翌年に彼らを追い払うまでのことだった。この出来事は、同時代人のアリストテレス（前三八四―前三二二年）もアテナイで耳にしている。しかしこれらの略奪行は、どんなに恐ろしく厄介なことであろうとも、政治的な重要事件に比べれば偶然の災難と言うべきものであった。その最も重大な結果は、ローマ人が、自らにとっても外国にとっても、ますます広い範囲で、恐ろしい蛮族の衝撃に対してイタリアの文明化した諸民族を守る塁壁と見做されていったということである。これはその後の世界的地位を、人が考える以上に押し進めた見方であろう。

エトルリアにおけるローマのさらなる征服～南エトルリア、ローマ領に　トゥスクス人は、ウェイイを攻め立てるためにケルト人のローマ襲撃を利用したが、何も成し遂げられなかった。不充分な兵力のまま現われたからである。そして蛮族がほとんど撤収してしまったとき、ラティウムの重い腕が、その重さを減ずることなくトゥスクス人に振り下された。

　エトルリア人の幾度もの敗北の後、南エトルリア全土がキミニウスの丘陵にいたるまでローマ人の掌中に落ちた。ローマ人は、ウェイイ、カペナ、そしてファレリイの領域の中に四つの新しい市民地区《トリブス》を設け（前三八七年）、ストリウム（前三八三年）とネペテ（前三七三年）の要塞を設置して北境の安全を確保した。急速な足取りでローマ人植民者によって蔽われたこの実り豊かな地帯は、完全なるローマ化に向かって進んだ。前三五八年頃、たしかに最も近いエトルリア人の町々、すなわちタルクィニイ、カエレ、ファレリイは、ローマの侵害に対して反抗しようとした。そして、こうした侵害がエトルリアで喚び起こした敵愾心がいかに根深いものだったかは、第一回目の遠征で生まれたローマ人の捕虜がことごとく――三〇七人だが――タルクィニイの広場で惨殺されたことが示していよう。しかしこれは、まさに無力さからの憤激だった。

和平にあたって（前三五一年）カエレは、ローマ人にいちばん近かったため最も重い懲罰を科せられ、領土《マルク》［国境の土地］の半分をローマに割譲し、自分の手に残った狭い領域をもってエトルリア人の同盟から離れ、ローマと服属関係に入らなければならなかった。ローマはこのところ、個々のラテン人共同体の中では最も先に成長していた。しかし、このようにずっと離れた、共同体ローマとは血筋の点で異なった共同体に、ラティウムの服属共同体にはまだ残っていたのと同じ自治体としての自主独立性を許しておくというのは、当を得たことではないように思われた。共同体カエレにはローマ市民権が与えられたが、ローマにおける選挙権も被選挙権もないばかりでなく、自治権を奪われた形のもとであったので、司法行政や人口・財産査定《ケンスス》などの業務には自分たちの役人の代わりにローマ人の役人が登場し、ローマの法務官の代理（praefectus［長官］）がその地で行政を管理した。服属に関して、ここで初めて登場する国法上の形によって、これまで自立していた国家が、法的には存続するものの、いかなる独自の活動も奪われた共同体へと変えられたのである。ファレリイはそのもともとのラテン人としての民族的性格をトゥスクス人の支配のもとにあっても守り抜いてきたのだが、その後さほど経たない頃（前三四三年）、そのファレリイもエトルリア人の同盟から脱し、ローマとの永続的な同盟に入った。それでもって南エトルリア全土が、ローマの至上権のもとにいずれかの形［カエレ型かファレリイ型］で服することになったのである。タルクィニイとおそらく北エトルリア全体は、四〇〇ヵ月の平和条約によって長期間拘束することでよしとされた（前三五一年）。

北イタリア平穏となる　北イタリアでも、入り乱れ衝突をくり返していた人々が、次第に持続的な具合に、より限定された境界の中で落ち着いていった。アルプスを越えての移動は止んだ。一部はおそらく、以前より狭くなった故郷におけるエトルリア人の絶望的な防衛と強力なローマ人の真剣な抵抗のために、一部はおそらく、我々にはよく知られていない、アルプスの北での変化のためにである。アルプス山脈とアペニン山脈との間の、アブルッツォまでのところでは、今や概ねケルト人が支配民族であり、とりわけ平地および豊かな牧草地の主人であった。しかし彼らのだらけた表面的な定住の仕方では、その支配が、新たに獲得した地方の深くまで根を張らなかったし、決して独占的な領有にまではいたらなかった。アルプスの地ではどうであったか、またそこでケルト人の定住者は古くからのエトルリア人もしくは他の種族とどれくらい混じり合ったのかは、後のアルプスの民の民族性に関する我々の不充分な知識では処理することは許されない。ただ今日のグリゾン（グラウビュンデン［スイス東部の州］）やティロルにおけるラエティ人だけは、たぶんエトルリア系の血筋の者と見做してもよかろう。アペニンの谷々を掌握したのはウンブリア人であったし、ポー河渓谷の北東部分を手中に収めたのは、別の言語を使用するウェネティ人であった。西方の山地ではリグリア人部族が地歩を確保しており、彼らは［南の方は］ピサやアレッツォにまで住んでおり、本来のケルト人の地をエトルリアから遮断していた。

ただ中部の平地だけにケルト人が居を占め、ポー河の北方にはインスブレス族とケノマニ族が、南にはボイイ族が、アリミヌムからアンコン［アンコナ］までのアドリア海沿岸、いわゆるガッリア人の土地（ager Gallicus）には――小部族はここでは触れないとして――セノネス族が住んでいた。しかしこの地域でさえ、エトルリア人の定住地は、少なくとも部分的には存続していたに違いない。それはおよそペルシア人の宗主権のもとでエフェソスやミレトスがギリシア都市であり続けたようなものである。少なくともマントゥアは、その島という位置に守られて、帝政期になってもまだトゥスクス人の町であったたし、ポー河河畔のアトリアでも――そこからは数多くの壺が出土している――エトルリア的な性格が保持されていたようである。スキュラクス［ダリウス大王の命で航海した航海者・地理学者。前四世紀に彼の名前で編集された『航海誌』がある］の名前で知られる、前三三六年頃作成された海岸の記述は、アトリアやスピナの近辺をトゥスクス人の土地と呼んでいる。そしてこのことによってのみ次の点が明らかになろう。すなわち、エトルリア人海賊がはるか第五世紀［西暦前四世紀中頃―前三世紀中頃］までずっといかにアドリア海を騒がせていたかということ、そしてなぜ、シュラクサイの王ディオニュソスがアドリア海の海岸を植民市で蔽ったばかりか、アテナイさえ前三二五年頃に――最近発掘された注目すべき記録が教えているように――、テュッレニア海の私拿捕船［海賊船］から商船を保護するためにアドリア海沿岸に一植民市の設置を取り決めたのかということである。

しかし、多かれ少なかれエトルリア的な性格については、以前の力の発展の断片的な名残りが存在したことは、この地域に関しては主張されてもよいと思う。ここでは、エトルリア民族にはもはや役立つものはなかったとしても、平和裡の通商においても海戦においても、個々人にはまだ何か獲得できるものがあったのである。他方、おそらくこのような半ば自由なエトルリア人は、我々が後にケルト人や一般にアルプスの諸部族に見出す（二〇一頁）ような文明の始まりの段階は終わっていたのである。いわゆるスキュラクスの言葉を借りれば、ロンバルディア平原のケルト人の大群が戦士生活をやめ、持続的な定住生活を始めたのは、部分的にはこうしたエトルリア人の影響があったからだと言えよう。さらに手工業や学芸の萌芽と言うべきものやアルファベットも、ロンバルディアのケルト人に、それどころか今日のシュタイエルマルク［オーストリア南部の州］までのアルプスの諸部族に、エトルリア人を通して受け入れられたのである。

エトルリア本土、平和の中に、また衰退に　このようにして、カンパニアおよびアペニンの北とキミニウスの森の南の地方全体における領有地の喪失後は、エトルリア人にはきわめて狭い限られたものしか残らなかった。力を持ち上昇の努力の見られた時代は、彼らにはもはや永遠に過ぎ去ってしまった。これの対外的な沈下と最も緊密に作用し合っていたのが、民族の内的な衰退である――その芽はもちろん、すでにはるかに早い頃に生まれていたのであろうが。この時代のギリシア人作家の描くところは、エトルリア人の生活のとめどない贅沢ぶりの描写でいっぱいである。第五世紀［西暦前四世紀中頃―前三世紀中頃］の南イタリアの詩人は、テュッレニアのブドウ酒を褒めたたえ、同時代の歴史家ティマイオスとテオポンポスは、エトルリア人女性の貞操［のなさ］とエトルリア人の食卓のさまを描いているが、それは最も劣悪なビザンティンやフランスの不道徳ぶりによもや劣るものではない。これらの報告の中の個々の細部がいかに検証できにくいものであろうとも、それでも少なくとも次のような記載事項は根拠がありそうに思われる。すなわち、剣闘士競技という唾棄すべき娯楽、後期ローマや一般に古代末期の癌となるものが、初めてエトルリア人の間で生まれたということである。ともかくこうしたことは全体として、民族の深刻な退化・堕落についてなんの疑いもいれさせない。エトルリア人の政治状況も、こうした頽廃で充満している。我々の乏しい知識が及ぶ範囲でも、貴族政的な傾向が、ちょうど同時代のローマと同じように圧倒的な形で見出されるが、それはいっそう険しく堕落した形においてであった。ほぼウェイイ包囲の時代の頃、すでにエトルリアのあらゆる国家において成就されていたように見える王政の廃棄によって、個々の都市において貴族の統治が生み出されたが、それは、ゆるい盟約体的な絆によっては、わずかしか制限のつけられないものだったようである。あらゆるエトルリア人都市を、領土防衛のためにでも、まとめることがうまくいったことなど稀にしかなかった。またウォルシニイの名目上の覇権は、ローマの統率によってラテン民族が受け取った強力な力とはかけ離れたものであり、まったく比較にならない。

共同体のあらゆるポストや共同体からのあらゆる利得に関する旧市民の排他的な特権に対する戦い――それは国家ローマさえも崩壊させたに違いないものだが――の外面的な成功によって、圧迫されたプロレタリアートの要求が異民族の犠牲の上にいくぶんかなりとも満足させられ、その野心に別の道が開かれなかったとしたら、氏族制的貴族家門の政治上の独占と、エトルリアでは際立って突出していた神官職の独占とに対するこの戦いは、エトルリアを政治的・経済的・道徳的に破滅させたに違いなかった。巨大な財産、とりわけ土地所有にかかわる富が、少数貴族の手に集中する一方、大衆は貧困化した。このことから生じた社会的な変革は、変革が取り除かねばならなかった困窮を高めてしまった。そして中央権力の無力さのために結局は苦況に追い詰められた貴族たちは、残されたただ一つの手段として、例えばアッレティウムでは前三〇一年に、ウォルシニイでは前二六六年に、ローマ人に援助を求めたのだった。そこでローマ人は、たしかに混乱に終止符を打ったのであるが、同時に自主独立性の残りにも終止符を打ったのである。民族の力は、ウェイイおよびメルプムの日以降は打ち砕かれてしまった。ローマの宗主権から脱するために、たしかにまだ真剣な試みが幾度もなされた。しかしそうした試みがなされたにしても、そのための刺戟はエトルリア人には外から、つまりイタリキの今一つ別の種族サムニウム人から与えられたのである。

第5章　ラテン人とカンパニア人がローマに屈服する

ラティウムにおけるローマの覇権の揺らぎと新たな確立　王政時代が成し遂げた大きな仕事は、覇権《ヘゲモニー》の形によるローマのラティウム支配であった。ローマの国制の変化は、共同体ローマのラティウムに対する関係においても、またラテン人の諸共同体それぞれの内部秩序の点でも、強力な反作用を生まないではおかなかったことは、事の性格上はっきりしているし、それは言い伝えからも浮かび上がってこよう。ローマにおける革命によってローマ人とラテン人との盟約体関係に生じた動揺に関しては、並々ならぬ生き生きとした多彩な色にきらめいていた、あのレギッルス湖畔の勝利についての伝承が証明してくれる。それは、独裁官もしくはコンスルのアウルス・ポストゥミウス（前四九九年？　前四九六年？）が、ディオスクロイ〔ゼウスの子。カストルとポッルクス〕の助けを借りてラテン人に対して勝利を収めたと言われるものである。また、スプリウス・カッシウスが二回目のコンスル職にあったときに（前四九三年）なされたローマとラティウムとの永続的な同盟の更新が、そうした動揺についてよりはっきりと証明してくれる。しかし、これらの話は、まさに主要なことに関しては、つまり新しいローマ共和政とラテン盟約体の法的な関係については、これはといったことは何一つ説明してくれない。そして我々が、このことに関して他に知っていることは、時を越えた形で伝えられているものであり、ただおおよそありそうなこととしてここに組み入れうるにすぎないものである。

ラティウムとローマの間の始原的な法的平等　状況内部の重点が変わるだけで覇権《ヘゲモニー》が次第に支配へと移行することは、覇権《ヘゲモニー》の本質に属することである。ラティウムに対するローマの覇権《ヘゲモニー》も、その例外ではなかった。それは、国家ローマとラテン人の盟約体との基本的な法的平等性を基礎にするものであった（九三頁）が、少なくとも軍事およびそこから得られた戦果の取り扱いに関しては、この平等な関係とは、一方では統一国家間のことであるとともに、今一方では国家の同盟間の関係であり、事実上覇権《ヘゲモニー》を内包していた。もともとの同盟制度によれば、おそらく外国との戦争および条約の権利、したがって政治上の完全な自決権は、ローマもラテン同盟の個々の都市も同じように保持していたはずであり、共同での戦争遂行にあたっては、たぶんローマもラティウムも同じ数の出兵者、原則として各々八四〇〇からなる一軍を出したことであろう。* しかし最高指揮権を行使したのはローマの将軍であり、それゆえこの人は幕僚将校を、つまり部隊指揮官《トリブヌス・ミリトゥム》(tribunus militum)を自分で選んで任命したのである。勝利の暁には、動かしうる「動産の」戦利品も、占領した土地も、ローマと盟約体との間で分けられた。また占領地域に砦を設けることが取り決められたときには、その守備隊と住民が、一部はローマから送り出した者、一部はラテン盟約体から送り出した者によって形成されたばかりか、新しく建設された共同体が、主権を持った同盟国としてラテン人の盟約体の中に受け入れられ、ラテン人の総会[代表者会議]で議席を持つ権利も投票する権利も授けられた。

* 両軍がもともと平等であることは、すでにLiv. 1, 52；8, 8；8, 14 および Dion. Hal. 8, 15 から明らかであり、最もはっきりとはPol. 6, 26 から明らかである。

平等の権利の制限　こうした取り決めは、おそらくすでに王政時代に、そして共和政期にますますはっきりと盟約体にとって不利な形にずらされてゆき、ローマの覇権《ヘゲモニー》をいっそう発展させていった。

盟約体の外国に対する戦争と条約の権利が最も初期に廃止されたことは、疑いをいれない。* 戦争と条約は、それ以後きっぱりとローマの取り扱うところとなった。

* ローマとラティウムとの後の同盟条約の中では、ラテン人の共同体には、自分の分担の兵士を自分の手で動員して、ただそれだけを戦場に送り出すということが禁止されていたと、ディオニュシオスがはっきりと述べている (8, 15)。

ラテン人の軍の幕僚は、古い時代にはおそらく同じようにラテン人であったに違いない。後には、独占的ではないにしても、際立ってローマ市民がそれに任用された。* それに対して、相変わらずラテン人の盟約体には全体として、ローマ人の共同体から提供された兵力以上に強力な分担兵力は要求されなかった。また、ローマの最高指揮官は、ラテン人の分担兵をばらばらにしないで、それぞれの共同体から送られた援軍を特別な部隊として、共同体によって任じられた統率者** のもとにまとめておかねばならなかった。

* ラテン人の幕僚将校は、一二人の「同盟者の指揮官《プラエフェクトゥス・ソキオルム》」(praefecti sociorum)と呼ばれた。後に彼らは、古い重装密集方陣が正規軍団《レギオ》や援軍《アラ》(alae [補助部隊、騎兵隊])へと解体したときに、ちょうどローマ軍の一二人の軍団将校《トリブヌス・ミリトゥム》が二個の軍団《レギオ》にそれぞれ六人ずつ長としておかれたのと同じように、同盟者の分担兵の二個の援軍《アラ》にそれぞれ六人ずつ長としておかれたのである。コンスルが、もともと正規軍団《レギオ》の将校を任命したのと同じように、援軍《アラ》のそれも任命したことは、Pol. 6, 26, 5の言うところである。今や、軍事義務のある者はだれでも将校になることができる(八五頁)という古い法律上の原則によって、ラテン人をローマ人の正規軍団《レギオ》の指揮官に、ま

た逆にローマ人をラテン人の軍団《レギオ》の指揮官に任じることが、将軍に法的にも許されたので、その結果、現実には軍団将校《トリブヌス・ミリトゥム》け……、同盟者の指揮官《プラエフェクトゥス・ソキオルム》は少なくとも通常は、ローマ人であるということがなったのである。

＊＊ これが、中隊の「十人組長《デクリオネス・トゥルマルム》」(decuriones turmarum) と「大隊の指揮官《プラエフェクティ・コホルティウム》」(praefecti cohortium) である (Pol. 6, 21, 1…; Liv. 25, 14；Sall. Iug. 69 他)。当然、ローマのコンスルが法的には——通常は事実上も——最高指揮官だったように、おそらくまったく、あるいは少なくとも実にしばしば、従属都市でも共同体の長が共同体の分担軍の長の位置に据えられていたことであろう (Liv. 23, 1…; Orel. 7022)。たしかに、ラテン人の官職者の通常の名前 (プラエトーレ praetores) 自体、その者が将校であることを表わしている。

動かしうる［動産の］戦利品、また占領した土地の分け前に対するラテン人盟約体の要求権は、形式的には存続した。しかし実際のところは、戦争からの実質的な上がりは、疑いなくすでに古い時代から指導的な国家のものになっていた。同盟の要塞あるいはいわゆるラテン植民市の設置にあたってさえも、通常は思うに大半の移住者がローマ人であり、すべての移住者がローマ人であることも稀ではなかった。そして、たとえこれらの人々が、移り住むことによってローマ市民から盟約体の共同体を構成する市民になったとしても、新しく創り上げられた町は、間違いなく盟約体にとっては危険な、実際の母市に際立って従属した存在であり続けることが多かったであろう。

それに対して、同盟条約が、同盟を結んだ一共同体の個々の市民に、全同盟都市の中において保証した権利は、制限されないままだった。とりわけ土地および動産の獲得、商い［取引と往来］、婚姻と遺言における完全な法的平等が、そして無制限な移動の自由も、その権利の中に含まれていた。それゆえ、同盟市で市民としての権利を得た人は、別のどんな都市にも腰を落ち着ける資格が法的にも認められたばかりでなく、その地でも「法をともにする者《ムニケプス》」(municeps) として、被選挙権は例外として、あらゆる私法上および政治上の権利・義務を分かち合った。それどころか少なくとも、地区《トリブス》ごとに招集された共同体の集会 (comitia tributa［トリブス集会］) において——もちろん制限されたやり方ではあるが——投票する権限が付与されたのである。＊

＊ こうした居留民《メトイコイ》は、本当の市民のように一度決まったらずっと一定の投票地区《トリブス》に分けられるのではなく、個々の投票の前に、居留民《メトイコイ》が今回投票せねばならない地区《トリブス》が籤で決められたのである。おそらくこれによって実際には、ローマのトリブス集会で一票投ずることがラテン人に認められる結果となったのであろう。どこかある地区《トリブス》の中に場所をもつことがケントゥリア集会での正規の投票権の前提だったので、居留民《メトイコイ》がケントゥリア集会でもともに投票したかどうかは分からないが、同じような籤での取り決めがこの市民集会についても定められていたに違いない。クリア集会に関しては、彼らは平民《プレブス》と同じようにこれに加わっていたことであろう。

共和政の初期の時代には共同体ローマとラテン人の盟約体との関係は、だいたい右のような具合だったであろう。しかし、その中のいかなるものが古い規定に、またいかなるものが前四九三年の同盟の修正に起源を持つのかは、我々には解決できない問題である。

模範的な国家に基づくラテン共同体秩序の変革　ラテン人の盟約体に属する個々の共同体の構造・秩序の改変はかなりの確率で、コンスルを軸とするローマの国制を範とした改革と見做され、またそれと関連づけられるだろう。というのも、たとえ様々な共同体が非常にうまくそれぞれ独立して王政自体の廃止を成し遂げたとしても（二二八頁）、共同体ローマの制度やラティウムの他の共同体の制度に見られる、*年々交代する新たな王の呼称の共通性は、独特な同僚制原理の広範囲にわたる適用と同様に、明らかに外的関連性があることを示しているからである。タルクィニウス一族のローマからの追放後のいつか、まったくラテン人の共同体秩序がコンスルを軸とする国制の型に則って修正されたに違いない。

* 通常は、よく知られているように、ラテン人の共同体は二人の法務官《プラエトル》のもとにある。それと並んで、いくつかの共同体には、単独の役職者が登場することがあり、その中には独裁官《ディクタトル》という称号を持つものもいる。——アルバ（Orelli-Henzen, 2293）、トゥスクルム（三一九頁注）、ラヌウィウム（Cic. Mil. 10, 27；17, 45；Asc. Mil. p. 32 Orelli. Orelli, 2786. 5157. 6086）、コンピトゥム（Orelli, 3324）、ノメントゥム（Orelli, 208. 6138. 7032；vgl. W. Henzen in Bulletino dell' Istituto 1858, S. 169）、そしてアリキア（Orelli, 1455）などがそうである。これに加えられるのが、投票権のない都市（civitas sine suffragio）カエレに見られる似たような独裁官《ディクタトル》である（Orelli, 5772；Garrucci, Diss. arch. Bd. 1, S. 31も。誤ってストリウムとしているが）。さらにはフィデナエの同じ名前の役職者も（Orelli, 112）。こうした役職者もしくは役職者から生まれる神官たちもすべて（カエレの独裁官《ディクタトル》は、Liv. 9, 43によれば、Anagninis——magistratibus praeter quam sacrorum curatione interdictum［アナグニア人に——宗教的な儀式の管理をする人以外いかなる政務官にも、許されない……］と解されている）、一年任期である（Orelli, 208）。マケルの記事や彼からとった年代記作家の記事にも、アルバはその陥落の時代にすでに、王のもとにではなく、年々交替する独裁官《ディクタトル》のもとにあったとあるが（Dion. Hal. 5, 74；Plut. Rom. 27；Liv. 1, 23）、おそらく、間違いなくノメントゥムのものと同じ年々の聖職者たるアルバの独裁官《ディクタトル》職という、マケルがよく知っていた制度に由来するものだったであろう。その叙述にあたっては、その上、原作者の民主派的な立場が一役買っていたであろう。推論が妥当かどうか、またたとえアルバがその解体の時代に終身の支配者のもとにあったとしても、ローマにおける王政の廃止が、アルバの独裁官《ディクタトル》職の一年任期の職への変化を、後にもたらしえたのではないかという点も、不確かである。

これらのラテン人の政務官職制のすべてが、事実の点でも、またとりわけ名称の点でも、ローマにおいて革命によって確立された秩序と、政治的な状況の単なる類似性によっては十分に説明がつかない形でも、一致しているのである。

ところでもちろん、ラテン人の国制の、指導的な都市の制度へのこのような同調は、ありえたにしても後の時代に行なわれたことであろう。しかし内的な可能性としては、むしろ次のような捉え方が有利である。つまりローマ貴族は、終身の王政の廃止を自分の手で引き起こしたのち、ラテン人の盟約体の諸共同体にも同じような国制変革を要求し、ローマ・ラテン同盟の存続自体を疑わしいものにしていた深刻な抵抗にもかかわらず——一部は追い払われたタルクィニウス一族が、一部は王家を出す氏族一門や、ラティウムの他の共同体の王政に好意的な立場の党派が、そうした抵抗運動を行なったようであるが

——、結局はラティウム全土に貴族支配を導入したということである。まさしくこの時代にあたるエトルリアの強力な力の発展、ウェイイの人々の絶え間ない攻撃、ポルセナの出兵——これらは基本的には、次のようなことに役立ったことであろう。すなわち、ラテン民族の一旦確立した統一の形を、つまりローマの宗主権を持続的に是認し護持すること、そしてそのために、多くの点で疑いなくラテン人の共同体の懐でもすでに準備されていた国制変革、いやむしろ覇権《ヘゲモニー》の権利の増大すら黙認するということである。

ローマおよびラティウムの東方と南方への拡大　永続的に統一された民族は、あらゆる方面に向かって自己の権力の座を主張するばかりでなく、それを拡大してゆくこともできた。エトルリア人がほんの短期間だけラティウムに対する至上権を握っていたこと、またここでは状況はすぐに再び、彼らが王政時代に持っていた位置へと戻ったことは、すでに述べたところである（三〇〇頁）が、ローマの国境の本当の拡大は、この方向に向かっては、ローマからの王の追放後一世紀以上経ってようやく生まれたことだったのである。

サビニ人に対して　サビニ人は、ウンブリア人の国境からティベリス河とアニオ河の間の地帯まで下る中部山岳を占めており、またローマの始まりにあたる時期にはラティウム自体にまで、戦いかつ占領しながら押し進んでいたが、その彼らとローマ人は直接の隣人関係にあったにもかかわらず、時代が下ってもあまり接触はなかった。東方および南方の隣人の死にもの狂いの抵抗に、サビニ人がわずかしか関与しなかったことは年代記の記述からでも明らかになる。より重要なことは、ここでは、とりわけウォルスキ族の領域にあのように数多く設けられた巨大な根城にはまったくお目にかからないということである。おそらくこのことは、サビニ人の大群が他ならぬこの頃南イタリアに雪崩込んできたことと関連しているのであろう。ティフェルヌス河とウォルトゥルヌス河の岸辺の快適な場所に誘われて、ティベリス河の南の地域が戦場だったのに、彼らはその戦いにあまり介入してこなかったらしい。

アエクィ人とウォルスキ人に対して　はるかに激しく持続的だったのは、アエクィ人とウォルスキ人の抵抗だった。前者は、ローマの東、トゥラノとサルトの渓谷に、またフキヌス（フチノ）湖の北岸に住んでいて、サビニ人やマルシ人と境を接していた。*後者のウォルスキ人は、アルデアのまわりに居を占めているルトゥリ人の南、南方に向かってはコラまで拡がるラテン人の南、リリスの流れの河口近くまでの海岸を、その前面にある島嶼も含めて、また内陸部はリリスの全流域を占めていた。この両部族との毎年繰り返される争いは、ローマの年代記の中に報告されているが、そこでは多方面に甚大な影響を及ぼした戦争とあまり重要ではない小競り合いとがほとんど区別されておらず、歴史的な関連もまったく脇に追いやられているので、ここで語るべきではなかろう。持続的な成果を指摘すれば充分である。はっきり分かっているのは、ローマ人とラテン人にとって、アエクィ人をウォルスキ人から分かち、彼らの間の連携を抑えることが、何よりも肝要だったということである。アルバ山塊の南斜面、ウォルスキの山とポンプティヌスの湿地の間の地帯では、その上さらにラテン人とウォルスキ人とが初めて接触し、お互いに混じり合って住んだようである。** ラテン人はこの地帯にと、国境を越える第一歩を踏み出したのであり、外国の地に同盟の要塞、いわゆるラテン植民市が初めて設けられたのである。平野部では、ウェリトラエ（前四九四年頃と言われる）がアルバ山塊の下に、またスエッサがポンプティヌスの低地に、山中にはノルバ（前四九二年頃と言われる）とシグニア（前四九五年に［植民市として復活・］強化されたと言われる）が設けられたが、後の両者は、アエクィ人とウォルスキ人の土地が接する地点にあった。

* アエクィ人の土地は、ティブルの上部のアニオの渓谷や、後のラテン植民市カルシオリ（上トゥラノにのぞむ）の領域、またアルバ（フキヌス湖畔）を含んでいたばかりではない。アエクィクリ人の後の自治市の領域も含んでいる。このアエクィクリ人とはアエクィ人の残滓以外の何ものでもなく、アエクィ人には、ローマ人による征服後、またその領域の大部分がローマ人もしくはラテン人の植民者に分割割り当てられた後、地方自治市としての独立性が残っていたのである。

** どう見てもウェリトラエは、たとえ平原の中にあってもともとウォルスキ系であったとはいえ、やはりラテン植民市であり、それに対して、コラはウォルスキの山地の上にあって本来ラテン系である。

ヘルニキ人との同盟　ラテン人とローマ人との同盟にヘルニキ人を加入させることによって、目標はより完璧に達成された（前四八六年）。これによって、ウォルスキ人を完全に孤立させ、同盟に、南方および東方に住むサベッリ系諸部族に対する防壁を提供することになったのである。なぜ弱小の部族に、協議においても戦利品の分け前に関しても、二つの別の部族と完全に同等な権利が与えられたかは、だれでも理解できよう。より弱体のアエクィ族は、それ以降あまり危険ではなくなった。ときどきこの人々に対して掠奪を企てるだけで充分であった。ルトゥリ人も、海岸平野では南でラティウムと境を接していたが、夙に屈服していた。彼らの都市アルデアは、すでに前四四二年にラテン植民市に変えられていたのである。*

* その後あまり経たないうちに、アリキアの森にネムス・ディアナエ（nemus dianae［ディアナの林苑］）の建設が行なわれたに違いない。それは、カトーの記すところによれば（orig. p. 12 Jordan）、トゥスクルムの独裁官《ディクタトル》が、古ラティウムの都市共同体トゥスクルム、アリキア、ラヌウィウム、ラウレントゥム、コラとティブル、および二つのラテン植民市（したがってそれは最後にある）スエッサ・ポメティアとアルデア（populus Ardeatis Rutulus）のために行なったものであった。プラエネステと古ラティウムの小共同体が落ちているのは、やむをえないことにせよ、当時のラテン同盟の全共同体が、奉献に参加したのではないことを示している。奉献が前三八二年以前のことだという点は、ポメティアの登場（三二一頁注）が証明していよう。そして一覧表は、他の根拠から、同盟の存在状況がアルデアの加入後あまり経たない頃と立証されることに、完全に一致している。

建立について伝えられている年の数字には、最古の伝承の大部分よりも信頼をおいてもよいだろう。それは、イタリアの諸都市に共通の「都市建設以降」という年代計算が、どう見ても直接の伝承によって植民市建設の年を保持していたからである。

より真剣に抵抗したのはウォルスキ人だった。すでに述べたところだが、ローマ人が彼らから勝ち取った最初の有名な成果が、前三九三年のキルケイイの建設であったことは充分注目に値する。この町は、アンティウムとタッラキナがまだ自由であった間は、海路によってのみラティウムと連絡がとれていたのである。アンティウムの占拠はしばしば試みられたし、一時的には前四六七年に成功した。しかし前四五九年に、町は再び解放された。そしてガッリア人の焼き討ち後、熾烈な一三年にわたる戦争（前三八九―前三七七年）の結果、ようやくローマ人はアンティウムとポンプティヌスの領域において決定的な優位を確保した。アンティウムから遠くないサトリクムには、前三八五年にラテン植民市が配置され、その後ほどなくして、おそらくアンティウム自身も、同じくタッラキナもそのようになった＊。ポンプティヌスの地は、要塞セティアの設置（前三八二年。前三七九年に強化された）によって安全が確保され、前三八三年およびその翌年に分配農地と市民地区《トリブス》とに分けられた。それ以降、ウォルスキ人は、たしかにまだ叛乱を起こしはしたが、もはやローマに対していかなる戦争もあえて行なわなかった。

＊　両者は、前三八二年頃のいわゆるカッシウスの表にはラテン共同体［ラテン植民市］として出てこない。しかしながら前三四八年のカルタゴとの条約には現われている。したがって、その間の時期に町はラテン植民市になったのである。

ローマ・ラテン同盟の内部の危機　しかし、エトルリア人、アエクィ人、ウォルスキ人、ルトゥリ人に対してローマ人、ラテン人、ヘルニキ人の同盟がますます決定的な勝利を収めるにつれて、同盟から協調の姿勢が消えていった。その原因は、一部にはローマの覇権《ヘゲモニー》的な力の増大にあった。それは、すでに述べたように、内的な必然性と当時の状況の関係から発展したものだが、それでもラティウムに重い負担をかけざるをえなかったのである。原因の他の一部は、指導的な共同体の個別的な陰険な不公正さにあった。それに関係しているのが、とりわけ前四四六年のアルデアにおけるアリキアの人々とルトゥリ人との間の恥ずべき仲裁裁定であった。その際、ローマ人は、両共同体の間の係争中の境界領域について調停のために呼び出されたのに、その土地を自分のものとしてしまったのである。そしてアルデアにおいてこの裁定をめぐって内紛が起こったとき、アルデアの民衆はウォルスキ人に味方しようとし、貴族の方はローマについたので、すでに述べたように、この富裕な町にローマ人の植民者を送り出すことに、この争いがさらに破廉恥な形で利用され、植民者の間で、反ローマ派の支持者の土地がすっかり分けられてしまった（前四四二年）。しかし、なぜ同盟が内部的に解体してしまったかという主たる原因は、まさしく共通の敵を制圧してしまったことにあった。それぞれがお互いを必要としないと考えるようになったときに、一方の寛容と他方の献身が終わりを告げたのである。一方にラテン人とヘルニキ人、他方にはローマ人という、公然たる決裂への最初のきっかけをもたらしたのは、一部は、ケルト人によるローマの占領とそれによって引き起こされた一時的な弱体化であり、また一部はポンプティヌスの地の決定的な占拠と分割とであった。これまでの同盟者は、すぐに戦場で対峙することになった。ラテン人の義勇兵は、すでにアンティウムの人々の最後の絶望的な戦いに多数加わっていた。今や、最も名の知られたラテン人都市のラヌウィウム（前三八三年）、プラエネステ（前三八二―前三八〇、前三五四年）、トゥスクルム（前三八一年）、ティブル（前三六〇、前三五四年）、それにウォルスキ人の地にローマ・ラテン同盟によって設けられた要塞のいくつかまで、つまりウェリトラエやキルケイイのようなところまでが、武力で制圧された。それどころか、ティブルの人々はローマに対抗して、まさしく今一度侵入してこようとするガッリア人の大群と手を組んで事を起こすことさえはばからなかった。しかし、申し合わせた蜂起は起こらなかったし、ローマは造作なく、それぞれの町を制圧した。それどころか、トゥスクルムは政治的独立を放棄し、服属する共同体としてローマの市民連合の中に入る（civitas sine suffragio［投票権を持たない市民団（都市、国家）］）よう強要されさえした（前三八一年）。そこでこの町は、城壁も、たとえ限られていたとはいえ自治権も、したがって自分たちの役職者も自分たちの市民集会も保持はしたが、それに対して、ローマ市民としてのトゥスクルム市民は、選挙権も被選挙権も奪われた。これは、全市民団が共和政国家ローマ［公共体ローマ］に従属共同体として合併された最初の事例である。

同盟条約の更新　ヘルニキ人との戦い（前三六二―前三五八年）はもっと深刻であった。この戦いでは、平民《プレブス》に属する最初のコンスル格最高指揮官ルキウス・ゲヌキウスが落命した。ところが、ここでも勝利を得たのはローマ人だった。危機は、ローマとラテン人盟約体、およびローマとヘルニキ人盟約体の間の条約が前三五八年に更新されることで終結した。条約の詳しい内容は知られていないが、明らかに両盟約体はもう一度、おそらくより厳しい条件のもとでローマの覇権《ヘゲモニー》に従うことになった。同じ年に設立された、ポンプティヌスの領域における二つの新しい地区《トリブス》は、力強く前進するローマの力をはっきりと示すものである。

ラテン盟約体の終結　たとえそれが、今述べたラティウムのローマに対する反抗の結果であったのか、それとも――もっとありうることだが――その原因であったのか、はっきりと確定することはできないにしても、ローマとラティウムの関係における右のような危機と明らかに関連して、前三八四年頃、ラテン盟約体が終結をみた。*

* ディオニュシオスによって伝えられている三〇個のラテン人同盟都市の一覧表（5, 61）――それは我々のもっている唯一のリストなのだが――の中には、アルデア人、アリキア人、ボウィッラエ人、ブベントゥム人（場所不明）、コル人（たぶんコラ人）、カルウェントゥム人（場所不明）、キルケイイ人、コリオリ人、コルビオ人、カブム人（たぶんアルバの山麓のカベンセス人。Bulletino dell'Istuito 1861, S. 205）、フォルティネア人（不明）、ガビイ人、ラウレントゥム人、ラヌウィウム人、ラウィヌム人、ラビキ人、ノメントゥム人、ノルバ人、プラエネステ人、ペドゥム人、クエルクエトゥラ人（場所不明）、

サトリクム人、スカプティア人、セティア人、ティブル人、トゥスクルム人、テッレナエ人（場所不明）、トレリウム人（場所不明）、そしてウェリトラエ人の名前があがっている。加入の権利を持っている共同体、すなわちアルデア（Liv. 32, 1）、ラウレントゥム（Liv. 37, 3）、ラヌウィウム（Liv. 41, 16）、ボウィッラエ、ガビイ、ラビキ（Cic. Planc. 9, 23）のような町へのたまさかの言及は、このリストと一致する。ディオニュシオスは前四九八年のローマに対するラティウムの宣戦に際してこれを伝えており、それゆえ、ニーブールが行なったように、このリストを前四九三年のよく知られた同盟の更新から借りてこられたものとする推定も、当然可能である。ところが、ラテン語のアルファベット順に並べられたこのリストの中では、gという文字が、十二表法の時代にはまだはっきりと占めていなかった場所、第五世紀［西暦前四世紀中頃—前三世紀中頃］以前にはそれが占めることが困難な場所（Mommsen, Die unteritalischen Dialekte. Leipzig 1850, S. 33）に登場しているから、リスト自体は、はるかに新しい史料から借用されたものであるに違いない。それを、後にラテン盟約体の正規のメンバーと見做された、そしてまたディオニュシオスがそれを、彼の教訓・実用化［体系化］する習性からオリジナルな数として呈示した、そうした場所のリストだと考えるのが、最も単純な推定であろう。期待されるように、ただの一つの非ラテン人共同体も、このリストの中には現われない。それはまったくもともとのラテン市の場所、もしくはラテン植民市の設けられた場所を列挙しているだけである。コルビオやコリオリは、だれも例外とは主張しないであろう。今この記録とラテン植民市のリストを比較すれば、前三八二年までにスェッサ・ポメティア、ウェリトラエ、ノルバ、シグニア、アルデア、キルケイイ（前三九三年）、サトリクム（前三八五年）、ストリウム（前三八三年）、ネペテ（前三八三年）、セティア（前三八二年）が建設されている。最後の三つのほぼ同時代のもののうちで、非常にありうるのは、二つのエトルリアの町であり、セティアよりもいくぶん後という日付が入れられよう。あらゆる町の創設は、やはりある一定の期間を必要としたからであり、我々のリストがわずかな不完全さをも免れたということなどありえないからである。このように想定すれば、リストは、前三八二年までに完成された全植民市を含んでいることになる。その際、その後すぐにリストから除外されたサトリクム——前三七七年に破壊された——とウェリトラエ——前三三八年にラテン権を剝脱された——という二つも一緒に入っている。ただスェッサ・ポメティアが欠けているが、それは疑いなく、前三八二年以前に破壊されていたからであり、またシグニアが欠けているのは、おそらく、ただ二九の名前をあげているディオニュシオスのテクストに、ΣΗΤΙΝΩΝ のあとに ΣΙΤΝΙΝΩΝ が脱落しているからであろう。このことと完全に一致して、このリストには、同じく前三八二年以降に設けられたラテン植民市がすべて、またオスティア、アンテムナエ、アルバのように前三八四年以前に共同体ローマに合併された場所もすべて落ちている。それに対して、トゥスクルム、ラヌウィウム、ウェリトラエのように後に合併されたものは、リストの中に残っている。

プリニウスの時代には消えてしまったが、かつてはアルバの祭りに関与した三二の集落について、プリニウスによって伝えられている一覧表では、ディオニュシオスにも存在する（というのは、プリニウスのクスエタニ人はディオニュシオスのカルウェントゥム人であるようなので）七個を引いた後にまだ二五が残っており、大抵が知られていない集落であり、疑いなく一部は、一七の投票権なき共同体、大部分がまさにアルバの祭り仲間の最古の、しかも後にはその資格も取り上げられた構成員であり、一部は他の没落したりあるいは締め出された同盟構成員のいくつかであった。そのうちの後者には、何よりも、プリニウスによっても名のあげられた古い近郊の町アルバが入る。

ローマおよびラティウムの人々によって建てられた主権をもつ都市はことごとく、これまでの法によれば、同盟の祭りや同盟の会議に参加する権利のある地方自治体に入れられた。それに対して、別の都市に併合され、したがって政治的には消滅した形の共同体はことごとく、同盟構成者の列から除外されたのである。しかしその際、ラテン人的な手法によって、三〇個の同盟関係にある共同体という一度確定した数は次のようなやり方で固く保持された。それは、参加する都市のうち、三〇を決して越えず、また決してそれより少なくならない都市が選挙権を持ち、後に加入したとか、些細なことのため、あるいは犯した罪のために不利に扱われることになった［資格を剝奪された］共同体のいくつかは、投票権を持たない、というやり方であった。こうして前三八四年頃の盟約体の現在数は次のような具合であった。古ラテン人の集落の中では、いくつかの現在は消えてしまっているもの、あるいは位置も分からないものは除き、自治を守り投票権もあるものとしては、ティベリス河とアニオ河の間のノメントゥム、アニオ河とアルバ山地の間のティブル、ガビイ、スカプティア、ラビキ*、ペドゥム、そしてプラエネステ、アルバ山地の麓ではコルビオ、トゥスクルム、ボウィッラエ、アリキア、コリオリ、そしてラヌウィウム、ウォルスキの山々の中ではコラ、最後に海岸平野にはラウレントゥムが存在した。それに加わったのが、ローマやラテン同盟によって設けられた植民市であった。かつてのルトゥリ人の領域ではアルデア、ウォルスキ人の領域にはサトリクム、ウェリトラエ、ノルバ、シグニア、セティア、それにキルケイイがそれである。そのうえ、一七の別の集落が――名前ははっきりしないが――投票権は持たないにしても、ラテン人の祭りへの参加の権利は持っていた。こうした部分的な権利を持つ集落が四七、投票権をもつ集落が三〇あるという数的状況の上に、ラテン盟約体はそれ以降変わることなく存続したのである。後に建てられたラテン共同体は、ストリウムやネペテ（三一〇頁）、アンティウム、タッラキナ（三二〇頁）、カレスのように、この盟約体には組み入れられなかった。また後にその自治権を奪われたラテン共同体、トゥスクルムやラヌウィウムのようなところは、リストからは抹消されなかった。

＊　たしかにリウィウスの教えてくれるところでは（4, 47）、ラビキは前四一八年には植民市になっていた。しかし、ディオドロスがこのことについて何も語っていないこと（13, 6）は別にして、ラビキは、一つには町が海岸に面して位置しておらず、また一つには後になってもまだ自治権を所有していたようなので、市民植民市になっていたということはありえない。また、本来のラティウムに設けられたラテン植民市の例は他に一つもなく、創設の性格上ありえないので、ラテン植民市でもありえない。最もありうるのは、他の場合と同じようにここでも――とくに、割り当てられた農地の広さが二ユゲラと言われているので――、市民への一般の分配地が、植民者の分配地と混同されているということである（一七三頁注）。

ラティウムの国境の確定　盟約体の関係がこのように幕を閉じたことと、ラティウムの範囲の地理的な確定は結びついている。ラテン人の盟約体がまだ開放的であったあいだは、ラティウムの国境も、新しい同盟市の建設とともに広がっていった。ところが、後に設けられたラテン植民市は、アルバの祭りに参加しなかったように、地理的にもラティウムの一部とは見做されなかった。したがって、アルデアやキルケイイはラティウム人の地に属すると見做されたのに、ストリウムやタッラキナはそうではなかったのであろう。

後期のラテン権都市の私法的な孤立　しかし、前三八四年以降にラテン権を授けられた場所は、盟約者の仲間から外されたばかりではない。そうした集落は、私法上もお互いに孤立した存在であった。これらの共同体の各々が、なるほど共同体ローマとは通商関係や、おそらく婚姻関係も結べた（commercium et conubium）が、他のラテン共同体とはそれが許されなかったのである。したがって例えばストリウムの市民が、たしかにローマでは一画の農地を完全な所有地として持てたのに、プラエネステではそれができず、またローマ人の女性からは合法的な子供を設けることができたのに、ティブルの女性からはそれができなかった。*

＊　かつてのラテン人の古い完全な法的共同社会［相互関係］のこのような制限は、たしかにまず第一に前三三八年の条約更新の中に現われる（Liv. 8, 14）。しかし孤立化の仕組み――この制限が本質的な部分をなしていた――は、まず第一に、前三八四年から実行されたラテン植民市建設のために始まり、前三三八年にはただ一般化されただけなので、ここでこの革新が指摘されることになったのであろう。

個別的な同盟の禁止　さらにこれまでは、盟約体の中ではかなり自由な行動が許されており、例えば六個の古ラテン共同体、アリキア、トゥスクルム、ティブル、ラヌウィウム、コラ、そしてラウレントゥムと二つの新ラテン共同体のアルデアとスエッサ・ポメティアが、共同でアリキアのディアナに聖域を奉献することが許されていたが（三一九頁注）、ローマの覇権《ヘゲモニー》にとって危険をはらんでいた同様の個別連合について、後の時代にはこれ以上の事例がまったく見つからないことは、疑いなく偶然ではない。

自治市の制度の修正と警察的な司法　同じように、ラテン人共同体の国制のいっそうの変革、そしてそのローマの国制との完全なる調整・同化をこの時期のことと見るのも許されよう。というのは、ラテン人の政務官制度の必要な構成要素として、二人の法務官と並んで、後には市場警察や街路警察、そしてそれに属する司法行政を委ねられた二人の按察官が登場するが、あらゆる同盟共同体において、明らかに同時に、指導的な力の提案によって、このような都市警察署が設置されたのは、たしかに、ローマにおける高級按察官《クルリス》の制度が設けられた前三六七年よりも前のことではなく、それでもおそらく、ちょうどこの頃に行なわれたはずだからである。疑いもなく、このような設置は、後見的な措置、すなわち警察的・貴族制的な意味で同盟者仲間の共同体秩序を作り替える措置の一環であった。

ローマ人の支配とラテン人の憤り　ローマは明らかに、ウェイイの陥落とポンプティヌスの地の征服後は、覇権のたずなをしっかりと締め、全ラテン市を従属的な位置に押し下げて、彼らを事実上完全に隷属者にしてしまえる力のあることを自覚していた。この時代（前三四六年）にカルタゴ人が、ローマと締結した通商条約の中で、ローマに柔順に従うラテン人に、とりわけ海岸都市アルデア、アンティウム、キルケイイ、タッラキナに危害を加えないよう義務づけられた。ところがこれは、ラテン市の一つがローマとの同盟から離反してしまうことがあったなら、フェニキア人はそれを攻撃することが許されるべきだというものであり、フェニキア人がいつかそこを占領することがあっても、それを破壊するのではなくローマ人に引き渡す義務があるというものであった。ここに示されているのは、どのような鎖で共同体ローマが庇護下の都市を自分に結びつけていたのか、またその土地本来の保護支配から脱した都市がそのことによっていかなる犠牲を払うのか、何が賭かっていたのかということである。

たしかに当時もなお、ヘルニキ人の盟約体にでなくとも、少なくともラテン人の盟約体には、戦利品の三分の一についての正式の要求権、また——よりたしかなことだが——かつての法的平等性の残余も他に色々と残っていた。しかし、重要なものが明らかに失われたのであり、それによって初めて、この時代にラテン人の間で広がっていたローマに対する憤りを説明できるであろう。ローマに対する戦闘が行なわれたところではどこであろうと、ラテン人の傭兵［義勇兵］が外国人の旗のもとに数多く自分たちの指導的な共同体に対抗して戦っていたばかりか、前三四九年にはラテン同盟の集会さえも、ローマ人に援軍を拒否する決議を行なっている。

ローマ人とサムニウム人との衝突　あらゆる徴候からして、全ラテン同盟仲間の新たな武装蜂起が間近に迫っていた。そしてちょうどそのとき、もう一つ別のイタリキ系の民族との衝突も差し迫っていた。その人々は、ラテン系の種族のまとまった力に引けを取らず、これに対抗できる存在であった。北ウォルスキ人の制圧後、ローマ人には南ではまず、相対する目立った敵はいなかった。ローマの正規軍団《レギオ》はとどまるところを知らずリリス河に接近した。前三五七年にはプリウェルヌム人と戦って、見事これに打ち勝ち、前三四五年には上リリスのソラを占領した。このようにしてローマ軍は、サムニウム人との境界に立った。前三五四年に最も勇敢で最も強力なイタリキ系の二つの民族がお互いに結んだ友好同盟は、いかにも差し迫った風に、ラテン民族内部の危機と絡み合いつつ接近していた戦い、つまりイタリアの主導権をめぐる戦争のはっきりとした前触れであった。

サムニウム人の南イタリア占領　サムニウム人は、ローマでタルクィニウス一族が追い出されたとき、すでに永らくアプリア平原とカンパニア平原の間にそそり立ち両者を睥睨する丘陵地帯を疑いなく掌中にしており、これまで一方ではダウニア人——アルピの町の強大な力と繁栄はこの時代に当たる——によって、他方ではギリシア人とエトルリア人によって、それ以上の前進が阻止されてきた。しかし、第三世紀の終わり頃［西暦前四五〇年頃］のエトルリア人の力の凋落と、第四世紀［ほぼ西暦前四五〇頃—前三五〇年頃］のギリシア人植民市の衰退が、西方および南方に向かって彼らに前進の余地を与えてくれた。そこでサムニウム人の大群は、南イタリアの大海によって、いやそれさえ越えて、今や陸続と進んでいった。まず第一に彼らは、湾に面した平原に姿を現わしたが、そこはカンパニア人の名前が第四世紀の初め［西暦前五世紀中頃］以来聞かれているところであった。エトルリア人はここでは圧倒され、ギリシア人は場所を狭く限られた。カプアはエトルリア人の手から（前四二四年）、キュメはギリシア人の手から（前四二〇年）奪われた。この頃――おそらくすでにそれ以前に――、大ギリシア《マグナ・グラエキア》にはルカニア人が姿を見せている。彼らは、第四世紀の初め［西暦前五世紀中頃］にはテリナの人々やトゥリイの人々との戦争に入っており、前三九〇年よりかなり前にギリシア人の町ラオスに腰を落ち着けている。その頃、その召集兵は、歩兵三万、騎兵四千を数えた。第四世紀の終わり頃［西暦前四世紀中頃］、初めて他とは分離したブルッティウム人の盟約体が話題になっている。* この人々は、他のサベッリ人諸部族とは異なり、植民市としてではなく、戦争によってルカニア人と分離し、多くの異質な要素と混じり合っていた。たしかに南イタリアのギリシア人は、蛮人の殺到するのを押さえようとした。アカイア人の都市同盟は前三九三年に再建され、次のように定められた。それは、同盟市の一つがルカニア人から攻撃されたときには、すべての市が援軍を出し、やって来れない軍勢の指揮官は死刑になるべきだというのであった。しかし大ギリシア《マグナ・グラエキア》が一つにまとまっても、もはやなんの役にも立たなかった。というのも、シュラクサイの支配者、大ディオニュシオスが、その同胞［大ギリシア《マグナ・グラエキア》の人々］に対してイタリキと手を組んで一緒に事を起こしたからである。ディオニュシオスが大ギリシア《マグナ・グラエキア》の艦隊からイタリアの海の支配権を奪い取る一方、ギリシア人都市は次々とイタリキに占領されたり破壊されたりした。信じられないくらいの短期間に、繁栄していた諸都市の環は壊され、荒廃させられた。ただほんのわずかなギリシア人の居住場所、例えばネアポリスなどが、やっとのことで、そしてまた武力というよりも条約によって、少なくとも存立の道と民族的性格を守りぬくことができたにすぎない。一貫して独立を保ち強力であり続けたのは、タレントゥムだけであった。この町は、場所が離れていたことにより、またメッサピア人との絶えざる闘いのために戦闘準備が常にできていたことによって、地歩を堅持していたのであり、たとえこの都市が存立をかけてルカニア人と闘い続けねばならず、母国ギリシアに同盟と傭兵を求めざるをえなかったにせよ、右のように言えるだろう。

＊ 名前自身は太古のものである。いや今日のカラブリアの住民の土地伝来の最古の名前である（Antiochos, fr. 5 Müller）。よく知られた素性・起源は、疑いなく創作されたものであろう。

ウェイイとポンプティヌス《ポンプティヌム》平原がローマ領となった頃、サムニウム人の大群は、繋がりのない二、三のギリシア人植民市およびアプリア・メッサピアの海岸を例外として、すでに南イタリア全土を占領していた。前三三六年頃作成されたギリシア語の周航記［海岸周航記］は、本来のサムニウム人とは自分たちの五つの言語を引っ提げて一つの大海からもう一つの大海へと赴くものだとしており、テュッレニア海には彼らと並んで北の方にはカンパニア人、南の方にはルカニア人がいると記している。そのルカニア人にはこの場合、よくあるように、ブルッティウム人も含まれており、すでにテュッレニア海に面するパエストゥムからイオニア海に面するトゥリイまでの全海岸が、彼らの間で分配されていた。事実、イタリアの二つの大民族、すなわちラテン人とサムニウム人とが、両者の接触する前に何を手に入れていたかを相互に比較する人はだれでも、サムニウム人の征服の道筋がローマ人のそれよりもはるかに広範囲にわたり、また輝かしいものであったように見えるであろう。しかし征服の性格は、根本的に異なったものであった。ラテン人種族の支配領域は、ラティウムが持ったローマという確固たる都市的中心から発して、ゆっくりとあらゆる方角に拡がっていった。たしかに比較的狭い範囲内ではあるが、しかし踏み出す場合には、従属的な同盟者の権利を持ったしっかり固められたローマ風の町々を建設することによって、あるいは征服した領域をローマ化することによって、確固たる地歩を占めていったのである。サムニウムの場合は違っていた。ここには、ただの一つの指導的な共同体も存在しないし、したがって征服・占領政策なるものも見られない。ウェイイやポンプティヌスの地の占領が、ローマにとって真の意味での力の拡大であったのに、サムニウムは、カンパニアの諸都市やルカニア人やブルッティウム人の盟約体の成立によって、強められるよりは弱められたのである。というのも、新たな居住地を求め、それを見つけた大群はことごとく、自分のために自分の道を進み続けたからである。

サムニウム人とギリシア人との関係　サムニウム人の大群は、比較できるものなどないくらい広い場所をいっぱいに満たしたが、彼らはそれを自分のものとする気持ちをまったく持たなかった。他より大きなギリシア人都市、すなわちタレントゥム、トゥリイ、クロトン、メタポントゥム、ヘラクレイア、レギオン、ネアポリスなどは、たとえ弱体化したり、しばしば従属的になったとしても、存続していた。いやそれどころか、平野部でも、またちっぽけな町の中でも、ヘレネスは大目に見られた。例えばキュメ、ポセイドニア、ラオス、ヒッポニオンは、すでに述べた周航記［海岸周航記］や貨幣の教えるように、サムニウム人の支配のもとでもやはりギリシア人都市として残っていた。そして混淆した住民が生まれたのである。そうしたわけで、とりわけ二ヵ国語をしゃべるブルッティウム人は、サムニウム人的要素の他にヘレネスの要素も、またきっと古い原住民の残滓さえも、自分のものとして受け入れたのである。ルカニアでもカンパニアでも、似たような混淆が——他よりも少い範囲であったにせよ——起こったに違いない。

カンパニアのヘレニズム　ヘレネスの文化のもつ危険な魔力の呪縛からは、民族としてのサムニウム人も遁れることができなかった。少なくともカンパニア、つまりネアポリスが早くから移住民と友好的な交流関係に入り、天空自体が蛮人や人間にしくした地方では、最も呪縛から逃れられなかった。ノラ、ヌケリア、テアヌムなど、純サムニウム人系住民の住む町でも、ギリシア風の手法やギリシア的な都市制度を採用した。そういうわけで事実、土地固有の郷制度も、状況が変わってしまったために存続するのが不可能になったほどである。カンパニアのサムニウム人の諸都市は、貨幣を鋳造しはじめた。一部にはギリシア語の極印されたものもあった。カプアは商業と農業によって、大きさの点でイタリア第二の都市になり、豪奢華麗さと富裕さの点では第一位の都市となった。古代人の記すところでは、この都市は、深刻な道義の頽廃ぶりという点では、古イタリアのあらゆる都市を凌駕していたが、それはとりわけ兵士募集システムと剣闘士競技に反映している。両者ともにどこよりもカプアにおいて爛漫たる花が開いたのである。この道義的には頽廃した文明の首都ほど、兵士徴募人がかくも多く集まってきたところはない。カプア自体は、後から押し進んできたサムニウム人の攻撃に対して身の安全を守るすべも知らなかったのに対して、血の気の多いカンパニアの若者は、自薦で選ばれた傭兵隊長のもと、大挙してとくにシチリアへと雪崩込んでいった。この傭兵制がイタリアの運命の中にいかに深く食い込んでいくかは、後でまた述べることになるだろう。カンパニア人の生き方にとっては、それはちょうど剣闘士競技と同じように特徴的であった。剣闘士競技も同様に、なるほど生まれたのはカプアではないが、養成されたものを受け取ったのはカプアであった。ここではそれどころか、宴席でも幾組かの剣闘士が登場し、その数は招待客の位階に応じて考量された。

最も重要なサムニウム人の都市のこのような堕落は――たしかに疑いなくここにまだ影響を及ぼし続けているエトルリア的なものとも密接に関連しているが――、全民族にとって宿命的なものとなるに違いなかった。たとえカンパニアの貴族が、最も深刻な道義の頽廃と、騎士的な勇敢さおよび高邁な精神形成とを結びつけるすべを知っていたにしても、ローマ貴族がラテン人貴族のために行なったことを、カンパニア貴族が自分たちの民族のために行なうことは決してありえなかった。ヘレネスの影響は、カンパニア人に対してと同じように――影響の大きさという点では弱いが――、ルカニア人やブルッティウム人に対しても及んだ。この地帯のいたるところで見つかる墓地の出土品が示しているのは、そこではギリシア美術が蛮族的な豪奢さの中でいかに大事に取り扱われていたかということである。黄金や琥珀の豊かな飾り、華やかに彩色された什器が今日、死者の家から掘り出されているのだが、それらは、彼らがすでに父祖の古い慣習からいかに遠く離れてしまっていたかを感じさせる。他の手がかりになるものも、彼らの書いたものが保存している。北方からもたらされた古い民族的な書き方［文字］は、ルカニア人やブルッティウム人には見捨てられてしまい、ギリシア文字に取り替えられた。他方カンパニアでは民族的なアルファベットが、またきっと言語も、ギリシアのそれの造型的な影響を受け、ずっと明瞭で繊細なものへと独自に発展した。それどころか、ばらばらだがギリシア哲学の影響の跡にもぶつかるのである。

サムニウム人の盟約体　ただ本来のサムニウム人の土地は、このような革新の影響を受けないままであった。変革は、部分的には美しく自然なものであったにしても、すでにはじめからゆるやかな民族的一体性の絆を、いっそうゆるめるように大きく作用するものであった。ヘレネス的な性格のものの影響によって、サムニウム人の中に深い亀裂が生じた。カンパニアの開明的な「親ヘレネス［ギリシア］主義者」は、ヘレネス自体と同様に、カンパニアに侵入して堕落した古い移住者を騒がすのを自分の方からはやめようとしなかった山々の粗暴な部族連中を常に恐れていた。ローマは、全ラティウムの力をいつでも使えるまとまった一つの国家であり、服属者たちは不平を鳴らしていただろうが、それでも服従していた。これに対してサムニウム人種族はばらばらであり、分裂していた。サムニウム本土の盟約体は、たしかに父祖の慣習や勇敢さを減じることなく保持していたものの、それだけに他のサムニウム人系の諸部族や市民団とはまったく仲が悪かったのである。

カプア、ローマに降る～ローマとサムニウムとの和解　事実、平地のサムニウム人と山地のサムニウム人との間のこのような不和は、ローマ人にリリス河を越えさせる原因となった。テアヌムのシディキニ人とカプアのカンパニア人はローマ人に救援を求めた（前三四三年）が、それは、自分たちの同胞が次々と新しい群れでもって彼らの領域を荒らし、そこに腰を落ち着けると脅迫していたので、それに対抗するものであった。同盟が切に求められたが、それが拒否されたとき、カンパニアの使節は、ローマの主権のもとでの町の服従を申し出た。その誘惑にはローマ人も逆らいきれなかった。ローマの使者がサムニウム人のところに行き、彼らに、新たに獲得したものについて通告し、友好関係に入る強国の領土を尊重するよう要求した。事態のさらなる展開の詳細はもうこれ以上調べることはできない。*我々が目にするのは、出兵の後であろうが、先行する戦いがないままであろうが、ローマとサムニウムの間で協定が成立したということだけである。これによって、ローマ人はカプアに対して、サムニウム人はテアヌムに対して、ウォルスキ人は上リリスにおいて、自由にふるまえる権利を獲得した。サムニウム人がそれを了承したことは、まさにこの時代に、タレントゥム人が隣人サベッリ人との片をつけるために払っていた絶大な努力から説明できるであろう。しかし、ローマ人にも、サムニウム人とできるだけ速やかに折り合いをつけたい、しかるべき理由があった。それというのも、南の方のラティウムと境を接する地方がローマの所有に移ることが目前に迫っており、それが、永らくラテン人の間に存在した発酵状態を公然たる蜂起へと変えたからであった。

＊　おそらくローマの年代記のいかなる一節といえども、第一次のサムニウム人とラテン人の戦争の叙述――リウィウス、ディオニュシオス、アッピアノスの中にある、もしくはあったように――以上にひどく歪められているものはないだろう。それはほぼ次のように述べられ

ている。前三四三年に、二人のコンスルがカンパニアに侵入した後、まずコンスルのマルクス・ヴァレリウス・コルウスがガウルス山でサムニウム人から厳しい血塗れの勝利をかちとった。その後同僚のアウルス・コルネリウス・コッススも、軍団将校《トリブヌス・ミリトゥム》のプブリウス・デキウスの率いる部隊の献身によって隘路での壊滅から脱した後、勝利を得た。第三の決定的な戦いは、スエッスラのそばのカウディヌス隘路［カウディウムの隘路］の入り口で、両コンスルによって戦われた。サムニウム人の軍は完全に打ち破られた。彼らの楯が四万も戦場で拾い集められた。そして和平が強要されたが、そこでは、自らをローマ人に引き渡したカプアをローマ人が受け取り、それに対してテアヌムがサムニウム人に委ねられた（前三四一年）。祝辞があらゆる方面から、とくにカルタゴから寄せられた。援軍を拒絶し、ローマに対して武装の準備をしているように見えたラテン人は、ローマに対する代わりにむしろパエリグニ人に対して武器を向けた。他方ローマ人はまず、カンパニアに残した守備隊の軍事的な陰謀によって（前三四二年）、次いでプリウェルヌムの占領（前三四一年）とアンティウムの人々に対する戦争によって手いっぱいだった。ところがこのとき突然――滅多にないことだが――、党派関係が入れ換わった。ラテン人、つまりローマ市民権やコンスル職という分け前を要求しても無駄だったラテン人が、シディキニ人と一緒になってローマに対して蜂起したのである――シディキニ人は、ローマ人に降服を申し出ても受け入れられず、サムニウム人から助かるすべを得られなかったのである。そこでラテン人は、ローマの支配にもはや倦んでいたカンパニア人とも結んでローマに対して立ち上がった。ただラティウムではラウレントゥムの人々が、そしてカンパニアの騎士がローマ人に味方した。そのローマ人は、自分の方ではパエリグニ人とサムニウム人の間に支持者を見出した。ラテン人の軍勢はサムニウムに襲いかかった。ローマ・サムニウム軍は、フキヌス湖畔、そこからラティウムの脇を通り抜けてカンパニアへと進軍した後、ラテン人とカンパニア人との連合軍に対して、ウェスウィウスの麓で決戦を展開した。コンスルのティトゥス・マンリウス・インペリオススは、本陣の命令に反して勝利を収めた自分の息子を自ら処刑することで、揺れていた軍紀を立て直し、自分の同僚のプブリウス・デキウス・ムスが自分の命を犠牲にすることによって神々の怒りを鎮め、結局は最後の援軍を動員することで勝利を収めたのである。しかし、コンスルのマンリウスがトリファヌム付近でラテン人およびカンパニア人と第二回目の決戦を戦って、ようやく初めて戦争に決着がついた。ラティウムとカプアは屈し、その領域の一部は罰として召し上げられた。

洞察力があり公正な読者ならば、この報告にはあらゆる種類のありえないことが満ち満ちているのを見逃さないであろう。そうしたものの中に入るのが、前三七七年の降服後のアンティウム人の戦争行為である（Liv. 6, 33）。ラテン人のパエリグニ人に対する戦役、つまりローマとラティウムとの条約の取り決めに鋭く矛盾する形での独立した戦役がそれであり、また全ラティウムがローマに対して武装しているのに、ローマ軍がマルシ人およびサムニウム人の領域を通ってカプアへ前代未聞の行軍をしたこともそれである。前三四二年の軍隊の蜂起について、またその強要された指導者、つまり足の不自由なティトゥス・クィンクティウス――ローマのゲッツ・フォン・ベルリヒンゲン［ドイツの隻手の騎士］――の話についての、混乱した感傷的な報告など言わずもがなというところであろう。おそらくもっと疑わしいのは繰り返しということであろう。例えば軍団将校《トリブヌス・ミリトゥム》のプブリウス・デキウスの話は、マルクス・カルプルニウス・フラッマの勇敢なる行動を真似て作られたものだし、彼について他にどう言われようと、それは第一次ポエニ戦争のときのことである。またガイウス・プラウティウスによるプリウェルヌムの占領は前三二九年に再び現われており、ただこの二番目のものだけが凱旋式の暦表《ファスティ》に記録されている。さらにプブリウス・デキウスの犠牲死は、同じ人物の息子に関して、前二九五年にあることもよく知られている。一般にこの節では、叙述全体が、他の信頼に足る年代記の報告とは違った時代、違った人の手によって行なわれている。話は、詳しい戦争絵でいっぱいである。様々なものを織り交ぜた挿話もたっぷりある。例えば、コンスル職を欲しがるほどにあつかましかったので、元老院の建物の階段でひどい目に遭ったセティアの法務官の話、ティトゥス・マンリウスの添え名から紡ぎ出されたまことに多種多様な挿話などがそうである。また冗長な、部分的には疑わしい考古学的な余談、例えば軍団の歴史（二人目のタルクィニウス王の、ローマ人とラテン人の混成部隊《マニプルス》［二ケントゥリア］についての、Liv. 1, 52にあるきわめて嘘くさい注釈は、明らかに別の断片である）、またカプアとローマの条約の逆のとらえ方（Mommsen, Geschichte des römischen Münzwesens. Breslau 1860. S. 334, A. 122）や神に身を捧げる際の定式、カンパニアのデナリウス貨幣、ラウレントゥムの同盟、二ユゲラの分与地（三二三頁注）などがこれに属する。こうした状況のもとでは、大きな重みを持っていると思われるのは、別の記録、またしばしばより古い記録にしたがっているディオドロスが、トリファヌムの最後の戦闘以外に、これらの事件のいずれをもまったく知らないということである。実際、詩的正当性という点からは、デキウスの死で閉じるはずだった話の他の部分に、このトリファヌムの戦いはうまく合わないのである。

ラテン人とカンパニア人のローマに対する蜂起～ローマ人の勝利　もともとのラテン市がすべて——ローマの市民連合の中に受け入れられていたトゥスクルム人でさえも——、ローマに対して武器をとった。唯一の例外はラウレントゥム人だった。他方、それに対して、ラティウムの国境の外に設立された植民市は、古いウォルスキ人の町、すなわちウェリトラエ、アンティウム、タッラキナが反抗に加わっただけであった。カプア人は、ごく最近初めて自発的にローマ人に服従を申し出たにもかかわらず、ローマの支配から再び自由になる最初の機会を心を躍らせてつかんだ、そしてローマとの条約を固く保持する保守派貴族［閥族（派）］の反対を押し切って共同体はラテン盟約体と共同歩調をとったということは、だれにでも分かるであろう。それに対して、まだ独立していたウォルスキ人の町々、すなわちフンディやフォルミアエなどに加えてヘルニキの人々も、カンパニアの貴族と同様にこの蜂起に加担しなかった。ローマ人のおかれた立場は容易ならぬものがあった。ローマの正規軍団《レギオ》は、リリス河を越えて進んでおり、カンパニアを占領していたが、ラテン人［英訳ではラテン人とウォルスキ人］の蜂起によって故国から切断され、ただ勝利だけしか彼らを救えなかったのである。

決戦はトリファヌムのそば（ミントゥルナエ、スエッサ、シヌエッサの間）で繰り広げられた（前三四〇年）。コンスルのティトゥス・マンリウス・インペリオスス・トルクァトゥスが、ラテン人とカンパニア人の連合軍に完全な勝利を収めた。翌年と翌々年にかけて、まだ抵抗を続けていた町々が個々に、開城・降服もしくは急襲によって制圧され、かくして全地方が服属させられた。

ラテン同盟の解体　勝利の結果起こったのは、ラテン同盟の解体であった。同盟は、独立した政治的国家連合から、単なる宗教的祭祀のための連合体［仲間］に変えられてしまった。軍隊召集の最大限度および戦利品の分け前に関する盟約体の古い既得権は、それ自体としては、同盟の解体とともに崩れてしまった。将来また同じような類いのものも現われたのだが、それは恩恵の承認という性格を帯びていた。一方はローマ、他方はラテン盟約体という二者の間の一個の条約の代わりに、ローマと個々の盟約関係にある町々［諸集落］との恒久的な同盟が登場した。このような条約上の関係は、古ラテン人の町の中では、ラウレントゥムを除き、ティブルにもプラエネステにも認められた。しかしこれらの町は、自分の領域の幾区画かをローマに譲り渡さなければならなかった。同じ権利を得たのは、ラティウムの外に建設されたラテン権を持つ共同体であり、それは、彼らが戦争に参加しなかった場合だけであった。諸共同体がお互いに孤立していたことは、前三八四年以降に建設された町に関しては、すでに前の方ではっきり述べたとおりだが（三二三頁）、それがこのようにして全民族へと拡大されたのである。別の点から言えば、個々の町には、それまでの特権と彼らの自治権は残っていた。

ウォルスキ人の地への植民　残りの古ラテン共同体と、離反した植民市は、ことごとく独立を失い、それぞれの形でローマの市民連合の中に入った。最も重要な二つの海岸都市、アンティウム（前三三八年）とタッラキナ（前三二九年）は、オスティアをモデルとしてローマの完全市民で占められ、狭く限られた自治体としての独立性が認められたにすぎない。これまでの市民は、ローマの植民者のために所有地を大部分奪われたが、土地を保持しているかぎりは、同じく完全市民の連合の中に入れられた。ラヌウィウム、アリキア、ノメントゥム、ペドゥムは、トゥスクルムにならって（三二一頁）、限られた自治権を持つローマ市民共同体になった。ウェリトラエの城壁は取り壊され、元老院はまとめて追い出され、ローマ領のエトルリアに収容された。町はおそらくカエレの権利（三一〇頁）を持つ服属共同体として構成されたことであろう。獲得された農地の一部は、例えばウェリトラエの元老院議員の所有地などは、ローマ市民に分与された。前三三二年の新しい二つの市民地区《トリブス》の設立は、このような個別の土地分与と関連がある。ローマではだれもが、勝ち得た成果の巨大な意味を深く心に刻んでいたことは、赫々たる勝利に輝く前三三八年の市長《コンスル》、ガイウス・マエニウスのためにローマ広場《フォルム・ロマヌム》に建てられた顕彰碑［コルムナ（柱）・マエニアナ］や、使われないままの状態だったアンティウムのガレー船の船首をつけた同じ市広場《フォルム》の演壇《ロストラ》の飾りが示していよう。

ウォルスキ人の地およびカンパニア地方の完全なる屈服　同じようにして、南ウォルスキおよびカンパニアの地には、ローマの支配が貫徹し、打ち固められた。フンディ、フォルミアエ、カプア、キュメ、そして数々の小都市が、自治権を持ったローマの従属共同体になった。とりわけ重要な町カプアの安全確保のためには、貴族と共同体の間の亀裂が人為的に拡げられ、共同体の制度はローマの利害に合うよう修正され、都市行政は毎年カンパニアに送られたローマの官僚によって統御された。同じ取り扱いは、その後数年たってウォルスキ人のプリウェルヌムにも適用された。そこの市民は、フンディ〔同盟関係の町〕出の大胆な支持者ウィトルウィウス・ワックスに支えられて、この地方の自由のために、最後の戦いを行なう栄誉を担ったのだった。戦いは町の奪取（前三二九年）と、ローマの牢獄でのワックスの処刑をもって幕を閉じた。

この地方のローマに献身的な住民を助成するために、戦争で獲得した所領から、とりわけプリウェルヌムとファレルヌスの地の所領から、数多くの農地をローマ市民に分配し、ほんの数年後（前三一八年）、そこにも二つの新しい市民地区《トリブス》が設けられた。最後に、ラテン権を持った植民市として二つの要塞が設置され、新たに獲得した土地を固めた。それが、このカンパニア平原の真ん中のカレス（前三三四年）――そこからテアヌムとカプアを監視できた――と、リリスの渡河地点を抑えるフレゲッラエ（前三二八年）であった。両植民市は並はずれて強力だったし、直ちに繁栄した。シディキニ人がカレスの建設を、サムニウム人がフレゲッラエの建設を妨害した行動など、ものともしなかったのである。ソラの方にも、ローマの守備部隊は移動した。それについて、サムニウム人は――この区域は条約に基づいて彼らに委ねられたままだった――不平を言ったが、それも当然とはいえ、どうにもならなかった。ローマは、自分のねらいに向かって道を踏みはずすことなく、精力的で大規模な国政運営の腕を戦場における以上に見せながら進んでいった。それは、獲得した地方の保全に関して、政治的にも軍事的にも引き裂くことのできない網でもって包み込む形をとっていたのである。

サムニウム人の受け身の姿勢　サムニウム人が、自分たちに脅威を与えるローマ人の前進を喜んで見ていなかったことは当然であろう。彼らはたしかにこれを阻止しようとした。しかし、状況が必要としたエネルギーでもって征服の新しい軌道を阻むだけの時間がおそらくまだあったのに、このとき彼らはそれを逸してしまった。なるほど彼らはテアヌムをローマとの条約で受け取り、強力に固めたようである。というのもこの町は、以前サムニウムに対抗するための援助をカプアやローマに求めたのに、後の戦いでは西方に対するサムニウム人の戦力の防御壁として登場しているからである。しかしサムニウム人は、なおも占領と破壊を続けながら、上リリス流域一帯に力を伸ばしていった。ただし彼らはここで永続的に腰を落ち着けることをゆるがせにした。それゆえ、ウォルスキ族の町フレゲッラエを破壊した。そしてそのことによって、今述べたローマの植民市がそこに容易に設置されるようにしてしまった。しかも別の二つのウォルスキ族の町、ファブラテリア（チェッカノ）とルカ（場所は不明）を脅かしたので、これらの町もカプアの例に倣ってその身をローマ人に委ねてしまった（前三三〇年）。サムニウム人の盟約体は、ローマのカンパニア征服が、自分たちが真剣にそれに抵抗する前に、完成された事実になってしまったことを認めざるをえなかったのである。その原因はとにかく、一部は民族としてのサムニウム人と、イタリアの地のヘレネスとのこの同時代の争いの中に、しかし他の一部は盟約体の、たるんで、しかも注意力散漫な政策展開の中に求められるべきであろう。

第6章　ローマに対するイタリキの抵抗

サベッリ人とタレントゥム人との戦争〜アルキダモスとアレクサンドロス　リリス河畔やウォルトゥルヌス河畔でローマ人が戦っている間に、半島の南東部を別の戦争が揺り動かしていた。タレントゥムの富裕な商人共和政は、ルカニア人やメッサピア人の大群の脅威がますます深刻の度を加えたので――当然のことながら、自分たちの剣の力にも信頼をおけないため――、巧言と金銭を積み上げて、故国［スパルタ］の傭兵隊長を獲得した。

スパルタ王アルキダモスは、強力な一団の人々を引き連れて、同じドリス人仲間の救援にやってきたが、フィリッポス［アレクサンドロス大王の父］がカイロネイアで勝利を収めたのと同じ日に（前三三八年）、ルカニア人に打ち負かされた。敬虔なギリシア人たちが信じたところでは、彼とその兵士たちが、一九年前デルフォイの聖域の強奪に関与した罰だという。

彼に代わったのが、もっと強力な傭兵隊長、モロッソイ［モロッシ］族のアレクサンドロス、あの大アレクサンドロスの母オリュンピアスの弟であった。引き具してきた軍勢と、ギリシア人都市の援軍、とりわけタレントゥム人とメタポントゥム人の援軍を自分の旗のもとに一つにした。さらには、ポエディクリ人（現在のルヴォの周辺）も加わった。彼らはギリシア人と同様に、サベッリ人から脅かされていると見ていたのである。最後に、ルカニア人の追放者さえ加わった。その数がかなりのものだったことが、この盟約体の中に激しい内的確執があることをうかがわせた。このようにしてアレクサンドロスは、敵に対して優位に立っていることを直ちに見て取った。コンセンティア（コセンツァ）――大ギリシア《マグナ・グラエキア》に定住したサベッリ人の同盟の中心だったと思われる町――は、彼の手に落ちた。サムニウム人がルカニア人の救援にやって来たが、それも空しかった。アレクサンドロスはパエストゥムのそばで、一体になった軍勢を撃破し、シポントゥム周辺のダウニア人を、また南東の半島部のメッサピア人を制圧した。すでに彼は［東のアドリア］海から［西のテュッレニア］海までを支配し、ローマ人に手を差し出し、彼らと一緒に父祖の地［サムニウム］のサムニウム人を攻撃しようとしていた。ところが、このような勝利は予期しなかったところで、タレントゥムの商人たちには好ましいものではなく、かえって警戒心を抱かせるものだった。そこで彼らと、自分たちの傭兵隊長との間の戦争になった。隊長は、金で雇われた人物として登場したのだが、今や東方における自分の甥［アレクサンドロス大王］のようにヘレネスの王国を西方に創設したがっているように見えた。アレクサンドロスは当初は優勢だった。タレントゥム人からヘラクレイアを奪取し、トゥリィ［トゥリオイ、コピア］を回復し、残りのイタリアのギリシア人に、自分の保護のもとタレントゥム人に対して一体となるよう呼びかけたように見える。そして他方で同時に、タレントゥム人とサベッリ人諸部族との和平を仲介しようとした。しかし彼の雄大な構想も、堕落して士気阻喪していたギリシア人の間では弱々しい支持しか得られなかった。敵味方の陣営変更が強制されたせいで、これまでのルカニア人の支持者は彼から離れてしまった。そしてパンドシアのそばで、彼はルカニア人移住者の手に掛かって落命した（前三三二年）*。彼の死でもって、基本的に再びまた古い状態へと立ち戻ることになった。ギリシア人諸都市はまたもや孤立していると感じ、またもやまったく次のようなことを当てにしているように見えた。すなわち条約や貢納の支払いによって、あるいは外からの力の援助によってでも、うまくゆくのならば何をしてでも、それで我が身を守ろうというのであった。例えばクロトンは前三二四年頃、シュラクサイの助けでブルッティウム人を撃退したことがある。サムニウム人の諸部族は、新たに優勢さをかち得、ギリシア人を気にせずに再び目をカンパニアとラティウムに向けることができるようになった。

* アルキダモスおよびアレクサンドロスについて知られていることが、ギリシア人の年代記に由来すること、そのような年代記とローマ人の年代記の共時性は、現在のこの時期に関してもまだおおよそのところが確立しているにすぎないことは、注意しておいても余計なことではないであろう。したがって気をつけなければならないのは、一般に西イタリアの出来事と東イタリアの出来事の紛れもない関連性を、あまりに詳細にわたって追究しようとすることである。

ところがここで、ほんの少しの合間に、驚くべき激変が見舞っていた。ラテン盟約体が打ち壊され、打ち砕かれてしまったのである。ウォルスキ人の最後の抵抗も打ち破られ、カンパニア地方――半島の最も豊かで最も美しい土地――が、議論の余地ない形で、しかもよく固められたローマ人の領有に帰し、イタリア第二の都市カプアはローマの庇護都市《クリエンテラ》になった。ギリシア人とサムニウム人がお互いに取り組み合っていた間に、ローマはほとんど異議もなく権力の座に登り、半島内の人々は単独ではだれもそれを揺り動かす手段などもはや持っていなかった。そしてその権力は、すべての人々を一緒にローマの軛のもとにつけると脅かすものであった。ローマにはとうてい太刀打ちできない人々でも、各々がともに懸命に努力すれば、鎖で完全に縛りつけられる前に、おそらくその鎖を断ち切ることができたであろう。しかし、これまで大部分が敵対的、もしくはともかく無縁の存在だったと言ってよい相互に対立する無数の民衆の共同体や都市共同体には、連携のために聡明さ、勇敢さ、献身ぶりなどがどんなに必要であっても、それが見つからなかったか、見つかってもすでにあまりにも手遅れであった。

ローマに対するイタリキの連携　エトルリア人の力の崩壊後、またギリシア人の共和政国家の力が弱まった後、ローマに並んで、サムニウム人の盟約体がイタリアで最も重要な力であったことは疑いない。同時にそれは、ローマの干渉・侵害によって、まず第一に、しかも最も直接に脅かされる存在でもあった。そのようなわけで、イタリキがローマに対して行なわねばならなかった自由と民族の独自性のための戦いにおいて、第一等の位置と最も困難な重荷を引き受けることは、サムニウム人にとっては当然のことであった。彼らは、サベッリ人の小部族、すなわちウェスティニ人、フレンタニ人、マッルキニ人、そして他のもっとちっぽけな郷などの助力を当てにできたことであろう。これら郷の人々は、山々の間に農民として隔絶した形で住んでいたが、共通の財産を守るために武器をとるよう近親の種族に呼びかけられたら、それに応じないわけにはいかなかった。より重要だったのは、カンパニアのヘレネスや大ギリシア《マグナ・グラエキア》のヘレネス、とりわけタレントゥム人、また強力なルカニア人やブルッティウム人の援助だったであろう。しかし、一つには、タレントゥムで支配権を握っていた扇動政治家たちのしまりのなさと落ち着きのなさ、またシチリア問題に町が巻き込まれていたこと、今一つには、ルカニア人の盟約体の内的な分裂、そしてとりわけ数世紀来存在する南イタリアのヘレネスとルカニア人系の圧迫者の深刻な敵対関係が、タレントゥムとルカニアが一緒になってサムニウム人と共同歩調をとることを、ほとんど望めなくしていた。

サビニ人とマルシ人は、ローマ人に最も近い隣人であり、また永らくローマと友好的な関係の中で暮らしてきたので、ゆるやかな形での関与もしくは中立以上のことはあまり期待できなかった。アプリア人はサベッリ人の古くからの苦々しい敵であり、ローマ人にとっては当然の同盟者であった。それに対して、遠く離れたエトルリア人に期待されていたのは、最初に勝利をかち得たなら同盟に加入してくれるだろうということであり、ラティウムおよびウォルスキ人やヘルニキ人の地での蜂起すら計算できなかった。しかし、なによりもサムニウム人——その中に民族的な力がまだ損なわれずに生きていたイタリアのアイトリア人とも言うべき人々——は、自分たちの活力、比較を絶する戦いにおける自らの忍耐力を信頼していたに違いなかった。それは他の人々に高貴な羞恥心のために、冷静に考えるために、諸々の力を集めるために、時を与えるものであった。そしてただ一回の幸運な勝利が、その後、戦争と叛乱の炎をローマのまわりに燃え立たせることになった。歴史は、高貴な人々が自らの義務を理解し実行したという証言をしないわけにはゆかないだろう。

サムニウムとローマの戦争勃発〜カンパニアの平定　ローマ

側の絶え間ない侵略の結果、すでに何年かの間ローマとサムニウムとの間で争いが続いていた。干渉と侵害はローマ人がリリス河畔であえて行なっていたことであり、その中では前三二八年のフレゲッラエの建設が、最後の、また最も重要なものであった。しかし戦争勃発のきっかけを作ったのはカンパニアのギリシア人であった。

クマエ［キュメ］とカプアはローマ式の都市になっていた［クマエは前三三八年以降、投票権なしの市、後にプラエフェクトゥラ。カプアも前三三八年以降、投票権なしの市］が、その後は、ギリシア人都市ネアポリスの屈服ほど、ローマ人の脳裏に去来するものはなかった。この町は、湾内のギリシア人の島々にも睨みを利かせており、ローマの勢力範囲内では、まだ屈していない唯一の都市だった。タレントゥム人やサムニウム人は、この都市を乗っ取るというローマ人の計画を知らされて、ローマ人に先んじることを取り決めた。タレントゥム人が、この計画を遂行するにはあまりにも離れているというよりは、あまりにも無気力だったので、実際はサムニウム人が強力な駐留軍を投入した。直ちにローマ人は、名目上はネアポリスの人々に対してだが、事実上はサムニウム人に対して宣戦し（前三二七年）、ネアポリスの包囲を始めた。攻囲がしばらく続いた挙句、カンパニアのギリシア人は、商取引が攪乱されたことや異邦人の駐屯に倦んでしまった。そこで——ローマ人の努力のすべてが、その形成が迫っていた連携から第二、第三級の国家を個別条約によって遠ざけることに向けられていたのだが——ローマ人は、ギリシア人が交渉に応ずるや否や、急拠彼らに最も有利な条件を提示した。完全な法的平等と陸上勤務の免除、平等な同盟関係と恒久平和が、それであった。それに基づいて、ネアポリスの人々が策略を用いて守備隊を除去した後、条約が締結された（前三二六年）。

この戦争の当初は、ウォルトゥルヌス河の南のサベッリ人の町々、すなわちノラ、ヌケリア、ヘルクラネウム、ポンペイイなどが、サムニウムの味方をした。しかし、一部はそのまことに剝き出しの位置のせいで、一部はローマ人の術策によって——彼らは、これらの諸都市のオプティマテス［（保守派）貴族］の党派を、様々な策略や利己心に訴える手練手管のすべてを駆使して自分の側につけようと試み、その際、［かつての］カプアでの事の経過が強力な味方となった——、これらの諸都市は、ネアポリスの陥落後ほどなく、ローマに味方するか、中立を保つことを表明するようにさせられた。

ローマ人とルカニア人の同盟　ローマ人がはるかに重大な成果を手にしたのはルカニアにおいてであった。民衆は、ここでもまったく本能的にサムニウム人と結びついた。しかしサムニウム人との同盟はタレントゥムとの和平をもたらすものであったし、ルカニアを統治している支配者の大部分には、利益のあがる略奪の遠征をやめる気がなかったので、ローマ人はルカニアと同盟を結ぶことができた。この同盟がはかり知れない価値を持っていたのは、これによってタレントゥム人が苦しめられ、そのためローマの持つすべての力をサムニウムに対して使えるようになったからである。

サムニウムの地における戦争　このようにして、サムニウムはどちらを見ても孤立無援の状態にあった。やっと東部の山岳地域のいくつかが援軍を送ってきただけだった。前三二六年に、サムニウム人の地自体で戦争の火蓋が切られた。カンパニア国境のいくつかの町々、すなわちルフラエ（ウェナフルムとテアヌムの間）やアッリファエが、ローマ人に占拠された。そして続く数年、ローマ軍は戦い荒らしながらサムニウムを突き進み、ウェスティニ人の地まで、いやアプリアにまでも――そこでは彼らは諸手をあげて迎え入れられた――達し、そのいたるところでまことに決定的に有利な形勢にあった。サムニウム人の勇猛心は打ち砕かれた。彼らは、ローマ軍の捕虜を送り返し、それとともに主戦派の指導者ブルトゥルス・パピウスを、ローマの首切り役人に先んじて処刑しその遺体を送りつけた。それは、サムニウム人の民衆の共同体［民衆の集会］が敵に和平を請い、自分たちの最も勇敢な将軍の引き渡しによって、より耐えられる条件をかちとることを取り決めた後のことだった。ところが、卑屈と言うべき、ほとんど哀願調の懇請も、ローマ民衆の共同体ではまったく聞き入れられず（前三二二年）、その後、サムニウム人は新しい将軍ガウィウス・ポンティウスに率いられて、ぎりぎりの絶望的な抵抗の準備をすることになった。次の年（前三二一年）の二人のコンスル、スプリウス・ポストゥミウスとティトゥス・ウェトゥリウスに率いられてローマ軍は、カラティアのそば（カセルタとマッダロニの間）に宿営していたとき、数多くの捕虜の供述によって確認された知らせ、すなわちサムニウム人がルケリアを固く包囲し、アプリア占拠の成否がこの町にかかっているのに、その重要な町が大変な危機にあるという知らせを受け取った。彼らは急ぎ出発した。

カウディウムの隘路とカウディウムの平和　適切なときにそこに達しようと思っても、敵の領域の真ん中を抜ける以外の道は取ることができなかった。アッピウス街道の続きとして、カプアからベネウェントゥムをこえてアプリアに向かうローマの街道が設けられたのは、後のことだったからである。彼らがとった道は、今日のアルパヤとモンテサルキオの間［カウディウム］、水気たっぷりの草原を通り抜けていた。そこは、高くて険しい、樹の茂る丘陵に囲まれ、入口と出口はただ深い切り通しを抜けて通れるようになっているだけであった。そしてここにサムニウム人が、隠れて配置されていたのである。何ものにも妨げられずローマ軍は谷に入った。出口が逆茂木《さかもぎ》によって塞がれ、頑丈に固められているのが分かった。軍を後に戻そうとしたが、入口も同じように封鎖されているのが認められた。そのとき、まわりの山の稜線が、姿を現わしたサムニウム人の歩兵隊で円環状に聳え立った。自分たちは謀略によって欺かれたのだということ、またサムニウム軍はルケリアのそばではなく、この命取りになるカウディウムの隘路で自分たちを待っていたのだということに、気づくのがあまりにも遅すぎた。戦いにはなったが、勝利の希望もなければ、本気になれる目標もなかった。ローマ軍はまったくなんの打つ手もなかった。闘わずして完璧に打ち破られてしまった。ローマの将軍たちは降服を申し出た。しかし、サムニウム人の将軍にはただローマ軍の解散か殺戮かという選択しか残されていなかったというのは、馬鹿げた言葉の綾にすぎない。彼は降服の申し出を受け入れ、敵軍、すなわち共同体ローマのさしあたりは活力ある全軍を、最高指揮権を握った二人の将軍もろとも捕虜にするしかなかった。そうすれば次に、彼［サムニウム人の将軍］にはカンパニアとラティウムへの道が自由に開けたし、ウォルスキ人やヘルニキ人、またラテン人の大部分が、彼を手を広げて迎え入れたと思われる当時の状況のもとでは、ローマの政治的な存立はきわめて深刻な危機にさらされることになっていたであろう。ところが、このような道をとる代わりに、また軍事協定を結ぶ代わりに、ガウィウス・ポンティウスは適切な和平によって直ちに争いごとをすべて終わらせることができると考えた。それは、前の年にあのブルトゥルス・パピウスを犠牲に供した盟約者たちの愚かな平和希求心と同じ気持ちを抱いていたからか、それとも、戦いに倦んだ党派が、先例のない彼の大勝を腐らせてゆくのを防ぐことが自分には不可能だと思ったからなのか、ともかくそう考えたのである。出された条件はまことに穏便なものだった。すなわちローマは、条約に反して設けられた要塞——カレスとフレゲッラエ——を取り壊し、サムニウムと平等の同盟を更新するべきだ、というものであった。ローマの将軍たちがこれに同意し、忠実にそれを実行するために、騎兵隊から選ばれた六〇〇名の人質を差し出し、それに加えて自分たちの誓い、また全将校の誓いの言葉をその言質として与えた後、ローマ軍は解散させられた。無傷だが、名誉を失墜して。というのも、勝利に酔い痴れたサムニウム人の軍勢は、憎むべき敵に、武器を投げ出して並べさせ、絞首台の下を通り抜けて［軛の下をくぐって］出てゆかせるという屈辱的な形をとらせる欲望を抑制することができなかったからである。

ところがローマ元老院は、将校たちの誓約や人質の運命を顧慮することなく条約を破棄し、条約を締結した人物を個人的にその実現に責任がある者として、敵に引き渡すことでよしとした。不偏不党の歴史にとっては、このとき、ローマの弁護人や神官たちの詭弁によって法の字句が守られたのか、それともローマの元老院の決議がその字句に違反したのか、という点はあまり重要ではない。人間的に見ても政治的に見ても、ローマ人はこの問題に関しては、なんら非難に値しないからである。以下のことも比較的どうでもよいことであろう。それは、形式をふんだローマの国法によれば、命令権を行使する将軍は、市民団の批准が留保されることなしに、和平を締結する資格があったのか、それともなかったのかということである。国制の精神と慣習によれば、完全に確立していた点は、ローマでは、純粋に非軍事的な国家間条約はことごとく市民の権限領域に属し、元老院と市民団［市民集会］の提案なしで和平を締結した将軍は、なすことを許された以上のことを行なったことになるということである。ローマの将軍以上に、サムニウム人側の将軍の犯した大きな過ちは、ローマの将軍に自軍の救済と越権行為についての選択権を与えた点である。ローマの将軍たちは、サムニウム人側の提案を無条件に却けるだけの器量の大きさを持っていなかった。ローマ元老院が、こうした条約を廃棄したことは正しかったし、また必然的でもあった。ぎりぎりの必要に迫られた場合以外には、大国民たるもの自分たちの握ったものを決して放棄しはしない。割譲協定はすべて、そうした必要性を認めるということに他ならず、道徳的な義務ではない。いかなる民族も、恥ずべき条約を武器で引き裂く名誉心を当然持っているならば、新たな恥辱の思いが燃え立ち、強い国力が損われず残っているのに、どのようにしてその名誉心が、不運な将軍が道徳的に強要されたカウディウムの協定のようなものを、我慢して護り抜くよう彼らに命ずることができるだろうか。

ローマ軍の勝利　こうしたわけでカウディウムの平和協定は、サムニウムの熱狂的な平和希求者が愚かにも期待していたような平穏さをもたらしはしなかった。ただ戦争だけを、そして再度の戦争だけをもたらしたにすぎないのである。それは、機会を取り逃がしたために、厳粛な誓いの言葉が破られ、武人の栄誉が汚され、仲間が見捨てられたので、双方の憤りが高まった上でのことだった。引き渡されたローマの将校たちは、サムニウム人には受け取られなかった。サムニウム人はこの不幸な者たちに復讐を加えるにはあまりにも高潔であったからだし、また他方では、このことでもって、結ばれた協定が誓いをたてた者だけしか拘束せず国家ローマを拘束するものではないというローマ人の言い抜けを認めたくなかったからであろう。彼らは高邁な気持ちで、その命が戦争の法で失われていたはずの人質でさえも労わり、そのうえでむしろ直ちに武力闘争に転じた。ルケリアは彼らに占拠され、フレゲッラエは奇襲されて奪取された（前三二〇年）。ローマ人が、解体された軍隊を再び組織し直す前のことだった。優勢さを自分の手から取り落としたくなければ、何を成し遂げねばならなかったかを示すのが、サトリクムの人々のサムニウム人への鞍替えであろう。*しかしローマは、ただ一時的に麻痺していたにすぎず、弱体化してしまったわけではなかった。恥辱の思いと憤りにあふれて、ローマ人は、できるかぎりの兵力と資力をかき集めた。また、戦士としても将軍としても等しく抜群で最も定評のある指導者ルキウス・パピリウス・クルソルを、新しく形成された軍隊の先頭に据えた。軍勢も分けられた。半分は、ルケリアの面前に現われるべく、サビニの地とアドリア海の海岸地帯を通り抜けて進軍し、別の半分は、サムニウム自体を抜けて、まさに同じ方角に進んだ。後者は、サムニウム人の軍勢と戦って勝利をおさめ、自分たちの前から彼らを蹴散らしながらの進軍だった。彼らは、再びルケリアの城壁の下で合流した。そこにはローマ騎兵が捕らえられていただけに、町の攻囲はいっそう懸命に押し進められた。アプリア人、とりわけアルピの人々は、その際ローマ人を力強く支えた。それは主に補給物資の調達によるものであった。サムニウム人が町を救援するため戦闘を繰り広げて敗れた後は、ルケリアもローマ人に降服した（前三一九年）。パピリウスは二重の喜びを味わった。失ったと思っていた仲間を解放し、ルケリアのサムニウム人守備隊にカウディウムの軛の報復をしたからである。

＊　これはアンティウムのそばのサトリクムの住民（三二〇頁）ではなく、別のウォルスキ人の町で、当時投票権を持たないローマの市民共同体として、アルピヌムのそばに設けられた都市の住民である。

それに続く何年か（前三一九―前三一七年）、戦争は、サムニウムでというよりは、むしろ近隣の地方で展開した。＊まずローマ人は、アプリアやフレンタニの領域のサムニウム人の同盟者をこらしめ、アプリアのテアヌム人やカヌシウム人と新しい同盟条約を締結した。同時にサトリクムはローマの支配下に戻され、離反の廉で厳しく処罰された。その後、戦いはカンパニアへと伸びていった。そこではローマ人は、サムニウムに対する国境の町サティクラ（おそらくサン・アガタ・デ・ゴティ）を占領した（前三一六年）。しかしこのとき再び、ここで、戦いの幸運の女神が彼らに背を向ける気を起こしたように見えた。サムニウム人はヌケリアの人々を（前三一六年）、ついですぐにノラの人々を自分の味方につけた。上リリスの地では、ソラの人々が自らローマの守備隊を追い出した（前三一五年）。アウソニア人の謀反の準備が整えられ、枢要の地カレスを脅かした。カプアでさえ、反ローマ派の人々が活発に動いていた。サムニウム人の軍勢はカンパニアに侵入した。自分たちの接近によって民族派の人々が優勢になるという期待から、町の前に布陣した（前三一四年）。ところがソラは、ローマ軍に直ちに攻撃され、サムニウム人の救援軍が撃破された後（前三一四年）、再び奪い返された。アウソニア人の間での策動は、容赦なく厳しく弾圧された。蜂起がまさに爆発する寸前のことだった。同時に特別な独裁官が任命されたが、それはカプアの親サムニウム派の指導者たちに対して政治的な訴訟を起こし、判決を下すためだった。そうすることで、この党派の最も有名な人物たちが、ローマの首切り役人の手を逃れて、自分の自由意志で死ぬことができるようにした（前三一四年）。カプアの前でサムニウム人の軍は撃破され、カンパニアから退却せざるをえなかった。ローマ軍はすぐに敵を追跡し、マテセの山波を越えて、前三一四年冬サムニウムの首邑ボウィアヌムの前に宿営した。ノラは同盟者たちに見捨てられた。ローマ人は賢明にも最も有利な同盟条約、あのネアポリスと結んだものに似た条約によって、町を永遠に親サムニウム派から切り離すことができた（前三一三年）。フレゲッラエはカウディウムの惨敗以降、反ローマ派の掌中にあってリリス流域地方の主城塞であったが、サムニウム人に占領された後八年経って結局は陥落した（前三一三年）。市民の二〇〇人、民族派の最も高貴な人々が、ローマに連れてゆかれたが、その地において、いたるところで活動していた愛国派に対する警告的な見せしめとして、［市広場《フォルム》で］衆人環視の中で首を刎ねられた。

＊　ローマ人とサムニウム人との間で、前三一八―前三一七年の正式な二ヵ年の停戦が成立したことなどとても本当とは思われない。

アプリアとカンパニアの新しい要塞　このようにしてアプリアとカンパニアは、ローマ人の掌中に握られ、占領地域の究極的な保全と変わらざる支配のために、前三一四年から前三一二年にかけて、いくつかの新たな要塞が建設された。アプリアではルケリアだが、ここには、その孤立した剝き出しの位置のために常置の守備隊として半個軍団が送られ、さらにはカンパニアの海域の安全確保のためにポンティアの島々が、カンパニアとサムニウムの国境にはサムニウムに対する防壁としてサティクラが、そして最後に、ローマからカプアに向かう街道にインテラムナ（モンテ・カッシノのそば）とスエッサ・アウルンカ（セッサ）が、という具合だった。駐留軍は、とくにカイアティア（カヤッツォ）、ソラ、そして他の軍事的に重要な場所に派遣された。ローマからカプアに向かう大軍用道路は、ケンソルのアッピウス・クラウディウスが前三一二年に舗装させたもので、それに必要な盛り土はポンプティヌスの湿地から持ってこられ、この道がカンパニアの安全確保を完成したのである。ローマ人の意図するところはますます完璧に発展させられた。彼らの狙いはイタリアの征服であり、イタリアはローマの砦の網と道路網の中に、年々いっそう緊密に編み込まれていった。サムニウム人は両側からローマ人に狭まれていった。すでにローマからルケリアに向かう線は、北イタリアと南イタリアを相互に切断していた。それはかつて、ノルバとシグニアの要塞がウォルスキ人とアエクィ人を切り離したようなものであった。当時ヘルニキ人を支えとしたように、ローマは今はアルピの人々を支えとした。イタリキは認めざるをえなかった。自分たちの自由はすべて、サムニウムが屈服したらもうそれまでだということを、また、勇敢な山岳民族としてすでに一五年もひとりローマ人に対して、力量が劣っているにもかかわらず戦いを展開してきた彼らに、今こそ全力で救援に向かうべき絶好のときだということを、である。

タレントゥム人の介入　サムニウム人の最も近い同盟者は、タレントゥム人だったと言えよう。サムニウムを、またイタリア全体を統轄する運命は、将来を決める瞬間において、その決定権が、このイタリアの地のアテナイ人［とも言うべき人々］の掌中にあったのである。もとは古いドリス人のやり方にしたがって厳密に貴族政的であったタレントゥムの国制が、最も完全な民主政に移行して以来、主に船乗りや漁夫や職人の住むこの町では、信じられないくらい活気あふれる生活が繰り拡げられていた。高貴なというよりは富裕な住民の感覚や行動は、機知や才気の飛びかう目の回るように気ぜわしい日常の営みにあって、人生におけるあらゆる生真面目なものを寄せつけず、最も大胆な冒険家精神やきわめて天才的な精神の高揚と、恥ずべき軽薄さや子供っぽい気ままさとの間を揺れ動いていた。ここで、きわめて才能があり昔から有名な民族の存亡の真剣な運命が賭かった危機と結びつけて、次の話を想起することも許されなくはないだろう。それは、この時代を遡ることほぼ六〇年前（前三八九年）、タレントゥムにやって来たプラトンが――彼自身の証言によれば――、ディオニュソスの祭りに全市が酔い痴れているのを見たこと、またまさしく大サムニウム戦争のころ、パロディー風の道化芝居、いわゆる「愉快な悲劇《ヒラロトラゴイディア》（リントニカ）」がタレントゥムで創られたことである。このような夕レントゥムの伊達男や文士の放縦な生の営みと道化的な詩作品に、タレントゥムの扇動政治家の不安定で傲慢な視野の狭い政策はぴったり対応している。この人々は、自分たちがなすべきことが何もないときにはきまって首をつっこんできて、自分たちの直接的な利害のために行動を必要とするときには距離をおいてじっとしたままであった。

カウディウムの惨敗の後、ローマ人とサムニウム人とがアプリアで対峙していたとき、彼らはそこに使者を送り、武器を下に置くよう両派に求めた（前三二〇年）。イタリキの決戦へのこの外交上の介入は、理性的に考えるならば、タレントゥムがこれまでの受け身の姿勢から、今やついに踏み出す決意をしたことを告げる以外の何ものでもなかった。実は、それにはそうすべき充分な理由があったのである。この戦争に巻き込まれることが、タレントゥム自身にとっていかに困難で危険なことであったにしてもそう言えるだろう。というのも、国家の民主主義的な発展の力点はもっぱら艦隊に注がれており、その艦隊はタレントゥムの強力な海運活動に支えられて、大ギリシア《マグナ・グラエキア》の海軍国の間でも第一等の位置を占めていたのに対して、このとき問題になっていた陸軍の力は、基本的には金で雇われた傭兵からなり、深い沈滞状態にあったからである。こうした状況のもとで、ローマとサムニウムとの戦いに関与することは、共和国タレントゥムにとっては決して容易な課題とは言えなかった。ローマの政策としては、少なくとも厄介なこの争いにタレントゥム人をルカニア人とともに巻き込むことが分かっていたのだが、そのことは別にしても、右のように言えよう。しかしこの類いの困難さも、鞏固な意志さえあれば、たしかに乗り越えられるはずであった。争っている双方が、戦争を止めるようにというタレントゥムの使者の勧告をこうした意味に理解した。弱い方のサムニウム人は、自分たちとしてはそれに応ずる覚悟があることを示した。しかしローマ人は、戦争への合図の印を掲げることでそれに返答した。理性と名誉心という点からすれば、タレントゥム人には、自分たちの使者の尊大な命令に続けて、今やローマに対する宣戦布告を行なうことが求められていた。ところがタレントゥムでは、名誉心も理性も統治機関にはなく、そこではただ、きわめて深刻な問題をまことに子供じみた態度でもてあそんでいるだけだった。ローマに対する宣戦布告は行なわれず、その代わりむしろ、シュラクサイのアガトクレス――以前タレントゥムのために奉仕してくれ、不興を買って解雇されたことのある人物――に対抗して、シチリアの町の寡頭政的な立場の党派を支持する方を選んだ。そしてスパルタの例に倣って艦隊をこの島に派遣し、この艦隊はカンパニアの海でうまく職責を果たしたようである（前三一四年）。

連携にエトルリア人が加盟する～ヴァディモニス湖畔の勝利

北部および中部イタリアの人々は、とくに要塞ルケリアの設置によって揺り起こされたようで、もっと精力的に行動した。まず最初に（前三一一年）エトルリア人が火蓋を切った。前三五一年のエトルリア人の停戦条約は、すでに数年前に終わっていた。ローマの国境の要塞ストリウムは二年の包囲に耐えねばならなかった。その城壁のもとで繰り広げられた激しい戦闘では、ローマ軍がきまって敗北の貧乏くじを引いた。それも前三一〇年のコンスル、クィントゥス・ファビウス・ルッリアヌスによって終わりを告げた。サムニウム戦争での折り紙つきのこの指揮官は、ローマ支配下のエトルリアでローマの優勢な武力を再建したばかりか、言語の違いにより、またコミュニケーションの乏しさによって、ローマ人にはこれまでほとんど知られていなかったエトルリア人の本土に大胆にも侵入したのである。ローマ軍によって一度も越えられたことのないキミニウスの森を通り抜けての進軍と、永らく戦争の苦難に煩わされないままだった豊かな土地の掠奪は、全エトルリアを武装させた。ローマ政府は、向こう見ずな遠征を思慮深くも是認せず、大胆な指揮官に国境を越えないよう命じたが、あまりにも遅すぎた。そこで、予想された全エトルリア軍の進撃に対応するために、大至急、新しい軍団が掻き集められた。

ところが、ルッリアヌスはタイミングよく決定的な勝利を収めた。すなわち、民衆の記憶の中に永く生き続けることになるウァディモニス湖畔の決戦は、軽はずみな始まりから、褒めたたえられる英雄的な行為となり、エトルリア人の抵抗を打ち破ったのである。もう一八年来、あまりにも力量の差のある戦いを続けてきたサムニウム人とは異なり、最初の敗北の後、最も強力なエトルリア人の都市であるペルシア［現在のペルージア］、コルトナ、アッレティウムは、三〇〇ヵ月間の個別的な和平（前三一〇年）にいやいやながらも従った。そして翌年、今一度ローマ人がペルシアのそばで他のエトルリア人に勝利を収めた後、タルクィニイの人々も四〇〇ヵ月の和平に同意した（前三〇八年）。その後は、残りの町々も戦いから身を引き、エトルリアでは一時、休戦の期間に入った。

サムニウム地方への最後の出陣　以上の出来事の間、サムニウムでも戦争は収まっていなかった。前三一一年の軍事行動は、それまでのように個々のサムニウム人の町を別々に攻囲し奪取することに限られていたのだが、翌年には、戦争の局面が今まで以上に活発なものへと変わった。エトルリアにおいてルッリアヌスが危険な状態にあり、ローマの北方軍壊滅の噂がひろまり、サムニウム人は新たに力を出すべく勇気づけられた。ローマのコンスル、ガイウス・マルキウス・ルティルスは彼らに敗れ、自分もひどい傷を負った。ところがエトルリアにおける状況の反転が、新たにきらめいた希望を打ち砕いた。再びルキウス・パピリウス・クルソルが、サムニウム人に対して派遣されたローマの軍勢の先頭に立ち、大きな決定的な戦闘で再び勝利者になった（前三〇九年）。この決戦では、［サムニウム人の］盟約者たちが最後の力を振り絞った。この軍の中核は、黄金の楯を持ち彩色豊かな上着《トゥニカ》をつけた者や、銀の楯を持ち白い上着をつけた者からなっていたが、ここで全滅してしまい、彼らの輝かしい装備はそれ以降、祝祭の際に、ローマ《フォルム・》広場《ロマヌム》に沿った店舗の列を飾ることになった。彼らの窮状はますますひどくなり、戦いはますます希望のないものになっていった。

　翌年（前三〇八年）、エトルリア人が武器を置いた。同じ年にカンパニアの最後の町、まだサムニウム人側についていたヌケリアが水陸同時に攻撃され、恵まれた条件でローマ人に降った。なるほどサムニウム人は新たな同盟者を、北イタリアではウンブリア人に、中部イタリアではマルシ人とパエリグニ人に見出した。それどころかヘルニキ人からでさえ、数多くの義勇兵がその戦列に加わった。しかし、エトルリア人がまだ武装したままだったら、このことはローマに対して決定的な重みを持つことになっていたであろうが、今はただ勝利のために深刻な負担になることもなくローマの勝利の成果を増やすだけであった。ローマに向かって遠征に乗り出す格好を見せたウンブリア人の進路を、ルッリアヌスは上ティベリスの河畔で、サムニウムに派遣していた軍勢「を移動させること」によって塞いだ。弱体化していたサムニウム人にはこれを阻止することはできなかった。ウンブリア人の国民軍「召集兵」を潰走させるには、これで充分だった。

　次いで再び戦争は、中部イタリアへと伸びていった。パエリグニ人は征服された。マルシ人も同様だった。たとえ他のサベッリ人諸部族がまだ名前の上ではローマ人の敵であり続けたにしても、次第にサムニウムはこの方面に関しては事実上孤立していった。ところが、予期していなかったにもかかわらず、ティベリス河の地帯から援助者が現われた。ヘルニキ族の盟約体が、自分たちの同胞がサムニウム人捕虜の中にいることが分かったので、それに関してローマ人に弁明を求められ、今こそローマに対して宣戦を布告したのである（前三〇六年）。たしかに計算した上ではなく、絶望的な思いからであった。最も重要なヘルニキの共同体のいくつかは最初から、戦争遂行からは距離をおいていたが、アナグニア——すなわちとび抜けて、最も声望高いヘルニキ族の町——が宣戦を布告した。たしかに軍事的には、さしあたりローマ人のおかれた位置は、サムニウムの城塞の包囲に従事していた軍隊の背後でのこの予期せざる蜂起によって、まことに容易ならぬものになった。今一度、戦争の運はサムニウム人側にほほえみ、ソラとカイアティアは彼らの手に落ちた。ところが、アナグニアの人々は予想に反してすぐに、ローマから派遣された軍勢に屈服してしまい、しかもこの軍勢は適切なときに、サムニウムにいる軍にも一息つかせることができた。すべてがまさしく失われてしまった。サムニウム人は和平を願ったが、それも無駄だった。まだ「ローマとサムニウムは」合意に達することができなかったのである。前三〇五年の戦役がようやく最終的な決着をもたらした。二個のローマのコンスル軍が、一方はティベリウス・ミヌキウスに、そして彼の死後はカンパニアから山の隘路を通り抜けてきたマルクス・フルウィウスに率いられて、今一方はルキウス・ポストゥミウスに率いられて、アドリア海からビフェルノに沿って上ってきて、サムニウムへと侵入した。この地で、この地方の首邑ボウィアヌムの前で、合流するためであった。［ローマ側は］決定的な勝利をかち得、サムニウム人の将軍スタティウス・ゲッリウスは捕まり、ボウィアヌムは奪取された。

サムニウムとの和平　この地方の軍事上の本拠地の陥落は、二二年にわたる戦争に終止符を打った。サムニウム人はソラやアルピヌムから自分たちの駐屯軍を撤収させて、和平を懇請するためにローマに使節を送った。彼らの例にしたがったのは、サベッリ人部族、マルシ人、マッルキニ人、パエリグニ人、フレンタニ人、ウェスティニ人、それにピケヌム人だった。ローマが認めた条件は、まずまずのものだった。領土の割譲は、たしかに個々いくつかの部族に対して、例えばパエリグニ人などに対して求められた。しかしそれは、あまり重要なものであったようには見えない。こうしてサベッリ人の諸国家とローマ人との間の平等な同盟は更新された（前三〇四年）。

タレントゥムとの和平　察するところこの頃、またたしかにサムニウム人との和平の結果、ローマとタレントゥムとの和平も実現したのである。なるほど両都市はお互いに直接戦場でまみえたわけではなかった。タレントゥム人は、ローマとサムニウムとの長い戦争には始めから終わりまで何もなすことのない傍観者だったし、ただローマの同盟者ルカニア人に対抗してサッレンティニ人［メッサピア人の土地伝来の呼称］と同盟を結んで争いを続けていたのだった。たしかに彼らは、サムニウム戦争の最後の何年かに、今一度より積極的な行動をとる格好を見せたことがある。一つには、絶え間ないルカニア人の攻撃が彼ら自身にもたらした苦況のせいで、もう一つには、サムニウムが完全に制圧されてしまうことによって自分たち自身の独立もやはりまちがいなく脅かされるだろうという切迫した焦燥感から、彼らはアレクサンドロスとともになめたおもしろくもない経験にもかかわらず、今一度、傭兵隊長にわが身を委ねるべく取り決めた。

彼らの呼びかけで、スパルタの王子クレオニュモスが五〇〇〇人の傭兵を率いてやってきた。彼は、その傭兵と、イタリアで募集した同数の一団や、メッサピア人やギリシア人小都市からの救援部隊、それにとりわけタレントゥムの市民からなる軍隊二万二〇〇〇を一つにした。そしてこの相当な大軍の先頭に立って、タレントゥムと和平を結び親サムニウム的な立場の政府をつくるようルカニア人に強要した。それに対して、言うまでもなくメタポントゥムが彼らに犠牲として差し出された。このようなことが起こったとき、まだサムニウム人は戦っていた。彼らを助けにやってきて、イタリアの都市や民衆の自由のために強力な軍隊や戦術の持つ重みにものを言わせようとするスパルタ人を妨げるものは何もなかった。ところがタレントゥムは、ローマが同じ場合に行なったようには振る舞えなかった。また王子クレオニュモス自身も、とてもあのアレクサンドロスやあのピュッロスのような器ではなかった。戦争になれば戦利品以上に打撃を受けることもあると予想したためか、戦争を始めるのを急がなかった。むしろルカニア人と組んで一緒にメタポントゥムに対することにした。そしてシュラクサイのアガトクレスに対する遠征とシチリアのギリシア人の解放について語りながら、この町で快適に過ごしていた。こうしてその間にサムニウム人は和平を結ぶことになった。和平締結後、ローマが半島の南東のことをより真剣に気に掛けはじめ、例えば前三〇七年にローマの大軍がサッレンティニ人の領域を掠奪した、あるいはむしろ政府の指令で偵察を行なったとき、スパルタの傭兵隊長は、その傭兵とともに船に乗り、ケルキュラの島を奇襲した。この島は、そこからギリシアおよびイタリアに対して海賊として遠征に乗り出すのに絶好の位置にあったのである。このように自分たちの将軍に見殺しにされ、同時に中部イタリアの同盟者からも強奪されて、タレントゥム人も、彼らと結んだイタリキつまりルカニア人やサッレンティニ人も、今やローマとの協定を願い出るより他に何も手が残っていなかった。それは一応の条件で認めてもらえたように思われる。その後すぐに(前三〇三年)クレオニュモスの侵攻さえ見られた。彼はサッレンティニ人の領域に上陸してウリアを包囲したのであるが、ローマの援助を得た住民によって撃退された。

中部イタリアにおけるローマの支配の強化　ローマの勝利は完璧なものだった。勝利は完璧に利用されたのである。サムニウム人やタレントゥム人、そしてはるか彼方に住む人々にも、一般にかくも穏やかな条件が設定されたことは、勝者の寛大さによるものではなく——ローマ人にはそのようなものは無縁だった——、賢明で先を見越した計算によるものだった。まず第一に、また何よりも問題だったのは、できるだけ速やかに、南イタリアにローマの至上権を正式に承認させるというよりは、むしろ中部イタリアの征服を補完し完成することであった。そのために、カンパニアおよびアプリアに最近の戦争の間に設けられた軍用道路や要塞によって基礎が据えられていたのである。そして、そのことによって北および南のイタリキを、軍事的に見てお互いにあらゆる直接の接触が切断された二つのまとまりにと分離したのであった。このようなわけで、精力的に徹底して行なわれたローマ人の次なる企ても、同じことをねらうものであった。何よりも、機会を利用したり、あるいは機会を作り出し、ティベリス河流域地方でかつては唯一の強国ローマと競い合いまだ完全には除去されていないアエクィ人やヘルニキ人の盟約体を一掃することが、それであった。サムニウムとの和平が成立したのと同じ年に(前三〇四年)、コンスルのプブリウス・センプロニウス・ソフスがアエクィ人の地を戦火で蔽った。四〇ヵ所の集落が五〇日間で屈服した。けわしく狭い渓谷は別として——そこは今日でも古い住民の名前を保持しているような所(チコラノ)だが——、すべての地域がローマ人の領有するところとなり、ここではその翌年にフキヌス湖の北縁に六〇〇〇人の守備隊を擁する要塞アルバが建設され、その後、好戦的なマルシ人に対する防壁や中部イタリアの周辺を抑える拠点となった。同じく二年後には、上トゥラノに、ローマのずっと近くにカルシオリが設けられた。この二つはラテン権を持った同盟の共同体となった。

ヘルニキ人の中では少なくともアナグニアが、サムニウム戦争の最終段階に関与したことが、古い同盟関係を解消するのにうってつけの理由となった。アナグニアの人々の運命は、当然のことながら、一世代前の同じ場合にラテン共同体のために用意されたものよりもはるかに厳しいものであった。彼らは、ラテン共同体の場合のように受動的な形のローマ市民権［投票権なしの市民権］に甘んぜざるをえなかったばかりか、カエレの人々のように（三一〇頁）自治権も失った。上トレルス（サッコ）河岸の彼らの領域の一部には、さらに加えて新しい市民の地区《トリブス》が、また同時に下アニオ河岸には、別の市民地区《トリブス》が設けられた（前二九九年）。アナグニアに次いで最も重要なヘルニキ人の三つの共同体、アレトリウム、ウェルラエ、フェレンティヌムが離反しなかったことだけはローマ人にとって残念なことだったであろう。というのも彼らは自発的にローマの市民連合に入ると期待されたのに、それを丁重に拒絶したし、また彼らをそうするよう強要するいかなる口実もなかったので、ローマ人は彼らに自治権のみならず代表者会議や共同体相互間の婚姻の権利までも引き続き認め、そうすることでヘルニキ人の古い盟約体関係の名残りのようなものまで残さざるをえなかったからである。

ウォルスキ地方のこれまでサムニウム人が領有していた部分については、同様の配慮によって拘束されることはなかった。ここではアルピヌムやフルシノが服属することになり、後者は町の共同体農耕地の三分の一を奪われ、さらに上リリスではフレゲッラエと並んで、すでに以前守備隊の配置されたことのあるウォルスキ族の町ソラが、今や恒久的なラテン人の要塞に変わってしまい、四〇〇〇人からなる一個軍団《レギオ》がそこに置かれた。このようにして、古いウォルスキ人の地は完全に屈服させられ、急速なテンポでローマ化していった。サムニウムとエトルリアを分かつ地方には、二本の軍用道路が通り、双方が要塞で安全を確保された。北の道は後にフラミニウス街道になるのだが、ティベリス河の線を守っていた。それはローマと同盟を結んでいたオクリクルムを通ってナルニアにいたるものであったが、このナルニアとは、ローマ人がこの地に軍事植民市を設けたときに（前二九九年）、古いウンブリアの砦ネクィヌムの名をこれに変えた町である。南の街道、後のウァレリウス街道は、フキヌス湖に沿って、今述べた要塞カルシオリとアルバを越えて走るものであった。小部族の領域の中にこうした施設が設けられたのだが、そうした人々、すなわちネクィヌムをしぶとく防衛したウンブリア人、今一度アルバを襲ったアエクィ人、カルシオリを襲ったマルシ人なども、ローマの歩みを止めることはできなかった。ほとんど何ものにも妨げられずに、サムニウムとエトルリアの間にその二つの強力なかんぬきが挿入されたのである。アプリア、またとりわけカンパニアの安全を恒久的なものにするために大きな街道や要塞が設置されたことについては、すでに述べたところである。これらによっていっそうサムニウムは東方や西方に面しては、ローマの要塞の網に取り囲まれたのである。エトルリアが比較的弱体であった点をよく示しているのは、キミニウスの森を通り抜ける隘路の安全を、同じような形で街道や適切な要塞によって確保することがどうしても必要とは見做されなかったことである。これまでの国境の要塞ストリウムは、以後もこの場所でローマの軍事線の末端であり続け、そこからアッレティウムに向かう道を、その道が通る共同体によって、軍事目的に役立つ場所で持ちこたえさせることでよしとされたのである。*

* 前二一七年の遠征における作戦行動が、もっとはっきり言えばアッレティウムからボノニアへの街道の設置（前一八七年）が示しているのは、すでにこの時代以前にローマからアッレティウムへの道が使えるようになっていたということである。しかしそれは、この時代にはまだローマの軍用道路ではありえなかった。カッシウス街道という後の呼称から推して、これが、前一七一年以前にコンスル［格］の人の手になる道（via consularis）として設けられたものとは考えられないからである。というのもスプリウス・カッシウス、すなわち前五〇二年、前四九三年、前四八六年のコンスル——当然のことながら、この人とは考えられない——とガイウス・カッシウス・ロンギヌス、すなわち前一七一年のコンスルの間には、カッシウスという名前の人物はローマのコンスル表やケンソル表には登場しないからである。

サムニウム人・エトルリア人との戦争の再勃発　高邁な民族サムニウム人には、こうした平和が最も破壊的な戦争よりも人間を堕落させるものだということが分かっていた。分かっていたという以上に行動した。ちょうど北イタリアで長い休戦の末にケルト人が再び動きはじめていたのである。さらにいくつかのエトルリア人の共同体も、はるかなるこの地でローマ人に対して戦争準備をしていた。ここでは短期間の停戦が、激しい、だが勝つ見込みなどない戦闘に取って替わったのである。おまけに中部イタリア全体が発酵状態にあり、一部では公然たる蜂起も見られた。さらに要塞は設置途上にあり、エトルリアとサムニウムとの道はまだ完全には閉ざされていなかった。自由を救い出すには、おそらくまだ遅すぎるということはなかった。しかし逡巡することは許されなかった。平和が長引くとともに攻撃はいっそう困難になり、攻撃する側の力は年ごとに低下していった。前二九八年にサムニウム人の盟約体が戦いを再開したときには、辛うじて五年間武器がしまわれていたにすぎず、あらゆる傷口からまだ血が出ていたに違いなかった。その傷は、二二年に及ぶ戦争がサムニウムの農民層に負わせたものだった。最後の戦争でローマに軍配が上がったのは、主としてローマとルカニア人との結びつき、およびそれによってもたらされたタレントゥムの不関与によるものであった。これに懲りて、サムニウム人は今度はまず第一に、全力でルカニア人に襲いかかった。そして実際に、自分たちに味方する党派を政権につけ、サムニウムとルカニアとの同盟を取り決めた。もちろんローマ人は直ちに宣戦を布告した。サムニウム側がまさに予期していた通りだった。サムニウム人の政府がローマの使節に、自分たちは使節がサムニウム人の土地に足を踏み入れたら、その不可侵性を保証できないと告げたことは、彼らの気持ちをよく表わすものであった。

こうして新たに戦争が始まった（前二九八年）。エトルリアで第二軍が闘っている間に、ローマの主力部隊はサムニウムを通り過ぎ、ルカニア人に、和平を締結してローマに人質を送るよう強要した。翌年両コンスルは、サムニウムに矛先を転じることができた。ルッリアヌスはティフェルヌムのそばで、その忠実な戦友プブリウス・デキウス・ムスはマレウェントゥムの付近で勝利を収め、二個のローマ軍は五ヵ月にわたって敵地に陣を張った。このことは、トゥスクス人の諸国家がローマとの和平交渉を自分たちで始めていたからこそ可能であった。サムニウム人は始めから、ローマに対抗して全イタリアが団結することに勝利の唯一の可能性があると読んでいたに違いなく、エトルリアとローマが今にも個別に和平を結ばんとするのを妨げるために、ぎりぎりの努力を傾けた。そして最終的に、将軍ゲッリウス・エグナティウスが、エトルリア人に彼ら自身の土地で援助することを申し出ると、エトルリア人の同盟［代表者］集会は、なんとか持ちこたえて、今一度武器での決着を呼びかけることに同意したのであった。

ウンブリアにおける連合軍の合体　サムニウムは、三個の軍隊を同時に戦場に出動させるために力の限りを尽くした。第一の軍は明らかに自国領の守備のため、第二の軍はカンパニアへの侵攻のため、第三で最も数の多い軍はエトルリアに向かわせるためである。そして実際に前二九六年、エグナティウス自身に率いられたその第三の軍勢が、マルシ人およびウンブリア人の地を通って——そこの住民は同意したのである——、安全にエトルリアに達した。ローマ軍はその間、サムニウムで二、三の鞏固な拠点を奪い、ルカニアにおける親サムニウム派の影響力を打ち破っていた。彼らは阻止するすべを知らなかった。しかしエグナティウスに率いられた軍勢の出発を、彼らは阻止するすべを知らなかった。南のイタリキを北方のイタリキから切断しようとした絶大な努力をことごとく水泡に帰させるのにサムニウム人が成功したこと、またサムニウム人の大軍勢のエトルリア到達が、ローマに対するほとんど全面的な武装蜂起の合図になったこと、さらにエトルリアの共同体が最大限の熱心さでもって自分たちの兵士に戦いの準備をさせ、ガッリア人の大群を雇い入れるのに力を尽くしていること——そうした報せがローマに届いたとき、ローマでも全神経がぴんと張りつめた。解放奴隷も既婚者も大隊に組織された。——決着の時が迫っていることを、だれもがどこでも感じていたのである。

それでも前二九六年は武装と進軍のために過ぎていったようである。翌年（前二九五年）ローマ人は、自分たちの最高の両将軍、プブリウス・デキウス・ムスと高齢のクィントゥス・ファビウス・ルッリアヌスをエトルリア派遣軍の先頭に立てたが、これは、カンパニアにあった余分な軍勢をすべて投入して強化され、少なくとも六万を数えた。その中の三分の一以上がローマの完全市民からなっていた。それに加えて、二重の予備軍が形成され、第一のものはファレリイに、第二のものは首都の城壁のもとに配備された。イタリキの集結場所はウンブリアであった。そこには、ガッリア人、エトルリア人、サベッリ人の土地からの道路が合流していた。コンスルたちもウンブリアに向かって、一部はティベリス河の左岸、一部は右岸で主力部隊を進軍させた。他方、同時に第一の予備軍は、できるだけエトルリア人の軍勢を決戦の場所から故郷防衛に呼び戻すために、エトルリアに向かって動いた。最初の戦闘は、ローマ軍に利あらずということになった。その前衛は、一体になったガッリア人とサムニウム人によって、キウジ［クルシウム］の領域で撃破された。ところが牽制作戦が、効を奏した。サムニウム人は自分たちの町の廃墟から、真の戦さの庭に現われないわけにはゆかないと抜け出したきたのであるが、エトルリア人の分担兵の大部分は、サムニウム人よりも高邁な精神を持っていなかったので、ローマの予備部隊のエトルリア侵攻の報を受けて同盟軍から離脱した。そのため戦列は、センティヌムのそば、アペニンの東斜面で雌雄を決する闘いが行なわれるときには、ごく手薄になっていた。

センティヌムの決戦、エトルリアとの和平　それでも、灼熱の一日となった。ローマ軍の右翼では、ルッリアヌスが二個軍団を率いてサムニウム軍と戦ったが、そこでは戦闘は長らく決着のつかないままだった。プブリウス・デキウスが指揮を執った左翼では、ローマの騎兵隊がガッリア人の戦車によって混乱に陥れられ、ここではローマの正規軍団《レギオ》も敗退しはじめた。そのときである。コンスルは神官のマルクス・リウィウスを呼び寄せ、彼にローマの将軍の首《こうべ》も敵軍も同時に地下の神々に捧げるように命じた。次いで、死に場所を求めてガッリア軍の最も厚い大集団の中へと躍り込み、命を絶った。この高邁な人物、人々に敬愛された将軍の鬼神も避けるような死にもの狂いの剛勇さは、無駄ではなかった。逃走しつつあった兵士たちは立ち直り、最も勇敢な者は指揮官に続いて敵の戦列へと、彼の復讐をするためか彼とともに死ぬためか、ただただ我が身を投げ出した。まさにその瞬間、ルッリアヌスから送り出されたコンスル格の人物ルキウス・スキピオが、ローマの予備部隊を引き具して、危機の迫った左翼に現われた。素晴しいカンパニアの騎兵隊がガッリア人の側面と背後を衝き、ここで決着をつけた。ガッリア人は逃走し、ついにはサムニウム人も退いた。サムニウム軍の将軍エグナティウスは、陣営の入口で倒れた。九〇〇〇のローマ兵の遺体が戦いの庭を蔽っていた。しかし、高い代価を払った勝利は、それだけの犠牲に値するものだった。連合軍は解体してしまい、それによって連携自体も解体してしまった。ウンブリアはローマの勢力圏にとどまったし、ガッリア人は四散し、サムニウム軍の残兵は、相変わらずまとまった秩序を保ちながらも、アブルッツォを通って故国へと引き揚げた。エトルリアでの戦争の間にサムニウム人に席捲されたカンパニアは、戦いの終了後は、さしたる苦労もなく再びローマ人に占領された。

エトルリアは翌年（前二九四年）、和平を願い出た。ウォルシニイ、ペルシア、アッレティウム、そしておそらく一般にローマに対抗する同盟に加担したすべての都市が、四〇〇ヵ月の休戦を誓約した。

サムニウム地方での最後の戦い　ところがサムニウム人は別のことを考えていた。彼らは、自由な人たちの勇敢さでもって、希望など持てないにもかかわらず抵抗の準備をした。その勇猛さたるや、たとえ運命［の女神］を強要して動かすことができないとしても、運命［の女神］を恥じ入らせるものであった。前二九四年に、コンスルの率いる二個の軍勢がサムニウムに侵入したとき、彼らはいたるところで、まことに敵意に燃える抵抗にぶつかった。それどころではない。マルクス・アティリウスは、ルケリアのそばで一敗地に塗れた。その結果、サムニウム人はカンパニアに侵攻して、リリス河畔のローマの植民市インテラムナの領域を荒らすことができた。翌年にはルキウス・パピリウス・クルソル、つまり第一次サムニウム戦争の英雄の息子と、スプリウス・カルウィリウスがアクィロニアのそばでサムニウム軍に対する一大決戦を展開した。敵の精鋭は一万六〇〇〇の白衣の上着《トゥニカ》をつけ、逃亡よりは死を選ぶという聖なる誓いを立てた者たちであった。しかし、仮借ない運命は、誓いも死にもの狂いの祈願もまったく容赦しなかった。ローマ人は勝利を収め、砦へと突撃した。そこは、サムニウム人が自身と財産の避難場所としておいたところであった。このような大敗北の後でもなお盟約者たちは、ますます圧倒的に優勢となった敵に対して、なおも長年月にわたり前例のないくらいねばり強く、自分たちの城塞や山の中で抵抗し、それでも個々については まだ幾度か優勢を勝ち得たこともあった。老ルッリアヌスの定評ある手腕が、今一度（前二九二年）彼らに対抗するために求められた。それに対してガウィウス・ポンティウス——おそらくカウディウムの勝者の息子——が、自国民［サムニウム人］のために最後の勝利までかち得たが、ローマ人は低劣至極にも、彼が後に捕らえられたとき、この勝利に対する復讐として彼を牢獄で処刑した（前二九一年）。しかしイタリアでは、それ以上なんの動きもなかった。ファレリイが前二九三年に始めた戦争は、ほとんど戦争の名に値しなかったからである。たしかにサムニウムでは、まだ唯一援軍を提供できたタレントゥムの方に、それを切望する眼差しを向けたことであろう。しかし事は起こらなかった。それは、以前タレントゥムの無為ぶりをもたらしたものと同じ理由からであった。内部的な失政と前二九八年にルカニア人が再びローマ派に移行してしまったことが、それである。それに加えて、シュラクサイのアガトクレスに対する、理由がないとは言えない恐怖感もあった。この人物はまさに当時権力の絶頂にあり、イタリアに目を転じはじめていたのである。前二九九年頃アガトクレスは、ケルキュラの島に陣地を構えた。すでにクレオニュモスはこの島からデメトリオス・ポリオルケテスによって追い出されており、今やアガトクレスがイオニア海からと同様アドリア海からもタレントゥム人を脅かすようになった。前二九五年、島がエペイロスの王ピュッロスに割譲され、彼らが抱いていた気がかりの大部分がたしかに取り除かれた。しかし、ケルキュラの問題は引き続き、タレントゥム人を煩わせた。彼らは前二九〇年に、王ピュッロスがデメトリオスに対して、島の領有を守るのを助けたほどだった。同じくアガトクレスも、そのイタリア政策によってタレントゥム人を不安にさせるのをやめなかった。彼が死んで（前二八九年）、彼とともにシュラクサイ人のイタリアにおける力が没落したときでは、あまりにも遅すぎた。サムニウムは三七年に及ぶ戦いに疲れ果て、前年（前二九〇年）にローマのコンスル、マニウス・クリウス・デンタトゥスと和平を結び、形式上はローマとの同盟を更新していた。この度も、前二〇四年の和平のときのように、ローマ人からこの尚武の人々にいかなる不名誉な条件も仮借ない条件も出されなかった。領土の割譲すら行なわれなかったようである。ローマの政治上の高い識見は、これまで守られてきた道をさらに歩み続けることを選び取った。そして内陸部の直接の征服にかかる前に、まず第一にカンパニアの海岸地帯とアドリア海の海岸地帯を鞏固に――いっそう鞏固に――ローマに結びつけようとしたのである。なるほどカンパニアは、長らく服属する位置にあった。ところが先見の明のあるローマの政策では、カンパニアの海岸の安全確保には、そこに二つの海岸の要塞を設ける必要があると考えられた。それがミントゥルナエとシヌエッサであり（前二九六年）、その新しい市民団は、海岸植民市について確立した原則にしたがって、完全なローマ市民権の所有者に入れられた。中部イタリアにおいてはより精力的にローマの支配拡大が促進された。アエクィ人やヘルニキ人の征服が、第一次サムニウム戦争の直接の成果だったように、第二次サムニウム戦争の終結に続いて、すぐにサビニ人の征服が行なわれた。サムニウム人を最終的に制圧した同じ将軍マニウス・クリウスは、同じ年に（前二九〇年）、短期間にすぎない力のない彼らの反抗を打ち破り、サビニ人を無条件降伏させた。征服された領域の大部分は直接勝利者の手に入り、ローマ市民に分配された。残った共同体、すなわちクレス、レアテ、アミテルヌム、ヌルシアにはローマの服属民の権利（civitas sine suffragio［投票権なしの市民権］）が押しつけられた。同等の権利をもった同盟市はここには建設されなかった。むしろこの地方は、ローマの直接の支配下に入った。支配はこのようにしてアペニンとウンブリアの山々にまで拡がったのである。しかもそれは山々のこちら側［ローマ側］の領域に限られなかった。最後の戦争は、ローマの支配が［東のアドリア］海から［西のテュッレニア］海にまで及んだ場合にのみ初めて中部イタリアに対するローマの支配が確保されたと言えることを、はっきりすぎるほどはっきりと示すものであった。

アペニンの彼方にローマ人が腰を落ち着けるのは、前二八九年のハトリア（アトリ）という強力な要塞の設置からである。ピケヌムの平原に対するアブルッツォの北側の斜面に当たり、海岸に直接面さないところに位置し、したがってラテン市民権を持つが、海に近く、北イタリアと南イタリアを分ける強力なくさびの要石であった。同じような類いの、だがはるかに大きな意味を持ったものが、ウェヌシアの建設であった（前二九一年）。この地には、二万という前代未聞の数の植民者が送り込まれた。町はサムニウム、アプリア、ルカニアの境界に位置し、タレントゥムとサムニウムとの間の大街道の上、並み外れて鞏固な位置に設けられ、次のように定められていた。すなわち、まわりに住む諸部族を制する根城であって、何よりも南イタリアにおけるローマの最も強力な二つの敵の結びつきを遮断することである。間違いなく同じ時代に、アッピウス・クラウディウスがカプアまで延ばしていた南の街道も、そこからさらにウェヌシアまで延長された。このようにして、サムニウム人との戦争が終わったとき、まとまったローマの領域、すなわちほとんどもっぱら、ローマ市民権もしくはラテン市民権を持つ共同体からなるローマの領域は、北はキミニウスの森まで、東はアブルッツォとアドリア海まで、南はカプアまで拡がっていた。一方、二つの前進基地、ルケリアとウェヌシアは、東と南に向かっては相手方の交通路上に設けられており、どの方向に関しても彼らを孤立状態においていた。

自分の土地で各々、神の加護と自らの能力によって指導的地位へと呼び寄せられた諸民族が、ローマ建設後第五世紀の終わり頃［西暦前三世紀中頃］、評議会［代表者会議、元老院］において、また戦場においてお互いに歩み寄りはじめたときには、ローマはもはや単なるイタリア半島第一の力ではなく、すでに半島を支配する力になっていた。そしてオリュンピアにおける予選の勝利者が第二のもっと厳しい戦いに進むのと同じように、より大きな諸民族の闘技場で、今度はカルタゴ、マケドニア、そしてローマが、最終的かつ決定的な勝者を決める競争をしようとしていたのである。

第7章　ローマに対抗するピュッロス王とイタリアの統一

東方と西方の関係　異論の余地のない形でローマが世界支配を達成した時代に、ギリシア人は次のように見做すことで、ローマ人という主人の気持ちを逆なでするのが習いであった。それは、マケドニアのアレクサンドロスがそのためにバビュロンで前三二三年六月十一日に没した熱病に、ローマの偉大さの源があるとするものである。実際に起こったことをさらによく考えてみることなど取り立てて楽しいことではなかったにしても、大王が死んだときに意図していたと言われているように、彼が西方に向けて転進し、その艦隊でもってカルタゴ人と海上の覇権を、その密集方陣《ファランクス》隊でもってローマ人と陸上の支配権を、争うことになっていたならば起こったかもしれないことについては、だれでもしばしば考えてみることはいやではなかったのである。アレクサンドロスがそういう考えを抱いていたことはありえないことではないだろう。また、そのような考えを説明するのに、好戦的な独裁者が、兵士も船舶も備えている以上、戦争遂行に限界を見出すことがむずかしかったということのみを指摘する必要もないだろう。カルタゴに対してシチリア人を、ローマに対してタレントゥム人を守り、二つの大海での海賊活動を終わらせることは、ギリシア人の大王にとってふさわしい行為だった*のである。ブルッティウム人、ルカニア人、エトルリア人からなるイタリアの使節は、他の数多くの使節と並んでバビュロンに現われており、半島の情勢を知りその地と関係を持つ機会を充分に提供していた。カルタゴは、オリエントでは多様な関係を結んでおり、強力な人物の眼差しをどうしても自分の方に引き寄せないわけにはいかなかった。思うに、アレクサンドロスの意図の中には、テュロスの植民市に対するペルシア王の名目的な支配権を実際の支配権に変えるということがあったのであろう。カルタゴから送られたスパイがアレクサンドロスの直接の側近の中にいたとしても、それは理由のないことではなかったのである。しかし、これらは夢にすぎなかったのか、それとも実際の計画だったのか、大王は西方の問題にかかわりあわずに没してしまった。その思いは、彼ととももに墓に葬られたのである。

＊　ローマ人もアレクサンドロスに向けバビュロンに使者を送ったという話はクレイタルコスの証言に遡り（Plin. nat. 3, 5, 57）、この事実を伝える別の証人（アリストスとアスクレピアデス。Arr. 7, 15, 5；Memnon c. 25）は疑いなくそれを拠り所にしている。クレイタルコスは、たしかにこれらの事件の同時代人であったが、彼の『アレクサンドロス伝』は、それにもかかわらず決定的に、歴史というよりも歴史物語であった。そして信頼できる伝記（Arr. a. O. Liv. 9, 18）の沈黙やその報告の完全に作り話的な詳細を見れば——例えば、それによればローマ人がアレクサンドロスに黄金の冠を渡したというし、また大王はローマが将来偉大な者になると予言したことになっているが——、この話を、クレイタルコスによって歴史の中に入れられた他の多くの潤色と一括りに位置づけざるをえないであろう。

わずか数年の間とはいえ、一ギリシア人が、ヘレネス精神のもつ知的な力のすべてと、東方の豊かな物的資源のすべてを一つにして、掌中に握っていたのである。たしかにその死とともに、生涯の仕事、すなわち東洋《オリエント》におけるヘレニズムの樹立は決して潰えてしまったわけではなかった。しかしほとんど統一されていなかった帝国が直ちに分裂し、その残骸から形成された様々な国家の絶えざる争いのもと、これらの国家すべての担うべき世界史的な使命——東方におけるギリシア文化の普及——は、なるほど廃棄はされなかったが、弱まり、また萎縮してしまった。このような状況のもとでは、ギリシア風の国家もアシア・エジプト的な国家も、西洋《オクシデント》にしっかりした地歩を築き、ローマ人あるいはカルタゴ人に対して向きを転じようと考えることはできなかった。東方の国家組織と西方の国家組織は相並んで存在し、まず第一に政治的にお互いに噛み合わなかった。とりわけローマは、ディアドコイ［アレクサンドロスの後継者］の時代の揉めごととは基本的に距離をおいたままだった。ただ、経済的な関係だけは確立していた。そういうわけで、例えば自由都市国家ロドス——ギリシアにおける中立的な通商政策の主導的な代表者であり、したがって永遠に続く戦争の時代には、商業取引全般の仲介者であった——が前三〇六年頃ローマと条約を締結した。もちろん、商業の民とカエレおよびカンパニア海岸の支配者との間では当然だったような通商条約であった。また、当時の一般的な兵士徴募の場所であったヘラスからイタリアへ、とりわけタレントゥムへと向かう傭兵の供給にあたっても、例えばタレントゥムとその母市スパルタの間に見られた政治的な関係が役立ってはいたが、きわめて副次的なものにすぎなかった。全体として兵士徴募は、商人としての活動以外の何ものでもなかった。そしてスパルタは、規則的にタレントゥム人にイタリキとの戦争のための［傭兵］隊長を提供していたとはいえ、そのためにイタリキと、北アメリカの独立戦争においてドイツ人の諸国家と連合［合衆国］との間に見られたような敵対関係に入るということはなかった。それでもその対立者には自分の隷属民を売却していたのである。

ピュッロスの歴史的な位置　エペイロスの王ピュッロスも、軍事的な冒険家の［傭兵］隊長以外の何ものでもなかった。彼は、そのうえなお次のようなわけで一個の山師でもあった。血筋の上ではアイアコス［ギリシア神話中の一人物。ゼウスの子。敬虔さで知られる］とアキッレウスにまで遡るものだったこと、またもっと平和的な心映えだったならば、マケドニアの主導権のもと、弱小の山岳部族に君臨する「王」として、あるいはまたせいぜい孤立した自由の中で生きかつ死ねたであろうこと――そういう点から言ってのことである。彼は必ずマケドニアのアレクサンドロスと比較された。たしかに、西方のヘレネスの王国――その中核をエペイロス、大ギリシア《マグナ・グラエキア》、シチリアが形成することになったであろうし、二つのイタリアの海を支配し、ローマもカルタゴもヘレニズム的な国制を擁した国家に隣接する国境の蛮族の一つとして、ケルト人やインド人のように押さえこまれたことであろう――の建設という考えは、マケドニアの王をしてヘッレスポントス［ダーダネルス海峡］を越えさせた考えのように、たしかに雄大であり大胆なものである。しかし、東方遠征と西方遠征とを分けるのは、ただ単に出発点の差ばかりではない。アレクサンドロスは、とりわけ傑出した幕僚をもつマケドニア軍を率いて、［ペルシアの］大王に充分立ち向かうことができた。ところがエペイロスは、どこかプロイセンに並ぶヘッセンのように、マケドニアと並んで立っていたのであり、その王は名を挙げるに足る軍隊を、ただ傭兵や同盟、すなわち偶然の政治的つながりに依拠するものからしか持てなかったのである。アレクサンドロスは征服者としてペルシア王国に、ピュッロスは二流国家の連合の将軍としてイタリアに現われたのであった。アレクサンドロスは、ギリシアを無条件に服属させることにより、また後方に留めおかれたアンティパトロス［前三九七？―前三一九年］の率いる強力な軍隊によって、世襲の土地を完璧に安全にして、それを後にしたのであり、他方ピュッロスには、自分の領土の不可侵性に関しては、疑わしい隣人の約束以外には何も保証するものがなかった。両征服者にとって、その計画成就の暁には、故郷は新しい王国の中心ではなくなるはずだった。ところが、マケドニアの軍事独裁国家の中心地をバビュロンに移す方が、タレントゥムもしくはシュラクサイに軍人の王朝を設立することよりもはるかに実行可能であった。ギリシアの共和政国家の民主主義は、永く続く断末魔の苦しみはひどいものだったにしても、軍事国家の緊張し切った形へと今一度戻るよう強要はされなかった。フィリッポスがギリシアの共和政国家を自分の帝国に合併しなかったのにはしかるべき理由があるのであり、彼もそれをよくわきまえていたのである。東洋《オリエント》では、民族的な抵抗は期待できなかった。その地には、支配する種族と従属する種族が昔から長く相並んで生きてきたし、専制君主の交替は群れなす住民にはどうでもよいこと、もしくはかえって望ましいことだった。他方、西洋《オクシデント》ではローマ人もサムニウム人もカルタゴ人も打ち勝つことのできる存在だったが、いかなる征服者もイタリキをエジプトの農業労働者《フェッラー》に変えたり、あるいはローマの農民からヘレネス社会の貴族［有爵者］の貢租支払い義務者を作り出すことはできなかったであろう。

我々の目に入ってくるのが何であろうとも、つまり彼ら自身の力、同盟者、または反対者の資力のどの点をとっても、マケドニア人［アレクサンドロス］の計画は実行可能な企てのように見え、エペイロス人［ピュッロス］の計画は不可能な企てのように見える。前者は大きな歴史的課題の完成として、後者は注目すべき誤った選択として、また前者は新しい国家組織および文明の新しい段階のための基礎づけとして、後者は歴史的な一挿話として登場する。アレクサンドロスの仕事は、創始者の尚早の死にもかかわらず、彼の命以上に生き続けた。他方、ピュッロスは、死の神が彼を召す前に、自分の目で自分の計画すべての蹉跌を見たのである。両者ともに大胆で卓越した天性をもっていたとはいえ、ピュッロスはただ第一等の将軍にすぎず、アレクサンドロスは何よりもその時代の最も天才的な大政治家であった。英雄と冒険家とを分けるのは、何が可能であり不可能であるかについての洞察力であるとするならば、ピュッロスは後者、冒険家に数えられねばならず、しかも自分のより偉大な縁者に、例えばブルボン家のコンネタブル［一四九〇―一五二七年］がルイ十一世［一四二三―一四八三年］に匹敵するものとされるように、並べられてはならないであろう。

それでも、不可思議な魅力がこのエペイロス人の名前に結びついている。それは、たしかにある程度は彼自身の騎士的で愛すべき人格によるものであるが、しかしやはりそれ以上に、彼が戦争でローマ人と対峙した最初のギリシア人であるという事情にかかわる独特な関心に他ならない。彼とともにローマとヘラスとの直接の関係が始まるのであり、それが古代文明のその後のすべての発展および近代文明の本質的な部分の基礎になっているのである。密集方陣隊《ファランクス》と大隊《コホルス》［ローマの軍隊（歩兵）の構成単位］との闘い、傭兵と市民兵の軍の闘い、軍事王政と元老院統治、また個人の才能と民族的な力との闘い――こうしたローマとヘレニズムとの戦闘は、一番最初にピュッロスとローマの将軍たちの間で戦い抜かれたのである。そして負けた方は、その後もなおしばしば武器による新たな裁定に訴えたにしても、それに続く戦闘の日はことごとく、簡単に［最初の］判決の正しさを裏書きするだけだった。しかしギリシア人は、戦さの庭でも元老院の議場でも屈したとしても、それにもかかわらず彼らの優位性は、他のあらゆる非政治的な試合においては歴然としている。ローマのヘレネスに対する勝利が、ガッリア人やフェニキア人に対する勝利とは異なったものになるだろうということ、槍が折れ砕け兜や楯が取り除かれて初めてアフロディテの魅力が働きはじめるということ――そうしたことをまさしくこの連戦が予感させたのである。

ピュッロスの性格とその初期の歴史　ピュッロス王はアイアキデス――モロッソイ族（ヤニナ付近）の支配者――の息子であり、父は、アレクサンドロスによって近親者で忠実な封臣［家臣］として大切に扱われ、大王の死後はマケドニアの王家の政治的騒乱に巻き込まれ、その中でまず第一に自分の王国を、次いで命を失った（前三一三年）。そのとき六歳だった息子は、イッリュリアのタウランティイ族［イッリュリア系の南西ダルマティアの部族］の支配者グラウキアスに助けられた。マケドニアの領有をめぐる戦いの推移の中で、まだ子供だったのに、デメトリオス・ポリオルケテスによって再び父祖伝来の君侯の位置に戻された（前三〇七年）。ところが数年後、反対派の力によって再びその地位を失い（前三〇二年頃）、亡命中の王子としてマケドニアの将軍に従って軍人としての生涯の第一歩を踏み出した。すぐに彼の個性ははっきりと認められた。アンティゴノスのもと、ピュッロスは、この人の最後の遠征に加わった。アレクサンドロスの古い将帥は、この生まれながらの武人を楽しみに思った。白髪になった将軍の判断では、すでに当代随一の武人であるのに、この人物に欠けているのは年齢だけだった。イプソスの不幸な戦いの結果、彼は人質としてアレクサンドレイアに、ラゴス王朝の創設者の宮廷に連れてゆかれた。この地で彼は、その大胆で荒々しい性格によって、あらゆる非軍事的なことを根っから軽蔑する軍人気質によって、政治的な才幹のある王プトレマイオスの注目するところとなったばかりか、その男らしい美しさで王室の婦人方の注意を引いた。野性味のある面立ち、堂々たる歩きぶりは、その美しさにとってまったくマイナスにはならなかった。まさにその時、大胆なデメトリオスが再び、しかも今回はマケドニアに、新しい王国を自ら建てた。もちろんねらいは、そこからアレクサンドロスの君主国を再建することにあった。彼を抑えつけるには、故国で忙しくさせることが重要だった。そこでプトレマイオスは、エペイロスの若者のような炎のごとき精神を持った者を、とりわけ自分の巧妙な政策遂行に役立てるすべを知っていたので、自分の妻、女王ベレニケの気に入るようにしたばかりか、若い君侯に自分のまま娘、王女アンティゴネを娶らせ、最愛の「息子」が故郷に帰るのを助け、強大な影響力を及ぼす（前二九六年）ことを通して、自分自身の目的とすることも押し進めた。

父祖の王国に戻ってくるや、すべてが彼のものになった。勇敢なエペイロス人、すなわち古代のアルバニア人は、先祖伝来の忠誠心と新たな熱狂でもって、勇敢なる若者――彼らの名づけたところでは「鷲」――を支持した。カッサンドロスの死（前二九七年）後のマケドニアの王位継承をめぐって生まれた混乱に乗じて、このエペイロス人は王国を拡げた。一歩一歩、重要なアンブラキアの町を含むアンブラキア湾に面する地方、ケルキュラの島（三五三頁）、それどころかマケドニアの領土の一部すら獲得していった。そしてはるかに劣った兵力でもって王デメトリオスに、マケドニア人自身を驚かせるくらい抵抗した。そしてデメトリオスがマケドニアで自分自身の馬鹿げた振る舞いのために王座から転落したとき、その地では、騎士らしいライヴァルにしてアレクサンドロス一族の親戚であるこのピュッロスに、自発的に王位が差し出された（前二八七年）。事実、フィリッポスおよびアレクサンドロスの王の印をつけるのにピュッロスほどふさわしい者はいなかったのである。深く沈滞した時代、王侯貴族らしいことも卑劣であることも同じ意味を持つものになりはじめた時代にあっては、人間的に汚れのない品行方正なピュッロスの性格は燦然と輝いていた。マケドニアの父祖伝来の地の自由農民は、減少し貧しくなっていたとはいえ、ディアドコイによるギリシアやアシアの統治が引き起こしたような道徳や勇敢さの頽廃からはまだほど遠いものがあり、彼らにとってまさしくピュッロスは、本物の王たるに打ってつけの人物のように見えた。ピュッロスは、アレクサンドロスのように、家にあっても友人の輪の中にあっても、あらゆる人間的な関わり合いに胸襟を開いており、マケドニアではあのように憎まれたオリエント風のスルタン制度を常に寄せつけなかった。またアレクサンドロスのように、その時代の第一等の戦術家だと認められていた。ところが、著しく張り詰めたマケドニア人支配者を選んだのであり、またマケドニア軍の非マケドニアの民族感情は、最も有能な外国人よりも最も下らないマケドニア人指揮官すべてに対する、理性なところなどまったくない反抗的な姿勢によって、アレクサンドロス一門出身の最大の将軍、カルディア人のエウメネスが殺されたのだが、そうしたことからエペイロスの君侯の支配にも急速な終末がもたらされたのである。ピュッロスはマケドニアの支配をマケドニア人の同意でもって遂行できたわけではなく、また民衆の意志に反して彼らに自分の考えを無理強いするにはあまりにも無力だった——おそらくそうするのにはあまりにも高邁だった——ので、七ヵ月の支配の後、国をもとの失政状態のままにして、忠実なるエペイロス人のもとへ帰っていった（前二八七年）。しかし、アレクサンドロスの王冠をつけたこの人物は、デメトリオスの義兄弟、ラゴス家（プトレマイオス）の娘婿、またシュラクサイのアガトクレスの娘婿でもあり、高い教養のある軍略家にして回想録や戦術・用兵について学問的な論文も書いている人物であり、そのような彼が次のようなことをするだけで——すなわち、毎年定まったときに王室の家畜管理人の計算書に目を通し、勇敢なエペイロス人から土地の慣習である牛や羊の贈り物を受け取ってはすぐにゼウスの祭壇で彼らの忠誠の誓いを更新させたり、自らも法に対する誓いを繰り返したり、またエペイロス人全体をよりよくまとめ忠誠を確認するために彼らと夜中じゅう酒宴を張ったりするだけで——一生を終えることなどとうていできなかったのである。マケドニアの玉座には彼の場所がなかったとしても、故郷にじっととどまっていたわけではまったくなかった。彼には第一の地位こそふさわしかったのであり、それゆえに第二位に甘んずることなどできなかった。そのようなわけでピュッロスは目をはるか彼方に向けた。マケドニアの領有をめぐって争っていた王たちは、他の点ではどんなことでも一致しなかったとしても、危険な競争相手が自ら離れていくのを、一緒になって喜んで助ける気持ちはもっていた。また忠実な戦友たちは、ピュッロスがどこに連れてゆこうとも、自分に従ってくれるだろうということは、彼としてもよく分かっていた。そしてまさにそのときイタリアは、四〇年前にピュッロスの縁者で彼の父親の従兄弟エペイロスのアレクサンドロスが意図し（三三五頁）、そしてごく最近舅のアガトクレスが（三五三頁）意図したことが、今こそ実行可能に見える状況だったのである。そこでピュッロスはマケドニアに関する計画を放棄し、西方に自分とヘレネス民族のために新しい帝国を樹立する決心をした。

イタリキのローマに対する蜂起～ルカニア人　前二九〇年に、サムニウムとの和平によってイタリアにもたらされた休戦状態は、ほんのわずかな期間しか続かなかった。ローマの優位に対抗する新しい連盟形成のイニシャティヴをとったのは今回はルカニア人であった。この人々は、サムニウム戦争の間はローマに味方してタレントゥム人を麻痺させ、基本的にはその決着に寄与したのであるが、その報酬としてローマ人からタレントゥムの領域のギリシア人都市を譲り渡されていた。それに応じて彼らは、和平の締結後はブルッティウム人と一緒にこれらの都市を順次制圧してゆく仕事にとりかかった。トゥリイの人々は再びルカニア人の将軍ステニウス・スタティリウスに攻撃され、ぎりぎりまで押さえつけられた末、向きを転じてかつてカンパニア人がサムニウム人からの救援をローマ人に求めたように、ルカニア人からの救援をローマ元老院に懇請したが、もちろん自分たちの自由と独立［を犠牲にする］という同様の代価を払ってのことであった。ルカニア人との同盟はローマにとって、要塞ウェヌシアの設置によって不要なものになっていたので、ローマ人はトゥリイ人の懇請を入れ、ローマに降服した都市に関して、その同盟者・友人に攻撃を思い止まるよう命じた。ルカニア人とブルッティウム人は、こういうわけで自分たちよりも強力な同盟者に共同の戦利品の分け前をかすめ取られて、イタリキの新しい連合を成立させるために、サムニウム人およびタレントゥム人の中の反対派と交渉に入った。ローマ人が彼らに警告するために使節を送ったとき、彼らは使者を投獄し、ローマに対する戦争をトゥリイに対する新たな攻撃をもって始めた（前二八五年頃）。他方、彼らは同時に、サムニウム人とタレントゥム人だけでなく、北部のイタリキ、エトルリア人、ウンブリア人、ガッリア人にも、自由のための戦いに自分たちと一つになるよう呼びかけた。

エトルリア人とケルト人　実際、エトルリア人の同盟が蜂起し、数多くのガッリア人の軍勢を雇い入れた。法務官のルキウス・カエキリウスが、忠実な姿勢を保っていたアッレティウム人を救援するために引き具したローマ軍は、この町の城壁の下でセノネス族からなるエトルリア軍の傭兵に壊滅させられ、将軍自身も自分の手兵一万三〇〇〇とともに倒れた（前二八四年）。セノネス族はローマの同盟者に数えられていたので、ローマ人は彼らに使者を送った。ローマに対してとった傭兵の行動に関して苦情を述べ、捕虜の無償返還を求めるためであった。ところが、セノネス族の首領ブリトマリス――彼はローマ人に自分の父親を殺され、その復讐をしなければならなかった――の命令でセノネス族はローマの使節を斬り殺し、公然とエトルリア人の味方をした。全北イタリア、エトルリア人、ウンブリア人、ガッリア人が、このようにしてローマに対して戦闘準備を整えた。もしも南の地方の人々がこの瞬間をとらえて、ローマに対して反対の態度を表明していたら――そのような行動をとることはついになかったのだが――、多大な成果をかち得ていたであろう。

サムニウム人　実際、いつも自由のために立つ気満々だったサムニウム人が、ローマ人に対する戦いを表明したように見える。ところが彼らは、弱体化させられ、あらゆる方向で封じ込められていたようだったので、同盟をあまり利用できなかった。またタレントゥムはいつものように愚図愚図していた。反対者の間で、同盟のことが相談され、支援の条約が定められ、傭兵が集められていた間も、ローマ人は活動していた。

セノネス族、壊滅させられる　まず第一に、ローマ人に対して勝利を得たことがいかに危険なことかを感じさせられたのは、セノネス族であった。コンスルのプブリウス・コルネリウス・ドラベッラが強力な軍隊を率いてその領域に進撃した。剣で斬り殺されなかった者はことごとくこの土地から追い出され、この部族はイタリアの諸民族のリストから抹消されてしまった（前二八三年）。とりわけ群れの形で生活していた人々の場合、こうした具合にまとまった形で追い出すことは、たしかに実行可能であった。かくしてイタリアから追放されたセノネス族は、おそらくガッリア人の大群に加わり、それらはその後すぐにドナウ流域、マケドニア、ギリシア、小アジアへと溢れていったのである。

ボイイ族　セノネス族のすぐ隣にいた同族の仲間がボイイ族であり、彼らは、恐ろしくすみやかに成就されてしまった破局に驚かされ、腹を立て、即座にエトルリア人と一体になった。エトルリア人はまだ戦争を続けており、彼らのセノネス族傭兵も今や金で雇われた者としてローマ人と戦うのではなく、死にもの狂いの気持ちで故郷の復讐のために戦っていたのである。強力なエトルリア人・ガッリア人の軍勢が、敵の首都にセノネス族の復讐をし、かつて同じセノネス族の軍人王が行なった以上に完全にローマを地上から抹殺するべく、ローマへと進軍した。ところが、ウァディモニス湖（Vadimonis lacus）の近くでティベリス河を渡る際、一体になった軍隊はローマ人に決定的に撃ち破られた（前二八三年）。彼らは翌年、今一度ポプロニアのそばであえて野戦を展開したが、かんばしい結果を出せないまま、ボイイ族は同盟者を見殺しにして自分たちだけローマ人と和平を締結した（前二八二年）。このようにして連盟の最も危険なメンバーであるガッリア人が、まだ同盟が完全に一つにまとまる前に、個別に打ち負かされてしまった。それによってローマが、南イタリアに対して自由に振る舞えることになった。その地方では、前二八五—前二八三年に激しい戦闘が繰り広げられたわけではなかった。それまでは、弱体のローマ軍はルカニア人やブルッティウム人に対してトゥリイで持ちこたえることがなかなかむずかしかったが、今回は（前二八二年）コンスルのガイウス・ファブリキウス・ルスキヌスが、強力な軍勢を率いて町の前に現われ、町を解放し、ルカニア人を大きな会戦で撃破して敵将スタティリウスを捕虜にした。ずっと小さな非ドリス系のギリシア人諸都市は、ローマ人を自分たちの救済者と認めて、いたるところで自分たちの方から彼らのもとに転がり込んだ。ローマ人の守備隊が、最重要地点であるロクリ［ロクロイ］、クロトン、トゥリイ、そしてとりわけレギオンに残されたが、このレギオンにはカルタゴ人もねらいを定めていたようであった。どこでもローマは決定的に優位に立った。セノネス族の壊滅によって、アドリア海岸地帯の重要な区間をローマ人は手に入れた。疑いなく、灰の中でくすぶっているタレントゥムとの闘争やすでに恐怖を感じているエペイロス人の侵入に対しては、この海岸もアドリア海も急いで確保しておく必要があった。前二八三年頃、港のセナ（シニガリア）――セノネス族の領域のかつての首邑――に市民植民市の人々が送り込まれ、同時にテュッレニア海から東方海域に向けてローマ艦隊が船出した。明らかにアドリア海に配置され、そこでローマの領土を守るためだった。

ローマとタレントゥムの関係の断絶　タレントゥム人は、前三〇四年のローマとの条約以降、平和裡に暮らしていた。彼らは、サムニウム人の長きにわたる断末魔の苦しみやセノネス族の急激な壊滅には傍観者の立場をとった。ウェヌシア、ハトリア、セナの建設、トゥリイやレギオンの占領にも、抗議することなくなすがままに任せた。しかし、ローマ艦隊がテュッレニア海からアドリア海に航行して、今やタレントゥムの海域に達し、友好的な町の港に停泊しようとしたときになって、永らく心に抱いていた敵意が遂に溢れ出た。ラキニウムの岬［南イタリア、クロトンの南の岬］から東へと航行することをローマの軍艦に禁止した古い諸条約（三八四頁）が、民衆に人気のある人々によって市民集会で議題に上せられた。群衆は怒り狂ってローマの軍艦に襲いかかった。船は海賊式のやり方で予想外の奇襲を受け、激しい戦闘の末、屈服してしまった。五隻の船が拿捕され、乗組員は処刑されるか、奴隷として売り飛ばされた。他ならぬローマの提督は合戦中に倒れていた。ただ衆愚支配のこの上ない無分別さと、良心の欠如によってしか、このような恥ずべき事の成り行きは説明できないであろう。あの諸条約は、とうの昔に乗り越えられ、忘れ去られた時代のものになっていた。こうしたものは、少なくともハトリアやセナの建設以降、まったくなんの意味ももたなくなり、ローマ人は、今ある同盟を信じきって湾の中に入ってきたことは明らかであった。たしかに、事態のその後の経過が示すように、タレントゥム人にまったく宣戦布告のきっかけを与えなかったことは、ローマ人にとってきわめて都合がよかった。タレントゥムの政治家連中がもしローマに宣戦を表明するつもりになったとしても、それは彼らがとっくの昔になすべきだったことをなしたにすぎず、彼らが、本当の理由よりも条約違反を形式上の口実として宣戦布告の拠り所にする方をとったとしても、［ローマ側には］それに反対する理由は何もなかったであろう。まさしく外交的駆け引きとは、いつの時代でも、平凡なことを分かりやすく言うことを沽券にかかわるものと見做すものである。しかし、提督に方向転換を要請する代わりに、艦隊に向かって武器でもって予告なしの奇襲攻撃を加えたことは、馬鹿げていたとも野蛮なことだったとも言えよう。これは、文明の持つ恐るべき野蛮さの一つであり、礼節なるものが突如、舵を見失い、剥き出しの卑劣さが我々の前に歩み出してくるケースだったのである。それはあたかも、文明は人間の本性から野獣性を根絶することができるという子供じみた信念に対して警告するものであったと言えよう。

そして、彼らのなしたことがまだ不充分であったかのように、この英雄的な行為の後、タレントゥム人はトゥリイに襲いかかったので、その地のローマの守備隊は不意打ちをくらって開城した（前二八二／前二八一年の冬）。タレントゥム人はトゥリイの人々に懲罰を加えた。タレントゥムの政策が、この人々をルカニア人に引き渡し、そのことによってローマに屈服するよう強く彼らに迫ったのだが、他ならぬそのトゥリイの人々に、親ヘレネス派から蛮族の方へ離脱したとして、厳しい罰が下されたのである。

和平の試み　ところが蛮人たちは、このような彼らの力を考えれば、また彼らの加えたこのような無礼さからすれば、感嘆するほど穏健にふるまった。ローマの関心は、タレントゥムの中立ができるだけ長く通用するようにさせるところにあった。それゆえ、タレントゥム人に直ちに宣戦布告すべしという、当然の敵意に燃えて少数派が出した提案を、元老院の指導的な人々は却下した。むしろ平和が持続する方が、ローマ側にはローマの栄誉と調和する最も穏健な条件と結びつくのであった。捕虜の釈放、トゥリイの返還、艦隊襲撃の首謀者の引き渡しなどがそれである。このような提案をひっさげて、ローマの使節はタレントゥムに向かった（前二八一年）。他方同時に、彼らの発言に重みを与えるために、ローマ軍はコンスルのルキウス・アエミリウスに率いられてサムニウムに侵入した。タレントゥム人は、自主独立性を多少は損なうということもなく、この条件に応ずることができるはずだった。また豊かな商業都市としては戦争の損害もわずかなものだったので、協定がまだ可能だとローマではだれもが考えていたのも当然であったろう。ところが平和を維持しようとする試みは挫折した。——ローマの不当干渉に武器でもって立ち向かうのは早ければ早いほどよいと、攻撃の必要性を認めていたタレントゥム人の反対によるものか、それともただ単に、好んで取られるギリシア的な無作法さでもって、使者の体面さえ傷つけるように不当に取り扱った都市の賤民たちの反抗的な態度によるものか、ともかく失敗に終わったのである。今こそコンスルは、タレントゥムの地に侵入した。ところが、直ちに敵対行動を開始する代わりに、今一度同じ条件で和平を申し出た。だがこれも無駄だったので、彼は農地や田園の家々を荒らしはじめ、都市の市民兵を撃破したが、高貴な捕虜は身の代金なしで解放し、戦争の重圧が都市において貴族政派を優勢にし、それによって和平がもたらされるだろうという期待を棄てなかった。こうした自制の理由は、ローマ人としては町をエペイロス王の掌中に追い込みたくないという点にあった。エペイロス王がイタリアをねらっていることは、もはや秘密ではなかった。すでにタレントゥムの使節がピュッロスのもとに出向き、目的を果たさず空しく帰ってきていたのである。王は、使者に認められた権限を越えるものを要求した。決断が下されねばならなかった。市民からなる兵士たちは、どうすればローマ人の手から逃れることができるかを、だれもが充分すぎるほど知っていた。ローマ人が公正な条件のもとで引き続き承認する用意のあるローマとの和平と、王の裁量に任せる条件をことごく呑む形のピュッロスとの条約との、いずれを選ぶかということが残っているだけだった。すなわちそれは、ローマの主導権のもとに服従するか、それとも一ギリシア人戦士によるタイラント制のもとに服するかという選択であった。

ピュッロス、イタリアに呼び寄せられる　都市の諸党派の力はほぼ均衡していたが、結局、民族派が優勢であり続けた。そこでは、一般に一人の支配者に少しでも身を委ねなければならないのなら、蛮人よりもむしろギリシア人に委ねる方がましだという、うまく正当化された動機の他に、扇動政治家の恐怖心――ローマは事情が事情なので現在は穏健さを余儀なくされているが、タレントゥムの賤民によって行なわれた破廉恥な振る舞いに復讐する機会を逸することはないであろう、という恐怖心――もともに作用したのである。そういうわけで、この町はピュッロスと結んだ。ピュッロスは、タレントゥム人の軍勢とローマに対して戦闘準備のできているイタリアに住むギリシア人の軍勢との最高指揮権を握った。さらにはタレントゥムに駐留軍を置く権利も得た。町が戦費を負担したのは当然であろう。ピュッロスはそれに対して、イタリアには必要以上長くはとどまらないと約束した。思うにそれは、どれだけの間そこにとどまる必要があるか、その期間は自分の裁量で決めるという暗黙の留保のもとであった。それでも戦利品はほとんど彼の手から滑り落ちてしまうことになるだろう。しかしタレントゥムの使者が――疑いなく主戦派の領袖であろう――エペイロスに行って留守の間に、町はローマ人によって厳しく圧迫され、町の空気が一変してしまった。ピュッロスの信頼する大臣格のキネアスを伴い、締結された条約を持って使者が帰還し、再び主戦派を権力の座に付けようとしたときには、すでに最高指揮権はアギス、すなわち親ローマ派の人物の手に移っていた。

ピュッロスの上陸　すぐに、しっかりした手が手綱をつかみ、見苦しい動揺に終止符が打たれた。まだ前二八一年の秋のうちにピュッロスの将軍ミロンが、三〇〇〇のエペイロス人を引き具して上陸し、町の城郭を占領した。そしてこの人に続いて王自身が前二八〇年の初め、数多くの命を犠牲にした嵐をついての渡航の末に上陸したのであった。ピュッロスはタレントゥムに堂々たる、だが色々な人の混じった軍隊を連れてきた。一部は近衛兵、モロッソイ人、テスプロトイ人、カオニア人、アンブラキア人からなり、一部はマケドニアの歩兵、テッサリアの騎兵隊――つまりマケドニアの王プトレマイオスが条約にしたがって彼に委ねたもの――から、また一部はアイトリア、アカルナニア、アタマニアの傭兵からなっていた。その数は全体で、密集方陣《ファランクス》の歩兵二万、弓兵二〇〇〇、投石兵五〇〇、騎兵三〇〇〇と象二〇頭を数え、したがって、アレクサンドロスが五〇年前にヘッレスポントスを渡ったあの軍勢の数に決して劣るものではなかった。

ピュッロスと連合軍　連携の問題は、王がやってきたときにはあまり好ましい状態にはなっていなかった。たしかにローマのコンスルは、自分に対してタレントゥムの市民兵の代わりにミロンの兵士が進軍してくるのを見るや、タレントゥムへの攻撃を取り止めてアプリアへと撤退した。しかしタレントゥムの領域は例外として、ローマ人は全イタリアを支配していたも同然であった。連合軍は南イタリアのどこでも戦場にはまったく軍隊を持っていなかったし、北イタリアでもエトルリア人がただひとりまだ武器を構えていたが、その最後の作戦行動で（前二八一年）敗北を蒙っただけだった。同盟者たちは、王が乗船する前に彼に自分たちの全軍の最高指揮権を委ねており、その軍勢——歩兵三五万、騎兵二万——が出陣できると言明していたが、現実はありがたくないことに、このような大言壮語とは対照的なものだった。ピュッロスに最高指揮権が委ねられた軍勢は、まだようやく調達されはじめたところだったし、そのためにはしばらく主としてタレントゥム自身の資力しか使えなかった。王はタレントゥム人のお金でイタリキの傭兵の募集を命じ、軍務可能な人を市民団から軍務に召集した。ところが、タレントゥム人は協定をこのようには理解していなかった。彼らの考えていたのは、勝利も他の物品のように、自分たちの金子であがなえるということだった。王が彼らにそれを自分で戦い取るべく強要しようとしたのは、一種の契約違反であった。市民団はミロンの到着後、はじめは面倒な歩哨勤務から解放されるの喜んでいたし、そう思えば思うほど、今、王の旗のもとに身を置くのがますますいやになってきた。しかし、ためらう者は死罪でもって脅迫された。こうした結果を見れば、今やだれしもが平和派の言の正しさを認めざるをえなかった。そこでローマと結ぶ道さえつけられた。いやともかくそうしてしまうように見えた。ピュッロスは、こうした抵抗についてあらかじめ心構えをしており、町をあたかも占領された町のように扱い続けた。兵士たちは家々に宿営し、民衆の集会も数多くのサークル（*συσσίτια*［集会所、クラブ］）も一時休止され、劇場も閉鎖され、遊歩道も通行止めにされ、城門にはエペイロス人の見張りが置かれた。指導的な立場の人のうち何人かは、人質として海を越えて送られた。中には、ローマに逃亡して、同じ運命に陥るのを免れる人もいた。こうした厳しい措置が必要だったのは、ある意味ではタレントゥム人を信用することがまったく不可能だったからである。王は今こそようやく、重要な町の占拠を完了しそれに支えられて、戦場での作戦展開に取り掛かれたのである。

ローマにおける戦争準備と南イタリアでの戦闘開始　ローマの方でも、自分たちがどのような戦いに立ち向かうことになったか非常によく分かっていた。何よりも同盟市——すなわち隷属者——の忠誠を確実なものにするために、信頼できない都市には駐留軍を置き、必要と思われた場合には、自主独立を標榜する党派の指導者を拘引するか処刑した。そのような目に遭ったのは、例えばプラエネステの元老院議員の何人かである。戦争自体には、大変な努力が傾注された。まず戦争のための税が課せられた。あらゆる服属国や同盟国から分担の全兵力が取り立てられた。それどころか、本来は軍務を免除されていたプロレタリアートも動員された。ローマの一軍は後備部隊として首都に残った。

第二の軍勢が、コンスルのティベリウス・コルンカニウスに率いられてエトルリアに侵入し、ウォルスキ人とウォルシニイ人を蹴散らした。主力部隊は、もちろん南イタリアに向かうよう決められていた。進軍の速度は可能なかぎり早められた。ピュッロスのもとにまだタレントゥム近辺の地で到達し、またピュッロスがサムニウム人や、ローマに対して武器をとっている他の南イタリアの召集兵と自分の軍勢を合流させるのを阻止するためであった。王の力がひろまっていくのに対して、南イタリアのギリシア人都市にいたローマの駐屯軍は、一時的にでも堤防を提供するべきであった。ところがレギオンにいた部隊――それは、カンパニア人の隊長［傭兵隊長］デキウス［デキウス・ウィベッリウスか］に率いられた、ローマのカンパニアの服属者から召集された軍団の一つであった――の一揆が、この重要な町をローマ人からもぎ取ってしまった。しかし町はピュッロスの手に落ちたわけではなかった。一方で、カンパニア人のローマ人に対する民族的な憎しみが、疑いなくこのような軍事蜂起を生むのに寄与したとしても、他方では、海を越えてヘレネスを庇護するためにやってきたピュッロスとしては、自分たちのホスト役たるレギオン人をその家々で殺戮した部隊を同盟の中に受け入れることは不可能だったのである。こうしてこの部隊は孤立したままだったが、ただ自分たちの部族仲間や無法者仲間、マメルティニ人――すなわちアガトクレスのカンパニア人傭兵、つまり対岸のメッサナを同様にして獲得した連中――とは緊密な同盟関係にあった。彼ら［レギオンのカンパニア人傭兵部隊］は、自分たちのために周辺のギリシア人都市を焼き払い、蹂躙した。その中には、彼らがローマ人の守備隊を殺戮したクロトンや、彼らが破壊したカウロニアも含まれていた。それに対してローマ軍は、ルカニアの国境沿いに進軍した弱体の兵団とウェヌシアの駐屯部隊によって、ルカニア人やサムニウム人がピュッロスと合流するのを阻止することに成功した。他方、主力部隊は――四個軍団からなっていたと思われるが、それに、対応する数の同盟者の軍勢を合わせて少なくとも五万の兵となっていた――、コンスルのプブリウス・ラエウィヌスに率いられ、ピュッロスに向かって進軍していった。

ヘラクレイアの決戦　王はタレントゥムの植民市ヘラクレイアを守るために自分の軍勢とタレントゥムの軍勢を引き連れてヘラクレイアとパンドシア*の間に陣を布いた（前二八〇年）。ローマ軍は騎兵隊に守られてシリス河の渡渉を強行し、激しい、しかも幸運に恵まれた騎兵攻撃でもって戦闘の火蓋を切った。王は自分の騎兵を自ら指揮していたが、馬から落ち、指揮官の姿が消えたことで混乱状態に陥ったギリシア人騎兵は、戦場を敵の騎兵部隊に明け渡してしまった。しかしピュッロスは自分の歩兵の先頭に立つと、新たに雌雄を決する戦闘をはじめた。七度、正規軍団《レギオ》と密集方陣隊《ファランクス》はぶつかり合ったが、相変わらず戦闘は続いていった。そのとき、王の最も優れた将校の一人であるメガクレスが倒れた。彼はこの暑い日に王の装備をまとっていたので、軍隊は二度も王が倒れたと信じてしまった。戦列は不確かになった。ラエウィヌスは、すでに勝利は自分の掌中にあると確信した。そして全騎兵隊をギリシア人の翼部に投入した。ところがこのとき、ピュッロスが頭に何もつけずに歩兵の戦列を通り抜け躍り出たので、沈んでいた彼の兵士たちの士気も甦った。騎兵に対して、これまで後ろに控えていた軍象が前に引き出された。馬はこれを見てたじろぎ、兵士たちは巨大な獣にどう対応してよいか分からなかった。そして向きを変えて潰走した。総崩れとなった騎兵の大群と追走する戦象が、結局はローマ歩兵のまとまった隊列をも解体してしまった。卓越したテッサリア騎兵隊と一体になった戦象は、潰走者を大量に虐殺した。他より勇敢なローマの戦士ガイウス・ミヌキウス——すなわち第四軍団の第一戦列である長槍兵《ハスタティ》の一人——が象の一頭に傷を負わせ、それによって追跡してくる軍勢を混乱に陥れなかったならば、ローマ軍は全滅していたであろう。こうしてローマの軍勢の残りは、シリス河を渡って戻ることに成功した。失ったものは大きかった。戦《いくさ》の庭で勝利者が目にしたのは、死んだり傷ついたりして横たわっている七〇〇〇のローマ人であった。二〇〇〇人が捕虜として取られた。ローマ人自身は、おそらく戦場から連れ戻された負傷者を含めて、損失一万五〇〇〇と称していた。しかしピュッロスの軍勢が被った損失も、決してそれに劣るものではなかった。最も優秀な兵士のうち約四〇〇〇が戦場にたおれていたし、最も有能な部将も数多く戦死していた。彼が失ったのが主として長らく仕えてきた者たち、つまりローマの国土防衛軍［市民兵］よりはるかに補充することの難しい存在であることを考慮すれば、また戦象の攻撃という何度も繰り返すわけにはいかない不意打ちのおかげで勝利を得たにすぎなかったことを考えれば、王自身は、戦略に関する批評家でもあっただけに、きっと後でこの勝利を一つの敗北と呼んだことであろう。彼が——タレントゥムで彼が捧げた奉納品の碑銘において、一般の人々にこのような自己批評を報告している——、ローマの詩人が後に創作した話ほど愚かだったわけではないとすれば、そう言えるだろう。政治的には、どのような犠牲を払って勝利が得られたかはさしあたりさほど問題ではなかった。むしろローマ人に対する最初の戦闘でかち得たものは、ピュッロスにとって計り知れないぐらいの成果であった。彼の将軍としての才能は、この新しい戦場でも燦然と輝く本物だということが実証されたのだ。そして間違いなくヘラクレイアの勝利は、次第に衰弱しつつあったイタリキの同盟に、統一と活力を吹き込んだに違いないのである。しかも、勝利の直接の成果も立派なものであり、後々まで存続するものだった。ルカニアをローマ人は失ってしまった。ラエウィヌスはその地に駐屯している軍勢を集めてアプリアに向かった。ブルッティウム人、ルカニア人、サムニウム人は、何ものにも妨げられずピュッロスと合流した。レギオン——つまりカンパニアの謀反者の圧迫下に苦しんでいた町——は例外として、ギリシア人都市はことごとく王のものになった。ロクリすら王に自分たちの方からローマ人守備隊を引き渡した。ギリシア人都市は、王のことを信じて疑わなかった——当然のことだが、王は自分たちをイタリキにゆだねることはない、と。サベッリ人とギリシア人は、このようにしてピュッロスの陣営へと移った。しかし勝利はそれ以上、なんの成果も生まなかった。ラテン人の間でも、ローマ人の支配がいかに重くのしかかっていようが、異邦人の君主の援助によってそれから脱するという傾向は現われなかった。たとえ今やまわりを敵に取り囲まれていても、ウェヌシアは、揺らぐことなくローマをしっかりと支持した。シリス河畔で捕虜になった者の勇敢な態度に、騎士的な王は最も名誉ある扱いでもって報い、ギリシアの慣習に則って自軍に加わるよう申し出た。ところが彼が味わわされたのは、自分は傭兵と戦っているのではなく、民衆と戦っているのだということだった。ローマ人、ラテン人を問わず、だれ一人として、彼のもとで軍務に服した者はいなかった。

＊　現在のアングロナのそば。よく知られた同名の町コセンツァ近辺の町と混同してはならない。

和平の試み　ピュッロスはローマ人に和平を申し出た。彼は自分の立場の好ましくないことを誤認するほど頭脳明晰ならざる軍人ではなかったし、自分に最も恵まれた立場を与えてくれる瞬間をうまく和平締結に利用できないほど老練ならざる政治家でもなかった。彼がこのとき期待していたのは、大会戦がもたらした最初の印象のもとでならば、ローマにおいて次のようなことを成し遂げられるということだった。すなわち、イタリアのギリシア人都市が自由になり、彼らとローマとの間に一連の二流、三流の国家が、ギリシア人の新しい強国の従属的な同盟者として設立されるということである。というのも、彼の要求のねらいが以下のようなものだったからである。あらゆるギリシア人都市——したがってとりわけカンパニアとルカニアのギリシア人都市——のローマの支配からの解放、サムニウム人、ダウニア人、ルカニア人、ブルッティウム人から奪った領域の返還、とりわけルケリアやウェヌシアの引き渡しがそれである。ローマとのさらなる戦いがどうしても避けられないものなら、ともかく望ましいのは、西方のヘレネスを一人の主人のもとにまとめ上げ、シチリアを獲得し、おそらくアフリカも征服したときに、初めて戦いをはじめることだった。

　このような指令を与えられて、ピュッロスの信頼厚い大臣格の人物、テッサリアのキネアスがローマに赴いた。彼の同時代人がデモステネスになぞらえた敏腕な交渉役で——大政治家に弁論家が、民衆指導者に主君への奉仕者が比較されうるとすればだが——、この人物の帯びた任務は、ヘラクレイアの勝者が実際に敗者に覚えた畏敬の念をどうあっても形にしてみせ、王が自らローマを訪れたいという要望を知らせ、敵の立場にある自分たちの口からする美しい響きの賛辞によって、また真剣味を帯びた阿諛の言葉によって、必要な場合には適切な贈り物によってでも、王のためになるようにローマ人の気持ちを動かすこと、別の言葉で言えば、アレクサンドレイアやアンティオケイアの宮廷で験《ため》されたような、宮廷官房の手による政策のあらゆる手法を、ローマ人に対して試みることであった。元老院は動揺した。多くの者には、一歩退いて危険な敵がさらに混乱するか、それともうこれ以上のことはないか、事態を静観するのが賢明な判断のように思えた。ところが、老齢で盲目のコンスル格の人物アッピウス・クラウディウス（前三一二年のケンソル。前三〇七年および、前二九六年のコンスル）が――長年にわたって国事からは退いていたのだが――、この決定的な瞬間に元老院に呼び出され、その強力な天性である不屈の活力を、炎のように燃える言葉で若い世代の人々の心の中に吹き込んだ。王に対する返答は誇り高き言葉だった。それは、ここで初めて聞かれたこと、またそれ以降国家の原則となったものだが、ローマはイタリアの地に外国の軍隊がとどまるかぎり交渉には応じない、というものであった。この言葉を実際に行動で表わすために、直ちに使者を町から追い出した。使命は達せられず、練達の外交官は弁論術で効果をあげる代わりに、かくも厳しい敗北の後のこのような男らしい峻厳さに、むしろ自分の方が強い感銘を受けた。そして国に帰って、この町では市民はことごとく王であるかのように自分には見えたと報告した。実際に廷臣は自由な民衆をその目でしかと見たわけだった。

ピュッロス、ローマに進軍する　ピュッロスは、こうした交渉の間もカンパニアに軍を進めており、交渉決裂の報告を受けて直ちにローマに向けて出発した。エトルリア人に手を差し伸べ、ローマの同盟者を揺さぶり、ローマの町自体を脅かすためであった。ところがローマ人は驚かされなかったし、相手の手に乗ることもなかった。触れ役の「戦死者に替わって兵籍に登録されるように」との呼びかけに応じて、ヘラクレイアの決戦の後すぐに若い人たちが群れをなして召集［軍籍編入］に殺到した。ラエウィヌスは新しく編成された二つの正規軍団《レギオ》とルカニアから退却してきた兵団を率いて以前より強力になり、王の進軍を追った。彼はピュッロスからカプアを守った。そしてネアポリスとの結びつきをはかろうとする王の試みを挫折させることができた。ローマ人の姿勢はこのように確固としていたので、南イタリアのギリシア人の他には、名だたる同盟国家のいずれもあえてローマとの同盟から離脱しようとするものはなかった。そこでピュッロスはローマ自体へと向きを転じた。この人物がその繁栄の様を驚きの目で眺めた豊かな地方を通り抜け、フレゲッラエに向かって軍を進めてこれを不意に襲い、リリスの渡河を強行してアナグニアにまで達した。ここはローマから八ドイツマイル［四〇英マイル］も離れていない。彼に対して襲いかかる軍隊はまったくなかった。しかしどこでもラティウムの都市は彼に門戸を閉ざしたままだった。また、カンパニアから悠々たる足取りでラエウィヌスが彼を追ってきていたし、他方、北からはコンスルのティベリウス・コルンカニウスが、まさにエトルリア人と時機を得た講和によって折り合いをつけて、第二のローマ軍を向けてきており、ローマ自体では独裁官のグナエウス・ドミティウス・カルウィヌスの率いる後備部隊が戦闘の準備をしていた。こうした状況の中では、何もすることはできなかった。王としては引き返すより他に手がなかった。しばらくの間、彼はなおカンパニアで、両コンスルの合流した軍勢に何もせずに対峙していた。しかしピュッロスには、決定的な一撃を加える機会は訪れなかった。冬が近づくと、王は敵の領域から撤収し、友好的な都市に軍勢を分散して配置した。自分はタレントゥムに冬営の陣を布いた。それに対してローマ人も作戦の展開を停止した。軍隊はピケヌムの地のフィルムムのそばに駐屯用の営舎を設営した。元老院の命令で、シリス河畔で打ち破られた正規軍団《レギオ》が冬の間中、罰として天幕のもとで野営するためであった。

戦争、第二年度　こうして前二八〇年の軍事行動は終わった。決定的な瞬間にエトルリアがローマと結んだ単独講和、またイタリアの同盟者の張りつめた期待をまったく欺いた王の予期せざる撤退は、ヘラクレイアの勝利の印象をほとんど中和してしまうものだった。イタリキは戦争の重荷に、とりわけ彼らのもとに駐留していた傭兵の劣悪な紀律に呻吟していた。同盟国同士の絶え間ない小競り合いや非政治的で非軍事的な振る舞いに飽き飽きしていた王は、自分に与えられた課題は、どんなに戦術上成功しても、政治的には解けないであろうと感じはじめた。ローマの使節――三人のコンスル格の人物からなり、その中にはトゥリイの勝者ガイウス・ファブリキウスもいた――が到着したことが、再び彼のうちに平和への希望を一瞬甦らせた。ところがすぐに明らかになったのは、使節が捕虜の解放もしくは交換を交渉する権限しか持っていないということだった。ピュッロスはこの要求を拒否した。けれども彼は、サトゥルナリアの祭りに捕虜を全員、解放宣言［名誉にかけた約束］をさせた上で釈放した。彼らがこの言葉を守ったこと、ローマの使者が贈賄の試みを斥けたこと、それが後の人々によってまことに不適切なほど、また昔の信用に足る態度に比べると後の時代の破廉恥さにふさわしい形で誉め讃えられたのである。

アウスクルムの戦い　前二七九年の春の到来とともに、ピュッロスは重ねて攻勢に打って出た。そして、アプリアに侵入した。そこにローマ軍が彼を迎え撃つために出陣してきた。決定的な勝利によってこの地方におけるローマの攻守同盟をぐらつかせることを期待して、王は第二回目の決戦を挑み、ローマ側もそれを拒まなかった。アウスクルム（アスコリ・デイ・プーリア）のそばで両軍が衝突した。ピュッロスの旗のもとで戦ったのは、エペイロスおよびマケドニアの自分の軍勢の他には、イタリアの傭兵、タレントゥム市民の兵――いわゆる白い楯の連中――、同盟関係にあるルカニア人、ブルッティウム人、サムニウム人であり、総勢で歩兵七万、そのうちギリシア人とエペイロス人が一万六〇〇〇、八〇〇〇以上の騎兵と一九頭の象からなっていた。ローマ人と一緒に、この日にはラテン人、カンパニア人、ウォルスキ人、サビニ人、ウンブリア人、マッルキニ人、パエリグニ人、フレンタニ人、アルピ人がいた。彼らも歩兵七万以上、そのうちローマ市民が二万、それに騎兵は八〇〇〇を数えた。双方、軍制の点で変革を行なっていた。ピュッロスは軍人としての鋭い視線でローマの中隊《マニプルス》［大隊の下の単位。二個の百人隊《ケントゥリア》からなり、三個中隊《マニプルス》が一個大隊《コホルス》をなす］組織の長所を見抜き、翼部において自軍の密集方陣《ファランクス》隊の長い面を、ローマの大隊《コホルス》［一〇個大隊《コホルス》が一個軍団《レギオ》を構成する］の配置を真似して、途中で切れ目のある小規模歩兵隊の隊形に取り替えて、おそらく軍事的な理由に劣らず政治的な理由から、自分たちの兵士からなる部隊の間に、タレントゥム人およびサムニウム人の大隊を差し挟んだ。中戦列には、ただエペイロス人の密集方陣《ファランクス》の兵だけが密集の隊形で立っていた。ローマ軍は、象を防ぐために一種の戦車を近づけてきた。その戦車からは鉄製の棒につけた火皿が突き出ており、また戦車の上には、振り下ろすことができるように作られ、最後のところが鉄のいがになっている動くマストが据えられていた――これはある程度、第一次ポエニ戦争で大きな役割を果たしたと言われる引っ掛け船橋の元型であった。

　ギリシア人の戦闘報告は、現在も我々の手元にあるローマ人の報告よりは公平なものだと思われるが、それによれば、第一日目はギリシア人には不利な形勢であった。戦闘に応ぜざるをえなかった場所、つまり険しい沼地の川岸に沿って戦闘ラインを展開することにも、騎兵隊や戦象を戦闘に投入することにも、ギリシア人が成功しなかったからである。それに対して二日目は、ピュッロスは二つに分かれた地形の場所をローマ軍に先んじて占領し、自分の［重装］密集方陣《ファランクス》隊を何ものにも妨げられず展開できる平原をなんの損失もなく獲得した。ローマ人は死にもの狂いの勇気を奮い起こしてサリッサエ［マケドニア式（重装）密集方陣《ファランクス》隊の長槍］に対して剣で飛び掛かったが、どうにもならなかった。［重装］密集方陣《ファランクス》隊は前方からのどんな攻撃にもまったく揺るがなかったが、しかし彼らといえどもローマの正規軍団《レギオ》を後退させることはやはりできなかった。ローマ軍の戦車の上で戦っている兵士たちを戦象の数多くの援護隊が矢や弩砲の石で追い払い、輓馬の引き革を切断し、ローマ軍の戦列に対して今にも象が突き当たらんとするときになって、初めて戦列は動揺した。戦車の援護部隊の兵が屈したのが、ローマ軍の総崩れの合図となった。しかし、壊走して逃げてきた者を近くの陣営が収容したので、それほどひどい犠牲者を出さずに済んだ。主力同士の激突の間に、ローマ軍の主力から分離したアルピ人兵団が、弱体な兵力の配置されていたエペイロス人の陣営を攻撃し火を点けたことは、ただローマ側の戦争報告にだけ誌されている。しかしこれが正しかったとしても、戦闘はいずれか勝負のつかないままだったという風にローマ人が主張しているのは正しくなかった。むしろ双方の報告は、ローマ軍が河を渡って退却し、ピュッロスが戦場を我がものとしてとどまったという点で一致している。戦死者の数は、ギリシア人の報告では、ローマ人の方が六〇〇〇、ギリシア人の方が三五〇五であった。* 傷ついた者の中には王自身も入っていたが、それは、彼がいつものように最も密集した乱戦の真ん中で戦っているとき、投げ槍が王の腕を貫通したからであった。

＊この数は信用できそうである。ローマ側の報告は、双方の戦死者、戦傷者一万五〇〇〇をあげている。後の一報告は、ローマ側には五〇〇〇、ギリシア側には二万の死者とさえしている。このような数字はコントロールすることのできる稀な例の一つだとしても、数の報告についてのほとんど例外のない信頼性のなさを示す――その場合、年代記作家の嘘は雪崩のように膨らむのだが――余地がここに見つかると言えよう。

たしかにこれはピュッロスが戦い取った勝利だった。しかしそれは、なんの実りもない月桂冠だった。将軍としても戦士としても、勝利は王の誉れとなった。ところがそれも、彼の政治的な目標を押し進めるものではなかった。ピュッロスには、ローマ軍を解体させ、動揺している同盟者に党派変更の機会と刺戟を与える輝かしい成功が必要だったが、ローマ軍とローマの盟約体はびくともしないまま存続し、将軍なしでは無に等しかったギリシア軍は、その将軍の負傷によってずっと永く行動を制約されたので、彼は軍事行動をあきらめて冬の宿営地に赴かざるをえなかった。宿営の場所を王はタレントゥムに、ローマ軍はこの度はアプリアに設けた。ますますはっきりと明瞭になってきたのは、軍事的に見て王の資源はローマ側のそれに劣っていたが、それはちょうど政治的に見て、緩やかで御しがたい連携が、堅く築かれたローマの攻守同盟とは比較するに耐えないものだったのと同様であった。おそらくギリシア人の不意打ち戦法や力強さ、また将軍の天賦の才によって、ヘラクレイアやアウスクルムの勝利のような勝利をもっと闘い取ることはできたであろう。しかし、いかなる新たな勝利も、それ以上のことを企てる資力をいっそうすり減らすことになったのである。はっきりしていたのは、ローマ人がすでにこのとき、自分たちは相手より強力だと感じ、勇猛心を燃やして辛抱強く最終的な勝利を待ちかまえていたということだった。この戦争は、ギリシア人の君侯が訓練を積み、また理解していたような精妙な芸術としての試合ではなかった。豊富で強力な市民兵「国土防衛軍」のエネルギーに出遭って、あらゆる戦略的な連携プレーが砕け散ってしまったのである。ピュッロスは、事態がいかなるものかを感じ取った。勝利にうんざりし、同盟者を軽蔑し、ただ耐えるだけだった。自分の庇護民《クリエンテス》を蛮族から守り通すまではイタリアを離れないように、軍事的な名誉心が彼に命じていたからである。彼のような気忙しい性格にあっては、厄介な義務から脱するためには最上の口実を見つけることが必要であった。ところでまもなくシチリアの問題が、イタリアを立ち去るきっかけを彼に提供してくれた。

シチリアの状況～シュラクサイとカルタゴ～ピュッロス、シュラクサイに呼ばれる　アガトクレスの死後（前二八九年）、シチリアのギリシア人には、いかなる指導的な力を及ぼす国もなかった。ヘレネスの諸都市において無能な扇動政治家や無能な僭主が交互に替わっている間に、カルタゴ人すなわち西端部の古い支配者が支配権をだれにも妨げられずに拡大していた。アクラガスがカルタゴ人に屈服した後、彼らは何世紀にもわたって目を離さないできた目標に向かってとうとう最後の一歩を踏み出し全島を自分の支配下におくときが到来したと考えた。彼らはシュラクサイの攻撃に転じた。この町は、かつては自分の軍勢と艦隊でカルタゴと島の所有権をめぐって争ったのだが、内部の争いと統治機構の脆弱さとによって沈滞の極みにあったので、城壁の守りの点でも外国からの援助の点でも救いの手を求めねばならなかった。ところで、ピュッロス王以外のだれもこれを聞き届けることはできなかった。ピュッロスはアガトクレスの娘婿であったし、彼の息子で当時一六歳のアレクサンドロスはアガトクレスの孫であり、この二人はどの点から言っても、シュラクサイの支配者［アガトクレス］の高く天翔る計画の自然な相続人であった。そこで自由の灯がもう消えてしまうとしても、シュラクサイはヘレネスの西部王国の首都であることにその代償を見出しえたのである。そのようなわけでシュラクサイの人々はタレントゥム人と同様に、しかも同じ条件で、王ピュッロスに自発的に支配権を差し出した（前二七九年頃）。状況が稀有な形で整い、すべてが、まずもってタレントゥムとシュラクサイの支配の上に建てられたエペイロス王の壮大な計画の実現へと向かっているように見えた。

ローマとカルタゴの同盟　もちろん、このようにイタリアおよびシチリアのギリシア人を一人の手で統一することによって生じた第一の結果は、敵対者もより緊密に力を合わせることになったということである。カルタゴとローマは今や、古い通商条約をピュッロスに対する攻守同盟に変えた（前二七九年）。その条件は次のようになっていた。ピュッロスがローマもしくはカルタゴ領に足を踏み入れたならば、攻撃されなかった方が攻撃された方の領域に救援軍を送るべきこと、また救援部隊の給与は自分持ちとすること、またその場合、カルタゴは輸送船を提供し、艦隊によってもローマ人を助ける義務があるが、その艦隊の乗組員は陸上でローマ人のために戦うことは義務づけられないこと、また最後に、両国はピュッロスと決して単独の講和を結ばないように約束すること、である。条約の目的はローマ側にとっては、タレントゥムへの攻撃を可能にし、ピュッロスを祖国から断ち切ることにあったが、ともにポエニ人の艦隊の協力なくしては実行不能だったのである。他方、カルタゴ人の側にとっては、王をイタリアに釘づけにして、シュラクサイに対する自分たちのもくろみを妨げられず実行に移すことができる、というにあった。*このように両強国の利害に共通していたのは、イタリアとシチリアの間の海の安全確保ということだった。一二〇隻のカルタゴの大艦隊が提督マゴに率いられてオスティアからシチリアの海峡に向けて船出した。マゴは条約締結のためにオスティアに行っていたらしい。マメルティニ人は、ピュッロスがシチリアとイタリアにおいて統治の座についたなら、メッサナのギリシア人住民に対する自分たちの非道行為について、しかるべき罰を受けることを予想しており、ローマ人とカルタゴ人にかたく結びついて、海峡のシチリア側をカルタゴ人に請け合った。同盟者は進んで対岸のレギオンをも支配下に収めたかったことであろう。ところがローマはカンパニア人の駐留軍［マメルティニ人］を赦すことができないとした。ローマ人とカルタゴ人の連合軍による、町を武力で奪い取ろうとの試みは失敗におわった。そこでカルタゴ艦隊はシュラクサイに向かって帆走し、町を海側から封鎖した。他方、同じとき、強力なフェニキア人の軍勢が陸上で包囲をはじめた（前二七八年）。

＊　後のローマ人、そして彼らとともに近代の人々は、ローマ人がイタリアにおいてカルタゴの助力を受けるのを意図的に避けるために同盟を転換させたとする。この見方はおかしなものであろう。事実が語るところは反対である。マゴがオスティアに上陸しなかったのは、そうした用心からではなく、単純に、ラティウムがピュッロスによってまったく脅かされておらず、したがってカルタゴ人の助力は必要なかったということなのである。レギオンの前ではカルタゴ軍は、ローマのためにたしかに戦ったのである。

戦争、第三年度～ピュッロス、シチリアに船出　ピュッロスがシュラクサイに現われたのは、まさにぎりぎりのときだった。しかしもちろんイタリアでは、事態は決して彼とその軍勢がそこにいなくなっても大丈夫というものではなかった。前二七八年の両コンスル、ガイウス・ファブリキウス・ルスキヌスとクィントゥス・アエミリウス・パプスは、二人とも経験を積んだ将軍であり、新しい軍事行動を力強くはじめていた。たしかにこれまでローマ人はこの戦いでは敗北をこうむるばかりだったけれども、疲れきった気持ちになり平和の到来を希求していたのは彼らではなく、勝者の方だった。ピュッロスはまずまずの協定を手に入れようと、今回もなお試みた。コンスルのファブリキウスは、王に一人の卑劣な人物を引き渡した。この者は、多額の報酬と引き替えに王を毒殺しようとファブリキウスに提案した人物だった。王は感謝の印に、身の代金なしでローマの捕虜をすべて釈放したばかりか、勇敢なる自分の敵の高貴な心根に打たれて感じ入り、彼らに返礼として際立って公正で有利な和平を自ら提案した。キネアスは今一度、ローマに赴いたようである。そのときカルタゴは、ローマが和平にしぶしぶながら応ずるのではないかと真剣に心配したらしい。ところが元老院は揺るがなかった。以前の返答を繰り返した。王は、シュラクサイがカルタゴ人の手に落ちて、そのため自分の雄大な計画が崩れてしまうことを望まなかったので、イタリアの自分の同盟者を見捨て、さしあたりは最も重要な港町、とりわけタレントゥムとロクリの領有に限る以外に手は残されていなかった。ルカニア人やサムニウム人が、自分たちを見殺しにしないよう彼に懇願したが無駄であった。またタレントゥム人が、将軍としての義務を果たすか、それとも町を自分たちに返してほしいと王に求めたが無駄だった。訴えや非難に王は、将来良い時代がくるという希望を持たせること、もしくはぶっきらぼうな拒否でもって応じた。ミロンはタレントゥムに、王の息子アレクサンドロスはロクリに残ったが、ピュッロスは前二七八年の春にはすでに主力部隊とともにタレントゥムからシュラクサイに向けて船出していた。

イタリアでの戦い、弛緩状態に　ピュッロスの撤収後、ローマ人はイタリアで自由に振る舞えた。イタリアでは、だれも彼らに戦場で堂々と手向かうことをしなかったし、反対者はどこでも自分たちの砦や森の中に閉じこもっていた。しかし戦争は、たぶん人が期待していたほど速やかに終息したわけではなかった。それは、ある点では山岳戦や包囲戦という戦いの性格のせいだったのであり、またある点ではたしかにローマ人の消耗のせいでもあった。ローマ人の恐るべき人的損失については、市民の名簿で前二八一年から前二七五年に一万七〇〇〇人も減っていることがよく示していよう。前二七八年にコンスルのガイウス・ファブリキウスはタレントゥムの重要な植民市ヘラクレイアと単独講和に入るのに成功したが、和平はこの町にとって最高に恵まれた条件で提示されたのであった。前二七七年の軍事行動では、ローマ人はサムニウムの地をむやみに叩き回っていた。そして堡塁で固められた高所に対して攻撃が軽率に企てられ、それがローマ人に多くの犠牲を出すことになった。そこでその後は南イタリアへと矛先を転じ、その地でルカニア人やブルッティウム人を撃破した。それに対して、クロトンを不意打ちする計画においては、ミロンがタレントゥムからローマ人に先んじて到着した。そしてエペイロス人の守備隊が包囲軍に対して見事出撃して成功さえ収めた。しかし結局、コンスルが策略によってこれを誘導して立ち退かせ、無防備の町を乗っ取るのに成功した（前二七七年）。より重要なのは、以前ローマ人の占領軍を王に引き渡したロクリの人々が、謀反には謀反であがなうとして、今度はエペイロス人を斬り殺したことである。このことでもって［イタリアの］南海岸全体が、レギオンとタレントゥムを例外としてすべてローマ人の掌中に入った。ところがこのような成功をもってしても、大体において、事はあまり進展したわけではなかった。南イタリア自体は永らくずっと無防備のままであったが、タレントゥムがピュッロスの掌中にあり、そこで思いのままに戦争を再開する可能性が彼に残されているかぎりは、ピュッロスは押さえ付けられなかった。この町の攻囲をローマ人は考えることができなかった。マケドニアのフィリッポスとデメトリオス・ポリオルケテスによって作り直されたタイプの要塞戦においては、経験を積んだ不屈のギリシア人軍司令官に対してローマ人が決定的に不利だったことを別にしても、そうした企てには強力な艦隊が必要であった。カルタゴとの条約がローマ人に海上での援助を約束していたにせよ、それでもシチリアにおけるカルタゴ自身の状況が、こうした支持を提供できるものではまったくなかったのである。

ピュッロス、シチリアを支配する　ピュッロスのシチリア島への上陸は、カルタゴ艦隊がいたにもかかわらず、なんの妨害にも遭わずに成功した。島では事態は一挙に変わってしまった。彼はシュラクサイを直ちに救援し、自由なギリシア人都市をすべて短期間で自分の意のままにまとめ、シチリア人の国家連合の長としてカルタゴ人から所有地のほとんどを奪ってしまった。その当時競争相手もなく地中海を支配していたカルタゴ艦隊の助けを得て、カルタゴ人はリリュバイオンで、またマメルティニ人はメッサナで――とくに後者は恒常的な攻撃を浴びながらも――地歩をなんとか確保していたのだが、それはなかなか困難なことだった。こうした状況のもと、前二七九年の条約によれば、カルタゴがその艦隊をもってローマ人のタレントゥム占領を助けるよりは、ローマがシチリアでカルタゴ人を援助する方が、はるかになさねばならなかったことであろう。いずれにせよ一般にどちらの側も、同盟者の力を守ってやる、それどころか拡大することに好意的であるはずなどなかった。カルタゴは、根本的な危険が通り過ぎたときになってやっとローマ人に助けを申し出た。ローマ人の方も、王のイタリアからの撤収による、シチリアにおけるカルタゴの力の転落を阻止するために何もしなかった。たしかに、公然たる条約違反に関して言えば、カルタゴは王に単独講和を提案したことさえあるし、リリュバイオンの領有を邪魔しないことと引き替えに、他のシチリアの領土を放棄し王に金銭と軍艦を用立てることさえ申し出た。もちろんそれは、彼のイタリアへの渡航とローマに対する戦争の再開のためであった。しかし明らかなことは、リリュバイオンを領有し王を遠ざけるならば、島でのカルタゴ人の立場はピュッロスの上陸前の状況とほぼ同じままだったろうということである。それは、ギリシア人の諸都市は放任しておかれたら無力なままだったし、失われた自分たちの領域も容易に取り戻せるからであった。そこでピュッロスは、裏表のある陰険な提案をはねのけ、自ら艦隊の建設に取り掛かった。このことに後に人が非難の矢を向けたのは、ただ無理解と近視眼的な捉え方のなせる業にすぎない。これはむしろ、この島の資源でもって容易に実現できることだったし、また必要なことでもあった。アンブラキア［エペイロスの地にあるピュッロスの首邑］、タレントゥム、シュラクサイの支配者が海軍力なしでは存在しえなかったということは別にしても、リリュバイオンを占拠し、タレントゥムを守り、カルタゴをその故国において攻撃するためには艦隊が必要だったのである。ちょうどアガトクレス、レグルス、スキピオが、以前にもまたこの後にも、あのように大成功を収めたように。ピュッロスとしては、前二七六年の夏ほど自分の目標の近くにあったことは決してなかった。そのとき、カルタゴが自分の前でへり下っているのを見たのであり、シチリアを支配し、タレントゥムを握って、確固たる地歩をイタリアに確保していたのである。新しく創られた艦隊は、こうした成功のすべてを結びつけ、安全にし、価値を高めるはずであり、シュラクサイの港ではすでに出航の準備が整っていたのである。

ピュッロスのシチリア統治　ピュッロスの立場の根本的な弱さは、欠陥の多い内政からくるものだった。ピュッロスは、エジプトにおけるプトレマイオスの支配を目のあたりにしたことがあるが、そのようにシチリアを統治した。共同体の制度は尊重しなかった。自分の気に入ったときにはいつも、またいつまでも、町の上に自分の腹心を役人として据え、土着の人々からなる陪審員の代わりに自分の廷臣を裁判官にし、没収、追放、死刑を自由裁量で言い渡したが、それは、シチリアへの彼の招来を最も熱心に推し進めた人たちに対してすら行なわれた。また都市の中に駐留軍をおき、民族的な同盟の指導者としてではなく王としてシチリアを支配した。そうすることで彼は、おそらくオリエント・ヘレネス的な考えによって善良にして賢明な君主たろうとし、事実たしかにそうだったのであろうが、それでもギリシア人たちは、このようなディアドコイ組織のシュラクサイへの移植には、永らく自由を求める断末魔の苦しみの中にあって規律などすべて失っていた民族なのに、耐えがたさを感じ、まもなく、愚かな民衆はカルタゴ人の軛の方が新たな軍人統治よりもずっとましだと思うようになった。最も重要な都市は、カルタゴ人と結んだ。それどころかマメルティニ人とさえ結んだ。強力なカルタゴ軍は再び、図々しくもこの島に姿を見せた。いたるところでギリシア人に支持されて、カルタゴ軍の力は急激に進展した。たしかにピュッロスがこれと一戦を交えた戦闘では、いつものように幸運は「鷲」の方に味方した。しかし、この機会に明らかになったのは、この島の空気がどのようなものか、また王が島を離れたら一体何が起こりうるか、起こるにちがいないか、ということであった。

ピュッロス、イタリアに出航する　このような第一のまた最も基本的な誤りに、ピュッロスは第二の誤りを重ねた。艦隊を率いてリリュバイオンではなくタレントゥムに向かったのである。明らかに、シチリア人の心がまさしく発酵状態にあったときで、彼としては何よりも第一にこの島からカルタゴ人を完全に追い出し、それによって、自分がイタリアに転進する前に、不満を抱く人々から最後の後ろ盾を切り離しておかねばならなかったはずである。イタリアには失うものは何もなかった。というのもタレントゥムは充分安全だったし、他の同盟市は、彼がかつて見離した後はあまりどうということもなかったからである。彼の軍人精神が彼をして、前二七八年のあまり名誉とは言い難い撤収を輝かしい帰還によって帳消しにするよう駆り立てたこと、またかつてルカニア人やサムニウム人の訴えを聞いたとき断腸の思いだったこと、それは当然であろう。しかし、ピュッロスが自分に課した課題は、同情心や自尊心をすら統御することのできる鉄のような性格によってしか達成されないものであった。けれどもピュッロスは、そうした性格の人物ではなかったのである。

シチリアの王国の崩壊　まことに運命的な出航は、前二七六年の終わり頃行なわれた。航行の途中、新しいシュラクサイの艦隊がカルタゴ艦隊と激戦を繰り広げ、その際かなりの数の艦船を失った。王の退去とこの第一回目の災厄の報せは、シチリア人の王国を崩壊させるのに充分だった。この報告を受けて、あらゆる都市が不在の王に金銭や軍隊を出すのを拒否し、燦然たる国家は、誕生したときよりもはるかに急激に崩壊してしまった。その理由の一部は、いかなる公共体も忠誠心と愛情に依拠しているにもかかわらず、王自身がそれらを服属者の心の中から削り取ってしまったことにあり、また理由の一部は、民族的な独自性を救うためにほんの短い期間だけでも自由を放棄するという自己犠牲の気持ちが民衆には欠けていたことにあった。

イタリアでの戦争の再開　こうしてピュッロスの軍事行動は画餅に帰した。彼の生涯の計画はなんの見込みもない形で消えてしまった。彼は冒険家であり続けたが、次のように感じていた。それは、自分は多くのことをなしたが、もうこれ以上はできないということであった。また、もう戦争を遂行するのも目的のための手段以上のものとしてではなく、野蛮な賭事に気を紛らわせたり、できれば戦闘の騒乱の中に戦士としての死に場所を見つけるためであった。イタリアの海岸に着いたとき、王はレギオンを乗っ取る試みに着手した。しかし、マメルティニ人の援助でカンパニア人は攻撃を退けた。町の前での激闘で王自身も傷ついた。彼が敵の将校を馬から突き落としたときのことであった。それに対して、ロクリを奇襲したときには、住民にエペイロス人駐屯兵の殺戮を厳しく償わせた。そしてその地のペルセフォネの神殿の豊かな財宝を掠奪した。空になっていた自分の金庫をいっぱいにするためであった。このようにしてピュッロスはタレントゥムに到着した。その数は歩兵二万、騎兵三〇〇〇と言われた。しかし、経験に富んだ往年の精鋭兵《ヴェテラン》［古参兵］ももう存在せず、イタリキも彼らを自分たちの救済者として歓迎しなかった。五年前には信頼と期待をもって王を迎えたのに、その思いは消え去ってしまっており、しかも同盟者には金銭と兵員とが尽きていたのである。

ベネウェントゥム付近の闘い　厳しく抑えつけられていたサムニウム人の地でローマ軍は前二七六／前二七五年の冬を越していたが、王が前二七五年の春、サムニウム人の救援のために戦場に打って出て、ベネウェントゥムのそば、アルシヌスの原（campus Arusinus）でコンスルのマニウス・クリウスに――このコンスルがルカニアから進軍してくる同僚と合流する前に――合戦を余儀なくさせた。ところが、ローマ軍の側面に襲いかかるよう決められていた部隊が、夜間の行進の間に森の中で道に迷い、決定的な瞬間に遅れてしまった。激戦の末、戦いを決したのは、ここでもまた戦象であった。ところが今回は、陣営の援護のために編成された射手によって混乱に陥れられ自軍の兵士の方に向かって突進したので、ローマ軍に有利な形で戦いは決した。勝者は陣営を占拠した。彼らの掌中に入ったのは一三〇〇の捕虜と四頭の象――ローマ人の見た最初の象だった――、それに加えて計り知れない戦利品であり、それを売り払ったお金で、ローマでは後に、ティブルからローマにアニオ河の水を引く水道橋が建設された。戦場を維持する軍勢も金銭もなくなったピュッロスは、イタリアに向かう装備のために自分に寄付をしてくれた同盟者、すなわちマケドニアやアシアの王たちに使者を出した。ところが故国でも、もはやだれも彼を恐れなくなっており、彼の依頼は拒否された。

ピュッロスのイタリア退去とその死　ローマに対する勝利の希望を失い、このような拒否の姿勢に腹を立てて、ピュッロスはタレントゥムの守備隊を放置し、同じ年（前二七五年）にギリシアへと帰国した。そこでは、イタリアの情勢というような大きく揺るがずゆっくりとした流れの中にあるときよりも速やかに、絶望したプレイヤーにも見通しが開けるだろうと考えたのであった。実際、自分の王国から切り離されていた部分を急速に回復したばかりか、今一度マケドニアの王位をつかもうとし、見事成果を収めなかったわけではなかった。ところが、アンティゴノス・ゴナタスの冷静で周到な政策によって、またそれ以上に自分の激情と誇り高い感情を抑制できなかったために、彼の最後の計画も水泡に帰した。彼は戦闘では勝った。しかしそれ以上持続的な成功を収めえず、ペロポネソスのアルゴスにおいて悲惨な市街戦で落命したのであった（前二七二年）。

イタリアにおける最後の戦い、タレントゥムの占領　イタリアでは、ベネウェントゥムの戦闘で戦争は終わりを迎えた。民族派は断末魔の痙攣とともにゆっくりと死に絶えていった。たしかに、戦士王［ピュッロス］の強力な腕は手綱を押さえてあえて運命を止めようとした。そしてまだ彼が生きている間は、たとえ不在であったにしても、このように長くローマに対してタレントゥムの鞏固な城塞を保持していたのである。王が去った後、町の中では平和派が主導権を握ったが、ピュッロスに代わってその地で指揮を執っていたミロンは彼らの要求を退け、タレントゥムの領域内に自分たちが構築した城郭の中の親ローマ的な市民に、自分たちの責任で好きなようにローマと和平を結ぶことを許した。ただし、そのために門を開けないことが条件だった。ところが、ピュッロスの死後、カルタゴ艦隊が港に入ってきて、市民団が町をカルタゴ人に引き渡そうとしているのを目にするや、ミロンはローマのコンスル、ルキウス・パピリウスに城塞を明け渡す方を選んだ（前二七二年）。そうすることで自分および自分の兵士のために自由な退路をあがなったわけである。ローマ人にとってはこれはとてつもなく大きな儲けものだった。ペリントス［マルマラ海（プロポンティス）のヨーロッパ海岸の町］とビュザンティオンの前でフィリッポスが、ロドスの前でデメトリオスが、リリュバイオンの前でピュッロスがなめた経験の後、当時の戦略では、一般にうまく堡塁で固められ、そして見事に守られ、また海から容易に近づける町を、無理に開城させるのは不可能ではないかと思われていた。シチリアでリリュバイオンがフェニキア人のために役立ったように、イタリアでタレントゥムがフェニキア人のために役立つようになったとしたならば、この出来事は、どれほど局面を変えたであろうか！　ところが実際に起こったことは、何も変えるものではなかった。カルタゴの提督は城塞がローマ人の手中にあるのを見て、自分は、町を攻囲しつつある同盟者に条約に則って救援の手を差し伸べるためにタレントゥムの前に現われただけなのだと表明した。そしてアフリカに向けて出帆していった。そこでローマの使節団が、タレントゥム占領を試みたことに関して釈明を要求し抗議を行なうためにカルタゴに派遣されたが、このいわゆる同盟としての友好的な意図を厳かに誓いを立てて確認すること以外には何も持ち帰れなかった。しかしこれによって、ローマでは人心が一時的に落ち着いた。また、タレントゥム人は、ローマ人から自治権を取り戻した。それはおそらく、移住者の仲介によるものだった。ただし、武器も船舶も引き渡し、城壁は取り壊さなければならなかった。

南イタリア、征服される　タレントゥムがローマ領になったのと同じ年に、とうとうサムニウム人、ルカニア人、ブルッティウム人が屈服し、そのうちブルッティウム人は、儲けを生み船の建造に重要なシラの森の半ばを割譲しなければならなかった。

結局、一〇年もの間レギオンに巣食っていた徒党も、軍旗のもとでなされた忠誠の誓いを破棄したこと、またレギオン市民の殺害やクロトンの占領のために処罰を受けた。それによって、蛮族に対するヘレネスの大義を、ここではローマが代わって守ったのである。シュラクサイの新しい支配者ヒエロンは、そのためにレギオンの町の前のローマ人に食料や援軍を送って支援した。また同時に、レギオンに対するローマ軍の遠征と連動して、シチリアにおけるレギオンの同族仲間であり有罪者仲間であるメッサナのマメルティニ人に対する攻撃も行なった。メッサナの町の攻囲は、きわめて長期にわたった。それに対してレギオンでは、一揆を起こした連中がしぶとく、長く抵抗したとはいえ、前二七〇年にはローマ人に奪取され、守備隊の生き残りはローマの公共広場で笞打ちの刑に処せられ、首を刎ねられた。しかし旧くからの住民は呼び戻され、できるかぎり財産を回復してもらった。このようにして前二七〇年には、全イタリアが服属した。ただ最も頑強なローマの敵手であるサムニウム人は、公的な和平締結にもかかわらず、なおも「盗賊」として戦いを続けた。そこで前二六九年になっても今一度、両コンスルが彼らに対して派遣されねばならなかった。しかし、最も高邁な民族的勇猛心も、つまり絶望の淵で発揮される最も勇敢な心も、いつかは消えてゆく。剣と絞首台がサムニウムの山々にも最終的に静けさをもたらした。

新しい城塞と道路の建設　このような巨大な獲得物の安全確保のために、再び新たに一連の植民市が設けられた。ルカニアにはパエストゥムとコサ（前二七三年）、サムニウムのためには四隣を抑える拠点としてベネウェントゥム（前二六八年）とアエセルニア（前二六三年頃）、ガッリア人に対する前哨基地としてアリミヌム（前二六八年）、ピケヌムにはフィルムム（前二六四年頃）と市民植民市カストルム・ノウゥムが設けられたのである。南への大街道は、要塞ベネウェントゥムがカプアとウェヌシアの間の中間基地となったが、その街道のタレントゥムとブルンディシウムの港までの延長と、ローマの政策としてタレントゥム人の取引《エンポリウム》・通商基地の競争相手・後継者に選び出された後者、港町ブルンディシウムへの植民の準備が整えられた。新しい要塞や道路の設置は、小部族とのまだ幾度かの戦いを引き起こした。彼らの領域はこれによって狭められた。サレルヌム近辺にピケヌムの人々が植民させられた（前二六九、前二六八年）。ブルンディシウム周辺のサッレンティニ人（前二六七、前二六六年）とウンブリアのサッシニア人（前二六七、前二六六年）も同様だったが、このサッシニア人が、セノネス族を追い出した後、アリミヌムの領域を占拠していたらしい。このような建設作業によってローマの支配は南イタリア内陸部、またイオニア海からケルト人との境界までのイタリアの全東海岸に拡がったのである。

海上問題　このように一体化したイタリアがローマによってどのように統治されたか、その政治組織・秩序について記す前に、我々にはまだ残っている問題がある。それは、第四世紀および第五世紀［西暦紀元前五世紀中頃―前三世紀中頃］の海域の状態に関して一瞥してみることである。この時代には、基本的にはシュラクサイとカルタゴとが、西部海域での支配権をめぐって角逐していた。ディオニュシオス（前四〇六―前三六五年）、アガトクレス（前三一七―前二八九年）、そしてピュッロス（前二七八―前二七六年）が一時的に海上で大成功を収めたにもかかわらず、大体のところ、ここではカルタゴが優位を占めており、シュラクサイは次第に二級の海上勢力へと落ちていった。海上でのエトルリア人の重みは完全に失われてしまった（二九八頁）。これまでエトルリア人の島だったコルシカは、まったくカルタゴの領有下に入ったわけではないが、カルタゴ人の海上支配権のもとに入った。永らくまだ一定の役割を演じていたタレントゥムは、ローマ人の占領によってその力が打ち壊されてしまった。勇敢なマッサリア人は、自分の海域では地歩を確保していた。しかし、イタリキの海域での出来事には、彼らも大体において介入しなかった。残りの海洋都市は、ほとんどもう真剣に考慮するには及ばないものだった。

ローマの海軍力の衰退　ローマ自体も同じ運命を免れなかった。自分の海域は、同じように外国の艦隊に抑えられていた。たしかにローマははじめから海洋都市であったし、また新進の気にあふれた時代にも、古来の伝統に決して忠実でなくなったわけではなかったので、海軍をまったく蔑ろにしたわけではないだろう。また、ただひたすら大陸での強国になろうと望むほど愚かでもなかった。造船にはラティウムが最良の樹木の幹を供給してくれた。それは南イタリアの有名な樹の幹にはるかに優るものであった。ローマで引き続き維持されていたドックは、ローマ人が自分の艦隊を持つことをローマにおいても断念していなかったことを、それだけでも充分に証明していよう。ところが王の追放、ローマ・ラテン盟約体の内的な動揺、エトルリア人やケルト人に対する不運な戦争がローマにもたらした危機の間には、ローマ人は地中海上の状況をほとんど考慮することができなかった。そしてイタリア本土の平定というローマの政策の向かう方向が、ますます決定的に浮かび上がってきて、海軍力の成長が止まってしまった。第四世紀の終わり頃［西暦前三五〇年頃］までラテン人の軍艦のことが話題に上ぼることはほとんどなかった。ローマの軍艦に関しては、ウェイイの戦利品からの奉納品がデルフォイに送られたが、それは例外であろう（前三九四年）。アンティウムの人々は当然、武装した船舶での通商を、またそのようにして折に触れては海賊活動も推し進めたし、「テュッレニア海の海賊」ポストゥミウス——前三三九年頃ティモレオンが捕らえた人——は、たしかにアンティウム人だったに違いない。しかしその時代の海軍力をもった強国の中に、アンティウムの人々を数え入れることはむずかしかったし、また数え入れられるようであったならば、アンティウムのローマに対する立場から言って、それこそローマにとって有利な点などまったくなかったに違いない。前三五〇年頃にローマの海上での力がいかに広範囲で衰えていたかをよく示しているのは、前三四九年、ラテン人の海岸がギリシア人、おそらくシチリア人の艦隊によって掠奪され尽くしたことである。他方、それと同時にケルト人の大群が、ラテン人の地を焼き払い席巻したのであった（三〇九頁）。翌年（前三四八年）疑いなくこれらの重大事件の直接的な印象が残っている間に、共同体ローマとカルタゴのフェニキア人は、それぞれ自分のため、また従属している同盟者のために、通商および航行に関する条約を締結したのである。ローマ最古の記録――そのテクストはもちろんギリシア語訳の形で我々に伝わっているにすぎない*――であるこの条約において、ローマ人は美の岬（ボン岬）の西方のリビュアの海岸を緊急の場合以外は航行しないよう義務づけられたに違いない。それに対して、そこがカルタゴ領であるかぎり、シチリアでは、現地人と同様に自由に取引できたし、またアフリカやサルディニアでも、少なくともカルタゴの役人の認可のもとに確定され共同体カルタゴによって保証された購入価格で商品を売る権利を認められたのである。カルタゴ人には、少なくともローマで――おそらくは全ラティウムで――自由に商取引を行なうことが認められたようである。彼らはただ、［ローマの］支配下にあるラテン共同体には暴力を振るわない（三二五頁）という義務を負ったにすぎない。また、もし彼らが敵対者としてラテン人の土地に侵入することがあっても、そこでは夜営しないこと――つまり彼らの海賊行が内陸部まで足を延ばしてゆかないこと――、ラテン人の土地にいかなる砦も設けないこと、こうした義務も負ったのである。

* ポリュビオスに伝えられた（3, 22）記録が、前五〇九年ではなく前三四八年のものであるという確証は、私の作品 Die römische Chronologie bis auf Caesar. 2Aufl. Berlin 1859. S. 320f. の中に示されている。

すでに述べた（三六四頁）ローマとタレントゥムとの条約もおそらくこの時代のものであろう。もっともその成立年代については、前二八二年よりはるか昔に締結されたと報告されているだけである。この条約によってローマ人が義務づけられたのは――タレントゥム側についてはどのような内容か記されていないが――、ラキニウムの岬より東の海域には航行しないということであり、それによって地中海の東海盆からローマ人は完全に締め出されたのである。

ローマの海岸の備え　これらはアッリアの敗北と同様の厄災であった。ローマの元老院も、これらをそのようなものと感じていたようである。そして、カルタゴ、およびタレントゥムとの屈辱的な条約の締結後すぐに、イタリアの状況がローマにとって有利な方向に変わったことを、全力をあげて利用し、海に関する立場が打ちひしがれた状態であるのを改善しようとしたようである。最も重要な海岸都市には、ローマの植民市が置かれた。カエレの港ピュルギへの植民は、おそらくこの時代のことであろう。また西海岸では、前三三九年にアンティウムへ（三三二頁）、前三二九年にタッラキナへ（三三二頁）、前三一三年にポンティアの島へ（三四三頁）植民がなされ、その結果、すでにアルデアとキルケイイが植民者を受け入れていたので、ルトゥリ人やウォルスキ人の土地の名高い港町はすべてラテン植民市もしくは市民植民市になった。さらにアウルンキ人の領域ではミントゥルナエやシヌエッサが前二九五年に（三五四頁）、ルカニア人の土地ではパエストゥムとコサが前二七三年に（三八二頁）、アドリア海沿岸ではセナ・ガッリカとカストルム・ノウムが前二八三年頃に（三六四頁）、アリミヌムが前二六八年に設けられ（三八二頁）、それになおピュッロス戦争終結後ただちに行なわれたブルンディシウムの占領が加わる。こうした集落つまり市民植民市や海浜の植民市の大部分では、* 若者層が正規軍団《レギオ》での軍務から解放され、もっぱら海岸を防衛するよう決められていた。隣人サベッリ人に対する南イタリアのギリシア人、とりわけ有力な共同体ネアポリス、レギオン、ロクリ、トゥリイ、ヘラクレイアに同時に与えられた、熟慮された特権や、同様の条件のもとで認められた、陸上部隊に救援軍を出すことの免除特権も、イタリアの海岸沿いにかけられたローマの網の目を完成するものだった。

* ピュルギ、オスティア、アンティウム、タッラキナ、ミントゥルナエ、シヌエッサ、セナ・ガッリカとカストルム・ノウムである。

ローマ艦隊　しかし、為政者らしい賢慮――これについては次の何世代かの人が学びえたと思われる――をもって公共体ローマ［共和政国家ローマ］の指導層の人々が認識したのは、こうした海岸の防備施設や海岸の防衛もすべて、国の海軍力が再び尊敬の念を起こさせるような地位を占めなければ不充分なままであるに違いないということだった。そのような地位を占めるためのある種の基礎を据えることになったのが、アンティウムを屈服させた後に（前三三八年）、役に立つ戦争用ガレー船をローマのドックに持ってきたことである。しかしその一方で、アンティウムの人々はあらゆる海上交易を控えなければならないという同時代の規定は、* ローマ人が当時まだ海についていかに無力であると自ら感じていたか、また彼らの海上政策がまだ海岸の拠点の占拠にいかに全面的に集中していたかをきわめてはっきりと示している。次いで、南イタリアのギリシア人諸都市が――最初は前三二六年にネアポリスが――ローマとの庇護関係《クリエンテラ》に入ったとき、これらの都市のことごとくが、同盟に則った軍事的な援助としてローマ人に軍艦を出すよう義務づけられたのだが、その軍艦がローマの艦隊にとっては少なくとも再建の核となったのである。さらに前三一一年には二人の艦隊指揮官（duoviri navales［海事二人役］）が、とくにそのためになされた市民団の議決によって任じられた。このローマの海軍力は、サムニウム戦争ではヌケリアの攻囲に大いに寄与した（三四六頁）。あのコルシカに植民市を建設するため二五隻のローマ艦隊を派遣するという注目すべき出来事さえ、おそらくこの時代のことであろう。それは、テオフラストスが前三〇八年頃に書いた『植物の歴史』という本の中で触れている。しかし、これらのことすべてをもってしても、直接の成果がいかに乏しかったかは、前三〇六年に更新されたカルタゴとの条約がよく示している。前三四八年の条約のイタリアとシチリアに関する取り決め（三八四頁）が変えられずに残っている一方で、ローマ人には東方海域の航行の他に、今やさらに以前には許されていた大西洋の航行が禁止された。まったく同様にカルタゴの服属者との、サルディニアおよびアフリカでの商取引、結局はおそらくコルシカでの定住も禁止されたのである。** その結果、カルタゴ領のシチリアとカルタゴ自体だけしか、ローマ人の商業活動に開かれていないことになってしまった。だれしもここに、ローマの海岸支配の拡大にともなって、有力な海軍国「カルタゴ」の嫉妬心が高まっているのをはっきりと認めるだろう。それは、ローマ人に次のことを余儀なくさせた。自分たちが西洋《オクシデント》および東洋《オリエント》の生産地帯から締め出されることになる禁止的な要素の強いシステムに従うこと——これとの関連でフェニキア人の船乗りに世間が公然と喝采を送った物語があったのであり、それによれば彼ら船乗りは、大西洋で自分たちの後を追ってくるローマの船舶をだまし、自分の船を犠牲にしてまでも浅瀬へと誘導して難破させたというのである——、および自分たちの航行を西地中海という狭い範囲に条約によって制限することであった。後者は、ただ自分たちの海岸を掠奪の犠牲にしないためであり、シチリアとの重要な古くからの通商上の結びつきの安全性を確保するためであった。ローマ人はこれに順応しなければならなかった。しかし彼らは、海軍力を無力な状態から引き上げる懸命な努力をやめなかった。

* この記述はまったく明確であるとともに（Liv. 8, 14:「アンティウムの人々には、海でのことが禁止された」）、それ自体信頼に足るものである。というのもアンティウムには、たしかに植民者だけではなく、ローマに対する敵対関係の中で育ってきたかつての市民層もまだ住んでいたからである（三三二頁）。もちろんギリシア人の報告は、これとは矛盾している。それは、アレクサンドロス大王（前三二三年没）やデメトリオス・ポリオルケテス（前二八三年没）がローマにアンティウム人の海賊について抗議したというものである。しかし前者の記述は、バビュロンに向かったローマの使節（三五七頁注）についての話と同じ種類のもの、またおそらく同一史料からのものであろう。デメトリオス・ポリオルケテスが、彼自身は決してその目で見ることのなかったテュッレニア海での海賊活動を行政命令でもって抑えたということは、もっとありそうに思われる。アンティウムの人々がローマ市民となっても古くからの生業を、禁止令にもかかわらず、まだしばらくこっそりと続けていたということはともかく考えられないことではない。しかし、第二の話もはやはり多くの部分は信頼できないであろう。

** セルウィウスによれば（Serv. Aen. 4, 628）、ローマとカルタゴの諸条約には、ローマ人はカルタゴ人の土地に、カルタゴ人はローマ人の土地［ラテン語原文は海岸の地］に立ち入ってはならない（むしろ占領してはならない）とあるが、コルシカは両者の間では中立のままであるべきことになっている。それはこの時代のことに属し、コルシカへの植民はまさしくこの条約によって阻止されていたと思われる。

艦隊財務官　そのための思い切った対策として、前二六七年の四人の艦隊財務官（quaestores classici）職の設置があった。そのうちの第一のものはオスティアすなわち都市ローマの海港に置かれた。第二のものはカレス――ローマ支配下のカンパニアの当時の首邑――からカンパニアおよび大ギリシア《マグナ・グラエキア》の港を、第三のものはアリミヌムからアペニンの向こうの港を監視しなければならなかった。第四のものの管轄地域は知られていない。この新しい常置の役職は、海岸を監視し、海岸を守る海軍を作りあげるために、単独ではなく連携して管理運営に携わるのであった。

ローマ、カルタゴ間の緊張　海上における独立性を回復することによって、一つにはタレントゥムの海路との連繋を断ち、また一つにはエペイロスから到来しつつあった艦隊に対してアドリア海を封鎖し、さらにはカルタゴの至上権から解放されることを目指す、というローマ元老院の意図は明らかである。つい最近のイタリアでの戦争の間のカルタゴに対する関係についてはすでに述べたところだが、それもこうした意図についての証跡を示している。たしかに、王ピュッロスは二つの大都市に今一度――それが最後だったが――攻撃的な性格の同盟を締結することを余儀なくさせた。しかし、この同盟の生ぬるさや不誠実さと、レギオンとタレントゥムに腰を落ち着けようとするカルタゴ人の試み、また戦争終結後のローマ人によるブルンディシウムの即座の占拠などがはっきり示しているのは、双方の利害がすでにいかに激しくぶつかり合っていたかということである。

ローマとギリシア人の海洋国家　当然のことながらローマは、カルタゴに対抗するためにヘレネスの海洋国家の支持を求めた。マッサリアとの古くからの緊密な友好関係は、途切れることなく存続していた。ウェイイの占領後ローマからデルフォイに送られた奉献の贈り物は、デルフォイではマッサリア人の宝物庫に保管された。ケルト人によるローマ占拠後は、マッサリアでは焼き討ちの被害を受けたローマ人のために様々なものが集められた。その際、国庫が先頭に立った。その後お返しとしてローマ元老院が、マッサリア商人に商業上の特恵を認めた。市広場《フォルム》での祝典の催しの際には、元老院議員の席と並んでマッサリア人のために貴賓席《グラエコスタシス》が設けられた。同じ範疇に属するのが、前三〇六年頃ロドスと、またその後ほどなくアポッロニア、つまりエペイロス海岸に面した有力な商業都市と、ローマ人が締結した商業および友好条約であり、またとりわけカルタゴにとってたいへん気遣わしいことに、ピュッロス戦争終結直後にローマとシュラクサイの間で生まれた親善関係がそれである（三八二頁）。

このようにしてローマの海軍力は、たしかに陸軍力のすさまじい発展とはまったく歩調を合わせていたわけではなく、また何よりもローマ人による自前の軍艦はまったく存在しなかったとはいえ――国家のおかれた地理上・通商上の位置からしてそうならざるをえなかったのだが――、それでもやはり次第に完全な無――前三五四年頃にはそこまで沈下していた――から再びのし上がりはじめた。そしてイタリアの資源の豊富さを考えれば、フェニキア人もきっと心配そうな眼差しでこの努力を見つめていたことであろう。

統一されたイタリア　イタリア海域の支配権をめぐる危機は接近しつつあったが、陸上では戦いは決着していた。初めてイタリアは共同体ローマの支配のもと一つの国家に統一された。その際、共同体ローマがイタリアの他の共同体すべてからどのような政治的権限を奪って自分だけのものにしたか、すなわち国法上どのような概念がローマのこのような支配と結びつけられるべきか、どこにも明確には述べられていない。慎重な考量を必要とする重要な事柄なのだが、この概念のためには普遍的に妥当する表現は存在しないとさえ言えよう。* 明らかに表現としてそれに含まれるのは、ただ戦争・条約・貨幣鋳造の権利しかない。すなわち、いかなる古イタリアの共同体も、よその国に宣戦布告することは許されず、あるいは外国とただ交渉することさえ許されず、またいかなる流通貨幣の鋳造も許されなかったが、それに対して、共同体ローマによってなされた宣戦布告はことごとく、また共同体ローマの締結した国家間条約はことごとく、法としてあらゆる古イタリアの共同体をもともに拘束し、ローマの銀貨は全イタリアで合法的に流通するようになったのである。おそらく指導的な共同体の定式化された機能・権限は、もはやそれ以上は拡大しなかったであろうが、それには必然的に、事実上はるかに発展してゆく支配権が結びついていた。

* 従属民が義務づけられる約款、すなわちローマの民衆［市民団］の主権を友好的に認める（守る）こと（maiestatem populi Romani comiter conservare）は、たしかに隷属の最も穏やかな形の技巧的表現であるが、おそらく相当後の時代になって初めて生まれたものであろう（Cic. Balb. 16, 35）。庇護関係《クリエンテラ》という私法上の表現も、まさしくその曖昧さを通して、適切にその関係を言い表わしてはいるが（Dig. 49, 15, 7, 1）、古い時代に公式にこうした関係に適用されたと考えるのはむずかしい。

ローマの完全市民権　指導的な共同体に対してイタリキがどのような関係にあったか、その関係は細部にいたるまでたいへん不平等なものであったと言えよう。この点に関して、完全ローマ市民団の他に、服属民が三つの異なったクラスに分けられていた。まず完全市民権自体は、可能なかぎり広く拡大されたが、都市的な公共体［都市国家］という理念をローマという共同体のために完全に放棄することはなかった。古い市民の領域は、それまでは主として個々の土地分与によって、南エトルリアは、カエレとファレリイまで（三一〇頁）、ヘルニキから引き裂かれたサッコ河畔とアニオ河畔の地区（三四九頁）、サビニ地方の大部分（三五四頁）、かつてのウォルスキ人の広大な地域、とくにポンプティヌスの平原（三二一、三三二頁）が、ローマ農民の土地に変えられ、その大部分において住民のために新しい市民地区《トリブス》が設けられた。同じことは、カプアから割譲されたウォルトゥルヌス河畔のファレルナ地区《トリブス》でも行なわれた（三三二頁）。その結果、これらすべての、ローマの外に居住する市民には、自分たちの公共体［国］、また自分たちの行政機構がなくなってしまった。分与された領域にはせいぜい広場を持つ村（fora et conciliabula［小集落、広場および集会所］）が成立したにすぎなかった。それほど多くはないが別の場所では、右に述べたいわゆる海岸植民市へと送り出された市民もあり、その人たちには同じように完全ローマ市民権が残ったままであり、自治権はあまり意味がなかった。このようにして共同体ローマは、この時期の終わり頃には、同系統もしくは近親関係にある民族からなる、最も近くの受動的な［不完全］市民の共同体にも、完全市民権を与えはじめたようである。おそらくまず最初に、それはトゥスクルムに与えられ＊、同様にラティウム本土の残りの受動的性格の［不完全］市民の共同体にも与えられ、次いでこの時期の終わりには（前二六八年）サビニの諸都市にも拡大されたことであろう。これらの町は、疑いなく当時すでに実質的にラテン化されており、最後の困難な戦争において忠誠さを充分に示していたからである。これらの都市には、以前の法的な位置に応じてふさわしく制限された自治権が、ローマ市民の連合体に受け入れられた後も残った。海岸植民市からよりもそれ以上に彼らから、ローマの完全市民団の中にある特別な公共体［町、国］が、またそれとともに時代の推移の中でローマの自治市秩序が形成されたのである。これにより、ローマの完全市民権を持つ人々は、この時期の終わりには、北はカエレの近くまで、東はアペニンまで、南はタッラキナまで拡がったことであろう。もちろん厳密な意味での境界は、ここでは問題にならなかったにしても、右のようには言えよう。ラテン権を持ったいくつかの同盟市、ティブル、プラエネステ、シグニア、ノルバ、キルケイイなどが、この境界の内側に存在したし、その外では、ミントゥルナエ、シヌエッサ、またファレルヌスの土地の住民、都市セナ・ガッリカや別の集落の住民が、もっと多く、同様に完全な市民権をもっており、ローマ人の農民家族が個々に、あるいは村として一緒になって、おそらくすでに全イタリアに散らばっていたからである。

＊　トゥスクルムが初めて受動的な性格の市民権を受けたように（三二一頁）、やはり初めてそれを完全市民権に取り替えたということは、それ自体ありうることであろうし、またキケロによってこの町が最古の自治市（municipium antiquissimum）と呼ばれた（Planc. 8, 19）のも、前者の関係においてではなく後者の点からであろう。

服属共同体　服属共同体の中には受動的な性格の市民（cives sine suffragio［投票権を持たない市民］）がいて、能動的・受動的な性格の選挙権を除いて、権利および義務の点で完全市民と同等であった。その法的位置は、ローマの市民集会の議決によって、また彼らのためにローマの法務官が公布した規範によって規制されていた。しかしその場合、疑いなくこれまでの秩序が基本的に土台になっていた。彼らのために判決を下すのはローマの法務官であったり、毎年、個々の共同体に派遣されたその代理官《プラエフェクトゥス》（praefecti［長官］）であったりした。こういう類いの共同体の中では、例えば都市カプアのように（三三二頁）、恵まれた地位にあるものには自治権が残っており、したがってその土地の言葉が引き続き使用され、召集や査定を処理する自分たちの役人も持っていた。他方、例えばカエレのように〔三一〇頁）、劣格の権利しか持たない共同体からは、自ら統治する権利も奪われた。これは疑いなく服属の多種多様な形のうちでも最も圧迫されたものであった。ところが右に述べたように、この時期の終わりにはすでにこのような共同体を、少なくともそれらが事実上ラテン化されていた場合には、完全市民団の中に合併する努力が見られた。

ラテン人　服属共同体の間で最も優遇されていて最も重要なクラスは、ラテン都市のクラスであった。それはイタリアの内部、またイタリアの外にさえ、ローマによって建設された自治権のある共同体、いわゆるラテン植民市の形をとり、数も多く有力なものへと成長し、絶えず新たにこの類いのものが設立されることによって増大したのである。ローマ起源だがラテン権を持つこのような新しい都市共同体は、ますますローマのイタリア支配の真の支柱となっていった。これはもはや、あのレギッルス湖畔やトリファヌムのそばの戦いで対戦相手だったラテン人ではなかった。つまりアルバ同盟のあの古い成員ではなかったのである。実はあの人々ははじめから、共同体ローマよりも上だとは言わないまでも同等だとは思っていたのであり、ローマの支配を厳しい軛と感じながらも、ピュッロス戦争のはじめにプラエネステに対して設けられた恐ろしく厳しい安全装置――とりわけプラエネステ人との長く続いた摩擦が示しているように――と見做していたのである。この古いラティウムは基本的にはローマのもとにもローマの中にも入っておらず、ただまだいくつかの共同体が、プラエネステやティブルを例外として、一般的にあまり重要ではないが政治的には自立した共同体に数えられるだけだった。これに対して共和政後期のラティウムは、むしろほとんどもっぱら、最初からローマを首都ないし母市として尊敬していた共同体からなっており、異なった言葉を使用し性格的にも異なった地方の真ん中にあって、言語・法律・慣習の共同社会を作ることでローマと結びついており、周辺地域の小僭主として、主力部隊を頼りにしている前哨基地のように、自己の存立のために必ずローマに寄りかかっていなければならなかったのである。そのうえ、ローマ市民層の物質的な利点が増大したために、たとえ限られていたにせよ、ローマ人との法的な平等性から常にかなり大きな利益を引き出していたのである。例えばローマの国有地の一部がとくに個別利用できるように彼らに振り向けられるのが習いだったし、国家の手になる賃貸や請負の仕事に関与する道が彼らにもローマ市民と同様に開かれていたからであった。もちろん彼らの場合にも、彼らに認められた自主独立性の結果生まれるものも完全に欠けていたわけではなかった。ローマ共和政期のウェヌシア碑文*、また最近現われたベネウェントゥムの碑文の教えるところでは、ウェヌシアはローマと同じように平民《プレブス》と護民官を擁していたこと、またベネウェントゥムの最高官職は少なくともハンニバル戦争の時代にはコンスルの称号を使っていたことがそれである。両共同体は、古い権利を持ったラテン植民市の中では最も新しいものであった。第五世紀の中頃〔西暦前四世紀末

―前三世紀初め頃」、彼らの間でどのような権利の主張が生まれていたかを、ここに読み取ることができよう。このようないわゆるラテン人もローマの市民団に由来し、あらゆる点でローマ人と同じだと感じており、すでに自分たち同盟者の従属的な権利に不満を覚えて、完全に同等な権利を要求しはじめていたのである。したがってそのために元老院は、このようなラテン共同体を、彼らがローマにとって常にどれほど重要だったにせよ、できるかぎり権利と特典に関して押し下げ、同盟者としての彼らの位置を服属者の位置に変えてしまうよう努めたのである。もっともそれが、彼らとイタリアの非ラテン人共同体の間の隔壁を壊すことなくなされえたかぎりではあったが。

＊「アウルスの息子、アウルス［モムゼン訳でなく新しい読みに従う］・ケルウィウス、コンスルが、これを奉納した」、また「ユノ・クィリスに聖なるものを、ルキウスの息子ガイウス・ファルキリウス、コンスルが奉献した」［ベネウェントゥム］。

ラテン共同体の同盟自体の解体も、かつての完全に同等な権利の廃棄も、またそれに属する最も重要な政治的権利の喪失についても、すでに述べた。イタリアの完全な征服でもってさらなる一歩が踏み出され、これまで侵害されなかった個々のラテン人の個人的権利、とりわけ重要な移動の自由を制限する端緒が開かれた。前二六八年に建てられた共同体アリミヌムには、また同じくこの後に設立された自治権を持ったすべての共同体には、他の服属民に優る彼らの特権が、自分たちの共同体成員と共同体ローマの市民との、商取引や相続の権利における私法上の同権だけに制限されたのであった。＊おそらくこの時代に、これまでに建設されたラテン共同体に認められていた完全な移動の自由が、つまりローマへの移住によってその地で完全市民権を獲得できるという個々の市民すべての資格・権利が、後に設けられたラテン人の植民市には、故郷において共同体の最高官職にまで達することのできた人物に限られたのであろう。ただそのような人たちだけに、植民市の市民権をローマ市民権と交換することが許されたにすぎない。ここにはっきりと、ローマの立場の完全な変化が見出せる。ローマがイタリアの都市共同体の第一の存在であったにしても、それでもまだ多くの都市共同体の一つにすぎなかったかぎりでは、無制限のローマ市民権付与によって市民の中に入ること自体が、それを受け入れる共同体には一般に利益と見做されており、こうした市民権の獲得は非市民には容易なもので、それどころか罰として科せられることさえしばしばあった。しかし共同体ローマが単独で支配し、他の共同体がすべてこれに奉仕することになって以降は、関係は逆転した。共同体ローマは、市民権を嫉妬深く守りはじめたのである。そのために古い完全な移動の自由にも終止符が打たれた。この時代の大政治家には、少なくとも高位の服属共同体の首脳や大物にローマ市民権への道を法的に開けておくだけの分別は充分にあったのだが、右のように言えよう。こうしてラテン人も、ローマは――主としてラテン人の助けでイタリアを征服した後は――もうこれまでのように自分たちを必要としなくなったのだということを感じ取らねばならなかった。

＊　キケロの証言によれば（Caecin. 35, 102）、スッラがウォラテッラエの人々に、かつてのアリミヌムの権利を与えた。弁護演説をするキケロは、付け加える。それは、一二の植民市の権利、すなわちローマ市民の権利ではなく、ローマ人との完全な通商権だ、と。この一二都市の権利（ius）に関連することについては、ほんのわずかしか議論されていない。それでもこれは、決して重要でないわけではない。イタリアやアルプスのこちらのガッリアでは、早くに再び消滅してしまったいくつかの植民市を除いても、全体として三四のラテン植民市が建設されている。その植民市の新しい方の一二個――アリミヌム、ベネウェントゥム、フィルムム、アエセルニア、ブルンディシウム、スポレティウム、クレモナ、プラケンティア、コピア、ウァレンティア、ボノニア、アクィレイア――が、ここでは考えられている。そしてそのうちでアリミヌムが最古のものであり、他ならぬこの町のためにこの新しい規定がまず最初に定められたという町だったので――おそらくこの都市が、イタリアの外に初めて建設されたローマ植民市だったということも一部は働いて――、それでこの植民市の都市権（ius）が、当然のこととしてアリミヌムの権利と呼ばれたのであろう。こうしたことと同時に示されているのは、別の理由からも最も高い可能性のあることだが、アクィレイアの建設以降（広い意味での）イタリアに設けられたあらゆる植民市は市民［ローマ市民］植民市に属したということである。

古い植民市とは対照的に、より新しいラテン植民市の権利の縮小の範囲を、我々としてもこれ以外には、完全には確かめられない。同一共同体・部族などのうちでの婚姻（婚姻共同社会）――それはありそうにないこともないが、決して作りあげられたものではなく（九三頁。Diod. p. 590, 62. Frg. Vat. p. 130 Dind.）、もともとの同盟者間の権利の平等の一構成要素であった――は、ともかく新しい植民市にはもはや許されなくなっていた。

非ラテン人の同盟共同体　最後に、非ラテン人との同盟を構成する共同体同士の関係は、当然のことながら、まさに個々の同盟条約がそれを定めているように、まことに多種多様な規範のもとにあった。例えばヘルニキ人の共同体との同盟のように（三二一頁）、こうした恒久的な同盟のいくつかは、ラテン人の共同体と完全に平等なものへと移行した。こうしたことが問題ではない別のケース、例えばネアポリス（三三八頁）、ノラ（三四二頁）、ヘラクレイア（三七七頁）のような場合は、比較的包括的な権利が認められていた。他方、これらとは違って、例えばタレントゥムやサムニウム人の条約のように専制に近づいていたものもあったであろう。

民族的な同盟の解体　一般的な原則として、おそらく受け入れられるのは、ラテン人とヘルニキ人との民族的な連合――それについてはすでに述べた――ばかりでなく、イタリキのすべての連合体、とりわけサムニウム人、ルカニア人の連合体も、法的には解体させられたり、あるいは意味のないものにと弱体化させられ、総じていかなるイタリキの共同体も、別のイタリキの共同体との通商および婚姻共同社会的な結びつき、あるいはそれどころか共同での審議・議決権をも持っていなかったということである。

分担兵力の供給　さらには、たとえやり方は様々だったとはいえ、古イタリアの全共同体の軍事力および税負担力が、指導的な共同体の自由になるようにと配慮されていた。一方では市民からなる民兵、他方では「ラテン人の名」の分担兵が、ローマ軍の基本的かつ必須の構成要素と見做されており、このようにして全体として民族的な性格が守られ続けたが、ローマの不完全市民（cives sine suffragio［投票権を持たない市民］）も彼らと一緒に動員された。そのうえ、疑いなく非ラテン人の同盟共同体は軍艦提供の義務があったり——ギリシア人都市も同様であった——、あるいは救援軍を出す義務のあるイタリキの名簿（formula togatorum［トガ着用者の徴兵原簿］）に記入された——同様のことがアプリア人、サベッリ人、エトルリア人にも、一挙にもしくは次第に規定されていった——のである。指導的な共同体は、必要な場合には多く要求することを妨げられなかったが、一貫してこうした援軍は、ラテン共同体の救援部隊の場合と同様に、固定した基準によって定められていたようである。同時にこの中には間接税も含まれていた。共同体が分担兵を自ら装備し給与を支払うことを義務づけられていたからである。そのため、意図的に、とりわけ戦争遂行のため最も出費のかさむものが、ラテンもしくは非ラテンの同盟共同体に押しつけられた。海軍は大部分ギリシア人都市によって維持されており、騎馬勤務には同盟者が、後には少なくともローマ市民団の三倍の割合の数を供給するよう求められたのである。他方、歩兵に関しては、同盟市の分担兵は市民軍よりも数が多くてはならないという古い原則が、少なくとも基準としてはなお長らく有効性を保っていた。

政府のシステム　これらの建造物が一つ一つうまく組み合わされ、しっかり結びつけられていた当のシステムは、我々の手に残されているごく少数の報告からはもはや確認できない。数の割合の点でも、服属者層の三クラスがお互いに、また完全市民団に対してどうであったかという点ももはやおよそのところすら突き止められない。* 同様に、イタリア全体に及ぶ個々のクラスの地理的分布も不完全にしか分からない。それに対して、構造の基礎になっている指導的な考え方ははっきりしていたため、それを殊更発展させる必要はほとんどなかっただろう。すでに述べたように、何よりも支配共同体の直接の範囲は、完全市民の移住により、あるいは不完全市民権［受動的な市民権］の付与によって、ともかく可能なかぎり拡げられたが、それでも都市的な共同体だったしまたそうであり続けようとした共同体ローマを、完全に分散させることはなかった。自らの自然の境界まで、またおそらくその境界を越えても合併のシステムは拡がっていったが、そのとき新たに加わってゆく共同体は服属の関係に入らねばならなかった。というのも、永続する関係としての純粋な覇権《ヘゲモニー》とは、深奥のところでは不可能だったからである。こうして、支配を勝手気侭に独占することによってではなく、関係の持つ避けがたい重心の傾きによって、支配的な位置にある市民のクラスと並んで服属者という第二のクラスが存在することになったのである。

＊　数の割合について充分な情報を提供することができないのは残念である。武装能力のあるローマ市民の数は王政時代の後期には、ほぼ二万と見積もることができる（八六頁）。ところが今、アルバの陥落からウェイイの占領まで、ローマの直接の国土《マルク》は、基本的には拡がっていない。それと完全に一致するのは、二一番目の地区《トリブス》は前四九五年頃

最初に設置されたのだが（二五八頁）、その間にはローマの国境の目立った拡大はまったくなかったか、もしくはさほどなかったのであり、そのときから前三八七年までに、新しい市民地区《トリブス》は設けられなかったということである。今、生まれる者が死ぬ者の数に優ることによる、また移住や解放による人口増加も、充分に計算に入れるとしても、それでもほとんど六五〇英平方マイル（三〇ドイツ平方マイル）にもならない領域という狭い範囲では、伝えられている人口・財産査定《ケンスス》と一致させるのは、まったく不可能であろう。査定によれば、武装能力のあるローマ市民は、第三世紀後半［西暦前五世紀前半］には一〇万四〇〇〇から一五万の間を揺れており、偶然とも言うべき報告が残っている前三九二年には一五万二五七三という数になっている。むしろこの数は、セルウィウスの査定《ケンスス》の八万四七〇〇の市民［八六頁］と同一線上にあると言えよう。総じて、セルウィウス・トゥッリウスの四年の浄めの式［モムゼンに従う］にまで遡り、目だって多い数を伝える古い全査定《ケンスス》リストは、まさにまったく詳細な数の記載を楽しみ事実を裏切るというような、偽りの記録の伝統の一つ以外の何ものでもないであろう。

第四世紀の後半［西暦前四世紀前半］になって初めて、大きな領土獲得が始まる。それによって突然、そして相当にリストの市民の数は増大したに違いない。前三三八年頃、ローマ市民が一六万五〇〇〇を数えたというのは、それ自体は信用できるし、信頼に足りる記録と言えよう。一〇年前にラティウムとガッリアに対して全市民兵を軍務に召集したとき、最初の召集が一〇個正規軍団《レギオ》、つまり五万を数えたというのが、なかなかよくこれに合っているからである。エトルリア、ラティウム、カンパニアにおける大領土獲得以降、第五世紀［西暦前四世紀中頃—前三世紀中頃］には平均二五万、第一次ポエニ戦争直前で二八万から二九万の武装能力のある市民が数えられた。この数は充分にたしかである。しかし別の理由から、歴史的に見て完全に利用できるものではない。つまりその際、おそらく完全なローマ市民とカンパニア人のように自分の軍団では軍務に服さない「投票権を持たない市民」——例えばカエレの人々のような存在——が、混じって計算されているからである。後者は、事実上どうしても服属者に算入されなければならないのである（Mommsen, Römische Forschungen. Bd. 2, S. 396）。

支配の手段の中には、もちろんまず第一に、支配されるものを、イタリキの盟約体の粉砕によって、また比較的小さな共同体をできるだけ多く設立することによって区分することがあったし、同様にまた従属者の様々なカテゴリーによって支配の圧力を等級分けすることもあった。カトーが家政に関して、奴隷がお互いにあまり仲が良くならないよう注意して、彼らの間での不和や党派分裂を意図的に養ったような態度を、大体において共同体ローマもとったのである。手段としては美しいものではなかったが、効果的であった。

イタリキの共同体の制度の貴族制的な変革　そこには同様の手段のさらに広い範囲への適用があるだけだった。つまり、それぞれの従属共同体において国制が共同体ローマを範として作り変えられてゆき、裕福で声望ある家柄の人たちによる統治が導入されると、このような統治は、当然のことながら大なり小なり大衆との対立をもたらし、物質的な利害と地域的な権力への欲望に導かれて、ローマを頼るようになってしまうということである。この点で最も注目に値する例は、カプアの取り扱いが提供してくれよう。この町は、おそらくローマと競うことができた唯一の古イタリアの都市として、はじめから不信の念を持って疑い深く慎重に取り扱われていたようである。カンパニアの貴族には特権的な裁判権や分離された集会場所、一般にどの点から見ても特別な地位が与えられた。それどころか貴族には、取るに足りないなどとは決して言えないような年金が——一六〇〇人にそれぞれ毎年四五〇スタテレス［元来一スタテルは二ドラクマ。四ドラクマ説もある］——カンパニアの共同体の金庫から割り当てられた。このカンパニアの騎士が前三四〇年のラテン人・カンパニア人の大蜂起に関与しなかったことが、蜂起の失敗に大きく寄与することになったのであり、その勇敢な剣は前二九五年にセンティヌムにおいてローマ人のために決定的な力を発揮した（三五二頁）。それに対してレギオンのカンパニア人歩兵は、ピュッロス戦争でローマから離反した最初の部隊であった（三六八頁）。ローマの支配方法の——つまり従属共同体の内部における身分的ないさかいを、貴族を助力することによってローマのためになるよう利用した——もう一つの注目すべき実例は、前二六五年にウォルシニイが経験した取り扱いである。そこでは、ローマの場合と同様に旧市民と新市民とが対立していて、新市民の方が法的な手続きを踏んで政治的同権をかち得たはずだった。その結果、ウォルシニイの旧市民はローマ元老院に古い国制の回復を嘆願した。都市［ウォルシニイ］の中の支配的な立場の党派［新市民］は、当然のことながら、国家に対する反逆行為［大逆罪］と見做し、嘆願者にはそのために法的処罰を下した。ところがローマ元老院は旧市民の味方をした。しかし、町がこれに進んで従わなかったので、軍事的な処罰行動に出て、一般によく知られた実効性を持つウォルシニイの共同体の制度を破棄させたばかりか、エトルリアの古い首邑を破壊して、支配者としてのローマの地位を、驚くほど明瞭な形でイタリキの眼に見せつけたのである。

統治の穏健さ　しかしローマ元老院は、力の支配を永続させる唯一の手段は、権力保持者たる自らの節度であることを見落とさないだけの充分な賢明さを備えていた。したがって従属共同体には自治が残しておかれたり、あるいは与えられたりしたが、そこには独立性の影、ローマの軍事的・政治的な成功の特別な分け前、とりわけ自由な自治体の制度が含まれていた。イタリキの盟約体の範囲内では、いかなるヘロット［スパルタの隷属農民］の共同体も存在しなかった。そのためローマは最初から、歴史の中でもおそらく例のない聡明さと高潔さをもって、あらゆる統治権のうちで最も危険な権利、すなわち服属者に課税する権利を放棄していたのである。せいぜい従属しているケルト人の郷に貢納が課せられたぐらいであろう。イタリキの盟約体の範囲内では、まったく納税義務のある共同体は存在しなかった。したがって、結局兵役義務はたしかに服属民にも一緒にふりかかったものの、決して支配的な立場の市民団からそれが取り除かれたわけではなかった。むしろ後者の方が、その割合から言って同盟者仲間よりもはるかに数が多く、また同盟者の中では、全体としてラテン人が非ラテン人の同盟共同体よりもはるかに大きく利用されたのである。それゆえ、戦利品の中から、まず第一にローマが、次いでラテン人層が最良の部分を自分のものとして取ったとしても、ある種の公平さはそれなりに存在したのであった。

中間職～帝国の査定《ケンスス》　ローマの中央行政機関は、援軍の義務のある古イタリアの共同体の大衆をずっと見渡し統御してゆくという困難な課題のために、四人の古イタリアの財務官職《クアエストル》と、全従属都市に対するローマの査定《ケンスス》活動の拡大でもって充分としていた。艦隊財務官（三八六頁）は、自分たちの第一の課題とな並んで、新たに獲得した国有地から収益を取り立てたり、新たにな同盟者の援軍を統御したりせねばならなかった。彼らは法的にはそのポストおよび管轄地域としてローマの外が割り当てられた最初のローマの役職者であり、ローマ元老院と古イタリアの共同体との間にあって必要欠くべからざる中間職を形成した。

さらには、後の自治市の制度が示すように古イタリアのすべて*の共同体において、最高官職は――それがいつもはどう呼ばれようとも――、四年もしくは五年ごとに人口・財産査定《ケンスス》を行なわねばならなかった。その仕組みを慫慂したのはローマに違いないが、目的はただ、イタリア全体の防衛能力や徴税能力についての展望をローマの査定《ケンスス》作業に対応して元老院に持たせ続けるというところにあったのである。

* ラテン人のすべての共同体というだけではない。というのもケンソル職あるいはいわゆる五年祭役（quinquennalitas）は、よく知られているようにそうした共同体でも登場しており、その制度はラテン的な原型にしたがって制定されたものではないからである。

イタリアとイタリキ　最後に、アペニンからこちら側、イアピュギア地方の前山地帯まで、またレギオンの海峡までの間に住んでいる諸部族のこのような軍事的・行政的な一体化と、これら部族すべてに共通する新しい名前の出現とは関わりがあった。その名前とは、トガをまとう人々《トガティ》（togati）――ローマの国法上の最古の呼称――、もしくはイタリキ――本来はギリシア人の間での慣用的な呼称であって、次いで一般的に使われるようになったもの――である。この地方に住んでいた多種多様な民族は、おそらく初めて自ら一個の統一体と感じ、まとまりを持ったことであろう。それは一つにはヘレネスと対照する意味で、また一つには何よりもケルト人に対して共同で防衛する点においてである。というのも、一度はイタリキの共同体もローマに対抗してケルト人と共同戦線をはり、自主・独立性を回復する機会にしようとしたのだが、それでも長い間には、健全な民族感情が必然的に成長してきたのである。後の時代までガッリア人の農地がイタリキの農地の法的な対立物と見られるように、「トガをまとう人々《トガティ》」もケルトの「ズボンを穿いた人々」（bracati［ガッリア人］）と対照的な意味で使われるのであった。そしておそらくイタリキの防衛組織のローマへの集中化にあたってさえ、その理由としてまた口実として、ケルト人の侵入を防ぐということが重要な役割を果たした。一方で、ローマ人は大きな民族闘争で先頭に立ったが、今一方では、エトルリア人、ラテン人、サベッリ人、アプリア人およびヘレネス――すぐ次に述べる境界の内の――を、一様に自分の旗のもとで闘うよう強要したので、それまで動揺していて［はっきり形を取るというよりは］内部のものであった一体性が、固くまとまった国法的な堅固さをかち取り、イタリアという名前が——それはもともと、そしてなお第五世紀［西暦前四世紀中頃—前三世紀中頃］のギリシア人の作家の間でも、例えばアリストテレスにおいては、ただ今日のカラブリアに相当するのであるが——、トガをまとう《トガティ》人々の全土をカヴァーするようになっていったのである。

イタリキの盟約体の最古の境界　このようにローマに率いられた大きな軍事的連合体あるいは新しいイタリアの最古の境界は、西海岸はアルヌス河の下流リヴォルノの近辺の土地まで、*東方はアンコナの上部アエシスにまで及んだ。この境界の外にあって、イタリキによって植民された集落、アペニンの向こうのセナ・ガッリカやアリミヌム、シチリアのメッサナなどは、たとえそれらがアリミヌムのように盟約体の成員であったにせよ、あるいはそれどころかセナのようにローマ市民共同体であったにせよ、地理的にイタリアの外にあるものと見做された。いわんや、アペニンの［彼方の］ケルト人の郷は、たとえおそらくすでにその当時、彼らのそれぞれがローマと庇護関係《クリエンテラ》にあったにしても、トガをまとう《トガティ》人々の中に数え入れられなかったのである。

* 最古のこの境界は、おそらく国境の二つの小さな集落によって示された——そのうちの一つはアレッツォの北、フィレンツェへの途上に、今一つはリヴォルノから遠からぬ海岸にあった。後者のさらに南にはヴァダの流れと谷があり、今日でもフィウメ・デッラ・フィネ、ヴァッレ・デッラ・フィネ［末端＝国境の川、末端の谷の意］と呼ばれている（Targioni Tozzetti, Viaggi. Bd. 4, S. 430）。

イタリアのラテン化の始まり　新しいイタリアは、このようにして政治的な統一体になった。しかしなお民族的な統一体になる途上にあったのである。すでに支配者たるラテン人の民族性はサビニ人やウォルスキ人を同化していたし、個々のラテン人共同体は全イタリアに分散していた。ラテン人の衣裳をまとう資格のある人すべてにとって、後にラテン語が母語となったのも、こうした芽が発展したものにすぎなかった。しかし、ローマ人がすでにこの当時、この目標をはっきりと認識していたことは、救援義務のあるイタリアの全盟邦にラテン語の名前を普通に拡めたことが示しているだろう。*このような大規模な政治的構築物のうち今なお認められるもの、そこに、名も知られざる建築家の高い政治的な知性が現われているのである。このように多くの、またこのように多種多様な構成要素の組み合わされた国家連合が、後になって最も重い衝撃を受けてもはっきりと証明した並外れた鞏固さは、彼らの大作業に成功の刻印を捺すものであった。

* 厳密で実務的な［公式の］言語の使用においては、この点はもちろん現われていない。イタリキの最も完璧な言い表わし方は、前一一一年の農地法［土地法］の二一行目に見られる。「ローマ市民、同盟市の人、ラテン名の人、イタリアの土地のトガティの名簿から兵士を徴集することになっている……」。また同じくその二九行目では、

ラテン人《ラティヌス》から外人《ペレグリヌス》が区別されており、前一八六年のバッカーリアに関する［バッカス信徒取締りの］元老院決議の中では次のように言われている。「ローマ市民でも、ラテン名の人でも、同盟市のいかなる人でも……ない人……」と。しかし通常の言い方では、この三つの区分けのうちの第二、第三は、非常にしばしば省略されている。ローマ人に並んで、ときにはただ「ラテン名の人」が、またときにはただ「同盟者《ソキイ》」が見られるだけである（W. Weißenborn, Liv. 22, 50, 6）。その際、意味上の差はないであろう。ラテン名の人とイタリアの同盟者（Sall. Iug. 40）という言い方は、それ自体としては正しいが、公式の言葉の使い方とは無縁であり、公式にはイタリキではなくイタリアを使ったのであろう。

ローマの新しい世界的な地位　このように精妙であるとともに強靭な、全イタリアに張りめぐらした網の糸が、共同体ローマの掌中に集まって以降は、それは一個の巨大な力となり、タレントゥムやルカニア、また最後の戦争によって政治的な列強のリストから抹消された他の中小国家に代わって、地中海の諸国家のシステムの中に入ってきたのである。そしてローマは二つの恭しい使節を通して、あたかもこの新しい立場の公的承認を受け取ったかのようであった。使節は、前二七三年に「エジプトの」アレクサンドレイアからローマに、そして再びローマからアレクサンドレイアに赴いた。彼らは、まず最初はただ通商上の結びつきを調整するだけであったが、それでも疑いなくすでに政治上の同盟を用意していた。カルタゴはエジプト政府とキュレネをめぐって争っており、すぐにローマ政府とシチリアをめぐって争うことになるはずだったように、マケドニアはエジプトとは、ギリシアにおける決定的な影響力をめぐって、ローマとはまずアドリア海の海岸の支配権をめぐって争っていたのである。あらゆるところで準備されていた新たな戦争が、相互に干渉せざるをえなかったことと、そしてローマがイタリアの支配者として広い範囲――つまり大アレクサンドロスの勝利と構想が後継者たちの活動の舞台にと定めた広い範囲――の闘技場に引きずり込まれることは、間違いなかったのである。

第8章　法、宗教、軍事制度、国民経済、民族性

法制度～警察　この時期、共同体ローマにおいて見られた法の発展の中で、おそらく最も重要で具体的な革新は、共同体自体あるいは二義的には共同体に委託された者［役職者］が、個々の市民の風俗習慣への独特な統制をはじめたことであろう。その萌芽は、秩序違反に罰金刑《ムルタ》［財産による償い］の判決を下す（一三八頁）役職者の権限に求められるべきであろう。二匹の羊と三〇頭の牛以上のあらゆる罰金刑、また前四三〇年の市民集会議決により賠償が家畜から金銭に代えられてからは、三〇二〇リブラ・アス（二一八ターレル［一リブラ＝一ローマポンド＝三二七・四五グラム］）以上の罰金刑については、王追放の直後に、共同体に対する上訴《プロウォカティオ》によって判決が下されることが認められた（二四〇頁）。こうして罰金による軽い訴訟手続きが、もともとはなかった重みを持つようになった。規律違反という漠然たる概念の中に人の望んだあらゆることが取り入れられたのである。財産による償い［罰金刑］に高い諸段階を設定することで、望んだことはすべて達成されたが、限度額が法的に定められていないのは問題だった。罰金がこれを科せられた者の財産の半ばに達してはならないという軽減措置はあっても、それは、自由裁量に委ねられた訴訟手続きの疑わしさを、除去するというよりもいっそう明らかにしていた。この類いのことでは共同体ローマには最古期以来すでにおびただしい数の警察的な法があった。十二表法の規定は、［葬儀に関して］以下のことを禁止していた。人を雇っての死体の清浄、一枚を越えるクッションもしくは紫の縁取りをした三枚を越える覆い、またそれに黄金やひらひらする花冠を添えること、火葬の薪に細工された木材を使うこと、香を薫いたり没薬《ミルラ》酒を死体に振り掛けることなどである。さらに葬列のフルート吹きの数は最高一〇名に制限され、泣き女や墓での宴も禁止された。これはいわばローマ最古の贅沢禁止法であった。さらにまた身分闘争から生まれた法律として、高利、共同放牧地の利用過多、占有可能な国有地の極度な先占に対するものがあった。しかし罰金に関するこのような類似の法は、少なくとも違反を、また

しばしば刑量をも明確な形で定めていたが、司法権を与えられた役職者の一般的な権限、つまり秩序違反に罰金刑の判決を下す権限、また罰金刑が上訴《プロウォカティオ》できる程度に達し、罰金を科せられた者が刑罰に従わないときに、共同体に案件を提出するという権限にははるかに大きな危険が潜んでいた。すでに第五世紀［西暦紀元前四世紀中頃―前三世紀中頃］には、男女を問わず穀物の買い占め［暴利］や妖術、またそれと類似の罪を犯した者には、あたかも刑事訴訟のような手続きが取られていた。

以上と内的な類縁関係にあるのが、同じくこの時代に生まれたケンソルの準裁判権である。ケンソルは、ローマの予算や市民リストを定める権限を行使できたが、それは、奢侈の刑罰からは形式的に区別されるだけの奢侈税を自分の方から課すためであったり、またとくに不届きな行動の告発に基づいて、非難さるべき市民の政治的権利を縮小したり剥脱したりするためであった（二九一頁）。すでにこの頃、こうした監督権がどれほど広範囲に及んでいたかは、自分の農地を投げ遣りに耕作したと言われて処罰を受けた者がおり、それどころかプブリウス・コルネリウス・ルフィヌスなる人物（前二九〇年および前二七七年のコンスル）が、三三六〇セステルティウスの価値の銀食器を所有していたがゆえに、前二七五年のケンソルによって元老院議員リストから削除されたことなどが示していよう。いずれにせよ、一般に役職者の布告・指令に当たる規則に従がい（一四一頁）、ケンソルの処分権の法的有効期間は、そのケンソルの任期中だけすなわち五ヵ年であり、それが次のケンソルによって更新されるか否かは随意であった。しかしケンソルのこの権限［権能］はきわめて大きな重要性を持っていたので、その結果ケンソル職は下位の役職から、位格や名声の点であらゆる共同体ローマの役職のうちで第一位のものになった（二七〇、二八五頁）。さらに元老院の統治は、基本的には、共同体および共同体の役職者としての恣意的かつ絶対的な権力を拡大させていた上級警察と下級警察に、支えられていた。これは、勝手気儘に振舞う類似のあらゆる統治機構と同様、非常に便利なものだったが、きわめて危険なものでもあった。その危害が圧倒的なことは反論の余地がないだろう。ただ忘れてならないのは次のことである。それはたしかに外面的なことではあるが、張り詰めて活力に満ちた良風美俗、またこの時代を真に特徴づける力強い市民意識のうちにあっては、この制度にしても真に卑劣な濫用など起こらなかったのであり、個々人の自由が主にそうした制度によって抑圧されていたにしても、共同体ローマの内なる共通感覚［公共精神］および古き良き秩序や道徳が、しばしば強引に見えるほど堅固に保持されたのも、まさにこうした制度があったればこそだということである。

法規定の緩和　それと並んでローマの法の発展には、ゆっくりとではあるが充分はっきりとヒューマニズム化と近代化への傾向が見えてきた。十二表法はソロンの法と一致し、したがって実質的な［実定法的な］改革と見做されても当然だが、その大抵の取り決めはおよそ次のような特徴を持っている。結社の権利の自由を保証し、そうして成立した団体の自主性が保証されていること、耕作範囲を定めた境界の地条についての規定があること、窃盗の罰が緩和され、現行犯で逮捕されなかった窃盗犯はその後二倍の弁償により赦されたことなどである。債務法も同様に、一世紀以上も経ってからではあれ、ポエテリウス法によって緩和された（二七九頁）。財産を自由に処分できる権利は、すでに最古のローマ法によれば、所有者の生存中には認められていたが、死後は、これまでは共同体の同意が必要であった。しかし十二表法もしくはその解釈によって、私的な遺言にもクリア集会の承認と同じ効力が付与され、このような制限からも自由になった。これは氏族集団という制度の粉砕、財産権における個人の自由が完全に実現されることへの重要な一歩であった。凄まじいほど絶対的な家長権は、父親から三度売却された息子は、もはやその権力のもとに戻るべきではなく、それ以降は自由であるという規定によって制限された。これにはその後すぐに法的演繹法によって――厳密に言えば矛盾してはいるが――、父親が息子に対する支配権を自由意志により解放の形で放棄する可能性が結びつけられた。婚姻法では市民婚の形が認められた（八〇頁注）。ちょうど真に宗教的な形式を踏んだ婚姻の場合のように、真の市民婚であれば必然的に完全な夫権が結びついていたにせよ、それでも婚姻という形に代わってそのような夫権なしで結ばれた「結合」（五二二頁注）を許容することの中に、夫の絶対的な力に対する緩和の第一歩が見られたのである。結婚生活への合法的な強制の始まりは、年配の独身者に対する税《アエス・ウクソリウム》［独身税］であるが、前四〇三年のケンソルになったカミッルスは、その導入でもって彼の公的な活動を開始したのである。

司法行政〜国の法の法典化と新しい司法官職　政治的にはより重要だが総じて変動しやすい司法行政の秩序は、法自体よりも抜本的な変革をこうむらねばならなかった。とりわけ変革に関係のあるのは最高司法権への重要な制限と役職者の義務づけであり、それらは合法的に文書化［法典化］され、それ以降の民事および刑事の訴訟手続きは、もはや揺れ動く慣例によってではなく、書かれた文書に基づいて判決が下されることになった（前四五一、前四五〇年）。前三六七年にはもっぱら司法のために活躍するローマの最高官職が設置され（二七五頁）、また同時に特殊な警察機関も設立（二七五、三二四頁）され――これはローマで生まれ、後にローマの影響下にあるすべてのラテン共同体で採用された――、司法の迅速化と信頼性に貢献した。

このような警察的役職もしくは按察官《アエディリス》は、当然ながら同時にある種の司法権も持っていた。それは彼らが、一方では、公の広場で契約が取り結ばれた物品販売において、とりわけ家畜や奴隷の市場においては通常の民事裁判官であったし、他方では、原則として、過料・罰金刑［軽犯罪］の訴訟手続きにおいて、第一審の裁判官あるいは公的な告発者として――ローマ法上は同じことだが――機能していたからである。したがって、罰金刑関係の法律の取り扱いや、また大体において、不明確だが政治的には重要な罰金刑を下す権限は、主に彼らの手に握られることになった。これと同様のしかし格としては下級の役目で、とくに賤民を相手にする任務は、前二八九年に初めて任命された三名の夜警もしくは流血役（tres viri nocturni, capitales［夜警三人役と死刑担当三人役］）のものであった。彼らには夜の火災を見張る他に、公共の安全のための警備と処刑の監視役が委ねられていた。そしてきわめて早くから、おそらく最初からある種の略式の裁判権も持っていた。* 最後に、共同体ローマの拡大とともに、ある点では訴訟当事者［裁判関係の仕事に携わる人］の都合を配慮して、遠く離れた集落にも、少なくとも些細な民事事件を解決する資格のある独自の裁判官を据える必要が生じた。これは、不完全市民の共同体（civitas sine suffragio）に当てはまる事柄であったが（三八九頁）、たぶん遠隔の地にある完全市民の共同体にも適用されたことであろう。** 言うなればそれは、厳密にはローマ的な司法権とともに発展するローマ式の地方自治的な司法権の始まりであった。

* かつてなされた主張、この三人役がすでに最古期から存在するという説は、奇数の役職者の同僚団が最古の国家秩序には無縁のものであるので、誤っていると思われる（Römische Chronologie bis auf Caesar, 2Aufl. Berlin 1859. S. 15, A. 12）。これが前二八九年に初めて任じられたという裏づけのある報告（Liv. ep. 11）にも目を留めておく必要があるだろう。［伝承・記録の］偽造者［年代記作家］リキニウス・マケル（Liv. 9, 46 において）の、他の点でも疑わしい推論では、前三〇四年以前にも言及されているのだが、それは簡単に棄却できよう。明らかに当初は、大抵の後の下級役人（magistratus minores［下級政務官］）の場合にそうだったように、三人役も上級役職者によって任命されたのであろう。パピリウスの市民集会議決［パピリウス法］では、その任命が共同体に委任されているが（Fest. v. sacramentum. p. 344M）、いずれにせよ、法務官を「市民の間で判決を下す」者と呼んでいるので、その発布は、外人《ペレグリヌス》係法務官の設置後初めて、したがって早くとも第六世紀中葉［西暦紀元前二〇〇年前後］であろう。

** この推定は、リウィウスが植民市アンティウムの再組織のことをその建設後二〇年と言っている（9, 20）ところから導き出される。オスティアの人々には、ローマにおいて訴訟を行なうよう義務づけながら、アンティウムやセナのような集落には、これを適用しなかったのは自明のことであろう。

訴訟手続きの変化　民事の訴訟手続きは、この時代の考え方では、市民仲間に対して犯された大抵の犯罪を包括していたが、その中では、おそらく以前から通例となっていた訴訟手続きの区分け、すなわち政務官の前での法律問題の確定（ius）と政務官が任命した私人による裁き（iudicium［判定］）との区分という形は、王政の廃止によって法律上の規定となった（二三三頁）。ローマの私法の論理的かつ現実的な明確さと厳密さは、主としてこの分離に負うところが大きかった。* 所有権訴訟においては、これまで役職者の専断に委ねられていた資産についての裁定が、次第に法規に従うことになり、所有権に並んで占有権が発展させられ、こうして今一度、政務官権限はその力の重要な部分を失ったのである。

* だれもがローマ人をとりわけ法律学に関しては特権的な民族として褒め讃え、彼らの素晴しい法を天からの神秘的な授かりものとして驚

きの目で見るのが習いである。それは思うに、とくに自分たちの法制度のあり様の劣悪さについて恥じる気持ちを免れようとするためであろう。類いなく揺れ動きながらも発展しないローマ刑法に目を注げば、健全なる人たちは健全なる法を持ち、病める人たちは不健全な法を持つというあまりにも単純な命題を奉ずる人にも、このような不確かなイメージの過ちが納得できるだろう。法律学は、まさにそしてとりわけ、より一般的な政治的状況にかかっているのであるが、そうしたことは別としても、ローマの市民法の卓越している原因は、主に次の二つの点にある。第一に、告訴者［原告］と被告訴者［被告］が、何よりも権利の主張と同じく抗弁を、拘束的なやり方で理由を挙げ定式化するよう強いられたことである。第二に、法が法律として発展するために常設の機関を定め、これを実務に直結させたことである。これによってローマ人は断ち切れるかぎり、つまり前者でもって弁護人の三百代言的な活動を、後者でもって不適格な立法を除去していた。そして可能なかぎりこの両者を合わせることによって、法は常に確固としたものであるべきこと、法は常に時代に適合するものであるべきこと、という二つの対立する要請を満足させたのである。

刑事訴訟手続きでは、民衆法廷、つまりそれまでの恩赦の機関が、法的に保証された控訴機関になった。審問（quaestio［査問］）後に役職者から判決を申し渡された被告が、市民団に上訴すれば、政務官は市民団の前で再度の審問（anquisitio［訴追］）にかかった。そして共同体の前での三度の審理後、判決が繰り返されたとき、四度目の公判［弁論］において判決は市民団から承認されるか却下されるかした。軽減は許されなかった。同じ共和政の精神が息づいているのが、家は市民を守り、家の外でしか逮捕は行なわれないという原則である。未決勾留は避けられた。そして告訴はされたがまだ判決の申し渡されていない市民はだれでも、市民権を放棄することで有罪宣告の結果を、それが財産にではなく人格に関わるものであるかぎり、免れることが許された。また、たしかに決して法律としては定式化されず、したがって告発する側の役職者は法的な拘束は受けていないが、その道徳的な圧力でとりわけ死刑を制限するのに最大の影響力を持つという原則が存在した。しかしローマの刑法は、強力な市民精神の点でも、この時期に上昇しつつあった「人間性《フマニタス》の完成」の点でも、注目すべき有利な証言をしているが、それに対して現実にはとりわけこうした点に不利に作用する身分闘争のもとで苦しんでもいた。この闘争の中から生まれてきた競合する刑事裁判権、つまり全共同体役職者の第一審としての刑事裁判権（二五四頁以下）により、ローマの刑事訴訟手続きにおいては、指令を与える確固とした官庁も真っ当な予審ももはや存在しなくなったのである。最終審の刑法上の判決が立法の形式の中で立法機関によって行なわれ、恩赦の裁判手続きというその由来が決して忘れられなかったにせよ、またそれに加えて、警察的な罰金刑の取り扱いが外面的にはきわめて似ていた刑事訴訟手続きに不利な具合に作用する［遡及効果を持つ］ものであったにせよ、刑事事件における判決は——濫用もされずある程度は制度にかなっていたものの——、確たる法律によるのではなく、裁く者の恣意によって下されたのであった。こうしたやり方で、ローマの刑事訴訟手続きは完全に無原則なものとなり、政治的な党派のスポーツ用玩具や道具と言えるまでに堕落してしまった。こうした刑事訴訟手続きは、たしかに際立って本来の政治的犯罪に適用されたが、それでも同時に別の犯罪、例えば殺人や放火罪にも適用されたことを見れば、いっそう弁解の余地はないだろう。さらにそうした訴訟手続きを悪化させる要素が加わった。それは、非市民への共和政的な思い上った軽蔑の念のせいで、正式な刑事訴訟手続きとは別に、奴隷や卑賤な人々に対する略式刑事訴訟手続き——むしろ警察的な訴訟手続き——を容認するのに慣れっこになっていったことである。ここでも、政治的な訴訟をめぐる激情にかられた争いが自然の境界を越えてしまい、鞏固な道徳的法秩序という理念からローマ人を次第に遠ざけるのに著しく寄与する制度をもたらしたのである。

宗教～新しい神々　この時期のローマ人の宗教観念の発展を追いかけるのは簡単なことではない。一般にはだれもが祖先の単純な敬虔さをしっかりつかんで簡単には離さず、迷信も不信心も同じように避けていた。ローマの宗教はあらゆる現世的なものを霊化する考え方に支えられているのだが、この時期の終わりになってもそれがいかに生き生きとしていたかは、おそらく銀の流通貨幣の輸入によって初めて前二六九年に生まれた銀の神　Argentinus)、つまり当然ながらより古い神である銅［青銅も含む。以下同］の神（Aesculanus）の息子が証明してくれよう。

外国との関係は以前と同じままである。しかしこの点でも、いやこの点ではとくに、ヘレネスの影響が増大しつつあった。今初めてローマ自体に、ヘレネスの神々のための神殿が聳えはじめた。その最古のものがカストルとポルックスの神殿であり、それはレギッルス湖畔の戦い（三一四頁）で顕彰され、前四八五年の七月一五日に奉献されたと言われている。伝承にしたがえば、戦場において超人的に美しく丈高い二人の若者が、ローマ人の戦列にあってともに闘い、戦闘後は汗のしたたるその馬に、ローマ広場《フォルム・ロマヌム》のユトゥルナ［泉のニンフ］の泉で水を飲ませ、大勝利を告知しているのが見られたということがこれに結びついている。それはまったく非ローマ的な特色を帯びており、いかなる疑問を差しはさむ余地もなく、細かい点にいたるまで、ほぼ一世紀前にクロトン人とロクリ人がサグラス河畔で闘ったあの有名な戦闘におけるディオスクロイ［カストルとポルックス］の同様の顕現が、きわめて早い時代に翻案されたものであろう。ギリシア文化の影響下にあるすべての人々の間でいつも見られたように、デルフォイのアポロンにも神託を求めて人が送られたばかりではない。ウェイイの占領のような特別な勝利の後では、戦利品の十分の一が贈られた（前三九四年）ばかりか、市内にはこの神の神殿も建設された（前四三一年。前三五三年に再建）。同様にこの時期の終わり頃、アフロディテの神殿も建てられた（前二九五年）。この女神は——謎めいて説明がつかないやり方で——古いローマの庭［菜園］の女神ウェヌス*と一体化したものである。ペロポネソスのエピダウロスから懇請され、恭しくローマにもたらされたアスクラピオスもしくはアエスクラピウス（前二九一年）の神殿も造られた。個々には外国の迷信の侵入、例えばエトルリアの内臓占い［腸卜官］の侵入についての訴えも（前四二八年のように）、時代の成り行きが深刻なときには耳にすることがあった。しかしそうした場合、警察が適切な調査をする力を持っていなかったわけではない。

＊　アフロディテとしての意味では、ウェヌスはたぶん初めて、この年に奉献された神殿（Liv. 10, 31 ; W. A. Becker, Topographie der Stadt Rom. Leipzig 1843. S. 472）に登場している。

それに対してエトルリアでは、民族が、政治的には取るに足らないことに、また怠惰な豪勢さの中に停滞し堕落していた間に、神学における貴族の独占、退屈な宿命論、不毛で意味のない神秘主義、占星術と乞食の予言組織などが、後に我々がその地で目にするような高さにまで次第に発展していた。

神官職の制度　神官職の組織には、知られるかぎり抜本的な変化は生まれなかった。公的な神事の経費に割り当てるための訴訟の罰金の取り立てを厳しくすることは、前二八九年頃定められたのだが、それは、神事に関する国家予算の上昇を示しており、国家の神々や神殿の数の増大によりどうしても必要となったものである。身分間の争いの悪しき結果として、専門家の同僚団に法を超えた影響力が認められはじめたこと、また同僚団が他の政治的活動を無効にするために（二七一頁）利用されたこと――これによって一方では民衆の信仰が揺るがされ、他方では公的な仕事に対するきわめて有害な影響力が坊主どもに与えられた――、こうしたことについてはすでに述べたところである。

軍事制度～マニプルス型の正規軍団《レギオ》　軍事制度についてはこの時期に全面的な革命が始まった。原始のグラエコ・イタリキ的な軍隊の秩序は、ホメロス風の秩序のように、特別な前駆役に、原則として馬で戦う最も声望の高い勇敢な戦士を選抜することに基づいていたはずだが、時代が下った王政時代後期には、軍団《レギオ》――おそらく八列の奥行きをもった古いドリス式の重装歩兵の密集方陣《ファランクス》隊――に取り替えられ（八三頁）、これがその後も戦いの中心的役割を果たした。他方、騎兵は翼部に配置され、それぞれ情況に応じて馬上からもしくは馬から下りて戦う予備隊として使用された。

こうした配置から、マケドニアではサリッサエ［長槍］方陣、イタリアではマニプルス［中隊］型の隊形が、ほぼ同時に発展した。前者は密集して奥行きを長くし、後者は戦列の解体と多様化によってまず第一に八四〇〇名からなる古い型の軍団《レギオ》がそれぞれ四二〇〇名の二個軍団《レギオ》に分けられた。古いドリス式の密集方陣《ファランクス》はまったくのところ、接近戦では剣、またとりわけ槍によっており、合戦では投げ槍にはただ付随的ないし副次的な位置が与えられたにすぎないが、マニプルス型軍団《レギオ》にあっては、突く長槍は第三隊列に限られ、その代わりに前の二隊列には、新しい独特なイタリキ型投げ槍［投擲用武器］ピルム、すなわち長さ四フィート半（五・五エッレン）の角材もしくは丸い木材に、三稜もしくは四稜の鉄製穂先の付いたものが与えられた。これはおそらく元来は陣営の塁壁を守るために考案されたものだが、すぐに後方の戦列から第一戦列へと移され、前進した戦列から一〇ないし二〇歩の距離で敵の列めがけて投げられたのである。同時に剣が、密集方陣隊《ファランクス》の短剣がかつて持っていたよりもはるかに大きな意味を獲得した。というのも投げ槍の一斉投擲は、まず何よりもただ剣による攻撃の道を開くためのものであったからである。そして密集方陣隊《ファランクス》が、まるでただ一本の強力な長い槍のように、一挙に敵めがけて投じられねばならなかったのに対して、新たなイタリキの軍団《レギオ》には、密集方陣《ファランクス》システムは存在しても、戦闘隊形においては、分解されず固く結合したより小さな単位に戦術上分けられていた。密集した正方形が、いわば二つの同じ強さの半分に分かれたばかりでなく、それぞれがさらに奥に向かって、ハスタティ、プリンキペス、トリアリイという三つの隊列に分かれていた。そしてさらにそれぞれが中くらいの、おそらく原則としては四つの戦列となる奥行きをもち、正面はそれぞれ十個の塊（manipuli［中隊］）に分かれていたのである。したがってどの二つの隊列の間にも、またどの二つの塊の間にもはっきりとした隙間ができていた。これは同じ個別化の継続にすぎなかった。総体としての戦いが戦術上の単位の縮小によって不適当にさえなったので、個々の戦闘が前面に出てきたのであり、こうして、すでに述べたように、白兵戦および剣での戦いの持つ決定的な役割が明らかになったのである。

陣営～騎兵隊～将校～軍紀～兵士の訓練と階級　陣営を堡塁で固めるシステムも、独自の発展を見せた。軍勢が一夜だけのために陣営を設ける場合でも、その場所には例外なく規則正しい塁壁がつくられ、あたかも要塞に改造されたかのようであった。

それに対して、騎兵隊にはあまり変化は見られなかった。騎兵隊は、密集方陣《ファランクス》兵の傍らで占めていた従属的な役割しか、マニプルス型の軍団《レギオ》の中でも持たなかったのである。

将校のシステムも、おおよそ変化しないままだった。従来は軍団将校《トリブヌス・ミリトゥム》［歩兵部隊指揮官］が全軍の指揮を執っていたが、今は正規軍の二個軍団《レギオ》のそれぞれでも、同数からなるこのポストの人たちが先頭に立ち、以上のようなわけでこの幕僚将校の数は二倍になっていた（七六頁）。この時代にも、一方には、普通の戦士としてマニプルス［中隊］の先頭に立ち、剣でもってその地位を自分で戦いとらねばならない、低い中隊から高い中隊へと正規のコースで昇進する下位の将校がおり、他方にはそれぞれ六名ずつ全軍団《レギオ》の先頭に据えられた軍団将校《トリブヌス・ミリトゥム》——正規の昇進には無縁の、通常は上流階級出身の将校——がいたが、この二つの型の将校の間にはおそらく厳しい境界が定められていたことであろう。以前は下位の将校であろうと幕僚格の将校であろうと等しく将軍によって任じられたが、前三六二年以降、後者のポストの一部が市民団の選挙によって授けられるようになった（二八五頁）。

最後に、古くからの恐るべく厳しい軍紀も変わらないままだった。相変わらず自分の陣営で軍務に服するすべての人の首を斬り落とし、幕僚将校をも一般の兵士をも等しく笞で打擲することが将軍には許されていた。同様の刑罰は、ただ単に通常の犯罪行為に認められていたばかりではない。将校が与えられた命令からあえて外れることがあった場合や、部隊が油断して不意打ちを受けたり戦場から離脱したりした場合も同じであった。

それに対して新しい軍事組織は、これまでの密集方陣《ファランクス》システムよりもはるかに厳しい長期の軍事訓練を定めていた。これにより集団に結束力が生まれ未訓練者を結びつけたのである。とはいえ決して特別な兵士身分は発展せず、軍隊は相変わらず市民軍のままだった。それは主として、財産による兵士の区分（八一頁）を廃棄し、区分は勤務年数でもって整えることによって成し遂げられた。ローマの新兵は、まず戦列の外にあって投石で戦う軽装歩兵《ロラリイ》（rorarii）に組み入れられ、それから次第に昇進して、第一隊列、次いで第二隊列に移り、最後に長く勤務し経験を積んだ兵士は、数の点では最も少ないが、全軍中で音頭を取り士気を高める第三隊列《トリアリイ》（triarii）の部隊に集められるのであった。

マニプルス型軍団の軍事的な意義　このように軍事組織の卓越していたことが、共同体ローマの傑出した政治的位置を生む第一の原因となったのであるが、それは主として、予備隊の形成、接近戦と遠隔戦との結合、攻撃と防御との結合という三つの軍事的な大原則に支えられていた。予備隊のシステムは、すでに昔の騎兵隊の使用の中に暗示されていたが、今では軍勢の三隊列の区分により、また古参兵《ヴェテラン》の中核部隊が最後の決定的な衝突のためにとっておかれることによって、完璧に発展させられた。ヘレネス式の密集方陣《ファランクス》は接近戦を、オリエント式の密集方陣《ファランクス》隊は弓や軽い投げ槍で武装した騎兵による遠隔戦を、一面的に鍛え上げたわけだが、重い投げ槍と剣とのローマ式の結合は——そう言われているのは正当なことだろう——まさに近代の交戦において銃剣付きの銃の導入によって達成されたのと同様な成功を収めたのである。現在における銃の一斉射撃と銃剣での突撃、これとまったく同じように、投げ槍の一斉投射は剣による闘いの下拵えであった。最後に、周到に造りあげられた陣営のシステムが、ローマ人をして、攻撃的な戦争と包囲戦の利点を結びつけ、戦闘をそれぞれ情況に応じて拒否したり展開したりできるようにさせたのである。後者の場合でも要塞の防壁のもとでのように陣営の塁壁のもとで戦うようにさせた。ローマの金言に曰く、ローマ人は座して勝つのである。

マニプルス型軍団の成立　明らかにこの新しい軍事組織は、いわば古いヘレネス的な密集方陣《ファランクス》戦術のローマ的もしくは少なくとも古イタリア的な改組と発展だった。予備隊のシステムや、軍勢を小規模な部隊に分けるという個別化の、ある意味での始まりは、後のギリシアの戦略家、とりわけクセノフォンに見られるとしても、逆に言えば古いシステムの欠陥を感じていながら、これを改変できなかったことが示されるだけである。マニプルス型の正規軍団《レギオ》は、ピュッロス戦争で完全に発展させられたようである。いつどのような情況のもとで、またそれが一挙にか、それとも徐々に成立したのかは、もはや証明できない。ローマ人が相対した最初の戦術は、剣を持ったケルト式の密集方陣《ファランクス》であり、これは古いイタリキ・ヘレネス的なものとは根本的に異なっていた。軍勢の区分けや正面の中隊《マニプルス》相互の間隔をあけることによって、相手の第一回目の危険な突撃を防ごうとし、また実際にそれを防いだというのはありえないことではないだろう。ガッリア人との戦争時代の最も優れたローマの将軍マルクス・フリウス・カミッルスが、細部にわたるいくつかの覚え書の中でローマの軍事変革者として登場するが、そこには、この説に合致するものがある。サムニウム人との戦争やピュッロス戦争に結びついたそれ以外の伝承は、充分には証明されていないし、また確実な形では整理できない。* おそらくは長年にわたるサムニウム人との山岳戦が、ローマ軍兵士の個別化にかかわる発展に貢献し、また大アレクサンドロスの流れに属する第一級の一兵法家との戦いが、ローマの軍事組織の技術的改善に持続的な影響を及ぼしたことは、それ自体としてはありうることであろう。

* ローマの慣例によれば、ローマ人はかつて方形の楯を使っていた。その後、彼らはエトルリア人から丸い重装歩兵の楯（クルペウス clupeus, ἀσπίς）を、サムニウム人からは後の方形の楯（スクトゥム scutum, θυρεός［長楯］）と投げ槍（ウェル veru）を借用したことになっている（Diod. Vat. fr. p. 54; Sall. Cat. 51, 38; Verg. Aen. 7, 665; Fest. v. Samnites p. 327 Müller また Marquardt, Handb. Bd. 3, 2, S. 241 にあげられている）。しかし重装歩兵の楯すなわちドリス式の密集方陣《ファランクス》戦術は、エトルリア人ではなくヘレネスを直接模倣したと考えて間違いないだろう。スクトゥムに関して言えば、この円筒型に反った大きな皮製の楯は、平らな銅［青銅］製のクルペウスに取って替わって登場したもので、それは密集方陣《ファランクス》がマニプルスの中に解体したときのことであろう。しかしその言葉は明らかにギリシア語に由来するものであり、その事実がサムニウム人に由来するというのは承服しがたい。投石器［弩砲］もまたギリシア人からローマ人へと伝わった（funda は σφενδόνη から来る。ちょうど fides が σφίδη から来るように）。ピルムは、完全にローマ人が考案したものだと古代人は見做している。

国民経済～農民層と土地経営　国民経済という点では、農業は、共同体ローマにとっても、イタリキの新しい国家にとっても、社会的・政治的な基礎であったし、またそうであり続けた。共同体の集会と軍隊はローマ人の農民から成り立っていた。彼らは兵士として剣で獲得したものを植民者として犂で確保したのである。中規模の土地所有者の債務超過が、第三および第四世紀［西暦前六世紀中頃―前四世紀中頃］に恐るべき内的危機を引き起こし、それで初期の共和政は破滅してしまうのではないかと思われた。ラテン人農民層の再建は、第五世紀［西暦前四世紀中頃―前三世紀中頃］の間に、一部は大規模な土地の割り当てと合併により、一部は利率の引き下げとローマの人口の増加により果たされたのであるが、それは、ローマの力の目覚しい発展の結果でもあり、その原因でもあった。たしかにピュッロスの武人としての鋭い目は、ローマ人の政治的・軍事的な優位性が、ローマ人の農場の繁栄のうちにあることを読み取っていた。

　ところで、ローマ人の農業の中に大規模な経営が現われるのもこの時代のことらしい。もっと古い時代にも、大土地所有——比較的広いと言うべきだが——はすでに存在していた。しかしその経営は決して大規模なものではなく、ただ小経営が幾層倍にもなっただけのもの（一七七頁）にすぎなかった。それに対して、もちろん古い耕作・経営の仕方が適合しなくなってしまったわけではないが、新しい経営の仕方にははるかに適合する前三六七年の法の取り決め、つまり土地所有者が奴隷の人数に釣り合う数の自由人を使用する義務を負ったことは（二七三頁）、後の集約化された土地の耕作・経営の最古の痕跡と見做してもよかろう。* 注目すべき点は、それが初めて登場するにあたって、ここでも基本的には奴隷保有に基づいていたことであろう。この新しい経営の仕方がどのようにして生まれてきたかは、未決定のままにしておかざるをえない。可能性としては、カルタゴ人のシチリア植民が、最古のローマの土地保持者にとって手本になったということである。農業においてスペルト小麦と並んで小麦が出現したことすら（一七三頁注）——ワッロは十人委員の時代の頃としているが——、おそらくはこのように農業経営のあり方が変化したことと関連があるのだろう。こうした農業経営の方法がどれほどこの時期に拡がっていたかは、もっとわずかしか確かめられない。ただ、それがまだ原則にはなっていなかったこと、イタリアの農民層をまだ吸収することができていなかったこと——これらの点に関しては、ハンニバル戦争の歴史が教えるようにいかなる疑いの余地もない。しかし、この方法が生まれたとき、懇請によって付与された土地《プレカリウム》（precarium［取り戻し可能な占有］）に基づく古い型の庇護関係《クリエンテラ》が崩壊したのである。今日の大土地経営の大部分は、農民保有地の廃止と保有地《フーフェ》の農場への転換によって生まれているが、これとまさしく同じなのである。小農民層の困窮に対してこのような農業庇護関係《クリエンテラ》の縮小が非常に有効だったことは、決して疑いをいれないところである。

＊　明らかにワッロも（rust. 1, 2, 9）、リキニウスの土地法の作成者は拡大した土地の自営の経営者であると見ている。その他にも、その添え名（Stolo）を説明するための逸話は容易に案出されうるとしても。

イタリア内部の交易　イタリキ内部での相互の交易について文書資料は沈黙している。ただ貨幣だけがいくばくかの説明を与えてくれるにすぎない。イタリアでは、ギリシア人諸都市やエトルリア人の町ポプロニアは別として、ローマ建国の最初の三世紀［西暦前八世紀中頃—前五世紀中頃］の間は貨幣は鋳造されず、交換手段としては、はじめは家畜が、後には重量に応じて銅が使われたことはすでに述べた（一八〇頁）。この時期、イタリキにあっては物々交換のシステムから貨幣システムへと移行しつつあり、その際もちろんまず第一にギリシアの範に注意が向けられたことは分かっている。しかし中部イタリアでは銀の代わりに銅が貨幣用の金属となり、その状況からしても貨幣の単位はこれまでの価値の単位、つまり銅の重量を手本にしたであろうと思われる。貨幣を打ち抜く代わりに溶か［して延べ棒に］したことが、それと関連する。鋳型がそのような大きく重い貨幣には間に合わなかったからであろう。しかし銅と銀の間には最初から価値の比率（二五〇：一）が標準化されていたらしく、銅貨はそれを考慮して発行されたようである。そこで、例えばローマでは大きな銅の貨幣アスが、一スクルプルム（二四分の一ウンキカ、二八八分の一ポンド［極小量の意でもある］）の銀と同じ価値を持っていた。歴史的に注目すべき点は、イタリアにおける貨幣はローマに起源を持つという可能性が最も高く、実際、ソロンの立法の中に貨幣制度の整備に関しても範を見出した十人委員によるものだったということ、そしてローマからラテン人、エトルリア人、ウンブリア人、さらにいくつかの東部イタリキ共同体にまで広まったということである。それは、ローマがすでに第四世紀の初め［西暦前五世紀中頃］以降イタリアで確保していた地位の明確な証拠になる。これらの共同体がすべて、形式的にはお互いに自主独立していたように、法的には貨幣の品位［基準］もまったく地域的であり、都市の領域はことごとく独自の通貨領域であった。それにもかかわらず中部および北部のイタリアの銅貨基準は三つのグループに括られ、その内部では貨幣は一般の取引にも同等のものとして用いられていたらしい。その第一は、キミニウスの森の北にあったエトルリア人の都市とウンブリア人の都市の貨幣であり、第二はローマとラティウムの貨幣であり、第三は東海岸地帯の貨幣である。ローマの貨幣が銀に対して重さによって価値の比率を定められていたことは、すでに指摘した。それに対して、イタリアの東海岸の貨幣は、南イタリアで古い時代から流通していた銀貨と一定の決まった比率関係にあったことが分かる。その貨幣品位［基準］は、実はイタリキの移住者も、例えばブルッティウム人やルカニア人、ノラの人々、それどころかカレスやスエッサのようなラテン植民市の人々、さらにはローマ人自身でさえ、南イタリアの所有地のために採用していた。したがってイタリア内部の取引も、外国の諸民族とのように、お互いに取引のあった関連地域ごとに分裂していたのであろう。

海外との交易　海外との交易については先に（一八四頁以下）指摘したように、シチリア人とラテン人、エトルリア人とアッティカの人々、アドリア海の人々とタレントゥムの人々という通商関係が、この時期にも引き続き存在したし、厳密に言えばむしろこの時期のものだった。というのも、原則としてこのような日付なしで現われる同じ類いの事実は、全体的な見通しを与えるために最初の時期にまとめて述べているのだが、それでもその記述内容は同様にこの時期にまで当てはまるからである。この点を最も明瞭に物語るのは、やはり貨幣であろう。エトルリア人によるアッティカ品位の銀貨の鋳造（一八五頁）、シチリアへのイタリア銅貨、とくにラテン人の銅貨の侵入が（一八七頁）、上記の最初の二つの商業ルートの存在を証明するように、大ギリシア《マグナ・グラエキア》の銀貨とピケヌムやアプリアの銅貨とが等価であるということ――それは今述べたところだが――が、数多くの他の遺物と並んで、南イタリアのギリシア人、とりわけタレントゥムの人々と東イタリアの海岸地帯との活発な通商活動を物語っている。それに対して以前はもっと活発だったラテン人とカンパニアのギリシア人との通商は、サベッリ人の来住によって妨害されてしまったようだし、共和政の最初の一五〇年間はあまり重要な意味を持たなかったらしい。前四一一年の飢饉の際、ローマ人に穀物を援助することをカプアやクマエのサムニウム人が拒否したのは、ラティウムとカンパニアとの関係が変わった証拠だと言えよう。もっともそれは、第五世紀の初め［西暦前四世紀中頃］に、ローマの武力が古い関係を回復させ、さらに発展させるまでのことであった。

細部にかかわることだが、ローマの通商の歴史において日付のある珍しい事実の一つとして、前三〇〇年にシチリアからアルデアに最初の理髪師がやってきたという、アルデアの年代記に残っているメモのことを考えてみてもいいだろうし、また、とりわけアッティカから、あるいはケルキュラおよびシチリアから、ルカニア、カンパニア、そしてエトルリアに送られた墓室装飾のための彩色された焼物のことをしばし考えてもいいだろう。後者の取引の状況については、他の海外からの交易品に関する以上の報告がたまたま残っているのである。こうした輸入の始まりは、タルクィニウス一族追放の時代に当たるらしい。というのも、イタリアではまだごく稀にしか見られなかった最古の様式の壷は、第三世紀の後半［西暦前六世紀初め頃―前五世紀中頃］に制作されたと思われるからである。他方、厳格な様式の数多くの作品は、第四世紀の前半［西暦前五世紀中頃―前五世紀初め頃］のもの、完成された美しさを持つ様式の作品は、第四世紀の後半［西暦前五世紀初め頃―前四世紀中頃］のものである。また華麗さや大きさの点ではともかく、その卓越した仕事という点では稀有な出来映えと言えるきわめて多くのその他の飾り壷は、全体として次の世紀［西暦前四世紀中頃―前三世紀中頃］のものとされるべきであろう。墓を飾るこの習慣をイタリキが借用したのは、いずれにせよまたヘレネスからであった。ところが、ギリシア人の控え目な手法や精妙な調子は、イタリキとしては狭い範囲で保持したにすぎなかったので、イタリアでは蛮族風の豪華さと蛮人風の濫費趣味のもと、本来の適切な程度などはるかに越えて拡張された。しかし特徴的なのは、イタリアにはもっぱらヘレネスの文化のミニチュア版を持つ国々が存在して、その中でこのような大仰さが登場していることであろう。そのような歩みを読み取ることのできる人ならだれでも、エトルリアまたはカンパニアの共同墓地や、我々の博物館の宝庫［発掘品の鉱床］の中に、富や尊大さで窒息しそうなエトルリア人やカンパニア人の中途半端な教養・文化（三一二、三二八頁）について古代人が語ったことへの雄弁な注解を認めることになるだろう。

それに対して、サムニウム人の簡素な性格は、どの時代にあってもこのような馬鹿げた贅沢さには無縁なままだった。ギリシア製の墳墓用什器の欠如という点からは、サムニウム人の地方貨幣の欠如からと同じように、この地方における商取引や都市生活の発展の乏しさが浮かび上がってこよう。さらに注目すべきは、ラティウムでも、エトルリアやカンパニアに優るとも劣らずギリシア人に近く彼らと最も緊密な交流があるのに、その墓の飾りはほとんどまったく控え目だったということである。おそらく、というより確かなこととして、とりわけただひとりプラエネステの墓群のまったく異なった状態から、この地におけるローマの厳格な道徳的性格の影響もしくは――むしろ次のように言いたいのだが――堅苦しいローマ警察の影響を再確認せねばならないであろう。それと最も密接な関係にあるのが、先に言及した次のような禁止令である。つまり十二表法はすでに紫色の棺の覆いや死者の持参品［副葬品］の黄金装飾を禁止していたし、塩壷や捧げものの小鉢は例外として、あらゆる銀器［食器その他］は、道徳律やケンソルによる処罰を恐れてローマ人の家財から締め出されていた。また建築についても、高貴なものであろうが低俗なものであろうが、贅沢さという一点に関してはつねに同じ敵対的な精神に出会うであろう。しかし、こうした上からの働きかけにより、ローマもウォルシニイやカプアより長く、ある種の外面的な簡素さをおそらく保持したのであろうが、そのために商工業が――事実ローマの繁栄は、はじめから農業と並んで商工業に依存していた――軽視されることはまだなかったであろうし、ローマの新しい権力の座の持つ影響力は少なからず感じられたことであろう。

ローマにおける資本の運営　本来の意味での都市中流身分、独立した手工業者層や商人層は、ローマでは発展していなかった。その原因は、早くから存在した資本の極度の集中と並んで、とりわけ奴隷労働力の使用にあった。小規模な都市産業が奴隷によって営まれることもきわめて多かったが、それは古代では普通のことであり、実際、奴隷制の必然的結果であった。主人が奴隷を手工業者や商人の位置につけたり、あるいはまた解放奴隷には――ごくしばしば見られたことだが――主人から営業資金が譲り渡されたばかりでなく、営業利潤の一部ときにはその半ばを主人がこの人たちから定期的に受けとる約定さえ交わされたのである。しかし、ローマの小企業や小商業が増大しつつあることは紛れもなかった。大都市的な贅沢に必要な生業がローマに集中しはじめたという証拠も見出される。例えば都市建設第五世紀［西暦前三〇〇年頃］のフィコロニの飾り小函《キスタ》［二〇一頁注参照］は、プラエネステの工匠の手で製作され、プラエネステに対して売られたものだが、それでもそローマで作られたものなのである。* しかし小規模な事業でもの純益は大部分が大きな家の金庫に流れ込んだので、工業および商業に携わる中流身分の伸張はそれほどでもなかった。大商人も大工場主も、大土地所有者から厳密に区別できなかった。一方で大土地所有者は、昔から（一八八、二四七頁）事業経営者であると同時に資本家でもあり、抵当貸し付け、大規模な取引や物品の調達［請負］、国家のための仕事を一手に集中していた。他方で公共体ローマ［共和政国家ローマ］にあっては、土地所有に付与された大きな道徳的重要性や土地所有に基づく政治的特権――これはこの時代の終わり頃にようやく制限を受けはじめる（二八四頁）――のために、疑いの余地なくこの時代に、運に恵まれた投機家が資本の一部を土地に投下しそこに定住することが普通になっていたのである。また土地を所持する解放奴隷（二八四頁）の政治的な特権を鑑みても明らかなように、ローマの大政治家たちは、この方途によって土地のない富裕者という危険な階級を縮小しようとしていた。

＊　ローマでディンディア・マコルニアのために飾り小函《キスタ》の仕事をした芸術家ノウィウス・プラウティウスがカンパニア人だったという推定は、新たに発見されたプラエネステの墓石に従って誤りとされる。それによれば、別のマコルニウス家とプラウティウス家の中には、プラウティウスの息子のルキウス・マグルニウスなる人物も出てくるのである（L. Magolnio Pla. f.）。

大都市としてのローマの発展　しかし、たとえ裕福な都市中流身分も資本家階級も形成されなかったにせよ、ローマはとどまるところなくますます大都市としての性格を強めていった。これをはっきりと示すのが、首都に蝟集してくる奴隷の増大であった。その点についてはきわめて深刻だった前四一九年の奴隷の共謀が証明しているだろう。けれどもそれ以上にはっきりと示しているのは、次第に不都合で危険になりつつあったほど大量な数の解放奴隷の増大が見られたことで、その点については、前三五七年の奴隷解放へのかなり重い課税（二七九頁）や前三〇四年の解放奴隷の政治的な権利の制限（二八四頁）によって確実な結論を下せるようになっている。というわけで、このような状況の中では、解放された人々の大多数が商工業に従事せねばならなかったばかりではない。すでに触れたように、解放自体もローマ人の間では寛大さの表われと言うより産業上の投機であった。要するに、主人が商工業を営む解放奴隷の利潤《あがり》の一部を受け取るほうが、奴隷仕事の純利益の全部に対する権利よりもしばしば有利だと分かったのである。したがって解放の増加は、ローマ人の商業や工業活動の拡大と必然的に連動してゆくに違いなかった。

都市警察　ローマにおける都市的な生活の重要性の高まりに関して、同様なヒントを与えてくれるのが、都市警察のすさまじい発展であった。おそらくこの時代から、四人の按察官が自分たちの間で都市を四つの警察管区に分け、以下の重要かつ困難な任務を等しく分担するようになった。彼らの任務とは、全ローマを網の目のように貫流している大小の下水渠、公共建築物や公共の広場の維持、道路のしかるべき清掃や舗装、崩壊の恐れのある建物や危険な動物や悪臭の除去、また夕方や夜間を除いて［町から］車を撤去させ、一般に往来の便を保つこと、首都の市場に良質で安価な穀物を絶やさず供給すること、健康に害のある品物や量や目方のごまかしを排除すること、浴場や飲み屋やいかがわしい家を特別な監視下に置くことなどである。

建築の発展　建築に関しては、おそらく王政時代とりわけ大征服の時期の方が、共和政の最初の二世紀よりも成就したものは大きかったと言えよう。カピトリウムやアウェンティヌスの上の神殿施設や大競技場《キルクス》などは、都市のけちな長老たちにも不承不承夫役に従事する市民にも嬉しくないものだっただろう。注目すべきは、サムニウム戦争以前の共和政期のおそらく最も重要な建造物、競技場《キルクス》そばのケレス神殿が、スプリウス・カッシウスの仕事だったことである（前四九三年）。いくつかの観点から彼は、国を王の伝統に引き戻すことを求めた。統治する立場にある貴族たちは、王の支配がさらに続いていたとしても、たしかにこれほどではなかっただろうと思われるほどの厳しさで私的な贅沢を抑圧していたのである。

ところが長い間に、もはや元老院自体が、状況のもつ重みに抵抗することができなくなっていった。アッピウス・クラウディウスは、その画期的なケンソル職のときに（前三一二年）、極度に節約して蓄積するという時代おくれになった農民的なシステムを放棄し、同胞市民が公的な資産を堂々と使用することを教えた人物であった。彼はまた、一般の人々が利用する公共建造物のシステムを発展させはじめた。仮になんらかの正当化をする必要があるとすれば、それは、ローマの軍事的な成功を民衆の福祉に向けた点からも正当化できるものであり、これによって、ローマの歴史書を手にしたことのない幾千もの人々でも、今に残る瓦礫からローマの偉大さを偲ぶことができるようになったわけである。国家ローマとしては最初の大軍用道路を、都市ローマとしては最初の上水道を彼に負っている。クラウディウスが残した事業にしたがい、ローマの元老院は、イタリアを街道網と要塞網で覆っていった。その建設については先に説明したところであり（三八二頁）、アカイメネス朝から始まって、シンプロン越えの建設者［ナポレオン］にいたるまで、あらゆる軍事国家の歴史が教えてくれるように、こうしたものなしには軍事的な覇権は存立しえないのである。クラウディウスの足跡にしたがい、マニウス・クリウスはピュッロスの戦利品をもとに首都の第二水道を建設した（前二七二年）。また、すでにその数年前（前二九〇年）のサビニ人との戦争での利得で、ヴェリノ河［古名はウェリヌス河］がテルニの上部でネラ河に流れこむ地点に、今日もなおこの河が貫流する広い河床を切り開き、それによって干拓された美しいリエティの谷間に、大規模な市民の定住場所と自分たちにもほどよい農地《フーフェ》を得たのである。こうした仕事によって、ヘレネス風の神殿のこれといった目的もない壮麗さなど、思慮分別のある人の目には影の薄いものになったことであろう。

都市の美装　今や市民の生活もかつてとは違ったものになった。ピュッロスの時代の頃、ローマ人の食卓にも銀食器が姿を見せはじめた。*また年代記作家は、ローマにおけるこけら［へぎ板］葺き屋根の消滅を前二八四年としている。イタリアの新首都は村落風の外観を次第に拭い去り、今や美しく装いはじめた。たしかにまだ、占領された町の神殿からその装飾品を奪ってきてローマを華麗なものにするという慣習はなかった。しかしその代わり、市広場《フォルム》の演壇にはアンティウムのガレー船の嘴状船首が誇示され（三三二頁）、公的な祝祭日には、サムニウムの決戦場から持ち帰った黄金の楯（三四五頁）が、市広場《フォルム》に面した店舗に沿って見せびらかされた。とくに罰金の収益は、都市ローマ内外の道路の舗装に、あるいは公共建築物の建設や装飾に役立てられた。市広場《フォルム》の二長辺に沿って並んでいた肉屋の木製の店は、まず最初にパラティウムわき、次いでカリナエ［エスクィリアエに面するローマの一地区］に面した側で、両替商の石造りの店舗に屈服せざるをえなかった。こうしてこの場所はローマの取引所になってしまった。過去の著名な人物、伝承の時代の王や神官、英雄、またソロンの法を十人委員に訳したとされるギリシアの客人などの彫像に加え、ウェイイ人やラテン人やサムニウム人を打倒した大市長《コンスル》たち、自らの職務を見事に果たして一命を落とした国家使節、公的な目的のために財産を遺贈した富裕な婦人、それどころか著名なギリシアの賢人や英雄、ピュタゴラスやアルキビアデスのような人物の記念柱や記念碑が、城塞の上やローマ広場《フォルム・ロマヌム》に立てられていった。このようにして、共同体ローマが大国になるとローマ自体も大都市になったのである。

＊　銀製食器を所持していたためケンソルがププリウス・コルネリウス・ルフィヌス（前二九〇年および前二七七年のコンスル）に下した不名誉処分については、すでに考えてみたところである（前二七五年の元老院リストからの除去。四〇〇頁）。ローマ人はサビニ人の征服後初めて、贅沢さに身を委ねることになったというファビウスの奇妙な報告（Strab. 5, p. 228）は（*αἰσθέσθαι τοῦ πλούτου*）、明らかに同じ逸話を歴史的なものに言い換えたものでしかない。というのも、サビニ人の征服はルフィヌスが第一回目のコンスル職にあったときだからである。

銀本位制度　こうしてローマはローマ・イタリキ盟約体の盟主として、ヘレニズム的な国家システムの中に入るとともに、ヘレネス式の金融・貨幣組織の中に入った。これまでは、北イタリアや中部イタリアの共同体は、少数の例外はあるものの、ただ銅貨を、それに対して南イタリアの諸都市は一貫して銀貨を鋳造していた。そして法的には、イタリアにおいて主権を擁する共同体が存在した数だけ、貨幣の品位［基準］と貨幣システムがあったのである。前二六九年に、これらの造幣所はすべて小銭の鋳造に限られた。全イタリアで流通する一般的な通貨基準［品位］が導入されて、通貨の鋳造はローマに集中させられ、ただカプアだけが、たしかにローマの名のもとにではあったが、異なった基準［品位］で鋳造された独自の銀貨を保持し続けた。新しい貨幣システムは、法が定める二つの金属の比率に基づくものだった——これはすでにかなり昔から確定されていた（四一〇頁）。通常の貨幣単位は、一〇アスの一枚——アスはもはや一ポンドではなく、三分の一ポンドまで下っていた——たるデナリウスで、銅ではローマポンドの三と三分の一、銀では七二分の一に当たり、アッティカのドラクマよりわずかな額のものであった。とにかく鋳造においてはまだ銅貨が支配的であり、おそらく最古のデナリウス銀貨は、主として南イタリアで外国との商取引のために造られたのであろう。しかし、この時代のギリシアの大政治家は、ピュッロスおよびタレントゥムに対するローマ人の勝利、またアレクサンドレイアへのローマの使節について考え込まされたに違いないが、同様に、頭脳明敏なギリシア商人は、この新たなローマの貨幣に見入ったことであろう。その平たく非芸術的で単調な極印［打ち抜き］を、同時代の美麗なピュッロスやシチリア人の貨幣の極印［打ち抜き］と比べると、もちろん貧弱で体裁が悪いように見える。しかしそれにもかかわらず、決して古代の蛮人の貨幣のように卑屈な模倣ではなく、目方や純度の点でも不揃いなことはない。ローマ貨幣の独自性とその信頼に足る仕上がりは、最初からどんなギリシア貨幣にも引けを取らなかった。

ラテン人の民族性の拡大　このように、国制の発展や、支配と自由をめぐる民族間の闘争が、イタリアとりわけローマを、タルクィニウス一族の追放からサムニウム人およびイタリアのギリシア人の制圧まで動かしてきたのだが、そうしたものから、人間存在にとってもっとおだやかなもの――そこでもやはり歴史が支配し貫いているのだが――へと目を転じれば、いたるところで同じように偉大な出来事のもつ持続的な働きにぶつかるであろう。こうしてローマ市民団は氏族統治の桎梏を跳ねとばしたわけだが、ただ一つの国の人を富裕にするため、イタリア民族文化の充実した豊かさは次第に失われていったのである。歴史家たるもの、個々の形ある細部の展開の限りない多様性の中に立ち入り、大きな流れを追究することが許されないにしても、粉々の状態の伝承から断片をいくつか摑み出して、この時期に古イタリアの民衆の生活に生じた重要な変化を指し示すのは、自らの課題を越えることにはならないであろう。その際、前の時代以上にローマ人の生活が前面に出てきても、それは単に伝承にたまたま空白があるからではない。むしろラテン人の民族性が他のイタリキの民族性をますます判別できないものにしていることも、ローマの政治的な位置変化の重要な結果なのである。この時期に近隣の土地、南エトルリア、サビニの地、ウォルスキの土地がローマ化されはじめたことについては、すでに指摘した。それについては、地方の古い方言の言語上の文化遺産と言うべきものがほとんどまったく欠けていること、そしてこれらの地域におけるきわめて古いローマの碑文が証言している。この時期の終わりにサビニ人に完全なローマ市民権が許されたことは（三八九頁）、中部イタリアのラテン化が、すでに当時からローマの政策の意識的な目標だったことを物語っていよう。個々の土地分与や植民市設立の仕事は全イタリアに拡がっていったが、それは軍事的なばかりか、言語的かつ民族的にもラテン系の血筋の者を前面に押し出した前哨基地だった。たしかに、イタリキのラテン化は総じてすでにこの頃、意図してもむずかしいものになっていた。むしろローマの元老院は、他の民族性とラテン人の民族性との差異を意図的に堅持していたようだし、例えばラテン語を公用語として使用することを、カンパニアの不完全市民共同体にまだ許していなかった。しかし状況のもつ力の方が最強の政府自体よりも強いのであり、ラテン人に関しては、その言語や慣習もイタリアでは速やかに優位を占め、すでに他のイタリキの民族的個性を掘り崩しはじめていた。

イタリアにおけるヘレニズムの高まり　同時に、他ならぬこの民族性は、別の一つの面から、基礎の異なった他の有力な勢力つまりヘレニズムから攻撃されていた。この時代、他の諸民族に対する知的な優位を意識しはじめたギリシア精神は、あらゆる方面に向けて宣伝活動を行なっており、イタリアもその影響を受けないわけにはゆかなかった。この類いのことに関して最も注目すべき様相を呈したのがアプリアであり、ローマ建国第五世紀［西暦前四世紀中頃―前三世紀中頃］以降、次第に蛮族風の方言が廃棄され、目立たないうちにヘレニズム化されてしまった。その成功は、マケドニアやエペイロスのように植民活動によるのではなく、文明化によったのであり、おそらくタレントゥムの陸上交易と平行して進んだと考えられる。少なくともその想定の正しさを裏づけるものとして、タレントゥム人に友好的なポエディクリ人［ペウケティイ人］やダウニア人の地方が、ずっとタレントゥムの近くに住む人々でありながら敵対関係にあり続けるサッレンティニ人の地方以上に、完全にヘレニズム化を遂げていること、またアルピのように最も早い時期にギリシア化した町々が海岸には面していなかったということがある。アプリアがイタリアのどこか他の地方以上に強くヘレニズムの影響を受けた原因は、ある点ではその位置、また別の点では、独自の民族文化の発展の低さ、さらにまた別の点ではおそらく他のイタリキ系の血筋の者ほどはギリシア系の人々からかけ離れた民族性を持っていなかったこと（九頁）もあげられよう。そして、すでに以前（三二七頁）注意を促したように、たとえ南方のサベッリ人諸部族が、まず第一にシュラクサイの僭主と通じてヘレネス的なるものを大ギリシア《マグナ・グラエキア》で打ちひしぎ壊滅させたとしても、同時に彼らはギリシア人と接触・融合したことによって、例えばブルッティウム人やノラの人々のように自国語と並んでギリシア語を使用し、またルカニア人や一部のカンパニア人のように少なくともギリシア文字やギリシア人の慣習を受け入れることになったのである。エトルリアも同じく、この時期の注目に値する出土品の壷（四一一頁）のうちに、類似の発展の萌芽を見せている。この作品にはカンパニアやルカニアで制作された作品に通じるものがある。ラティウムやサムニウムがヘレニズムからある程度の距離を保っていたとしても、ここにもやはりギリシア文化の影響が及びつつあり、それがますます強くなっていった跡が見られる。この時期にローマで発展したあらゆる分野、立法や貨幣制度、宗教、種族の伝承の形成などにおいて、我々はギリシアの痕跡に遭遇する。とりわけ第五世紀の初め［西暦前四世紀中頃］以降、すなわちカンパニアの征服以降、ローマ的なものの上にギリシア的なものの影響が急速に、また常にふくらみつつ成長していった。第四世紀［西暦前五世紀中頃―前四世紀中頃］には、貴賓席《グラエコスタシス》［三八七頁］、すなわち高貴なギリシアの外人のための、第一にはマッサリア人のための桟敷がローマ広場《フォルム・ロマヌム》に設置された（三八七頁）。次の世紀の年代記には、フィリッポスもしくはローマ式にはピリプス、フィロン、ソフォス、ヒュプサエオスといったギリシア風の添え名を持つ高貴なローマ人が現われはじめた。ギリシア人の慣習が侵入してきたのである。例えば死者のために墓石に碑銘を入れるという非イタリキ的な慣習もそうであり、そのよく知られた最古の例は前二九八年のコンスル、ルキウス・スキピオの墓碑銘である。このように、共同体の議決もなく公の場所に祖先の記念碑を建てることなど、イタリキには考えられもしなかったのだが、偉大な革新者アッピウス・クラウディウスが、ベッロナ［軍神、勝利の女神］の新神殿に自らの祖先の像と賛辞とともに青銅の楯を懸けさせたのが、この慣習の始まりとなった（前三一二年）。そのようなわけで、前二九三年のローマの民衆の祭りにおいて導入された競技者への棕櫚の枝の授与もギリシアの影響であるし、また何よりも食卓マナーがそうであった。

食事においては、以前のように椅子に座るのではなく、ソファの上に横になるという流儀に変わった。我々の時刻に合わせて言えば、正午だった正餐は午後二時から三時の間に移された。宴会では、骰子により主に宴席の客の中から任命された酒宴の長が、食卓仲間が、何を、どのように、いつ飲むべきかを決めた。客が順次歌う食卓での歌は、もちろんローマでは酒宴歌ではなく、祖先の讃歌であった。これらはすべて本来ローマにはないものだったが、すでにきわめて古い時代にギリシア人から借用されたのである。というのもカトーの時代には、こうした慣習はすでに普通一般になっていた。いやそれどころか部分的には再びすたれてしまっていた。したがって、こうしたものの輸入は少なくとも［今対象となっている］この時代に置かねばならないであろう。「最も賢明で最も勇敢なギリシア人」の彫像をローマ広場《フォルム・ロマヌム》に設置したことも――サムニウム人との戦争の間に受けたピュティアのアポロン［デルフォイのアポロン］の命だった――、特徴的であろう。このとき、明らかにシチリアもしくはカンパニアの影響のもと、ピュタゴラスやアルキビアデスのような人や、西ヘレネスの救い主ハンニバルの如き人物が選ばれたのである。すでに第五世紀［西暦前四世紀中頃―前三世紀中頃］には、高貴なローマ人の間でいかにギリシア語の知識が広まっていたか、タレントゥムへのローマ人の使節が証明してくれよう。その際、たとえそれが純粋なギリシア語ではなかったにせよ、ローマ側の弁舌者は通訳をつけずに喋っている。またキネアスを団長とするローマへの使節も然りであった。第五世紀以降、国事に身を捧げた若きローマ人が例外なく当時の国際語、外交用語の知識を身につけていたことは、ほとんど疑いをいれない。

このように知的な領域ではヘレニズムは、ローマ人が地上の世界を臣従させるべく努めていたように、とどまるところを知らず前進していたのである。副次的な役割しか担わなかった民族であるサムニウム人、ケルト人、エトルリア人などは、二つの面から圧迫されて、拡大する力も内的な活力もますます失っていった。

この時代のローマとローマ人　しかしこの二つの大民族が発展の頂点に達し、敵対的な接触あるいはまた友好的な交流の中で相互に浸透しはじめたとき、彼らの性格的な相違もまた同時にまことにくっきりと浮かび上がってきた。それは、ヘレニズムの中に存在する、種族的・地域的・人間的な無限の多様性とは対照的に、イタリキ的な性格とりわけローマ的な性格の中の、あらゆる個性の完全なる欠如に他ならない。ローマの歴史の中で、ローマ共和政の設立からイタリアの制圧にいたる時期ほど、巨大な活力を見せた時期は存在しない。この時期に、内外に向けて共和政国家の基礎が固められたのであり、またこの時期に統一イタリアが創られたのである。この時期に、国の法と国の歴史の伝統的な土台が築かれ、ピルム［投げ槍］とマニプルス［中隊］が考案され、道路の構築と水道の建設、土地と金銭による経済システムの基礎ができたのである。カピトリウムの丘の狼が鋳造され、フィコロニの飾り小函《キスタ》（四一二頁）がデザインされたのも、この時期であった。しかし巨大な構築物にそれぞれ石を運んできては組み合わせた個々の人間、個性なるものは跡形もなく消えてしまっている。古イタリアの諸民族は、個々のローマ市民が共同体ローマに吸収されたほど完全には、ローマ人に吸収されはしなかった。ローマでは重要人物も卑賤な者もすべて同様に墓に埋葬されたように、ローマの市長《コンスル》リストにも大政治家と並んで取るに足りない貴族《ユンカー》の名が記載されている。この時代の記録で現存するものは少ないが、ルキウス・コルネリウス・スキピオの墓碑銘ほど畏敬の念を起こさせるもの、また同時に個性的なものは存在しない。この人は前二九八年のコンスルであり、その三年後、センティヌムの決戦でも一緒に戦っている（三五二頁）。高貴なドリス式の美しい石棺——そこには八〇年前のサムニウム人に対する戦争の勝利者の遺骨も納められていた——の上には次のような文句が刻まれている。

Cornéliús Lucíus—Scípió Barbátus,
Ganaivód patré prognátus, —fórtis vír sapiénsque,
Quoiús fórma vírtu—teí parísuma fúit,
Consól censór aidílis—quéi fuít apúd vos,
Taurásiá Cisaúna—Sámnió cépit,
Subigít omné Loucánam—ópsidésque abdoúcit.

ルキウス　コルネリウス——スキピオ　バルバトゥス、
グナエウスの息子——賢明で勇敢なる丈夫、
優れた容姿も——その美徳にふさわしく、
按察官、コンスル、ケンソル——であった、あなたのもと、
タウラシア、キサウナを——サムニウムで占領し、
ルカニア全土を征服し——人質を連れ戻した。

　このローマの大政治家であり戦士だった人物と同じく、共和政国家ローマの頂点に立った無数の者たちもまた、高貴な生まれで見目麗しく勇敢で賢明だったと追慕されてもよかっただろう。しかし、彼らについてはそれ以上何も伝えられていない。けれども、これらコルネリウス氏、ファビウス氏、パピリウス氏——あるいはその人たちがどう呼ばれようが——などの氏に属する人の中で、だれひとり一個の人間として明確な姿形をとって立ち現われる者がいないとしても、それは単に伝承の責任と言うべきではないだろう。元老院議員なる存在は、他のす

べての元老院議員より悪くもなければ良くもなく、総じてどの元老院議員とも異なりはしなかった。一市民が、他の人より際立っていることなど、必要でもなければ望ましいことでもない。きらびやかな銀の食器やヘレネス風の教養によってであろうと、あるいは並はずれた賢明さと優秀さによってであろうと。前者、つまり度を越した豪華さにはケンソルが罰を下しているし、後者に関しては、国制の中ではそれを展開する余地など与えられていなかった。この時代のローマは個々人のものではない。市民はすべて等しくなければならず、したがってだれもが王と同じであるべきだったのである。

アッピウス・クラウディウス　もちろん今やそれと並んでヘレネス的な個性の発展が価値を持つことになる。そうしたことを示す才気と力が、まさしくその正反対の傾向と並んで、この偉大な時代の完全な刻印になっている。ここではただ一人の人物の名前が挙げられるだけだが、この人物には進歩的な考えがいわば血となり肉となっている。アッピウス・クラウディウス（前三一二年のケンソル、前三〇七年と前二九六年のコンスル）は十人委員の玄孫《やしゃご》であり、旧貴族の一人で、長い一連の先祖の系譜に誇りを抱いていた。しかしそれでも、共同体成員たる市民の完全な権利を土地保有者以外にも拡大した（二八四頁）のは彼であったし、古い財政システムを打ち破った（四一四頁）のも彼であった。アッピウス・クラウディウスに由来するのは、ただ単にローマの水道橋施設や国道ばかりでなく、ローマの法学や雄弁術、詩や文法にまでいたる。訴状［法律訴訟］の公開、記録された演説やピュタゴラス風の箴言、そして正書法の革新までもが、彼に帰せられている。したがって、彼を無条件に民主主義者と呼ぶことも、マニウス・クリウス［前二九〇年のコンスル］を代表者とするその反対派（二八三頁）に数えることもできない。彼のうちにはむしろ新旧パトリキの王者の精神が強力に生きていた。それはタルクィニウス一族やカエサルたち［帝政期の君主、元首］の精神であり、彼はその間にあって、五〇〇年の中間王政期［いわゆる共和政期］に、驚異的な事業と普通の人々とを結びつけたのである。アッピウス・クラウディウスが公的な生活に積極的に関与していた間は、職務遂行においてもその生き方においても、アテナイ人のように大胆不敵で図々しく、法であろうが慣習であろうが右に左にと薙ぎ倒した。そして最後に、政治の舞台から長く退いていた後でも、盲目の老人として、まるで墓の下から甦ってきたかのように現われ、決定的なときに元老院で王ピュッロスを打ち負かし、ローマの完璧な支配権をはじめて正式かつ厳かに表明したのである（三七一頁）。しかしこの天才的な人物は、登場するのがあまりにも早すぎたかあまりにも遅すぎた。神々が彼を盲目にしたのも、その時代に合わない彼の賢明さのためであった。

ローマを、そしてローマを通してイタリアを支配したのは個人の天才ではなく、元老院において世代から世代へと伝えられた揺るぎない政治についての識見である。その指導的原理に馴染んだ元老院層の少年たちが存在し、父親に付き従って元老院に赴き、広間の扉のところに立っていた彼らは、将来いつの日か自分たちが座るはずの椅子を眺めつつ、居並ぶ人々の博識に耳を傾けるのであった。このようにして途方もない成果が、途方もない代価を払って獲得されたのである。というのも勝利の女神《ニケ》は、復讐の女神《ネメシス》を伴うからである。共和政国家ローマにおいては、いかなる人間も特別に重要だというわけではない。兵士も将軍もそうである。そして道徳的で警察的な厳格極まりない規律のもと、人間存在の独自性はことごとく窒息させられたのである。ローマは、古代のいかなる国家も達しえなかった偉大さに到達した。しかしその偉大さたるや、ヘレネスの生活にある優雅な多様性や心地よき奔放さ、内的な自由を犠牲にして高い代価を払って購われたものなのである。

第9章　芸術と学問

ローマの民衆の祭典　芸術とりわけ詩歌の発展は、古代にあっては民衆の祭典と最も密接に関連するものであった。基本的にはギリシアの影響のもと、すでに以前から共同体ローマの特別な祝典として整えられた感謝祭たる大競技祭もしくはローマ大祭（ludi maximi, ludi Romani. 二一二頁）が開かれていたが、この時期にも引き続きますます大きくなり娯楽性も増していった。祭りはもともと一日だけで終了したが、前五〇九年、前四九四年、さらに前三六七年の三大革命が見事に成功した後、その度ごとに一日ずつ延長され、そのようにしてこの時期の終わりには四日間の長さになった。*

＊　ディオニュシオス（6, 95. vgl. B. G. Niebuhr, Römische Geschichte. Bd. 2, S. 40）とプルタルコスによるディオニュシオスの別の個所からの引用（Cam. 42）が、ラテン祭について報告しているが、他の理由は除いてこれと Liv. 6, 42（F. W. Ritschl, Parerga zu Plautus und Terentius. Leipzig 1845. Bd. 1, S. 313）との比較が的確に示しているように、そのラテン祭というのはむしろローマ大祭のことだったと理解しなければならない。ディオニュシオスは、彼の場合よくあるように過ちに固執し、大祭（ludi maximi）という表現を誤解したのである。

さらに民衆の祭典の起源を、一般に言われているように最初の方のタルクィニウスによるラテン人に対する勝利にではなく、レギッルス湖畔でのラテン人に対する勝利に帰す伝承（Cic. div. 1, 26, 55; Dion. Hal. 7, 71）も存在した。またファビウスの、うしろの方の部分に書きとどめられた重要な報告は、実際のところ通常の感謝祭に関することであって、奉献を伴う特別な儀式に関してではない。それは祭りが毎年繰り返されるとはっきり述べていることからも、偽アスコニウスが報告する（Ps. Asc. p. 142 Or.）費用総額と完全に一致していることからも明らかである。

さらに重要なことは、はじめからその開催と監督が委ねられた（二七五頁）高級《クルリス》按察官職の制定とともに（前三六七年）、祭りがおそらく独自の性格を失い、将軍の特別な誓いとも無縁になり、年々繰り返される一連の例祭の中に、その第一の祭りとして組み込まれていったことである。しかしその際、政府はかたくなに、独特な見せ物、とりわけ主たる出し物である戦車競争を、祭りの結びにせいぜい一度しか催そうとはしなかった。残りの日には、楽士、踊り手、綱渡り、手品師、道化師その他が――雇われた形にせよそうではないにせよ――必ず現われたとはいえ、催し物の供給は群集の手に委ねられたようだ。ところが前三六四年頃、重大な変化が生まれた。それはおそらく、同時に起こった祭りの固定化と延長とに関連していた。

ローマの舞台　国家の手によって、祭りの最初の三日間に、競技場《キルクス》に板製の組み立て舞台が設けられ、群衆を楽しませるのに適当な上演が提供されるようになったのである。しかしこれでも対応しきれず、祭りの費用のために二〇万アスという決まった額がその度ごとに国庫から支払われるようになった。この額はポエニ戦争の時まで変わらなかった。そしてこの額でまかなわなければならなかった按察官は、もし出費が過剰となれば――ときには起こりえた――、自分で補塡しなければならなかった。ただしこの時代に彼らがそんなにしばしば、またかなりの額を自分の資産から提供することがあったとは考えられない。新舞台が一般にギリシアの影響のもとにあったことは、その呼称が証明してくれよう（scaena-σκηνή［舞台］）。この舞台は第一にもっぱら各種の道化や楽士のために設計されており、フルートで踊る者、とりわけ当時有名だったエトルリアからの舞踊士が、おそらくまだ最も高級なものだったようである。とはいえ今やローマには公の舞台が生まれたのであり、すぐにそれはローマの詩人にも道を開くことになった。

バラード歌い～サトゥラ　なぜならラティウムにも詩人は欠けていなかったからである。ラテン語の吟遊詩人［流しの楽士］もしくは演歌師（grassatores, spatiatores）は、町から町へ、また家から家へと流れてゆき、その歌曲《サトゥラエ》（二五頁）を笛の伴奏に合わせ、所作をつけて踊りながら詠唱していた。当時の韻律はもちろんただ一つ、いわゆるサトゥルニウス韻律［詩形］であった（二〇九頁）。歌曲には決まった筋が基本としてあるわけではなかった。また同じく歌曲が対話調だったこともあまりないようである。このことから、あの単調で、ときには即興的に演じられ、またときには吟唱されるバラードやタランテッラ［快活でテンポの速い南イタリアの踊り］の原型を思い浮かべてもよいだろう。それは今日もなおローマの酒場で耳にすることができるようなものである。そういうわけで、この種の歌曲は公の舞台にも登場し、間違いなくローマの演劇の萌芽になった。しかしローマ演劇のこのような始まりは、例によってお粗末なものであったばかりでなく、最初から著しく際立って評判の悪いものだった。

芸術の悪評　すでに十二表法が邪悪なまたは無意味な歌に反対している。呪いの歌のみならず、市民仲間に向けて作られ、その門口で歌い奏される嘲笑の歌にも厳しい刑事罰が科され、また埋葬の際に泣き女を呼ぶことも禁止されている。しかし芸術活動の始まりにとって、法的な制限によるよりも、道徳的な禁令によってはるかに厳しい一撃が加えられた。軽薄で金銭ずくの仕事に対するローマ人の偏狭な生真面目さが、このような矢を投げつけたのである。カトーは言う。「詩人の業は、以前は尊敬されなかった。だれかがそれに携わったり、あるいは酒宴でもそれから離れられなかったら、この人はただの怠け者と言われた」と。しかし今や、舞踊や音楽、演歌［大道歌手の歌う歌］の業を営む者はだれであれ、その生計が金で雇われた仕事によって成り立っているという悪評がますます確定してゆくとともに、二重の汚名を着せられたのである。したがって、土地の普通の楽しみである類型化した仮面をつけた道化（二一〇頁）が、無邪気な若者の悪ふざけと見做された一方で、金銭のために仮面もつけず公の舞台に登場することは、まったく恥ずべきことと見做された。歌い手や詩人はその際、綱渡りや道化役者と完全に同列に置かれていたのであり、この種の人たちは、風紀取締役たるケンソルにより（四〇〇頁）、市民の軍隊に勤務したり市民集会で投票したりする資格のない者だと、きまったように宣告された。さらには、それ自体すでに充分に特徴的なことであるが、舞台の取り締まりが都市警察の管轄領域に属するものと見做されたばかりか、おそらく警察にもこの時代に、専門職としての舞台芸人に対する特別な自由裁量権が認められた。上演終了後、警察担当の役職者が彼らを裁いただけではない――その際、へぼ芸人には殴打が見舞われたのと同様に、立派に役を演じた者には酒がたっぷりと振る舞われた。都市の役職者もことごとく、法的にはあらゆる役者に対して、いついかなるときにも、またいかなる場所でも、体罰を下したり拘禁できる権限を持っていた。その必然的な結果として、舞踊、音楽、詩作は、少なくとも公の舞台に登場するかぎり、ローマ市民団の最下層の人々、とりわけ外人のものとなった。しかし総じてこの時代には、詩は、外国の芸術家がそれに取り組もうとするには、まだあまりにも小さな役割しか果たしていなかった。それに対して、ローマでは宗教上の音楽も世俗の音楽もことごとく基本的にはエトルリア人のものであり、そのため、かつては明らかに高く評価されていた古いラテン的なフルート芸術も（二一〇頁）外国の音楽に抑えつけられていた、という主張は、すでにこの時代に当てはまると見做してもよいだろう。

韻文の文学についてはまったく言及されていない。仮面劇も、舞台での詠唱も、厳密な意味では確定したテクストを持っていなかった。通常は、その場の需要に応じて、朗唱する人自身によって制作されたのである。後の時代の者は、この時代の作品としては、一種のローマ風の『仕事と日々』［ギリシアの叙事詩人、ヘシオドスの作品］つまり農民の息子に対する教示、*またすでに述べたアッピウス・クラウディウスのピュタゴラス風の詩（四二〇頁）すなわちヘレニズム化したローマ詩の最初の萌芽しかあげることができなかった。今に残るこの時期の詩としては、サトゥルニウス韻律で書かれた一つもしくは二つの墓碑銘以外には何もない（四一九頁［一つの墓（石棺）に二人の墓碑銘が刻まれている］）。

* 次のような断片が残っている。「乾いた秋には、水のしたたる春、子供（カミッルス）よ、おまえは大いなるスペルト小麦を刈り取ることになろう」［モムゼン訳に従う。ラテン語原文を直訳すれば、「埃だ

らけの冬、泥だらけの春の後には……」」。我々としても、どういった理由でこれがローマ最古の詩と見做されるようになったのかはもちろん分からない（Macr. Sat. 5, 20； Fest. v. flaminius. p. 93M； Serv. georg. 1, 101 ;Plin. nat. 17, 2, 14)。

歴史叙述　ローマの演劇［舞台］と同じくローマの歴史叙述の始まりもこの時期のことである。注目すべき出来事についての同時代の記録も、共同体ローマの前史についての紋切り型の設定も同様である。

政務官表　同時代の歴史叙述は政務官表と結びついている。最も古くまで遡るリスト——後のローマ研究者の手の届くところにあり、それから間接的には我々も使っているリスト——は、カピトリウムのユピテル神殿の文書館に由来するものらしい。それは任期の年の九月一三日に神殿を奉献したコンスルのマルクス・ホラティウスからはじまり、毎年の共同体の長の名前を記載したものであり、プブリウス・セルウィリウスとルキウス・アエブティウスがコンスルだった年（現在通用している数え方では都市建設第二九一年［前四六三年］）、過酷な疫病が猛威を振るった際に行なわれた誓願に基づき、このときから一〇〇年ごとに、カピトリウムの神殿の壁に釘で打ちつけることになった。その後は、共同体の度量衡や文字のことに通じた学識者つまり神祇官《ポンティフェクス》が、職掌柄、年々の共同体の長［コンスル］の名前を記載し、昔の月単位の表と年単位の表とを結びつけた。それから両者は暦表《ファスティ》——厳密にはただ法廷の開かれる日の表と言うべきものなのだが——という呼称のもとに統合されたものであろう。このような措置は王政の廃止後ほどなくして行なわれたものであろう。事実、公的な記録の順序を確定するためには、一年任期の役職者の公的な一覧表は、差し迫った現実的要請だったからである。しかし、共同体役職者［コンスル］のこのように古い公的リストが存在していたとしても、おそらくガッリア人による大火災（前三九〇年）で灰燼に帰してしまったであろう。そして神祇官《ポンティフェクス》団のリストは、後に、この災厄に遭遇しなかったカピトリウムのリストによって、遡れるかぎり補充されたのであろう。我々の前にある長［コンスル］のリストは、たしかに二次的なもので、とりわけ系譜学的な報告であり、後になって貴族の家系図により補足されてはいるが、基本的には最初から、疑いの余地なく同時代の信頼に足る記録に基づいていたということができる。しかし暦の年については、ただ不完全にしか、また大体のところしか再現されていない。共同体の長たちは新年とともに就任するわけではなかったし、それどころか就任の日は毎回、この日と定められてもおらず、多くの場合就任の日はあちらこちらへと動き、しかも二つのコンスル職の間にしばしば入ってくる中間王の期間が、任期の年の計算の中から完全に欠落しているからである。したがって、暦の年がこのような長のリストによって数えられることになれば、それぞれの同僚の就任と退任の日を不時の中間王職のそれと併記することが必要であった。そのような対応も古くから行なわれていたことであろう。しかしそれに加えて、暦の年のリストに年々の政務官［役職者］のリストが合わされ、暦法上の各年に対応させて両役職者の名が記されるよう整えられた。リストが不充分な場合は、後の（ワッロの）表では、三七九―三八三、四二一、四三〇、四四五、四五三という数字で示される埋め合わせの年［閏年］がはめ込まれた［したがって、これらの年のコンスル名は原則として（例外はあるが）分かっていない。またこれは、西暦に直せば、三七九年→三七五年のように、七五四からこの数字を引いたものになる］。ローマ建国二九一年（西暦前四六三年）以降のローマのリストははっきりと、個々の細部はともかく、およそ全体としてローマの暦と一致し、暦自体の不備を大目に見れば年代学的には正確である。先にあげた年から四七年も遡れば、もはや確認することはできない。しかし少なくとも大体において同じように正しいとは言えよう。* 前五〇九年の向こうにいったい何があるのかは、年代学的には消えてしまっている。

* リストの第一の個所はそれだけでも疑念を生むきっかけを与えるものである。おそらく王の逃亡から町の火災までの年数を一二〇年とするために付け加えられたのであろう。

カピトリウムの紀元　普通一般に使われる紀元なるものはつくられなかった。それでも、宗教儀式上の事柄に関しては、カピトリウムのユピテル神殿の奉献の年に従って計算された。その時から役職者のリストも始まったのである。

年代記　役職者の名前に並べて、その職務遂行の間に起こった最も重要な出来事を書きとめることも容易に考えられることだった。役職者の目録に付け加えられたそのような報告から、ローマの年代記は生まれてきたのである――復活祭の表に書き添えられたメモから中世の年代記が生まれたのとまったく同じように。それでも、神祇官《ポンティフェクス》たちの手により全役職者の名前と注目すべき出来事が記載された正式の年代記《リベル・アンナリス》の計画が持ち上がったのは、時代が下ってからのことであった。前四〇三年（ローマ暦（ワッロによる）で三五一年）の六月五日と書き留められている日蝕――したがって前四〇〇年（ローマ暦で三五四年）六月二〇日と考えられるが――の以前に日蝕が観測された記録は後の都市年代記にはまったくない。年代記の人口・財産査定《ケンスス》の数は、ようやく都市建設第五世紀［西暦前四世紀中頃―前三世紀中頃］のはじめ以降、信頼できるように見えはじめる（八四、三九三頁注）。民衆の前に持ち出された罰金の案件、また共同体のために償いが行なわれた不可思議な前兆は、第五世紀の後半［西暦前三世紀前半］以降ようやく規則的に記載されることになったようである。また、秩序正しい年代記の整理や――またはっきりとそれに結びつくことだが――年の計算のために年代学的にどうしても必要な閏年が挿入され、さきほど述べた昔の役職者リストの編纂が、第五世紀の前半［西暦四世紀後半］に行なわれた。しかし、神祇官長《ポンティフェクス・マクシムス》［大神官］が年ごとに、戦局や植民事業、悪疫や飢饉、蝕や奇跡、神官や他の貴人の死去、新たな共同体の議決、査定《ケンスス》の結果などを書き付けて、そうした記載のあるものを自分の役宅にいつまでも残る記念として保管し、すべての人が閲覧できるようにする義務があるという慣行が確立した後でも、まだこの記録ではだれにとっても実際の歴史叙述からははるかに遠いものであった。この時期の終わりになってもまだ同時代の記録がいかに乏しく、後の年代記作家にいかに大きな恣意を許していたかは、年代記の中の前二九八年の遠征についての報告とコンスルのスキピオの墓碑銘の文句とを比較すれば特にはっきりと示されよう。* 明らかに後の歴史家たちも、このような都市台帳［年代記］の覚え書的なものから、読みやすくある程度まとまった物語を組み立てることはできなかった。もし我々の目の前に都市台帳がもともとの言い廻しのまま置かれていたとしても、そこからこの時代の歴史を事実に則した形で描くのは、我々にとってもやはり難しかったであろう。しかし、こうした都市の年代記は、ローマばかりかラテン都市のことごとくに存在していたのであり、各都市は同じように自らの神祇官や自らの年代記を持っていたのである。これは例えば、アルデア、アメリア、ナル河畔のインテラムナに関する個々独立した覚え書からも明らかである。このような都市年代記の総体から知りうることは、中世初期のさまざまな修道院の年代記を相互に比較するところから得られるものとどこか似ていよう。しかし残念ながら後のローマは、その空白をヘレネス的もしくはヘレネス化［ヘレニズム化］によるごまかしによって満たすことを優先させたのである。

* 四一九頁。年代記によれば、スキピオはエトルリアで、その同僚はサムニウムで軍を指揮している。そしてルカニアは、この年はローマと同盟関係にある。しかし墓碑銘にしたがえば、スキピオはサムニウムにある二つの都市および全ルカニアを征服しているのである。

家系図　流れ去った時代や過ぎ去った出来事を確認するための公的な整理、それはもちろん不充分にしか計画できないし、不確実にしか処理できないのだが、この時期にはそうしたものの他に、ローマの歴史に直接役立つような記録はほとんど現われなかった。私的な年代記の類いはその痕跡も見つからない。ただ高貴な家々では、法的にも重要な氏族の系譜を確認し、いつまでも記憶にとどめるために、玄関の間の壁に家系図を描くことに関心が払われていた。このリストには少なくとも役職名が記されていたが、リストはただ単に家の伝統の拠りどころとするためのものではなく、おそらく古くからの伝記的な記録も結びついていた。ローマでは、いかなる高貴な人の葬儀においても追悼演説が欠けてはならなかったが、それは死者の第一の近親者が行なうのが通常のことだった。そしてただ死者の美徳と尊厳さを列挙して讃えるにとどまらず、その祖先の業績と美徳を並べ立てることも大切だったのである。このようにして祖先の名は、おそらくすでに最古期においてさえ言い伝えの形で世代から世代へと伝えられた。このことを通して数多くの価値ある情報が保持されただろうが、もちろんさまざまな歪曲や偽造も伝承の中に導入されたに違いない。

ローマ人によるローマの先史時代の歴史　この時代には、真の歴史叙述が始まると同時に、ローマの先史時代［原初期］についての記録や因習的な歪曲も始まった。その材料はもちろんどこでも同じ類いのものであった。王ヌマ、アンクス、トゥッルスといった個々の名前――おそらく後になって初めて氏族名がそれらに付与されたのであろうが――や、王タルクィニウスによるラテン人の征服やタルクィニウス王家一族の追放といった個々の出来事は、一般的な、口頭で伝えられる本当の伝承の形で生き続けていたことであろう。他にも、例えばファビウス一族のことが幾通りにも語られているように、パトリキ貴族の諸氏族の伝統が供給源となっていた。別の諸々の話の中では、民族の太古の制度が、とりわけ法の状況に関して非常に生き生きと象徴化され歴史化されていた。こうして、城壁の神聖なことがレムスの死をめぐる話の中に、血の復讐の廃止が王タティウスの最期についての物語の中に（一三七頁注）、杭上の橋《ポンス・スプリキウス》に関する規定の必要性がホラティウス・コクレスの伝説の中に*、上訴《プロウォカティオ》の起源がホラティウス一族とクリアティウス一族の麗しい話の中に、奴隷解放と解放奴隷の市民権の成立がタルクィニウス一族の陰謀と奴隷ウィンディキウスの物語の中に見られるのである。同じ種類の事柄に属するのが都市建設自体の歴史であり、それは、ローマの始原をラティウムに、そしてまたラテン人全体の首邑アルバに結びつけようとするものである。また高貴なローマ人の添え名、例えばプブリウス・ウァレリウスすなわち民衆の奉仕者《ポプリコラ》（Poplicola）などは、あらゆる種類のそうした逸話を自らのまわりに集めるようにして歴史的な注釈が生まれていったのである。そして何よりも、聖なる無花果《いちじく》の木や町の他の注目すべき場所や対象に、一千年以上も後に同じ土地に町の奇跡《ミラブリア・ウルビス》が生まれるような類いの「堂守のお話」が数多く結びつけられた。以上のようなさまざまな寓話のある種の組み合わせ、例えば七人の王の継承関係の確定、明らかに世代の長さの計算による合計二四〇年というその統治期間の決定、**そしてこうした決定の公的な記録の始まりさえ、おそらくこの時期のことであろう。物語の大要、とりわけその擬似年代学［年代設定］は、後の伝統の中では不動のものとなって現われているので、そうしたものが定着したのは、ローマで文筆活動の行なわれる時期ではなく、それ以前におかれなくてはならない。

雌狼の乳首を吸う双子のロムルスとレムスの青銅像が前二九六年に造られ、聖なる無花果《いちじく》の木の傍に置かれたとき、ラティウムとサムニウムを制圧したローマ人は、自分たちの故郷の町の成立の歴史を、我々がリウィウスの中に読み取るのと大差ないかたちで知っていたに違いない。それどころかアボリギネスすなわち「最初からいた存在」――これはラテン系種族の持つ歴史的思弁のまったくの発端だが――についてはすでに前二八

* 伝説の目的は大プリニウスによって明らかになっている（nat. 36, 15, 100）。

** 一見したところでは一世紀を三世代と計算し、二三三と三分の一を二四〇という切りのよい数字にしたようである。それは王の逃亡から町の火災までの時期が、端数を切り落としてちょうど一二〇年とされていることに似ている（四二六頁注）。このような割り切れる数字［偶数］が導入された理由は、例えば先に触れた平方積の確定が示してくれよう（一九〇頁）。

九年頃、シチリアの作家カッリアスが書いている。年代記が歴史に先史的なものを付け加えようとすること、また天地の創造まではさておき、少なくとも共同体の成立まで遡ろうとすることは自然なことだろう。また神祇官職《ポンティフェクス》の表がローマの建国の年を示していることは、はっきりと証明されている。ここから想像されるのは、第五世紀の前半［西暦前四世紀後半］に神祇官《ポンティフェクス》団が、原則として役職者の名前に限られていたこれまでの不充分な記録から正式な年代記の構成へと足を踏み出したとき、ローマの王の歴史やその転覆の歴史、つまり最初は欠けていた歴史も付け加え、さらに前五〇九年九月一三日のカピトリウムの神殿の奉献の日に共和政の創設を重ねたので――もちろん単なる外見上とはいえ――日付を持たない話と年代記的な話とが結合されたということである。ローマの始原についてのこのような最古の記録には、ヘレニズムもまた一枚噛んでいたことはほとんど疑う余地はないだろう。原住民および後の住民について、また農耕以前に牧人の生活があったこと、人間ロムルスが神クィリヌスに変わること（一五四頁）などについての推測は、まったくギリシア的に見える。そして敬虔なヌマや賢明なエゲリアの正真正銘民族的な形姿が、異国的なピュタゴラス風の「根源的な知恵」と混濁しても、それは決して、ローマの先史時代への最新の付加物には見えないのである。

　名門の氏族の家系図もまた共同体のこのような始原と同じようにして完成させられ、人気のあった紋章学的な手法によって、一貫して貴顕の祖先にまで辿られた。そういうわけで、例えばアエミリウス氏、カルプルニウス氏、ピナリウス氏、ポンポニウス氏は、ヌマの四人の息子、マメルクス、カルプス、ピヌス、ポンポに由来し、またアエミリウス氏はさらにピュタゴラスの息子マメルクス、つまり「見事に喋る人」（αἱμύλος）から出てきたと言いたかったのであろう。

　それでもやはり――いたるところにヘレネス的なものを想起させる要素が現われるにもかかわらず――共同体のこのような先史時代の歴史は、氏族のそれと同様、少なくとも相対的には民族的なものと言ってもよいだろう。それはローマで生まれたものであるとともに、その意図は何よりもまず、ローマとギリシアに橋を架けることではなく、ローマとラティウムとの間に橋を架けることにあったからである。

　ヘレネスの手によるローマの先史時代の歴史　別の課題、すなわちローマとギリシアを結ぶ役割を担ったのは、ヘレネス風の物語や詩作であった。ヘレネス風の伝説は、一貫して、次第に拡大してゆく地理的な知識と歩調を合わせ、その無数の移住者や船乗りの話の助けを借りて、脚色された地理学を作りあげていったことを示している。しかし、伝説が単純な道を辿ることは滅多にない。ローマのことに言及しているギリシア人の最古の歴史作品、シュラクサイのアンティオコスのシチリアの歴史（前四二四年で終わっている）の記述などもそうである。シケロスという名前の一人物がローマからイタリアへ、すなわちブルッティウム半島へ移住したというのである。これは単純にローマ人、シクリ人、ブルッティウム人が同じ種族系統に属することを歴史化しようとしたもので、ヘレニズム化という色づけからはまったく自由な記述であり、滅多にない現象である。伝説は全体として——時代が下れば下るほど増大するのだが——、蛮人の全世界をギリシア人に由来させるか、ギリシア人に服従させられたものとして描く傾向が支配的である。そして伝説は早くからこうした意味で西方にもその糸を張りめぐらせていた。イタリアに関しては、ヘラクレスやアルゴ号乗組員《アルゴナウタイ》［イアソンとともに人類が最初に作った船アルゴに乗って金羊毛を求めた航海冒険譚］の物語は、たとえすでにヘカタイオス（前四九七年以降に死去）がヘラクレスの柱を知っていて、アルゴ号を黒海から大西洋に移し、そこからナイルを経て地中海に戻しているとしても、イリオン陥落に結びついた故国への帰還の旅の方がまだ重要であった。イタリアについて少しずつ情報が得られるとともに、ディオメデスもアドリア海で、オデュッセウスもテュッレニア海で彷徨いはじめるのである（一二六頁）。そういうわけで少なくとも後者の場所比定は、すでに伝説のホメロス風の捉え方から充分に可能であった。アレクサンドロスの時代までは、ヘレネス風の物語に現われるテュッレニア海の諸地方は、このオデュッセウス伝説の範囲内のことであった。エフォロスは歴史を前三四〇年でもって閉じたが、それでも彼も、そしてまたいわゆるスキュラクス（前三三六年頃）も、基本的にはこれに従っている。トロイア人の航海については、古い詩では何も知られていない。ホメロスにおいては、イリオンの陥落後、アイネイアスが故郷に残されたトロイア人を支配しているのである。

ステシコロス　神話の大改作者ステシコロス（前六三二—前五五三年）が初めて、その『イリオンの破壊』において、自分の生まれ故郷や第二の故郷、つまりシチリアや南イタリアの寓話の世界を詩的に豊かなものにするため、ヘレネス世界の英雄にトロイアの英雄を対置し、アイネイアスを西方の国に運んだのである。その後に確立するこの寓話の詩的な輪郭は、彼とともに誕生した。とりわけ英雄のグループ——英雄は奥方、可愛い息子たち、家の神々を携えた年老いた父親とともに、炎上するイリオンから逃げてくる——がそうであり、要となる、トロイア人とシチリアおよびイタリアの原住民との同一視は、トロイアのトランペット奏者［厳密にはラッパ吹き］ミセノスがミセヌムの岬の名祖とされていることにはっきりと表われている。*老詩人はその際、イタリアの蛮人が他の蛮人ほどヘレネスからかけ離れていないこと、詩人の目で判断すれば、ヘレネスとイタリキの関係は、ホメロスのアカイア人とトロイア人の関係と同様に捉えられるのではないかという思いに導かれたのであった。というわけでこの新しいトロイア人寓話はすぐに、イタリア全土にいっそう広まると同時に、古いオデュッセウス伝説と混ざり合った。ヘッラニコス（前四〇〇年頃執筆）によれば、オデュッセウスとアイネイアスはトラキア人とモロッソイ人の土地（エペイロス）を通ってイタリアにたどり着いた。そしてそこで、一緒に連れて来たトロイア人女性が船を焼き、アイネイアスが都市ローマを建設し、このトロイア人女性の名をとって命名したというのである。これより多少は理にかなっているが同様の物語をアリストテレス（前三八四―前三二二年）も語っている。ラティウムの海岸に打ち上げられたアカイア人の一船隊が、トロイアの女奴隷によって火を点けられる。こうしてその地に残らざるをえなくなったアカイア人とそのトロイア人の妻の子孫から、ラテン人が生まれたのだ、と。そしてこれらの伝説と土着の言い伝えの諸要素が混ざり合ったのである。この伝説についての知識は、シチリアとイタリアとの活発な交流により、この時代の終わりにはシチリアにまで広まっていた。シチリアの人カッリアスが前二八九年頃に書き付けたローマの成立についての異説では、オデュッセウス、アイネイアス、ロムルスの寓話が混ざり合って語られている。**

* トゥキュディデスや偽スキュラクス、その他が言っているシチリアにおける「トロイア人の植民市」も、ヘカタイオスがカプアをトロイア人の建設になるものとしているのも、ステシコロスの、イタリアおよびシチリアの原住民とトロイア人とを同一視した話に遡ることになるだろう。

** 彼によれば、イリオンからローマに逃れてきた女性ロメ、あるいはむしろ同名のその娘がアボリギネス［原住民。ラテン人の伝説上の祖先］の王ラティノスと結婚し、三人の息子ロモス、ロミュロス、テレゴノスを産んだのである。明らかに最後の人物は、トゥスクルムとプラエネステの創設者としてここに登場する人物で、よく知られているようにオデュッセウス伝説に属するものである。

ティマイオス　しかし、このトロイア人の移住という、後に流布する捉え方を真の意味で完成させたのは、シチリアのタウロメニオンのティマイオスであり、彼はその歴史書を前二六二年で閉じている。これに従えば、アイネイアスは、まずトロイアのペナテスの聖域を擁したラウィニウムを、次いでようやくローマを建設したという。ティマイオスはすでにテュロスの女性エリサもしくはディドを、アイネイアス伝説の中に組み込んでいたに違いない。彼の言うところでは、ディドはカルタゴの創設者であり、ローマとカルタゴは同じ年に建設されたことになっているからである。このような改変が生じたのは、ティマイオスが筆を執った他ならぬその時代と場所に形成されつつあったローマ人とカルタゴ人との危機的な状況の他に、明らかに、ラテン人の風俗習慣に関してシチリアに届いた報告がきっかけになっているのであろう。しかし、物語が主としてラティウムからもたらされたということはありえず、ただ年とった「無駄話の好きな連中」に特有の役にも立たない作り話にすぎなかったということもありえよう。ティマイオスはラウィニウムにある「家の神」の太古の神殿について耳にしていた。ただし、ラウィニウムの人々はこれをイリオンからアイネイアス一族によって運ばれてきたペナテスに違いないと見做していたというのは彼による付加であり、ローマの「十月の駒」とトロイアの木馬との類似性という鋭い捉え方や、ラウィニウムの聖なるものの正確な目録――尊敬に値する証人である彼の言うところでは、鉄製ないし銅［青銅も含む。以下同］製の伝令吏の杖《ケリュケイオン》［ヘルメスの杖］や、トロイアの工房で制作された陶土製の壺があった――なども同様である。もちろんペナテスは何世紀経ってもまったくだれの目にも見えなかったようである。しかしティマイオスは、不可知なことにも些細なことにも精通している類いの歴史家の一人だったのである。この人の正体を知っていたポリュビオスが、いかなる場合も彼を信用しないようにと忠告していたのは、理由のないことではない。彼は右の場合のように決して文献的な証拠をあげていないからである。事実このシチリアの修辞家は、イタリアの中にトゥキュディデスの墓の場所を指摘することができた［と公言していた］人であり、またアレクサンドロスのために、イソクラテスが「祝典に臨んでの演説《パネギュリコス》」［前三八〇年。一〇年の歳月を要したと伝えられる］を書き終えるよりも早く、そのアジア征服の達成をこれ以上はない称賛の言葉を連ねて褒め讃えた人であって、古い時代の素朴な作り話から雑然たるごたまぜを捏ね上げるのに完全にふさわしい人物であり、偶然の戯れが、奇妙なことにこのような名声をこの人に付与したのである。

　イタリアのことに関するヘレネス風の作り話の創作は、それがまずシチリアで生まれたとして、このときイタリア自体でどれほど受け入れられたのかははっきりとは確定できない。後になってトゥスクルム、プラエネステ、アンティウム、アルデア、コルトナ創設の伝説の中で見られるようなオデュッセウス物語群との結びつきの輪は、おそらくこの時代にはすでに紡ぎはじめられていたのであろう。またローマ人がトロイア人男性もしくはトロイア人女性に由来するという考えも、この時期の終わりにはローマでは不動のものになっていたに違いない。ローマとギリシア東方との証明可能な接触が最初に認められるのは前二八二年であるが、それは、元老院が「血縁関係にある」イリオンの人々のために行なった仲裁であった。しかしそれでも、イタリアにおけるアイネイアス伝説［寓話］が比較的新しいものであることは、オデュッセウスの伝説と比べて、場所比定できるものがきわめて貧弱なことが証明していよう。とにかくこの物語の最終的な編纂は、ローマの起源伝説との調整と同様、ようやく次の時代に入ってからのことである。

　このようにヘレネスにあっては、歴史叙述もしくはそう呼ばれていたものは、自分たちの流儀でイタリアの先史時代に深く関わっていたが、同時代のイタリアの歴史はほとんど完全に無視していたのである。このことはヘレネスの歴史の沈滞状況をよく示しているとともに、我々にとっても残念なことである。わずかにキオス（Chios）の人テオポンポス（前三三六年でその作品は終わっている）が、ケルト人によるローマ占領に、付け足しのように触れている。他にはアリストテレス（三〇九頁）、クレイタルコス（三五七頁注）、テオフラストス（三八六頁）、ポントスのヘラクレイデス（前三〇〇年頃没）が、ローマに関連するいくつかの出来事にたまたま言及しているにすぎない。カルディアのヒエロニュモス、すなわちピュッロスの歴史家としてそのイタリア戦争についても語った人物によって、初めてギリシア人の歴史記述がローマの歴史史料となるのである。

法律学　諸学問の中では法律学が、前四五一年と前四五〇年に都市の法を記録することを通して、いくら評価しても足りないほどの基礎を獲得した。十二表法の名のもとに知られている判例集は、たしかに一冊の書物の名に値する最古のローマの文書である。いわゆる「王法」の核心部分はそれほど新しいものではない。すなわち、主として宗教的な性格のいくつかの規定からなるものであり、伝統的なものに基づき、おそらく、立法権にではないが法を指示する権限のあった神祇官団《ポンティフェクス》により、王の命令という形式のもと、一般の人々に公表されたものであった。それに加えて、たぶんこの時期のはじめ以降、たとえ市民集会議決ではなくとも最も重要な元老院決議は、規則正しく文字に記録されるようになった。そういうわけで、その保管については、最初期の身分闘争においても他の点とともに争われたのである（二五五注、二六四頁）。

鑑定・所見と訴訟の定式　このようにして書かれた法文書の量が増大するとともに、真の意味での法律学の基礎も固められていった。毎年交替する役職者も、民衆から選び出された陪審員［審判人］も、専門的知識を持つ人々を頼りにする必要がどうしても生じた。こうした人々は訴訟手続きに関する知識があり、先例にしたがって、もしくは先例がない場合は合理的な根拠にしたがって判決を下すことを手伝う方法を弁えていたのである。神祇官団《ポンティフェクス》は、開廷日のために、また神々の崇拝・祭儀にかかわるすべての疑念やすべての法的手続きのために、民衆から依頼を受けるのが習いであったが、もちろん他の法的な問題にも求めに応じて助言や所見を示したのであり、そのようにして、この同僚団のうちでローマの私法の基礎となった伝統、とりわけそれぞれ特殊な事例に関する適切な訴訟の定式が発展したのである。こうした訴訟すべてを統合する法鑑［法令集］は、開廷日を示した暦と並んで、ほぼ前三〇〇年頃、アッピウス・クラウディウスもしくはその書記のグナエウス・フラウィウスによって民衆に公表された。しかし、それ自体まだ知られていなかった一つの学問に形を与えるというこの企ては、長きにわたって完全に孤立したままであった。

法の知識と布告・指令が今や、民衆に勧告を行ない国政担当者を掌握する手段になったことはよく理解できるだろう。最初の平民《プレブス》系の神祇官《ポンティフェクス》プブリウス・センプロニウス・ソフス（前三〇四年のコンスル）と最初の平民《プレブス》系の神祇官長《ポンティフェクス・マクシムス》ティベリウス・コルンカニウス（前二八〇年のコンスル）がこのような神官の栄誉を得たのは、その法的な知識によるという話は、たとえおそらく言い伝えであるより後代の推測であるとしても、そのように言うことができる。

言語　ラテン語や、おそらく他のイタリキ系の言語も、その真の意味での生成は、この時期以前のことであり、ラテン語がすでにこの時期の始まるときには基本的に完成していたことは、十二表法の断片が——半ば口誦的な伝統によってはなはだ近代化されているとはいえ——明らかに示すところである。そこにはたぶんいくつかの古めかしい言葉や耳障りな音の接合、とりわけ不確かな主語の省略が見られるが、しかしそれでも決して、アルウァル［兄弟団］の歌のように基本的な理解の困難さは見られないし、古い連禱の言葉よりはカトーの言葉にはるかに一致するものとなっている。第七世紀の初め［西暦前二世紀中頃］のローマ人が、第五世紀［西暦前四世紀中頃―前三世紀中頃］の記録を理解するのは難しかったとしても、その困難さは疑いなく当時のローマにはまだ真の意味での研究が――とりわけ古記録の研究が――存在していなかったからにすぎない。

実務的な文体　他方ではまさにこの時代に、布告・指令と法律の編纂が始められる中で、ローマ人の実務的な文体も初めて確立されたのであろう。その紋切り型の定式と言い回し、個々詳細にわたる限りない列挙、息の長い双対文［均斉のとれた複雑総合文］といった点で、少なくともその発展した形では、今日のイギリスの法廷言語にまったく引けを取らないし、その明確さや精密さの必要のために、習熟した人に委ねられた。［言葉が理解できない］門外漢は、自分の性格や気分に応じてそれぞれ、畏敬を覚えるか、苛々するか、忿懣やる方なく何も分からないまま傾聴するしかなかったのである。

言語学　さらにはこの時期に、土地の言葉の合理的な取り扱いが始まった。そのはじめの頃には、すでに見たように（二〇四頁）、サベッリ人の語法も、ラテン人特有の語法も、卑俗なものになりそうであったし、語尾が不明瞭に［もしくは引き伸ばされて］発音され、母音や比較的繊細な子音が鈍いものになりつつあった。まさに西暦五、六世紀のキリスト教時代にロマンス語の中で見られたのと等しい状況だったのである。しかし、これに対して反動が起こった。オスキ語ではdとr、ラテン語ではgとkという癒合してしまっていた音が再び分離し、各々が独自の記号を備えることになった。またoとuは、オスキ語のアルファベットでは最初から別々の記号を欠いており、ラテン語では本来は別だったこの二つの音が重なりそうになっていたのだが、再び区別されるようになった。それどころかオスキ語ではさらにiが、音の点でも記号の点でも異なる印に分かれた。最後に、綴りが再び発音に近づいてゆき、例えばローマ人の場合、しばしばsがrで置き換えられた。このような反動を示す現象は、年代学的には第五世紀［西暦前四世紀中頃―前三世紀中頃］にまで及んでいる。例えばラテン語のgは、前四五〇年頃にはまだ存在していなかったが、前二五〇年頃になると存在したらしい。初めてパピシウス（Papisius）の代わりにパピリウス（Papirius）と自称したパピリウス氏族の人物は、前三三六年のコンスルだった。sに代わるrの導入は、アッピウス・クラウディウス、すなわち前三一二年のケンソルに帰せられよう。より繊細でより明瞭な発音を取り戻すことは、間違いなくギリシア文明の影響の高まりと関連するものであり、その影響たるや、まさにこの時代には、イタリキの生活のあらゆる分野で見られるものである。またカプアやノラの銀貨が同時代のアルデアやローマのアス貨［小銭］よりはるかに完全であるように、綴りと言い回しも、より急速に、またより完全にラティウムよりはカンパニア地方で整えられたようである。しかしこうした努力にもかかわらず、ローマ人の言語および書き方は、この時期の終わりにあってもまだ定まったものになっていなかった。第五世紀の終わり［西暦前三世紀中頃］に遡る碑文には、語末音のｍ、ｄ、ｓ、語中音のｎの挿入や脱落があり、また母音のｏとｕおよびｅとｉの区別に関しては、まったく恣意的なのである。* 同時代のサベッリ人がこの点に関してはるかに進んでいたということもありうるが、ウンブリア人の方は、再生力のあるヘレネスの影響をわずかしか受けていなかった。

＊　前二九八年のコンスルのルキウス・スキピオと前二五九年の同名のコンスルの二人の墓碑銘には、活用形の語末音においてｍとｄが規則的に欠けている。それでも、Luciom は一度、Gnaivod も一度見つかる。主格の形では、Cornelio と filios が並んで現われ、cosol, cesor と consol, censor が、aidiles, dedet, ploirume（= plurimi), hec (nom. sing.）と aedilis, cepit, quei, hic が並んで現われる。ｒ音の転換はすでに完全に成し遂げられていた。すぐに目につくのは、duonoro（= bonorum), ploirume である。それはサリイの歌における foedesum, plusima のようなものではない。我々の手に残されている碑文は、一般にｒ音の転換《ロタシズム》の時代より前に遡るものではない。古いｓについては、まだ後に honos, labos が、honor や labor と並んで現われ、また類似の女性の個人名、Maio（= maios, maior）と Mino が新たに発見されたプラエネステの墓碑銘にあるなど、ほんのいくつかの痕跡があるだけである。

教育　法律学や文法のこのような発展によって、初等教育も——それ自体はおそらくもっと早くに誕生していたのだろうが——、ある種の高まりを経験したに違いない。ホメロスが最古のギリシア人の書物であったように、十二表法が最古のローマ人の書物であり、両者ともにそれぞれの祖国で教育の根本的な基礎となった。そして法的・政治的な問答の暗記が、ローマの子供の教育の中心となった。ラテン語の「筆記の先生」(litter-atores）と並んで、ギリシア語の知識が、いかなる政治家いかなる商人にも必須になって以降は、もちろんギリシア語の語学教師（grammatici）もいた。* それは家庭教師としての奴隷であったり、私的な教師であったりしたが、教師の自宅もしくは生徒の住まいでギリシア語を読みかつ話すことを教えた。軍事や政治と同じように教育においても鞭打ちが役目を果たしていたことも、至極当然であろう。** しかしこの時代の教育が、初歩的な段階を乗り越えていたと言うことはできない。教育を受けたローマ人と受けなかったローマ人との間に、実質的な社会的差異など存在しなかったからである。

＊　litterator と grammaticus は、ほぼ初等教育の先生と語学の教師との関係に相当する。後者の呼称は古い言葉の使い方ではギリシア語教師にしか当てはまらず、母国語の教師には当てはまらない。litteratus は新しい表現で、学校教師ではなく教養ある人物を表わす表現である。

＊＊　それでもたしかに、プラウトゥスが（Bacch. 431）古き良き子供の教育の実例として引用しているのは、ローマの光景である。

……家に帰ると
帯を締めて、教師（magister）を前に椅子にすわる。
本を読んでいる間に一音節でも読み間違えると、
乳母の前掛けの染みのように、彼は君を体中あざだらけにする。

精密科学〜暦の調整　ローマ人が数学や機械工学において卓越していたことなど、いかなる時代にもなかったということはよく知られているし、この時期に関しても例証として間違いなく挙げられうるほとんど唯一の事実は、十人委員によって試みられた暦の調整だけである。

ローマ人は、まことに不完全な、古い三年周期に基づくこれまでの暦（一九三、一九四頁）を、その当時のアッティカの八年周期の暦に取り替えたいと望んだ。それは二九日と二分の一日の太陰月を維持するが、太陽年を三六八日と四分の三日ではなくむしろ三六五日と四分の一日と定め、したがって通常の一年の長さ三五四日はそのままにして、以前のように四年ごとに五九日を挿入するのではなく、八年ごとに九〇日を挿入するものであった。同じような観点から、ローマの暦の改良者は、通用している暦をその他の点では維持しながら、四年ごとの周期で二年の閏年を挿入し、それらの年に閏月をではなく二回の二月をそれぞれ七日ずつ短くし、そうして閏年のこれらの月を二九日と二八日ではなく二二日と二一日にしようと考えた。ところが数学的な思考力のなさと神学的なためらいが、とりわけまさしく問題の二月の日にあたるテルミヌス神の年祭についての配慮が、改革の意図を次のような具合に台無しにしてしまった。つまり閏年の二月がむしろ二四日と二三日になり、したがって新しいローマの太陽年は実際には三六六日と四分の一日になってしまったのである。その結果として生じる現実的な障害に関しては、次のような慣行の定着がいくばくかの救いになった。それは、長さがこのように不均衡になってしまった月ではもはやこれ以上役に立たないので、暦の上での月もしくは十ヵ月の月（一九三頁）による計算を排除し、よりはっきりした規定が必要な場合には、三六五日の一太陽年の十ヵ月という期間に基づくか、あるいは三〇四日といういわゆる十ヵ月の年を基にして計算するということであった。それに加えて、とくに農業上の目的のためには、エウドクソス（前三六八年が活動の頂点）によるエジプトの三六五日と四分の一日の太陽年に基づいた農民用暦が、イタリアでも早くから使われるようになった。

建築、造型芸術　こうした学問領域においてイタリキが成し遂げた事柄の、より高度な意味内容が認められるのは、機械工学に密接な関連のある建築と造型芸術の業績である。なるほど真にオリジナルなものは、ここにも現われていない。しかし、イタリキの造型芸術に一貫して捺されている借用の烙印によって、作品に対する芸術的な関心は低下するにしても、歴史的な関心はかえっていっそうかきたてられるのである。それは一方では、こうしたものが、他所では消えてしまった多種多様な形の国際交流に関して最も注目に値する証拠を保持しており、他方では、ローマ人以外のイタリキの歴史のおよそ完全な没落の中にあっても、ほとんど唯一、半島のさまざまな人々の生き生きした活動を描き出しているものだからである。ここにはこの時代に新たに生み出されたものはまったく報告されていない。しかし我々がすでに見てきたことが（二二一頁）、この時期にはおそらくいっそうはっきりと、またいっそうの拡がりをもって成就されていると言えよう。それは、ギリシア人の刺戟がエトルリア人とイタリキを様々な面から巨大な力でつかまえ、エトルリア人の間ではより豊かでより豪奢な芸術を、イタリキの間では概してより知的でより内面的な芸術を喚び起こしたということである。

建築～エトルリア　古イタリアのあらゆる地方の建築に、すでに最古期からいかに全面的にヘレネス的な要素が浸透していたかは、前の方で述べたところである。都市の城壁、水道橋、ピラミッド型の覆いのある墳墓、トスカナ様式の神殿は、決して、もしくは基本的に最古のヘレネス建造物と異なるものではない。

この時期のエトルリアにおける建築の進展についてはまったくその痕跡すら残っていない。我々がここで遭遇するのは、本質的に新しい受容でもなければ、独創的な創造でもない。というわけで、ただエジプトのピラミッドの無意味で奇妙な豪華さを彷彿とさせる墳墓、ワッロの描くキウジ［クルシウム］のいわゆるポルセナの墓のような壮大な墓所が考慮の対象となるだけである。

ラテン的な建築とアーチ　ラティウムでも、共和政の最初の一世紀半の間はおそらく完全にこれまでの路線上にあり、共和政の導入により芸術活動が上昇というより沈滞したことは、すでに述べた（四一二頁）。この時代には、前四九三年にローマの競技場《キルクス》わきに建てられたケレス神殿――帝政期にはトスカナ様式の模範と見做される――以外には建築学上重要なラテン式建造物と言いうるものは見られない。ところがこの時期の終わり頃、新しい精神が、イタリキ、とりわけローマの土木建築の中に現われる（四一三頁）。すなわち大規模なアーチ構築がはじまるのだが、本当のところ、アーチや穹窿はイタリキの発明とは言えないのである。

ヘレネス式建築の創世期には、ヘレネスはアーチを知らなかったし、したがってその神殿には平たい天井と傾斜した屋根で間に合わせる他なかったことは確かである。しかし楔状の切り込み［アーチ］は、合理的な機械工学から生まれた新しいヘレネスの発明である可能性が高く、それどころかギリシアの伝承は、これを自然学者［物理学者］デモクリトス（前四六〇―前三五七年）にまで溯らせているのである。このようにローマのアーチ構造よりもヘレネスのアーチ構造の方が先なのだが――それはいろいろと推定されているが、たぶん正しいだろう――、このことはまた次の点とも一致している。すなわち、ローマの主要暗渠の穹窿や、また本来はピラミッド型の屋根で覆われていたカピトリウムの古い井戸の建物（二一八頁）に、後になって張り渡されたものは、アーチの原理が適用されている最古の現存する建造物の例であるが、これらの建造物は王政期ではなく共和政期のものであり（九九頁）、王政時代にはイタリアでもただ平らなもしくは重なった［持ち送り構造を重ねたもの］屋根しか知られていなかったということである――これは、単にそうらしい、という以上のことである（二一八頁）。ともかく、アーチそのものの発明についてどう考えるにせよ、大規模にそれを使用することは、いかなる領域でも、また何よりも建築術の分野において、少なくとも原理の樹立と同じくらい重要であろう。そしてこれがローマ人に帰せられるのは議論の余地がないところである。第五世紀［西暦前四世紀中頃―前三世紀中頃］に、主にアーチを利用して建てられた門・橋梁・水道橋の構築がはじまるが、それらは以後、ローマ人の名前と分かちがたく結びついている。これと類縁関係にあるのが、穹窿［ドーム型の屋根］をもった円形の神殿の発展である。この形は、ギリシア人には無縁のものだが、それに対してローマ人には非常な人気を博し、彼らに特有の宗教儀式、とりわけウェスタの祭祀のように非ギリシア的なもののために用いられた。*

＊円形神殿はたぶん、考えられていたように最古の住居の形の模倣ではない。むしろ家屋の構造はまったくの四角形からなっている。後のローマ神学は、この円形を地球、もしくは太陽を中心とする球形の宇宙という概念（Fest. v. rutundam p. 282; Plut. Num. 11; Ov. fast. 6, 267ff.）と結びつけている。事実はおそらく単純に、垣で囲んで保護する空間のためには、常に円形が最も便利で最も安全な形と見做されたことに由来するのだろう。これが、ヘレネスの円形の宝物庫や、ローマ人の貯蔵部屋やペナテスの聖所の円形構造の理由である。またもちろん炉――すなわちウェスタの祭壇――も、火のおかれた部屋――すなわちウェスタの聖堂――も、丸い形に設計された。これは、貯水池や泉の囲い《プテアル》についてそうされたのと同様であった。円形の建造物自体は方形の建造物と同様、グラエコ・イタリキ的なものであり、前者は貯蔵室に、後者は住居に適していた。しかし単純なトロス［円形の神の社］が支柱［台脚］や円柱を伴って円形神殿へと建築的・宗教的に発展するのはラテン的な現象である。

この分野でも、以上とほぼ同様のことが、多方面にわたり副次的とはいえ重要でなくもない技量に関しても当てはまるようである。ここでも独創性もしくはまったく芸術的な熟練度については問われない。しかしローマの道路のしっかりと嵌め合わされた板石からも、壊れそうにない街道からも、幅広く、打てば響くような堅固な煉瓦からも、建物の恒久的なモルタルからも、頑丈極まりないローマ的な本領のもつ活力が声を上げているのである。

造型と描写　構造学的な技術［建築］と同じく――ないしはそれ以上に――、造型芸術および［線や図の］描写芸術に関しても、イタリアの大地では、ギリシアの種子から発芽した以上には、ギリシアからの刺戟によって実をつけることはなかった。こうした建築の妹たち、すなわち彫刻や絵画も、ようやくとはいえ、少なくともエトルリアではローマの王政時代に発展しはじめていたことは、すでに注意したところである（二二一頁）。

エトルリア人　しかしその主たる展開が見られたのは、エトルリアではこの時期のことであり、またラティウムにおいてはなおのことそうだった。これは、第四世紀［西暦前五世紀中頃―前四世紀中頃］の間にケルト人やサムニウム人がエトルリア人から奪取した地方において、エトルリア人の芸術活動の痕跡がほとんど残っていないことから分かる。トゥスクス人の塑像製作は、まず第一に、そして主として焼いた粘土《テラコッタ》、銅、金による作品に向けられた。その素材を芸術家に提供したのは、エトルリアの豊かな粘土層や銅坑そして商取引であった。粘土の塑像製作の活発さについては、テラコッタの膨大な数のレリーフ板や彫像作品が証明してくれる。これらでもって、エトルリア人の神殿の壁や破風、屋根などがかつては飾られていたのであるが、それは今の廃墟にもまだ残っている。その作品がエトルリアからラティウムに売り捌かれたことも証明できる。銅の鋳造もその背後に退いていたわけではない。エトルリア人の芸術家は、大胆にも五〇歩もの高さの巨大な青銅像の製作にまで挑戦しており、ウォルシニイすなわちエトルリアのデルフォイには、前二六五年頃、二〇〇〇個の青銅像があったと言われている。それに対してエトルリアにおける石製の彫刻は、おそらく他のどこでも同じだったように、はるかに時代が下って始まったのであり、内的な理由ばかりでなく適当な材料の不足のためにも、発展が遅れていたのである。ルナ（カッララ）の大理石の石切り場はまだ開かれていなかった。南エトルリアの墓室の豊かで優雅な黄金の飾りを目にした者はだれでも、テュッレニア人［エトルリア人］の黄金の小鉢《カップ》がアッティカにおいてさえ珍重されたという報告にも納得することができるだろう。彫石術も、たとえずっと新しいものであるにせよ、エトルリアでも多種多様な形で行なわれた。これも例によってギリシア人を頼りにしたのだが、それはそうとして彫塑的な仕事の芸術家に完全に匹敵するものとして、金属の上に輪郭線を描くことでも、また単色の壁画［フレスコ画］においても、抜群に活動的なエトルリア人デザイナーや画家がいたのである。

カンパニア人、サベッリ人　彼らと本来のイタリキの活動分野とを比較すると、まず第一にエトルリア人の充実した豊かな状態に対して、イタリキにはまるで芸術的なものが欠けているように見える。しかしもっとじっくり吟味してみれば、サベッリ人もラテン人も、エトルリア人が芸術において有した能力や技量以上のものを持っていたに違いないと、認めざるをえないであろう。たしかに本来のサベッリ人の領域では、サビニ人の地にせよ、アブルッツォやサムニウムにせよ、芸術作品はまったく見られないかのようだし、貨幣すら欠けている。それに対して、テュッレニア海もしくはイオニア海の海岸に到達した同じサベッリ系の人々は、ヘレネスの美術を、エトルリア人のようにただ単に外面的に習得したばかりではない。多かれ少なかれ、完全に自家薬籠中のものにしたのである。ウェリトラエ——かつてのウォルスキ人の地方で唯一その言語や独自性をその後も守り続けた（三三二頁）ところ——では、独特な処理が施され生命力にあふれた彩色テラコッタが見つかっている。南イタリアでは、なるほどルカニアは比較的わずかしかヘレネス芸術の影響を受けてはいない。しかしカンパニアやブルッティウム人の土地では、サベッリ人とヘレネスは、言語や民族性ばかりでなく、とりわけ芸術において完全に融合していた。とくにカンパニアやブルッティウムの貨幣は、同時代のギリシア貨幣と技術上の処理の点では完全に同水準にあり、ただ銘文によってそれぞれを区別できるだけだった。

ラテン人　あまり知られていないがほぼ確実なこととして、

ラティウムも、芸術作品の豊かさとその数量の点ではたしかにエトルリアにひけを取っていたとしても、芸術的感覚と芸術的活動においては決して負けていなかった。第五世紀のはじめ頃〔西暦前四世紀中頃〕、カンパニアにおいてローマの支配が確立し、都市カレスがラテン共同体に変わり、カプアに近いファレルヌス《ファレルヌム》の地がローマの市民地区《トリブス》になり（三三三頁）、初めてカンパニアでの芸術的活動の場がローマ人に開かれたのである。たしかにこの地には、豪奢なエトルリアで力を入れて育成されたような彫石技術は完全に欠けており、ラテン人の手工業者が、エトルリア人の金細工師や陶工《すえものし》のように、外国の需要のために活動した痕跡はない。なるほどラテン人の聖所は、エトルリア人のそれのように青銅製やテラコッタの装飾でごてごて飾り立てられてはいない。ラテン人の墓は、エトルリア人の墓のように黄金の装飾に満ちてはいないし、その壁は、エトルリア人の壁のように色鮮やかな絵画で光彩を放ってもいなかった。しかしそれにもかかわらず、全体としては、秤はエトルリア民族に有利には傾かない。ヤヌス像の考案は、その神自身がそうであるように、ラテン人に帰せられるものだが（一五三頁）、決して不器用なものではなく、エトルリア人のどんな芸術作品よりも独創的である。雌狼と双子の美しいグループ彫像は、ギリシア人の似たような考案に依拠しているに違いないが、その仕上げには、ローマにおいてではなくともローマ人の考案したものがたしかにある。ローマ人によってカンパニアにおいて、カンパニアで使用されるものとして鋳造された銀貨にこうしたことが初めて現われているのは注目すべきだろう。先に触れたカレスでは、その建設の直後に特別な意匠の装飾土器が考案されたらしい。これには工匠の名前も製作場所も記されており、エトルリアにいたる広い範囲で売り捌かれた。最近エスクィリアエの上で出土したテラコッタの小型装飾祭壇は、図柄の表現も装飾もカンパニアの神殿にある同じ性格の奉納品とぴったり一致している。しかしこれは、ギリシア人の工匠もローマのために働いていた可能性を排除するものではない。彫刻家ダモフィロスは、ゴルガソスとともに、彩色テラコッタ像を太古のケレス神殿のために製作していたが、この人物は、ゼウクシスの師匠、ヒメラのデモフィロス（前四五〇年頃）に他ならないと思われる。

何よりも教訓的なのはこのような分野の芸術であり、古い証拠や我々自身の観察による、比較に基づく判断が可能なのである。ラテン人の石細工は、この時期の終わりにドリス様式で作られたあのローマのコンスルのルキウス・スキピオの石棺以外にほとんど何も残っていない。しかしその気品のある簡明さは、類似のあらゆるエトルリア人の作品を恥じ入らせるに充分である。エトルリア人の墓からは、古く簡潔な芸術様式の美しい青銅製品が数多く発見され、とりわけヘルメットや燭台、またそれと類似の器具などが有名である。だがこれらの作品のいずれが、前二九六年に、ローマ広場《フォルム・ロマヌム》のルミナリスの無花果《いちじく》の木の傍らに置かれた青銅製の雌狼、今日もなおカピトリウムの最も美しい装飾と言える作品に匹敵できるだろうか。そしてラテン人の金属鋳型工も、エトルリア人の鋳型工と同じく、大きな課題にひるまず立ち向かっていたことは、スプリウス・カルウィリウス（前二九三年のコンスル）の命で、サムニウム人の武具を溶かして作られたカピトリウムの巨大なユピテル青銅像が証明していよう。その巨大さは、彫り刻むにあたって出た屑から、巨像の足元に立つ勝利者の像が鋳造できたくらいだった。このユピテル像はアルバの山からさえ見えたのである。鋳造された銅貨のうち最も美しいものは、断然、南ラティウムのものである。ローマおよびウンブリアの貨幣はまあまあのところであるが、エトルリアのものにいたっては、ほとんど図柄に欠けており本当に野蛮なことも多い。前三〇二年に奉納されたカピトリウムの健康の女神の神殿［サルス女神。この神殿の奉献者はこの年の独裁官のユニウス・ブブルクス・ブルトゥス。カピトリウムでなくクィリナリスの上か］にガイウス・ファビウスが完成させた壁画は、デザインにおいても色彩においても、ギリシア芸術の教養を持ったアウグストゥス時代の美術批評家に絶賛されたほどである。そして帝政期の熱烈な美術愛好家は、カエレのフレスコ画にも感銘を受けただろうが、もっとはるかに力を込めて、ローマ、ラヌウィウム、アルデアなどのフレスコ画を、絵画の傑作として称賛している。ラティウムでは金属への彫り込みは、エトルリアのように手鏡の装飾ではなく、優雅な輪郭線でもって化粧小函を飾るものであったし、ラティウムではははるかに狭い範囲、ほとんどただプラエネステだけで制作されたにすぎなかった。エトルリアの金属製［青銅製］の鏡の中にも、プラエネステの小函のようにすばらしい芸術作品が見つかるが、しかしそれでも後者の方が見事であった。たしかにプラエネステ製の小函はプラエネステの巨匠の工房でこの時期に生まれた可能性が最も高い。* この点に関しては、フィコロニの飾り小函《キスタ》のように、美しさと性格描写において完成され、また完璧で純粋かつ生まじめな芸術という性格をそなえた古代の線刻《グラフィック》作品など他に存在しないと間違いなく言えるかもしれない。

* ノウィウス・プラウティウス（四一三頁注）は、おそらく基部と蓋上のグループのみを鋳造したにすぎない。小函自体はより古い芸術家の手になるものだろうが、このような小函の使用は基本的にプラエネステに限られていたので、プラエネステ以外の土地の人に由来する作品ということはありえない。

エトルリア芸術の性格　エトルリアの芸術作品の一般的な特徴は、ある点では、素材や様式の上での一種の蛮族風の大げささにあり、また別の点では、内面的な発展の完全な欠落にある。ギリシア人の師匠が飛ぶように速くスケッチするのを見て、エトルリア人の生徒は、生徒らしく一生懸命に力を注ぐ。しかしギリシア人の作品の軽い材料とほどよい釣合いに代わって、エトルリア人の作品では、大きさや豪華さ、もしくは単なる奇矯さまでもが誇らしげに強調されている。エトルリア人の芸術は、誇張することなしには模倣できない。彼らの芸術においては厳しさは偏狭さになり、心地好さは柔弱さに、恐ろしさは怪奇さに、豊穣さは卑猥さになる。そしてこの傾向はますますはっきりと現われ、それだけにいっそう新鮮な刺戟が後退し、エトルリア人の芸術は自分に固有のものを頼りにせざるをえなくなってしまったのである。伝統的な形式や様式への固執ははるかに際立っている。エトルリアとの初期の友好的な接触により、ヘレネスがこの地に芸術の種を蒔くのを認められたわけだが、その後の敵対的な時期にあってギリシア芸術の新しい発展段階のものがエトルリアに伝わらなかったにせよ、あるいはまた——それはもっとありうることだが——民族を急に襲った知的な硬直がその際問題になったにせよ、芸術なるものは、エトルリアでは、それが最初に自らの地に浸透したまさにそのときのプリミティヴな段階に、基本的にはとどまったままであった。これには次のようなよく知られた理由がある。すなわちエトルリア人の芸術は、ヘレネスの芸術がその母親と見做されたかぎり、ヘレネスの芸術の未発達な娘であり続けたということである。古い芸術の分野において一度伝えられた様式を固守し続けたこと、はるかにそれ以上に、後に普及した分野、とりわけ石を刻む彫刻や貨幣のための銅の鋳造といった分野における、バランスを欠いた劣悪な取り扱いが、いかに速やかにエトルリアの芸術から生気が消えてしまったかを示していよう。同じように教訓的なのは、後のエトルリアの墓所であれほどものすごく大量に見出される彩色容器である。このようなものがエトルリア人の間で、縁飾りのある金属性の皿や彩色テラコッタと同じくらい早くから広まっていたとすれば、疑いなく彼らはこうした比較的良質なものを自分の土地で大量に作り出すことを学んでいたであろう。しかし、こうした贅沢さが浮上してきた時期には、エトルリア語の碑文のついたばらばらに離れて見つかる容器が示しているように、自発的な再生産に完全に失敗していたのである。だれもが制作をする代わりに購入することで満足していたのであった。

北エトルリアと南エトルリアの芸術　しかしエトルリアの内部でも、南の地方と北の地方の芸術的な発展に関しては、いっそう注目に値する差異が見られる。南エトルリアでは、主としてカエレ、タルクィニイ、ウォルキ［ヴルチ］の地域が、とりわけフレスコ画、神殿装飾、黄金の飾り、彩色土器といった巨大で豪華な宝物を保持していた。北エトルリアの方ははるかに後景に退く。例えばキウジより北には彩色墳墓は見つかっていない。エトルリア最南の都市、ウェイイ、カエレ、タルクィニイは、ローマの伝統ではエトルリア芸術の原点の場所、本拠地と見做されるところである。他方、最北の町ウォラテッラエは、あらゆるエトルリア人の共同体の中で最大の領域を擁しているが、何よりも芸術からも最も離れた町なのである。南エトルリアでは、半ばギリシア的な文化が広まっていたのに、北エトルリアはむしろ文化不在といったありさまだった。こうした注目に値する対照の原因は、一つには、南エトルリアのおそらく強力に非エトルリア的な要素と混ざり合った多種多様な性格の民族性（一一二頁）の中に、今一つには、ヘレネスの影響の強さの違いの中に求められるべきだろう。後者は、とりわけカエレにおいては決定的に働いたに違いない。事実そのものは疑うべくもない。それだけにいっそう、ローマ人によるエトルリアの南半分の早期の制圧、またきわめて早くからこの地で始まるエトルリアの芸術のローマ化は、有害なものとなったに違いなかった。自分たちだけの世界に限局されていた北エトルリアに芸術活動をする能力があったことは、基本的には彼らのものと言うべき銅貨が示している。

ラテン芸術の性格　エトルリアからラティウムに目を転じると、ラティウムもまたなんら新しい芸術を生み出さなかったことは歴然としている。アーチのモティーフからヘレネスの構造学［建築］とは異なる新たな建築を発展させ、次いでこれと調和をとって新しい彫刻や絵画を展開することは、はるかに後の文化の画期まで待たねばならなかった。ラテン芸術にはどこにも独創的なところはないし、質の劣ったものであることが多い。しかし、外来の良きものを摂取する新鮮な感受性と選択能力は、高度に芸術的なものと言えよう。ラテン芸術は、容易に蛮族風なものに陥ることはなかったし、その最良の作品においては、完全にギリシア人の技術水準にある。たしかにラティウムの芸術が、少なくとも初期の段階においては、明らかにそれより古いエトルリア芸術の従属下にあった（二二一頁）ことは否定されるべきではないだろう。ケレス神殿にギリシア人芸術家が制作した（四四〇頁）粘土製の像［テラコッタ像］が飾られるときまで、「トスカナ」のテラコッタ像しかローマの神殿を飾るものはなかったと、ワッロが考えたのは何はともあれ正しかったと言えよう。しかしいずれにせよ、ギリシア人の直接の影響がラテン芸術を決定したのは自明なことであり、まさにこうした造型美術においても、ラテン貨幣・ローマ貨幣においても、はっきりと示されている。エトルリアではただ化粧鏡の上にだけ、ラティウムではただ化粧小函の上にだけ、金属の線描が適用されていることですら、両地方が受けた芸術的刺戟の多様性を示すものであろう。しかしながら、ラテン芸術が最も生き生きとした繁栄ぶりを見せたのは、必ずしもローマであったようには見えない。ローマのアス貨幣やローマのデナリウス貨幣は、ラテン人の銅貨や稀少なラテン人の銀貨に、仕上げの精巧さや趣味の点ではるかに凌駕されている。また絵画やデザインの傑作も、圧倒的にプラエネステ、ラヌウィウム、アルデアのものである。そしてこのことは完全に、先に指摘したローマ共和政の現実主義的で生真面目な気質に合致しているのである——その精神が他のラティウムでも同じような支配力を揮うのはむずかしかった。しかしそういうわけで第五世紀［西暦前四世紀中頃—前三世紀中頃］、とりわけその後半［西暦前三世紀前半］に、ローマ芸術においても力強い活動があった。これが、後のアーチ構造を持つ建造物や道路建設が始まった時期に他ならず、その時期にカピトリウムの雌狼のような芸術作品が生まれたのである。そのとき、ローマの古いパトリキ貴族の氏族出身の一人物が絵筆を握り、新しく建設された神殿を装飾している。そして彼は名誉ある添え名、「絵描き《ピクトル》」を受けたのである。これは偶然ではない。偉大な時代とは、どのような時代であろうとも、人間の全体をしっかとつかむものなのである。ローマの風習がどれほど堅実なものであろうと、ローマの警察がどれほど峻厳なものであろうと、半島の支配者としてのローマ市民団が、あるいはより正確に言えば、初めて国家として統一されたイタリアが見せた気勢は、ラテン芸術とりわけローマ芸術の高揚のうちにはっきりと表われているのである。それはまさに、民族の道徳的かつ政治的な衰退がエトルリア芸術の沈滞において浮び上がってくるのに等しい。ラティウムの強力な民族的活力が、より弱体の諸民族を制圧したように、それは青銅や大理石にも不朽の刻印を捺したのである。

邦訳についての覚え書

本翻訳全体に関して、凡例に相当する事柄を、少々詳しく解説風に記すことにしよう。

(1) これは、Theodor Mommsen, *Römische Geschichte*, Weidmannsche Buchhanndlung, Berlin の第三巻までを一つのまとまりとした邦訳（全四巻構成となる）のはじめの巻である。ちなみにこの作品は、これまで本邦では普通『ローマ史』と呼ばれてきた。原著は本来、全四巻からなる。第一巻は一八五四年、第二巻は一八五五年、第三巻は一八五六年、第五巻も一八八五年に出版されているが、第四巻は結局現われなかった。第一巻から第三巻までは第一四版が一九三二年、第五巻は第一一版が一九三二年に出ているが、普通は、モムゼン（一八一七―一九〇三年）自身が生前に手を入れた最終の版、すなわち第九版（一九〇二年、一九〇三年、一九〇四年。第五巻のみ第五版で一九〇四年）がその後の版の基礎になっており、一般に使用される版である。ただ、この翻訳にあたり、私の手許にあり、本邦でも各地の大学図書館に収められてある第一三版（一九二二―二五年）を一応の底本にしながら、第九版の復刻版とも言うべき最新の普及版である dtv-Bibliothek 版（一九七六年）も参照した。この文庫本には、誤植もないわけではないが、大きな特徴は、正書法を現在のそれに近いものとし、あまりにも長い文章には、コンマを挿入していること、また、ほとんど改行のない原本に適宜——といってもごくわずか——改行を施しているところであろう。なおこの dtv 版も二〇〇一年までに六回版を重ねている。以上をふまえて言えば、この翻訳の底本は基本的には第九版と言うべきであろう。

英訳は、古くから W. P. Dickson 訳（一八六二年以降）、とくにその Everymans library 版が普及しているが、これまた最新の Routlege 社の復刻版（一九九六年）を参照することができた。これは、本来一八九四年に刊行されたものであり、原本の第三版（一八六一年）がもとになっている。英訳に関しては「重苦しい訳」という批判もないわけではないが、一種の定訳の位置を保ってきたと言えよう。

原本の初版（東京大学図書館所蔵）には序文はないが、第二版以降には付加されている。ただし、内容上積極的な主張はないので、この邦訳では割愛した。

なお原本の第二版（一八五七年）は増補が大きく、例えば、第一巻は六四四頁が九二四頁に、第二巻は四三九頁が四六三頁に、第三巻は五八二頁が六〇九頁になっている。その後は、本文に関しては大幅な増補、訂正はない。そうした意味で、その後の版も大きくは第二版が基礎になっていると言ってよかろう。また、初版ではそれぞれの巻に、第一巻「ピュドナの決戦まで」、第二巻「ピュドナの決戦からスッラの死まで」、第三巻「スッラの死からタプススの決戦まで」という題名が付けられており、以下の版ではそれがほぼ踏襲されているようである(もっとも dtv 版のように巻立てが変われば別である)。また第五巻は「カエサルからディオクレティアヌスまでの国々と人々」として帝政期の属州の歴史にあてられている。ただし、これらの題名では日本の読者には内容が伝わりにくいと考え、本邦訳では独自にタイトルを施してある。

原本は、**Band-Buch-Kapitel** という構成になっているが、本邦訳では巻—編—章という形をとった。本来 **Band** に当たるものは、版や刊本によって動く(dtv 版などはそうであり、また英訳本の Volume もしかりである)が、原本の **Band** には一、二という和数字を、本訳書の巻にはI、IIというローマ数字を当てた。Buch 以下は動かない。なお原本の **Buch** には副題が付けられている。第一の **Buch**(本訳書では編)は「ローマ王政の崩壊」、第二編は「ローマ王政の解体からイタリアの統一まで」、第三編は「イタリア統一からカルタゴとギリシア諸国家の征服まで」、第四編は「革命」、第五編は「軍事独裁の成立」となっている。

本訳書では、原本の長大な第一巻を二つに分けて第I巻「ローマの成立」、第II巻「地中海世界の覇者へ」とし、原本の第二巻を訳本の第III巻「革新と復古」に、原本の第三巻を訳本の第IV巻「カエサルの時代」としてモムゼン同様(第五版以降)索引を加えることにした。原本には地図が一葉あるが、dtv 版をふまえつつ独自の年表と地図を数点付け加えてある。

モムゼンの『ローマの歴史』の邦訳にはこれまで、全二〇〇〇頁(第三巻まででも)の一五分の一にもならない部分訳ではあるが、拙訳『ノーベル賞文学全集21 モムゼン、オイケン、ベルグソン』(主婦の友社、一九七二年)があり、かなり詳細な注や解説を施している。

なお、二〇〇二年には「グーテンベルク・プロジェクト」によって原本のテキストがウェッブ上に公開されており、だれでもどこでも容易にそれを引き出すことができるようになった。

(2) 本邦訳は原本の第三巻までの全訳である。未完ながら、一応これで完結していると見るからである。その理由は、第五巻が第四巻をとばしてほぼ三〇年後に刊行されている点、また第四巻つまり「ローマ帝政期の政治史」の部分が結局公刊されなかった点にある(この問題は、いずれ解説において触れたい)。第五巻の方が学問的な価値が高いとする論者もあるが、それは問題がいささか別であろう。いわゆる帝政期の属州を対象とする第五巻(第八編)を訳出しなかったのは、「歴史叙述は個別研究の集成」と見做したモムゼンであるとすれば、最晩年の「諦念をもって書いた」この第五巻のもつ重みはよく理解できるにしても、第一、第二、第三巻で一まとまりと考えるからである。

モムゼンの原本は、各巻、通史的部分（政治史）と国制、経済、宗教、文化等を記した部分に分けられる。最初は通史的な部分のみを訳出していたが、最終的には文学・思想・宗教に至るまで、まったく省略せずに訳出することにした。通史的な部分も、狭い意味でのローマの歴史にとどまらず、それぞれの時代の歴史の中に、広く地中海世界各地の問題を組み込んでいるし、また経済・文化などの叙述は、ローマ史と言えば政治史の叙述に偏していたその当時としては、まことに斬新なものであり、大きな関連性の中に万般の問題を明らかにした叙述だからである。

(3) 原本は改行の極端に少ないものであり、数頁にわたって改行のない個所が大部分であるが、読者の便を考えて適宜改行した。その際 dtv 版および英訳を大いに参考にしたが、それよりはるかに多く改行することになった。また、もともと節に当たるものはなく、すべてが欄外見出し（第二版以降に付けられたもの）である（dtv 版では、欄外見出しは削ってあり、巻末にその一覧表を掲げてある）。それも大きく分けて二種類ある。一つは、改行とも関連するが、ある主題に関する話が終わり新しい内容に入るところにあるものであり、節の始まりのような性格のもの（あるいは内容表示）であって、今一つは、流れる叙述に関連ある細かい事柄の単純な指摘である。基本的にはすべてがあくまでも欄外見出しにとどまり、したがって、数頁にわたってまったくその欄外見出しのない個所があったり、一頁に四、五も欄外見出しがあるところもある。前者には、そのまま節の名称にすることのできるものもあるが、後者は、その性格も多種多様であるので（突然出てくる固有名詞は、初出の地名や人名であったり、または重要な役割を果たす存在であったりするが、章節に当たるものではない）、それをそのまま節の名称にすることなどできず、本邦訳では、モムゼンの意図、言い回しは残しながら、いくつかの欄外見出しに手直し、合体、付加、削除をして（削除は極力避け、合体させた）、節の名、というよりは小見出し的なものとした。もっとも訳者の付加したものは、ほとんど零に等しく、基本的にはモムゼンの欄外見出しを生かした。また、一〇頁前後で終わる章もあれば、一〇〇頁以上に及ぶ章もあるので、後者に関してはいくつかの区分けを試みた。そのこととも関連するが、原文にはない形の「一行空き」をつくることで、主題が転換することを示した個所もいくつかある。モムゼンにはない見出しもしくは節に当たるものを付加しないための処置でもある。

要するに原本は、ほとんど一つの章が、邦訳で一〇〇頁以上に及ぶものも含めて、節あるいはその下の区分もまったく無い、ひたすら流れてゆく息の長い叙述である。したがって、本邦訳で、小見出しを付けた個所も、話としては切れておらず、新しく話がはじまるわけでもないので、見出しのあることによってかえって違和感を覚える向きもあろうかと思うが、一種の折衷案をとったことによるものである。それとも関連があるが、一つの章が区切られていないので、その章の中で話は流れによって時代的・地域的に前後するところもあるのに、かえって小見出しを付けることによって、その小見出し名から離れた時代や地域の叙述もそこに含まれざるをえないところも出てきた。改行の圧倒的な増加と小見出しの付加が、モムゼンの文章のリズムを損ない、流れを中断したところが多いことはまことに残念に思っているが、読みやすさと理解しやすさを考えた上のことである。

モムゼン自身が明言しているように原著第一版は、基本的には注を入れない叙述（数ヵ所はある）であるが、それでも、第二版以降にはいくつかの注が見られる。翻訳にあたり、原注の個所は、＊印を施し、注自体はパラグラフの終わり、もしくは文章の切れ目に挿入した。そのために、原本にない改行がかなり施されている。原注は、モムゼン生前の版に、すでにそれぞれ差があり、どちらかといえば、モムゼンのまだ生きていた頃の新しい成果、とくに出土資料によるそれを指摘しようとしたものが多い。また、ごくわずかだが、本文の文章のラテン語やギリシア語原文は削除した（それは、注その他で分かる場合、また意味というより形だけが問題となる場合のことである）。

(4) 原本の（ ）はそのまま残したが、訳者の付加したものは［ ］の形をとった。原文中の（ ）をつけたもの、すなわち①参考頁の指摘、②原語あるいは現代名の付加、③年号（第九版ではローマ紀元で記され、欄外に西暦が付加されるが、dtv版に準拠して西暦に直した）は、基本的にはそれを生かし、①と②については、邦訳者の付加は二、三にとどめた。なお①に関して、例えば（II四〇〇頁）は本訳書第II巻の頁数であり、ただ（四〇〇頁）とあるのは、第I巻のみで使用したものである。②は、原語あるいは現代の表記など、いずれを括弧に入れるかは千差万別である。

他方、［ ］つまり訳者の付け加えたところは、様々な性格を持つが、大きく分けると二つである。①いわゆる訳注に当たるもの、それも文字通りの説明的な訳注や「陪審員［審判人］」のようにモムゼンの表現を現代の、あるいは通常のローマ史上の言い方にしたもの――モムゼンの言い回しを生かすものである――があり、さらにローマ紀元に基づく世紀を［ ］で西暦の世紀にしたものがある。そして②達意のために邦訳者が補った文章、表現、つまり付加の文章もある。その際、英訳を参考にした個所も多い。

前者に関連して問題になるのは、ルビの使用である。ルビを生かせるものは、大いにそれを活用した。必ずしも一貫はしていないが、ほぼ三種類のケースがある。原文には「市長」とあるが、明らかにコンスルを指す場合は、「市長《コンスル》」とし（「部分《トリブス》」もこの類い）、逆に原文には「フーフェ」とあるが、それが「保有地」「土地」などを指す場合には、「保有地」あるいは「土地」に「フーフェ」というルビをふった（同類は「王領地」「土地」「辺境の地」に付したルビの「マルク」）。その中間にあるのが、「居留民《メトイコイ》」。さらに第三の型のルビは「平民《プレブス》」「正規軍団《レギオ》」「上訴《プロウォカティオ》」など、術語に属するものである。いずれもなるべく原表現を生かし、モムゼンの思い・ねらいを考えるためである。

それに今一つ、モムゼンの挙げた文献（原史料、研究書）の呼称はそのままにしてある。それに当たって見ようという人にとっては、よく分かっていることだし、他方一般読者には必要ないと思ったからである。これは、九九パーセント以上が注に関してであり――しかもほとんど後の版で加えられたもの――、本文にはまったく存在しないからでもある。

初版出版以来一世紀半経っているので、注の形にせよ、その他のいかなる形にせよ、最新の成果を盛ることはせず、原本を一種の古典として、基本的には忠実に訳してある。

(5) 訳語・訳文に関しては、何よりも二一世紀の日本の一般の読書人を想定してそれを中心に据えるか、あくまでも一九世紀半ばのドイツ語圏の教養人を相手にものした作品である点を重要視するか、そのいずれに力点をおくかで、訳文の調子も変わってこよう。とくに新しいローマ史研究の基礎を築いたモムゼンの作品であるならば、一点・一画もゆるがせにしない、ある意味では愚直なものに仕上げねばならないとも考えられるが、それでは日本語としてもまことに堅苦しく、重いものになる。原著の内容は高度であり、詳細でもあるが、基本的には一般読者、いや一般教養人を想定したものであり、また第二回ノーベル文学賞の対象になった作品であるとすれば、広い意味での文学、モムゼン自身のことばを借りれば「歴史叙述も芸術作品」であるわけで、その点からも、じっくり味読できるものでなければならない。一九世紀半ばと二一世紀、専門家と一般読書人、このどちらに重心を据えるかは、折衷的な色合の濃い作業にならざるをえなかった。ただテクニカルタームや注や補遺の点を考えると、専門家云々ということはいささか後景に退いていると言わざるをえない。

モムゼンは、ローマ史上のテクニカルタームも、可能なかぎり、いやほとんどすべてドイツ語化しており、邦訳でも基本的にはそれを生かした。ただ、本邦でも定着している（かに見られる）原表現はそれに戻したところも二、三ある（どういう風にドイツ語化しているかは、もちろん理解可能にしてある）。例えば、Teil（部分）を「トリブス」（地区、部族）とするようなところである。その点、右のようにルビの使用が可能な場合は、極力それを活かした。

一般教養人を対象とするというモムゼンの思いを考え、純ローマ法的なテクニカルターム、とりわけモムゼンが原表現を示している用語は別として、通常の法律関係用語は、山田晟著『ドイツ法律用語辞典』（一九八一年）に準拠するにとどめたが、ときにはそれをふまえつつも通常の日本語表現にしたところもあり、それも右のようなモムゼンの基本姿勢に関連する。

モムゼンは多彩な表現を駆使し、例えば「海賊」と訳さねばならなかったドイツ語でも、少なくとも四種類（あるいは五種類）使っている。「植民」も十種類以上の表現（英訳は二種類）が見られる。それらすべてを区別して訳語を当てることはしていない（英訳もほぼしかり）。また漢語・古語（「艨艟」など）をもう少し使用すれば、訳に幅が出たはずだが、もはや現代の読者にはそうした表現は馴染みが薄いと考え、なるべく使用しないようにした。

また、史料の引用に関しては、原本には基本的に史料名も当該個所の指摘もない。大体は見当をつけることができたが、私の能力では原史料をおさえかねた個所も残ったままである。しかも、その原史料のモムゼン訳は、かなり自由なものであり、英訳者などはモムゼン訳をそのまま英訳した個所もあったようであるが、少なくとも私の参照した英語版では原文（ラテン語、ギリシア語）のままにしてある個所が多い（モムゼンが原文を示していないにもかかわらず）。そういうわけで、かえって、どの個所かを探し出すことが可能となり、たいそう便利であった。あまりにも自由奔放な訳、とくに韻文の独訳は、詩人を志した若きモムゼンの凝った訳を採用せず、ただ原文の意味をとるだけの散文訳にせざるをえなかった。ただいかにモムゼンの自由奔放な訳といえども、原史料の明記されている個所――注のごく少数と、本文では括弧付きでドイツ語になっている個所――は、やはり原史料に忠実な訳に戻さざるをえなかった。それは併記し、明記してある。ただし、原史料の章・節・切り方などは、現行の刊本のそれに直してはいない。史料・文献の表記も基本的にはモムゼンに従った。

当時のドイツの状況にあわせた叙述や、独特な古典語の訳語、いわゆる「近代化」――一九世紀中葉といえば、イタリアの統一の問題が大きな影を落としており、それが、本書の底を流れている――のはなはだしいところは、適宜改めたり、右に記したようにルビを活用したり、括弧で処理した。もちろん、原表現をそのまま残したところもある（「プランテーション」「プロレタリアート」など）。またヨーロッパ史における、とりわけドイツ独特の事象にかかわるような術語を当てているところは残した場合が多い（例えば「フーフェ」や「マルク」など。これも可能なかぎりルビを利用した）。ローマ史であるとともに、一九世紀ドイツの息吹、情熱の溢れた面を大いに持っているこの作品に関して、ローマ時代、一九世紀のドイツ（しかもそれまでのドイツ的な伝統をふまえた）、現代という、この三つの時代をどう絡み合わせるかは問題であるが、その点をある程度考慮することも、モムゼンの場合やはり必要だからである。

一方、英訳は、モムゼンの「ドイツ史」的、かつ「近代化」された表現から離れているところもあり、かえって邦訳には使い易いテクニカルタームや一般的な表現もあるので、それは適宜生かした。とくに補遺的なニュアンスのこもった英訳個所は、現代の読者にはあまりにも抽象的な性格の濃い原文（ドイツ語の文章の持つ特色でもあるし、英訳者も指摘している）を解きほぐす感があった。この点は各巻に関して英訳を精読された編集者の御意見を大いに受けとめることができた。

以上のことと関連して、もう少々具体的なことを述べておこう。「民主政」「政党」など、現在のローマ史家の常識から言ってすでに克服されたものも、モムゼンの作品の翻訳という点から、とりわけ彼の段階での、また彼が大いに意識した「近代化」を生かすために、基本的には原文のまま残したところも多い。本邦でもあまりにもポピュラーな術語は、モムゼンのドイツ語表現に従わず、そのまま定まった邦訳を採用したところもあるが、例えば「官」なる訳語は、ローマには決して当てはまらないことは承知の上で、一九世紀ドイツのモムゼンの思いを忖度して、「役人」や「官吏」（いささか妥協して「役職者」）、「神官」あるいは「裁判官」などのようにローマの実情に適せず、本邦でも使用されなくなった表現をあえて残してある。要するに訳語においても、モムゼンの言おうとしたところを汲んで、古い捉え方に基づく言い回しを残しつつ、それでも通読できるように努力したつもりである。

　とくに「ナショナリズム」と「デモクラシー」が柱になっている時代の「近代化」であるとすれば、「デモクラティー」(Demokratie) や「デモクラート」(Demokrat) には「民主主義(者)」の訳語を当てねばならない場合も多く、現代のローマ史理解とは乖離する感もあるが、あえてそうした個所もある。それも、「ポプラレス」(populares) の訳語としてすでに「民衆派」が一応の市民権を得ているにもかかわらず、「デモクラート」を「民衆派」とする個所があるのは、モムゼン的な捉え方で「党派」的な色彩の濃い場合であり、「オプティマテス」(一応、「閥族派」とした) と対抗関係にあるものを「デモクラート」としてあるところである。似たようなことは、「民族」「国民」にも当てはまる。なお「レギオン」(Legion) に「軍団」というある程度定訳になっているものを一対一に当てると、この邦語表現が、軍隊関係の他のドイツ語表現には使えなくなるため、色々操作を加えた（これと類似のことは多々あった）。ただモムゼンの表現の緩やかさは、カルタゴのLegionともあり、これは一般的な表現と見做さざるをえない。同じくそれと関連して、Korpsを「兵団」としたのは――兵団は邦語としては「師団」の集まりであるが、ここでは「部隊」と「軍、軍団」の間程度の意味で使用している――、Legionを主として「軍団」と訳したことから来るものである。

　最後に訳語に関してかなり大きな点を一つ。Gemeindeは「共同体」でよいとしても、Gemeinwesenは、もとはラテン語のres publicaに当たるものであるので、多くの場合「公共体」としたが、ことローマに関しての表現である場合には「共和政国家（ローマ）」と訳した個所も多い（もちろん、ある時代以降である）。英訳が“commonwealth”としているのに対応させても、その方が良いケースが多いからである。それとの関連でGemeinschaftは「共同態」でなく「共同社会」とした。もっともこういう風に一つの訳に固定させると、右のLegion（「軍団《レギオ》」）と同じように関連する表現の訳語も限定されることがあるが、本邦でもある時期まで定訳になっていたものにはGemeinschaft, Genossenschaftにも「共同体」の訳語を当てたところがある（「農地《マルク》共同体」「耕地共同体」）。

　なお、ローマ史関係の類書とは異なり、「民会」という表現を用いず、その上で関連するテクニカル・タームを処理した。

(6)　一九世紀半ばのドイツ語であるので、現在使われている意味とは異なっているものも多いが、そうした古い語法もなんとか処理した。しかし、すべてをグリムの辞書にあたるわけにもゆかず、ドイツ語学者ならぬ私としては、処理し切れていない表現が残ったことを恐れる。俗語や方言、廃語や古語の類いもうまくおさえることができたか、問題は残っていよう。また英訳者も言うように、辞書にない表現の使用、モムゼンの造語も多いことを指摘しておかねばなるまい。

ドイツ語の専門家からは笑われるかもしれないが、新しいドイツ語辞典もさることながら、Sanders-Wülfing（第八版、一九二四年）、あるいは日本語のものでは登張竹風の『大独和辞典』（昭和八年）が、今回の作業に案外役に立った。

以下は、モムゼンの文章・文体についてなどまったく発言できない語学者ならざる者の述懐となる。すでに前の方でも述べたが、モムゼンには、現代のドイツ人には見られない息の長い文章、最近の文章には出てこない言い回しの頻出、何よりも同一表現が五回、六回と連続して畳み掛けるように登場すること（当時でさえ、「ジャーナリスティック」と酷評した論者がいた）などがあり、それがドイツ語独特の接続詞・副詞の圧倒的な多さと相まって、訳者を大いに悩ませた。後者に関しては編集者のお力添えでまとめられるところはなるべくまとめた。一言一句正確にという基本方針とは少々ずれるが、日本語としてリーダブルにするための作業でもあった。

(7)　民族（国民）名自体、また地名と部族あるいは種族の関連について。ここではまず不統一さを指摘しておこう。一応民族名や部族名などは、国名や地名が存在する場合は、それに「人」「族」をつける（例えば、「シケリオタイ」ではなく「シチリア人」――「シキリア人」でも「シケリア人」でもないのは本邦での普通の呼称だからである――、「ピケンテス」ではなく「ピケヌム人」、「マッサリオタイ」ではなく「マッサリア人」）か、そうでない場合は原語のまま音写して、「人」または「族」を加えた（「パエリグニ人」など）が、厳密に統一はしていない。このことに関連して、以下少々具体的な例をかかげておこう。

まず日本語表現での難問は、「イタリア人」である。ドイツ語では、「古代イタリア人」と「イタリア人一般」（とくに「近現代イタリア人」）とは区別された表現である（モムゼンにも少々曖昧なところがあるが、そこにモムゼンらしさがにじみ出ている）。ここではドイツ語の「古代イタリア人」にかかわる表現を、「イタリキ」「古イタリア人」「イタリア人」と、同じように使用した（その差は文章の流れによる）。また「ヘレネス」（Hellenes）を、「ギリシア人」としなかった（ただし前後の関係で一、二の例外はある）のは、文字通り「ギリシア人」とも随所に出てくるからであるし、「ヘレネス化」「ヘレニズム」なども用いられているからである（ドロイゼンの講義を聴いたモムゼンだが、ドロイゼン的なヘレニズム概念はまだ定着していなかった）。また訳者としては「エトルスキ」「サムニテス」は使用したかったが、いずれも「エトルリア人」「サムニウム人」とした。

「シチリア」（イタリア語読み）、「サルディニア」（ラテン語読み)、「コルシカ」(フランス語読みでなく、英語読み)などのように、慣用にしたがった例も多い。さらに「ドリス人」と「イオニア人」、「コルネリイ」ではなく「コルネリウス氏」、「アッピア街道」ではなく「アッピウス街道」とする(アッピウスという人物に関わるという意を残して)など、さらには「アテナイ」「シュラクサイ」としたのに、「スペイン」「シリア」としたり、厳密に言えば問題はいくらでもあろう。「ギリシア」「エジプト」「スペイン」など、日本で一般的に使用されている表現も採用したし、古代の呼称、現代の呼び方も入り交じったままにしてある(「アリミヌム」「アレッツォ」など)が、一方を括弧にいれて双方を記しておいた(古代の呼称が括弧に入っていたり、その逆もある。モムゼンもしかり)。基本的にはモムゼンに従いながら、読者の馴染みの程度も考慮したわけである。さらには、聖書関係、あるいはユダヤ関係の人名・地名も慣用にしたがった(「ガリラヤ湖」など)。

それ以上に、また右のこととも関連するが、難題は、地名のギリシア語読みとラテン語読みの問題、とりわけ、「シチリア」(これ自体が問題であろう。「シケリア」でも「シキリア」でもない)のうちなる地名、「リリュバイオン」―「リリュバエウム」、「シュラクサイ」―「シュラクサエ」などをどのようにするか、つまりローマ支配下に入ってからはラテン語読みにするべきか、それとも一応ギリシア語読みのまま残すか、統一はとれていないが、一応は日本での慣用にしたがった。「タレントゥム」(植民時に関しては「タラス」としたが)、「メタポントゥム」としつつ「レギオン」とするように、ギリシア語読み、ラテン語読みの混用がある。モムゼンがあえてギリシア語読みで通している個所は、それにしたがった(「マッシリア」ではなく「マッサリア」など)。地図の場合は、その時代が明記されていれば、ラテン語表記がギリシア語表記かははっきりしているが、事典の項目を見ても、欧米学界でも揺れがある。どちらかといえば英米系のものがラテン語表記が多く、ドイツ語系はギリシア語表記を生かしている(しかし、どちらかといえば、という程度の違いである)。なお「ドイツ」「ドイツ人」とあるのは、モムゼンの思いはよく分かるが、明らかに「ゲルマニア」「ゲルマン人」とすべき個所であり、そのように直してある。

現在も揺れている人名(例えば、カルタゴの人で言えば、「ギスゴ」は、モムゼンにしたがった。

なお地名・人名などの原文表記は、とくに必要と思われるものを除き、基本的には行なわなかった(モムゼンが記しているものは別)。ただ総索引では分かるようにする。もっともカタカナ表記にすると同じになってしまう地名には、原表現を付けた。例えば「キオス」(Chios, Kios)。「ペルシア」(帝国のそれと、ペルージア)は、母音の長短を無視する原則からすればカタカナ表記としては同じになるので、後者の方に「(現在のペルージア)」と補ってある。

さらに固有名詞の表記について、今一言加えると、人名に関しては、基本的には古代ローマの読みを採用したが、とくに地名や河や山の名前は、モムゼンにおいても古名、現代名など統一されておらず、この訳書でも統一を図らなかった（例えば、「ポー河」とする一方で「ティベリス河」とするなど）。

(8) ギリシア語、ラテン語に関しては、母音の長短は無視した。長音は、ほとんどすべて短くしたが（これは、基本的にはギリシア語、ラテン語にかかわらない。現代の地名、人名などの表現に関してもしかり。ただし「ポ河」でなく「ポー河」としたり、慣用などは生かす。またモムゼンが長母音であることを明記している個所は、それを採用した）、促音はなるべく使用することにした。ph の音はパ行音ではなく、ファ行音で表記した（もっとも括弧を付けてパ行音の読みを示したものもある）。ただしこれらの点も慣用にしたがったところがある。「カトー」としたのに「キケロ」とし、「ムサイ」ではなく「ムーサイ」とするなど、また Hellas を「ヘッラス」ではなく「ヘラス」とする一方、「ヘッレスポントス」とし、「ペロポンネソス」を「ペロポネソス」とするなど、必ずしも統一はとれていない。また「ワッロ」(Varro.「ウァッロ」でも「ウァルロ」でもない）とする一方で「ウァレリウス」(Valerius) とすること（これは促音との関係でもある）も、その一つの例である。

術語のカタカナ表記（とりわけルビにおいて）に関しては、基本的に単数形を使用した。したがって、モムゼンが quaes-tores と複数形にしているのに「財務官《クアエストル》」としている。ただ複数呼称が一般的になっている場合は、「庇護民《クリエンテス》」のように複数形のカタカナ表記にした。

以上を要約すれば、地名・人名その他の表記・訳文に関しては、「統一性」と学問的「厳密性」よりも、日本における慣用および読み易さを考慮したものになったと言えよう。

(9) モムゼンは、第二版序文で明記しているように年号に関してはワッロに基づきローマ紀元を使っているが、なるべく西暦に直した（彼も欄外には紀元前の数字を付加している）。ただ第何世紀という個所は、そのままでは西暦にはならないので、少々工夫して、［ ］内におさめた。なお年はほとんどすべて西暦紀元前であるが、前五〇年という風に記した。紀元後の場合は特記してある。

(10) 度量衡については、モムゼンの表記と現在の一般的なそれを、できうるかぎり併記した。メートル法によらず、マイル（英）のままにしたのは、ローマのマイルを意識したものであるとともに、メートルに直すと、マイル自体が「大体」という感じであるのに、細かい端数が生じておかしなものになるからである。数量単位は、基本的には単数形（モディウスなど）で示したが、必ずしも統一はされていない（ユゲルム→ユゲラ）。モムゼン自身が複数表現をしている個所も多いからである。貨幣に関しては、モムゼンは本文中随所で詳論しており、また時代により問題も多いので（dtv 版のように）、次の一覧表では簡略にしてある。

A 距離、長さ

ギリシアの歩 ＝二九・七―三五・五センチ

ローマの歩 ＝二九・六センチ

ローママイル ＝一四八〇メートル

ドイツマイル　＝七四二〇・四メートル
プロイセンマイル＝七五三二・五メートル
英マイル　＝ほぼ一六〇〇メートル（一六〇九・三メートル）

B　面積
ユゲルム　＝二五二三・三四平方メートル
ヘレディウム　＝二ユゲラ
プレトロン（ウォルスス）＝九五〇平方メートル（一〇〇平方歩）

C　量
ウルナ　＝一三・〇九リットル（四コンギウス）
コンギウス　＝三・二八リットル
モディウス　＝八・七三リットル
プロイセンシェッフェル＝五二・五リットル

D　重量—貨幣
アッティカ
オボロス　＝〇・七三グラム
ドラクマ　＝四・三五五グラム（四・三六六グラムとも）
ミナ　＝四三六・六グラム（一〇〇ドラクマ）
タレント（タラントン）＝二六・一九六キロ（六〇ミナ）
スターテル　＝本来は二ドラクマ
テトラドラクマ＝四ドラクマ

ローマ
ポンド（リブラ）（アス）＝三二七・四五グラム
＝一二ウンキア
（四〇〇〇セステルティウス（第二版序文による））
アウレウス（金）＝二五デナリウス（銀）
＝一〇〇セステルティウス（銀）
＝四〇〇アス（銅）
クアドランス　＝四分の一アス

⑾　原著は政治史が軸になっているとも言えるが、単純な政治史ではないこと、経済・社会、思想・宗教、文学・芸術まで満遍なく目配りのきいた叙述であるところに大きな特色がある。もちろん一世紀半後に生を享けた者には言い分はあろうが、モムゼン若年の作であり、その後のモムゼンの仕事を思うと感慨も深い。例えば、碑文研究でローマ史研究の基礎を据えた彼の片鱗を本書に窺うことも可能であろう。どのような評価が下されようが、二〇世紀のローマ史研究はモムゼンから始まったわけであり、モムゼンを批判しながら積み重ねたものを、踏まえ、また崩しながら進まなければならなかったことはたしかであるし、その営みは今も続いている。筆者のように細々とローマ史の勉強を続けてきた者でも、勉強の出発点においては、精読したのは同じモムゼンでも、その『ローマの国法』であり、この『ローマの歴史』は、部分的には目を通していたものの、通読してはおらず――モムゼンはすでに克服されているとして――、今通読してみてその幅の広さ、思い切った

発言に打たれる。

これは、日本でもよく読まれた書物であることは間違いない。旧制高校や旧高専には、必ずと言ってよいほど所蔵されていた本であり、古い大学や図書館には、いくつかの版が収められ、傍線の引かれているものも多い。例えば、東京大学だけとっても、十部以上（五つ以上の版）を見出すことができる。私の知るかぎりでも、旧制高校生の時代にこれを読破した人――この人は西洋古代史の専門家になった――、治安維持法で拘禁中に読み通した人――専門家にはならなかった――のことなどが思い出される。明治、大正、昭和初期の若者あるいは研究者の卵を『ローマの歴史』がなぜ魅了したかに思いをいたせば、この情熱の書のもった意味、役割も納得させられるのではなかろうか。

最後に、もはや一五〇年以上も昔の作品を今翻訳する意味はというと、その後の研究によって多くの部分が克服されたとはいえ、現代のローマ史研究がモムゼンから出発するとすれば、単なる部分としてではなく、「全体」を通読することは、今日の研究の細分化を考えたとき、やはり必要だと思ったからである。何よりも「イマジネーション豊かな」作品という評価は否定的な側面のみならず積極的な側面を持っていると言えよう。もちろん、モムゼンが掲げた一本の柱、「読みやすいこと」からも言っても、一般の読書人にも、文学作品としてもおもしろく――少々努力してもらわねばならないかもしれないが――読んでもらえると思う。またどなたにも、手の届くところにローマ史の一般書はいくらでもあるから、それをあわせてお読みいただければ、本書もいっそう楽しく読むことができよう。

訳者解説

本書は、Theodor Mommsen, *Römische Geschichte* の邦訳（全四巻）の最初の巻である。底本の問題や邦訳全体に関わることについては「邦訳についての覚え書」に譲り、ここでは、この巻の特色と、モムゼンの簡単な経歴、『ローマの歴史』の成立の事情について記し、続く巻の解説で、『ローマの歴史』の持つ意味、歴史家モムゼンについての簡単な像などを一九世紀ドイツに視点を据えて考えてみることにしたい。それは、それぞれ邦訳の四つの巻の特色・問題点に一言触れた後、次の構成・順序で記してゆく予定である。本巻では、まずその一の部分について述べることになる。

一　モムゼンの生涯（前半生）と『ローマの歴史』の誕生
　A　生涯（『ローマの歴史』成立まで）
　B　『ローマの歴史』の誕生
二　モムゼンの生涯（後半生）と歴史家モムゼン（とくにモムゼン自身の書き・語るところから）
三　『ローマの歴史』
四　モムゼンのカエサル像。モムゼンあるいは『ローマの歴史』を越えて（批判と超克）。また補遺的に人間モムゼンについて述べる。

テオドール・モムゼン（一八一七―一九〇三年）は、法律学・文献学・宗教学・碑文学・古銭（貨幣）学・年代学・パピュルス学などローマ史研究の礎石を据えた人物であり、二〇世紀のローマ史学はモムゼンを吸収し、また批判することによって発展してきた。「だれでも、古代史を学ぶ者はモムゼンの弟子である」とはハルナックの言葉だが、いかなる立場の人であれ、ローマ史を学ぶ者は、まずモムゼンをふまえ、それを越えることを志してきたのである。

この『ローマの歴史』は、そのモムゼンのものした唯一の通史であり、三〇歳代の若き才能とエネルギーに満ちた作品である。また「歴史叙述は芸術作品であること」を標榜した、情熱の書とも言うことができ――その点が批判の対象ともなるのだが――、様々な背景があるものの、一九〇二年、第二回ノーベル文学賞の対象となった書物なのである。ちなみに、現在まで歴史家でノーベル文学賞を受賞したのは、彼一人である（歴史叙述とすればチャーチルも加えて、二人ということになる）。もちろん通常の文学作品であるにとどまらず、ローマ史を

「個々の構成要素を大きな関連性の中で」「全体」として捉えた、様々な意味で今なお生命力を保っている第一級の歴史叙述であり、この分野の最大の古典の一つと言えよう。

I　本巻の特色と問題点

この巻は、原著の第一巻の前半部、すなわち第一編と第二編からなる。ローマの始原から一応イタリア半島をその脚下に従えるまでの歴史である。どのようにしてローマが誕生し、国家とりわけ共和政国家——私はモムゼンの表現をふまえて「公共体ローマ」と訳したが——としての骨格と形を整え、一方でイタリア半島の覇者としての立場を確立してゆくかを述べたものである。それは、政治・経済・社会・文化すべての面においてローマの個性が確立してゆく過程でもある。

とくにこの巻の後半部にはイタリアの統一というモムゼン執筆時の時代相や彼の基本的な思いが屈折することなく素直な形で影を落としていることは、「(古) イタリアの統一」に関しては、以下の巻で力説されているような、イタリアの外に出て行くにあたっての「やむをえず」もしくは「あくまでも……防衛戦争として」という一点が存在しないことからも明らかであろう。

この巻が、他の巻以上に学問的にはすでに克服された部分の多い点では、どの研究者の意見も一致している。この巻の対象とする時代に関しては、主たる史料が、年代記的な伝承にすぎず、それも創作されたものであることが多いからである。モムゼン自身その点に充分注意はしているものの、それでもその叙述には、それらをずらしてこの時代にもってくる、あるいはイマジネーションを働かせて一つの像を組み立てているという点——『ローマの歴史』全体に関してもイマジネーション豊かな、という評が聞かれる——が色濃く出ている。近年は、年代記の伝承をどう選り分けるか、どれだけ史実として救い出せるか、そういったことを一方に据えて、関係諸学、すなわち考古学・言語学などの発展・成果をふまえて研究が進められており、現在のローマ史学界はこの点でモムゼンをはるかに越えている。だが、上に述べたようにモムゼンの仕事が現在のローマ史研究の出発点をなすものであることは間違いなく、というよりは、モムゼンとの対決からすべてが発していると言うべきであり、また本書が一九世紀中葉の作品として白眉のものであることにはだれしも異存がないところであろう。一九世紀半ばに登場したローマ史の浩瀚な概説もかなりあるが、今なお広く読みつがれているのはモムゼンの『ローマの歴史』しかない。以下は、そういった点をふまえた上でのことである。

全体的に言って、モムゼンの「近代化」「近代的な解釈」が目立つ巻でもある。ただ私は、巷間、常識になっているかのような近代化という点の強調には、少々留保条件を付けたいが、それは別のところで記すことにしよう(随所でモムゼン自身も「近代的な解釈」批判を展開しているのである。ただそれは史料の解釈に関してであり、コンスルを市長と表現する類いの近代化——原著の底を流れるモムゼンの思いに貫なるのだが——とは次元が異なる)。イマジネーションを働かせた上での史実の整合的説明は、その後のローマ史研究を飛躍的に進める原動力になるのであるが、それは一方で、様々な、ある意味では根本的なモムゼン批判を生むことにもなる。

一歩退いて、モムゼン自身が、この巻執筆中に「ギリシア語を勉強しています」と述懐しているところには、様々な思いに誘われるものが含まれている。それを一つだけあげるとすれば、モムゼンがラテン語の世界の人間だったこと、もっと突っ込んで言えばローマ法の世界の新進研究者だったことを物語っている点であろう。そのモムゼンにとってのローマ法とローマ史の問題は、以下でも随所で触れてゆくことになろう。また娘婿で当代一のギリシア文献学者ヴィラモヴィッツ・メッレンドルフとのやりとりもしかりである。

都市ローマの形成についても、モムゼンの見解は批判されており、いわゆる共和政の成立に関しても、その後、年代学的に、また事実についても新しい見解が出されている。とりわけ、エトルリア人が都市成立には関係がないという捉え方はひっくり返されている。また王政から共和政への転換を革命、保守的な革命と見る点なども、問題といえば問題であろう。だが、モムゼンにとって革命とは何かと問い返せば、原著の第四編(グラックスからスッラの変革までの時代を対象にする。原著の第二巻を構成し、本訳書の第III巻に当たる)が、革命という表題を持っていることが、読者にいろいろと考えさせるものを含んでいよう。

このように個々の克服された点をあげつらうのは容易であるが、私たちにはモムゼンを「全体」として見ることが必要なのではなかろうか。読み物としての楽しさも、そこから生まれてくるであろう。モムゼンの標榜するように、『ローマの歴史』は広い意味での芸術作品でもあり、本巻もその一部なのである。しかししばらくは、今日の学界での一般的な見解との違いを示すために、問題点のいくつかを指摘しておきたい。一般の読者は、この部分をとばして、次の第II節に進んでいただいても結構である。

(1) 言語学的、および語源学的な解釈は、現在の学界ではほとんど採られていない。印欧語(そういえばモムゼンはインド・ゲルマンとしている)研究の飛躍的な発展、とりわけさまざまな言語意味論的な研究から、ソシュール以降の構造論を考えてみるだけでも、あとは推して知るべしである。また当然のことながら、考古学的な部分に関しても、書き直される必要があろう。したがって、単なる指摘にとどまるものはともかくとして、かえって延々と説明・解釈を展開するところ、とくに注で数頁にわたって自説を繰り広げる個所には、充分注意する必要があろう。モムゼンにとって最新の見解として力説されているものは、かえって、その後の「最新」の研究によって覆えされる可能性も大きいからである。

この点をもう少し具体的に述べれば、イタリアの諸民族・諸種族の研究は、例えばウンブリア系の人々、ましてやエトルリア人についての（考古学的・言語学的）研究や知見は飛躍的に進んでいる。また語源学的な解釈も、この手法それ自体が学問的な厳密さの乏しいものと言える――モムゼン自身も自戒しているが。

(2) 考古学史料を除き、同時代史料がまったくない時代のことであるので、現存史料もローマの後の時代の投影が大であること、また周辺世界（とくにギリシア世界）の人の目の持つ役割の大きさもあり、それをモムゼンは、現在とは違ってそのまま使っているところが多い。

考古学史料といえば、例えばあるハンガリーの碩学は、一九六四年のローマ初期の歴史についての自らの大著を一九七六年に補訂するにあたり、一〇年間の考古学的研究の進展はどうにもならないくらい大きいと述懐している。ましていわんや、一九世紀のモムゼンをや、というところであろう。

(3) モムゼンは歴史家であるよりは法律家であるとはよく言われることであり、この巻には、ローマ法関係の叙述に、その気味が大いにある。しかもこのような時代に、ある程度完成した形の法・制度が存在したかのように述べているところにそれを強く感ずる。例えば、身分や階級、さらにはとくに制度・機構の発展に関して、近代化と整合化などがこれに絡んでくる。

身分や階層という点では、ローマの古い時代の「自由農民」の存在を強調するニーブール（一七七六―一八三一年。モムゼンの先達、近代ローマ史学研究、いや近代歴史学は彼から始まると言われる。解説で後述）から一歩踏み出して「貴族」を力説することになるが、それも現在では批判・修正されている。

(4) 宗教に関しては、彼から弟子のヴィッソヴァへと連なる作業は、現在の研究の起点となっているとする論者も多いし、まだ採るべきところは多々あるかもしれないが、研究史上は、やはりヴィッソヴァから現代の宗教史の研究――ドイツ人の手による――は始まっていると言うべきであろう。

(5) 農業や商業、また社会構造の問題の研究は、モムゼン時代から飛躍的に進んでおり、このような見解を後にしてきたという思いが強い。耕地共有制などしかりであるが、研究史的にはおもしろい問題が潜んでいる。これまたモムゼンの弟子、ある点では自分の後継者と目したマックス・ヴェーバーあたりから新しい視野が開けると言えよう。

(6) 貨幣の問題は、現在の貨幣研究の出発点となっている著作をモムゼンがすでに公刊していた（一八五〇年。もっとも現在も議論の対象となっているのは一八六〇年刊行のものであるが）ことを想起すべきであろう。一言注意しておきたいことは、「銅貨」についてである。モムゼンが銅と言っている中には青銅も含意されていること、その上での銅貨であることを指摘しておきたい（彼のほぼ同時代の著作もしかり。銅貨としつつ、銅プラス錫の含有率などを論じている――マルクヴァルト）。

(7) その天才的な洞察で目を見張らせる個所はやはりいたるところに存在する。研究史的には、とくにその点に意味があるだろうが、全巻を訳すことによって、トータルな「歴史家」モムゼン――モムゼン自身は自分は本来歴史家ではないとすることもあるが、やはり広い意味での歴史家であることは間違いない――を提示することができるかと思う。

(8) 原注も含めて原著を一種の古典として、現在の学界では克服されたことでも、そのままに訳してある。なんらかの手を加えるとすると、膨大な注釈が必要となるからである。

以上、この巻についていくつかネガティヴなことを記したが、訳者としてはやはり「全体」として読んでいただき、あらためてモムゼンと、いやローマの歴史と対峙してもらいたいと思うのみである。訳者自身、いったいモムゼンからどれだけローマ史研究はふくらみ、かつ進んだのか、進むということはいかなることかと自問しているところでもある。一般読書人の方々は、そもそも以上のような研究史的なことはあまり問題になさらず、この類いまれな歴史家の傑作をそのものとしてお読みになればよかろう。ただこの巻は、全巻中、最もとっつきにくい巻であることはたしかであり、その点、「読みやすい」ことを志したモムゼンのその言葉どおりになっている第II巻のいくつかの章にまず目を通して、それから第I巻に戻っていただいてもよいのではないか、ということを書き添えておきたい。

II モムゼンの生涯と『ローマの歴史』の誕生

A 生涯(『ローマの歴史』成立まで)

(1) ローマ史家の誕生

テオドール・モムゼンは、牧師の子として一八一七年一一月三〇日、当時のデンマーク領シュレスヴィヒの村、ガルディングに生を享けた(この町は人口二七〇〇の村と言うべきだが、一五九〇年に都市権を得ており、今は通常「モムゼン市ガルディング」と呼ばれている)。三人兄弟の長兄であった。また同時代人としては、ビスマルクが一八一五年生まれ、マルクスとブルクハルトが翌一八一八年生まれだった(ナポレオン三世は一八〇八年生まれ。詩人ゲーテ、若きモムゼンにとって輝きの星だったゲーテは一八三二年まで生きている。モムゼンのノーベル文学賞受賞の際、対抗馬になったスペンサーは一八二〇―一九〇三年、トルストイは一八二八―一九一〇年)。ちなみにモムゼンが没したのは一九〇三年一一月一日であり、二〇〇三年は没後百年にあたり、記念切手も発行されたはずである(私は、その予告までしかおさえていない。ちなみにモムゼンの記念切手といえば、すでにベルリンの歴史に関連させて、一九五七/五九年に出ている)。

モムゼンは、オルデスローエの牧師館(一八二一―三四年)、アルトナのクリスティアネウム(一八三四―三八年)、さらにキール大学(一八三八―四三年)と、ホルシュタインの地で勉学にいそしんだ。大学は、ゲッティンゲンもしくはベルリンを選びたかったらしいが、結局郷里の大学で法律を学ぶことになった。ローマ法の教授、ザヴィニィの弟子ブルハルディ(一七九五―一八八二年)と、文献学者で法学者だったオーゼンブリュッケン(一八〇九―一八七九年)を通して、ザヴィニィの歴史法学派の感化を受けている。さらにドロイゼンを聴き、ワイツからドイツ史のオリエンテーションを受けているが、古代ローマにも目が向けられたことは確かである。それは若い私講師でベック（一七八五—一八六七年。ドイツの古典学者。ハイデルベルク、ベルリン大学教授。『ギリシア碑文集成』を編集・刊行する）の弟子、音楽家・文献学者・考古学者オットー・ヤーン（一八一三—一八六九年。モムゼンの終生の友となる。『ローマの歴史』第三巻は彼に捧げられている）の講義で拡がってゆく。結局、キールには一〇学期在席し、"summa cum laude"つまり最優秀の成績を収めている。

若き日のモムゼンに関しては、なぜ法学を選んだのかという問題があろう。それは、法学者モムゼンと歴史家モムゼンという問題にも絡んでゆくことである。

しかしそれよりも詩人への憧れが、学生時代の若きモムゼンをくるんでいる。詩人・翻訳者であるモムゼンの顔は、『ローマの歴史』の随所に現われるが、それは、多くの論者の分析するところである。何よりも本翻訳、第Ⅲ巻の第四編、第Ⅳ巻の第五編の題詞には、ゲーテの詩句が掲げられている。

彼には範としてのゲーテ、さらにハイネ、メーリケがあった。とくにゲーテの『ファウスト』の主要箇所は（生涯）暗唱していたという。モムゼンにとっては、過去の、そしてまた現在の作家のうちでだれよりもゲーテが聳え立っていた。もちろんゲーテ批判もないわけではないが、最も賢明な人物、最も愛する詩人であり続けた。ギムナジウム時代の詩に曰く。

……一個の偉大なものを私は読むだけだった。
我々は、別人になっていた、もう別人なのだ。

学窓を去るにあたっての『三人の友の詩集』（一八四三年）は、モムゼン、弟のティヒョー（一八一九—一九〇〇年。二歳年下）、テオドール・シュトルム（一八一七—一八八八年）の三人の詩集だが、三人中わがモムゼンの詩が最も才気に溢れ、質量ともに他を圧している。シュトルムの作品は、ある年配以上の人には、ドイツ語を学びはじめたいちばん最初の頃に読まされたものであり、日本でもよく知られているが、そのシュトルムはまだ未熟、モムゼンは彼以上の作品を生んでいるというのが一般の評価なのである（もっともシュトルムも後に法曹界を生き抜いた作家である）。

詩人の風土性ということで、シュレスヴィヒ・ホルシュタイン生まれであること、つまりシュヴァーベンでもフランケンでもないことを、結構ドイツの人は強調し、風土性とシュレスヴィヒ・ホルシュタインの持つ政治性・時代性が、シュトルムの詩からと同じようにモムゼンの詩から読み取れると言う人もいる。しかし、むしろハイネなどから離れた抒情詩にこそ特色があった。またこの時代のモムゼンの政治思想は、シュトルムあての書簡から、その芽生えが読み取れよう。そこに民主派とは分かれ、自由（ホイッグ的なもの）を、人は指摘しているようである。

ディレッタントか詩人か、またその詩人への道からの決別について、つまり本当にモムゼンは詩人であることをやめたのか、という点に関しては、一八四三年、モムゼンは、シュトルムにあてて「自分は、ローマの本質について不滅の論文を書いた」と述べている。その自負からは、歌の本を出したモムゼンであるにしても、同じ年に著作二点があることを併せ考えれば、もはやその進む道は明らかであったと言えよう。また、シュトルムに向かって、多血質の自分を述懐している（一八四三年）ところからは、学問と政治の間を格闘してゆくモムゼンのその後の道も自然と浮かび上がってこよう。

大学卒業後、アルトナの女子（寄宿）学校の教職にあった一八四四年に、デンマーク政府から在外研究資金を得、さらにベルリン（プロイセン）のアカデミーからの補助金ももらって、一路アルプスの南、イタリアに向かった（二週間のパリ滞在を経て）。これがモムゼンの運命を決することになった。

イタリアが若きモムゼン（一八四四—四七年）に与えた影響は計り知れない。ローマ、いやイタリアが彼の一生を決めたのである。この後も、ことあるごとに彼の脳裏に去来するのは永遠の都ローマであり、イタリアであった。ただこの旅行の意味するのは、決して感覚的・感傷的なものではない。彼の学問そのものに決定的な影響を与えたのである。

彼は、サン・マリノに碑文学の大家ボルゲジ（一七八一—一八六〇年）を訪れている。モムゼンは、「私にこれほど強い印象を与えた学者は、まだ一人もいない」と述懐しているが、モムゼンの仕事のうち最大のものは、ラテン碑文の収集とその整理であり、その端緒的なものは、すでにこのイタリア旅行に見て取れよう。すでに一八四七年ローマにおいて、ラテン碑文集成のプランについて詳しい報告書（答申書）を書いているほどである。六〇歳の誕生日にあたってのスピーチでモムゼンはこう述懐している。「法律学者としてイタリアにおもむき——歴史家として帰ってきた」と。もちろん法律学者としてのモムゼンの多産な仕事は、この後も生み出されているし、含みのある表現ではある。

一八四八年および四九年の挫折にあたっても、イタリアへの思いは強かったし、晩年になっても、イタリアへの憧れは消えていない。妻あての書簡にはこう記されている。「お前と家とか待っていないあの不快なベルリンになんか、できたら、そして望めるものならば、どうして帰ろうか」（ローマから妻あて、一八九六年）と。

(2)　四八年の子として——挫折から大学教授に

イタリアから帰った「多血質」のモムゼンは、一八四八年の革命に直面する。『シュレスヴィヒ・ホルシュタイン新聞』の編集に参加し、「我々は、新しい時代に入るのだ」として、自由主義的な論陣を張っている。それは、故国シュレスヴィヒ・ホルシュタイン公国（当時デンマーク領に属していた）の帰属に関するドイツ人の権利を守る戦いだった。三月末にキールに臨時政府が設けられ、プロイセンとデンマークとの戦争が起こった。ハンブルクの騒擾で傷を負ったモムゼンは直接戦いには加われなかったが、ジャーナリストして健筆をふるった。資質としては「非政治的」な、あのシュトルムでさえ（当時弁護士だったが）、一八四六年からのデンマーク戦争には、若い血を燃やしているのであった。

ただし、ジャーナリストであることへの自己批判も強烈であった。「あらゆる集中的な作業を殺してしまう活動」「ぼろぼろになり、精神的にもすり減らされる」と。

それでも、政治の道への情熱は燃えたぎる。フランクフルト国民議会の問題は、モムゼンを捉え、四八年六月末には、『シュレスヴィヒ・ホルシュタイン新聞』を辞し、ジャーナリストとしてフランクフルトにおもむく。そのモムゼンを支えるのは、彼の無神論と自由主義であるとは、論者の指摘するところだが、この点は、別の視角から後で考えてみることにしよう。

四八年の挫折の後、秋（九月末）ライプチッヒ大学に法律学員外教授として招聘された。しかしこの地でも、また政府――ザクセン――と衝突する。一八四九年、モムゼンはザクセンの自由主義的な「ドイツ同盟」に属し、フランクフルト国民議会の民主的なドイツ帝国憲法の承認をめぐる争いの渦中に立つ。そして、五月に起こった首都ドレスデンでの左翼勢力とザクセン・プロイセン軍隊の市街戦の責任を問われることになる。モムゼンの立場は、理性・道義性・正義の名のもと、民族の尊厳のためというところにあった。

第一審では、盟友ハウプト（一八〇八―一八六五年。モムゼンの同僚で文献学者。『ローマの歴史』の第一巻は、この人に捧げられている）に一年の、モムゼンには九ヵ月の禁固刑の判決が下る。

第二審では、モムゼンはハウプトとともに一応無罪とはなるが、教職には復帰できない。ヤーンを加えて三人は、あらゆる栄誉、あらゆる官職を奪われる。「ローマに行ってしまいたい」。だがチューリッヒからの招聘を受けることになる。

チューリッヒでは（一八五二―五四年）、ローマ法を教える。スイスは、当時挫折した革命家の亡命先・受け入れ先だったのである。『ナポリ王国碑文集』の公刊は一八五二年、スイス時代のことである。

またこのとき『ローマの歴史』の執筆が始まっている。何よりも、四八年の挫折の体験がなければ『ローマの歴史』は生まれなかったのである。したがって、そこには基調音として、イタリアの運命に民族・国家、とりわけ郷里に関する思いが重ねられ、それが貫かれている。

ところが、その後ライプチッヒの三人組（ハウプト、ヤーン、モムゼン）にも新しい道が示され、モムゼンも一八五四年にシュレジエンのブレスラウ大学に迎えられる。ローマ法の教授である。ブレスラウは、彼にとっては通過駅だったかもしれないが（プロイセン系の大学の序列は、グライフスヴァルト→ブレスラウなど→ベルリンもしくはボンと言われた）、学部・専門を越えた交際、視野は広がった。とくにユダヤ人の古典学者ベルナイスとの交友は、その後のモムゼンの反セム（ユダヤ）主義に関する政治的な活躍にも影を落としていると言われる。次いで五八年、ベルリンへの招請により、法律学から歴史学への形の上での転換が見られる。

なお、一八五四年春、『ローマの歴史』の出版者カール・ライマーの娘マリーと婚約し、秋にライプチッヒで結婚式を挙げてからブレスラウに赴任している。

ベルリンでのモムゼンに関しては、次の巻で『ローマの歴史』以降のことを述べる際に触れることにしよう。

B　『ローマの歴史』の誕生

『ローマの歴史』そのものに関しては、詳しくは第III巻の解説に譲り、ここでは外的なことの素描にとどめたい。そこでまず『ローマの歴史』執筆の事情・背景について一瞥しておこう。一言でいえば、それはモムゼン自身の内的な――政治的・学問的――情況と外からの要請が合致したことによると言えよう。

まず直接のきっかけは何か。「なぜ私がローマ史を書くにたちいたったか、あなたは知りたいだろう?……」とはモムゼンの書簡の一句である。続いて、「……公開講演の依頼を受けて、グラックス兄弟に関する話をした。出版社のカール・ライマー[後の舅]とザロモン・ヒルツェルが出席していた。そして二日後、彼らは私を訪れ、ローマの歴史を書くことを求めた」と言うのである。一八四九年のことであった。この時モムゼンは、ライプチッヒ大学の若きローマ法員外教授であった。出版の都ライプチッヒの雰囲気、また交友関係、つまり右に述べた同じ追放の運命をたどる三人組のハウプト、ヤーン、それにクレー(一八〇七―一八六七年)などとの交わりの中から生まれたのである。

また論者は、モムゼンの『ローマの歴史』執筆・刊行の背景に、当時洛陽の紙価を高めていたマコーレイの『イギリス史』があるという。そのホイッグ史観と、今一方で出版社およびモムゼンを経済的に潤すものだったから、という主張をする人さえある。ホイッグ的な捉え方は、この第I巻の随所に読み取れよう。

いずれにせよこのように要求・慫慂は、たしかに外からのものであった。しかし、ただ注文に応じたというだけの仕事だったのであろうか。実は、内的にも熟しているものがあったのである。「作者たるもの、仕上げ、書き下ろすはるか前に、対象としての自分の見解を作り上げていなければならない」「そのような著作のためにちょうど機は熟していたのである」――いずれもモムゼンの言である。かくしてモムゼンは、法律学と歴史学の狭間にあって、「全体としての古代ローマの把握」を試みることになるのである。

では『ローマの歴史』の筆をとる前に、どれだけの学問的な蓄積があったのか。すでにモムゼンは、碑文関係の仕事、サムニウム地方とナポリ王国碑文の編纂の見事さによって第一級のローマ史家、いや第一級のローマ法学者の地位に押し上げられていた。またイタリアの方言の研究も含めて、イタリア遊学時代の生んだものである。

さらに『ローマの歴史』を執筆している間にも、モムゼンは個別研究の面、つまり論文でも著述でも画期的な仕事をしていることを忘れてはならない。あの有名な、弟子ベロッホとの生涯にわたる敵対関係の始まりも、個別研究なしで大著を、というモムゼンの批判に一因があったのである。「狭い片隅から古い本質まで見通せた少数の人たちしか、全容を示すことはできない」と。「全体としての書物とは、個別研究の実りである」というのも、モムゼンの言葉である。まさに単なる叙述ではなく、真正の知識・認識の生み出したものという評価は大いに正しい面を持っていると言えよう。

それに加えて、いや加えてではなく、やはり『ローマの歴史』の底を貫くものは現実の政治であったと言わねばなるまい。何よりも四八年の荒波、その高揚と挫折の体験がなければ、『ローマの歴史』は生まれなかった。五二年から五四年のチューリッヒ時代が執筆のときであったが、作品は四八年の『シュレスヴィヒ・ホルシュタイン新聞』と同じモムゼン、同じ調子・同じスタイルとなる。革命の高まりの中での叫び、自由と統一の思いが、民族の統一と世界支配の歴史の叙述に打ち込まれる。古代人が現実に引きおろされる。ローマ共和政と一九世紀ドイツが一体になるのであった。

とすれば、『ローマの歴史』には「叙述に——いやそれどころか、判断にも——平静さと品位が欠けている」「歴史でなくパンフレットだ」「扇動的な作品」という評価が下されるのもやむをえないところがあるが、他方で、「ドイツ語で書かれた最高の歴史叙述」「一九世紀の最も独創的な歴史書」という熱狂的な賛辞も見られた。いずれにせよ、この若々しい表現が短い期間に「あらゆるドイツ人の心を捉えた」ことだけは間違いない。

ここでは、当時同じローマ法の教授だった同時代人（一八一五年生まれ。二歳年長）バッハオーフェン（あの有名な『母権論』の著者）、モムゼンから一八四五年にその作品を「法律学と文献学の枠をこえてローマ人の生活についての統一的な把握……新しい道」と好意的な書評を受けたバッハオーフェンの厳しい言葉をいくつかあげておこう。「ここには、ローマもローマ人も取り扱われていない。ただ新しい時代精神だけ……根拠なきラディカリズムの賛美」「この愚作を誉めるのは『我ら』の時代の二日酔」——まことに手厳しいものがある（両者の辛辣な論争はあまりにも有名である）。

何よりも私たちとしては、これが専門家ではなく、一般教養人を対象に、「注のない、読みやすい」作品を目指したものであることを忘れてはならない。しかも、その際、詩と政治がモムゼンの中で離れがたく結びついていたこと、またファンタジーのない歴史記述などないと喝破するモムゼンだったことをである。

最後に個人的な思いを一つ。モムゼンからローマ史の勉強をはじめた私が（それはこの『ローマの歴史』ではなく、『ローマの国法』であったが）、今またモムゼンに再会できた——一九七二年の抄訳と解説の仕事以来三〇年ぶりに——ことは感無量である。それにつけても、まだ職にある頃、夏休みに実に楽しく、というのはひとりの読書人として『ローマの歴史』に目を通していたところ、拙宅をおとずれて、朝一時間ずつでも翻訳の形をとって読書を進めてくださいと慫慂された元筑摩書房の風間元治氏がいなければ、この翻訳には手を付けなかったであろうし、同じく、出版を心から受けとめてくれ激励をいただいた名古屋大学出版会の橘宗吾氏には、何よりも一般読者に読みやすいものにするために、通常の編集者の役割を越えた読書人としての御指摘、お力添えを賜った。ただ感謝あるのみである。

　言語学・文献学関係のことには、国原吉之助氏のお力添えをいただいた。お礼申し上げたい。ただ愚鈍の性、御教示を活かせなかった点も多々あるのではないかとおそれる。

　なお、本巻には平成一六年度日本学術振興会科学研究費補助金（研究成果公開促進費）が与えられた。ありがたいことと、心から感謝している。

　誤訳・不的確な訳も多いかと思うが、お気づきの方のご指摘・叱正をお待ちしている。また訳語のブレがあるのは、あえて意識してそうしたところもある――モムゼン自身も、表現が厳密なところと、割合緩やかなところがあり（護民官を政務官としたり、反政務官とすること、あるいはケンススを四年ごととしたり、五年ごととすること。もちろん、いずれも歴史的発展をふまえた発言であり、しかも後に彼によって詳細極まりない議論が展開されている）、また表現や語句の点での独特な繰り返しがあるので（これがジャーナリスト的だとの批判の的にもなるのであろう）、邦訳としてはある点ではそれを生かしたり、また避けたりした――が、うっかり見落としたところも残っていよう。

　そう言えば、去る二〇〇三年はモムゼン没後百年であり、指折って数えると、今は、モムゼンから六ないし七世代目の学者が活躍しているときである。モムゼンは、ローマ史の「権威」として長く学界に君臨していたが、生前すでにその仕事もさまざまな批判を蒙っていた。モムゼンからいって学問的な系譜の点で、孫の世代の研究者（とりわけ、私の師であるゲルツァー先生）によってその基本的な捉え方が修正され、そのまた孫の世代（五代目）で今一度それが批判されている、というところであろうか。しかし、はじめに述べたように、訳者としてはこの分野の最大の古典にして歴史書の傑作を「全体」として見ていただきたいと願うのみである。また広くそういった要請がなければ、この『ローマの歴史』の原著文庫版――それも版を六回重ねている――や、英訳が現在出版されるわけはなかろう。

二〇〇四年十二月

訳　者

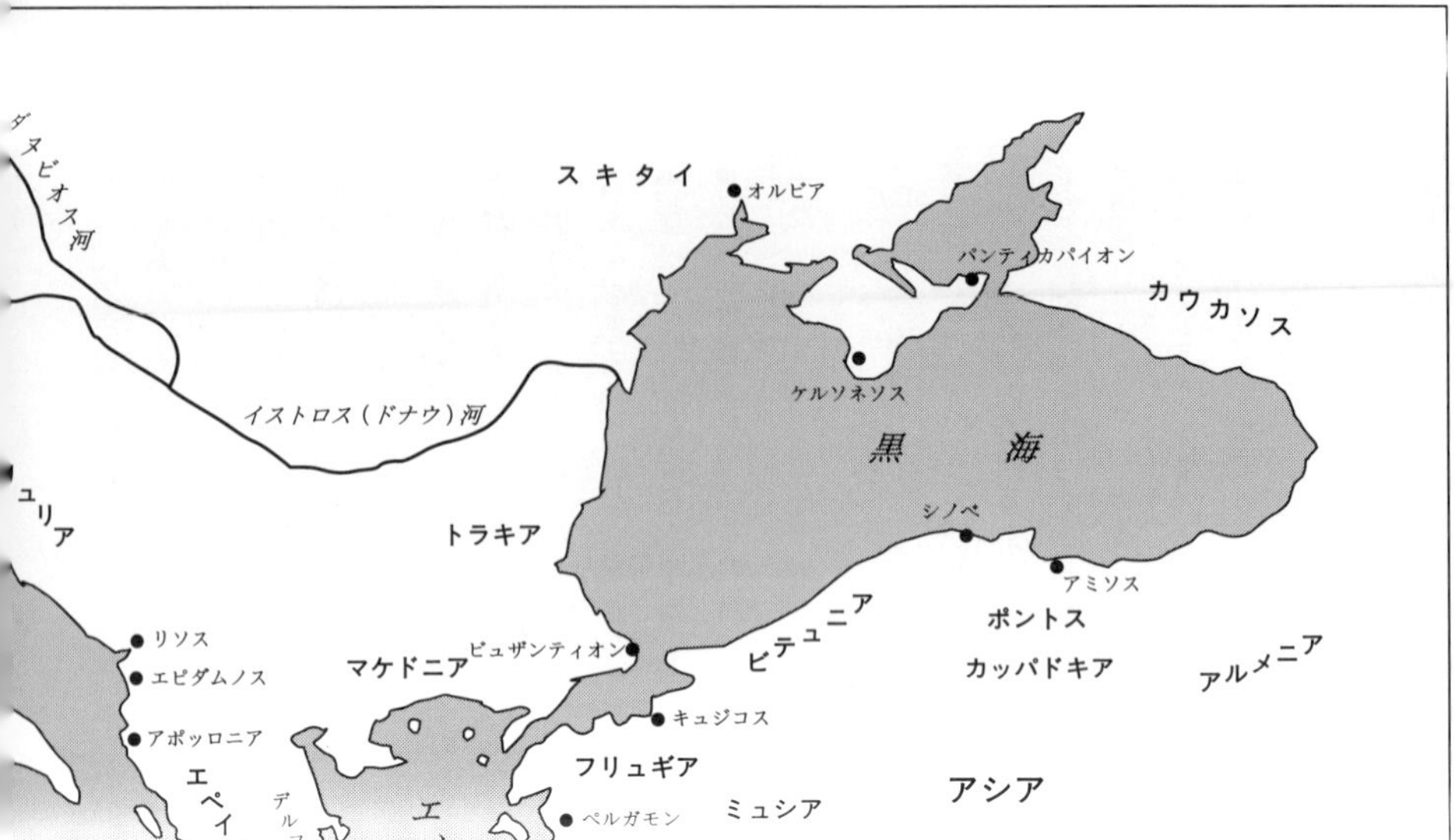
ダヌビオス河
スキタイ
オルビア
パンティカパイオン
カウカソス
ケルソネソス
イストロス（ドナウ）河
黒海
ユリア
トラキア
シノペ
アミソス
ポントス
ビテュニア
リソス
エピダムノス
ビュザンティオン
マケドニア
カッパドキア
アルメニア
キュジコス
アポッロニア
エペイロス
フリュギア
アシア
エーゲ海
ペルガモン
ミュシア
リュディア
キリキア
カリア
イオニア海
ロドス
サラミス
キュドニア
キュプロス
ビュブロス
ゴルデュン
クレタ
ダマスコス
テュロス
海
イェルサレム
パルケ
キュレネ
（アレクサンドレイア）
ナウクラティス
メンフィス
キュレナイカ
エジプト
ナイル河

5 前5～前4世紀頃の地中海世界

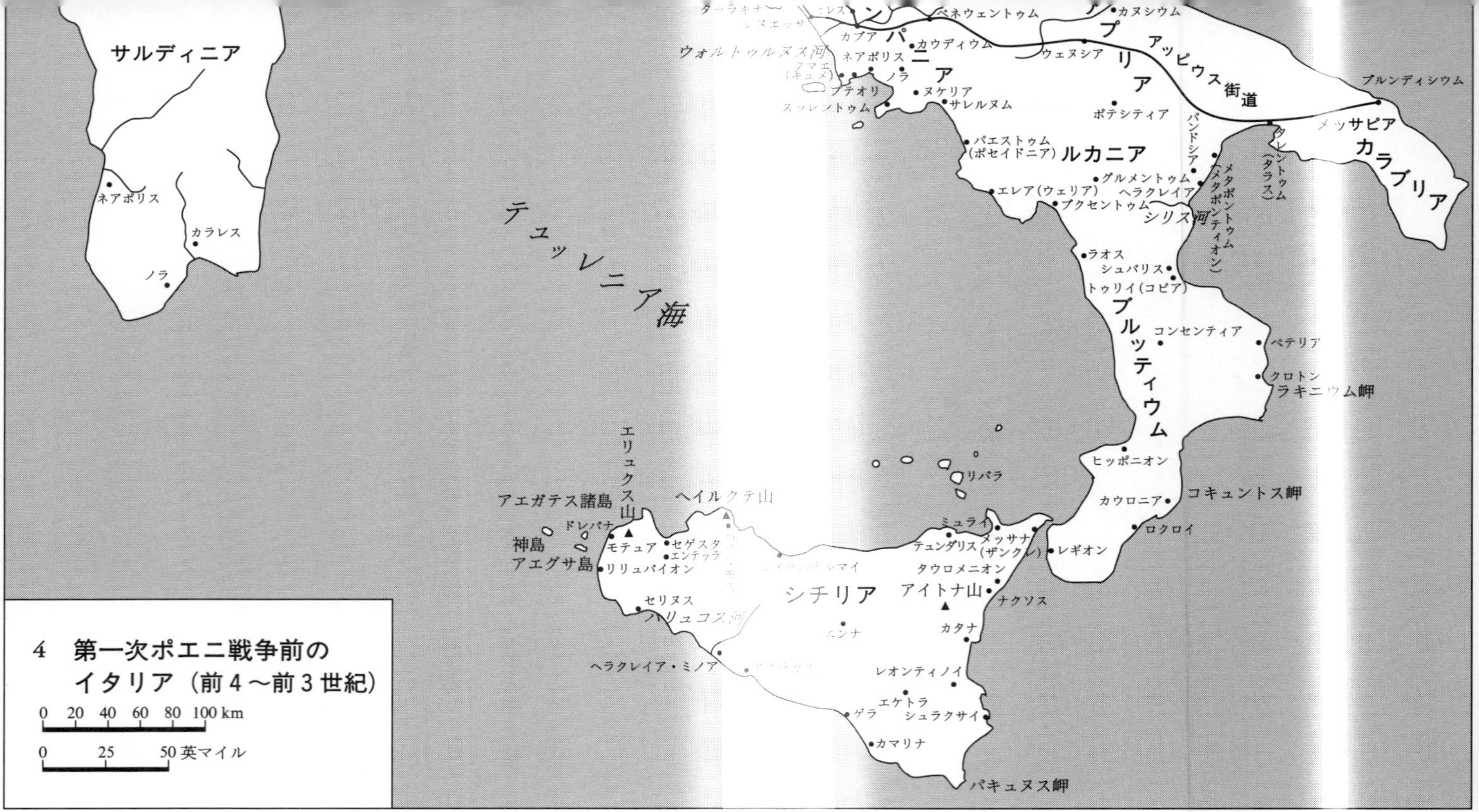

4　第一次ポエニ戦争前の
イタリア（前 4 ～前 3 世紀）

パンノニア
イッリュリア
ダルマティア
ウェネティ
(アクィレイア)
(テルゲステ)
ヒストリア
(イストリア)
(ポラ)
ティキヌス河
メディオラヌム
アッドゥア河
ブリクシア
ケノマニ
クルシウス河
ウェロナ
アテシス
(アディジェ河)
インスブレス
(トリノ)
タウリスキ
アッケラエ
(クレモナ)
マントゥア
(プラケンティア)
トレビア河
ハトリア
アナレス
(パルマ)
パドゥス河
スピナ
(タンネトゥム)
ゲヌア
(ムティナ)
ボイイ
ボノニア
ラウェンナ
リグリア
ニカエア
リンゴネス
アリミヌム
セノネス
メタウルス河
セナ
アンコナ(アンコン)
ピサエ
ファエスラエ
サルシナ
(アルノ河)
イグウィウム
ウンブリア
センティヌム
アッレティウム
コルトナ
(フラミニウス街道)
ポプロニア
エトルリア
カメリヌム
トラグリウム
サロナ(エ)
クルシウム
ペルシア
トラシメヌス湖
アイタリア
(イルウァ)
ピケヌム
イッサ
ファリア
(ファロス)
アドリア海
ナロナ(エ)
ウォルシニイ
黒ケルキュラ
テラモン
ニカイア
アラリア
コサ
ウァディモニス湖
ナルニア
コルシカ
タルクィニイ
ファレリイ
ティベリス河
ウェスティニ
マルキニ
カエレ
マルシ
ローマ
(ラティウム)
サム
ラリヌム
テアヌム
アプルム
ラウィニウム
アルデア
アッピウ
ラティ
ダウ
ゲルニウム?
シポントゥム

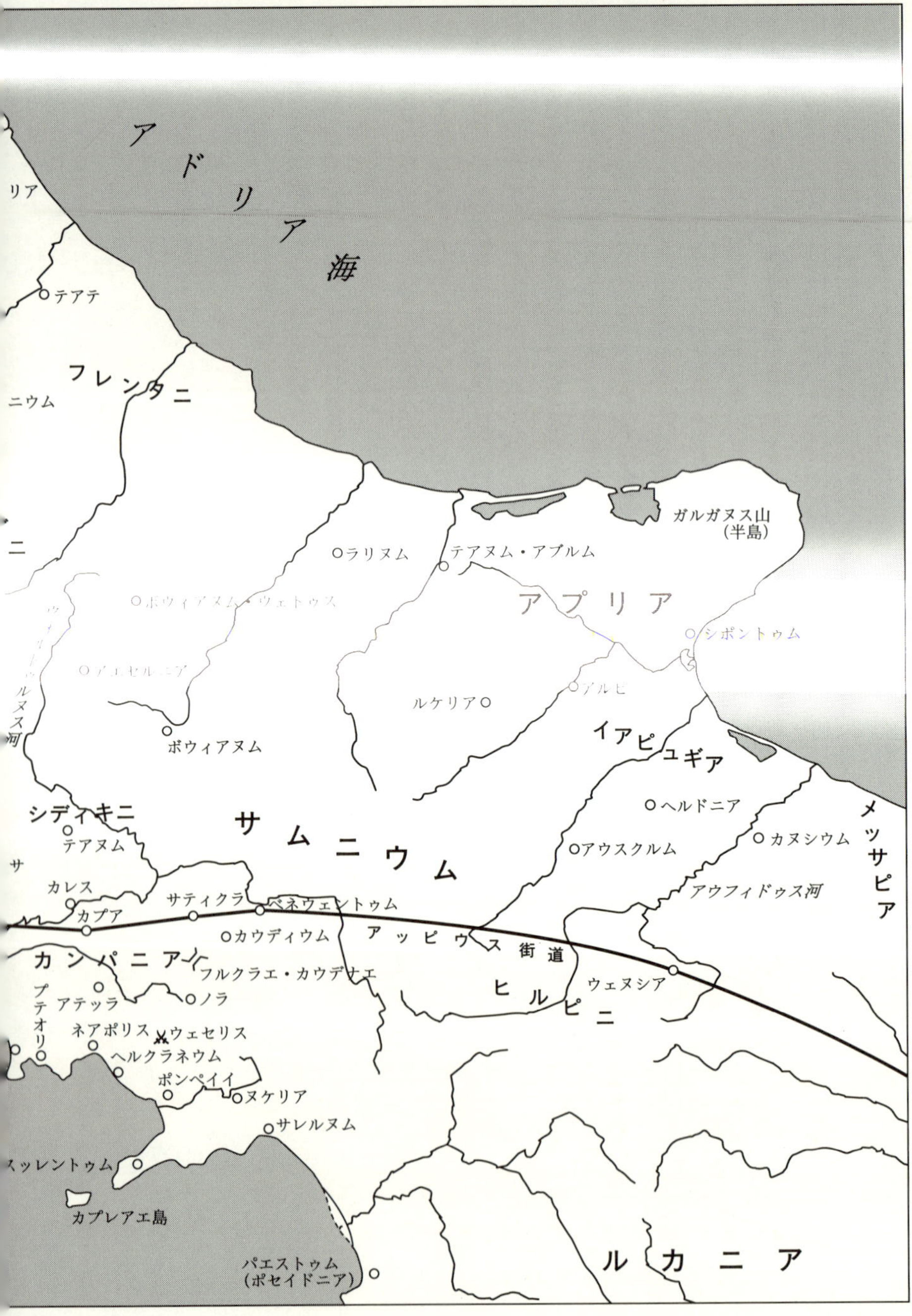
アドリア海
リア
テアテ
フレンタニ
ニウム
ニ
ラリヌム
テアヌム・アプルム
ガルガヌス山
(半島)
ボウィアヌム・ウェトゥス
アプリア
シポントゥム
アエセルニア
アルピ
ルケリア
ボウィアヌム
イアピュギア
ヘルドニア
メッサピア
シディキニ
テアヌム
サムニウム
アウスクルム
カヌシウム
サ
カレス
アウフィドゥス河
サティクラ
ベネウェントゥム
カプア
カウディウム
アッピウス街道
カンパニア
フルクラエ・カウデナエ
ウェヌシア
プテオリ
アテッラ
ノラ
ヒルピニ
ネアポリス
ウェセリス
ヘルクラネウム
ポンペイイ
ヌケリア
サレルヌム
スッレントゥム
カプレアエ島
パエストゥム
(ポセイドニア)
ルカニア

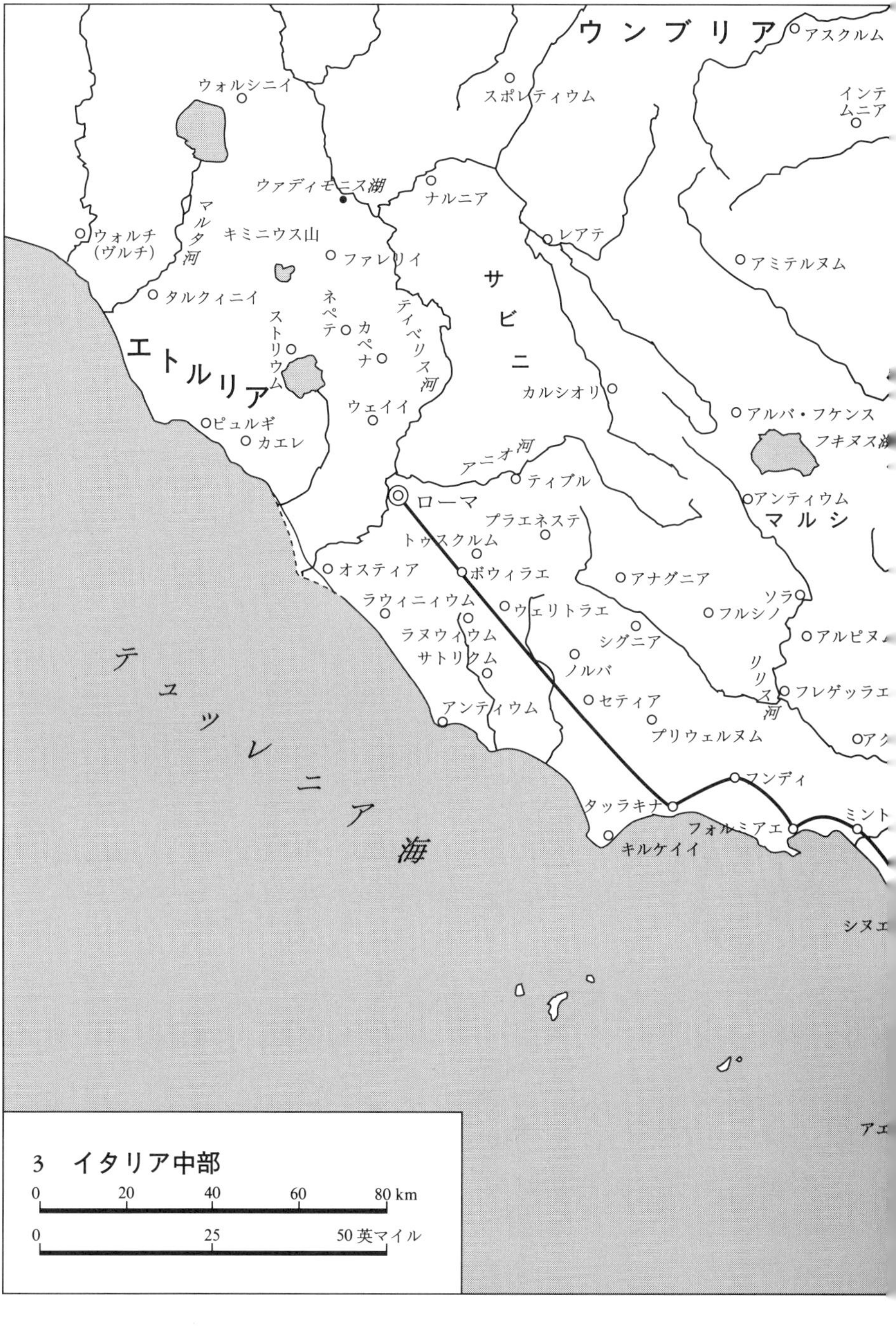
ウンブリア
アスクルム
ウォルシニイ
スポレティウム
インテムニア
ウァディモニス湖
ナルニア
マルタ河
ウォルチ
(ヴルチ)
キミニウス山
ファレリイ
レアテ
アミテルヌム
タルクィニイ
サビニ
ネペテ
ストリウム
カペナ
ティベリス河
エトルリア
カルシオリ
ウェイイ
アルバ・フケンス
ピュルギ
カエレ
フキヌス湖
アニオ河
ティブル
ローマ
アンティウム
マルシ
プラエネステ
トゥスクルム
オスティア
ボウィラエ
アナグニア
ソラ
ラウィニィウム
ウェリトラエ
フルシノ
シグニア
アルピヌム
ラヌウィウム
サトリクム
ノルバ
リリス河
フレゲッラエ
テュッレニア海
アンティウム
セティア
プリウェルヌム
アクィヌム
フンディ
タッラキナ
ミントゥルナエ
フォルミアエ
キルケイイ
シヌエッサ
アエナリア
0　20　40　60　80 km
0　25　50 英マイル

3　イタリア中部

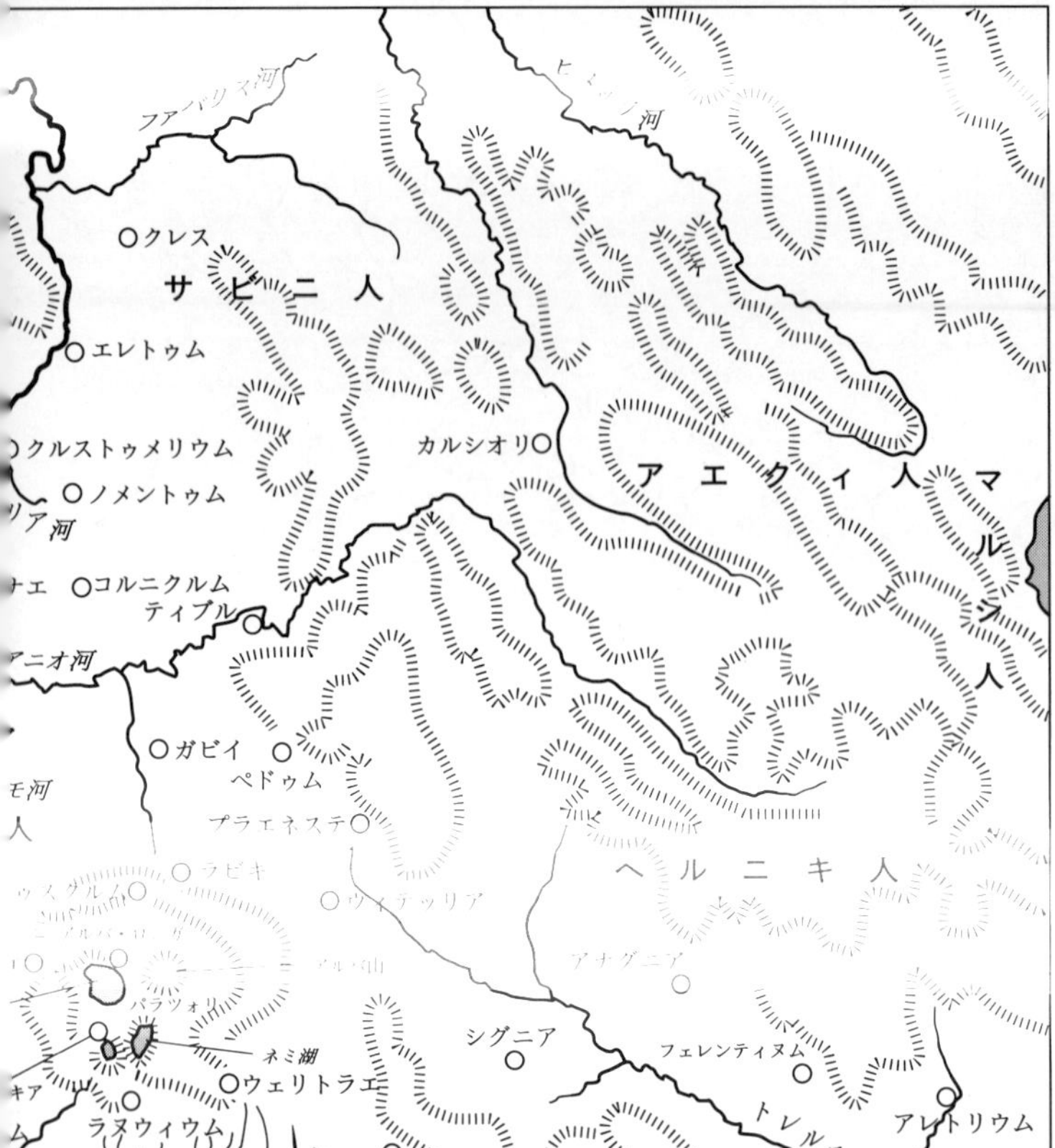

(Livy II, The Loeb Classical Library, 1922 (1960) 所収の地図をもとに作成)

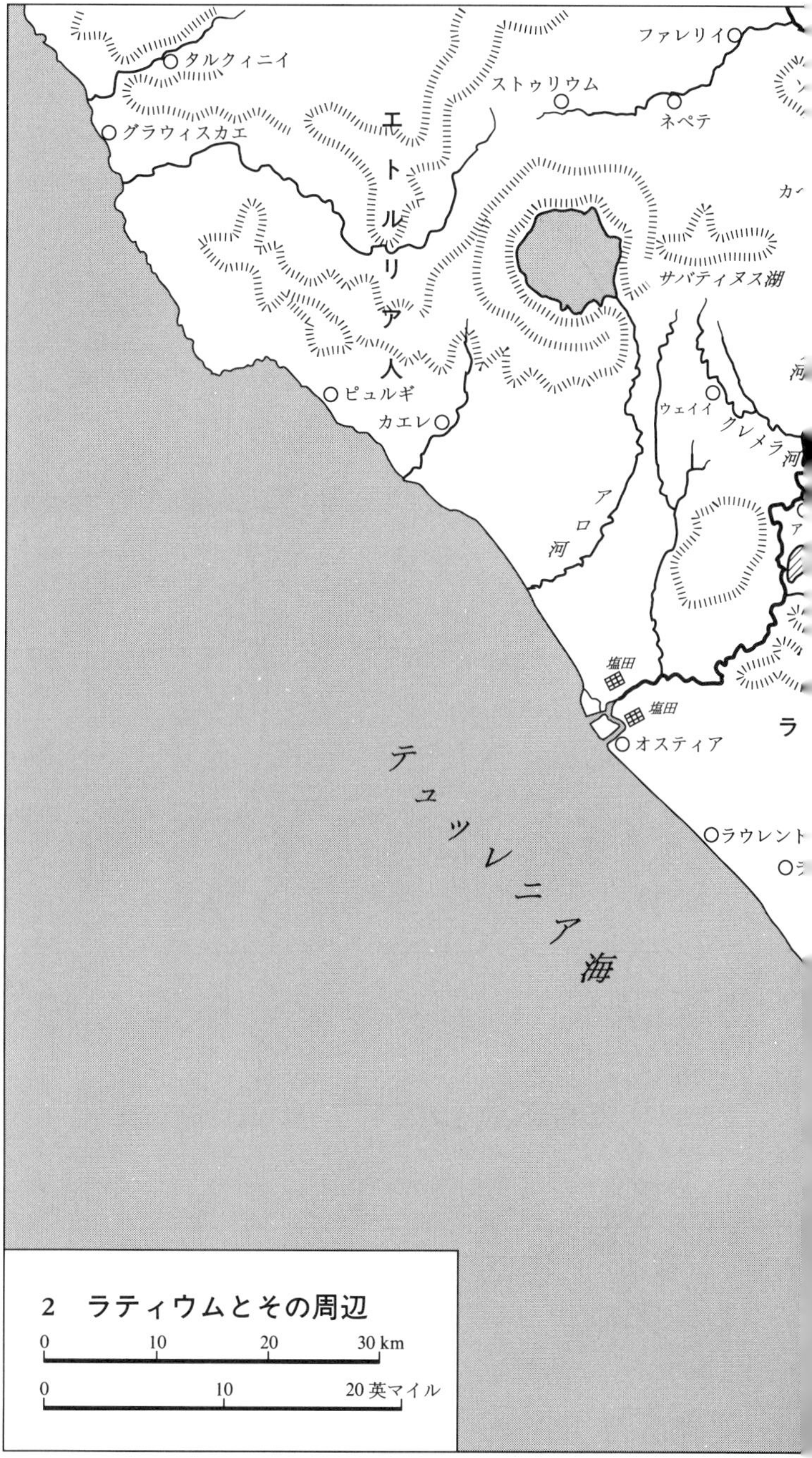

2　ラティウムとその周辺

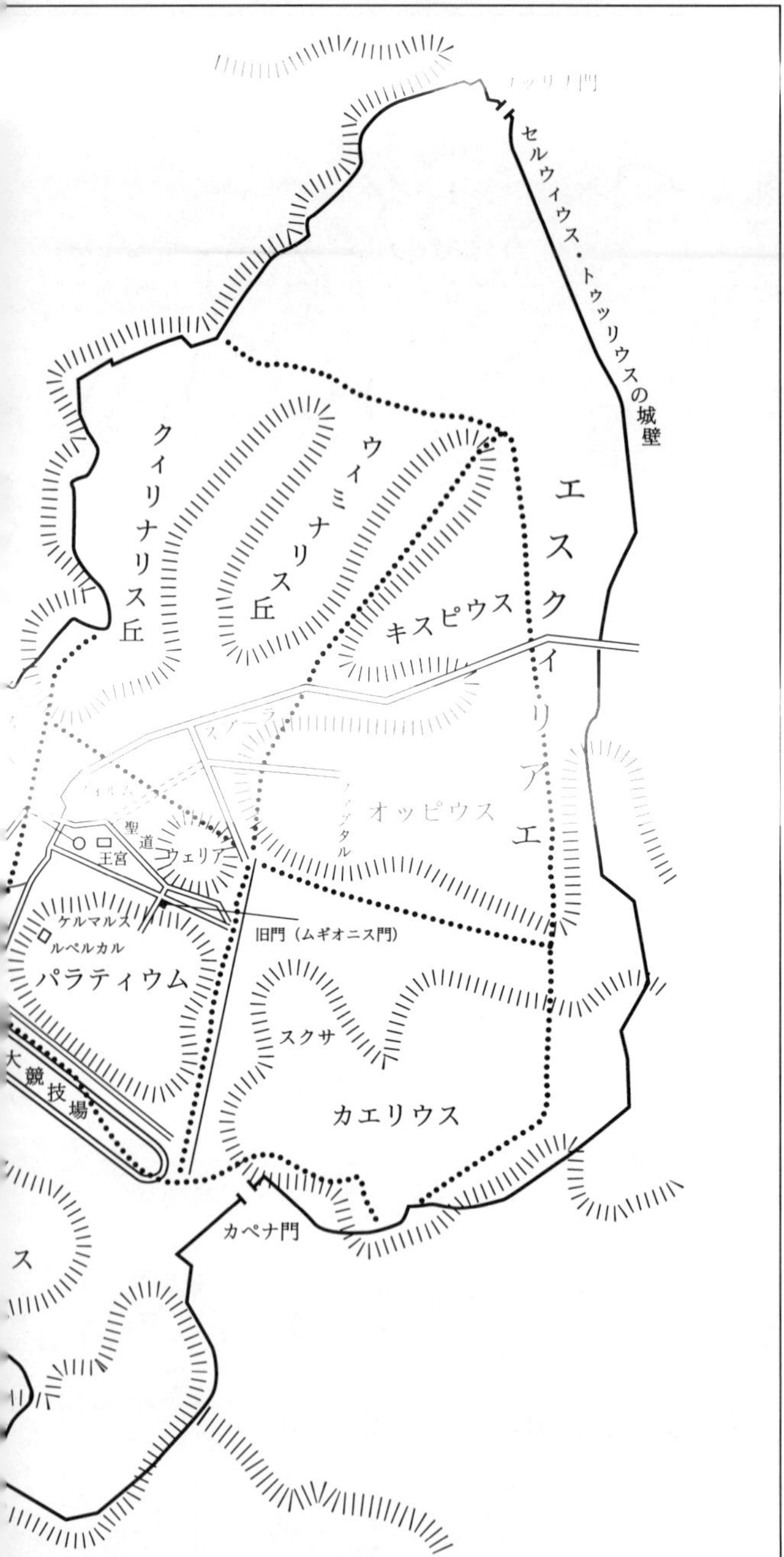

(Livy Ⅰ, The Loeb Classical Library, 1919（1961）所収の地図をもとに作成)

1 いわゆる王政時代のローマ

300頃-296年	シュラクサイの僭主アガトクレス，積極的なイタリア政策を展開（289年死去）
298-290年	第3次サムニウム戦争
298年	サムニウム人，ルカニア人，サビニ人，ウンブリア人，エトルリア人とケルト人の対ローマ同盟
296年	ロムルスとレムスの青銅像立てられる
295年	サムニウム人とケルト人，センティウムの合戦で敗れる
294年	エトルリア人との和平
291年	アプリア，ローマの支配下に。ラテン植民市ウェヌシアの設立
290年	サムニウム人との和平
	サビニ人征圧
290-286年?	ラテン植民市ハトリア（ハドリア）設置（M. 289年）
287年	ホルテンシウス法で身分闘争が終結し，平民集会議決が法と同等と認められる
285-282年	対ケルト人戦争
283年	セノネス族の地の占領（アゲル・ガッリクス），植民市セナ・ガッリカ設立
282年	ボイイ族とエトルリア人，ウァディモニス湖畔で撃破される（M. 283年）
282-272年	タレントゥムとの戦争
281年	エペイロスの王ピュッロスとタレントゥムとの同盟
	ヘラクレイアのそばでローマ軍，ピュッロスに敗れる（M. 280年）
279年	ピュッロス，アウスクルムのそばでローマ軍に勝利（ピュッロス戦争）
	ローマ，カルタゴの対ピュッロス攻守同盟
278-276年	ピュッロス，シチリアに
275年	ベネウェントゥムのそばの戦い。ピュッロス，イタリアを離れる
273年	ローマとエジプトのプトレマイオス2世との友好・通商条約
272年	ローマとタレントゥムとの和平。ピュッロス，アルゴスで敗死
270年	レギオン，降る。同盟市となる
268年	ピケヌム人降服
	ラテン植民市ベネウェントゥムとアリミヌムの設立
267年	艦隊財務官職設置
266年	サッレンティニ人，降る
264-241年	第1次ポエニ戦争

	人に占領され，焼き払われる（387年説あり。M. 390年）
	ケルト人，大戦利品を得て撤収（M. 389年）
387-385年	シュラクサイのディオニュシオス1世，アドリア海海岸に地歩を築く
384年	マルクス・マンリウス・カピトリヌス，有罪判決を下され処刑される
	この頃ラテン盟約解体（M.）
382年	プラエネステとの戦い
381年	トゥスクルム，劣格市民権を付与される
380年頃	ローマの再建（セルウィウスの城壁）
367年	リキニウスとセクスティウスの改革立法。パトリキと平民《プレブス》の和解
363年	ケルト人，南イタリアまで進軍，前360年には再度ラティウムに
362-358年	ヘルニキ族に対する戦い
358年	ローマとラテン人とヘルニキ族との同盟の更新
354年	サムニウム人との同盟
353年	カエレ，ローマに降る。100年間の和平（354年説あり。M. 351年）
348年	カルタゴとの第2回条約（M. 346年）
345年	アウルンキ人の征服
343年	カプアとの攻守同盟
343-341年	第1次サムニウム戦争(?)
340年	ラテン諸都市のローマの宗主権に対する蜂起
	ウェスウィウス山麓およびトリファヌムの側の戦闘
338年	スパルタ王アルキダモス3世，ルカニア人，メッサピア人との戦いに倒れる
	ラテン人の征服，ラテン同盟解体
	カプアと同盟条約
334-331年	モロッソイ族の王アレクサンドロス，南イタリアに（331/330年，パンドシア付近で死去，M. 332年）
334年	ケルト人との和平締結（CAH. 331年）
329年	ウォルスキ人の征服，プリウェルヌムの占領
327/326年	ネアポリスおよびルカニア人と同盟（326/325年説あり）
326年	ポエテリウス法，債務関係訴訟の緩和（313年説あり）
326-304年	第2次サムニウム戦争（328年説あり）
323年	アレクサンドロス大王没
321年	ローマ軍，カウディウムの隘路で降服
315年	ラテン植民市ルケリアの建設（314年説あり）
312年	ケンソルのアッピウス・クラウディウス・カエクスの改革，投票権の拡大
	アッピウス街道の建設
311年	サムニウム人とエトルリア人の同盟
	ローマの艦隊建設，海事二人役任じられる
310年	ウァディモニス湖畔でのエトルリア人に対する勝利
309年	ルキウス・パピリウス・クルソル，サムニウム人を撃破
306年	カルタゴと第3回条約
	ロドスと通商条約（M. この頃とする）
304年	サムニウム人と和平，ローマの影響力は中部・南部イタリアで増大
303/302年?	タレントゥムと条約締結
300年	オグルニウス法，平民の神官職就任を認める

508/507年	エトルリア人の王，クルシウムのポルセンナ（ポルセナ）のローマ占領
507年	カピトリウムのユピテル神殿の奉献
506年	ラティウムに侵入したエトルリア人，アリキアで撃退される
500年	サルディニアと西シチリア，カルタゴ領に。シチリアの僭主政の最盛期。クラウディウス氏の移住（CAH. 504年頃）
496年	レギッルス湖畔でのラテン人に対する勝利（499年説あり。M. および CAH. は両者をあげる）
495年	ウォルスキ人との戦い，ウォルスキ人の地への市民移住
494年	平民の聖山への退去，護民官職の創設(?)
493年	ローマとラテン人諸都市の同盟条約成立（フォエドゥス・カッシアヌム）。ケレス神殿の建立。カッシウスの土地法
486年	ローマとヘルニキ人の同盟
485/484年	ウォルスキ人とアエクィ人に対する勝利
485年	ゲロン，シュラクサイの僭主に
483-474年	ウェイイとの戦争
480年	カルタゴ人，ヒメラ（シチリア）でギリシア人に撃破される
477年	クレメラ付近でファビウス氏族成員，壊滅
474年	キュメ沖の海戦——シュラクサイのヒエロン1世とキュメ人によるカルタゴ・エトルリア連合艦隊撃破
473年頃	メッサピア人とイアピュギア人のタラス（タレントゥム）とレギオンに対する勝利
471年	プブリリウス法——護民官，平民による地区《トリブス》単位の市民集会選挙
458年	独裁官ルキウス・クィンクティウス・キンキナトゥス，アエクィ人を破る
456年	イキリウス法（平民集会議決）
451年	十二表法——法律の法典化，前450年に増補
449年	ワレリウスとホラティウスの法，護民官職の確認
447年	財務官職の設置
445年	カヌレイウス法（市民集会議決）——パトリキと平民《プレブス》の婚姻の合法化
443年	ケンソル職の設置
438-426年	ウェイイとフィデナエの戦い
426年	ローマ人，フィデナエを占領する（425年，停戦条約）
421年	サムニウム人，カプアとキュメを占領（M. カプア—424年，キュメ—420年）
406-396年	ウェイイ戦争
400年以前	トリブス・クルストゥミナ設置
400年頃	ケルト人諸部族，アルプスを越える
396年	ケルト人，ポー河を渡る
395/394年	ファリスキ人との戦い
394-392年	アエクィ人との戦い
391年	ウォルシニイ征服される
	クルシウムの前のケルト人，ローマ人と初めて衝突
388年	カミッルスの追放
384年	エトルリアに四つの新しい市民地区《トリブス》設置（389年もしくは387年説あり）
	ケルト人のセノネス族，ブレンヌスに率いられてローマに進軍
	アッリア河畔でローマ軍大敗（7月18日），ローマ（カピトリウムを除く）ケルト

関連年表

＊『ローマの歴史』dtv 版所収年表を基礎にする。それは1960年代の各種概説書の年表をもとに作成されたものである。そこでも言及されているように，とくにローマの初期の歴史に関しては，最近の研究の進展は目覚ましく，この表では年代学上，きわめて多くの問題が残ることは明らかであるが，そのままにしてある。なお，年号の数字は西暦紀元前である。M. はモムゼンを示す。また一部1989年刊行の The Cambridge Ancient History，第2版，第7巻の年表も参照した（CAH. と略記）。

1200年頃以降	インド・ゲルマン人，アルプスを越えてイタリアに侵入
	イタリキ系には，ラテン人，ファリスキ人，ウンブリア人，サビニ人，マルシ人，アエクィ人，ウォルスキ人，ヘルニキ人，サムニウム人，オスキ人，カンパニア人，ルカニア人，ブルッティウム人がある。シチリアにはシクリ人
1000年頃以降	非インド・ゲルマン人系のエトルリア人，小アジア(?)から来住（一説）。とりわけティベリス河とアルヌス（アルノ）河の間のウンブリア人の領域に
	インドゲルマン人系のイッリュリア人，ドナウおよびバルカンの地から東イタリアに来住，さらにイアピュギア人，ピケヌム人，メッサピア人，パエリグニ人，カラブリア人
950年頃	パラティウムの上の集落
850年頃	クィリナリスの上の集落
	エトルリア人，ギリシア人とフェニキア人の間の通商関係成立
800年頃	七つの丘の祭祀共同体の成立
	フェニキア人の商業都市，シチリア（パノルモス）および北アフリカ（カルタゴ）に生まれる
750年頃	南イタリア（大ギリシア）およびシチリアへのギリシア人の植民活動。キュメ(754年)，ナクソス（742年），シュラクサイ（736年），シュバリス（721年），タラス（708年）。後にネアポリス，レギオン，クロトン，メタポンティオン，アクラガス（M. 580年）建設される
(753年)	4月21日，伝説上のローマの建国（建設）の日
750頃-511年	伝説上のローマの7人の王。ロムルス，ヌマ・ポンピリウス，トゥッルス・ホスティリウス，アンクス・マルキウス，タルクィニウス・プリスクス，セルウィウス・トゥッリウス，タルクィニウス・スペルブス
700-500年頃	北部および中部イタリアでエトルリア人の拡大と支配，テュッレニア海の海上支配，エトルリアの12都市の同盟
600年頃	エトルリア人系のタルクィニウス一族，王としての支配開始。ローマ，ラテン人諸都市の間での主導的地位を獲得し，確立する
600年頃	フォカイア人によるマッサリアの建設
550年頃	ギリシア人に対するカルタゴ人とエトルリア人の同盟
537年	アラリア（コルシカ）の海戦（CAH. 540年頃）
511年頃	南イタリアでシュバリスの力失墜，タラス（タレントゥム）覇者に
508/507年	タルクィニウス家（朝）の転覆，共和政の誕生（M. 510年。CAH. 509年）
508年	ローマとカルタゴの第1回条約（509年説あり）

《訳者略歴》

長谷川博隆《はせがわひろたか》

1927年　東京都に生まれる

1953年　東京大学文学部西洋史学科卒業

名古屋大学文学部教授，中部大学教授などを経て

現　在　名古屋大学名誉教授

著訳書　『古代ローマの政治と社会』（名古屋大学出版会，2001）
『古代ローマの自由と隷属』（名古屋大学出版会，2001）
『カルタゴ人の世界』（筑摩書房，1991，講談社学術文庫，2000）
『古代ローマの若者』（三省堂，1987）
『ローマ人の世界』（筑摩書房，1985）
『ハンニバル』（清水書院，1973）
『シーザー』（旺文社，1967，『カエサル』として講談社学術文庫，1994）
『古典古代とパトロネジ』（編，名古屋大学出版会，1992）
『権力・知・日常』（編，名古屋大学出版会，1991）
『ヨーロッパ』（編，名古屋大学出版会，1985）
ゲルツァー『ローマ政治家伝 I　カエサル』（名古屋大学出版会，2013）
ゲルツァー『ローマ政治家伝 II　ポンペイウス』（名古屋大学出版会，2013）
ハビヒト『政治家キケロ』（岩波書店，1997）
ボールスドン編『ローマ人　歴史・文化・社会』（岩波書店，1971）他

モムゼン ローマの歴史 I

2005年 4月25日　初版第1刷発行
2013年 8月10日　初版第3刷発行

定価はカバーに
表示しています

訳　者　長谷川　博　隆

発行者　石　井　三　記

発行所　一般財団法人　名古屋大学出版会

〒464-0814　名古屋市千種区不老町1名古屋大学構内
電話(052)781-5027/FAX(052)781-0697

印刷 ㈱クイックス　ISBN978-4-8158-0505-0

乱丁・落丁はお取替えいたします。